GIESE
KING

INDUSTRIE-GESELLSCHAFT UND RECHT

Band 15

Herausgegeben
von Manfred Rehbinder
und Bernd Rebe

Arzthaftungsrecht

Die zivilrechtliche Verantwortlichkeit des Arztes
in rechtsvergleichender Sicht

Medical Malpractice Law

A Comparative Law study of Civil Responsibility
arising from Medical Care

von · by
DR. IURIS DIETER GIESEN
o. Professor der Rechte an der Freien Universität Berlin
Full Professor of Law at the Free University of Berlin (West)
Sometime Visiting Fellow of Pembroke College Oxford

GIESEKING-VERLAG BIELEFELD 1981

Gedruckt mit Unterstützung des Bundesverbandes
der Pharmazeutischen Industrie e. V.

Inhaltsverzeichnis . . . . S. X
Table of Contents . . . . p. 153

CIP-Kurztitelaufnahme der Deutschen Bibliothek

Giesen, Dieter:
Arzthaftungsrecht: d. zivilrechtl. Verantwortlichkeit d. Arztes in rechtsvergleichender Sicht = Medical malpractice law / von Dieter Giesen. – Bielefeld: Gieseking, 1981.
    (Industriegesellschaft und Recht; Bd. 15)
    ISBN 3-7694-0415-7

NE: GT

© 1981 Verlag Ernst und Werner Gieseking, Bielefeld
Druck: Graphischer Betrieb L. N. Schaffrath, Geldern

ANGELICAE VXORI SVAE ME DAT DICAT DEDICAT AVCTOR

VORWORT DER HERAUSGEBER

1976 ist als Band 7 der Reihe „Industriegesellschaft und Recht" aus der Feder von Dieter Giesen die dreisprachige Abhandlung „Die zivilrechtliche Haftung des Arztes bei neuen Behandlungsmethoden und Experimenten" erschienen. Das Arzthaftungsrecht hat sich, wie der Verfasser schon damals in seinem Vorwort feststellen konnte, mit einer so atemberaubenden Schnelligkeit weiterentwickelt, daß ein Abstand von fünf Jahren zu dieser Veröffentlichung fast zu groß erscheint. Allein acht der Deklarationen, Resolutionen und Codices, die für die Arzthaftung von Bedeutung und im Anhang dieses Buches abgedruckt sind, stammen aus den Jahren seit 1976. Hinzu kommt, daß das Arzthaftungsrecht nicht in einer Kodifikation zusammengefaßt ist, sondern im wesentlichen durch die Rechtsprechung fortentwickelt wird. Damit stellt sich für die Rechtswissenschaft auch die Aufgabe der analysierenden Aufbereitung der verstreuten Rechtsmaterie. Der Verfasser stellt sich mit diesem Band dieser Aufgabe in einem breiten rechtsvergleichenden Rahmen und in interdisziplinärer Fundierung seiner Überlegungen. Hierbei betreibt er Rechtsvergleichung nicht nur global, sondern setzt die Lösungen der verschiedenen nationalen Rechte zu den einzelnen Rechtsfragen in Parallele zueinander, so auch für das deutsche Recht neue Orientierungen ermöglichend. Der interdisziplinäre Ansatz trägt maßgeblich dazu bei, daß der Verfasser bei allem Engagement für die legitimen Aufklärungs- und Schutzinteressen des Patienten das Bedürfnis des Arztes, zu lernen und Erfahrungen zu sammeln, nicht aus dem Auge verliert.

Der Verfasser kann nachweisen, daß es in der Rechtsentwicklung der von ihm behandelten Länder trotz gewisser Unterschiede in den Einzelheiten einen gemeinsamen Trend gibt: nämlich den der Verschärfung der Haftungsmaßstäbe und den der Verstärkung der Aufklärungspflichten im Interesse des Patienten – eine Entwicklung, die mit dem Verfasser als zunehmende Anerkennung der Würde des Menschen dankbar begrüßt werden muß.

Zürich/Hannover, im März 1981   Manfred Rehbinder/Bernd Rebe

FOREWORD BY THE EDITORS

,,Civil Liability of Physicians with Regard to New Methods of Treatment and Experiments", a tri-lingual treatise by Dieter Giesen, appeared in 1976 as the seventh volume in the series ,,Industrial Society and Law". The law of medical liability has developed at such a breathtaking pace, as was stated in the author's 1976 prevace, that the intervening five years almost appears to be too great a span. Eight of the Declarations, Resolutions and Codes which are of significance to medical liability law and are reproduced in the Appendix, date from the years since 1976. Moreover, medical liability law is not as whole codified, but rather is developed essentially through judicial decisions. This presents legal science with the task of analytically processing the vastly scattered legal materials. In this volume the author approaches his task in a broad comparative and interdisciplinary framework. He not only conducts global comparative law research, but also places the solutions provided by the various national laws to a given legal question side by side, which renders new orientations for German law as well as for the other legal systems under consideration. The interdisciplinary approach leads substantially to the result that the author, for all his committment to the legitimate interests of a patient to receive explanations and other forms of protection, never loses sight of the necessity that physicians study and collect their experiences.

The author proves that there is a common trend in the legal developments of various countries under consideration, in spite of certain differences in detail. The trend is towards stiffening the standards of civil liability and towards emphasising the duty of the doctors to inform their patients sufficiently about necessary steps and indicated methods of diagnosis and therapy, all in the interests of the patient. We share the author's view that this development, reflective of increasing recognition of human dignity, must be gratefully welcomed.

Zürich/Hannover, March 1981   Manfred Rehbinder/Bernd Rebe

VITA BREVIS, ARS LONGA, OCCASIO PRAECEPS, EXPERIMENTVM PERICOLOSVM, IVDICIVM DIFFICILE

> Hippokrates (ca. 460–377 a. Chr. n.)
> Aphorismoi 1
> (From the Greek original after
> Seneca, De brevitate vitae 1)

It is easy to be wise after the event and to condemn as negligence that which was only a misadventure. We ought to be on our guard against it, especially in cases against hospitals and doctors. Medical science has conferred great benefits on mankind, but these benefits are attended by considerable risks. We cannot take the benefits without taking the risks. Every advance in technique is also attended by risks. Doctors, like the rest of us, have to learn by experience; and experience often teaches in a hard way.

> Lord Denning (1954)

Forcing changes will, in all countries, pit governments or health administrators against the medical profession, who will respond with a passionate defence of clinical freedom. But doctors cannot expect their paymasters to ignore glaring differences in their productivity, and opportunities to increase that productivity, while bills rise and queues lenghten. Those on the operating-table cannot argue. Those holding the purse strings can.

> The Economist, London (1980)

INHALTSVERZEICHNIS

Vorwort	XV
Monographien in Auswahl	XIX
Abkürzungsverzeichnis	XXIII
Entscheidungsregister	XXXIII
Verzeichnis der zitierten Gesetze	LV

Teil 1:
Allgemeine Grundsätze zivilrechtlicher Arzthaftung 1

A. Die Rechtsnatur der Arzthaftung 1
   I. Vertragliche Haftung 2
   II. Deliktische Haftung 3

B. Die tatsächlichen Gründe ärztlicher Haftung 5
   I. Behandlung *contra legem artis* (Behandlungsfehler) 5
      1. Ärztliche Sorgfaltspflicht 5
      2. Sorgfaltsmaßstab 7
         a. Bestimmung des Sorgfaltsmaßstabs 9
         b. Sorgfalt beim Handeln und Unterlassen 9
         c. Gehilfenhaftung 13
      3. Kausalzusammenhang 14
      4. Subjektive Elemente der Sorgfaltsverletzung 16
      5. Schaden 18

   II. Behandlung ohne wirksame Einwilligung des Patienten 19
      1. Grundsätze 19
      2. Unentbehrlichkeit der Einwilligung 19
         a. Einwilligung in die durchgeführte Behandlung 20
         b. Einwilligungsfähigkeit 22
         c. Einwilligungsform 23
         d. Rechtsfolgen unzureichender Einwilligung 24
         e. Einwilligungsumfang 24

Inhaltsverzeichnis XI

      f. *Volenti non fit iniuria* 31
      g. Test für das Vorliegen wirksamer Einwilligung 32

   3. Entbehrlichkeit der Einwilligung in Ausnahmefällen 32
      a. Behandlung im öffentlichen Interesse 32
      b. Not- und Unglücksfälle 33
      c. Andere Fälle 33

III. Die ärztliche Schweigepflicht 34
   1. Aussageverweigerungsrechte und ihre Grenzen 34
   2. Inhalt des Aussageverweigerungsrechts 34
   3. Ausnahmen vom Grundsatz der Schweigepflicht 35
   4. Schweigepflicht im Fall minderjähriger Beteiligter 35

IV. Forensische Gewichtsverlagerung bei Arztprozessen und zukünftige Schadenersatzentwicklungen 36
   1. Das Problem 36
   2. Die Pearson Commission im Vereinigten Königreich von Großbritannien und Nordirland 37
   3. Prüfkommissionen, Gutachter- und Beratungsstellen und Kompensationssysteme 41

V. Zivilrechtliche Arzthaftung in Verbindung mit Krankenhausbehandlung 48
   1. Krankenhäuser in öffentlicher oder privater Trägerschaft ... 48
   2. Ansprüche gegen Krankenhausärzte und gegen Privatärzte .. 49
   3. Passivlegitimation 49

Teil 2:
Zivilrechtliche Arzthaftung unter besonderer Berücksichtigung von neuen Behandlungsmethoden und Experimenten 57

A. Begriffe 57
B. Anwendung der allgemeinen Haftungsgrundsätze 58

   I. Einführende Bemerkungen 58
  II. Haftung bei Heilversuchen 59
   1. Behandlungsfehler 60

XII Inhaltsverzeichnis

    2. Behandlung ohne wirksame Einwilligung des Patienten 63
  III. Haftung bei Humanexperimenten. 67
    1. Freiwilligkeit der Einwilligung. 69
    2. Umfang der Aufklärung 69
    3. Juristische Rechtfertigung von Experimenten 71
  IV. Anwendung allgemeiner Grundsätze aus Teil 1 auf weitere in Teil 2 relevante Problemkreise 76

C. Ausgewählte Probleme zivilrechtlicher Arzthaftung bei neuen Behandlungsmethoden und Experimenten. 79

  I. Medikamente und Drogen 79
    1. Klinische Arzneimittelprüfung. 79
    2. Der Bereich der therapeutischen Anwendung neuer Arzneimittel und Methoden. 85
      a. Die Sorgfaltspflicht. 87
      b. Der Umfang der Aufklärung 88
    3. Arzthaftung und Produzentenhaftung. 89

  II. Transsexuelle Chirurgie. 96

  III. Organ- und Gewebeverpflanzungen 100
    1. Transplantationen vom lebenden Spender 102
    2. Transplantationen vom toten Spender 105
      a. Die Feststellung des Todeszeitpunkts. 105
      b. Autorisation zur Entnahme von Transplantaten 108
      c. Zum Erfordernis der Zustimmung von Angehörigen 110
    3. Transplantationshaftung. 113

  IV. Haftung bei heterologer Insemination, Ei- und Eierstocktransplantationen und Embryoverpflanzungen. 115
    1. Haftung bei heterologer Insemination sowie Ei- und Eierstocktransplantationen. 116
    2. Haftung bei Embryo-Verpflanzungen 120

  V. Beweisprobleme 123
    1. Kunstfehler-Prozesse 124
    2. Behandlung ohne wirksame Einwilligung 132

D. Haftungsgrundsätze (insbesondere bei neuen Behandlungsmethoden
   und Experimenten) 136
   I. Sorgfaltsmaßstäbe. 136
   II. Beweismaßstäbe und Beweislastverteilungsprobleme 137
      1. Behandlungsfehlerklagen (Kunstfehlerprozesse) 137
         a. Heilbehandlung. 137
         b. Heilversuch und Humanexperiment 138
      2. Behandlung ohne Einwilligung 139
      3. Kausalität und Schuldfragen 140
      4. Haftungsverzicht 140
   III. Härtefälle 140
   IV. Reformmaßnahmen *de lege ferenda* 140

Teil 3:
Ausgewählte Probleme der Sachverständigengutachten, der beruflichen
Aus- und Fortbildung und des Vertrauens in das gegenseitige Verständnis
zwischen Medizinern und Juristen. 142

A. Sachverständigenbeweis in der Krise? 142
B. Mehr Ausbildung und mehr Fortbildung 144
C. Mehr Vertrauen in das gegenseitige Verständnis? 147

Englischer Teil der Abhandlung 149

Anhänge/Appendices *(alle Anhänge in engl. Sprache)* 280

   Appendix I: Anmerkungen zum Text der Abhandlung 281
   Appendix II: Gesetzestexte 399
   Appendix III: Gesetzliche Bestimmungen und gesetzgeberische
                   Vorhaben zur Regelung der Transplantationen
                   menschlicher Organe und Gewebe 413
   Appendix IV: Der Hippokratische Eid in Griechisch, Lateinisch,
                   Englisch und Deutsch. 423
   Appendix V: Der Kodex von Nürnberg (1947) 427
   Appendix VI: Die Deklaration von Helsinki (1964) 429
   Appendix VII: Die Deklaration von Tokio (1975) 431
   Appendix VIII: Ein Kodex der Patientenrechte (1972/78) 434

Appendix VIIIa:	Empfehlung 779 (1976) und Resolution 613 (1976) des Europarats über die Rechte von Kranken und Sterbenden (1976).	436
Appendix IX:	Resolution der Deutschen Gesellschaft für Chirurgie zur Behandlung Todkranker und Sterbender (1979).	439
Appendix X:	Berufsordnung für die deutschen Ärzte (1979) . . .	441
Appendix XI:	Resolution des Europarats zur Harmonisierung der Gesetzgebung von Mitgliedsstaaten über die Gewinnung und Transplantation menschlicher Substanzen (1978).	445
Appendix XII:	Resolution der Europäischen Gemeinschaften über Organbanken (1979)	449
Appendix XIII:	Entwurf eines Gesetzes über Eingriffe an Verstorbenen zu Transplantationszwecken (Bundesrepublik Deutschland, 1979).	451
Appendix XIV:	Entwurf eines Gesetzes über Eingriffe an Verstorbenen zu Transplantationszwecken (Bundesratsentwurf, 1978)	453
Appendix XV:	Der neue Standeskodex der Amerikanischen Ärztegesellschaft (American Medical Association) (1980).	455

Autoren- und Personenverzeichnis 457
Sachverzeichnis 465

VORWORT

Das vorliegende Buch wendet sich gleichermaßen an Ärzte und Juristen. Es stellt in einem übergreifenden, an den haftungsrechtlichen Problemen orientierten rechtsvergleichenden und interdisziplinären Zusammenhang Entwicklung, Gemeinsamkeiten und Unterschiede im modernen Arzthaftungsrecht ausgewählter Länder des angloamerikanischen Rechtskreises und kontinentaler Rechtsordnungen dar. Es zeigt auf, in welchem Maße arztrechtliche Probleme und die zivilrechtlichen Ansätze zu deren Lösung heute den behandelten Rechtsordnungen schon gemeinsam sind. Es ist im Anschluß an eine frühere Monographie zugleich ein neuer Beweis dafür, wie sehr ,,sich der Stand wissenschaftlicher Erkenntnisse in den letzten Jahren mit einer fast atemberaubenden Schnelligkeit verändert hat und in einer Weise weiterentwickeln wird, die heute gültige Erkenntnisse und Maßstäbe morgen schon in Frage stellen könnte."*)

Das Buch ist ein Beitrag zum interdisziplinären Gespräch zwischen Medizinern und Juristen, deren wissenschaftliche Zusammenarbeit heute mehr denn je erforderlich ist: zum Wohl des einzelnen und zum Wohl der Allgemeinheit. Es hätte nie ohne die dankbar anerkannte Zusammenarbeit mit zahlreichen Wissenschaftlern und Praktikern aus dem Ärztestand zustandekommen können.

Der Schwerpunkt der Darstellung liegt allerdings bei der Analyse zahlreicher, bedrohlich anwachsender (und in den Vereinigten Staaten nahezu unüberblickbar gewordener) Gerichtsentscheidungen zur schadenersatzrechtlichen Haftung des Arztes für Behandlungs- und Aufklärungsmängel auf allen Gebieten der Schulmedizin, der therapeutischen Versuche und der wissenschaftlichen Experimente. Weiterführende juristische und medizinische Literatur ist überall dort mitberücksichtigt, wo dies zur systematischen Ergänzung und Abrundung des in Fülle vorhandenen Arsenals einschlägiger Gerichtsentscheidungen erforderlich war oder sinnvoll erschien. Ein breit angelegtes Stichwortregister soll das Buch auch als Handbuch und Nachschlagewerk zum Recht der zivilrechtlichen Arzthaftung erschließen helfen.

Der Text der Abhandlung erscheint zweisprachig, der Anmerkungsapparat und die hier abgedruckten und für die Entwicklung des modernen Arztrechts wichtigen oder typischen Dokumente des Anhangs erscheinen dagegen nur in

---

*) D. Giesen, Die zivilrechtliche Haftung des Arztes bei neuen Behandlungsmethoden und Experimenten (in deutscher, englischer und französischer Sprache), Bielefeld 1976, S. 7 (Vorwort).

englischer Sprache. Ich bitte die deutschsprachigen Leser um Verständnis für diese nicht allein aus Kostengründen getroffene Entscheidung: Die nicht nur in den Naturwissenschaften und in der Medizin, sondern zunehmend auch in der rechtsvergleichenden Arbeit gemachte Erfahrung war hier ebenfalls einzubringen, daß ein der internationalen Entwicklung des Arzthaftungsrechts ausschließlich in deutscher Sprache gewidmetes rechtsvergleichendes Werk sein Ziel als Beitrag zur internationalen Diskussion des Arztrechts nie erreichen kann; hier bedarf es nach den mit früheren arztrechtlichen Veröffentlichungen des Verfassers gemachten Erfahrungen des Mediums einer breit verstandenen Sprache wie des Englischen.

Ich danke vielen Kollegen aus dem Aus- und Inland: nach der im Anmerkungsteil eingehaltenen Reihenfolge der rechtsvergleichenden Entscheidungs- und Literaturhinweise insbesondere aus England, Australien, Neuseeland, Kanada, den Vereinigten Staaten von Nordamerika, Frankreich, Belgien, der Bundesrepublik Deutschland, der Schweiz und Österreichs, aber auch befreundeten Kollegen vom Straßburger Europarat, aus Japan und Korea sowie jenen mit Arztrecht befaßten Richtern und Kollegen aus den Bereichen von Medizin und Rechtswissenschaft, mit denen ich seit meiner gutachtlichen Tätigkeit zum Thema Arztrecht für den Europarat in Straßburg (1975) und den X. Internationalen Kongreß für Rechtsvergleichung in Budapest (1978) in wissenschaftlichem Kontakt stehe. Sie alle namentlich aufzuführen, würde den üblichen Rahmen eines Vorworts bei weitem überschreiten.

Namentlich möchte ich an dieser Stelle daher nur der Freien Universität Berlin, insbesondere deren Außenamt, für die hilfsbereite Ermöglichung verschiedener Forschungsaufenthalte im Ausland sowie meinen Mitarbeitern danken: ganz besonders Frau Assessorin Irene Fahrenhorst, LL.M., z. Z. Pembroke College, Oxford, für wertvolle und verantwortliche Mithilfe bei allen Teilen dieser Abhandlung; dann auch Frau Assessorin Betina Wieser, Frau Dr. Helen Hartnell von der Staatsuniversität von Illinois in Urbana/Champaign, z. Z. Berlin, Herrn Referendar Wolfram Fischer, Fräulein cand. iur. Christina Stresemann, Herrn cand. iur. Michael Kleine und Mrs. Cheryl Dingeldein, LL.B., z. Z. Berlin, für wichtige Vorarbeiten sowie Miss Helen Turk, B.A. (Oxford/London) und Miss Alexandra Jones, z. Z. New College, Oxford, für die sprachliche Überprüfung des von mir verfaßten englischen Teils der Arbeit.

Meinem Verleger, Herrn Werner Gieseking, und seinen Mitarbeitern danke ich wiederum für das inzwischen seit über zwanzig Jahren bewährte Verständnis für so viele Sonderwünsche und die Betreuung auch dieses Buchs.

Nicht zuletzt aber danke ich meiner lieben Frau für viel Geduld mit mir: Sie hatte während meiner verschiedenen Forschungsaufenthalte im Ausland zu Hause die alleinige Verantwortung und während langer Zeiten der Arbeit an dieser Abhandlung den größten Teil der elterlichen Aufgaben für unsere vier Kinder zu tragen. Durch nüchterne Kritik und manchen aus ihrem ärztlichen Wissen erhobenen fachlichen Einwand hat sie mir viel Anlaß zur kritischen Reflexion gegeben und mich zudem vor einigen zu hoch geschraubten Anforderungen bewahrt, derer sich die eher zu prinzipiell denkenden Juristen mitunter den um das Wohl ihrer Patienten besorgten Ärzte gegenüber schuldig machen. In bezug auf einige ihr zu weit gehende Thesen dieser Abhandlung bekundet sie auch jetzt noch kräftigen Dissens; sie dürfte damit manchem im Dienst des medizinischen Fortschritts stehenden Arzt aus der Seele sprechen; ihr widme ich dieses vor zu viel unreflektiertem und zu wenig abgesichertem Fortschritt warnende und an die Rechte der Patienten auf angemessene Aufklärung und weitgehende Selbstbestimmung gemahnende Buch: Die Achtung dieser Rechte ist zugleich der beste Schutz des sorgfältigen und der Heilkunst verpflichteten Arztes vor jeder späteren haftungsrechtlichen Inpflichtnahme.

Berlin, am 19. März 1981   Dieter Giesen

MONOGRAPHIEN IN AUSWAHL
SELECT MONOGRAPHS

Annas, G. J.	The Rights of Hospital Patients. The Basic American Civil Liberties Union Guide to a Hospital Patient's Rights, New York [Avon Books] 1975
Annas, G. J., L. H. Glantz and B. F. Katz (Eds.)	Informed Consent to Human Experimentation: The Subject's Dilemma, Cambridge (Massachussetts [Harvard University Press]) 1977
Anrys, H.	La Responsabilité Civile Médicale, Bruxelles 1974
Australian Law Reform Commission	The [Australian] Law Reform Commission Report No. 7: Human Tissue Transplants, Canberra [Australian Government Publishing Service] 1977
Beauchamp, T. L. and J. F. Childress	Principles of Biomedical Ethics, New York and Oxford [Oxford University Press] 1979
Blair, A. P.	Accident Compensation in New Zealand. The Law Relating to Compensation for Personal Injury by Accident in New Zealand, Wellington [Butterworths] 1978
Brunhes, J.	Accidents thérapeutiques et responsabilités, Paris [Masson] 1970
Chammard, G. B. and P. Monzein	La Responsabilité Médicale, Paris [Masson] 1974
Charlesworth	Charlesworth on Negligence, 6th ed. (by R. A. Percy), London [Sweet and Maxwell] 1977 (referred to by paragraphs [§§])
[Council of Europe:]	La responsabilité civile des médicins. Ve Colloque de Droit Européen organisé par le Conseil de l'Europe, Lyon, 3–5 Juin 1975, vol. no. 91 of the *Collection de Médecine Légale et de Toxicologie Médicale*, Paris, New York, Barcelona, Milano [Masson] 1976 (main contributions by D. Giesen, Lord Kilbrandon, Mme. M. Revillard and M. B. Sluyters)
Curran, W. J., A. L. McGarry and Ch. S. Petty (Eds.)	Modern Legal Medicine, Psychiatry, and Forensic Science, Philadelphia [F. A. Davis Cpy.] 1980
Dale, J. R. and G. E. Appelbe	Pharmacy Law and Ethics, 2nd ed. London [Pharmaceutical Press] 1979
Deutsch, E.	Medizin und Forschung vor Gericht. Kunstfehler, Aufklärung und Experiment im deutschen und amerikanischen Recht, Heidelberg and Karlsruhe [C. F. Müller] 1978

Monographien in Auswahl

Dickens, B. M.	Medico-Legal Aspects of Family Law, Toronto [Butterworths] 1979
Dunz, W.	Zur Praxis der zivilrechtlichen Arzthaftung, Karlsruhe [C. F. Müller] 1974
van Eys, Jan (Ed.)	Research on Children. Medical Imperatives, Ethical Quandaries, and Legal Constraints, Baltimore, London and Tokyo 1978
Fischer, G.	Medizinische Versuche am Menschen. Zulässigkeitsvoraussetzungen und Rechtsfolgen, Göttingen [O. Schwartz and Co.] 1979
Fleming, J. G.	The Law of Torts, 5th ed. Sydney, Melbourne, Brisbane and Perth [Law Book Cpy.] 1977
Forster, K. (Ed.)	Offene Fragen zwischen Ärzten und Juristen. Studien und Berichte der Katholischen Akademie in Bayern, Würzburg [Echter] 1963
Fritsche, P.	Grenzbereich zwischen Leben und Tod. Klinische, juristische und ethische Probleme, 2nd ed. Stuttgart [Thieme] 1979
Gehring, W.	Die ärztliche Aufklärungspflicht im französischen Recht, Bielefeld [Gieseking] 1964
Geilen, G.	Einwilligung und ärztliche Aufklärungspflicht, Bielefeld [Gieseking] 1963
Giesen, D.	Die zivilrechtliche Haftung des Arztes bei neuen Behandlungsmethoden und Experimenten – Civil Liability of Physicians with regard to New Methods of Treatment and Experimentation – La Responsabilité Civile des Médecins par rapport aux nouveaux Traitements et aux Expérimentations, Bielefeld [Gieseking] 1976
Giesen, D.	Die künstliche Insemination als ethisches und rechtliches Problem, Bielefeld [Gieseking] 1962
Göppinger, H. (Ed.)	Arzt und Recht. Medizinisch-juristische Grenzprobleme unserer Zeit, München [Beck] 1966
Good, C. S. (Ed.)	The Principles and Practice of Clinical Trials, Edinburgh, London and New York [Churchill Livingstone] 1976
Herns, D. A. (Ed.)	Biologically Active Substances: Exploration and Exploitation, Chichester, New York, Brisbane and Tokyo 1977
Holder, A. R.	Medical Malpractice Law, 2nd ed. New York, Chichester, Brisbane and Toronto [Wiley Medical] 1978
Howard-Jones, N. and Z. Bankowski (Eds.)	Medical Experimentation and the Protection of Human Rights, Geneva [Sandoz Institute for Health and Socio-Economic Studies] 1979

Select Monographs

Johnson, F. N. and S. Johnson (Eds.)	Clinical Trials, Oxford, London, Edinburgh and Melbourne 1977
Katz, J., A. M. Capron and E. S. Glass (Eds.)	Experimentation with Human Beings. The Authority of the Investigator, Subject, Profession and State in the Human Experimentation Process, New York [Russell Sage Foundation] 1972
Laufs, A.	Arztrecht, 2nd ed. München [Beck] 1978 (referred to by paragraphs [§§ = Randnummern])
Louisell, D. W. and H. Williams	Medical Malpractice, New York 1969
Marshall, T. D. (Ed.)	The Physician and Canadian Law, 2nd ed. Toronto [Carswell] 1979
Martin, C. R. A.	Law Relating to Medical Practice, 2nd ed. Tunbridge Wells [Pitman] 1979
Ott, W. E.	Voraussetzungen der zivilrechtlichen Haftung des Arztes, Zürich [Schulthess] 1978
Pearson Report	Royal Commission on Civil Liability and Compensation for Personal Injury (Chairman: Lord Pearson), Report in 3 vols., London [Her Majesty's Stationery Office] 1978, Command Paper 7054-I, 7054-II, 7054-III
Penneau, J.	La Responsabilité Médicale, Toulouse 1977
Penneau, J.	Faute et Erreur en Matiere da Responsabilité Médicale, Paris [Masson] 1973
Picard, E. I.	Legal Liability of Doctors and Hospitals in Canada, Toronto [Carswell] 1978
Ramsey, P.	Ethics at the Edges of Life. Medical and Legal Intersections, New Haven and London [Yale University Press] 1978
Reilly, Ph.	Genetics, Law, and Social Policy, Cambridge (Massachussets) [Harvard University Press] 1977
Reiser, St. J., A. J. Dyck and W. J. Curran (Eds.)	Ethics in Medicine: Historical Perspective and Contemporary Concerns, Cambridge (Massachussetts) and London [Harvard University Press] 1977
Richards, P. and H. Mather (Eds.)	Clinical Medicine and Therapeutics, Oxford, London, Edinburgh and Melbourne 1977
Ryckmans, X., R. Meert-Van De Put	Les Droit et les Obligations de Médecins, 2nd ed. Bruxelles 1971
Salmond, J.	Salmond on the Law of Torts, 17th ed. (by R. F. V. Heuston) London [Sweet and Maxwell] 1977; 16th ed. (by R. F. V. Heuston), London [Sweet and Maxwell] 1973 (the latter edition is referred to)

Savatier, R., J. M. Auby, J. Savatier and H. Pequignot	Traité de Droit Médical, Paris [Masson] 1956
Speller, S. R.	Law of Doctor and Patient, London [Lewis and Co.] 1973
Speller, S. R.	Law Relating to Hospitals and Kindred Institutions, London [Lewis and Co.] 1971
Street, H.	The Law of Torts, 6th ed. London [Butterworths] 1976; 5th ed. London [Butterworths] 1972 (the latter edition is referred to)
Taylor, R.	Medicine out of Control. The Anatomy of Malignant Technology, Melbourne [Sun Books] 1979
Thomson, W. A. R.	A Dictionary of Medical Ethics and Practice, Bristol 1977
Tourneau, P. M.	La Responsabilité Civile Médicale, Paris [Masson] 1972
Wade, N.	The Ultimate Experiment: Man-Made Evolution, New York [Walker and Cpy.] 1977
Winfield and Jolowicz	Winfield and Jolowicz on Tort, 11th ed. (by W. V. H. Rogers), London [Sweet and Maxwell] 1979; 10th ed. (by W. V. H. Rogers), London [Sweet and Maxwell] 1975 (the latter edition is referred to)
Wunderli, J., K. Weißhaupt (Eds.)	Medizin im Widerspruch. Für eine humane und aus ethischen Werten orientierte Heilkunde, Olten and Freiburg im Breisgau [Walter] 1977
Yezzi, R.	Medical Ethics. Thinking about unavoidable questions, New York, Chicago, San Francisco, Dallas, Montreal, Toronto, London, Sydney [Holt, Rinehart and Winston] 1980

For complete references to all monographs and articles quoted in this book, cf. the Author Index at pp. 457 ff.

XXIII

ABKÜRZUNGSVERZEICHNIS · LIST OF ABBREVIATIONS

Vorbemerkung:

Die folgende Abkürzungsliste enthält sämtliche in diesem Buch benutzten Abkürzungen. Englischsprachige Abkürzungen ohne Zusatz beziehen sich stets auf in England entschiedene Fälle bzw. dort verlegte Literatur. Wo Verwechslungsgefahr auftreten könnte, zeigt ein Klammerzusatz die Jurisdiktion an, auf die sich das Zitat bezieht. Im übrigen folgt die Zitierweise so eng wie möglich dem *Manual of Legal Citations*, Part I: The British Isles, Lo. 1959, and Part II: The British Commonwealth, Lo. 1960, hg. von dem University of London Institute of Advanced Legal Studies, sowie *A Uniform System of Citation*, 12th ed., 5th Printing Ca. (Mass.) 1979, hg. von der Harvard Law Review Association. Weitere wertvolle bibliographische Hilfsmittel sind Doris M. BIEBER, *Dictionary of Legal Abbreviations Used in American Law Books*, Buffalo (NY) 1979, sowie H. KIRCHNER, *Abkürzungsverzeichnis der Rechtssprache*, 2. Aufl. Berlin 1968. Eine wertvolle Ergänzung ist K. ZWEIGERT/H. KÖTZ, Einführung in die Rechtsvergleichung, II: Institutionen, Tübingen 1969, mit einer Liste wichtiger Abkürzungen auf S. XI–XV.

Note:

This list contains all abbreviations used in this book. English abbreviations with no further explanation of the country or jurisdiction they relate to are, unless they are self-explaining, referring to England. Where abbreviations used do not explain themselves sufficiently to avoid confusion, the country or jurisdiction to which they refer is added within brackets. The abbreviations used here follow as closely as possible the *Manual of Legal Citations*, Part I: The British Isles, Lo. 1959, and Part II: The British Commonwealth, Lo. 1960, ed. by the University of London Institute of Advanced Legal Studies, and *A Uniform System of Citation*, 12th ed., 5th Printing Ca. (Mass.) 1979, ed. by The Harvard Law Review Association. Further very helpful manuals are Doris M. BIEBER'S *Dictionary of Legal Abbreviations Used in American Law Books*, Buffalo (NY) 1979, and H. KIRCHNER'S *Abkürzungsverzeichnis der Rechtssprache*, 2nd ed. Berlin 1968. Another helpful source is K. ZWEIGERT/H. KÖTZ, An Introduction to Comparative Law, I: The Framework, Amsterdam, NY and Oxford 1977, with a list of abbreviations at pp. XIII–XVII.

Abkürzungsverzeichnis

A.	Atlantic Reporter
A. 2d	Atlantic Reporter, Second Series
AAS	Acta Apostolicae Sedis. Commentarium Officiale (of the Holy See)
A. C.	Law Reports, Appeal Cases
AcP	Archiv für die civilistische Praxis (Germany)
A. C. T.	Australian Capital Territory
Adv. Sh.	Advance Sheet (USA)
affd.	affirmed
AG	Amtsgericht (Germany)
AID	Artificial Human Insemination by Donor
Akron L. Rev.	Akron Law Review (USA)
Ala.	Alabama (USA), Alabama Supreme Court Reports
All E. R.	All England Law Reports
ALR	American Law Reports
ALRC [7]	Australian Law Reform Commission [Report No. 7]
Alta.	Alberta (Can.), Alberta Law Reports
AMG	Arzneimittelgesetz (Germany)
AmJur	American Jurisprudence
Amst.	Amsterdam (Holland)
App. Div.	New York Supreme Court Appellate Division
A. R.	1) Alberta Reports (Can.)
	2) American Reports
Arg. (arg.)	argumentum/argumento
Ariz.	Arizona (USA), Arizona Supreme Court Reports
Ark.	Arkansas (USA), Arkansas Supreme Court Reports
Art., Artt.	Article(s)/Artikel
ArztR	Arztrecht
A. T.	Appeal Tribunal (USA)
Aust.	Australia
BAG	Bundesarbeitsgericht (Germany)
BAGE	Entscheidungen des Bundesarbeitsgerichts
BayObLG	Bayerisches Oberstes Landesgericht (Germany)
B. C.	British Columbia (Can.), British Columbia Law Reports
BG	Bundesgericht (Switzerland)
BGE	Entscheidungen des Bundesgerichts (Switzerland)
BGB	Bürgerliches Gesetzbuch (Germany)
BGBl.	Bundesgesetzblatt (Germany)
BGH	Bundesgerichtshof (Germany)
BGHSt	Entscheidungen des BGH in Strafsachen
BGHZ	Entscheidungen des BGH in Zivilsachen
Bie.	Bielefeld (Germany)
Bing. N. C.	Bingham's New Cases
BJM	Basler Juristische Mitteilungen (Switzerland)
Bln.	Berlin (West) (Germany)
BR-Drucks.	Drucksache des Bundesrats (Germany)
BT-Drucks.	Drucksache des Deutschen Bundestags (Germany)
Bulst.	Bulstrode's Reports, King's Bench
BVerfG	Bundesverfassungsgericht (Germany)
BVerfGE	Entscheidungen des BVerfG
BVerfGG	Gesetz über das Bundesverfassungsgericht

List of Abbreviations

CA 1st (2nd, etc.)	United States Court of Appeal, First (Second etc.) Judicial Circuit
C. A.	Court of Appeal
C. A. N. Y.	Court of Appeal, New York
Ca.	Cambridge
Cal.	California (USA), California Reports
Cal. 2d	California Reports, Second Series
Cal. 3d	California Reports, Third Series
Cal. Rptr.	California Reporter
Can.	Canada
C. C.	County Court (USA)
CCA 1st (2nd etc.)	United States Court of Appeal, First (Second etc.) Judicial Circuit
C. C. L. T.	Canadian Cases on the Law of Torts
CDCJ	European Committee on Legal Co-operation (Council of Europe/Europarat)
CDSP	European Public Health Committee (Council of Europe/Europarat)
cert. den.	Certiorari denied
cf.	Confer/see/vergleiche
Ch. D.	Law Reports, Chancery Division
C. J.	Chief Justice
C. L. C.	Current Law Consolidation (England)
C. L. R.	Commonwealth Law Reports (Australia)
Cmnd.	Commandment (U. K.), Command Paper [No.]
Colo.	Colorado (USA)
Colo. Rep.	Colorado Reports
Colum. L. R.	Columbia Law Review
Comm. Pl.	Law Reports, Common Pleas
Comp. L.	Comparative Law
Comyns	Comyns' King's Bench Reports
Conn. Sup.	Connecticut Supplement
C. & P.	Carrington and Payne's Reports
C. R. N. S.	Court de Banc du Roi (de la Reine), Court d'Appel or King's (Queen's) Bench, Court of Appeal, Quebec (Can.)
C. S.	Rapports Judiciaires Officiels, Cour Supérieure, Quebec (Can.)
Ct. App.	Court of Appeal(s) (USA)
Ct. Cl.	Court of Claims (USA)
Ct. Sess.	Court of Session (Cases) Scotland
D.	Recueil Dalloz (France)
D. (Dig.)	Digestae
DC	District Court (USA)
D. C.	1) District of Columbia (USA) 2) Dalloz Critique (France)
Del.	Delaware (USA), Delaware Supreme Court Reports
DH	Dalloz Hebdomadaire (France)
DHEW	(United States) Department of Health, Education and Welfare
Diss.	Dissertation/Doctoral Thesis
DJ	Deutsche Justiz (Germany)
D. L. R.	Dominion Law Reports (Can.)

docs.	documents/Dokumente
D. P.	Dalloz Périodique (France)
DRiZ	Deutsche Richterzeitung (Germany)
dub.	dubitante
Düss.	Düsseldorf
Dunlop's S. C.	Dunlop's Court of Session Cases (Scotland)
E. D.	East District Court (USA)
Eds. (Ed.)	Editors, Editor/Herausgeber
EEG	Electro-Encephalogram/Elektro-Enkephalogramm
EG	Einführungsgesetz (Germany)
e. g.	exempli gratia/for instance/zum Beispiel
ER	English Reports
ETD	Egg Transfer from Donor
Ex.	Law Reports, Exchequer
F. 2d	Federal Reporter, Second Series (USA)
Fam.	Law Reports, Family Division
Fam. L.	Family Law
FamRZ	Zeitschrift für das gesamte Familienrecht (Germany)
Fam. L. Q.	Family Law Quarterly (American Bar Association)
FAZ	Frankfurter Allgemeine Zeitung (Germany)
F. & F.	Foster and Finlason's Nisi Prius Cases
Fla.	Florida (USA)
fol., fols.	folio(s)
F. Supp.	Federal Supplement (USA)
Ga.	Georgia (USA), Georgia Supreme Court Reports
GG	Grundgesetz (Germany)
Gaz. Pal.	Gazette du Palais (France)
Gö.	Göttingen
Harv. L. Rev.	Harvard Law Review
H. C.	High Court
HC	House of Commons
H. & C.	Hurlstone and Coltman's [Exchequer] Reports
HEL	Holdsworth's History of English Law
HL	House of Lords
HMSO	Her Majesty's Stationery Office London
Hospitals, JAHA	Journal of the American Hospital Association
HRGZ	Hanseatische Rechts- und Gerichtszeitschrift (Germany)
HRR	Höchstrichterliche Rechtsprechung (Germany)
HUP	Harvard University Press
ibd.	ibidem
I. C. L. Q.	International Comparative Law Quarterly (London)
i. e.	id est
Ill.	Illinois (USA), Illinois Reports
Ill. App. (2d)	Illinois Appellate Court Reports (Second Series)
Ind.	Indiana (USA), Indiana Supreme Court Reports

List of Abbreviations

J.	Justice/Judge
JAHA	[Hospitals,] Journal of the American Hospital Association
JAMA	Journal of the American Medical Association
Jnl.	Journal
JR	Juristische Rundschau (Germany)
JURA	Juristische Ausbildung (Germany)
JUS	Juristische Schulung (Germany)
JW	Juristische Wochenschrift (Germany)
JZ	Juristenzeitung (Germany)
Kan.	Kansas (USA), Kansas Supreme Court Reports
K. B. (KB)	King's Bench
[1901] K. B.	Law Reports, King's Bench
KG	Kammergericht (Germany)
Ky.	Kentucky (USA), Kentucky Supreme Court Reports
Ky. App.	Kentucky Court of Appeals
L.	Law
La.	Louisiana (USA), Louisiana Supreme Court Reports
Ld. Raym.	Lord Reymond's Reports
LC	Law Commission (UK)
LG	Landgericht (Germany)
L. J., L. JJ.	Lord Justice, Lord Justices
L. J. K. B.	Law Journal, King's Bench
Lloyd's Rep.	Lloyd's List Law Reports
LM	Lindenmaier-Möhring, Nachschlagewerk des BGH (Germany)
Lo.	London
L. Q.	Law Quarterly
L. Q. R.	Law Quarterly Review
LS	Leitsatz (Key Sentence or main point of a decision [used in connection with German decisions])
L. T.	Law Times
Macph.	Macpherson's Court of Session Cases (Scotland)
Man.	Manitoba (Can.)
Man. R.	Manitoba Law Reports
Mass.	Massachussetts (USA), Massachussetts Supreme Judicial Court Reports
Md.	Maryland (USA), Maryland Reports
MDR	Monatsschrift für Deutsches Recht (Germany)
Me.	Maine (USA), Maine Supreme Judicial Court Reports
Med.	Medicine/Medizin/Medical/Medizinische
Med. Jnl. Aust.	The Medical Journal of Australia
Mich.	Michigan (USA), Michigan Supreme Court Reports
Mich. Comp. Laws Ann.	Michigan Compiled Laws Annotated
Mich. L. Rev.	Michigan Law Review
Minn.	Minnesota (USA), Minnesota Supreme Court Reports
Minn. L. Rev.	Minnesota Law Review
Miss.	Mississippi (USA), Mississippi Supreme Court Reports
M. L. R. (MLR)	Modern Law Review (London)

MMW	Münchner Medizinische Wochenschrift
Mo.	Missouri (USA), Missouri Supreme Court Reports
M. R.	Master of the Rolls
Mü.	München/Munich
MünchKomm	Münchener Kommentar zum Bürgerlichen Gesetzbuch, 1978 ff.
Mun. App.	Municipal Court of Appeals, District of Columbia
N. B.	New Brunswick (Can.)
NC	North Carolina (USA), North Carolina Reports, North Carolina Supreme Court Reports
N. D.	North Dakota (USA), North Dakota Supreme Court Reports
n. d.	no date/undatiert
NE	Northeastern Reporter (USA)
NE 2d	Northeastern Reporter, Second Series (USA)
Neb.	Nebraska (USA), Nebraska Supreme Court Reports
New L. J.	New Law Journal (London)
N. F.	Neue Folge/New Series
Nfld.	Newfoundland/Neufundland (Can.)
NH	New Hampshire (USA), New Hampshire Supreme Court Reports
NJ	New Jersey (USA), New Jersey Supreme Court Reports
NJW	Neue Juristische Wochenschrift (Germany)
NM	New Mexico (USA), New Mexico Supreme Court Reports
NS	New Series/Neue Folge
N. S.	Nova Scotia (Can.), Nova Scotia Reports
N. S. W.	New South Wales (Australia)
N. S. W. L. R.	New South Wales Law Reports (Australia)
NW	Northwestern Reporter (USA)
NW 2d	Northwestern Reporter, Second Series (USA)
N. W. T.	Northwest Territories (Can.)
NY	New York, New York Court of Appeals Reports
NYS 2d	New York Supplements Reporter (Second Series)
N. Z.	New Zealand/Neuseeland
N. Z. A. R.	New Zealand Administrative Reports
N. Z. L. J.	New Zealand Law Journal
N. Z. L. R.	New Zealand Law Reports
öOGH	Österreichischer Oberster Gerichtshof (Austria)
ÖJZ	Österreichische Juristen-Zeitung (Austria)
Ohio Op. 3d	Ohio Opinions, Third Series
Ohio Stat.	Ohio State Reports
Okla.	Oklahoma (USA), Oklahoma Supreme Court Reports
OLG	Oberlandesgericht (Germany)
OLGZ	Entscheidungen der Oberlandesgerichte in Zivilsachen (Germany)
O. L. R.	Ontario Law Reports
Ont.	Ontario (Can.)
op. cit.	opus citatum (used in connection with monographs/Verweis auf Monographien)
OR	Obligationenrecht (Switzerland)
O. R.	Ontario Reports
Or.	Oregon (USA), Oregon Supreme Court Reports

List of Abbreviations

OS	Old Series/Alte Folge
OUP	Oxford University Press
OVG	Oberverwaltungsgericht (Germany)
O. W. N.	Ontario Weekly Notes
P.	1) Law Reports, Probate, Divorce and Admiralty
	2) Pacific Reporter
P. 2d	Pacific Reporter, Second Series
Pa	Pennsylvania (USA), Pennsylvania Supreme Court Reports
Pa.	Paris
P. C.	Privy Council
P. E. I.	Prince Edward Island (Can.)
Pearson Commission	Royal Commission on Civil Liability and Compensation for Personal Injuries, Report, 3 vols., Lo. 1978, Cmnd. 7054-I, -II, -III
Pearson Report	see Pearson Commission (called after its Chairman, Lord Pearson)
Phil.	Philadelphia (USA), Philadelphia Reports
Q.	Quarterly, sometimes used for Quebec (Can.)
Q. B. (QB)	Law Reports, Queen's Bench
Que.	Quebec (Can.)
R.	House of Lords Appeals, Rettie's Court of Session Cases (Scotland)
Recs.	Recommendations/Empfehlungen
refs.	references/Hinweise auf weitere Literatur
reh. den.	Rehearing denied
Rev.	Review
revd.	Decision reversed
RG	Reichsgericht (Germany)
RGBl.	Reichsgesetzblatt (Germany until 1945)
RGSt	Entscheidungen des Reichsgerichts in Strafsachen (Germany)
RGZ	Entscheidungen des Reichsgerichts in Zivilsachen (Germany)
R. I.	Rhode Island (USA), Rhode Island Supreme Court Reports
R. S. [+Jurisdiction]	Revised Statutes [with Jurisdiction added]
s.	section
Sask.	Saskatchewan (Can.), Saskatchewan Law Reports
Sask. L. Rev.	Saskatchewan Law Review
S. C.	1) Court of Session Cases (Scotland)
	2) Supreme Court (USA), Supreme Court Reporter
1901 S. C.	Court of Session Cases (Scotland)
S. C. C.	Supreme Court of Canada
S. C. R.	Canada Supreme Court Reports
S. Ct.	Supreme Court (USA), Supreme Court Reporter
S. D.	South Dakota (USA), South Dakota Reports
SE	Southeastern Reporter (USA)
Sem. Jud.	La Semaine Judiciaire (Switzerland, Geneva)
S. J.	Solicitors' Journal (England)
SJZ	Schweizerische Juristen-Zeitung (Switzerland)
S. L. T.	Scots Law Times

So.	Southern Reporter (USA)
S. R. (N. S. W.)	State Reports, New South Wales (Australia)
sub. nom.	sub nomine (used in decisions when case name changed during proceedings)
SW	Southwestern Reporter (USA)
SW 2d	Southwestern Reporter, Second Series (USA)
SchwStGB	Schweizerisches Strafgesetzbuch (Switzerland)
StGB	[Deutsches] Strafgesetzbuch (Germany)
Tas.	Tasmania (Australia)
Tas. L. R.	Tasmanian Law Reports
Tasm.	Tasmanian State Reports
Tenn.	Tennessee (USA), Tennessee Supreme Court Reports
Tex.	Texas (USA), Texas Supreme Court Reports
T. L. R.	Times Law Reports (London)
To.	Toronto
Tou.	Toulouse
Tüb.	Tübingen
Tul. L. Rev.	Tulane Law Review (USA)
Tulsa L. J.	Tulsa Law Journal (USA)
U. K. (UK)	United Kingdom of Great Britain and Northern Ireland
ULA	Uniform Laws Annotated (USA)
Univ. Cin. L. Rev.	University of Cincinnati Law Review
Univ. Colo. L. Rev.	University of Colorado Law Review
Univ. Det. Jnl. Urb. L.	University of Detroit Journal of Urban Law
Univ. Fla. L. Rev.	University of Florida Law Review
Univ. Richmond L. Rev.	University of Richmond Law Review
Univ. Tor. L. Rev.	University of Toronto Law Review
US	United States Supreme Court Reports
USA	United States of America
USC	United States Code
U. S. L. W.	United States Law Week
Va	Virginia (USA), Virginia Reports, Virginia Supreme Court Reports
Vand. L. Rev.	Vanderbilt Law Review (USA)
VersR	Versicherungsrecht (Germany)
Vict.	Victoria (Australia), Victorian Reports (Australia)
V. R.	Victorian Reports (Australia)
Vt	Vermont (USA), Vermont Reports
W. A. L. R.	Western Australian Law Reports
W. A. R.	Western Australian Reports
Wash. & Lee L. Rev.	Washington and Lee Law Review

WHO	World Health Organisation
Wils.	Wilson's King's Bench Reports
W. L. R.	1) Weekly Law Reports (England)
	2) Western Law Reporter (Can.)
Wm. & Mary L. Rev.	William and Mary Law Review (USA)
W. N.	Weekly Notes (England)
Woodhouse Report	Compensation for Personal Injury in New Zealand: Report of the Royal Commission of Inquiry (Chairman: Mr Justice Woodhouse), Wellington 1967
Wschr.	Wochenschrift
W. Va.	West Virginia
W. W. R.	Western Weekly Reports (Can.)
Y. B.	Year Book
YUP	Yale University Press
ZBJV	Zeitschrift des Bernischen Juristenvereins (Switzerland)
ZfV	Zeitschrift für Versicherungswesen (Germany)
ZGB	Zivilgesetzbuch (Switzerland)
ZR	[Blätter für] Zürcherische Rechtsprechung (Switzerland)
ZPO	Zivilprozeßordnung (Germany)
ZRP	Zeitschrift für Rechtspolitik (Germany)

VERZEICHNIS DER ENTSCHEIDUNGEN

TABLE OF CASES

(All references are to pages)

A. B. v. C. D. (1851) Dunlop's S. C. 177 (Scot. C. S.)	329
Abott Laboratories v. Lapp 78 F. 2d 170 (CA 7th Ill. 1935).	363
Abel v. Cooke and Lloydminster and District Hospital Board [1938] 1 W. W. R. 49, 1 D. L. R. 2d 170 (Alta. C. A.)	295, 345, 388
Adderly v. Bremner (1968) 1 O. R. 621 (H. C.)	297
A. G. v Mulholland [1963] 2 Q. B. 477 (C. A.).	320
Aiken v. Clary, 396 SW 2d 668 (Mo. 1965)	325
Akarele v. The King [1943] A. C. 255	286
Akins v. Novinger 322 F. Supp. 1205 (D. C. Tenn. 1970)	298, 305
A. L. v. G. R. H. (Ind.), 325 NE 2d 501 (1975)	322
Alden v. Providence Hospital 383 F. 2d 163 (Ca D. C. 1967)	343
Ales v. Ryan 64 P. 2d 409 (Cal. 1936)	294
Allard v. Boykowich [1948] 1 W. W. R. 860 (Sask. K. B.)	283
Ammerman v. Newman 384 A. 2d 637 (D. C. 1978)	333

Amtsgericht (Germany)

Friedberg, 19. 11. 1963, FamRZ 1964, 569	381
Neuss, 4. 8. 1977, NJW 1978, 592	293
Anchor Products v. Hedges (1966) 115 C. L. R. 493	388
Anderson v. Chasney [1949] 4 D. L. R. 71, affd. [1950] 4 D. L. R. 233 (S. C. C.)	294, 296, 348, 387, 393, 395
Anderson v. Moore 202 Neb. 452, 275 NW 2d 842 (1979)	383, 384, 386
Anonymous v. Anonymous 246 NYS 2d 835 (1964)	379
Anonymous v. Anonymous 325 NYS 2d 499, 67 Misc. 2d 982 (1971).	367
Anonymous, In re, 57 Misc. 2d 813, 293 NYS 2d 834 (1968)	367
Anonymous, In re, 64 Misc. 2d 309, 413 NYS 2d 668 (1970)	367
Anonymous v. Hospital 33 Conn. Sup. 125, 366 A. 2d 204 (1974)	•322
Anonymous v. Weiner 50 Misc. 2d 380, 270 NYS 319 (1966)	379

Appellationsgerichtshof Bern (Switzerland)

25. 6. 1935, ZBJV 72 (1936) 338	299
26. 11. 1936 ZBJV 74 (1938) 286	297
Appellationsgericht Freiburg (Schw.), 9. 12. 1959, SJZ (1961) 357 No. 143	298
Arnold v. Wooley 514 P. 2d 599 (Idaho 1973)	295
Ares v. Venner [1970] S. C. R. 608, 73 W. W. R. 347, 14 D. L. R. 3rd 4	385, 392
Atkins v. Humes 110 So. 2d 663 (Fla. 1959)	325
Aynsley v. Toronto General Hospital [1972] S. C. R. 435, 25 D. L. R. 3rd 241	305, 344, 345
Badger v. Surkan (1970) 16 D. L. R. 3rd 146, affd. [1973] 1 W. W. R. 302, 32 D. L. R. 3rd 216 (Sask. C. A.)	290, 293, 298, 349, 387
Baills v. Boulanger (1924) 4 D. L. R. 1083 (Alta. C. A.)	350, 351, 387
Ballance v. Wentz 206 SE 2d 734 (NC 1974)	387

Ballard v. N. B. Railway 1923 S. C. 43 389
Baltzan v. Fidelity Insurance (1932) 2 W. W. R. 140, affd. [1933] 2 W. W. R. 203
  (Sask. C. A.) 286, 296
Banbury v. Bank of Montreal (1918) A. C. 626 (H. L.) 282, 327
Bank of Montreal v. Dominion Guarantee Co. Ltd. [1930] A. C. 659 296
Barker v. Lockhart [1940] 3 D. L. R. 427 (N. B. C. A.) 295, 344
Barkway v. South Wales Transport Co. Ltd. [1948] 2 All E. R. 460, [1950] 1 All
  E. R. 392 . . . . 386, 388, 390
Barnett v. Bachrach 34 A. 2d 626 (D. C. Mun. App. 1943) 310, 327
Barnett v. Chelsea and Kensington Hospital Management
  Committee [1969] 1 Q. B. 428, [1968] 1 All E. R. 1068 . . . . 297, 302, 344
Barnette v. Potenya 359 NYS 2d 432 (NY 1974) 317
Baugh v. Delta Water Ltd. [1971] 1 W. L. R. 1295 308
Bayerisches Oberstes Landesgericht (Germany)
  25. 9. 1975, FamRZ 1976, 43 315
Beadling v. Sirotta 197 A. 2d 857 (N. J. S. C. 1964) 283
Beatty v. Cullingworth (1896) British Medical Jnl., 21st November, 1896 317
Beatty v. Sisters of Misericorde of Atlanta [1935] 1 W. W. R. 651 (Alta. S. C.) 298
Beaudoin v. Watertown Memorial Hospital 32 Wisc. 2d 132, 145 NW 2d 166 (1966) . 385
Beausoleil v. Soeurs de la Charité (1966) 53 D. L. R. 2nd 65 (Que. C. A.)
  . . . . 326, 332, 344, 385, 392
Beck v. Lovell 361 So. 2d 245 (La. App. 1978) 310, 315, 328
Bell v. R. (1973) 44 D. L. R. 3rd 549 . . . . 291, 292
Bellizia v. Meares [1971] V. R. 641 . . . . 388, 390
Benett v. C. (1968) 7 W. L. R. 740 (Man. T. D.) 291, 292
Bennet v. Graves 557 SW 2d 893 (Ky. App. 1977) 319
Benson v. Dean 133 NE 125 (NY 1921) 298, 305
Bergstreser v. Mitchell 577 F. 2d 22 (8th Cir. 1978) 307, 380
Bergstrom v. C. [1967] C. S. 513 (Que.) 301, 387
Beringer v. Lackner 73 NE 2d 620 (Ill. 1947) 310
Berkey v. Anderson 1 Cal. App. 3d 790, 82 Cal. Rptr. 67 (1969) 318
Bernier v. Sisters of Service [1948] 1 W. W. R. 113 (Alta. C. A.) 298
Best v. Samuel Fox and Co. Ltd. [1951] 2 All E. R. 116 306
Blaikie v. British Transport Commission (1961) S. C. 44 302
Blankenship v. Baptist Memorial Hospital 168 SW 2d 591 (Tenn. 1942) 291
Bly v. Rhoads 216 Va. 645, 222 SE 2d 783 (1976) 318
Blyth v. Birmingham Waterworks Co. (1856) 11 Ex. 781, 156 ER 1067 287
Boddy v. Parker 45 App. Div. 2d 1000, 358 NYS 2d 218 (1974) 330
Bolam v. Friern Hospital Management Committee [1957] 2 All E. R. 118, 1 W. L. R.
  582 . . . . 287, 289, 290, 291, 292, 294, 304, 317, 350, 387
Bolton v. Stone [1951] 1 All E. R. 1978, A. C. 850 (H. L.) 289, 388
Bonner v. Moran 126 F. 2d 121 (D. C. C. A. 1941), 75 DC App. 156 . . . . 312, 369, 372
Bonnington Castings v. Wardlaw [1956] 1 All E. R. 615, 1 A. C. 613 (H. L.) 385
Boomer v. Penn (1965) 52 D. L. R. 2nd 673 (Ont.), 1 O. R. 119 331
Borne v. Brumfield 363 So. 2d 79 (La. App. 1978) 287, 300, 386
Bosman v. Davis 48 Ohio St. 41, 356 NE 2d 496 (1976) 322
Booth v. Toronto General Hospital (1970) 17 O. W. R. 118 (K. B.) 312
Bourhill v. Young [1943] A. C. 92 302
Bowers v. Garfield 382 F. Supp. 508, affd. 503 2d 1398 (CA Pa. 1974) 317
Bowers v. Talmadge 159 So. 2d 888 (Fla. App. 1963) 312

Table of Cases

Brandt v. Grubin 131 NJ 182, 329 A. 2d 82 (1974) 301
Bravery v. Bravery [1954] 1 W. L. R. 1169 325
Bria v. St. Joseph's Hospital 113 Conn. 626, 220 A. 2d 29 (1966) 301
Briginshaw v. Briginshaw (1968) C. L. R. 336 386
Browne v. Lerner (1940) 48 Man. R. 128 K. B. 305
Bruce v. United States 167 F. Supp. 579 (D. C. Cal. 1958) 291
Brune v. Belinkoff 235 NE 2d 793 (Mass. 1968) 304
Bruni v. Tatsumi 346 NE 2d 673 (Ohio 1976) 392, 394
Bryant v. St. Paul Fire and Marine Insurance Co. 272 So. 2d 448 (La. App. 1973) . . 315
Buck v. English Electric Co. Ltd. [1977] 1 W. L. R. 806 284
Buckpitt v. Oates [1968] 1 All E. R. 1145 . . . . 314, 325
Bugden v. Harbour View Hospital [1947] 2 D. L. R. 338 (N. S. S. C.) 297, 344
Bullard v. Croyden Hospital Group Management Committee [1953] 1 Q. B. 511 . . 344

Bundesgericht (Switzerland)
20. 9. 1927, BGE 53 II 298 . . . . 283, 298, 300
23. 11. 1927, BGE 53 II 419 . . . . 290, 295
6. 5. 1931, BGE 57 II 196 . . . . 290, 297, 298, 299, 348
28. 5. 1935, BGE 61 II 196 298
17. 9. 1936, BGE 62, II 274 . . . . 288, 290, 297
25. 5. 1938, BGE 64 II 254 285
14. 6. 1938, BGE 64, II 200 . . . . 283, 287, 288, 292, 297, 302
20. 9. 1938, BGE 64 II 320 296
20. 2. 1940, BGE 66 II 34 283
27. 1. 1941, BGE 67 II 22 . . . . 288, 305
15. 12. 1941, BGE 67 II 321 299
10. 10. 1944, BGE 70 II 207 290
14. 12. 1954, BGE 80 II 348 302
11. 6. 1959, BGE 85 II 344 295
28. 6. 1972, BGE 98 Ia 508 . . . . 374, 375
3. 7. 1975, BGE 101 II 177 . . . . 285, 374, 375

Bundesarbeitsgericht (Germany)
343 10. 6. 1969, BAGE 25, 63 = NJW 1969, 2299 . . . .

Bundesgerichtshof (Germany)
11. 5. 1951, BGHZ 2, 138 = NJW 1951, 711 302
23. 10. 1951, BGHZ 3, 261 = LM BGB § 823 [C] No. 1 . . . . 289, 303
13. 12. 1951, BGHZ 4, 138 = LM BGB § 278 No. 4 = NJW 1952, 382
. . . . 296, 386, 387, 388
27. 2. 1952, BGHZ 5, 321 = LM BGB § 31 No. 4 = NJW 1952, 685 = VersR
1952, 180 . . . . 296, 342
25. 9. 1952, BGHZ 7, 198 = LM BGB § 823 [C] No. 6 = NJW 1953, 700 . . . 302
27. 11. 1952, BGHZ 8, 138 = LM BGB § 276 (Ca) No. 3 = NJW 1953, 257
. . . . 288, 291, 293, 297
20. 12. 1952, BGHZ 8, 243 = LM BGB § 823 (Aa) No. 5 = NJW 1953, 417 . . 380
29. 6. 1953, LM ZPO § 286 [C] No. 15 . . . . 387, 390
10. 3. 1954, BGHSt 6, 147 = LM StGB § 330 c No. 7 = NJW 1954, 1048 . . . 327
14. 4. 1954, LM ZPO § 286 [C] No. 6 = VersR 1954, 290 . . . . 387, 395
16. 4. 1955, VersR 1955, 344 296
11. 5. 1956, LM BGB § 823 [Bd] No. 2 = VersR 1956, 493 288

XXXVI Verzeichnis der Entscheidungen

13. 5. 1955, BGHZ 17, 214 = NJW 1955, 1314 285
22. 6. 1955, VersR 1955, 573 291
6. 7. 1955, BGHZ 18, 149 = NJW 1955, 1675 285
21. 12. 1955, LM ZPO § 286 [C] No. 25 = NJW 1956, 1835 . . . 385, 386, 388, 390
13. 2. 1956, BGHZ 20, 61 = NJW 1956, 629 .... 352, 353, 355, 358
17. 2. 1956, VersR 1956, 224 362
10. 7. 1956, LM ZPO § 286 [C] No. 26 = NJW 1956, 1638 386
16. 10. 1956, NJW 1956, 1834 .... 297, 301, 342
29. 10. 1956, BGHZ 22, 90 = LM Allgemeine Geschäftsbedingungen No. 1 = NJW 1957, 17 316
15. 2. 1957, LM BGB § 823 (Aa) No. 11 312
4. 3. 1957, BGHZ 24, 21 = LM BGB § 831 [E] No. 2 = NJW 1957, 785
.... 384, 386
28. 11. 1957, BGHSt 11, 111 = LM StGB § 223 No. 5 = NJW 1958, 267
.... 308, 310, 311
5. 12. 1958, BGHZ 29, 33 = LM BGB § 107 No. 3 = NJW 1959, 811 . . . 313, 354
9. 12. 1958, BGHZ 29, 46 = LM BGB § 276 (Ca) No. 8 = NJW 1959, 811
.... 309, 311, 319, 320, 324
16. 1. 1959, BGHZ 29, 176 = LM BGB § 276 (Ca) No. 9 = NJW 1959, 814 =
VersR 1959, 312 .... 289, 308, 319, 324, 325, 326, 327, 355, 392
10. 2. 1959, BGHSt 12, 379 = LM StGB § 222 No. 42 = NJW 1959, 825
.... 313, 329, 362
28. 4. 1959, LM BGB § 823 [Aa] No. 15 = NJW 1959, 1583 ...... 297, 299, 391
30. 6. 1959, LM BGB § 831 [Fc] No. 9 = NJW 1959, 2302 = VersR 1960, 19. . 343
2. 10. 1959, MDR 1959, 503 329
22. 1. 1960, VersR 1960, 416 .... 345, 386
21. 6. 1960, NJW 1960. 2253 294
20. 12. 1960, LM BGB § 276 (Ca) No. 12 = NJW 1961, 261 316
21. 12. 1960, NJW 1961, 777 394
24. 4. 1961, LM BGB § 839 (Fc) No. 15 313
26. 9. 1961, LM BGB § 276 [Ca] No. 14 NJW 1961, 2302 320
20. 10. 1961, VersR 1962, 155 362
14. 11. 1961, VersR 1962, 250 362
3. 5. 1962, LM StGB § 222 No. 48 = NJW 1962, 1780 290
8. 5. 1962, LM BGB § 612 No. 5 = NJW 1962, 1763 342
16. 10. 1962, NJW 1963, 393 .... 317, 325
6. 11. 1962, LM BGB § 611 No. 19 = NJW 1963, 389 = JZ 1963, 369
.... 391, 392, 394
4. 12. 1962, VersR 1963, 168 392
28. 6. 1963, JZ 1964, 231 289
2. 12. 1963, LM BGB § 823 [Dd] No. 12 = NJW 1964, 1177 326
17. 2. 1964, BGHZ 41, 151 = LM Allgemeine Geschäftsbedingungen No. 17 =
NJW 1964, 1123 316
13. 10. 1964, LM BGB § 276 [Ca] No. 14 b = NJW 1965, 345 296
2. 3. 1965, VersR 1965, 583 302
9. 3. 1965, BGHZ 43, 178 = NJW 1965, 1177 303
18. 5. 1965, NJW 1965, 2005 = VersR 1965, 718 326
22. 3. 1966, BGHSt 21, 50 = LM StGB § 330 c No. 13 = NJW 1966, 1172. . . 327
7. 6. 1966, VersR 1966, 853 305
11. 4. 1967, LM ZPO § 286 [C] No. 55 = NJW 1967, 1508 391

Table of Cases XXXVII

27. 4. 1967, VersR 1967, 775 295
30. 10. 1967, BGHZ 49, 19 = LM BGB § 31 No. 14 = NJW 1968, 391 342
12. 12. 1967, VersR 1968, 280 297
12. 3. 1968, NJW 1968, 1185 391
11. 6. 1968, LM ZPO § 286 [C] No. 56 b = NJW 1968, 2291 391
8. 10. 1968, LM StGB § 300 No. 4 = NJW 1968, 2288 391
26. 11. 1968, BGHZ 51, 91 = NJW 1969, 269 . . . . 305, 363, 364, 384, 386
17. 12. 1968, LM BGB § 282 No. 17 = NJW 1969, 553 391
2. 12. 1969, VersR 1970, 256 298
13. 1. 1970, LM BGB § 276 [Ca] No. 167 = NJW 1970, 511 = VersR 1970, 324 299
3. 3. 1970, VersR 1970, 544 . . . . 298, 391
7. 7. 1970, LM BGB § 433 No. 21 = NJW 1970, 1963 295
28. 9. 1970, LM BGB § 433 No. 36 = NJW 1970, 2104 = JZ 1971, 29 . . . 386, 391
22. 6. 1971, LM BGB § 823 [Aa] No. 26 = NJW 1971, 1887 = VersR 1971, 929
    . . . . 289, 316, 326, 352, 393
21. 9. 1971, BGHZ 57, 63 = NJW 1972, 334 = FamRZ 1972, 82 (revd. BVerfG
    11. 10. 1978, FamRZ 1979, 25) 322, 342, 367
14. 10. 1971, BGHZ 57, 137 = NJW 1972, 36 302
3. 11. 1971, BGHZ 57, 229 = NJW 1972, 199 381
16. 11. 1971, LM BGB § 823 [Aa] No. 28 = NJW 1972, 335 = VersR 1972, 153
    = FamRZ 1972, 89 . . . . 289, 313, 314, 319, 324, 354
16. 5. 1972, NJW 1972, 1520 = VersR 1972, 882 . . . . 296, 390, 394
19. 6. 1972, VersR 1973, 862 343
11. 7. 1972, BGHZ 59, 172 = LM BGB § 823 [Eh] No. 24 = NJW 1972, 2217 . 363
5. 10. 1972, BGHZ 59, 310 = LM GG Art. 34 No. 90 = NJW 1973, 554 285
28. 11. 1972, LM BGB § 823 [Aa) No. 32 = NJW 1973, 556 = VersR 1973, 144
    . . . . 320, 324, 325
8. 5. 1973, BGHZ 60, 377 = NJW 1973, 1194 316
5. 7. 1973, BGHZ 61, 118 = NJW 1973, 1688 . . . . 326, 327, 384, 386, 391
12. 2. 1974, LM BGB § 823 [Aa] No. 34 = NJW 1974, 1422 289
18. 3. 1974, LM BGB § 276 [Ca] No. 19 = NJW 1974, 1424 . . . . 292, 304
9. 12. 1974, BGHZ 63, 265 = NJW 1975, 589 285
22. 4. 1975, NJW 1975, 1463 . . . . 299, 342, 387, 388, 391, 393, 395, 396
24. 6. 1975, NJW 1975, 2245 = VersR 1975, 952 292
4. 11. 1975, NJW 1976, 363 = VersR 1976, 294 . . . . 319, 320, 324, 326
25. 11. 1975, NJW 1976, 365 = VersR 1976, 294 . . . . 309, 320
16. 12. 1975, NJW 1976, 1147 286
24. 5. 1976, BGHZ 66, 315 = NJW 1976, 1505 284
29. 6. 1976, BGHZ 67, 48 = NJW 1976, 2015 . . . . 308, 311, 317, 322
2. 11. 1976, NJW 1977, 337 = ArztR 1978, 46 . . . . 310, 311, 324
15. 3. 1977, NJW 1977, 1102 . . . . 283, 290, 386
22. 3. 1977, VersR 1977, 644 . . . . 292, 349, 350
27. 9. 1977, NJW 1978, 587 = VersR 1978, 41 . . . . . 293, 307, 324, 332, 350, 351
11. 10. 1977, NJW 1978, 584 = VersR 1978, 82 . . . . . 291, 292, 343, 385, 390, 392
22. 2. 1978, NJW 1978, 1206 . . . . 289, 308, 311, 319
14. 3. 1978, LM BGB § 831 [Fc] No. 12 = NJW 1978, 1681 = VersR 1978, 542
    . . 283, 290, 301, 304, 342, 343, 384, 385, 386, 387, 389, 390, 391, 392, 393, 395
9. 5. 1978, NJW 1978, 1683 = VersR 1978, 764 391
27. 6. 1978, BGHZ 72, 132 = NJW 1978, 2337 = JZ 1978, 721
    . . . . 320, 349, 358, 385, 390, 391, 392, 393, 394

XXXVIII Verzeichnis der Entscheidungen

20. 2. 1979, NJW 1979, 1248 = VersR 1979, 376 288
8. 5. 1979, LM BGB § 823 [Aa] Nos. 41/42 = NJW 1979, 1935 = VersR 1979,
718. 342
15. 5. 1979, VersR 1979, 720 = JZ 1979, 530
. . . . 289, 307, 308, 312, 320, 324, 342, 384, 391
10. 7. 1979, VersR 1979, 1012 . . . . 309, 326
23. 10. 1979, VersR 1980, 68 . . . . .318, 319/320, 324
22. 1. 1980, NJW 1980, 1333 = VersR 1980, 428
. . . . 304, 308, 309, 326, 327, 352, 384, 390, 394
18. 3. 1980, NJW 1980, 1450. . . . . 306, 307
22. 4. 1980, VersR 1980, 768 = NJW 1980, 1905 342
24. 6. 1980, VersR 1980, 940 = NJW 1980, 2751
. . . . 309, 324, 352, 384, 388, 394, 395, 396
23. 9. 1980, VI ZR 189/79 NJW 1981, 633 324

Bundesverfassungsgericht (Germany)
19. 10. 1971, BVerfGE 32, 98 = NJW 1972, 327 = FamRZ 1972, 79 315
25. 2. 1975, BVerfGE 39, 1 = NJW 1975, 595 = FamRZ 1975, 205. . . . . 321, 382
11. 10. 1978, FamRZ 1979, 25 . . . . .323, 367, 368
25. 7. 1979, BVerfGE 52, 131 = NJW 1979, 1925 . . . . .384, 391, 394
Bunyan v. Jordan (1937) 57 C. L. R. 1 302
Burcus v. Brown (1977) 2 A. R. 89 (T. D.) 386
Burk v. S., B. and K. (1952) 4 W. W. R. 520 (B. C. S. C.) 312
Burns v. Owens 459 SW 2d 303 (Mo. 1970) 301
Bushmann v. Burns Clinic Medical Center 268 NW 2d 683 (Mich. App. 1978),
47 U. S. L. W. (Mich. Ct. App., 22nd May 1978). 306, 307
Butler v. Berkeley 25 NC App. 325, 213 SE 2d 571 (1975) 318, 320
Butler v. Flint-Goodridge Hospital of Dillard University 354 So. 2d 1070
(La. Ct. App. 1978). 338
Byrne v. Boadle (1863) 2 H. and C. 722 388

Cahoon v. Edmonton Hospital Board (1957) 23 W. W. R. 131 (Alta. S. C.) 298
Calabrese v. Trenton State College 392 A. 2d 600 (NJ 1978) 310, 385, 393
Caldiera v. Gray (1973) The Times, 15th February 297
Caldwell v. Missouri State Life Insurance Co. 230 WS 566 (Ark. 1921). 315
Campbell v. Wainwright 416 F. 2d 949 (CCA 5th 1969) 378
Canterbury v. Spence 464 F. 2d 772, cert. den 409 US 1064 93 S. Ct. 560 (1972)
. . . . .317, 318, 319
Capuano v. Jacobs 305 NYS 2d 837 (NY 1969). 299
Cardin v. Montreal (1961) 29 D. L. R. 2nd 492 (S. C. C. 302, 386, 387, 388, 389
Carman v. Dippold 379 NE 2d 1365 (Ill. App. 1978) 320
Carpenter v. Blake 60 Barbour 488 (S. C. NY 1871) revd. on other grounds
50 NY 696 (1872) 346
Carreras v. D. E. and J. Levy (1970) 215 E. G. 707 305
Carruthers v. Phillips 131 P. 2d 193 (Or. 1942). 387
Carter v. Carter (1974) 53 D. L. R. 3rd 491. 330
Carter v. Ries 378 SW 487 (Mo. 1964) 291
Cassidy v. Ministry of Health [1951] 2 K. B. 343, 1 All E. R. 574 (C. A.)
. . . . .295, 300, 305, 344, 345, 358, 384, 385, 387, 388

Table of Cases

Casson v. Haig (1914) 5 O. W. N. 437 (K. B.) 297
Cass. reg., 28. 1. 1942, D. C. 1942 63 346
Cavan v. Wilcox (1974) 50 D. L. R. 3rd 687 (S. C. C.), [1975] 2 S. C. R. 663 . . . 389, 390
Challand v. Bell (1959) 18 D. L. R. 2nd 150 (Alta. S. C.) 296
Chamler v. McLure 505 F, 2d 489 (CCA 6th 1974) 291
Chaproniere v. Mason (1905) 21 T. L. R. 633 . . . . 388, 390
Chapman v. Carlson 240 So. 2d 263 (Miss. 1970) 304
Chapman v. Ellesmere [1932] 2 K. B. 431 325
Chapman v. Rix (1958) The Times, 10th November 299
Chappetta v. Ciaravella 311 So. 2d 563 (La. 1975) 294
Chester v. Waverley Corporation (1939) 62 C. L. R. 1 (H. C. Aust.) 302
Chesworth v. Farrar [1967] 1 Q. B. 407 285
Child v. Vancouver General Hospital [1970] S. C. R. 477 303
Chin Keow v. Government of Malaysia [1967] 1 W. L. R. 813 (P. C.)
. . . . 291, 292, 298, 350, 362
Christianson v. Downs 279 NW 2d 918 (Wisc. 1979) 287
Chubey v. Ashan [1975] 1 W. W. R. 120 (Man. Q. B.) affd. [1976] 3 W. W. R. 367
(Man. C. A.) 289, 387, 393
Chute Farms v. Curtis (1961) The Times, 10th October 299
Clark v. United States 402 F. 2d 950 (CCA 4th 1968) 298, 299
Clarke v. Adams (1950) C. L. C. 6673, 94 S. J. 599 . . . . 292, 296
Cobbs v. Grant 502 P. 2d 1, 8 (Cal. Ct. App. 1972) 317, 319, 332
Coe v. Bolton Dkt. No. C76 – 785 A (N. D. Ga., 30. 9. 1976) 322
Coggs v. Bernard (1703) 2 Ld. Raym. 909, 92 ER 107 (K. B.),
1 Comyns 133, 92 ER 999. . . . . 282, 287
Colby v. Schwartz 78 Cal. App. 3d 885, 144 Cal. Rptr. 628 (1978) 329
Coles v. Reading Hospital Management Committee (1963) 107 S. J. 115, The Times,
31st January 299, 346
Collins v. Hertfordshire C. C. [1947] 1 All E. R. 633, K. B. 958 . . . . 297, 344, 345
Colp v. Ringrose, Judicial District of Edmonton No. 84474, 6. 10. 1976 306
Comiskey v. Arlen 55 App. Div. 2d 304, 390 NYS 2d 122 (S. C. App. Div. 1976)
. . . . 337, 338
Commonwealth v. Farrell 322 Mass. 606, 78 NE 2d 697 (1948) 368
Commonwealth v. Golston 366 NE 744 (Mass. 1977) 374
Cooper v. Nevill (1961) The Times, 24th March 294, 296, 384, 385, 387
Corbett v. Corbett [1970] 2 All E. R. 33, [1971] P. 83 . . . . 322, 367
Corder v. Banks (1960) The Times, 9th April 299
Cork v. Kirbi MacLean [1952] 2 All E. R. 402, 407 302
Corothers et al v. Slobodian [1974] 51 D. L. R. 3rd 1, [1975] 2 S. C. R. 633, [1975] 3
W. W. R. 142. . . . . 378/379
Costa v. Regents of the University of California 254 P. 2d 85 (Cal. 1953) 295
Cour de Cassation (Civ.) (France)
20. 5. 1936, D. P. 1936.1.88 . . . . 285, 394
29. 5. 1951, D. 1952.53. 393
1. 7. 1958, D. 1958.600. 350
Cour de Justice Geneve (Switzerland)
18. 5. 1934, SJZ 32 (1935/36) 9 No. 8 . . . . 293, 297
15. 3. 1935, SJZ 32 (1935/36) 298 No. 215 . . . . 290, 298
3. 5. 1974, Sem. Jud. 97 (1975) 73. 295
Crawford v. Anagnostopoulos 387 NE 2d 1064 (Ill. App. 1979) 384

Crichton v. Hastings (1972) 29 D. L. R. 3rd 692 (Ont. C. A.)
. . . . 299, 309, 309, 346, 351, 360
Crits v. Sylvester [1956] 1 D. L. R. 2nd 502, O. R. 132, affd. [1956] S. C. R. 991,
5 D. L. R. 2nd 601 . . . . 288, 290, 292, 345, 348, 349, 387, 389, 390, 395
Crivon v. Barnet Group Hospital Management Committee (1958) The Times, 18th
November (C. A.) 288, 291, 387
Crossman v. Stewart (1977) 5 C. C. L. T. 45 (B. C. S. C.), (1978) 82 D. L. R. 677
(B. C. S. C.) 290, 360, 362
Crouch v. Most 432 P. 2d 250 (NM 1967) 304
Cryderman v. Ringrose [1977] 3 W. W. R. 109, 6 A. R. 21, affd. [1978] 3 W. W. R.
481, (1979) 89 D. L. R. 3rd 32 (Alta. S. C.) 348, 349, 350, 351, 356
Crysler v. Pearce [1943] 4 D. L. R. 738 (Ont. H. C.) 290, 297
Cudney v. Clements Motor Sales Ltd. [1969] 2 O. R. 209, 5 D. L. R. 3rd 3 (C. A.) . . 389
Cusson v. Robidoux [1977] S. C. R. 650 297
Custodis v. Bauer 251 Cal. App. 2d 303, 59 Cal. Rptr. 463 (1967) 319
Czuy v. Mitchell [1976] 6 W. W. R. 767 (Alta. C. A.) 393

Dale v. Munthali (1977) 16 O. R. 2nd 532 (H. C.) 296, 297, 387, 392, 393
Dangerfield v. David (1910) 17 W. L. R. 249 (Sask. S. C.) 299
Daniels and Daniels v. R. White and Sons Ltd. and Tarbard [1938] 4 All E. R. 258 . . 364
Danielson v. Roche 109 Cal. App. 2d 832, 241 P. 2d 1028 (1952) 310, 316, 327
Darling v. Charleston Community Memorial Hospital 33 Ill. 2d 327, 211 NE 2d 253
(1965) 343
Darrah v. Kite 301 NYS 2d 286 (1969) 392
Davies v. Cargo Fleet Iron Co. Ltd. and Balfour Beatty and Co. Ltd. (1956) C. A. 24   328
Davis v. Bunn 56 C. L. R. 246 (1936) 388, 389
Davis v. Colchester [1933] 4 D. L. R. 68 (N. S. C. A.) 298
Davy v. Morrison [1931] 4 D. L. R. 619 (Ont. C. A.) 283, 291
Delaneuville v. Bullard 361 So. 2d 918 (La. App. 1978) 283
DiRosse v. Wein 24 App. Div. 2d 510, 261 NYS 2d 623 (1965) 327
Doe v. Bolton 93 S. Ct. 739 (1973), 410 US 179 (1973) 314, 321
Doe v. Doe 314 NE 2d 128 (Mass. 1974) 381
Doiron v. Orr (1978) 86 D. L. R. 34d 719 306
Donoghue v. Stevenson [1932] A. C. 562 . . . . 90, 231, 287, 364, 383, 386
Doughty v. Turner Manufacturing Co. Ltd. [1964] 1 Q. B. 518, 1 All E. R.
98 (C. A.) 302
Dow v. Kaiser Foundation 12 Cal. App. 3d 488, 90 Cal. Rptr. 747 (1970) . . 324, 351, 352
Dowey v. Tothwell [1974] 5 W. W. R. 311 (Alta. S. C.) 298
Drinnen v. Douglas [1931] 2 D. L. R. 606 (B. C. S. C.) 288
Dryden v. Surrey C. C. [1936] 2 All E. R. 535 . . . . 294, 296, 387
Dunlapp v. Marine 51 Cal. Rptr. 158 (1966) 304
Dunn v. Young (1978) 86 D. L. R. 3rd 411 (C. C. Ont.) 389

Eady v. Tenderenda [1975] S. C. R. 599 . . . . 287, 390
Edgar v. Lamont 1914 S. C. 277 286
Edwards v. Mallan [1908] 1 K. B. 1002 (C. A.) 282
Eek v. Board of High River Municipal Hospital [1929] 1 W. W. R. 36 (Alta S. C.) . . 344
Elliott v. Brown 361 So. 2d 546 (Ala. 1978) 306, 307
Elmore v. American Motors Corp. 70 Cal. 2d 578, 451 P. 2d 84, 75 Cal. Rptr. 652
(1969) 335

Table of Cases   XLI

Erickson v. Dilgard 252 NYS 2d 705 (1962) 315, 331
Escola v. Coca-Cola Bottling Co. 24 Cal. 2d 453, 150 P. 2d 436 (1944). 335, 363
Esso Petroleum Co. Ltd. v. Southport Corporation [1956] A. C. 218 . . . . . . 388, 389
Estate of Berthiaume v. Pratt 365 A. 2d 792 (Me. 1976). 311
Evans v. Triplex Safety Glass Co. Ltd. [1936] 1 All E. R. 283. 364
Everard v. Hopkins (1615) 2 Bulst. 332, 80 ER 1164 282
Everett v. Griffiths [1920] 3 K. B. 163, [1921] 1 A. C. 631 (H. L.) 283, 309

Fardell v. Potts (from A. P. Herbert's Uncommon Law) 287
Fardon v. Harcourt-Rivington (1932) 146 L. T. 391, 48 T. L. R. 215, 76 S. J. 61 . . . 289
Farell v. Regina [1949] 1 W. W. R. 429 (Sask. K. B.) 345
Filippo v. Preston 53 Del. 539, 173 A. 2d 333 (1961) 325
Finlay v. Auld [1975] 1 S. C. R. 338, 43 D. L. R. 3rd 216. 389
Fiorentino v. Wenger 272 NYS 2d 557, revd. 227 NE 2d 296 (NY 1967) 319, 350
Firman v. Ellis (1977) The Times, 8th July 284
Fish v. Kapur [1948] 2 All E. R. 176 (K. B.) 285, 305
Fisher v. Wilmington General Hospital 51 Del. 554, 149 A. 2d 749 (1959) 320
Fitzpatrick v. Cooper (1935) 54 C. L. R. 200. 388
Fizer v. Keys (1974) 2 W. W. R. 14 (Alta. S. C.) 286
Fletcher v. Bench (1973) C. A. 313. 390
Fleming v. Sisters of St. Joseph [1938] S. C. R. 172. 295
Fogal v. Genesee Hospital 41 App. Div. 2d 468, 344 NYS 2d 552 (1973) 318
Folger v. Corbett 394 A. 2d 63 (N. H. 1978) 319
Fortner v. Koch 272 Mich. 273, 261 NW 765 (1932) 347
Franklin v. Victoria Railway Commissioners (1959) 101 C. L. R. 197 387
Frazer v. Vancouver General Hospital [1952] 2 S. C. R. 36. 345
Froh v. Milwaukee Medical Clinic 270 NW 2d 83 (Wisc. App. 1978). 296, 383, 387
Furniss v. Fitchett [1938] N. Z. L. R. 396 (S. C.). 329

Gant v. Quast 505 SW 2d 637, 510 SW 2d 90 (Tex. 1974). 392
Garlington v. Kingsley 227 So. 2d 183 (La. 1973). 343
Garner v. Morell (1953) The Times, 31st. December (C. A.) 384
Garwood v. Locke 552 SW 2d 892 (Tex. Ct. App. 1977) 305
Gary-Northwest Indiana Women's Services v. Bowen 421 F. Supp. 734
  (D. C. Ind. 1976). 314
Gasis v. Schwartz 254 NW 2d 76 (Mich. Ct. App. 1978) 333
German v. Nichopoulos 577 SW 2d 197 (Tenn. App. 1978) 388
Gibbons v. Harris [1924] 1 D. L. R. 923 (Alta. C. A.) 297
Girard v. Royal Columbian Hospital (1976) 66 D. L. R. 3rd. 676 283
Gladwell v. Steggal (1839) 5 Bing. N. C. 733. 286
Gleitman v. Cosgrave 59 NJ 22, 227 A. 2d 689 (1967) 380
Gloning v. Miller (1953) 10 W. W. R. 414 (Alta. S. C.). 296
Gold v. Essex C. C. [1942] 2 K. B. 293. . . . . 295, 344, 345
Goldmann v. Hargrave [1967] 1 A. C. 645 293
Gorback v. Ting [1974] 5 W. W. R. 606 (Man. Q. B.) 309, 329, 362, 387
Gottsdanker v. Cutter Laboratories 182 Cal. App. 2d 602, 6 Cal. Rptr. 320 (1960) . . 363
Gould v. Kerlin 192 Ill. App. 427 (1915) 315
Grady v. Faykus 530 SW 2d 151 (Tex. 1975) 295
Graham v. Doctor Pratt Institute 163 Ill. App. 91 (1911). 347

Graham v. St. Luke's Hospital 46 Ill. App. 2d 147, 196 NE 2d 355 (1964) 301
Grange Motors (Cwmbran) v. Spencer [1969] 1 W. L. R. 53 328
Grant v. Australian Knitting Mills [1936] A. C. 85, 52 T. L. R. 38 (P. C.)
. . . . 345, 364, 386
Gray v. Caldeira [1936] 1 W. W. R. 615 (P. C.) 387, 388, 392
Gray v. Grunnagle 223 A. 2d 663 (Pa. 1966) 320, 387
Gray v. Lafleche [1950] 1 D. L. R. 337 (Man. K. B.) 288
Gray v. Weinstein 227 NC 463, 42 SE 2d 616 (1947) 297
Green v. Hussey 127 Ill. App. 2d 174, 262 NE 2d 156 (1970) 308
Greenman v. Yuba Power Products Inc. 59 Cal. 2d 57, 377 P. 2d 897, 27 Cal. Rptr.
697 (1962) 335, 363, 365
Greschuk v. Koldyck (1959) 27 W. W. R. 157 (Alta. C. A.) 388
Groman v. St. Francis Hospital 208 NE 2d 653 (Ill. 1965) 295
Guilbeau v. St. Paul Fire and Marine Insurance Co. 325 So. 2d 395 (La. 1975) 294
Guimond v. Laberge (1956) 4 D. L. R. 2d 559 (Ont. C. A.) 311
Gursky v. Gursky 242 NYS 2d 406 (1963) 379

Haines v. Bellissimo (1978) 82 D. L. R. 3rd 215 (Ont. H. C.) 300, 349
Hall v. Brooklands Auto-Racing Club [1933] 1 K. B. 205 317
Hall v. Semple (1862) 3 F. and F. 337, 176 ER 151 283
Halls v. Mitchell [1928] S. C. R. 125 330
Halushka v. University of Saskatchewan (1965) 53 D. L. R. 2nd 436, 52 W. W. R.
608 (Sask. C. A.) 318, 319, 326, 351, 352, 353, 355, 356, 360
Hampton Court v. Crooks (1957) 97 C. L. R. 367 388
Hancke v. Hooper (1835) 7 C. and P. 81 301
Harkies v. Lord Dufferin Hospital (1931) 66 O. L. R. 572 (S. C.) 385
Harnett v. Fisher [1927] 1 K. B. 402, A. C. 573 283
Harrigan v. United States 408 F. Supp. 177 (DC Pa. 1976) 319
Harrison v. Read [1964] W. A. R. 228 287
Hart v. Brown 289 A. 2d 386 (Conn. S. C. 1972) 372
Hartin v. Director of Bureau of Records 75 Misc. 2d 229, 347 NYS 2d 515 (1973) . . 368
Hatcher v. Black and Others (1954) The Times, 2nd July
. . . . 291, 295, 300, 301, 351, 384, 386, 396, 397
Haven v. Randolph 342 F. Supp. 538 (DC D. C. 1972) 317, 392, 394
Hawke's Bay Motor v. Russel [1972] N. Z. L. R. 542 389
Hawkins v. McCain 79 SE 2d 493 (NC 1954) 283
Hawthorne v. Campbell, Cal. S. C., The Citation, Vol. 28, No. 5, P. 77 299
Hay v. Bain [1925] 2 D. L. R. 948 (Alta. C. A.) 387, 388, 392
Haynes v. Harwood [1935] 1 K. B. 146 378
Haywood v. Allen 406 SW 2d 721 (Ky. App. 1966) 315
Heafield v. Crane (1937) The Times, 31st July 345
Henderson v. Milobsky 595 F. 2d 654 (C. A. D. C. 1978) 302, 317, 325, 326, 392
Henson v. Perth Hospital (1939) 41 W. A. L. R. 15 . . . . 344, 345
Herbert v. Travellers Indem Co. 193 So. 2d 330 (La. App. 1966) 385
Hershey v. Peake 115 Kan. 562, 223 P. 1113 (1924) 297
Heskell v. Continental Express [1950] 1 All E. R. 1033 385
Hestbeck v. Hennepin Country 212 NW 2d 361 (Minn. 1973) 294
Hill v. James Crowe (Cases) Ltd. [1978] 1 All E. R. 812 385
Hillyer v. St. Bartholomew's Hospital [1909] 2 K. B. 820 . . . . 344, 345
Hinkle v. Martin 256 SE 2d 768 (W. Va. 1979) 383

Table of Cases

Hirschberg v. New York 46 U. S. L. W. 2134 (NY Ct. Cl., Aug. 24, 1977)
.... 290, 304, 318
Hobbs v. Kiyer 236 F. 681 (8th Cir. 1916) 319
Hobson v. Munkley (1976) 14 O. R. 2nd 575 .... 287, 384, 387
Hochmann v. Willinsky [1933] O. W. N. 79 (Ont. H. C.) 295
Hocking v. Bell [1948] W. N. 21. .... 296, 387
Hodgins v. Banting (1906) 12 O. L. R. 117 (H. C.). 291
Holland v. Devitt and Moore Nautical College (1960) The Times, 4th March. 295
Holmes v. Board of Hospital Trustees of City of London (1978) 81 D. L. R. 3rd 67
(Ont. H. C.) 17 O. R. 2nd 626
.... 283, 286, 290, 291, 292, 293, 298, 299, 300, 383, 384, 385, 387, 389
Holt v. Nesbitt [1951] O. R. 601, 4 D. L. R. 478 (C. A.), affd. [1953] 1 D. L. R.
671 (S. C. C.), 1 S. C. R. 143 .... 132, 265, 296, 387, 388, 389, 390
Hôpital Notre Dame de l'Esperance v. Laurent [1978] 1 S. C. R. 605. .... 298, 345
Hucks v. Cole (1968) 112 S. J. 483, 118 New L. J. 469 (C. A.)
.... 283, 289, 290, 291, 293, 296, 299, 384, 386
Huffmann v. Lindquist 234 P. 2d 34 (Cal. 1951) 387
Hughes v. Lord Advocate [1963] A. C. 837 302
Hughes v. Malone 146 Ga. App. 341, 247 SE 2d 107 (Ga. App. 1978) 383
Hughston v. Jost [1943] O. W. N. 3 283
Hundley v. St. Francis Hospital 327 P. 2d 131 (Cal. 1958) 310
Hundt v. Proctor Community Hospital 5 Ill. App. 3d 987, 284, 284 NE 2d 676
(1972). 343
Hunter v. Brown 4 Wash. App. 899, 484 P. 2d 1162 (1971). 324, 351, 352
Hunter v. Hanley 1955 S. C. 200, S. L. T. 213 ...... 287, 290, 295, 305, 350, 384, 386
Hunter v. Mann [1974] 2 All E. R. 414. 331
Hurley v. Eddingfield (1901) 59 NE 1058 (Ind. S. C.) 282
Hurtt v. Goleburn 315 A. 2d 597 (Del. 1973). 291
H. West and Son Ltd. v. Shepard [1964] A. C. 326. 285
Hyman v. Jewish Chronic Disease Hospital 206 NE 2d 338 (NY 1965). 355
Interlake Tissue Mills v. Salmon [1949] 1 D. L. R. 207 (Ont. C. A.) 345, 387

Jackorach v. Yocom 237 NW 444, 212 Iowa 914 (1931) 310, 312
James v. Wellington City [1972] N. Z. L. R. 978. 315
Jarboe v. Hartin 397 SW 2d 775 (Ky. 1965). 299
Jarvis v. International Nickel Co. (1929) 63 O. L. R. 564 (H. C.) 288
Jeanes v. Milner 428 F. 2d 598 (CCA 8th 1970). 299
Jessin v. Country of Shasta 79 Cal. Rptr. 359 (1969) 322
Johnson v. National Institutes of Health 408 F. Supp. 730 (D. C. MD), affd. 544 F.
2d 514 (CCA 4th MD 1976). 304
Johnson v. St. Paul Mercury Insurance Co. 219 So. 2d 524 (La. App. 1969) 297
Johnson v. Sears Roebuck 355 F. Supp. 1065 (E. D. Wis. 1973) 335
Johnston v. Wellesley Hospital (1979) 17 D. L. R. 3rd 139 (Ont. H. C.), (1971) 2 O.
R. 103 .... 283, 290, 312, 345, 389
Joint v. Barnes 388 NE 2d 1298 (Ill. App. 1979) 383
Jones v. Dunkel (1959) 101 C. L. R. 298 388
Jones v. Manchester Corporation [1952] 2 All E. R. 125, 2 Q. B. 852 (C. A.)
.... 292, 345
Jones v. Smith 278 So. 2d 339, cert. den 415 US 958, 94 S. Ct. 1486 (Fla. App. 1973) . 381
Joseph Brant Memorial Hospital v. Koziol (1974) 77 D. L. R. 3rd 161 (S. C. C.). ... 392

Kammergericht (Berlin, Germany)
    8. 9. 1970, NJW 1970, 2136=FamRZ 1971, 166 367
    6. 11. 1978, VersR 1979, 260 . . . . 317, 325, 326, 327
Kangas v. Parker [1976] 5 W. W. R. 25 (Sask. Q. B.) 287
Kantonsgericht Waadt (Switzerland) 9. 2. 1972, SJZ 68 (1972) 311 . . . . 297, 322
Kapur v. Marshall (1978) 85 D. L. R. 3rd 566 (Ont. H. C.) 288, 290, 291, 383
Karderas v. Clow (1973) 32 D. L. R. 3rd 393 (Ont. H. C.) 296, 345, 390
Karen Quinlan, In Re 70 NJ 10, 355 A. 2d 647 (1976) 22, 174, 315, 374
Karp v. Cooley 349 Supp. 827 (DC Tex. 1972), 493 F. 2d 408 (CA 5th Tex. 1974)
    . . . . 319, 347, 350, 351, 370
Keller v. Anderson 554 P. 2d 1253 (Wyo. 1976) 385
Kelly v. Hazlett (1976) 15 O. R. 290, 75 D. L. R. 3rd 536 (Ont. H. C.) 317, 319
Kennedy v. Parott 243 NC 355, 90 SE 2d 754 (1956) 310
Kenny v. Lockwood [1932] 1 D. L. R. 507 (Ont. C. A.) 309
Keogan v. Holy Family Hospital 598 P. 2d 310 (Wash. App. 1979) 319
Kershaw v. Tilbury 214 Cal. 679, 8 P. 2d (1932) 347
Kingston, The Duchess of Kingston's Trial (1776) 20 State Trials 619 . . . . 330, 331
Kinning v. Nelson 281 NW 2d 849 (Minn. 1979) 300
Kite, The [1933] P. 154 388
Kitson v. Playfair (1896) The Times, 28th March 329
Knight v. Sisters of St. Ann (1967) 64 D. L. R. 2nd 657 (B. C. S. C.) 301, 345
Koehler v. Cook (1975) 65 D. L. R. 3rd 766 (B. C. S. C.) 309, 327
Kolesar v. Jeffries (1974) 59 D. L. R. 3rd 367, affd. sub nomine Joseph Brant
    Memorial Hospital v. Koziol 392, 393
Kortus v. Jensen 237 NW 2d 845 (Neb. 1976) 291, 293
Kritzer v. Citron 101 Cal. App. 2d 33, 224, P. 2d 808 (1950) 315
Kruzewski v. Holz 265 Md. 434, 290 A. 2d 534 (1972) 319
L. v. M. [1979] 2 N. Z. L. R. 519 (C. A.) 340
Lambert v. Park 597 F. 2d 236 (C. A. Okl. 1979) 309, 319
Landau v. Werner (1961) 106 S. J. 1008 305
Lander v. Australian Glass Manufacturers [1962] S. R. (N. S. W.) 152 . . . . . . 388, 390
Landgericht (Germany)
    Berlin, 5. 5. 1967, FamRZ 1968, 652 381
    Bonn, 25. 2. 1970, VersR 1970, 715, DRiZ 1970, 169 . . . . 327, 328, 377
    Duisburg, 7. 3. 1974, VersR 1975, 432 306
    Frankfurt am Main, 16. 1. 1975, VersR 1975, 935 299
    Frankfurt am Main, 9. 1. 1976, VersR 1976, 1975 299
    Freiburg i. B., 18. 11. 1976, NJW 1977, 340 . . . . 283, 305, 322
    Itzehoe, 21. 11. 1968, VersR 1969, 265 306
    Kassel, 27. 2. 1979, VersR 1980, 149 287
    Köln
        11. 5. 1962, VersR 1963, 296 349
        31. 7. 1979, VersR 1980, 491 342
    Konstanz, 14. 2. 1972, NJW 1972, 2223 299
    Limburg, 18. 6. 1969, NJW 1969, 1574 306
    München
        27. 2. 1970, VersR 1970, 428 306
        24. 7. 1978, NJW 1980, 646 314
Landon v. Kansas City Gas Co. 10 F. 2d 263 (DC Kansas 1926) 315
Lane v. Candura 1978 Mass. App. Ct. Adv. Sh. 588 (May 26th, 1978) 315

Table of Cases

Lane v. Cohn 201 So. 2d 804 (Fla. 1967) 322
Lane v. Holloway [1968] 1 Q. B. 379. 326
Langham v. Governors of Wellingborough School (1932) 101 L. J. K. B. 513. 388
Langley v. Campbell (1975) The Times, 6th November 288, 298, 299
Lanphier v. Phipos (1838) 8 C. and P. 475, 173 ER 581. 290
Lavere v. Smith's Falls Public Hospital (1915) 26 D. L. R. 346 (Ont. C. A.) 301
Lee v. Gladstone (1909) 26 T. L. R. 139 (K. B.) 354
Lennon v. U. S. 579 F. 2d 12 (C. A. N. Y. 1978) 336
Lepp v. Hopp (1977) 5 A. R. 267, 77 D. L. R. 3rd 321 (Alta. C. A.) 308, 319, 332
Lim v. Camden Health Authority [1979] 3 W. L. R. 44, 1 Q. B. 196 [1980]
   A. C. 174 (H. L.). 285, 286, 336
Linsey C. C. v. Marshall [1937] A. C. 97. 344
Lindsley v. Hawkins [1973] 2 N. S. W. L. R. 581 286
Little v. Rosenthal 1978 Mass. Adv. Sh. 2793 (9th November, 1978) 337
Lloyde v. West Midlands Gas Boards [1971] 2 All E. R. 1240 (C. A.). 390
Lloyds Bank Ltd. v. Railway Executive [1952] 1 All E. R. 1248 . . . . 289, 293
Logan v. Field 75 Mo. App. 594 (C. A. Mo. 1898) 305
Long v. Johnson 381 NE 2d 93 (Ind. App. 1978) 383
Long v. Sledge 209 So. 2d 814 (Miss. 1968) 304
Love v. Wolf 226 Cal. App. 2d 378, 38 Cal. Rptr. 183 (1964) 362
Ludgate v. Lovett [1969] 1 W. L. R. 1016 388
Luka v. Lowrie 136 NW 1106 (Mich. 1912) 312
Lyddon v. Shaw 372 NE 2d 685 (Ill. App. Ct. 1978) 333

MacDonald v. Glasgow South Western Hospitals Board of Management 1954 S. C.
   453. . . . . 305, 345
Macdonald v. York County Hospital Corporation [1972] 3 O. R. 469 (H. C.) 389
Macdonald v. Pottinger [1953] N. Z. L. R. 196. . . . . 296, 387, 389
Mackey v. Procunier 477 F. 2d 877 (9th Cir. 1973) 354
Madden v. Kaiser Foundation Hospitals 17 Cal. 3d 699, 131 Cal. Rptr. 882 (1976) . . 338
Maercklein v. Smith 129 Colo. 72, 266 P. 2d 1095 (1954) 322
Mahon v. Osborne [1939] 2 K. B. 14, 1 All E. R. 535 (C. A.) 287, 296, 299, 385, 388, 389
Majewski v. Cementation Co. (1961) C. A. 322 302
Male v. Hopmans (1966) 54 D. L. R. 2nd 592 (Ont. H. C.), (1967) 64 D. L. R. 2nd
   105 (Ont. C. A.), [1967] 2 O. R. 457 . . . . 310, 320, 351, 360, 362
Marcus v. Superior Court of Los Angeles 18 Cal. App. 22, 95 Cal. Rptr. 545 (1971) . 330
Marion v. Tweedy 100 NW 2d 124 (Minn. 1959) 305
Marshall v. Curry [1933] 3 D. L. R. 260 (N. S. S. C.) 308, 310, 315, 327, 328
Marshall v. Lindsey C. C. [1935] 1 K. B. 516, affd. [1937] A. C. 97 (H. L.)
   . . . . 287, 288, 290, 291, 293, 304
Martel v. Hotel-Dieu St.-Vallier (1969) 14 D. L. R. 3rd 445 (S. C. C.)
   . . . . 292, 345, 384, 388
Marvin v. Marvin 18 Cal. 3d 660, 134 Cal. Rptr. 815, 557 P. 2d 106 (1975) 369
Marvin v. Talbott 30 Cal. Rptr. 893 (1963) 283
Mason v. Williams and Williams [1955] 1 All E. R. 808, 1 W. L. R. 549 386
Matthews v. McLaren Jones and The Ogopogo [1969] 1 Lloyd's Rep. 374, [1970] 1
   Lloyd's Rep. 257, [1971] 2 Lloyd's Rep. 410 328
Mayor v. Dowsett 240 Or. 196, 400 P. 2d 234 (1965) 317
McCaffrey v. Hague [1949] 2 W. W. R. 539 (Man. K. B.) 290, 295

McCandless v. State of New York 3 App. Div. 2d 600, 162 NYS 2d 570, affd. 4 NY
   2d 797, 173 NYS 3d 30, 149 NE 2d 530 (1957). 310
McCormack v. Redpath Brown (1961) The Times, 24th March. 297
McCoy v. Commonwealth 37 Pa. Commw. Ct. 530, 391 A. 2d 723 (1978) 339
McDaniel v. Vancouver General Hospital [1934] 4 D. L. R. 593 (P. C.) 291
McFadyen v. Harvie [1942] 4 D. L. R. 647 (S. C. C.). 301
McGhee v. National Coal Board [1972] 3 All E. R. 1008, [1973] 1 W. L. R. (H. L.) . 385
McKay v. Gilchrist (1962) 35 D. L. R. 2nd 568 (Sask. C. A.). 387
McKay v. Royal Inland Hospital (1964) 48 D. L. R. 2nd 665 (B. C. S. C.) 389
McKeachie v. Alvarez (1970) 17 D. L. R. 3rd 87 (B. C. S. C.) 296
McKenna v. Cedars of Lebanon Hospital 155 Cal. Rptr. 631 (1979) 305
McLean v. Weir [1977] 5 W. W. R. 609 (B. C. S. C.). 292, 346, 388, 390
McPhee v. Reichel 461 F. 2d 947 (CCA 3rd Pa. 1972) 304
McQuay v. Eastwood (1886) 12 O. R. 402 (C. A.) 293
Mdusa v. Benedictine Hospital 384 NYS 2d 527 (S. C. App. Div. 1976) 343
Mehlmann v. Powell 46 U. S. L. W. 2227 (Md. Ct. App., Oct. 28, 1977). 290
Meretzky v. Ellenby 370 So. 2d 1222 (Fla. App. 1979) 310
Miller v. Kennedy 85 Wash. 2d 151, 530 P. 2d 334 (1975). 308
Miller v. Ministry of Pensions [1947] 2 All E. R. 372 390
Milne v. Townsend (1890) 19 R. 830 388
Mitchell v. Robinson 334 SW 2d 11 (Mo. 1960). 319
Mitchell v. Ross [1959] 3 All E. R. 341 345
Mitchell County Hospital Authority v. Joiner 229 Ga. 140, 189 SE 3d 412 (1972) . . 343
Mohr v. Williams 95 Minn. 261, 104 NW 12 (1905) 308, 310
Mondot v. Vallejo General Hospital 313 P. 2d 78 (Cal. 1957). 387
Moore (NC), In re 221 SE 2d 307 (1976) 322
Moore v. London 29 App. Div. 2d 666, 286 NYS 2d 319 (S. C. App. Div. 1968) . . . 310
Moore v. Lee 109 Tex. 391, 211 SW 214 (1919). 301
Moore v. R. Fox [1956] 1 All E. R. 182, 1 Q. B. 596 (C. A.) 129, 262
Moos v. United States 225 F. 2d 705 (CCA 8th Minn. 1955) 297
Morgenroth v. Pacific Medical Center Inc. 54 Cal. App. 3rd 521, 126 Cal. Rptr. 681
   (1976). 318
Morris v. Winsbury-White [1937] 4 All E. R. 494 385
Morrison v. Union Steamship Co. Ltd. [1964] N. Z. L. R. 468 315
Morton's Case (1374) Y. B. 48 Edw. III 282
MT v. JT 355 A. 2d 204, S. Ct. App. Div. (1976) 367
Mulloy v. Hop Sang [1935] 1 W. W. R. 714 315
Mummery v. Irvings (1956) 96 C. L. R. 99 387
Munday v. London C. C. [1916] 2 K. B. 331 305
Murphy v. St. Catherines General Hospital (1964) 41 D. L. R. 2nd 697 (Ont. H. C.)
   . . . . 349, 350
Murray v. McMurchy [1949] 2 D. L. R. 442 (B. C. S. C.) 310, 327, 328
Myrlie v. Hill 58 S. D. 330, 236 NW 287 (1931) 295

Natanson v. Kline 186 Kan. 393, 350 P. 2d 1093, 354 P. 2d 670 (1960) 293, 317, 319
Nettleship v. Westen [1971] 2 Q. B. 691, 3 All E. R. 581, 3 W. L. R. 370 (C. A.) . . . 326
New York City Health and Hospital Corporation v. Sulsona 81 Misc. 2d 1002, 367
   NYS 2d 686 (S. C. 1975) 370, 374, 378
New York v. Amber 349 NYS 2d 604 (NY 1973). 293
Newton v. Newton's Model Laundry (1959) The Times, 3rd November 288, 297

Table of Cases   XLVII

Nicholson v. Atlas Steel [1957] 1 All E. R. 776, 1 W. L. R. 613 (H. L.) 385
Niles v. City of San Rafael 116 Cal. Rptr. 733 (Cal. 1974) 288, 336
Nominal Defender v. Haslbauer (1967) 117 C. L. R. 448 389
Nuhic v. R. and R. Excavations [1972] 1 N. S. W. L. R. 204 388
Nykiforuk v. Lockwood [1941] 1 W. W. R. 327 (Sask. D. C.) 320

Obergericht Zürich (Switzerland)
   18. 1. 1919, SJZ 17 (1920/21) 234 No. 181 295
   (1945), 44 (1945) 326 No. 160 393
   5. 5. 1972, ZR 71 (1972) 161 No. 60 295
   15. 2. 1979, SJZ 1980, 383 . . . . 386, 390, 391, 393
Oberlandesgericht (Germany)
   Bamberg
      19. 9. 1975, VersR 1977, 436 . . . . 289, 292, 350
      6. 2. 1978, NJW 1978, 1685 = JZ 1978, 529 306
   Berlin s. Kammergericht
   Bremen
      21. 3. 1979, VersR 1979, 1060 . . . . 343, 393
      24. 7. 1979, VersR 1980, 654 324
   Celle
      20. 9. 1976, OLGZ 77, 221 = VersR 1977, 258 . . . . . . 289, 290, 298, 299, 349
      13. 10. 1976, VersR 1976, 1178 393
      13. 12. 1976, OLGZ 77, 223 = VersR 1976, 1178
          . . . . 290, 299, 385, 386, 387, 388, 389, 390, 393
      17. 8. 1977, VersR 1977, 1106 . . . . 320, 326
      8. 5. 1978, NJW 1978, 1688 305
      10. 7. 1978, NJW 1979, 1251 . . . . 311, 316
   Düsseldorf
      31. 1. 1974, NJW 1975, 595 = ArztR 1976, 46 . . . . 283, 305, 322
      13. 5. 1976, VersR 1977, 725 349
      11. 5. 1978, VersR 1979, 845 296
      30. 11. 1978, VersR 1980, 949 . . . . 312, 317, 319, 324
      22. 3. 1979, VersR 1980, 535 296
   Frankfurt a. M.
      14. 2. 1969, NJW 1969, 1575 = FamRZ 1969, 412 367
      10. 7. 1972, NJW 1973, 1415 289
      26. 4. 1977, VersR 1977, 1058 305
      22. 9. 1978, VersR 1979, 651 . . . . 311, 325
   Hamburg
      3. 4. 1928, HRGZ 28, 490 294
      30. 12. 1953, VersR 1954, 125 342
   Hamm
      18. 12. 1962, MDR 1963, 520 309
      29. 3. 1965, VersR 1965, 1108 350
      10. 10. 1967, NJW 1968, 212 = FamRZ 1968, 221 315
      20. 12. 1976, VersR 1976, 332 296
      29. 11. 1977, VersR 1979, 826 . . . . 293, 296, 388, 390, 391, 395
      7. 2. 1979, VersR 1980, 585 . . . . 342, 343, 345
      5. 11. 1979, VersR 1980, 684 298

Karlsruhe
    8. 6. 1977, VersR 1978, 549 391
    10. 8. 1979, JR 1980, 295. 301
Köln
    5. 3. 1976, VersR 1978, 551 . . . . 311, 332, 379, 394
    16. 3. 1978, VersR 1978, 1075, Med. Welt 30: Report x (1979) 320
    7. 3. 1979, VersR 1980, 434 391
München
    17. 12. 1959, VersR 1960, 568 289
    27. 3. 1975, NJW 1977, 2123. 342
    7. 2. 1979, VersR 1980, 72 309
Saarbrücken
    29. 10. 1974, VersR 1977, 872 . . . . 289, 324
Stuttgart
    16. 10. 1972, NJW 1973, 561. 319
    16. 1. 1973, NJW 1973, 560 320
    20. 5. 1976, VersR 1977, 846. 343
    7. 12. 1977, NJW 1979, 2355 = VersR 1979, 1016 . . . . . . 309, 311, 317, 332
    20. 10. 1978, VersR 1979, 630 386
Zweibrücken
    14. 7. 1978, NJW 1978, 2340. 305

Oberster Gerichtshof (Austria), 22. 6. 1961, ÖJZ 1961 No. 60. 289
Oberverwaltungsgericht Lüneburg, 29. 7. 1975, Arzt- u. Arzneimittelrecht, 1975,
    1317 331
O'Brien v. Cunard, 28 NE 266 (Mass. 1891) 315, 316
Olsen v. Molzen 558 SW 2d 429 (Tenn. 1977) 350
Osborne v. Frazor 425 SW 2d 768 (Tenn. 1968) 298, 305
Overseas Tankship (U.K.) v. Morts Dock and Engineering Co. Ltd., sub. nom. The
    Wagon Mound No. 1 [1961] A.C. 388, 1 All E.R. 404 (P.C.) 289, 302
Overseas Tankship (U.K.) v. Miller SS Co., sub. nom. The Wagon Mound No. 2
    [1966] 2 All E.R. 709, (1967) 1 A.C. 617 (P.C.) 289, 302, 303

Palsgraf v. Long Island Railroad 248 NY 339, 162 NE 99. 302
Pantone v. Demos 375 NE 2d 480 (Ill. App. Ct. 1978) 333
Park v. Chessin 88 Misc. 2d 222, 387 NYS 2d 204 (S. Ct. 1976) affd. 400 NYS 2d 110
    (App. Div. 1977) 307, 380
Parker v. Rampton 497 P. 2d 848 (Utah 1972) 322
Parkin v. Kobrinsky (1963) 46 W.W.R. 193 (Man. C.A.) 298
Parmley v. Parmley [1945] 4 D.L.R. 81 (S.C.C.). 310, 328
Parsons v. Schmok (1975) 58 D.L.R. 3rd 622 (B.C.S.C.) 302
Paton v. British Pregnancy Advisory Service Trustees and Anonther [1978] 3 W.L.R.
    687 . . . . 380, 381
Patrick v. Sedwick 391 P. 2d 453 (Alaska 1964). 325, 385
Pedesky v. Bleiberg 59 Cal. Rptr. 294 (1967) 320
Pegram v. Sisco 406 F. Supp. 776, affd. 547 F. 2d 1172 (CA 8th Ark. 1976) 316
Pekar v. St. Luke's Episcopal Hospital 570 SW 2d 147 (Tex. Civ. App. 1978)
    . . . . 384, 388
Pendergraft v. Royster 166 SE 285 (NC 1932) 387
Penner v. Theobald (1962) 40 W.W.R. 216 (Man. C.A.) 393

Table of Cases

People v. Saldana 121 Cal. Rptr. 243 (1975) 378
People v. Sorenson 66 Cal. Rptr. (1968) 379
Perlmutter v. Florida Medical Center 47 U.S.L.W. 2069 (Fla. Cir. Ct. 11th July, 1978). 315
Perry v. Hodgson 148 SE 659 (Ga. 1929). 310
Petet v. Hospital St. Jeanne d'Arc (1940) 78 S.C. 564 (Que. S.C.) 346
Pierce v. Strathroy Hospital (1924) 27 O.W.N. 180 (H.C.) 296
Pimm v. Roper (1862) 2 F. and F. 783, 175 ER 1283 283
Piper v. Halford 25 So. 2d 264 (Ala. 1946) 304
Pippin v. Sheppard (1822) 11 Price 300, 147 ER 512 282
Planned Parenthood Association v. Danforth 428 US 52 (1977) 312, 314
Planned Parenthood of Central Missouri v. Danforth 392 F. Supp. 1362 (D. Mo. 1975). 382
Powell v. Guttman (1979) 89 D.L.R. 3rd 180 (Man. C.A.). 303
Price v. Milawski (1977) 18 O.R. 2nd 113 (C.A.), (1978) 82 D.L.R. 130 (Ont. C.A.)
. . . . 295, 299, 302, 303, 348
Prince v. Massachusetts 321 US 158, 64 S. Ct. 438, reh. den. 321 US 804, 64 S. Ct. 784 (1944). 372
Pudney v. Union-Castle Mail SS Ltd. [1953] 1 Lloyd's Rep. 73. 287
Pugh v. Swiontek 253 NE 2d 3 (Ill. 1969). 299
Purcell v. Zimbelman 18 Ariz. App. 75, 500 P. 2d 335 (1972). 343

Quackenbusch, In re 383 A. 2d 785 (Morris Cty. Ct. NJ 1978). 315
Quintal v. Laurel Grove Hospital 62 Cal. Rptr. 154, 397 P. 2d 161 (1965) 385

R. v. Bateman (1925) 94 L.J.K.B. 791, 41 T.L.R. 557 . . . . 285, 286, 287, 290, 305, 350
    Burgess [1974] 4 W.W.R. 310 (B.C.Co.Ct.) 330
    General Medical Council [1930] 1 K.B. 562 (C.A.) 330
    Gordon (1923) 54 O.L.R. 355. 331
    Jennings [1966] S.C.R. 532. 286
    Potvin (1971) 16 C.R.N.S. (Que. C.A.). 330
    Senior [1899] 1 Q.B. 283 315
    Spencer (1958) The Times, 1st March 315
Radcliffe v. Rennie [1965] S.C.R. 703 386
Ragan v. Steen 331 A. 2d 724 (Pa. 1974) 295
Ravenis v. Detroit General Hospital 63 Mich. App. 79, 234 NW 2d 411 (1975)
. . . . 370, 373
Razzel v. Snowball [1954] 3 All E.R. 429, 1 W.L.R. 1382 (C.A.). 344, 345
Re Brook's Estate 205 NE 2d 435 (Ill. 1965) 315, 331
Re Collier (1977) 1 N.Z.A.R. 130 340
Re D. (A Minor) [1976] Fam. 185 314
Re D. and Council of College of Physicians and Surgeons of British Columbia (1970) 11 D.L.R. 3rd 570 (B.C.S.C.). 319
Re L. [1968] P. 119. 313
Re Mrs. S. (1977) 1 N.Z.A.R. 297 340
Read v. J. Lyons and Co. Ltd. [1947] A.C. 156 . . . . 289, 293
Reder v. Hanson 338 F. 2d 244 (CCA 8th 1964) 301
Reibl v. Hughes (1977) 78 D.L.R. 3rd 35 (Ont. H.C.) revd. (1979) 89 D.L.R. 3rd 112 (Ont. C.A.) 308, 309, 317, 319, 332

Verzeichnis der Entscheidungen

Reichsgericht (Germany)

31. 5. 1894, RGSt 25, 379 309
1. 3. 1912, RGZ 78, 432 . . . . 290, 386
13. 10. 1916, RGZ 88, 433 285
3. 6. 1921, RGZ 102, 230 342
22. 12. 1922, JW 1923, 603 288
7. 2. 1930, JW 1930, 1597 296
20. 6. 1930, JW 1931, 1466 288
8. 7. 1930, JW 1931, 1483 . . . . 293, 296
1. 12. 1931, RGSt 67, 12 294
19. 1. 1933, RGZ 139, 255 . . . . 301, 342
3. 9. 1935, DJ 1935, 1885 295
29. 9. 1936, RGZ 152, 175 284
21. 5. 1937, HRR 1937 No. 1301 295
7. 1. 1938, JW 1938, 2203 . . . . 288, 305
6. 1. 1939, RGZ 159, 290 343
8. 3. 1940, RGZ 163, 129 . . . . 309, 310, 326
7. 8. 1940, RGZ 164, 336 290
13. 12. 1940, RGZ 165, 336 . . . . 345, 386
Reiffek v. McElroy (1965) 112 C.L.R. 517 386
Reley v. State Farm Mutual Auto Ins. Co. 420 F. 2d 1372 (6th Cir. 1970). 338
Renslow v. Mennonite Hospital 46 U.S.L.W. 2116 (Ill. S. Ct., Aug. 8th, 1977) . . . 380
Rewis v. United States 369 F. 2d 595 (CCA 5th Ga. 1966) 297
Reyes v. Wyeth Laboratories 498 F. 2d 1264 (5th Cir. 1974) 293, 335
Richardson, In re 284 So. 2d 185 (La. 1973) 378
Richardson v. Holmes 525 SW 2d 293 (Tex. 1975) 298
Rickett v. Hayes 511 SW 2d 187 (Ark. 1974) 286, 304
Riedisser v. Nelson 111 Ariz. 542, 534 P. 2d 1052 (1975) 318
Rivera v. New York 46 U.S.L.W. 2586 (NY Ct. Cl., April 28, 1978) 305, 306
Robbins v. Foster 553 F. 2d 123 (D.C. Cir. 1977) 290, 304
Robinson v. Annapolis General Hospital (1956) 4 D.L.R. 2nd 421 (N.S.S.C.) 291
Robinson v. Post Office [1974] 2 All E.R. 737, 1 W.L.R. 1176 (C.A.)
. . . . 297, 302, 362, 387
Robinson v. Wirts 127 A. 2d 706 (Pa. 1956) 310
Rodych v. Krasey [1971] 4 W.W.R. 358 (Man. Q.B.) 291
Roe v. Minister of Health [1954] 2 Q.B. 66 (C.A.) 2 All E.R. 131
. . . . 8, 62, 163, 208, 287, 292, 300, 301, 344, 345, 384, 385, 386, 387, 388, 397
Roe v. Wade 440 US 113, 93 S. Ct. 705 (1973) 314, 321, 381
Rogers v. Sells 178 Okla. 103, 61 P. 2d 1018 (1936) 312
Rolland Paper Co. v. C.N.R. (1958) 13 D.L.R. 2nd 662 389
Ross v. Hodges 234 So. 2d 905 (Miss. 1970) 318
Russell v. London and South Western Railway (1908) 24 T.L.R. 548 . . . . . 388, 389

S. v. McC. and W. v. W. [1972] A.C. 24 313
Salem Orthopedic Surgeons Inc. v. Quinn 1979 Mass. Adv. Sh. 661 (14th March, 1979) 337
Salgo v. Leland Stanford University Board of Trustees 154 Cal. App. 2d 560, 317 P. 2d 170 (1957) 309, 319
Samios v. Repatriation Commission [1960] W.A.R. 219 344

Table of Cases

Sard v. Hardy 280 Md. 432, 379 A. 2d 1014 (1977). 316, 317
Scaria v. St. Paul Fire and Marine Insurance Co. 68 Wis. 2d 1, 227 NW 2d 647 (1975)   318
Shack v. Holland 389 NYS 2d 988 (S. Ct. Kings City NY 1976), 89 Misc. 2d 78
. . . . 291, 308
Sharpe v. Pugh 270 NC 598, 155 SE 2d 108 (1967) 312
Sherlock v. Stillwater Clinic 46 U.S.L.W. 2227 (Minn. S. Ct., Oct. 14, 1977)
. . . . 305, 307
Shetter v. Rochelle 409 P. 2d 74 (Ariz. 1965). 392, 394
Simon v. St. Elizabeth Medical Center 3 Ohio Op. 3d 164, 355 NE 2d 203 (CP 1976)   338
Simonsen v. Swenson 104 Neb. 227, 177 NW 831 (1920). 329, 331
Sinkey v. Surgical Associates 186 NW 2d 658 (Iowa 1971) 291
Siriana v. Anna 55 Misc. 2d 553, 285 NYS 2d 709 (1967) 370, 372
Sisters of St. Joseph v. Fleming [1938] S.C.R. 172, D.L.R. 417. 344
Sisters of St. Joseph v. Villeneuve [1975] 1 S.C.R. 285 292
Skeeves v. United States 294 F. Supp. 446 (D.C.S.C. 1968). 286
Skelton v. Collins (1966) 115 C.L.R. 94 286
Slater v. Baker (1767) 2 Wils. 395, 95 ER 860 (C.P.) 282, 310, 317, 396
Slater v. Illinois Central R. 209 F. 480 (1911). 328
Smith, In re 295 A. 2d 238 (Md. 1972) 315
Smith v. Auckland Hospital [1964] N.Z.L.R. 241, [1965] N.Z.L.R. 191 (N.Z.C.A.)
. . . . 290, 299, 302, 318, 320
Smith v. Baker [1891] C. 325. 325
Smith v. Brighton Hospital Management Committee (1958) The Times, 2nd May
. . . . 295, 299
Smith v. Rae (1919) 46 O.L.R. 518 (C.A.) 293
Smith v. Seibly 72 Wash. 2d 16, 431 P. 2d 719 (1967) 322
Smith v. Wright 305 P. 2d 810 (Kan. 1957) 299
Snead v. Le Jeune Road Hospital Inc. 196 So. 2d 179 (Fla. 1967) 343
Sperling (J) Ltd. v. Bradshaw [1956] 1 W.L.R. 461 317
Spillman v. Forsyth Memorial Hospital 227 SE 2d 292 (NC 1976) 298
Sullivan v. Montgomery 279 NYS 575 (1935). 312
Superintendent v. Saikewicz 370 NE 2d 417 (Mass. 1977) 323
Suskey v. Davidoff 2 Wis. 2d 503, 87 NW 2d 306 (1958) 310
Swan v. Salisbury Construction Co. [1966] 1 W.L.R. 204 (P.C.). 388
Sweeny v. Erving 228 US 233 (1913) 295
Schendel et al. v. Peggie (1955) 16 W.W.R. 499 (Man. C.A.) 307
Schloendorf v. Society of New York Hospital 211 NY 125, 105 NE 92 (1914)
. . . . 20, 172, 308, 317, 352
Schneider v. Albert Einstein Medical Center 390 A. 2d 1271 (Pa. 1978). . . . 301, 302, 343
Schneider v. Liggett 223 Kan 610, 576 P. 2d 221 (1978). 339
School Division v. Assiniboine South No. 3 v. Hoffer (1971) 21 D.L.R. 3rd 608,
[1971] 4 W.W.R. 746 (Man. C.A.) 303
Schulz v. Feigal 273 Minn. 470, 152 NW 2d 84 (1966) 295
Schweizer v. Central Hospital (1974) 53 D.L.R. 3rd 494 (H.C.), 6 O.R. 2nd 606
. . . . 310, 315, 316, 332
Staple v. Winnipeg (1956) 18 W.W.R. 625 (Man. Q.B.) 297
State v. Roby 83 Vt. 121, 74 A. 638 (1909) 368
State v. Fransua 85 NM 173, 510 P. 2d 106 (1973) 368
State ex rel. Strykowski v. Wilkie 261 NW 2d 434 (Wis. 1978) 338
Steele v. St. Paul Fire and Marine Insurance Co. 371 So. 2d 843 (La. App. 1979) . . . 322

Steeves v. United States 294 F. Supp. 446 (D.C.S.C. 1968) 298, 304
Stevenson v. Nauton 390 NE 2d 53 (Ill. App. 1979) 383
St.-Hilaire v. S. [1966] C.S. 249 (Que. S.C.) 293
Stokes v. Guest, Keen and Nettlefold (Bolts and Nuts) Ltd. [1968] 1 W.L.R. 1776 . . 290
Stone v. Goodman 241 App. Div. 290, 271, NYS 500 (S.C. App. Div. 1934) 316
Strunk v. Strunk 445 SW 2d 145 (Ky. C.A. 1969) 372
Studer v. Cowper [1950] S.C.R. 450 350
Sturm v. Green 398 P. 2d 799 (Okla. 1965) 301

Tabor v. Scobee 254 SW 2d 474 (Ky. Ct. App. 1951) 312
Tarasoff v. Regents of University of California 31 Cal. Rptr. 14, 551 P. 2d 334, 17
   Cal 3d 425 (1976) 289, 331
Taylor v. Gray [1937] 4 D.L.R. 123 (N.B.C.A.) 386, 387
Tcaciuc v. B.H.P. [1962] S.R. (N.S.W.) 687 386
Tetstone v. Adams 373 So. 2d 362 (Fla. App. 1979) 318
T. H. v. Jones 425 F. Supp. 874 (DC Utah 1976) 322
Thaxton v. Reed 339 SW 2d 241 (Tex. Ct. App. 1960) 310
Thomas v. Lobrano 76 So. 2d 599 (La. 1954) 295
Thomas v. Winchester NY 396 (1852) 362
Thornton v. Annest 19 Wash. App. 174, 574 P. 2d 1199 (1978) 319
Tiesmake v. Wilson [1974] 4 W.W.R. 19, affd. [1975] 6 W.W.R. 639 (Alta. C.A.)
   . . . . 304, 345
Tomei v. Henning 62 Cal. Rptr. 9, 431 P. 2d 633 (1967) 385
Toronto General Hospital v. Aynsley [1972] S.C.R. 435 . . . . 344, 345
Toth v. Community Hospital at Glen Cowe 22 NY 2d 255, 292 NY 2d 440, 239 NE
   2d 368 (1968) 304
Tribunal Civ. de la Seine, 16. 5. 1935, DH 1936, 9 = D.P. 1936.2.9 356
Tucson Medical Center v. Misevch 113 Ariz. 34, 554 P. 958 (1976) 343
Tunkl v. Regents of the University of California 60 Cal. 2d 92, 383 P. 2d 441 (1963)
   . . . . 309, 350
Turiff v. King (1913) 9 D.L.R. 676 (Sask. S.C.) 288, 305, 350

United Motor Services Inc. v. Hutson [1937] S.C.R. 294, 1 D.L.R. 737 389
Unites States v. Karl Brandt and Others (1947–1958) 428
University Hospital Board v. Lepine [1966] S.C.R. 561 302
Urquart v. Grigor (1864) 3 Macph. 283 (Ct. Sess.) 283
Urbanski v. Patel (1978) 84 D.O.R. 3rd 650 (Man. Q.B.) 285, 286, 297, 307, 379

Vail v. MacDonald (1976) 66 D.L.R. 3rd 530 (S.C.C.) 288, 298, 305
Valdez v. Percy 217 P. 2d 422 (Cal. 1950) 310
Valenti v. Prudden 397 NW Supp. 2d 181 (1977) 353, 354
Van Mere v. Farwell (1886) 12 O.R. 285 (C.A.) 291
Vann v. Hardan 47 SE 2d 314 (Va 1948) 283
Villemure v. Turcot [1973] S.C.R. 716 reversing [1970] C.A. 538 (Que.)
   . . . . 348, 387, 388, 392, 395
Voller v. Portsmouth Corporation (1947) The Times, 30th April, C.L.C. 6869
   . . . . 297, 345
Vuchar v. Toronto General Hospital [1937] O.R. 71 (C.A.) 345

Wade v. Nayernouri (1978) 2 L.M.Q. 67 (Ont. H.C.) 299

Table of Cases   LIII

Waldon v. Archer (1921) 20 O.W.N. 77 (H.C.) 304
Wall v. Brim 138 F. 2d 478 (2d Cir. 1943) 319
Walsh v. Holst and Co. Ltd. [1958] 1 W.L.R. 800 389
Walski v. Tiesenga 381 NE 2d 279 (Ill. 1978). 287, 300, 383, 388
Ward v. James [1965] 1 All E.R. 563 286
Wardell v. Kent C.C. [1938] 2 K.B. 768 345
Waters v. Park (1961) The Times, 15th July 299
Watson v. Davidson [1966] N.Z.L.R. 853 . . . . 292, 385, 387, 388, 389
Welch v. Frisbie Memorial Hospital 9 A. 2d 761 (NH 1939) 299
Wells v. Woman's Hospital Foundation 286 So. 2d 439 (La. 1974) 294
Wennerhohn v. Stanford University School of Medicine 20 Cal. 2d 713, 128 P. 2d
  522 (1942). 363
West v. Shephard [1964] A.C. 326 286
Wheeler v. Baker 92 Cal. App. 776, 208 P. 2d 68 (1949) 316, 327
Wheeler v. Le Marchant (1881) 17 Ch. D. 675 (C.A.) 330, 331
Wheeler v. St. Joseph Hospital 63 Cal. App. 3d 345, 133 Cal. Rptr. 775 (1976). . . . 338
White v. Edison 361 So. 2d 1292 (La. App. 1978) 288, 383
Whiteford v. Hunter (1950) C.L.C. 684, W.N. 553, 94 S.J. 758 (H.L.)
   . . . . 287, 289, 290, 291, 292, 293, 304, 387
Whitehouse v. Jordan and Another (1979) The Times, 6th December (C.A.), (1980)
  The Times, 18th December (H. L.)
   . . . . 13, 167, 283, 290, 291, 293, 295, 300, 301, 384, 386, 395
Wilcox v. Cavan (1975) 50 D.L.R. 3rd 687 (S.C.C.) 387, 389
Wilkinson v. Vesey 110 R.I. 606, 295 A. 2d 676 (1972) 308
Williams v. Hoffmann 66 Wis. 2d 145, 23 NW 2d 844 (Wisc. 1974) 370, 378
Williams v. Jones (1977) 79 D.L.R. 3rd 670 (B.C.S.C.) 296
Wilson v. Darling Island Stevedoring and Lighterage Co. (1955) 95 C.L.R. 43 315
Wilson v. Scott 412 SW 2d 299 (Tex. 1967). 325
Wilson v. Swanson [1956] S.C.R. 804, 5 D.L.R. 2nd 113 (S.C.C.). 288, 304, 349
Winteringham v. Rae (1963) 55 D.L.R. 2nd 108 (Ont. H.C.). 362
Wise v. Kaye [1962] 1 Q.B. 638 286
Wood v. Thurston (1951) C.L.C. 6871, The Times, 25th May 298
Woods v. Brumlop 71 NM 221, 377 P. 2d 520 (1962). 327
Woods v. Duncan [1946] A.C. 401. . . . . 389, 390
Workman v. Greer (1979) 90 D.L.R. 3rd 676 (Man. C.A.). 326
Wright v. Central Du Page Hospital Association 62 Ill. 2d 313, 347 NE 2d 736 (1976) 338
Wylczynski v. Goodman 391 NE 2d 479 (Ill. App. 1979). 306

Ybarra v. Cross 317 NE 2d 621 (Ill. 1974) 291
Ybarra v. Spangard 154 P. 2d 687 (Cal. S.C. 1944) 388
Yepremian v. Scarborough General Hospital (1979) 88 D.L.R. 3rd 161 (Ont. H.C.)
   . . . . 286, 288, 296, 299
Young v. Alberts 342 NE 2d 700 (Comm. P. Ohio 1975). 337
Young v. Group Health Cooperative 85 Wash. 2d 332, 53 P. 2d 1349 (1975) 308
Young v. Yarn 136 Ga. App. 737, 222 SE 2d 113 (1975) 319

Zimmer v. Ringrose (1979) 89 D.L.R. 3rd 646 (Alta. S.C.)
   . . . . 290, 295, 306, 307, 353, 385, 390, 394
Zoterell v. Repp 153 NW 692 (Mich. 1915). 283

VERZEICHNIS DER GESETZE
TABLE OF STATUTES

(Reference is to pages; for further statutes cf. Appendices II [pp. 399 ff.] and III [pp. 413 ff.] to this book)

Accident Compensation Act, 1972, The (New Zealand) 334, 365
Accident Compensation Act, An Act to amend the (1977) (New Zealand) 335
Arzneimittelgesetz cf. Gesetz zur Neuordnung des Arzneimittelrechts (West Germany)
Bürgerliches Gesetzbuch (West Germany)
- § 1 400
- § 2 400
- § 31 . . . . 285, 301
- § 89 . . . . 285, 301
- § 138 . . . . 355, 379, 400
- § 194 284
- § 195 . . . . 284, 400
- § 198 284
- § 249 . . . . 384, 387, 391, 400
- § 251 400
- § 253 . . . . 285, 318, 400
- § 276 400
- § 278 . . . . 301, 342, 401
- § 328 284
- §§ 611 ff. 283, 284, 342, 391, 401
- §§ 631 ff. 283, 284, 401
- § 823 . . . . 285, 329, 343, 364, 381, 401
- § 825 . . . . 380, 401
- § 831 . . . . 285, 301, 343, 401
- § 839 . . . . 285, 401
- § 847 . . . . 285, 318, 343, 401
- § 852 402
- § 853 284
- §§ 1601 ff. 306
Bundesseuchengesetz (West Germany) 331
Bundesverfassungsgerichtsgesetz (West Germany) 394
Caillavet Law (1976) (France) 374, 376, 377, **405**
Civil Code (Quebec, Canada) 369
Code Civil (France) Art. 1137 ff. . . . . **404 ff.**
Code Civil (France) Art. 1382 ff. . . . . 284, 285, 304, **404 ff.**
Code Civil (France) Art. 2262 284
Code Penal (France) Art. 63 II 283, 305, 329
Code Penal (France) Art. 378 329
Colorado Rev. Stat. (U.S.A.) (1978) 339

Verzeichnis der Gesetze

Congenital Diseases (Civil Liability) Act 1976 (U.K.) 292, 380
Danish Statute of 2. 6. 1967 375
Danish Statute No. 246 of 9. 6. 1967. . . . . 371, 376
Family Law Reform Act 1969 (U.K.) 312, 313, 314
Federal Food, Drug & Cosmetic Act (1967) (U.S.A.) 359
Finnish Statute No. 260 of 8. 7. 1957 373
Florida Stat. Ann. (1968. 1982) (U.S.A.). 339
Gesetz zur Bekämpfung der Geschlechtskrankheiten, 23. 7. 1953 (West Germany)
 . . . . 315, 327, 331
Gesetz zur Neuordnung des Arzneimittelrechts, 24. 8. 1976 (West Germany)
 . . . . 316, 346, 354, 358, 359, 360, 363, 364, 365, 366, 375, 376, 378, 402 ff.
Gesetz zur Regelung des Rechts der Allg. Geschäftsbedingungen, 9. 12. 1976 (West
 Germany). 316
Gesetz über die freiwillige Kastration und andere Behandlungsmethoden,
 15. 8. 1969 (West Germany) 322
Grundgesetz (West Germany)
 Art. 1. . . . . 308, 322, **399**
 Art. 2. . . . . 308, 322, **399**
 Art. 3. . . . . **399**
 Art. 6. . . . . **399**
 Art. 19 . . . . **400**
 Art. 34 . . . . 285, 394, **400**
Guardianship Act 1968 (New Zealand). 312, 313
Hawaii Rev. Stat. (1976) (U.S.A.) 339
Health Disciplines Act 1974 (Ontario, Canada) 329
Highway Traffic Act, 1970 (Ontario, Canada) 331
Human Tissue Act (1961) (U.K.) . . . . 376, **406 ff.**
Human Tissue Gift Act
 (Alta., Canada) 1973 . . . . 369, 372
 (B.C., Canada) 1972 . . . . 369, 372
 (Nfld., Canada) 1971 . . . . 369, 372
 (N.S., Canada) 1973 . . . . 369, 372
 (Ont., Canada) 1971 . . . . 369, 372
 (Sask., Canada) 1974 . . . . 369, 372
Illinois Ann. Stat. (1979) (U.S.A.) 339
Impfgesetz, 8. 4. 1874 (Germany) 315, 327
Indiana Code Ann. (1968) (U.S.A.) 339
Italian Statute No. 458, 26. 6. 1967 372
Italian Statute No. 644, 2. 12. 1975 . . . . 373, 376, 377
Kansas Stat. Ann. (1976), (U.S.A.). 339
Kentucky Rev. Stat. (1978) (U.S.A.) 339
Limitation Act
 1969 (N.S.W., Australia) 284
 1972 (Vict., Australia). 284
 1974 (Qld., Australia). 284
 1974 (Tas., Australia) 284, 285,
Limitation Acts 1939–1975 (UK). 284, 285, **407 ff.**
Louisiana Rev. Stat. Ann. (1977) (U.S.A.) 339
Malpractice Arbitration Act, Michigan, U.S.A. (Supp. 2977). 337
Medical Act R.S. (Quebec, Canada) 1964 330

Table of Statutes

Medical Profession Act 1975 (Alta., Canada). 329
Minor Property and Contracts (Act 1970) (N.S.W., Australia). 312, 313
Motor Vehicle Act, 1960 (B.C., Canada). 331
Motor Vehicle Administration Act, 1975 (Alta., Canada) 331
Nebraska Rev. Stat. (1978) (U.S.A.). 339
New Mexico Ann. (1976) (U.S.A.). 339
North Dakota Cent. Code (1978) (U.S.A.). 339
Norwegian Statute of 9. 2. 1973 . . . . 372, 376, 377
Obligationenrecht (Switzerland)
    Art. 41 ff.. . . . . 282, 285
    Art. 55 . . . . 301, 304
    Art. 60 284
    Art. 101 . . . . 301, 304
    Art. 127. 284
    Art. 394 ff. 283
Oregan Laws (1975) (U.S.A.) 339
Pennsylvania Stat. Ann. (1978) (U.S.A.) 339
Queensland Criminal Code (Australia). 310
South African Act No. 24, 9. 3. 1970, amended by Statute No. 42 of 1972 372
South Carolina Code (1978) (U.S.A.) 339
Spanish Act of 1950 & Executive Order of 1951 373
Swedish Statute No. 104, 14. 3. 1958 . . . . 376, 377
Schweizer Strafgesetzbuch Art. 127 II 283, 305, 329
Strafgesetzbuch (West Germany)
    § 34. . . . . 33, 111, 113
    § 203 329
    § 218 . . . . 321 ff, 382
    § 223 319
    § 225 322
    § 330c 283, 305, 327, 329
Tasmania Criminal Code (Australia). 310
Transplant Law (Draft) 1978 (West Germany) 370, 371
Transplantation Statute (Denmark). 377
Transport Act, 1972 (Canada) 331
Transsexuellengesetz (1980) (West Germany) 368
Uniform Anatomical Gift Act
    (1968) (U.S.A.). 375, 376, 377, 378
    (1972) (U.S.A.). . . . . 369, 374, 377, 378, **409 ff.**
Western Australia Criminal Code 310
Wisconsin Stat. Ann. (1979) (U.S.A.) 339
Zivilgesetzbuch Art. 28 (Switzerland) 311
Zivilprozeßordnung
    – § 284. 384
    – § 285. 386
    – § 286. . . . . 385, 386, 387, 388, 390
    – § 826. 395
Zürcher EG Art. 18 . . . . 283, 329

Halbfette Seitenverweise beziehen sich auf Dokumente im Anhang.
Bold page reference indicate documents printed in the Appendices.

Teil 1

ALLGEMEINE GRUNDSÄTZE ZIVILRECHTLICHER ARZTHAFTUNG

Mit einigen Ausnahmen, die in Teil 2 C dieser Abhandlung[1]) aufgeführt werden, hat bisher kein Mitgliedsstaat des *Europarats* und – soweit ersichtlich – kein Rechtssystem der Welt[2]) spezielle Vorschriften zur Regelung der zivilrechtlichen Arzthaftung erlassen, und zwar weder zur Regelung der Haftung bei neuen Behandlungsmethoden und Experimenten, noch zur Regelung der Arzthaftung im allgemeinen. Auf die Fälle zivilrechtlicher Arzthaftung werden deshalb vielmehr die allgemeinen Haftungsvorschriften des jeweiligen Rechtssystems angewandt. Dies hat dazu geführt, daß das moderne Recht der Arzthaftung fast überall von den Gerichten geschaffen worden ist[3]).

A. Die Rechtsnatur der Arzthaftung

Seit Hippokrates ist die Rechtsnatur des Verhältnisses zwischen Arzt und Patient über die Jahrhunderte hinweg unterschiedlich beschrieben worden[4]). Der Beruf des Arztes war im Geltungsbereich des Common Law zum Beispiel ein öffentlicher Beruf wie so viele andere Berufe auch, z. B. wie der des Apothekers, des Gastwirts, des Beförderungsunternehmers. Das bedeutete rechtlich, daß, wer den ärztlichen Beruf ergriff, auch verpflichtet war, ein gewisses Maß an Sorgfalt in der Berufsausübung zu zeigen, und wer diese Sorgfalt nicht aufbrachte, der machte sich wegen Sorgfaltspflichtverletzung schadensersatzpflichtig[5]). Er konnte deshalb auch deliktsrechtlich zur Verantwortung herangezogen werden[6]). Als später der Ärztestand festere organisatorische Formen annahm[7]) und sich alsbald auch das Vertragsrecht zu entfalten begann[8]), schienen die sich aus der Ausübung des Heilberufs ergebenden Pflichten nicht länger am Deliktsrecht, sondern zunehmend am Vertragsrecht orientiert zu werden[9]). So entwickelte die englische Rechtsprechung alsbald den Grundsatz, daß der vom Patienten bekundete Behandlungswunsch zugleich ein ausreichender Grund für die Erbringung ärztlicher Leistungen war[10]); viele Vertragselemente wurden vom Recht schlichtweg impliziert, so zum Beispiel, daß der Arzt, der den Heilberuf ausübt, auch die entsprechende Sorgfaltspflicht aufbringen werde[11]). Das 19. Jahrhundert und unsere eigene Zeit sind wieder stärker vom Gedanken des Deliktsrechts beherrscht worden, und so ist es kaum verwunderlich, daß das moderne Arzthaftungsrecht nach den Grundsätzen der Sorgfaltspflichtverletzungen im deliktsrechtlichen Sinn geprägt worden ist[12]). Auf diese Weise sind die meisten Arzthaftungsprozesse für fast ein Jahrhundert auf deliktsrechtliche Elemente der ärztlichen Sorgfaltspflichtverletzung gestützt worden[13]). Auch heute noch ist jedoch das Arzthaftpflichtrecht seiner Natur nach entweder vertragsrechtlich mit dem Fahrlässigkeitsvorwurf verbunden oder deliktsrechtlich orientiert, überwiegend ebenfalls am Fahrlässigkeitsbegriff orientiert, soweit die Verschuldenshaftung nicht bereits durch eine Gefährdungshaftung abgelöst worden ist oder allmählich abgelöst zu werden scheint wie in der Arzthaftpflichtentwicklung in einigen Staaten Nordamerikas[14]).

I. Vertragliche Arzthaftung

Innerhalb eines Vertragsverhältnisses zwischen Arzt und Patient[15]) kann der Arzt wegen Verletzung des Behandlungsvertrags haften. In denjenigen Rechtsordnungen, die verschiedene Vertragstypen unterscheiden, kann die Bestimmung der Vertragsart wichtig werden, da die einzelnen Vertragstypen unterschiedlichen Haftungsregeln folgen können. Der Behandlungsvertrag zwischen Arzt und Patient wird grundsätzlich als ein Vertrag angesehen, der den Arzt lediglich dazu verpflichtet, eine indizierte medizinische Behandlung ordentlich und nach den Regeln der ärztlichen Kunst vorzunehmen; weder garantiert der Arzt einen Heilerfolg, noch haftet er, wenn sich dieser Heilerfolg nicht einstellt[16]). Die Gerichte gewähren dem Arzt mit gutem Grund einen gewissen Schutz vor überzogenen Erwartungen, indem sie etwaigen Behauptungen von der Patientenseite, ein Heilerfolg sei geschuldet, mit Zurückhaltung und Skepsis gegenüberstehen, solange der Arzt den Abschluß eines auf den Erfolg gerichteten Vertrags nicht selbst vorträgt oder eine schriftliche Vereinbarung dieses Inhalts vorgelegt werden kann[17]). In den verschiedenen Rechtsordnungen gibt es gewisse Unsicherheiten darüber, ob eine Vertragsbeziehung zwischen Arzt und Patient auch dann entsteht, wenn der Patient von dritter Seite zur ärztlichen Untersuchung geschickt wird, wie dies etwa der Fall sein kann bei Einstellungsuntersuchungen oder Untersuchungen auf Veranlassung einer Versicherungsgesellschaft vor Abschluß einer Lebensversicherung[18]). Nordamerikanische Gerichte verneinen hier regelmäßig eine Vertragsbeziehung[19]), englische Gerichte haben nach einigem Zögern[20]) inzwischen jedenfalls anerkannt, daß auch in solchen Fällen der Arzt dem Patienten ärztliche Sorgfalt nach vertragsrechtlichen Gesichtspunkten schuldet[21]), kanadische Gerichte scheinen hier zurückhaltender zu sein als englische[22]), und deutsche Gerichte haben mit dieser Fragestellung keinerlei Probleme[23]). Die Frage der Einordnung des Vertrags kann schließlich für die Länge der Verjährungsfrist von entscheidender Bedeutung sein[24]).

II. Deliktische Haftung

1. Die Länge der Verjährungsfrist hängt in einigen Staaten – beispielsweise in Frankreich und Deutschland – ferner davon ab, ob der Arzt vertraglich oder deliktisch haftet, während in anderen Ländern – zum Beispiel in England und fast allgemein im angloamerikanischen Bereich – die Verjährungsfrist bei Klagen wegen Personenschäden drei Jahre beträgt, und dies unabhängig davon, ob die Klage nun auf vertrags- oder auf deliktsrechtliche Haftung gestützt wird[25]). In allen hier behandelten Rechtssystemen beginnt die Verjährung im frühesten Zeitpunkt, zu dem Klage erhoben werden kann. Ein Klagerecht entsteht demnach, wenn Tatsachen vorliegen, die einem möglichen Kläger einen Anspruch gegen einen möglichen Beklagten geben[26]). Das setzt einen Anspruchsberechtigten voraus, der erfolgreich klagen kann und einen Anspruchsgegner, der verklagt werden kann[27]). In diesem Zusammenhang sollten Gesetze aus England[28]) und Tasmanien (Australien)[29]) Erwähnung finden, die beide den jeweils zuständigen Gerichtsbarkeiten ein richterliches Ermessen einräumen, ob die auf Personenschäden gestützten Schadensersatzklagen auch nach Ablauf der Verjährungsfrist noch zur Verhandlung und Entscheidung angenommen werden sollen oder nicht: dies darf geschehen, wenn ein solches Verfahren dem Gericht billig (England) bzw. gerecht und vernünftig (Tasmanien) erscheint, obwohl die Verjährung an sich schon eingetreten ist.

2. In vielen Rechtsordnungen kann dieselbe Handlung des Arztes zugleich eine Vertragsverletzung und zugleich eine unerlaubte Handlung darstellen[30]). Eine Ausnahme von dieser Regel enthält das französische Recht: Nach dem Grundsatz des Klagehäufungsverbots *(non-cumule des responsabilités)* ist eine Häufung von vertraglicher und deliktischer Haftung rechtlich unzulässig. Bis zum Jahre 1936 entschieden die französischen Gerichte, Ärzte seien nur deliktsrechtlich verantwortlich, selbst wenn sie zum Patienten in Vertragsbeziehungen stünden. Seit der wichtigen Entscheidung des Kassationsgerichtshofs *(Cour de Cassation)* vom 20. Mai 1936 wird die Arzthaftung jedoch nur nach Vertragsregeln abgewickelt, soweit ein Vertrag zwischen Arzt und Patient besteht[31]). Nur wenn kein Vertrag geschlossen wurde, kann der Arzt nach französischem Recht deliktisch haftbar sein[32]).

3. Nach deutschem Deliktsrecht gelten spezielle Vorschriften für die Haftung von Ärzten im öffentlichen Dienst. In bestimmten Fällen haften nicht diese Mediziner persönlich, sondern der Staat haftet in Gestalt der Anstellungskörper-

schaft[33]). Ähnliche Regeln können auf kantonaler Ebene auch in der Schweiz verbindlich sein[34]). Eine weitere Besonderheit des deutschen Rechts besteht darin, daß Schmerzensgeld nur auf der Grundlage deliktsrechtlicher Haftung verlangt werden kann[35]).

4. Bei Ermittlung und Zusprechung von *Schmerzensgeld* ist zu berücksichtigen, daß der klagende Patient grundsätzlich nicht *vollen* Ersatz aller Schäden bekommen kann, die er durch persönlichen Verlust und durch Schmerzen erlitten hat. Er kann nur eine unter Abwägung aller Umstände *angemessene* Entschädigung, im deutschen Recht gem. § 847 BGB etwa nur „eine billige Entschädigung in Geld" verlangen, eine Entschädigung, die der Fairneß auch gegenüber dem Beklagten entspricht[35a]). Geld kann finanzielle Schäden und entgangenen Gewinn kompensieren, aber es kann die erlittenen Schmerzen weder ungeschehen machen noch ein wirkliches Äquivalent für sie sein. Was die Gewährung eines Schmerzensgeldes ermöglichen kann ist eine Ablenkung des Opfers durch Ersatzaktivitäten: „Nicht einmal alles Gold der Bank von England kann die quälenden Schmerzen, den Verlust des Sehvermögens oder eines Körperteils ungeschehen machen, aber es kann Erholung und zusätzlichen Komfort finanzieren, deren das Opfer bedarf. So unvollkommen das auch stets sein mag: der entscheidende Gesichtspunkt der Schmerzensgeldgewährung ist der Ausgleich"[35b]). In diesem Zusammenhang können zusätzliche Probleme dann entstehen, wenn das Opfer entweder mehr oder minder gleich nach der Verletzung gestorben oder durch sie in den Zustand eines Bei-lebendigem-Leibe-begraben-Seins, etwa in den Zustand ständiger Bewußtlosigkeit geraten ist. Hier taucht die Frage auf, ob die „billige Entschädigung" *objektiv* danach zu bemessen ist, welchen Schaden der Patient im Vergleich zu vorher erlitten hat oder *subjektiv* nach der (noch) verbliebenen Fähigkeit, den Verlust zu spüren und zu kompensieren. Stärker objektive Kriterien werden in Kanada[35c]) und England[35d]) bevorzugt und führen dann zu von den verbliebenen Fähigkeiten des Patienten, seine Lage noch zu ermessen, unabhängigen und durchaus substantiellen Schmerzensgeldern. Stärker subjektive Erwägungen werden dagegen in Australien bevorzugt, was zur Zusprechung weit geringerer Schmerzensgelder nach dem Grad der Fähigkeit des Verletzten führt, seine Lage noch einzuschätzen: so sprach der *High Court of Australia* etwa bei einem zu ständiger Bewußtlosigkeit reduzierten Patienten lediglich ein Schmerzensgeld von 3000 Dollars zu[35e]), was nur etwa dem zehnten Teil der Summe entspricht, die in vergleichbaren Fällen in England zugesprochen worden ist[35f]). Auch der deutsche *Bundesgerichtshof* neigt in solchen Fällen eher zu einer bloß symbolischen Kompensation[35g]). Eine dagegen bloß reduzierte (aber noch vorhandene) Fähigkeit, den erlittenen Verlust und Schaden zu ermessen, kann aber in allen hier behandelten Rechtsordnungen zu beachtlichen Entschädigungen führen[35h]).

B. Die tatsächlichen Gründe ärztlicher Haftung

Die Entscheidungen des Arztes bergen immer Risiken in sich. Eine unglückliche Entwicklung der Behandlung kann den Tod des Patienten oder seine lebenslange Behinderung verursachen. Physische und geistige Schädigungen oder Tod, die ihren Grund in der medizinischen Betreuung haben, können die zivilrechtliche Arzthaftung begründen[36]). Bei den tatsächlichen Gründen der Arzthaftung kann danach unterschieden werden, ob der Schaden durch eine Behandlung *contra legem artis*, also einen *Kunstfehler* (Behandlungsfehler), verursacht wurde oder ob der Schaden infolge einer Behandlung eingetreten ist, über die der Patient nicht oder nicht ausreichend aufgeklärt wurde und in die er deshalb oder aus anderen Gründen auch *nicht wirksam eingewilligt* hat[37]).

I. Behandlung contra legem artis (Behandlungsfehler)

1. Ärzte sind ihren Patienten gegenüber sowohl nach Vertrags- als auch nach Deliktsrecht zur *Sorgfalt* verpflichtet[38]). Von einem Arzt wird erwartet, daß er ein faires, vernünftiges und sachkundiges Maß an Sorgfalt anwendet[39]). Unter Sorgfalt wird dabei jene besondere Sachkunde verstanden, die nicht schon zum Durchschnittsinstrumentarium des Mannes auf der Straße oder des *vernünftigen Mannes*[40]) – jenes außergewöhnlichen, aber verdächtigen Mustermenschen[41]) – gehört, sondern Ergebnis besonderer Fähigkeiten ist, die durch eine besondere berufliche Ausbildung und Erfahrung erworben worden ist. Mit anderen Worten müssen diejenigen, die sich einem nach besonderen Qualifikationen verlangenden Beruf stellen, bei dessen Ausübung nicht nur über die Sorgfalt jedes vernünftigen Menschen verfügen, sondern dem Qualitätsmaßstab gerecht werden, mit dem die Angehörigen dieses besonderen Berufsstands gemessen werden[42]). Wenn ein Arzt sich selbst als Spezialist ausgibt, wird von ihm auch ein höherer Grad an Sorgfalt verlangt als von dem, der diese besonderen Fachkenntnisse nicht durch besondere Ausbildung und Fähigkeit erworben zu haben behauptet[42a]). Wer diesen *besonderen* Sorgfaltsmaßstab vermissen läßt, so daß eine falsche Heilbehandlung durchgeführt oder die richtige unterlassen wird, der handelt fahrlässig[43]). Der Behandlungsfehler kann dabei, wie gesagt, sowohl in der Vornahme einer bestimmten Behandlung als auch im Unterlassen ärztlicher Maßnahmen bestehen[44]). Die Durchführung einer Behandlung kann gegen die Regeln der ärztlichen Kunst verstoßen, wenn sie ohne das ordentliche und vernünftige Maß an ärztlicher Geschicklichkeit, Sorgfalt und Sachkompetenz vorgenommen wird. Im Unterlassen einer bestimmten Behandlung kann ebenfalls ein Kunstfehler liegen, wenn nämlich eine Behandlung nach den Grundsätzen der medizinischen Wissenschaft hätte vorgenommen werden müssen[45]).

a) Demnach dürfen ärztliche Behandlungen und Operationen nur auf der Grundlage ärztlicher *Diagnose* durchgeführt werden[46]. Schon bei der Durchführung der Diagnose kann der Patient verlangen, daß der Arzt von allen ihm zur Verfügung stehenden Erkenntnisquellen Gebrauch macht, deren Anwendung unter Berücksichtigung des Standes der medizinischen Erkenntnis und der verfügbaren Mittel[47] möglich ist und den Patienten keiner zusätzlichen neuen Gefahr aussetzt. Der Patient kann auch verlangen, daß der Arzt die modernsten vorhandenen Mittel anwendet und daß er alle, selbst entfernte Möglichkeiten einer Schädigung seines Patienten in Betracht zieht[48]. Wenn sich ein Arzt aufgrund unzureichender Fachkenntnisse auf einem Spezialgebiet nicht in der Lage sieht, eine Diagnose zu stellen, dann muß er von der weiteren Behandlung absehen[49] und entweder selbst einen Spezialisten konsultieren[50] oder aber auf den Patienten einwirken, einen Spezialisten oder ein Krankenhaus zur weiteren Behandlung aufzusuchen[51]. Der Grundsatz, wie er für alle ein besonderes Maß an Sorgfalt verlangenden Berufe gilt und in einer wichtigen kanadischen Entscheidung auf den Ärztestand angewendet wurde, lautet deshalb: wessen Stellung ein besonderes Maß an Sorgfalt erfordert, der muß diese Sorgfalt auch erbringen; wer diese Sorgfalt nicht besitzt und gleichwohl weitermacht oder wer diese Sorgfalt zwar besitzt, im Einzelfall aber nachlässig arbeitet, der ist haftbar: denn jemand der sich zu besonderen Diensten bereit hält, der gibt auch implizit damit zu verstehen, daß er sachkundig genug ist, diese Dienste zu leisten[52]. Es ist freilich nicht möglich, eine allgemeinverbindliche Antwort auf die Frage zu geben, wieviel Zeit ein Arzt auf die Prüfung zweifelhafter Diagnosen verwenden sollte, um zu einer eindeutigen Diagnose zu kommen[53]. Wenn die Krankheit unklare Merkmale aufweist, muß der Arzt – nötigenfalls aufgrund des Studiums der einschlägigen Literatur oder auf andere Weise, z. B. durch Einholung eines zweiten Votums – die möglichen Ursachen der Krankheit und die anzuwendenden Untersuchungsmethoden klären[53a]. In den Vereinigten Staaten ist die ärztliche Sorgfaltspflicht inzwischen so weit ausgedehnt worden, daß Ärzte auch Dritte vor Gefahren zu warnen haben, die ihnen von ihren Patienten drohen könnten[54].

b) Die Entscheidung darüber, wie umfassend die *Informationspflicht* in bezug auf die möglichen Gefahren einer bestimmten Behandlung oder Operation sein muß, liegt auch im diagnostischen Vorbereich grundsätzlich beim Arzt, der seine pflichtgemäße Entscheidung unter Abwägung der verschiedenen Gesichtspunkte des Einzelfalles zu treffen hat. Dementsprechend wird auch das Gericht den jeweiligen Einzelfall immer nur auf der Grundlage der Erkenntnismöglichkeiten zur Zeit der Behandlung oder Operation untersuchen. Die Rechtsordnung verlangt aber auch, daß Behandlungsrisiko und Erfolgsaussichten gegeneinander abgewogen werden; die Gefahren, denen sich ein Patient unterziehen soll, müssen durch die Vorteile gerechtfertigt sein, die man von der Behandlung oder Operation erhofft[55]). In Fällen einer nur recht entfernten Schadensmöglichkeit brauchen keine besonderen Vorkehrungen getroffen zu werden, da Vorsichtsmaßnahmen nur gegen vernünftigerweise zu veranschlagende Schadensmöglichkeiten, nicht aber gegen völlig unwahrscheinliche Ereignisse getroffen werden müssen[56]). Das heißt aber nichts anderes, als daß dem Arzt möglicherweise kein Verschuldensvorwurf gemacht werden kann, wenn er gegen außerordentlich unwahrscheinliche Risikomöglichkeiten keine besonderen Vorkehrungen getroffen hat[57]). War indessen sein Verhalten nicht zu rechtfertigen, so kann der Arzt gleichwohl noch schadensersatzpflichtig sein, es sei denn, die Folgen seines Tuns oder Unterlassens wären auch nach Auffassung eines billig und gerecht denkenden Beobachters allzu weit hergeholt und damit schlechterdings nicht vorhersehbar gewesen[58]). Jedenfalls theoretisch muß aber das Gericht bei Bestehen einer ärztlichen Sorgfaltspflicht prüfen, ob das Risiko des Einzelfalles groß genug war, um an die Sorgfaltspflichten des Arztes höhere Anforderungen zu stellen als dieser beobachtet hat[59]). Gerade deshalb ist es aber erforderlich, in Fällen, in denen der Heilungserfolg nicht mit Sicherheit oder zur Zufriedenheit des Patienten erwartet werden kann, im Rahmen der Aufklärungspflicht des Arztes von diesem auch die Erwähnung solcher Komplikationen zu verlangen, deren Eintritt weniger wahrscheinlich ist[60]). Deshalb sind auch besonders strenge Maßstäbe an die Aufklärungspflicht des Arztes zu stellen, wenn eine Operation nicht unmittelbar therapeutischen Zwecken der Heilung, sondern nur der Diagnose dienen und sie voranbringen und damit dem medizinischen Verständnis der Krankheit und ihrer Therapie weiterhelfen soll[61]).

2. Die entscheidende Frage, *welches Maß an Sorgfalt und Fachkunde* der Arzt aufzubringen hat, muß nach dem jeweiligen Stand der medizinischen Erkenntnis zur Zeit der Behandlung beantwortet werden. Es ist bemerkenswert, daß in den meisten qualifizierten Berufen (wie auch sonst) jede Generation ihre Vorgänger der Unkenntnis bezichtigt und daß damit zugleich auch eine stetige Verbesserung der Erkenntnismöglichkeiten einhergeht. So muß etwa der Arzt denjenigen Sorgfaltsmaßstab beachten, der dem Standard eines angemessen sachkundigen Mediziners auf diesem Gebiet zu dieser Zeit entspricht[62]); besitzt der Arzt dagegen überdurchschnittlich gute Fachkenntnisse oder nimmt er solche für sich in Anspruch, dann ist er auch verpflichtet, überdurchschnittliche Vorkehrungen zu treffen[63]). Aber er übernimmt selbst dann noch keine Garantiehaftung gegen jede noch so zufällige Fehlentwicklung[64]). Der Arzt muß sich in angemessener Weise auf dem laufenden halten und darf nicht einfach „stur und verbohrt mit denselben alten Methoden weitermachen, wenn sich herausgestellt hat, daß sie dem Erkenntnisstand der Medizin widersprechen"[65]). Ärzte sind also verpflichtet, diejenige Sorgfalt und Sachkunde einzubringen, die von einem entsprechen-

den Fachvertreter mit angemessener Sachkunde unter vergleichbaren Umständen beobachtet worden wäre[65a]). Der Arzt handelt aber nicht fahrlässig, wenn die von ihm gewählte Behandlungsmethode einer Praxis entspricht, die zur Zeit der Behandlung von angesehenen, mit dieser Methode vertrauten Medizinern anerkannt ist[65b]), selbst wenn ebenfalls kompetente Kollegen eine andere Methode bevorzugt hätten[65c]). Ein beklagter Arzt, der sich dem Vorwurf fahrlässiger Behandlungsweise ausgesetzt sieht, kann sich mithin – jedenfalls zunächst *prima facie*[66]) – erfolgreich verteidigen, wenn er nachweist, daß er in Übereinstimmung mit der generellen und akzeptierten ärztlichen Praxis gehandelt hat[67]). Soll dem Arzt mithin ein Vorwurf gemacht werden können, so nur dann, wenn er zu der Zeit, auf die es ankommt, d. h. zur Zeit der Behandlung oder der Operation, entweder die Risiken seines Tuns gekannt oder fahrlässigerweise nicht gekannt hat. Das ärztliche Verhalten von gestern wird jedenfalls nicht im Lichte von Erkenntnissen gewürdigt, die bis heute niemand besitzen konnte[68]). Als Erläuterung hierzu mag die wohlbekannte englische Entscheidung *Roe v. Minister of Health*[69]) aus dem Jahre 1954 dienen: Im Jahre 1947 injizierte ein Facharzt für Anästhesie[70]) dem Kläger zur Vorbereitung einer kleineren Operation Nupercain, ein Betäubungsmittel mit spinaler Wirkung. Das Nupercain befand sich in Glasampullen, die ihrerseits wiederum in einem mit Phenol gefüllten Behälter aufbewahrt wurden. Durch Sprünge in den Glasampullen war etwas Phenol eingedrungen und hatte das Nupercain verunreinigt. Durch die Behandlung mit dem verunreinigten Betäubungsmittel wurde der Patient von der Taille abwärts gelähmt. Die Sprünge waren durch normale visuelle Prüfung oder durch Tasten nicht erkennbar. Auf diese Gefahren wurde die Ärzteschaft erst im Jahre 1951 aufmerksam. Im Jahre 1947 hätten sie von einem durchschnittlich erfahrenen Anästhesisten nicht richtig eingeschätzt werden können[71]). „Heutzutage wäre es fahrlässig, diese Gefahr nicht zu erkennen, damals aber nicht", führte *Lord Denning* in seinen vielzitierten Entscheidungsgründen aus[72]). Eine Behandlungsmethode kann jedenfalls grundsätzlich solange als fachgerecht angesehen werden, wie sie von einer der anerkannten Schulen medizinischer Wissenschaft vertreten wird[73]). Der Hauptgrund zivilrechtlicher Verantwortlichkeit in Arzthaftungsprozessen ist demnach die negative Abweichung vom Verhaltensmaßstab eines vernünftigen und behutsamen Arztes derselben gefestigten und anerkannten[74]) Schule oder Praxis, den dieser unter vergleichbaren Umständen zur selben Zeit eingehalten hätte[75]). Und dieser Sorgfaltsmaßstab gilt in fast allen hier herangezogenen Rechtsordnungen[76]). Wenn jedoch andererseits ein gewichtiger Teil der medizinischen Wissenschaft und Praxis seine Auffassungen *geändert* hat und nun eine bislang akzeptierte Behandlungsmethode unter bestimmten Umständen als bedenklich einstuft, dann kann es einen fahrlässigen Behandlungsfehler darstellen, diese kritischen Stimmen unbeachtet zu lassen oder über die Meinungsänderung in der Fachliteratur nicht Bescheid zu wissen[77]). Mit anderen Worten kann, was gestern noch akzeptierte Behandlungsmethode war, heute schon obsolet geworden sein, und der Arzt, der es versäumt, sich über neue Entwicklungen in seinem Fachgebiet auf dem laufenden zu halten, mag sich im Ernstfall vor die Erkenntnis gestoßen sehen, daß seine guten alten Methoden in Wirklichkeit den Anforderungen der Zeit doch nicht mehr genügten[78]. Die Rechtsordnung steht hier vor einer besonders schwierigen Abwägung: einerseits des Interesses am Fortschritt in medizinischer Erkenntnis und Technologie, andererseits der Notwendigkeit einer gewissen Zurückhaltung gegenüber der allzu eilfertigen Anwendung neuer und nicht genügend erprobter Behandlungsmethoden, Techniken und Apparate[79].

a) Es kann jedoch schwierig sein festzustellen, was dem jeweiligen Stand der medizinischen Erkenntnis (noch) genügt und was nicht. Wie jede andere Wissenschaft, so ist auch die medizinische dadurch charakterisiert, daß es in ihr wissenschaftliche Meinungsverschiedenheiten gibt[80]. In diesem Zusammenhang muß betont werden, daß der Jurist (und besonders der Richter) nicht dazu berufen ist, über Meinungsverschiedenheiten innerhalb der medizinischen Wissenschaften zu entscheiden[81]. In solchen Fällen müssen besonders die Gerichte den praktischen Erfahrungen der Ärzte den Vorzug geben vor theoretischen und dogmatischen Argumenten der einen oder der anderen Schule[82]. Es gibt natürlich Fälle, für die keine allgemein anerkannten Diagnose- oder Therapieregeln bestehen oder in denen besondere Umstände das Abweichen von herkömmlichen Behandlungsmethoden erforderlich machen. In solchen Fällen ist der Arzt verpflichtet, alle Umstände des Falles zu berücksichtigen und sich alle Vor- und Nachteile der geplanten Behandlung vor Augen zu führen, ehe er handelt. Aber die Beweislast dafür, daß seine Behandlungsmethode dem Stand der medizinischen Erkenntnis der Zeit (noch) entspricht, trägt der handelnde Arzt[83]. Das Ergebnis ist also, daß in jedem einzelnen Fall die Größe der Risiken sorgfältig abgewogen werden muß gegen die dem Arzt aufgebürdete Last der Verantwortung, sich richtig zu entscheiden[84]. Das Recht verlangt mit anderen Worten stets einen Grad von Sorgfaltspflicht, der in direkter Relation zu den Risiken der ärztlichen Behandlung steht[85]. Sachverständige werden also fast immer gehört werden müssen, bevor ein Fall entscheidungsreif ist[86].

b) Da ein Mangel an ärztlicher Sorgfalt sowohl bei der Durchführung einer Behandlung oder Operation als auch durch ihr Unterlassen vorkommen kann, müssen die beiden Arten ärztlicher Behandlungsfehler – die aktive Vornahme einer ärztlichen Behandlung und das Unterlassen einer ärztlichen Behandlung – voneinander unterschieden und dementsprechend auch getrennt behandelt werden[87].

aa) Im Hinblick auf die *aktive Vornahme einer medizinischen Behandlung* unterscheiden alle Rechtsordnungen zwei Fallgruppen: Einmal diejenigen Fälle, in denen der Arzt bewußt von allgemein anerkannten Behandlungsmethoden abgewichen ist, zum anderen die Fälle, in denen er dies unbewußt und fahrlässig getan hat.

(1) In der *ersten* Fallgruppe, bei der der Arzt also *bewußt* von herkömmlichen und akzeptierten Behandlungsmethoden abweicht, kommt es zunächst darauf an, welche Behandlungsart mit den Grundsätzen der medizinischen Erkenntnis zur Behandlungszeit im konkreten Fall (noch) übereinstimmt und welche nicht; beispielsweise entspricht es nicht den Grundsätzen medizinischer Erkenntnisse, einen entzündeten Blinddarm nur mit Kompressen[88]) oder Karzinome und Syphilis nur mit Naturheilmitteln[89]) zu behandeln. Anders liegt die Sache jedoch, wenn ein Abweichen von der anerkannten Norm der Behandlungsmethode durch die besondere Art der Krankheit im Einzelfall gerechtfertigt ist. Es gibt Fälle, in denen von den normalen Behandlungsmethoden kein Heilerfolg erhofft werden kann. Hier kann es dann gerechtfertigt sein, ausgetretene Pfade der Behandlung zu verlassen und einen (therapeutischen) Heilversuch zu wagen[90]).

(2) Die *zweite* Fallgruppe aktiver Behandlungsfehler wird durch die Fälle gebildet, in denen der Arzt *unbewußt* von einer indizierten Behandlungsmethode abweicht; dies sind die Fälle der gewöhnlichen fahrlässigen Verhaltensweise, wie sie häufiger anzutreffen ist. Dazu rechnen Fälle, in denen der Arzt fahrlässig eine Überdosis verabreichte, etwa eine Überdosis an Röntgenstrahlen, die zu Verbrennungen geführt haben[91]) oder überhaupt die Verabreichung der falschen Röntgenstrahlen im gegebenen Fall[92]). In zahlreichen Ländern betrachtet man heute Verbrennungen aufgrund von Röntgenmaßnahmen, außer bei der Behandlung von Krebs, als klassische Fälle ärztlicher Kunstfehler[93]). Aber auch das Verabreichen einer Überdosis von Narkotika oder die Ausgabe der falschen Narkotika oder anderer Arzneimittel sind Verhaltensweisen, die zur typischen Haftung wegen ärztlicher Kunstfehler führen[94]). Ein deutscher Fall, der die Verabreichung einer Überdosis zum Gegenstand hatte, sei hier beispielhaft angesprochen: Der Grund für die Verordnung einer Überdosis lag hier nicht so sehr in der „gewöhnlichen" Nachlässigkeit, sondern vielmehr darin, daß der Arzt, sei es durch Mangel an Wissen oder an Aufmerksamkeit, die richtige Behandlungsweise nicht kannte. Wegen eines Druckfehlers in einem medizinischen Lexikon, das er deshalb konsultierte, injizierte der Assistenzarzt eine 25%ige anstatt einer 2,5%igen Lösung NaCl. Der deutsche Bundesgerichtshof entschied[95]), daß der Arzt seine Sorgfaltspflicht verletzt hatte und also haftbar war[96]). Hier betreten wir den Kunstfehlerbereich *mangelnder Sachkenntnis* und

fehlender Bereitschaft bzw. *verletzter Pflicht, mit dem Fortschritt der medizinischen Erkenntnisse* Schritt zu halten, und die Vernachlässigung dieser Verpflichtung hört nicht dadurch auf, Sorgfaltspflichtverletzung zu bleiben, daß man denselben Fehler immer wieder begeht[97]). Die Sorgfaltsanforderungen werden grundsätzlich auch nicht dadurch verringert, daß der handelnde Arzt noch wenig Praxiserfahrung besitzt oder gar ein Anfänger in seinem Fach ist[98]). Das höchste deutsche Zivilgericht zwischen 1879 und 1945, das Reichsgericht, hat einmal entschieden, daß jeder Arzt verpflichtet ist, Fortschritte auf seinem Fachgebiet zu verfolgen und sich mit neuen Medikamenten und Methoden vertraut zu machen[99]). Dies ist seither sowohl in der Fachliteratur als auch in der Rechtsprechung Deutschlands ganz herrschende Auffassung geworden und geblieben[100]). Dieselbe Verpflichtung, mit der Entwicklung der medizinischen Erkenntnisse und Methoden Schritt zu halten, wird auch in der juristischen und medizinischen Literatur anderer Länder immer wieder betont[101]). Es kann deshalb einen ärztlichen Behandlungsfehler darstellen, wenn sich ein Arzt eine neue Methode nicht zunutze macht, die bereits erprobt wurde und deren Anwendung größeren Erfolg versprochen hätte als ältere Methoden. So hat der Bundesgerichtshof im Jahre 1972 entschieden[102]), daß es *contra legem artis* sei, einen Fall von Neurolues mit einem älteren Medikament zu behandeln, das als Nebenwirkung Vergiftungen mit Arsen verursacht hatte; denn im Zeitpunkt der Behandlung hatte bereits das Penicillin als wohlerprobtes Mittel für derartige Fälle zur Verfügung gestanden, ohne ähnliche Nebenwirkungen hervorzubringen[103]). Schließlich gibt es noch die Fälle anderer „gewöhnlicher" Sorgfaltspflichtverletzungen bei der ärztlichen Behandlung, wie etwa die nicht ordnungsgemäße Verankerung eines Untersuchungstischs, der während der Untersuchung zusammenbricht und den Patienten zu Schaden kommen läßt[104]), das Versäumnis zutreffender Medikamentierung[105]), das Hinterlassen von Instrumenten, Mulltupfern, Tüchern und anderen Gegenständen in der Operationswunde[106]), die Verwechslung von Patienten oder der richtigen Seite bei Doppelorganen[107]), die Verwechslung von Arzneimitteln und Impfstoffen[108]) sowie die Entfernung der einzigen Niere des Patienten in der Meinung, es handle sich dabei um eine Zyste[108a]).

bb) Die meisten Beispiele für das *Unterlassen* medizinischer Behandlung oder für ärztliche Kunstfehler durch Unterlassen finden sich auf dem Gebiet des Unterlassens bestimmter *Diagnosen*[109]). So muß es jedenfalls heute als Kunstfehler angesehen werden, wenn der Arzt die gebotenen hygienischen Vorbedingungen und aseptischen Kautelen in Ordinationsräumen und Wartezimmern außer acht läßt[110]), wenn er fahrlässigerweise versäumt, sich einen Patienten persönlich anzusehen und zu untersuchen[111]), wenn er es versäumt, von dem zu untersuchenden Patienten eine Anamnese zu machen[112]) oder solche Vorsichtsmaßnahmen zu ergreifen, die ein Kollege mit angemessener Sachkunde und Sorgfalt ergriffen hätte[113]), wenn er eine indizierte diagnostische Behandlung verabsäumt oder zu wiederholen unterläßt[114]), wenn er von ihm als relevant erkannte Arztberichte nicht zur Diagnose heranzieht, obwohl sie erreichbar waren[115]), wenn er nach Erkenntnis unzureichender eigener Sachkompetenz in einem besonderen Fall keinen Spezialisten konsultiert, der ihm bei der Diagnose behilflich sein könnte[116]) oder wenn er, nach Verabreichung eines Beruhigungsmittels oder Information über die Gefahr eines epileptischen Anfalls bei einem Patienten, diesen Patienten unbeaufsichtigt zurückläßt[117]), wenn er es versäumt, die für die Behandlung nötigen Apparate vorher zu überprüfen und, wo indiziert, in periodischen Abständen erneut zu prüfen[118]) oder wenn er schließlich nicht die richtigen Konsequenzen aus feststehenden Fakten oder Symptomen zieht und es aus diesem Grunde unterläßt, die notwendigen Behandlungsschritte einzuleiten[119]). Schließlich gibt es noch die wichtigen Fälle unterlassener Anweisung und Aufklärung, die entweder der behandelnde Arzt selbst hätte entgegennehmen oder an seinen Patienten oder andere für diesen Verantwortliche hätte weitergeben müssen[120]). So entschied im Jahre 1972 etwa ein deutsches Landgericht[121]), daß ein Arzt verpflichtet ist, seinen Patienten über die möglichen Folgen einer verabreichten Injektion, z. B. die mögliche Herabsetzung der Fahrtüchtigkeit bis zu zwei Stunden nach der Injektion, aufzuklären. In dem entschiedenen Fall hatte sich der Patient nach einer hochdosierten Penicillininjektion gegen Tonsillitis wieder in sein Auto gesetzt, um nach Hause zu fahren. In einer leichten Kurve geriet er von der Straße ab und fuhr gegen einen Baum. Der Arzt, der den Patienten nicht über die mögliche Nebenwirkung der Behandlung aufgeklärt hatte, mußte dem Patienten den daraus entstandenen Schaden ersetzen. In einem anderen bekannten deutschen Fall wurde der Arzt deshalb zum Schadensersatz verurteilt, weil er es unterlassen hatte, ein fünfzehnjähriges Mädchen über die Gefahren einer Überdosis eines Mittels aufzuklären, das er ihr gegen Warzen verschrieben hatte[122]).

cc) Daraus folgt, daß jene, die eine nach besonderer Sachkompetenz verlangende Tätigkeit übernehmen, nicht nur die im Verkehr allgemein übliche Sorgfalt, sondern gerade jene besondere Sorgfalt schulden, die von Spezialisten dieses Fachs erwartet werden kann und in der Tat auch erwartet wird[123a]). Wer diese besondere Sorgfalt nicht übt, so daß falsche Diagnosen gestellt oder die indizierten Behandlungsweisen unterlassen werden, handelt deshalb fahrlässig[123b]). Der wohl brauchbarste und vielleicht einzig richtige Maßstab liegt in der Frage, ob der behandelnde Arzt es unterlassen hat, jenem Sorgfaltsmaßstab anzulegen, der von einem kompetenten Fachkollegen mit dem Erfahrungs- und Wissensgrad eingehalten worden wäre, den zu haben der behandelnde Arzt mit Übernahme des Falles vorgab[123c]). Ein Arzt handelt mit anderen Worten stets fahrlässig, wenn er hinter diesem Sorgfaltsmaßstab zurück bleibt und deshalb, wie *Lord Denning* es in einem wichtigen englischen Fall einmal formuliert hat, einen Vorwurf verdient hat[123d]. Man sollte aber andererseits nochmals betonen: wenn der Arzt seine Diagnose mit der gebotenen Sorgfalt und Umsicht stellt, dann wird er normalerweise nicht schadensersatzpflichtig etwa nur deswegen werden, weil sich die Diagnose im nachherein als falsch erwiesen hat oder weil sie zur Zeit der Behandlung von medizinischen Fachkollegen nicht geteilt worden wäre[123e]. Wenn Gerichte mitunter von dem ,,sehr hohen Sorgfaltsmaßstab, den die Rechtsordnung anlegt" sprechen[123f], verkennen sie dabei keineswegs, daß es auch unvermeidliche Fehldiagnosen geben kann: andernfalls drohte die Gefahr, daß Ärzte schadensersatzpflichtig gemacht werden könnten, sobald irgend etwas schief gegangen ist[123g]. In diesem Sinne wurde kürzlich auch in einem kanadischen Fall ausgeführt: ,,Diagnose hat stets auch mit Entscheidungskriterien zu tun, und wo nach Anspannung gebotener Sorgfalt eine Fehldiagnose zustande kommt, begründet sie noch keinen Vorwurf der Nachlässigkeit. Die Rechtsordnung verlangt vom Arzt keine Unfehlbarkeit"[123h]. Eine Fehldiagnose ist deshalb noch nicht *notwendigerweise*[123hh] ein vorwerfbarer Arztfehler; in einem kürzlich in England ergangenen Fall, *Whitehouse v. Jordan and Another*[123i], hat der *Court of Appeal*[123j] seine Auffassung bestätigt, daß die Gerichte auch dem Eindruck wehren müssen, wonach *jede* Fehldiagnose schon den Fahrlässigkeitsvorwurf nach sich ziehe[123k]. Diese Entscheidung ist von der britischen Ärzteschaft mit Erleichterung als ein Markstein in einer Rechtsprechung begrüßt worden, die in für sie beängstigender Weise zunehmend mit Arzthaftungsprozessen überzogen wird[123l]. Der *Court of Appeal* hat diese Befürchtungen auf Seiten der Ärzteschaft zweifellos auch zerstreuen wollen[123m] ganz auf der Linie von Urteilen, an denen *Lord Denning* ebenfalls mitgewirkt hatte[123n]. Doch sollte hier mit Rücksicht auf immerhin mögliche Entwicklungen darauf hingewiesen werden, daß diese jüngste Entscheidung nicht einstimmig ergangen ist und der von der Minderheit abweichende Richter im *Court of Appeal* den zugrundeliegenden Fall *gegen* den Arzt entschieden hätte[123o].

c) Der Arzt ist auch für die Behandlungsfehler der von ihm angestellten Assistenten, Schwestern und anderen Hilfen sowie für das Verhalten dessen verantwortlich, den er als seinen Vertreter in Dienst genommen hat[124]. Er ist indessen nicht für seinen Praxisvertreter haftbar, wenn er diesen sorgfältig ausgesucht hat und er nicht als Erfüllungs- oder Verrichtungsgehilfe angesehen werden kann: es gilt auch der Grundsatz, daß der Arzt, der selbst nicht in der Lage ist, für einen bestimmten Patienten zu sorgen (z. B. einen Hausbesuch[124a]) zu machen), einen erprobten Vertreter entsenden darf ohne für diesen haftbar zu sein, wenn nicht zugleich ein Angestelltenverhältnis vorliegt oder ihm eine *culpa in eligendo* vorgeworfen werden kann[125]. Der Praxisvertreter wird in der Regel als unabhängige Fachkraft und nicht als Erfüllungs- oder Verrichtungsgehilfe dessen anzusehen sein, dessen Praxis er vertritt[126]). Ein Arzt ist in der Regel auch nicht für die Fehler von Krankenhauspersonal verantwortlich zu machen, es sei denn, daß das Krankenhauspersonal für die besondere Fallgestaltung auch als seine Angestellten angesehen werden muß[127]) oder unter seiner unmittelbaren Kontrolle und ärztlichen Aufsicht stand[128]).

3. Eine zivilrechtliche Arzthaftung kommt jedoch nur dann in Betracht, wenn zwischen der unerlaubten Handlung (dem Behandlungsfehler) und dem Schaden auch ein *Kausalzusammenhang* besteht[129]). Die Sorgfaltspflichtverletzung muß mit anderen Worten eine *conditio sine qua non* für den eingetretenen Schaden sein[130]). In den Rechtsordnungen der angloamerikanischen Rechtstradition des *Common Law* erfreut sich der sogenannte *but-for*-Test einer verbreiteten Beliebtheit als Schlüssel für die Feststellung, ob ein Kausalzusammenhang im obigen Sinne vorliegt oder nicht. Die Formel ist vergleichsweise einfach und nach Meinung führender Fachvertreter des Rechts der unerlaubten Handlung auch theoretisch relativ befriedigend[131]). Sie besagt, daß des Beklagten Fehler tatsächlich eine Ursache für des Klägers Schaden gesetzt *hat*, wenn der Schaden nicht aufgetreten wäre *ohne* (but for) den Behandlungsfehler des Beklagten. Umgekehrt ausgedrückt ist das Verhalten des Beklagten keine Ursache für den eingetretenen Schaden, wenn derselbe Schaden ohnehin eingetreten wäre, gleichgültig nun, ob der Arzt nachlässig war oder nicht[132]). Noch einmal mit anderen Worten: Der beklagte Arzt ist nur dann schadensersatzpflichtig, wenn nachgewiesen werden kann, daß die Anwendung einer anderen Behandlungsmethode diesen Schaden nicht verursacht hätte. Das Gericht wird deshalb zu prüfen haben, ob der Schaden entstanden wäre, wenn der beklagte Arzt die gebotene Sorgfalt beachtet hätte. Eine verspätete ärztliche Behandlung ist kausalrechtlich irrelevant, wenn etwa der zu behandelnde Patient auch bei rechtzeitiger ärztlicher Behandlung nicht mehr zu retten gewesen wäre[133]); die Versäumnis, einen Patienten mit Bluthochdruck rechtzeitig zu behandeln, ist für den Schaden nicht ursächlich, wenn auch die rechtzeitige Bluthochdruckbehandlung den Schlaganfall nicht hätte verhindern können[134]). In Fällen der Unterlassung ärztlich indizierter Behandlung muß das Gericht also untersuchen, ob der Schaden nicht eingetreten wäre, wenn die angezeigte Behandlung rechtzeitig vorgenommen worden wäre[135]). An dieser Stelle muß jedoch *einschränkend* für alle Rechtsordnungen beachtet werden, daß – soweit es um die *zivilrechtliche* Haftung des Arztes für Behandlungs- und Unterlassungsschäden geht –, nur solche Kausalverläufe berücksichtigt und deshalb auch *nur solche Ursachen zugerechnet* werden können, die zur Zeit der Behandlung überhaupt noch *vorhersehbar* waren, also nicht als ganz ungewöhnlicher Umstand außer Ansatz bleiben müssen. Schäden, die ganz aus dem Rahmen vernünftiger Vorhersehbarkeit

herausfallen, bleiben deshalb nach *Common Law* als zu entfernt (*too remote*) bzw. nach *deutschem* Recht und anderen kontinentalen Rechtsordnungen als ganz *inadäquat* außer Betracht: für sie ist der Beklagte nicht mehr schadensersatzpflichtig[136]). Schadensersatzpflichtig ist der Beklagte indessen auch, d. h.: ein adäquater Ursachenzusammenhang ist in der Regel auch zu bejahen, wenn die vom ersten Schädiger in Gang gesetzte *Ursachenkette durch einen Dritten* richtunggebend *verändert* wird: Wer eine Gefahrenlage schafft, bei der Fehlhandlungen anderer erfahrungsgemäß vorkommen, hat den durch das Zweitergebnis entstandenen Schaden zurechenbar mitverursacht[136a]). In Fällen, in denen verschiedene Ärzte nacheinander fahrlässig handeln, kann somit der erste Arzt auch für den vom zweiten Arzt gestifteten Schaden haftbar sein, wenn der Zweitschaden erfahrungsgemäß nicht so ungewöhnlich ist, daß man bei gehöriger Sorgfalt nicht mit ihm zu rechnen brauchte. Veranlaßt etwa Dr. A fahrlässige Fehleintragungen in den Unterlagen des Patienten und übernimmt sie der nachbehandelnde Arzt im Vertrauen auf ihre Richtigkeit ungeprüft, so kann Dr. A gleichwohl auch für den daraus entstehenden Schaden verantwortlich sein, selbst wenn der zweite Arzt seinerseits *contra legem artis* auf die Richtigkeit der Unterlagen vertraut und damit fahrlässig gehandelt hat[136b]). Die rechtswissenschaftliche Literatur hat freilich mit gutem Grund auf die Schwierigkeiten hingewiesen, die mit solch hypothetischen Urteilen verbunden sind[137]). In anderem, hier aber ebenfalls heranziehbarem Zusammenhang, hat die *Royal Commission on Civil Liability and Compensation for Personal Injury* – allgemein nach ihrem Vorsitzenden die *Pearson Commission* genannt – erst kürzlich betont, daß die größte Schwierigkeit auf dem Weg zu einem akzeptablen modernen Schadensregulierungssystem für Schäden aus ärztlicher Behandlung im *Nachweis des Kausalzusammenhangs* zwischen Behandlung und Schaden liegen wird, weil die Ursache mancher Schäden schlechterdings nicht angemessen identifiziert werden kann[138]). ,,Selbst mit unserer [flexiblen] Definition des Begriffs *Schaden aus ärztlicher Behandlung* [medical injury[139])] waren wir zu dem Schluß genötigt, daß es in der Praxis schwierig sein wird, medizinische Schadensunfälle von dem natürlichen Verlauf einer Krankheit oder Verletzung und von vorhersehbaren Nebenwirkungen der Behandlung zu unterscheiden. Es ist ganz natürlich, wenn ein Patient nach einer schweren Operation wochen- oder monatelang noch nicht voll wiederhergestellt ist, Komplikationen im Gefolge einer Operation auftreten oder der Patient entdeckt, daß die ihm verschriebenen Medikamente auch ernste Nebenwirkungen haben"[140]). ,,Hier den Kausalzusammenhang zu bejahen würde eine Entscheidung darüber erfordern, ob der Zustand des Patienten nun als Ergebnis seiner Behandlung durch den Arzt angesehen werden kann und gegebenenfalls, ob ein solches Ergebnis überhaupt noch vorhersehbar war. Aus diesen Erwägungen müßte man dann diejenigen Umstände ausklammern, die sich aus dem natürlichen Krankheitsverlauf, etwaigem vorgerücktem Alter oder anderen ganz zufälligen Verläufen ergeben haben"[141]). All dies ist höchst kompliziert, und nach unserer Auffassung sollte man den Patienten weder heute noch unter künftigen Voraussetzungen mit Beweisvoraussetzungen überlasten, die sich allenfalls schädlich auch auf einen noch so gerechten Schadensersatzprozeß auswirken müssen, wenn es um den Ersatz von Schäden geht, die der Patient im Zusammenhang mit einer ärztlichen Behandlung durch Fachleute erlitten hat, die über die Behandlung ihrer Patienten besser Bescheid wissen oder wissen sollten als jener, der sich vertrauensvoll und in der Hoffnung auf Wiederherstellung seiner Gesundheit in ihre Hand begibt[142]), auch wenn es in vielen Bereichen infolge der Unberechenbarkeit des menschlichen Organismus zu Zwischenfällen kommen kann, die ausnahmsweise nicht vom Arzt zu vertreten sind, sondern schicksalhaft eintreten können[142a]). Auf dieses Thema werden wir in dieser Abhandlung weiter unten zurückkommen[143]).

4. Um eine Haftung zu begründen, muß nach den Regeln der meisten Rechtsordnungen neben der (objektiven) Sorgfaltspflichtverletzung noch eine dem Arzt vorwerfbare (subjektive) Nachlässigkeit festgestellt werden[144]). Die Grundsätze der subjektiven Fahrlässigkeit werden jedoch fast überall nach dem Stand und Beruf der handelnden Person generalisiert[145]), so daß in den meisten Fällen objektive und subjektive Fahrlässigkeit zusammenfallen[146]). Das bedeutet etwa, daß der Arzt die Sorgfalt eines ordentlichen Mediziners seines Fachgebiets anwenden muß[147]), und Fahrlässigkeit liegt vor, wenn der gebotene Sorgfaltsstandard auch nur eines Mitglieds des behandelnden Ärzteteams zu wünschen übrig läßt[148]). Es sind jedoch auch Fälle denkbar, in denen die Behandlung durch den Arzt zwar objektiv verfehlt war, ein (subjektiver) Schuldvorwurf aber dennoch nicht gemacht werden kann. Ein Verschulden läge etwa nicht vor, wenn der Arzt anläßlich eines pausenlosen Einsatzes während einer Epidemie überfordert und überarbeitet war[149]). Diese Grundsätze sind generell anwendbar auf alle größeren Katastrophenfälle, z. B. Zusammenstöße von Flugzeugen oder Zügen, Flutkatastrophen usw.[150]).

Das angesprochene Prinzip würde wahrscheinlich auch zu einer Entlastung des Arztes führen in Fällen der Not, wenn ein Arzt freiwillig und womöglich auch umsonst an Ort und Stelle Erste Hilfe leistet, unter erschwerten und außerhalb von Notfällen inadäquaten Verhältnissen[151]). Die Sache steht jedoch anders, wenn umgekehrt der Arzt den Patienten objektiv falsch behandelt, aber subjektiv aufgrund unzureichender persönlicher Voraussetzungen nicht anders hätte handeln können als er gehandelt hat. Zu denken ist an Fälle, in denen der Arzt kein Spezialist ist und von ihm aufgrund fehlender Spezialkenntnisse und Sachkunde auch nicht erwartet werden konnte, daß er die Krankheit zutreffend diagnostizieren oder therapeutisch behandeln würde. Der Arzt wäre in solchen Fällen selbstverständlich schadensersatzpflichtig, da sein ihm vorwerfbares (subjektives) Verhalten gerade darin liegt, den Fall angenommen zu haben, obwohl er seine Unfähigkeit oder Unzulänglichkeit, den Patienten mit den gebotenen Kenntnissen und Fertigkeiten zu behandeln, hätte erkennen müssen[152]). Es kann als ausgemacht gelten, daß der Arzt seine eigenen Grenzen erkennen muß und einen Fall, der über sein Können hinaus geht, nicht selbst behandelt, sondern an einen Kollegen mit Spezialkenntnissen abgibt[153]).

a) Dem geschädigten Patienten stellt die Rechtsordnung also einen Schadensersatzanspruch gegen den Schädiger zur Verfügung[153a]). Dazu muß der Patient beweisen, daß der Arzt die in seinem Metier gebotene Sorgfalt außer acht gelassen hat[154]). Der Patient muß darlegen und notfalls auch beweisen, was in einem interessanten schottischen Fall[155]) der Richter wie folgt beschrieben hat: „Drei Erfordernissen muß genügt werden, wenn es um die [zivilrechtliche] Haftung des Arztes in Kunstfehlerprozessen geht: Zu allererst muß nachgewiesen werden, daß es für diesen Fall eine allgemein akzeptierte, normale Behandlungsmethode gibt; zweitens . . ., daß der Beklagte sie nicht angewandt hat und drittens, besonders wichtig, daß der von dem beklagten Arzt eingeschlagene Weg von keinem vergleichbaren Fachkollegen mit dem üblichen Sorgfaltsmaßstab gewählt worden wäre, wenn er diesen Maßstab auch an den gegebenen Fall angelegt hätte."

b) Eine Komplikation für den Patienten ist es, daß er möglicherweise nicht weiß, wessen Handeln oder Unterlassen ihm im Verlauf der Behandlung den Schaden zugefügt hat. Solche Fallkonstellationen kann es sowohl im Krankenhaus als auch in einer Praxis geben, in der Spezialisten verschiedenster Ausrichtungen und ihr Hilfspersonal usw. gemeinsam tätig sind. Es kann z. B. ein Fehlverhalten des Anästhesisten, des operierenden Chirurgen, einer Krankenschwester oder irgend jemandes anderen sein, das den Schaden gestiftet hat. Im Jahre 1951 verklagte ein Patient das britische Gesundheitsministerium erfolgreich auf Schadensersatz, bei dem die nachoperative Behandlung durch ein Krankenhaus zur Gebrauchsunfähigkeit seiner Hand geführt hatte. Das Gericht entschied in diesem englischen Fall[156]), daß diejenigen, die für die Behandlung des Patienten verantwortlich waren, den *prima-facie*-Beweis eines Verschuldens der Anstalt nicht widerlegt hätten. Da die in Betracht kommenden Ärzte usw. sämtlich Angestellte der Krankenhauskörperschaft waren, haftete die beklagte Behörde dem Kläger ohne Rücksicht darauf, ob nun ein Arzt oder ein Mitglied oder Mitglieder des Pflegepersonals die schuldhafte schadenstiftende Handlung begangen hatten[157]). Dies ist offensichtlich eine Verbesserung der Beweislastsituation des Patienten, und es ist sicher eine Entscheidung, die in die richtige

Richtung weist; sie steht auch im Einklang mit ähnlichen Entwicklungen in der Rechtsprechung anderer Länder[158]).

5. Der Arzt haftet selbstverständlich nur, wenn der Patient auch tatsächlich einen Schaden erlitten hat[159]). Diese Feststellung hört sich wie ein Gemeinplatz an, aber die mit ihm angesprochene Problematik erfreut sich jedenfalls in den Vereinigten Staaten und in Deutschland einer gewissen Beliebtheit und Aktualität. Zu denken ist dabei an Fälle, in denen der Arzt auf Schadensersatz verklagt wurde, weil die Patientin oder die Frau des Patienten ein Kind geboren hat, obwohl der Arzt empfängnisverhütende Operationen, z. B. die Sterilisation bei der Frau oder die Vasektomie beim Mann durchgeführt hatte. Die Eltern des Kindes, die gegen den fahrlässigen Arzt klagten, machten geltend, daß ihr Schaden in der neu entstandenen Unterhaltspflicht gegenüber dem (ungewollten) Kind bestehe; und in der Tat, erst kürzlich, haben verschiedene deutsche[160]) und nordamerikanische Gerichte[161]) zugunsten der klagenden Eltern entschieden[162]), während kanadische[162a]) und einige deutsche[162b]) Gerichte es abgelehnt haben, eine solche Entscheidung zu treffen[162c]). Die deutschen Richter hoben hervor, daß zwar die Geburt eines ungewollten Kindes nicht als Schaden angesehen werden könne, weil sich darin immer ein absoluter Wert verwirkliche, daß andererseits aber die Belastung mit einer Unterhaltspflicht der Eltern gegenüber dem Kind[163]) als finanzielle Einbuße sehr wohl als einklagbarer Schaden angesehen werden müsse[163a]). Auch der New Yorker *Court of Claims* kam zu dem Ergebnis, daß immer da, wo eines Arztes geltend gemachte Nachlässigkeit bei dem Sterilisationsverfahren zur Geburt eines gesunden Kindes geführt habe, dessen Eltern auch einen Anspruch auf Ersatz des unmittelbaren finanziellen Verlusts und auf Schmerzensgeld wegen der physischen Schmerzen besäßen, den die Mutter erlitten habe; das Gericht verwarf das Argument des beklagten Arztes, daß Schwangerschaft und Geburt keine Verletzung seien, für deren Wiedergutmachung die Rechtsordnung einen Rechtsbehelf zur Verfügung stelle; das Gericht sah Veranlassung zu betonen, daß der Schadensersatzanspruch auch nicht deshalb ausgeschlossen sei, weil die Mutter versäumt habe, das ungewollte Kind abtreiben zu lassen, da das Selbstbestimmungsrecht der Frau auch die Freiheit einer Entscheidung über diesen Tatbestand umfasse[164]), und der Oberste Gerichtshof von Minnesota entschied in einem vergleichbaren Fall, daß die Eltern unter diesen Umständen Ersatz *aller* Schäden verlangen könnten, die im Zusammenhang mit vorgeburtlichen und postnatalen ärztlichen Behandlungskosten entstanden seien, ferner auch Schmerzensgeld für das von der Mutter während der Schwangerschaft und bei der Niederkunft Erlittene, für den Verlust der ehelichen Lebensgemeinschaft – was auch immer den Richtern in diesem Zusammenhang dabei vorschwebte[164a]) –, und Ersatz angemessener Kosten für den Unterhalt des Kindes. Das Gericht ging auch auf das Argument

ein, es sei sittenwidrig und unvereinbar mit den traditionellen Ehezwecken, zu denen auch die Erzeugung und Geburt von Nachkommenschaft gehörten, sich eben die Verwirklichung dieses Zweckes honorieren zu lassen. Das Gericht erklärte nüchtern, daß die im Zusammenhang mit der Verwirklichung dieses Zwecks entstehenden Kosten ein direkter finanzieller Schaden sei und die Gewährung dieses Schadensersatzes durch das Gericht auch als Abschreckung für die Ärzte vor nachlässig durchgeführten Sterilisationsmaßnahmen[165]) oder nachlässig durchgeführter Vasektomie[165a]) aufzufassen sei. Es sei in diesem Zusammenhang hinzugefügt, daß der Arzt bei hormonaler Behandlung der Frau zur Verbesserung ihrer Hoffnungen auf ein Kind oder, umgekehrt, bei ihrer Sterilisation zur Verhütung eines Kindes, nicht nur der Mutter die Einhaltung der ärztlichen Sorgfalt schuldet, sondern auch dem Kind, das als die erhoffte bzw. unerwünschte Folge der ärztlichen Behandlungsmaßnahmen geboren wird[166]). Durch Unterhaltspflichten entstehende Schäden sind nach deutschem Recht sowohl der Mutter[166a]) als auch dem Vater[166b]) zu ersetzen.

II. Behandlung ohne wirksame Einwilligung des Patienten

Dem zweiten Haftungsgrund, nämlich der ärztlichen Behandlung, über die der Patient nicht ausreichend aufgeklärt wurde und in die er deshalb oder aus einem anderen Grunde nicht wirksam eingewilligt hat, liegt das Problem zu Grunde, die gegensätzlichen Werte der *voluntas aegroti* und der *salus aegroti* miteinander in Einklang zu bringen.

1. In vielen Fällen dient der Vorwurf einer Behandlung unter Verletzung der Aufklärungspflicht dazu, die Haftung des Arztes auch in den Fällen zu begründen, in denen der Kläger einen Behandlungsfehler nicht beweisen kann[167]). Der Vorwurf einer Behandlung ohne wirksame Einwilligung des Patienten[168]) kann darauf gegründet werden, daß eine Einwilligung völlig fehlt oder daß die erteilte Einwilligung unwirksam ist. Die Einwilligung ist rechtlich nur insoweit gültig, als der Patient rechtlich fähig ist, einzuwilligen, und er vom Arzt aufgeklärt worden ist[169]).

2. Grundsätzlich ist die Einwilligung eine *unentbehrliche* Voraussetzung *jeder* ärztlichen Behandlung. Die Erforderlichkeit der Einwilligung des Patienten entspringt dem unverzichtbaren Menschenrecht auf Selbstbestimmung[170]). Es ist der *Patient,* der das Recht hat, darüber zu bestimmen, ob und ggf. wie er behandelt werden will[171]), und wenn es in seinem Fall alternative Behandlungs- bzw. Operationsmethoden gibt, so muß er auch Gelegenheit haben, darüber zu entscheiden, ob er sich der Behandlung überhaupt unterziehen will und wenn ja, welche Methode er vorzieht[172]). Der berühmte nordamerikanische Richter

Cardozo hat dies vor einem Menschenalter in der bekannten Grundsatzentscheidung *Schloendorff v. Society of New York Hospital*[173]) wie folgt formuliert: „Jeder Mensch hat ein Recht darauf, selbst zu entscheiden, was mit seinem Körper geschehen soll. Ein Chirurg, der ohne Einwilligung seines Patienten eine Operation an ihm durchführt, begeht damit einen tätlichen Angriff, für den er sich schadensersatzpflichtig macht." Die ärztliche Verpflichtung, dem Patienten ausreichende Aufklärung zu geben, soll sicherstellen, daß der Patient zum einen über die möglichen Risiken und Konsequenzen seiner Krankheit und der geplanten Behandlung oder Operation sowie deren Konsequenzen und mögliche Nebenfolgen im klaren ist[174]), sie soll zum anderen auch die absolute Freiheit der Entscheidung des Patienten auf dieser Grundlage des Wissens gewährleisten[175]). Das entscheidende Kriterium für die wirksame Einwilligung ist indessen *nicht* die Frage, ob ein vernünftiger Mensch in der Situation des Patienten die Risiken auf sich genommen hätte, sondern vielmehr, ob sich dieser bestimmte Patient in seiner bestimmten Situation für die Behandlung entschieden haben würde, wenn er ordnungsgemäß aufgeklärt worden wäre[176]). Obwohl dieser Ansatz ziemlich klar zu sein scheint, hat die Erfahrung vor allem mit Fällen aus den nordamerikanischen Bundesstaaten deutlich gemacht, daß der theoretisch klare Ansatz in der praktischen Anwendung des medizinischen Alltags zu vielen Ungereimtheiten führen kann[177]), daß die dem Arzt auferlegten Sorgfalts- und Aufklärungsmaßstäbe mitunter schwer verständlich, diffus und von Gemeinde zu Gemeinde, Staat zu Staat und Gericht zu Gericht unterschiedlich sind, so daß eine gewisse Unsicherheit und Verwirrung im Bereich des Ärztestandes über den Ausgang einzelner Arzthaftungsprozesse mangels größerer Berechenbarkeit nicht wunder nimmt[178]). Immerhin: einige wichtige Kriterien zur Präzisierung der Lehre von der Erforderlichkeit einer wirksamen Einwilligung scheinen inzwischen sowohl im juristischen als auch im medizinischen Bereich Allgemeingut geworden zu sein, ohne daß es hier noch auf wesentliche Unterschiede hinausliefe, die stets mitberücksichtigt werden müßten.

a) *Die Einwilligung muß sich gerade auf die tatsächlich auch durchgeführte Behandlung bezogen haben*[179]). Deshalb verletzt ein Arzt seine Sorgfaltspflichten und macht sich schadensersatzpflichtig, wenn er mit bestimmten Fakten hinter dem Berg zurückhält, die aber für eine vernünftige Willensbildung beim Patienten in bezug auf die vorgeschlagene Behandlungsmethode oder Operation erforderlich sind[180]). Wenn der Patient nur einer (z. B. diagnostischen Zwecken dienenden) Untersuchungsoperation zugestimmt hat und der Chirurg über diese Operation hinausgeht und gleich eine größere Operation anschließt, so ist diese Handlungsweise überhaupt nur dann gerechtfertigt, wenn ein unvorhersehbar gewesener Notfall die unmittelbare Entscheidung zur Lebensrettung des Patienten noch während der Erkundungsoperation erforderlich gemacht hat[181]). Mit anderen Worten wird der *Ausgleich* zwischen den Werten der *Erhaltung des Lebens* einerseits und *absolut freier Selbstbestimmung* andererseits nur dann zugunsten des vom Arzt gewählten Eingreifens entschieden, wenn es *völlig widersinnig* wäre (und nicht bloß ungelegen käme), den Eingriff zu verschieben, bis die Einwilligung des Patienten vorliegt[182]). In solchen Fällen ist die Rechtfertigung des ärztlichen Eingreifens dann aber nicht in einer fiktiven Einwilligung des Patienten zu sehen, die es eindeutig nie gegeben hat, sondern in der humanitären Verpflichtung des Arztes, Leben zu retten[183]). In allen anderen Fällen bleibt es bei dem Grundsatz, daß nicht voll von der Einwilligung abgedeckte Behandlungen und Operationen völlig rechtswidrig sind und bleiben[184]). Die Gerichte wenden hier durchweg strikte Regeln an. In einer erst kürzlich ergangenen Entscheidung des deutschen Bundesgerichtshofs zum Problemkreis der wirksamen Einwilligung[185]) hat das oberste deutsche Zivilgericht entschieden, daß ein Arzt, der während einer Erkundungs- oder sonstigen mit Einwilligung des Patienten vorgenommenen Operation auf erhöhte Risiken stößt, über die er mit dem Patienten nicht gesprochen hatte, die Operation beenden muß, wenn dies ohne Gefährdung der Gesundheit des Patienten möglich ist, um zunächst die Einwilligung des Patienten für die mit erhöhtem Risiko verbundenen Schritte einzuholen. Andere Rechtsordnungen halten sich an dieselben strengen Prinzipien[186]). Es sollte hier aber auch noch hinzugefügt werden, daß selbst der Arzt, der eine von der Einwilligung des Patienten gedeckte, medizinisch aber nicht indizierte Operation durchführt, in rechtliche Schwierigkeiten kommen kann[187]). Es ist übrigens auch rechtswidrig, während einer durch Einwilligung gedeckten Behandlung oder Operation, gleich aus welchem vorgegebenen Grund wissenschaftlichen Interesses an dem Einzelfall, photographische Aufnahmen von dem Patienten zu machen, wenn der Patient nicht auch dies ausdrücklich gestattet hat[188]).

In einem kürzlich entschiedenen deutschen Fall hat der *Bundesgerichtshof* ausdrücklich betont, „daß bei diagnostischen Eingriffen ohne therapeutischen Eigenwert allgemein strengere Anforderungen an die Aufklärung des Patienten über hiermit verbundene Risiken zu stellen sind", und er hat hinzugefügt, daß „insbesondere diagnostischem Perfektionismus oder gar wissenschaftlicher Neugier" hier vorgebeugt werden müsse[188a]).

Bei der Analyse der regelmäßig sehr zahlreichen Entscheidungen aus dem angloamerikanischen Rechtskreis fällt auf, daß es kaum englische Fälle gibt, die sich ausdrücklich mit Fragen der Einwilligung in ärztliche Heilbehandlungen befassen[189]), aber die hier entfalteten Grundsätze können auch für England herangezogen werden, weil sie durch den Trend der Entscheidungen aus anderen Ländern des Common Law[190]) bekräftigt werden und übrigens auch in den Rechtsordnungen des Kontinents wiederzufinden sind[191]).

Grundsätzlich bezieht sich die Einwilligung in eine bestimmte Behandlung oder Operation auch auf den Arzt, der sie vornimmt. Eine Einwilligung in eine Behandlung usw. durch Dr. A. umfaßt *nicht* notwendigerweise auch die Behandlung usw. durch Dr. B.[192]).

b) *Eine Einwilligung ist überhaupt nur wirksam, wenn sie von einem zur Einwilligung rechtlich befähigten Patienten gegeben wird.* In verschiedenen Rechtsordnungen kann die Einwilligung des Patienten selbst dann gültig sein, wenn der Patient *minderjährig* ist[193]), vorausgesetzt er ist fähig, Grund und Bedeutung der Behandlung einzusehen und seinen Willen entsprechend zu bestimmen[194]). Grundsätzlich gehen die Rechtsordnungen davon aus, daß Minderjährige *unterhalb* einer bestimmten Altersschwelle[195]) nicht wirksam einwilligen können, weil sie normalerweise nicht die nötige Einsicht haben, was eine Behandlung alles mit sich bringen kann[196]). Kann der Arzt in solchen Fällen die Einwilligung der das Kind vertretenden Eltern nicht einholen, dann muß er die schwierige Frage entscheiden, ob der Minderjährige die erforderliche Einsichtsfähigkeit besitzt bzw. ob die Behandlung solange verschoben werden kann, bis die Einwilligung der Eltern erlangt werden kann[197]). Außer dem Alter und der persönlichen Reife des Minderjährigen können sowohl der Grad der Erforderlichkeit und Dringlichkeit als auch das Risiko der Behandlung eine wichtige Rolle spielen. So hat im Jahre 1971 der deutsche Bundesgerichtshof entschieden[198]), daß die Einwilligung eines 16jährigen Patienten nicht ausreiche, um eine Behandlung zu rechtfertigen, die nicht dringlich, aber mit einigem Risiko verbunden war. Mitunter wird sogar die kombinierte Einwilligung von Eltern und Minderjährigem unzureichend sein, wenn die Operation nicht im Interesse des Minderjährigen liegen kann[199]). Auf der anderen Seite kann es wiederum recht zweifelhaft sein, ob – abgesehen von Fällen, in denen die Rechtsordnung eine Behandlungspflicht auferlegt[200]) und, vielleicht, abgesehen von Fällen der Lebensrettung gegen den Willen des Lebensmüden[201]) – alle Rechtsordnungen mit ärztlichen Heilinterventionen einverstanden wären, selbst wenn sie zum Zwecke der Lebensrettung erfolgten, wenn sich ein geistig zurechnungsfähiger Erwachsener oder Vertreter eines Minderjährigen *gegen* die Behandlung oder Operation ausgesprochen hat[202]). In diesem Zusammenhang hat derselbe Richter, vor dem vor einigen Jahren der berühmte Fall von *Karen Quinlan* begann[203]), in einer jüngst ergangenen Entscheidung in New Jersey entschieden, daß ein 72 Jahre alter Patient, der sich weigerte, der Amputation seiner beiden brandigen Beine zuzustimmen, obwohl dies seinen Tod innerhalb von drei Wochen wahrscheinlich machen mußte, nach den Umständen des Falles rechtlich fähig war, seine Einwilligung zu verweigern, und daß angesichts der Erheblichkeit des Eingriffs (Amputation beider Beine) das Recht des Staates und sein Interesse an der Erhaltung von Leben zurückzustehen hat vor dem verfassungsmäßigen Recht des Patienten auf Selbstbestimmung und Freiheit von nicht konsentierten ärztlichen Maßnahmen an seinem Körper[204]). Außerdem hat kürzlich auch ein Gericht in Florida das absolute Selbstbestimmungsrecht eines geistig gesunden 73jährigen Mannes bekräftigt, der unheilbar erkrankt war und im Endstadium dieser Krankheit im Krankenhaus an ein Beatmungsgerät angeschlossen war und es abgelehnt hatte, sich diesen Prozeduren zum Zwecke der Lebensverlängerung weiter zu unterziehen. Das Gericht betonte, daß des Patienten verfassungsmäßiges Recht auf freie Selbstbestimmung über dem staatlichen oder medizinischen Interesse an der Lebenserhaltung in diesem Fall stehe und daher sein Wille, nicht weiter an das Beatmungsgerät angeschlossen zu werden, zu respektieren sei. Das Gericht entschied, daß weder eine ärztliche Entscheidung noch ein Gerichtsurteil an die Stelle eines geistig voll kompetenten Erwachsenen gesetzt werden dürfe, auch wenn die Respektierung der Entscheidung des Patienten dann den beinahe sicheren sofortigen Tod bedeuten müsse. Es entschied gleichzeitig, daß niemand, der dem Patienten dabei helfe, diesen Willen auch zur realisieren, zivil- oder strafrechtlich dafür zur Rechenschaft gezogen werden könne[204a]).

c) Die Einwilligung bedarf *keiner* besonderen *Form*, um rechtlich verbindlich zu sein. Sie kann entweder *expressis verbis* oder *per implicationem* gegeben werden[205]). In vielen Krankenhäusern ist es heute aber üblich, den Patienten ein Formular unterschreiben zu lassen, das bestimmte Informationen enthält und die Einwilligung des Patienten festhält, insbesondere bei einer größeren Behandlung oder Operation[206]), und in einigen Rechtsordnungen ist dieses Formularwesen jetzt auch rechtlich festgelegt[207]). Obwohl man dem Arzt immer raten sollte, sich Aufzeichnungen über Aufklärung und Einwilligung des Patienten zu machen[208]), und obwohl einige Krankenhäuser schon positive Erfahrungen mit Vordrucken für Standardoperationen gemacht haben[209]), sollte man den Wert solcher Beweismittel nicht überschätzen[210]). Man wird deshalb auch aus diesem Grunde abwarten müssen, welche Wirkung das deutsche *Arzneimittelgesetz* von 1976 auf klinische Arzneimittelerprobungen haben wird; danach ist die Einwilligung des Patienten oder der Versuchsperson grundsätzlich nur wirksam, wenn sie *in schriftlicher Form* erfolgt ist[211]). Vordrucke sind jedoch oft zu allgemein gefaßt, sie enthalten nicht die Information, die sich später als relevant oder sogar als entscheidend erweist. Oft werden derartige Formulare dem Patienten von Personen vorgelegt, die persönlich nicht in der Lage sind, angemessene und rechtlich akzeptable Angaben zu machen[212]). Es sollte hier auch darauf hingewiesen werden, daß die Rechtsprechung in mindestens *einem* Land, in Deutschland, durch die Judikatur des Bundesgerichtshofs die Beweisanforderungen zu Lasten derjenigen ständig und mit Recht hochgeschraubt hat, die in der Absicht, sich aus der zivilrechtlichen Haftung für schuldhafte Schadensstiftung durch umfangreiche und unübersichtliche Formularverträge hinauszustehlen, in diesen Formularvordrucken einseitige Haftungsausschlüsse verpackt hatten, die den Gerichten nicht annehmbar erschienen[213]), und es kann sehr wohl sein, daß solche Formularvereinbarungen, ebenfalls aus Gründen der Rechtsstaatlichkeit, auch in anderen Ländern für suspekt gehalten werden[214]).

d) Innerhalb eines *Vertragsverhältnisses* bedeutet eine ärztliche Behandlung ohne ausreichende Aufklärung eine Vertragsverletzung. Für das Entstehen eines Anspruchs ist jedoch auch erforderlich, daß der Arzt seine Aufklärungspflicht fahrlässig verletzt hat. Nach französischer und deutscher Rechtsprechung ist es für die Haftung ausreichend, daß eine Ursächlichkeit zwischen dem ohne wirksame Einwilligung vorgenommenen rechtswidrigen Eingriff und dem Schaden besteht[215]). Englische Gerichte fragen dagegen, ob der Patient, wäre er ordnungsgemäß aufgeklärt worden, seine Einwilligung verweigert hätte[216]), und andere Länder des *Common Law* folgen dieser Rechtsprechung mit ähnlichen Erwägungen[217]). *Deliktsrechtlich* wird die Behandlung ohne wirksame Einwilligung des Patienten als Körperverletzung angesehen[218]). Ohne wirksame Einwilligung des Patienten ist die Behandlung rechtswidrig; aber die Behandlung muß, um auch die zivilrechtliche Haftung des Arztes zu begründen, zugleich ursächlich für den entstandenen Schaden gewesen sein. Da der Grund für die deliktische Haftung des Arztes bereits in der Vornahme der Behandlung ohne Einwilligung des Patienten gesehen wird, braucht nicht festgestellt zu werden, daß der Arzt mit dem Eintritt des durch die Behandlung verursachten Schadens gerechnet oder diese Möglichkeit fahrlässigerweise nicht erkannt hat. Ein Grund dafür, daß in einigen Staaten (z. B. in Deutschland) die meisten Kläger ihre Klagen gegen Ärzte auf die deliktsrechtliche Haftung stützen, besteht darin, daß nur die deliktsrechtliche Haftung einen Anspruch auf Schmerzensgeld vorsieht[219]).

e) Der *Umfang der vom Arzt zu erteilenden Aufklärung* hängt in hohem Maße von den Umständen des Einzelfalles ab: „Eines weiß jeder Chirurg bestimmt: Vor die Operation haben die Götter – und nach ihnen die Juristen – die Einwilligung und vor die Einwilligung die Aufklärung gesetzt. Darüber, aber nur darüber herrscht Einigkeit. Über das ‚Wann' und über das ‚Wieweit' gehen die Ansichten erheblich auseinander. Viele, viele Fragen sind noch offen"[220]). Eines kann immerhin heute sehr klar festgestellt werden: Wenn im echten Interesse und in wirklicher Sorge um die Gesundheit und das Leben des Patienten im Ausnahmefall nicht einmal eine gerechtfertigte Ausnahme gemacht werden muß, muß der Arzt damit rechnen, daß er mit Halbwahrheiten und ausweichenden Antworten heute nicht mehr weit kommt und das Risiko eingeht, der schuldhaften Falschdarstellung[221]), der Täuschung oder einer anderen Verhaltensweise bezichtigt zu werden, die jedenfalls im Ergebnis die so erteilte

Einwilligung völlig unwirksam werden läßt[222]). Der heutige Patient hat, wie es ein bedeutendes Lehrbuch des Rechts der unerlaubten Handlung im angloamerikanischen Rechtskreis deutlich formuliert, ein Recht darauf, Bescheid zu wissen[223]).

aa) Leider gibt es noch immer viele Ärzte, die meinen, Aufklärung sei überflüssig, weil sie sich aufgrund ihrer in hunderten von gleichartigen Behandlungen und Operationsvorgängen gewonnenen Erfahrung absolut sicher fühlen und darüber hinaus befürchten, eine lange Vorrede werde den Patienten nur unnötig verunsichern[224]). Bezeichnend dafür ist das Ergebnis einer von Hans *Mohl* durchgeführten Untersuchung über die ärztliche Aufklärungspflicht, die kürzlich in einer Übertragung des Zweiten Deutschen Fernsehens bekannt wurde. Nach dieser Untersuchung gab lediglich die Hälfte aller befragten Patienten an, sie sei gründlich, umfassend und unverzüglich informiert worden. In 14% der Fälle wurde überhaupt keine Information gegeben, in 22% nur eine ziemlich oberflächliche und knappe, in 2% der Fälle war die Erläuterung zu knapp und in 11% war sie zwar ausführlich, aber unverständlich[225]).

bb) Im Hinblick auf die Regel *volenti non fit iniuria* ist der Patient in der Weise aufzuklären, daß er Wesen, Bedeutung und Tragweite des Eingriffs in seinen Grundzügen erkennen kann, bevor er einwilligt[226]). Wirksam ist nur eine Einwilligung, die aufgrund ausreichender Aufklärung, also als *informierte Einwilligung* angesehen werden kann. Eine aus freien Stücken ausgesprochene informierte Einwilligung ist jene, die auf der ärztlichen Pflichterfüllung gegenüber seinem Patienten beruht, also auf fairer und vernünftiger Erklärung der vorgeschlagenen Behandlungsmethoden einschließlich der wahrscheinlichen Konsequenzen und etwaiger besonderer oder ungewöhnlicher Risiken[227]). Der Arzt darf deshalb bereits bekannte Risiken der Behandlung oder Operation nicht herunterspielen, um dadurch den Patienten zur Einwilligung zu veranlassen[228]). Nachlässige oder gar bewußte Falschdarstellung der möglichen Implikationen einer Behandlungsmethode oder Operation läßt die Einwilligung unwirksam werden[229]). Der Grundsatz des Selbstbestimmungsrechts des Patienten verlangt, daß er auch mit außergewöhnlichen Erscheinungsbildern, in denen sich das Behandlungs- oder Operationsrisiko auch konkretisieren kann, vertraut gemacht wird[230]), falls sie ihm nicht schon aus der Art der Operation oder aus anderen Umständen schon offensichtlich sind[231]). Eine Vielzahl von Variablen können die ärztliche Aufklärungspflicht ihrem Umfang nach bestimmen. Nach gegenwärtiger nordamerikanischer Erfahrung mit einer Vielzahl von Fällen zeigt sich ein Trend, daß die Aufklärung des Patienten im Einzelfall abhängig sein kann von folgenden Aspekten: (1) von der subjektiven Einschätzung, die der Arzt vom physischen und geistigen Zustand seines Patienten hat; (2) von der Bereitschaft eines Arztes, auch schwerwiegende Risiken dem bereits bettlägerigen Patienten bekanntzugeben; (3) von der Einschätzung der möglichen Reaktionsweisen, die der Arzt bei dem konkreten Patienten für den Fall der Aufklärung hat; (4) von dem Standard des Aufklärungsumfangs, den Kollegen mit vergleichbarer Praxis einhalten; (5) von dem Gewicht, daß nach ärztlicher Kenntnis die Gerichte in ihrem Land der Aufklärung und ihrem Umfang beimessen; (6) von des Patienten eigener Neigung, ärztliche Behandlungsentscheidungen in erster Linie als Entscheidungen des zuständigen Fachmanns zu akzeptieren und (7) von dem Umfang des Rechts der ärztlichen Aussageverweigerung, wo Aufklärung in des Arztes persönlicher Überzeugung den Zustand des Patienten verschlimmern würde[232]).

cc) Falls aber ein Arzt einem Patienten, der eine allgemeine Einsicht in die Art der erforderlichen Behandlung oder Operation hat, Andeutungen gemacht hat, daß eine bestimmte zusätzliche Information in seinem Fall das Behandlungs- oder Operationsrisiko erhöhen könnte, dann kann es in besonders gelagerten Fällen erlaubt sein, weitere Aufklärung über die Konkretisierung dieser Gefahr von entsprechenden Fragen des Patienten abhängig zu machen und solche Fragen abzuwarten[233]). Der Patient muß dann aber mindestens allgemein darüber im klaren sein, daß die ins Auge gefaßte Behandlung oder Operation ganz beträchtliche Folgen haben *kann*. Eine derartige Information ist weder zeitraubend noch zu kompliziert. Sie gibt dem Patienten Gelegenheit zu entsprechenden Erwägungen, zu Fragen, zum Nachdenken[234]). Wenn der Patient dann nach Einzelheiten hinterherfragen sollte, würde es den Arzt nicht allzu viel Zeit kosten, die Möglichkeiten einer Komplikation darzulegen, wie sie in der einschlägigen Literatur beschrieben werden, und etwaige zusätzliche Möglichkeiten, von denen er auf andere Weise gehört hat. Dem Patienten wird auf diese Weise eine Art von *schrittweiser Aufklärung* geboten. Die Zukunft eines Menschen ist diesen Zeitaufwand sicherlich wert, und Ärzte sind wohlberaten, dies zu berücksichtigen, da die Gerichte in dieser Hinsicht normalerweise keine besonders nachgiebige Haltung einzunehmen pflegen[235]).

dd) Dementsprechend gelten folgende Grundsätze für die durchschnittlichen Aufklärungsanforderungen, die in einem gewöhnlichen Fall zu stellen sind:

(1) Wenn die Behandlung die Ausweitung einer Krankheit verhindern soll, die das Leben des Patienten unmittelbar bedroht, und wenn darüber hinaus die beabsichtigte Behandlung verhältnismäßig erfolgversprechend ist, sind die Anforderungen an die Gründlichkeit der Aufklärung über die Risiken *am geringsten*. In solchen Fällen kann auch angenommen werden, daß ein vernünftiger Patient, der bis zu einem gewissen Grade über seine Situation informiert

wurde und sich nicht ausdrücklich geäußert hat, bereit ist, ein gewisses Risiko zu übernehmen.

(2) Auf der anderen Seite können es die Umstände des Falles erfordern, daß der Arzt von einem *besonders großen* Aufklärungsbedürfnis des Patienten ausgeht. Dies wird vor allem dort der Fall sein, wo die geplante Behandlung oder Operation in schwerwiegenden und regelmäßig irreversiblen Konsequenzen endet, also etwa in Fällen der Abtreibung[236]), der künstlichen Insemination mit dem Sperma eines Dritten[237]), der Kastration[238]), Sterilisation[239]) oder Vasektomie[240]), bei transsexuellen Operationen zur Geschlechtsumwandlung[241]) und ähnlichem[242]). Hohe Aufklärungsanforderungen wird man auch in bezug auf Fälle erwarten müssen, in denen eine Behandlung oder Operation ärztlich indiziert, aber nicht dringlich ist[243]) oder wenn es sich um die Beseitigung einer unbedeutenden Beeinträchtigung der Gesundheit handelt, mit der man ebensogut leben kann; kosmetische Operationen bilden das Schulbeispiel, wobei keinesfalls übersehen werden sollte, daß es besonders in Kriegszeiten und durch Unfälle so schwere Beeinträchtigungen auch im kosmetischen Bereich gibt, daß es sich lohnt, erhöhte Anstrengungen zu ihrer Beseitigung zu unternehmen[244]).

(3) Die Gründlichkeit der im Rahmen der Aufklärungspflicht angebotenen Erklärungen steigt auch in dem Maße, in dem der Behandlungserfolg, ganz abgesehen von den immer vorhandenen Möglichkeiten eines Fehlschlags, zweifelhafter zu werden beginnt; sie steigt auch, wenn recht erfolgversprechende oder weniger gefährliche Behandlungsmethoden sich wenigstens für einen alternativen Versuch empfehlen[245]). In diesem Zusammenhang muß der Arzt als Ausgangsposition die Meinung vortragen, die in der medizinischen Wissenschaft und Praxis vorherrscht (wenn es eine solche gibt), auch wenn er sie selbst nicht teilt. Es bleibt ihm dann freigestellt, den Patienten von der von ihm selbst bevorzugten Mindermeinung zu überzeugen, sofern er zuvor auch das zahlenmäßige Verhältnis von Mehrheits- und Minderheitsauffassung ohne Ausschmückungen offengelegt hat[246]). Wenn man nach diesen Grundsätzen davon auszugehen hat, daß der Patient ein Höchstmaß an Aufklärung erwartet, ist es ebenfalls unzulässig, Gefahren zu verschweigen, die sich nur verhältnismäßig selten konkretisieren, bei denen die Wahrscheinlichkeit ihrer Verwirklichung sogar verhältnismäßig gering ist (z. B. unter 5% [und weit darunter] liegt)[246a]).

(4) Wenn angenommen werden kann, daß der Patient schon ein mehr oder weniger konkretes Bild von der Art der in Frage stehenden Behandlung oder Operation hat und sich bewußt ist, daß die Behandlung oder Operation darüber hinaus von beträchtlicher Bedeutung ist, wird die Aufklärung häufiger deshalb überflüssig sein, weil die Aufklärungspflicht sich nach dem *Aufklärungsbedürf-*

nis des Patienten in gerade dieser Situation richtet. Ein geringeres Aufklärungsbedürfnis kann sich aus dem besonderen Werdegang des Patienten ergeben, der zum Beispiel aufgrund seines Berufes mehr oder weniger guten Zugang zu medizinischem Wissen hat oder der sich bereits ähnlichen Behandlungen oder Operationen unterzogen hat und deren Bedeutung also einzuschätzen vermag[247]).

(5) Dementsprechend hat der deutsche Bundesgerichtshof kürzlich festgestellt, daß der Grad der erforderlichen Aufklärung über mögliche unerwünschte Folgen einer Behandlungsmethode oder Operation vor allem von der Auffassungsgabe und dem Bildungsstand des Patienten und besonders von seiner aufgrund der Vorgeschichte der Krankheit gewonnenen Erfahrung abhängen[248]). In diesem Fall war dem beklagten Arzt bekannt gewesen, daß der klagende Patient, der seit vielen Jahren mit der Beseitigung oder Linderung seines Gehörleidens beschäftigt war und der zahlreiche Spezialisten einschließlich zweier international anerkannter Kapazitäten konsultiert hatte, sich bereits früher einmal einer Operation unterzogen hatte, die sein Gehör hatte verbessern sollen. Schließlich war er fast ein Jahr lang mit sich zu Rate gegangen, ob er sich der umstrittenen Operation unterziehen sollte; während dieser Zeit stand er sogar mit einem Spezialisten in Verbindung, der ihn mit dem Beklagten bekannt machte. Wie sich aus seinen Aufzeichnungen ergab, bot er – von Beruf ein graduierter Architekt mit weitreichenden Interessen – bei alledem das Bild eines informierten und aktiven Menschen, der Fragen seines Gehörs viel Aufmerksamkeit und Energie widmete. Die Kenntnis all dieser Umstände befreite den Beklagten zwar nicht generell von der Verpflichtung, Aufklärung über die Risiken der Operation zu geben, sofern er nicht sicher war, daß der Patient (der jetzige Kläger) von anderer Seite angemessen unterrichtet worden war. Aber solche persönlichen Umstände können wohl nicht ganz ohne Einfluß auf die Art und Intensität dieser unerläßlichen Aufklärungsarbeit sein, vor allem weil von dem Kläger, im Gegensatz zu weniger gebildeten Patienten, denen das Gebiet ganz fremd ist, erwartet werden konnte, nötigenfalls eine Ergänzung der Aufklärung auch durch eigene Fragen zu erreichen, wenn sie ihm zu dürftig und unvollständig erschien[249]).

ee) Soviel zu den materiellen Anforderungen an die Informationspflicht des Arztes, die in den letzten Jahren eine zentrale Stellung in den Gerichtsentscheidungen fast aller hier behandelter Rechtsordnungen eingenommen haben[250]). Die Grundsätze, die die Anforderungen bestimmen, erscheinen uns auf der einen Seite unabdingbar und auf der anderen Seite für den Arzt auch nicht unzumutbar zu sein. Die traditionell großzügige (und vielleicht *zu* großzügige) Beurteilung der subjektiven Seite des Fahrlässigkeitsbegriffs in der Rechtsprechung zumindest einiger Gerichte in England, Australien, Neuseeland, Kanada und der meisten westeuropäischen Länder bedeutet eigentlich, daß der Arzt kaum je in Schwierigkeiten kommen kann, solange er sich des grundlegenden Selbstbestimmungsrechts des Patienten bewußt bleibt. Aber dieses Bewußtsein erscheint uns auch wirklich unerläßlich für jede berufliche Standesethik, die der heutigen Zeit auch nur einigermaßen gerecht wird und ihr entspricht[251]). Wenn sich die Gerichte anderer Länder dem Beispiel zahlreicher Gerichte in den Vereinigten Staaten anschließen sollten und viel strenger in ihren Standards und Anforderungen an Ärzte *bis hin zu einer generellen Beweislastumkehr* werden, so wird dies hauptsächlich an der unethischen Verhaltensweise manches medizinischen Sachverständigen liegen, die ihre Rolle vor Gericht allzuoft mißverstehen und meinen, sich als Waffe in der Hand allein der einen Partei, also des beklagten Arztes und Kollegen, betätigen zu sollen. Ein deutscher Bundesrichter hat bereits mehrfach vor solchen Praktiken gewarnt und im Zusammenhang mit ihnen festgestellt, daß die Rechtsprechung den (verbreiteten) Forderungen nach einer *allgemeinen* Beweislastumkehr, die zu schweren Unbilligkeiten für den Arzt führen könnte, zwar bisher widerstanden habe, dies aber durch das Verhalten vieler Gutachter schwer gemacht werde[252]).

ff) Noch nicht behandelt wurde die Frage, wie weit in Ausnahmefällen ausschließlich *therapeutische* Interessen es rechtfertigen können, den Grundsatz *umfassender* Aufklärungsverpflichtung *einzuschränken*. Die Gerichte haben diese Möglichkeit eigentlich nirgends ganz ausgeschlossen; der deutsche Bundesgerichtshof hat sie im Gegenteil sogar ausdrücklich bestätigt[253]). Dieses Thema wird weiter unten in Teil 2 dieser Abhandlung im Zusammenhang mit den rechtlichen Problemen der Heilversuche noch gründlicher erörtert werden[254]). Aber die *Goldene Regel* der ärztlichen Aufklärungspflicht muß nochmals betont werden: Im Hinblick auf das grundlegende Patientenrecht auf Selbstbestimmung und im Hinblick auf das gegenseitige Vertrauensverhältnis zwischen Arzt und Patient[255]) muß der Patient auf eine solche Weise informiert werden, daß er, noch bevor er seine Einwilligung zu der geplanten Behandlung oder Operation gibt, ihr Wesen, ihre Bedeutung und ihre Tragweite klar erkennt[256]). Soweit der medizinischen Wissenschaft gesundheitsschädigende Nebenwirkungen im Zeitpunkt der Behandlung bekannt sind, ist der Patient auch darüber aufzuklären[257]). Dies ist also der Grundsatz, und es bietet sich hier an, ihn mit den Worten der sogen. *Bill of Rights* der *American Hospital Association* von 1972 nochmals zusammenzufassen:

Der Patient hat das Recht, von seinem Arzt eine vollständige und klar verständliche Aufklärung in bezug auf Diagnose, Therapie und Prognose zu verlangen und zu erhalten. Wenn es medizinisch nicht ratsam ist, diese vollständige Aufklärung zu geben, sollte sie jedenfalls einer geeigneten

Vertrauensperson des Patienten gegeben werden. Der Patient hat das Recht, den Namen desjenigen Arztes zu wissen, der für die Koordination seiner Behandlung oder der Operation verantwortlich ist. Der Patient hat das Recht, all diejenigen Informationen vor Beginn jeder Behandlung zu erhalten, die erforderlich sind und ihn in den Stand setzen, eine informierte Einwilligung zu erteilen. Außer in Notfällen, muß diese Aufklärung Informationen über die Besonderheiten der vorgeschlagenen Behandlungsweise, die medizinisch relevanten Risiken und die Dauer der Rekonvaleszenz enthalten. Wo medizinisch bedeutsame Behandlungsalternativen vorhanden sind, hat der Patient auch ein Recht, über sie aufgeklärt zu werden. Der Patient hat schließlich das Recht, die Namen derjenigen zu erfahren, die an der Behandlung oder Operation verantwortlich beteiligt sind[258]).

gg) Es sollte im übrigen selbstverständlich sein, daß der Umfang der Aufklärung, die dem Patienten geschuldet wird, auch abhängig ist von dem Gewicht des Risikos der Behandlung oder Operation im Verhältnis zu den Folgen für den Patienten, die entstünden, wenn die Behandlung unterbliebe[259]). Hiernach *kann* es unnötig sein, den Patienten auf Gefahren oder Nebenwirkungen hinzuweisen, die bei der Behandlung sehr selten auftreten und die ein vernünftiger Patient nicht als relevant im Verhältnis zu seinem Gesundheitszustand ansehen würde[260]). Das gleiche gilt im Verhältnis zu den möglichen Nebenwirkungen, wenn ein vernünftiger Patient sie im Vergleich zu seinem Gesundheitszustand nicht überbewertete[261]). Deshalb ist also das Verhältnis zwischen den *Risiken der Heilbehandlung* und den *Gefahren der Krankheit* des Patienten von großer Bedeutung[262]). Der Umfang der erforderlichen Aufklärung hängt ferner ab von der sachlichen und zeitlichen Notwendigkeit des beabsichtigten Eingriffs[263]). Die Aufklärung des Patienten über die Folgen, die zu erwarten sind, falls die Behandlung unterbliebe, kann zu einer Unterrichtung des Patienten über seinen Gesundheitszustand führen. Soweit der Arzt Grund zu der Annahme hat, daß solche Informationen der Gesundheit des Patienten weiteren Schaden (sei es psychisch, sei es psychosomatisch) zufügen würden, kann der Umfang der erforderlichen Aufklärung im Wege einer Abwägung der Interessen des Patienten eingeschränkt sein[264]). Dieser Grundsatz gilt insbesondere für die medikamentöse Behandlung im Bereich der Psychiatrie[265]). Der Erfolg derartiger Behandlung hängt in weitem Maße von den subjektiven Vorstellungen des Patienten ab. Daher sollte ein an Depressionen leidender psychisch Kranker nicht darüber aufgeklärt werden, daß die anti-depressive Wirkung eines Arzneimittels nur in 60–70% der Fälle eintritt, falls durch diese Mitteilung seine Depressionen gesteigert würden[266]). Auf der anderen Seite sollte freilich darauf hingewiesen werden, daß es sich mehrende Anzeichen dafür gibt, daß selbst in Fällen von Karzinomen und anderen bösartigen Krankheiten die Chancen einer besseren Kontrollierbarkeit des Krankheitsverlaufs wachsen, je offener und vertrauensvoller die Beziehungen des Patienten zu den Ärzten sind. Die Frage der Wahrhaftigkeit auch bei Tumorpatienten kann freilich nicht auf die bloße Frage reduziert werden, ob dem Kranken Diagnose und Prognose seiner Krankheit mitzuteilen sei oder nicht. Wahrhaftigkeit ist gerade hier eine Frage der Haltung des Arztes und der Gewißheit des Vertrauens, daß Arzt und Patient miteinander verbindet[266a]).

f) Wo kein Kläger, da kein Richter; weder aus Vertrag noch aus unerlaubter Handlung besteht ein Klagerecht, wo der Kläger ausdrücklich oder konkludent in die Handlung eingewilligt hat: *volenti non fit iniuria*. Niemand kann also vor Gericht ein Recht durchsetzen, auf das er wirksam verzichten konnte und tatsächlich auch verzichtet hat[267]). Dies gibt dem Arzt oder Chirurgen also einen Rechtfertigungsgrund für seine Tätigkeit, wenn sie sich im Rahmen ordnungsgemäßer Heilbehandlung gehalten hat[268]) und zugleich auch von der (ausdrücklichen oder stillschweigenden) Einwilligung gedeckt war[269]). Doch ist es Sache des beklagten Arztes, darzutun und notfalls auch zu beweisen, daß der klagende Patient seine Einwilligung aus freier Überzeugung und wirksam gegeben hatte[270]). Die Aufklärung kann *ganz* unterbleiben, wenn der Patient auf sie wirksam verzichtet hat[271]). Die bloße Kenntnis der Risiken der Heilbehandlung beim Patienten ist dazu nicht ausreichend; noch reicht etwa die Bereitschaft des Patienten, sich diesen Risiken zu unterziehen; für den Nachweis eines wirksamen Aufklärungsverzichts reicht nichts anderes aus als der Nachweis einer unmißverständlichen Vereinbarung bzw. Erklärung des Patienten, auf Schadensersatzansprüche wegen verletzter Aufklärungspflicht verzichten zu wollen[272]). Durch einen solchen Verzicht erklärt der Patient, daß er sein Recht auf Selbstbestimmung *so* auszuüben wünsche und alle weiteren Ansprüche, die ihm normalerweise zustünden, nicht geltend machen werde. Auch hier gilt der Grundsatz *volentibus non fit iniuria*. Im Bereich der ärztlichen Heilbehandlung mit akzeptierten Methoden ist ein solcher Verzicht durchaus zulässig, gleichgültig, ob er ausdrücklich oder schlüssig erklärt worden ist. Ob aber der Patient tatsächlich auf Aufklärung verzichtet *hat*, das hängt von der Überzeugung des Gerichts ab; es wird stets über den möglichen Ausgang eines darauf bezogenen Rechtsstreits gewisse Unsicherheiten geben, so beklagenswert diese Unsicherheit insbesondere für die Ärzteschaft auch ist. Aus gegebenem Anlaß sollte indessen hinzugefügt werden, daß der Arzt einen Teil dieser Prozeßschwierigkeiten dadurch abwenden kann, daß er über seine Patienten regelmäßige und auf dem laufenden gehaltene Unterlagen führt, die Angaben über die Behandlungsweise, die Aufklärung und die erteilte Einwilligung festhalten, und es ist wirklich nicht verständlich, warum solche Dokumentationen allzu häufig nicht geführt werden[273]). Striktere Regeln über den Aufklärungsverzicht werden anzuwenden und zu besprechen sein, wenn über die Heilversuche und Humanexperimente zu sprechen ist[274]).

g) Die *Rechtsfolge* einer Behandlung oder Operation, die wegen unzureichender Aufklärung rechtswidrig war, ist bekanntlich die zivilrechtliche Arzthaftung auch für solche Ereignisse, die nicht auf (erkennbare) Fehler des Arztes zurückzuführen sind. In solchen Fällen kann sich der Arzt überhaupt nur mit dem Nachweis verteidigen, daß der Patient seine Einwilligung zu der Behandlung oder Operation auch dann gegeben hätte, wenn er ordnungsgemäß aufgeklärt worden wäre[275]). Ein solcher Nachweis ist vom deutschen Bundesgerichtshof in zwei ziemlich komplizierten Fällen ausdrücklich akzeptiert worden[276]). Daß auf diese Weise eine Entlastung des Arztes möglich ist, wird gelegentlich auch anderswo erwähnt, wenn auch ganz bewußt zurückhaltend[277]). Betont werden sollte aber nochmals, daß das entscheidende Kriterium der erteilten informierten Einwilligung nicht die Frage ist, ob ein vernünftiger Mann nach Aufklärung das Risiko eingegangen wäre, sondern allein, ob der konkrete Patient in diesem konkreten Fall das Risiko auch bei angemessener Aufklärung auf sich genommen hätte[278]). Wenn an diesen Nachweis äußerst strenge Anforderungen gestellt werden, so beruht dies auf der grundsätzlichen rechtlichen Erwägung, daß das Selbstbestimmungsrecht des Patienten vorrangigen Schutz verlangt; selbst wenn auf anderen Gebieten als den hier behandelten manchmal bestimmte Umstände die Vermutung der eingeholten Einwilligung begründen, im Bereich der ärztlichen Haftpflicht ist dies grundsätzlich nicht der Fall. Die Folgen für den Arzt sind hart, aber im Lichte dieser Bewertung wohl unvermeidlich, und es ist kaum zu erwarten, daß die Gerichte ihren Standpunkt in dieser Frage ändern werden[279]).

3. Es gibt allerdings Fälle, in denen die Einwilligung des Patienten zur Rechtfertigung, ärztlicher Behandlung *nicht* erforderlich ist[280]).

a) Das gilt besonders für Fälle, in denen ärztliche Behandlung im Interesse der *öffentlichen Gesundheitspolitik* gesetzlich vorgeschrieben ist[281]). Grundsätzlich ist der Arzt wohl auch verpflichtet, Fälle von *versuchtem Selbstmord* ohne oder sogar gegen den Willen des Patienten zu behandeln. Diese allgemeine (aber nicht unbestrittene) Pflicht des Arztes zu helfen ist vor dem Hintergrund zu sehen, daß ein Selbstmordversuch oftmals nicht schnell genug von einem normalen Unfall unterschieden werden kann. Es ist noch unwahrscheinlicher, daß der Arzt schnell herausfinden kann, ob der Selbstmord *in casu* das Ergebnis einer freien Willensentscheidung oder eher Panikhandlung aus Verzweiflung war[282]). In einigen Ländern, z. B. in Deutschland, werden in diesem Zusammenhang noch zusätzliche Gründe angeführt: Erstens hat niemand das Recht, Selbstmord zu begehen; zweitens behandeln die Strafgerichte den Selbstmord als einen Unfall, der den Arzt zur Hilfeleistung verpflichtet, will er nicht Gefahr laufen, eine strafbare Handlung zu begehen[283]), und drittens wird zivilrechtlich der Wunsch eines Menschen, Selbstmord zu begehen, nicht anerkannt, weil der Selbstmord moralisch nicht gebilligt wird[284]).

b) Ein spezielles Problem ist die *ärztliche Behandlung ohne Einwilligung in Not- und Unglücksfällen*[285]). Während die Einwilligung grundsätzlich (mit nur wenigen Ausnahmen[286])) absolut unentbehrlich ist, ist der Patient in manchen Fällen aufgrund seines Gesundheitszustands nicht in der Lage einzuwilligen, bedarf aber *sofortiger* Behandlung. In welcher rechtlichen Situation befindet sich nun ein Chirurg, der einen solchen Patienten operiert? Obwohl bekannt ist, daß in einigen Rechtsordnungen (z. B. nach *Common Law*) keine gefestigte Meinung zu diesem Problem besteht und besondere Unsicherheit herrscht[287]), verlangen die Ärzte in den meisten Ländern (vorzugsweise schriftliche) Einwilligungen von Eltern oder Verwandten, soweit dies überhaupt möglich ist[288]). Bei Unglücksfällen, beispielsweise Verkehrsunfällen, Zusammenstößen von Zügen bzw. Flugzeugen, Flut- oder anderen Katastrophen, erlaubt das Recht jedoch fast ausnahmslos den Einwand des rechtfertigenden Notstands (für Deutschland vgl. etwa § 34 StGB)[289]) oder den der stillschweigenden oder vermuteten Einwilligung[290]) gegenüber jeder Klage eines undankbaren Patienten; wo eine wirkliche Einwilligung indessen fehlt, ist das entscheidende Kriterium dann aber stets, ob der Arzt tätig geworden ist um das Leben oder die Gesundheit des Patienten zu retten[291]), und die Rechtsstellung der Ärzte ist in den meisten Rechtsordnungen aufgrund bestehender Rechtsunsicherheiten über die Erlaubnisvoraussetzungen sehr unbefriedigend. Wir erfahren beispielsweise aus einem anerkannten englischen Lehrbuch des Rechts der unerlaubten Handlungen, daß Dozenten der Rechtsmedizin an zwei britischen Universitäten ihren Studenten raten, bei Verkehrsunfällen niemals Erste Hilfe zu leisten, um nicht später auf Schadensersatz verklagt werden zu können[292]). Ähnliche Rechtsauffassungen mögen auch in anderen Staaten anzutreffen sein[293]), der Ratschlag erscheint jedoch überaus fragwürdig: jedenfalls in einigen Ländern wäre ein Arzt, der bei einem Unglücksfall die gebotene Erste Hilfe verweigert, wegen unterlassener Hilfeleistung strafbar[294]).

c) Es versteht sich von selbst, daß der Arzt einem *bewußtlosen* Patienten unverzüglich die bestmögliche Behandlung zukommen lassen darf und muß, im vollen Bewußtsein, daß es sich rechtlich um einen rechtfertigenden Notstand handelt. Hier liegt für Rechtsordnungen, die darauf überhaupt noch abstellen, jedenfalls zweifellos auch die vermutete Zustimmung des Patienten vor, die den erforderlichen Eingriff auch rechtfertigt. Auch in *anderen Fällen akuter Lebens-*

gefahr braucht der Arzt keine förmliche Einwilligung abzuwarten[295]). Er wird es einfach als Einwilligung ansehen müssen, daß ein Kranker vor ihm liegt und die Behandlung oder Operation sofort braucht[296]).

III. Die ärztliche Schweigepflicht

Der Arzt benötigt vom Patienten persönliche Daten, um ihn angemessen beraten, die Diagnose stellen und eine therapeutische Behandlung durchführen zu können, und der Patient ist verpflichtet, diese Daten kooperativ zu liefern. Der Patient darf indessen davon ausgehen, daß diese vertraulichen Angaben nicht an Dritte weitergereicht werden, solange er dazu nicht seine Zustimmung erteilt hat[297]). Hieraus ergeben sich das ärztliche *Schweigerecht* und die ärztliche *Verschwiegenheitspflicht* (die wir zusammenfassend als ärztliche Schweigepflicht bezeichnen wollen), und ein Arzt, der diese Schweigepflicht verletzt, ist für den daraus entstandenen Schaden haftbar[298]). In verschiedenen Rechtsordnungen kann er dafür auch strafrechtlich belangt werden[299]), er kann standesrechtlichen (disziplinarischen) Maßnahmen ausgesetzt sein[300]) und wegen eines Verhaltens, das sich für einen Arzt nicht gehört, verwarnt, suspendiert und unter Umständen sogar aus dem Register der zuständigen Ärztekammer gestrichen werden[301]).

1. Vertrauliche Mitteilungen, die im Arzt-Patienten-Verhältnis gemacht werden, sind jedoch nicht überall auch durch ein ärztliches Schweige- oder *Aussageverweigerungsrecht* geschützt. So gibt es z. B. in England kein ärztliches Aussageverweigerungsrecht; die Konsequenz ist, daß der Arzt vor Gericht alle Informationen preisgeben muß, die ihm der Patient vertraulich gegeben hat; diese Rechtslage gilt in England seit der berühmten Entscheidung von Lord Mansfield in dem Bigamieverfahren der Herzogin von Kingston aus dem Jahre 1776[302]), und kanadische Gerichte sind dieser Entscheidung und dem englischen Beispiel ebenfalls stets gefolgt[303]). Der generelle Trend in anderen Ländern aber geht in Richtung auf die Gewährung eines Aussageverweigerungsrechts; danach besteht eine Aussagepflicht grundsätzlich nur, wo die Interessen der Gerechtigung eindeutig überwiegen und dadurch alle gegenteiligen Erwägungen beiseiteschieben[304]).

2. Die ärztliche Schweigepflicht ist schon im Hippokratischen Eid[305]) zum Schutz des leidenden Menschen verankert, der dem Arzt höchstpersönliche Auskünfte anvertraut. Der Arzt muß danach alle Tatsachen und Umstände geheimhalten, von denen nur ein beschränkter Personenkreis Kenntnis hat und die ein verständiger Patient geheimzuhalten wünscht. Solche Tatsachen umfassen

selbstverständlich Diagnose, physische und psychische Eigenschaften, aber auch berufliche, wirtschaftliche und finanzielle Umstände[306]).

3. Unter bestimmten Umständen mag sich der Arzt aber berechtigt fühlen, vom Grundsatz der Schweigepflicht wichtige Ausnahmen zuzulassen[307]); in solchen Fällen wird er immer die Privatinteressen des Patienten auf der einen Seite und etwaige widerstreitende Allgemeininteressen oder Drittinteressen auf der anderen Seite berücksichtigen und gegeneinander abwägen müssen. So hat der deutsche Bundesgerichtshof entschieden[308]), daß ein Arzt berechtigt ist, die Verkehrsbehörden zu benachrichtigen, wenn sich ein vorgewarnter fahruntüchtiger Patient ans Steuer setzt und damit sich und andere gefährdet[309]). Genauso ist eine Ausnahme von der ärztlichen Schweigepflicht nicht nur berechtigt, sondern möglicherweise sogar geboten, wenn der Arzt Kenntnis von übertragbaren Krankheiten oder bestimmten Geschlechtskrankheiten[310]) oder von einem Verbrechensplan erhält, der Dritte in Gefahr bringt[311]). Zu den meisten Problemen dieses Bereichs gibt es fast gar keine Rechtsprechung[312]); es ist aber wahrscheinlich, daß die Gerichte eine ähnliche Ansicht vertreten würden wie der kalifornische *Supreme Court,* der einen Psychologen zu Schadensersatz verurteilte, weil er einen Dritten nicht darüber informiert hatte, daß sich der Patient ihm gegenüber mit ernstzunehmenden Mordabsichten trug; der Patient beging diesen dem Psychologen als Plan anvertrauten Mord später tatsächlich[313]).

4. Besondere Probleme der ärztlichen Schweigepflicht entstehen im Zusammenhang mit der Heilbehandlung von *minderjährigen* Patienten. Hier muß man die möglicherweise widerstreitenden elterlichen Interessen, die elterlichen Sorgerechte und ihr Recht, Aufenthalt und Umgang der Kinder zu bestimmen, mit gegenläufigen Interessen auch des Kindes in Einklang zu bringen versuchen; dies kann auch Auswirkungen im Bereich der ärztlichen Behandlung haben, wenn ein Minderjähriger die Behandlung sucht, die Eltern jedoch nicht, und umgekehrt. Viele Sonderfragen, auf die wir in diesem Zusammenhang nicht ausführlich eingehen können[314]), sind in den meisten Rechtsordnungen (noch oder wieder) offen. Grundsätzlich wird man im allgemeinen mit der behutsam praktizierten Regel wohl nicht völlig fehl gehen, daß die Rechte der Eltern abnehmen, je mehr das heranwachsende Kind auf das Volljährigkeitsalter zugeht, das heute in vielen Ländern bei 18 Jahren liegt[315]). Daß die Regel behutsam angewandt werden muß und insgesamt recht problematisch ist, vor allem, wenn man an das zuweilen und in einigen Rechtsordnungen recht unausgeglichene Spannungsverhältnis zwischen elterlichen Rechten und Pflichten einerseits und die unter dem Vorwand des Kindeswohl praktizierte *staatliche Einmischung in elterliche Kompetenzen* andererseits denkt, ist von verschiedenen Autoren in den Vereinigten Staaten und Deutschland in einiger Ausführlichkeit kritisch untersucht worden[316]).

IV. Forensische Gewichtsverlagerung bei Arztprozessen und zukünftige Schadensersatzentwicklungen

1. Das Problem

Schadensersatzklagen gegen Ärzte werden immer noch hauptsächlich mit dem Vorwurf begründet, daß der Arzt dem Patienten schuldhaft durch fehlerhafte Behandlung (Kunstfehler) Schaden zugefügt hat. So gesehen bietet die zivilrechtliche Arzthaftung keine eigentlichen Besonderheiten, die sie von irgend einer anderen Art beruflicher Haftung unterschieden[317].

a) Es wird aber deutlich, daß sich die Gewichte in den Prozessen immer mehr verlagern. Der Vorwurf unterlassener (oder unzureichender) Aufklärung erscheint immer häufiger und eindringlicher neben dem Vorwurf eines Behandlungs- oder Kunstfehlers, der ursprünglich im Vordergrund stand. Die im Prozeß geltende Beweislastregelung führt dazu, daß man vorzugsweise die Verletzung der Aufklärungspflicht als Aufhänger benutzt. Ist es Sache des klagenden Patienten, das Gericht davon zu überzeugen, daß der beklagte Arzt einen Behandlungsfehler begangen hat, so muß umgekehrt der Arzt beweisen, daß er den Patienten hinreichend aufgeklärt und seine Einwilligung eingeholt hat, wenn er diesen Prozeß nicht verlieren will[318]. Der Patient (d. h. also der spätere Kläger) kann sein Ziel also bequemer und mit demselben Ergebnis erreichen, wenn er seinen Schadensersatzanspruch auf unzureichende Aufklärung statt auf einen Behandlungsfehler stützt, und Gleiches gilt für die übrigen Ansprüche, z. B. den Schmerzensgeldanspruch, die der Patient stellen will[319].

b) In diesem Zusammenhang sollte hier noch folgendes erwähnt werden: Obwohl in den letzten Jahren die Zahl der Ansprüche aus fahrlässiger Behandlung beträchtlich angestiegen ist[320], scheinen Klagen auf Schadensersatz aus unerlaubter Handlung bei *ärztlicher* Fehlbehandlung *viel seltener erfolgreich* zu sein als in allen anderen Fällen von Fahrlässigkeit[321]. Es gibt recht viele Gründe dafür, daß der Patient in Arzthaftungsprozessen seltener als anderswo zum Erfolg kommt: Häufig ist es nicht möglich, die für die Klagebegründung erforderliche Information zu erhalten; der Patient kennt die Vorgänge nicht und hat Schwierigkeiten, sich der Hilfe eines medizinischen Fachmannes zu bedienen; wird ein Arzt des Behandlungsfehlers bezichtigt, werden nach der Lebenserfahrung vieler Gerichte seine Kollegen wie selbstverständlich nur höchst ungern gegen ihn aussagen; die Krankheitsberichte (wenn überhaupt welche vorhanden sind) enthalten möglicherweise nicht alle Einzelheiten des Falles, auf die es ankommt, so daß für die unterschiedlichen Auslegungen etwa vorhandener Unterlagen durch Sachverständige und Zeugen zum Nachteil des Patienten ein breiter Raum bleibt[322].

2. Die Pearson Commission

All das beweist, daß die gegenwärtige Situation der Fälle medizinischer Streitigkeiten und Arzthaftungsprozesse Anlaß zu erheblicher Unzufriedenheit gibt, daß man sich auch noch nicht sicher ist, wie ein befriedigender Entwurf für künftige Schadenskompensationsregelungen aussehen soll[323]). Die *Royal Commission on Civil Liability and Compensation for Personal Injury*[324]) – allgemein nach ihrem Vorsitzenden, *Lord Pearson,* die *Pearson Commission* genannt – hat in ihrem kürzlich veröffentlichten dreibändigen Bericht auch die vielfältigen Probleme der Schadensverursachung im Zusammenhang mit ärztlicher Behandlung, die Rechtslage *de lege lata* und besonders die Reformpläne für künftige Verschuldens- und Gefährdungshaftung behandelt und eigene Vorschläge dazu entwickelt. Die *Pearson Commission* unterscheidet zwischen den verschiedenen Arten medizinischer Behandlung und zieht eine deutliche Linie zwischen *therapeutischer Behandlung* (d. h. *Heilbehandlung*) auf der einen und *therapeutischen Versuchen* (d. h. *Heilversuchen*) und *wissenschaftlichen Versuchen* (d. h. *Humanexperimenten*) auf der anderen Seite.

a) Hinsichtlich der konventionellen oder therapeutischen (Heil-) Behandlung mit herkömmlichen und bewährten Methoden und Mitteln empfahl die Königliche Kommission dem britischen Parlament, daß die zivilrechtliche Haftung aus unerlaubter Handlung wegen Schadensverursachung im Zusammenhang mit ärztlicher Behandlung weiterhin *Verschuldenshaftung* bleiben solle[325]).

aa) Die Königliche Kommission machte deutlich, daß sie die Beibehaltung der Verschuldenshaftung empfiehlt, *obwohl* sie Zweifel an den Argumenten hatte, die von der Ärzteschaft im einzelnen zugunsten einer auf Verschuldensgrundsätzen beruhenden Haftung vorgebracht worden waren[326]). Vor der *Pearson Commission* argumentierten die gehörten Ärzte vor allem damit, daß die Verschuldenshaftung für die Ärzteschaft eine der wichtigen Möglichkeiten sei, ihr Verantwortungsbewußtsein unter Beweis zu stellen, weshalb ja auch die Freiheit der ärztlichen Verantwortung verlangt werden müsse. Würde dagegen die Verschuldenshaftung durch eine Gefährdungshaftung ersetzt, dann könnte die Versuchung wachsen, die ärztliche Berufsausübung unter Kontrolle zu stellen, um vorgeblich Fehler zu verhindern, für die eine zentrale Kompensationskasse sonst Entschädigungszahlungen zu leisten hätte. Dies könne zu bürokratischen Behinderungen der Medizin insgesamt und des medizinischen Fortschritts führen. Die medizinische Entwicklung sei zudem auch (noch) nicht auf einem Stand angelangt, bei dem es möglich wäre, jegliche Fehlleistung mit verheerenden Folgen auszuschalten, selbst wenn die Zahl solcher Unglücksfälle heute schon recht klein sei[327]). Ein Teil der Mitglieder der *Pearson Commission* hielt diese

Argumentationsweise für nicht stichhaltig und zumindest übertrieben[328]). Unbeschadet dieser Zweifel sah die *Pearson Commission* jedoch *gute* Gründe als *unerläßlich* an, um einen Berufsstand als Ganzes von den allgemeinen Regeln der (Verschuldens-) Haftung *auszunehmen*[329]); solche überzeugenden Gründe seien jedenfalls für den allgemeinen medizinischen Bereich nicht ersichtlich[330]).

bb) Die *Pearson Commission* zog auch die Frage in Erwägung, ob im Interesse des Patienten eine *Umkehr der Beweislast* oder die Einführung eines *zusätzlichen* Grundes der *Gefährdungshaftung* empfohlen werden könnte. Die Antwort auf beide Fragen im Bereich der konventionellen Heilbehandlung lautete: Nein[330a]).

(1) Einige Zeugen gaben der *Pearson Commission* zu bedenken, daß eine allgemeine *Umkehr der Beweislast* die Schwierigkeiten des Patienten, Beweismittel zu erlangen und vorzubringen, weitgehend beseitigen würde. Die Ärzte seien ohnehin in der besseren Beweissituation, da ihr die Unterlagen regelmäßig zugänglich seien, aus denen sich der Nachlässigkeitsvorwurf entkräften ließe. Die Kommission hatte jedoch erhebliche Bedenken, eine generelle Beweislastumkehr zuzulassen. „Wir meinen, daß dadurch die Zahl der Klagen beträchtlich steigen könnte; obwohl viele Klagen unbegründet sein würden, müßte doch jede einzeln untersucht und entschieden werden. Das Ergebnis muß fast zwangsläufig zu einer defensiver werdenden Medizin führen"[331]). Hier sollte indes betont werden, daß diese Auffassung auch von der *Pearson Commission* nur auf das Gebiet der traditionellen therapeutischen Behandlung mit anerkannten Methoden bezogen wird, nicht jedoch auf die Gebiete der therapeutischen Versuche und Humanexperimente[332]).

(2) Die *Pearson Commission* erwog ferner, ob eine *Gefährdungshaftung* als zusätzliche Klagemöglichkeit neben dem Haftungsgrund aus Verschulden die Situation des Patienten erleichtern könnte. Die Einführung einer Gefährdungshaftung würde zwar den oft schwierigen Verschuldensnachweis erübrigen, nicht jedoch den ebenfalls schwierigen Nachweis des Kausalverhältnisses zwischen ärztlicher Tätigkeit und Schaden[333]). Aber selbst für den Fall, daß auch dieser Nachweis erleichtert werden könnte, sprach sich die Kommission gegen die Einführung eines zusätzlichen Gefährdungshaftungstatbestands aus, weil auch dies (wie die generelle Beweislastumkehr) die Gefahr des Entstehens einer stark defensiv ausgerichteten Medizin heraufbeschwören würde[334]). Eine Gefährdungshaftung im Bereich der konventionellen Medizin könne schließlich leicht dazu führen, daß die Sorgfaltsmaßstäbe für Ärzte immer höher hinaufgeschraubt würden bis zu einem Punkt, den das gegenwärtige Recht nicht fordere und den man gerechterweise vom Arzt auch nicht erwarten könne[335]).

(3) Zusammenfassend ist also festzustellen, daß sich die *Pearson Commission* gegen eine generelle Verschärfung der Arzthaftung auf konventionellem Gebiet aussprach, sie mit anderen Worten nur *für eine besondere Fallgruppe von Personen* empfiehlt, nämlich diejenigen, die sich freiwillig *klinischen Versuchen oder Experimenten* zur Verfügung stellen[336]).

b) Im Hinblick auf *klinische Versuche* (also Heilversuche im weiteren Sinn) und im Hinblick auf *wissenschaftliche Versuche* (oder Humanexperimente im weiteren Sinn) nahm die *Pearson Commission* mit Recht einen viel strengeren Standpunkt ein. ,,Sowohl Patienten als auch gesunde Versuchspersonen mögen gefragt werden, ob sie sich im Interesse der Forschung einer neuen Behandlungsmethode unterziehen lassen wollen. Wenn hier ein Patient einwilligt und durch die Behandlung mit einer neuen Methode einen Schaden erleidet, den er mit konventionellen Mitteln nicht erlitten hätte, dann ist er in derselben Situation wie eine gesunde Testperson, die sich ebenfalls freiwillig bereit erklärt hat, an diesen Forschungsunternehmungen mitzuwirken''[337]). Es sei in beiden Fällen falsch, demjenigen, der sich im Interesse der Gemeinschaft einem medizinischen Risiko aussetze, kein Recht auf Entschädigung im Verletzungsfalle zu gewähren. Aus diesem Grund empfiehlt die *Pearson Commission*, daß *jeder, der sich klinischen Versuchen oder Humanexperimenten unterzieht, einen verschuldensunabhängigen Schadensersatzanspruch gegen die Stelle haben muß, der er seine Einwilligung erteilt und der er sich zur Verfügung gestellt hat*[338]).

c) Trotz der herben Kritik, die Vertreter der britischen Ärzteschaft an dieser Empfehlung geübt haben[339]), stimmen wir ihr völlig zu und halten sie für einen Schritt in die richtige Richtung, die nach Modellen in Neuseeland[340]) und Schweden[341]) zu einem sorgfältig ausgearbeiteten System der verschuldensunabhängigen Entschädigungsregelungen hinführen kann, das die *Pearson Commission* aus Gründen, die man für den gegenwärtigen Zeitpunkt annehmen kann[342]), noch nicht für reif hielt, im Vereinigten Königreich schon jetzt im vollen Umfang verwirklicht zu werden[343]). Nur ein Schadensersatz- bzw. Entschädigungssystem, das sich vom Verschulden löst, würde im Endeffekt einige der heutigen Beweislastschwierigkeiten wirksam beseitigen helfen, und ein solches verschuldensunabhängiges Entschädigungssystem (bei dem die Verschuldensfrage dann auch nicht mehr zu einer Belastung des Arzt-Patienten-Verhältnisses zu werden braucht) wäre auch aus dem Gesichtspunkt heraus zu rechtfertigen, daß der Patient dem Arzt vertraut und der Arzt derjenige ist, der im Rahmen der ärztlichen Behandlung die Gefahrenquellen schafft, erhöht oder übersieht, die schließlich zu einer Verletzung des Patienten im Rahmen seiner Behandlung führen; es ist aber der Arzt, der die Behandlungsmethoden, die er wählt, beherrscht oder beherrschen sollte als derjenige, der die Fachkenntnisse zu ihrer

Anwendung besitzt oder besitzen müßte. In diesem Zusammenhang ist verschiedentlich darauf aufmerksam gemacht worden, daß sich das Recht des *Verbrauchers medizinischer Leistungen,* auf Gefahren der ihm vorgeschlagenen oder angebotenen Behandlungsmethode aufmerksam gemacht zu werden, aus ziemlich denselben Gründen herleiten läßt, die im überragenden öffentlichen Interesse zu einer Verbesserung der *Produzentenhaftung* geführt haben[344]) und daß deshalb dieselben strikten Regeln, die zu einer Gefährdungshaftung im Bereich der Produzentenhaftung führen, auch im Bereich der Arzthaftung für gefährliche Behandlungsmethoden Anwendung finden müssen, was bei neuen und also noch unerprobten Behandlungsmethoden dazu führen muß, daß auch die Beweislast für die Ungefährlichkeit dieser neuen Methoden nicht beim Verbraucher/Patienten liegen kann, sondern beim Produzenten/Leistungsvermittler/Arzt/Hospital[345]). Eine solche striktere Haftung im Bereich des Arztrechts bei neuen Behandlungsmethoden und Experimenten[346]) wäre beileibe noch keine Sache sich stets unterschiedslos auslösender Automatik; es gibt immer noch und in fast allen hier behandelten Rechtsordnungen etliche beweisrechtlich schwierige Gesichtspunkte, die zunächst geklärt werden müßten, bevor dem Arzt eine Schadenshaftung aufgebürdet werden könnte[347]). Der klagende Patient würde auch bei verschärfter (strikter) Haftung des Arztes zunächst zu beweisen haben daß (1) die Aufklärung zu wünschen übrig ließ (wenn es um einen Fall vorgeblich unwirksamer Einwilligung geht); (2) der schadensauslösende Umstand bereits in der Behandlungsmethode angelegt war, bevor sich der Arzt ihrer bediente; (3) wegen dieses schadensauslösenden Umstands die ganze Methode unangemessen gefährlich für den Verbraucher/Patienten/Kläger war; (4) infolge Anwendung dieser Methode der klagende Patient Schaden erlitten hat und (5) dieser Schaden (soweit nachgewiesen) auch vorhersehbar war, also weder als zu weit hergeholt noch als inadäquat angesehen werden kann[348]). Einer der Experten aus Neuseeland wies vor der *Pearson Commission* darauf hin, daß die Behörden, die Entschädigungsregelungen nach dem neuen, 1974 eingeführten Kompensationssystem abzuwickeln hätten, alle Hände voll zu tun hätten, den Begriff des „medizinischen Unglücksfalls" *(medical misadventure)* restriktiv zu interpretieren, „um zu verhindern, daß das ganze Kompensationssystem auf die abschüssige Ebene gerät, an deren Ende die Kompensation von Fällen stünde, bei denen Ersatz verlangt wird für Krankheit oder Tod, nur weil die Behandlung keinen Erfolg gezeigt hat"[349]). Es könne daher aus neuseeländischer Sicht als sicher gelten, daß gewisse unter dem Verschuldensprinzip vorhanden gewesene Schwierigkeiten unter dem verschuldensunabhängigen Kompensationssystem nur durch neue ersetzt worden seien, insbesondere im Bereich des Kausalverlaufs zwischen dem angeblichen medizinischen Behandlungsunglück und dem entstandenen Schaden des Patienten[350]).

d) Obwohl es jetzt noch zu früh ist, sinnvoll abzuschätzen, wie sich die Systeme der Kompensationsleistungen in Neuseeland und Schweden in der Praxis bewähren werden[351]), sollte die Entwicklung der verschuldensunabhängigen Kompensationssysteme in diesen Ländern sorgfältig studiert und analysiert werden, um Kriterien dafür zu gewinnen, ob man sich – wegen sich verändernder Umstände – auch in anderen Ländern für ein ähnliches System im Bereich des Arzthaftungsrechts für neue Behandlungsmethoden und Experimente (oder darüber hinaus zusätzlich für alle übrigen, auch die konventionellen Methoden umfassenden Behandlungsweisen) entscheiden kann. In der Zwischenzeit sollte jede Anstrengung unternommen werden, die Beweislastnot des Patienten zu erleichtern, wo sie unerträglich wird oder wo sie angesichts der beruflichen Verantwortung der Ärzte für ihre ärztlichen Entscheidungen dem öffentlichen Interesse widerspricht[352]). Und es sollte dem Interesse der Öffentlichkeit und einer aufgeklärten Reformpolitik in diesem Bereich entsprechen, denjenigen (auch beweislastrechtlich) zu helfen, die das schwächste Glied in der Kette der Ereignisse sind, die auf eine ärztliche Behandlung hin eintreten.

3. Prüfkommissionen, Gutachter- und Beratungsstellen und Kompensationssysteme

Die in vielen Ländern stetig steigende Zahl von Schadensersatzklagen gegen Ärzte[353]) scheint auch der Ärzteschaft selbst Anlaß zu wachsender Sorge zu geben, und mitunter werden jetzt auch Schadensersatzforderungen zugesprochen, die fast schon jede Vorstellungskraft übersteigen[353a]). Mit solchen exorbitanten Schadenssummen vor Augen hat *Lord Denning* in einem kürzlich entschiedenen englischen Fall ausgeführt, daß solche überhöhten Schadensersatzbeträge das Gleichgewicht in der staatlichen Gemeinschaft erheblich gefährden könnten, so wie es die Schadensersatzzumessungen in Arzthaftungsprozessen in Nordamerika bereits bewirkt hätten. Wo riesige Schadensersatzforderungen Erfolg bei Gericht hätten und gezahlt werden müßten, müßten sich auch die Versicherungsprämien aller Versicherten erhöhen.[353b]) Tatsächlich haben sich die Versicherungskosten zur Absicherung solcher Schadensersatzsummen in den letzten Jahren auch bereits verdoppelt.[354])

a) Als Antwort auf diese Entwicklung sind verschiedene Maßnahmen ergriffen worden, in den Vereinigten Staaten etwa Gesetze in Kraft getreten, die sich der Schadensbegrenzung durch Schaffung einer Obergrenze für Entschädigungsleistungen widmen, Verjährungsfristen verkürzt, die Konsultation von (außergerichtlichen) Prüfkommissionen als Vorschaltinstanz vor den Gerichtszügen vorgeschrieben oder auf freiwilliger Basis zugängliche, aber wenn gewählt, in der Entscheidung verbindliche Schlichtungs- und Gutachterstellen eingerichtet haben[355]). Prüfkommissionen *(screening panels)* und Schlichtungs- und Gutachterstellen *(arbitration boards)* sind zu zunehmend populären Alternativen zu Kunstfehlerprozessen vor den staatlichen Gerichten geworden; sie dienen vor allem dem Ziel, die Prozeßverzögerungen bei den staatlichen Gerichten zu vermeiden, Rechtsverfolgungskosten zu ersparen und die Versicherungskosten für Kunstfehlerhaftungen klein zu halten[356]). Achtundvierzig Staaten von insgesamt zweiundfünfzig haben inzwischen Schlichtungs- und Gutachterstellen-Gesetze erlassen[357]).

aa) Aufgabe der Prüfkommissionen *(screening panels)* in den Vereinigten Staaten ist es, mit beratender Funktion Vorschläge zu machen, bei denen die Umstände des Einzelfalles voll in die Abwägung eingehen. Zweck der Übung ist es, die Spreu vom Weizen zu trennen, die weitere Rechtsverfolgung bei aussichtslosem Begehren zu ent- und die aussichtsreichen Fälle gerechtfertigten Klagebegehrens zu ermutigen[358]). Anders als bei den endgültig bindenden Entscheidungen der Schlichtungs- und Gutachterstellen *(arbitration boards)* entscheiden die Prüfkommissionen weder in rechtlicher noch in tatsächlicher (z. B. entschädigungsbetragsmäßiger) Hinsicht endgültig; der Zugang zu den ordentlichen Gerichten bleibt also offen; doch soll schon im außergerichtlichen Vorfeld eine gütliche Einigung erreicht werden, die das weitere Vorgehen überflüssig macht[359]). Da die Entscheidungen der Prüfkommission nicht endgültig sind, versucht die nordamerikanische Praxis, darauf einzuwirken, daß die Entscheidungsergebnisse der Prüfkommission nicht überbewertet werden; eine jüngst ergangene New Yorker Entscheidung spiegelt die Furcht des Gerichts wider, die auch in Schadensersatzprozessen in den U.S.A. mitwirkende Laienjury könnte sich von den Argumenten der aus Fachleuten zusammengesetzten Prüfkommission zu stark beeinflussen und beeindrucken lassen[360]). Die Vorteile des Systems scheinen aufs Ganze gesehen aufgewogen zu werden durch seine Nachteile, besonders *wenn* die Jury die Prüfergebnisse zu sehr überbewertet: denn dann wird dem Kläger bei einer unkritischen Übernahme der Prüfergebnisse durch die Jury der Rechtsweg praktisch verkürzt und das verfassungsmäßige Recht auf unvoreingenommene Richter genommen[361]).

bb) Der Unterschied zwischen Prüfkommissionen einerseits und den Schlichtungs- und Gutachterstellen der Vereinigten Staaten andererseits besteht also darin, daß erstere nur unverbindliche Empfehlungen geben und den Zugang zu den ordentlichen Gerichten unberührt lassen, während letztere sich als vollständige, den Klageweg ausschaltende Alternative zu den ordentlichen Gerichten erweisen[362]). Wir sehen im Augenblick keinen entscheidenden Vorteil in solchen Schlichtungsstellen für andere Länder, wenn sie als den Klageweg ausschließende Alternative konzipiert sind, auch wenn richtig ist, daß Patienten diese außergerichtliche Alternative nicht zu wählen gezwungen sind, sondern statt ihrer sogleich klagen können[363]). Es ist andererseits indes auch richtig, daß Prüfkommissionen mit bloß beratendem Charakter wenig Sinn haben, wo sich die eine Partei nicht davon abhalten läßt, den Klageweg trotzdem zu beschreiten: es mag dann zu viel Lärm um fast Nichts gekommen sein, und eine folgenreichere, vielleicht sogar entscheidende Verzögerung (Verjährung!) vor Einreichung der Klage ist kein wünschbares Ergebnis. Freilich wird das nordamerikanische Schlichtungs- und Gutachterwesen kaum verständlich ohne eine tiefere Kenntnis des dortigen Systems der Erfolgshonorare und der im Gegensatz zu England auch in Arzthaftungsprozessen hochbedeutsamen Rolle der Laienjuries; deshalb könnte es voreilig sein, in diesem Zusammenhang eher ablehnende Stellungnahmen abzugeben[364]), obwohl es in den Vereinigten Staaten selbst genug Kritik am gegenwärtigen Konzept gibt, besonders vom verfassungsrechtlichen Standpunkt aus und insbesondere in bezug auf die gegenwärtigen Mängel der Schlichtungsstellen und ihrer Arbeitsweise[365]).

b) In der Bundesrepublik Deutschland haben sich im Jahre 1975 unter dem Eindruck steigender Arzthaftungsklagen Ärzte und Versicherungsgesellschaften zusammengesetzt und versuchsweise ebenfalls Schiedsstellen eingerichtet (die nach nordamerikanischer Nomenklatur indes eher den Prüfkommissionen im Sinne der *screening panels* entsprechen würden). Zweck dieser *Schlichtungs- und Gutachterstellen* ist es zu versuchen, den Streit ebenfalls ohne Einschaltung der ordentlichen Gerichtsbarkeit beizulegen und ggf. zu einer Entschädigungsvereinbarung zu kommen. Fälle, in denen ärztliches Verschulden geltend gemacht wird, können mit Zustimmung der Parteien an eine solche Stelle verwiesen werden. Sie besteht in der Regel aus zwei von der jeweiligen Landesärztekammer des Bundeslandes, in dem der Fall spielt, benannten Fachärzten oder Ärzten, von denen einer ein Fachmann für das durch den konkreten Sachverhalt angesprochene ärztliche Fachgebiet sein muß, sowie aus je einem von dem betroffenen Arzt bzw. dem betroffenen Patienten benannten Vertreter, der entweder Arzt oder Facharzt sein oder die Befähigung zum Richteramt haben muß[366]). Das Gremium entscheidet mehrheitlich über die Haftfrage und gibt ebenso ein Votum mit einem Beilegungsvorschlag ab. Wenn eine Einigung erzielt werden kann, übernimmt die zuständige Versicherungsgesellschaft die Haftung aufgrund des Vorschlags der Schlichtungsstelle. Gibt es keine Einigung, geht der Fall vor das zuständige Zivilgericht. Die Kosten des Schlichtungsverfahrens trägt die Landesärztekammer desjenigen Bundeslandes, in dem der Fall angesiedelt ist[367]). Niemand ist jedoch, wie bereits erwähnt, verpflichtet, sich an einem derartigen Verfahren zu beteiligen bzw. sich den Voten und Vorschlägen der Schlichtungs- und Gutachterstelle zu unterwerfen; selbst wenn man an einem solchen Verfahren teilgenommen hat und der Fall von der Stelle entschieden worden ist, verbleibt der Weg zu den ordentlichen Gerichten[368]). Aber die Idee, die hinter diesem System steht, verdient trotz einiger Kritik an der Zusammensetzung des Gremiums[369]) gefördert zu werden, vorausgesetzt, daß der Rechtsweg durch solche Regelungen weder ausgeschlossen noch verkürzt wird. Erste *Erfahrungen* mit der Arbeit der *Schlichtungs- und Gutachterstellen* in Norddeutschland sind hier vielleicht der Erwähnung wert[370]). In den fünf norddeutschen Ländern wurden fünf Schlichtungs- und Gutachterstellen eingerichtet[371]). Eine Bilanz der Arbeitsweise dieser Stellen zeigt, daß zwischen dem 1. November 1976 und dem 31. Dezember 1977 (d. h. innerhalb der ersten 14 Monate) insgesamt 1235 Fälle den Schlichtungsstellen vorgelegt worden sind (= 100%). In 572 Fällen (46,4%) mußte schon die Annahme der Fälle zurückgewiesen werden, weil die Stellen keine Jurisdiktionsbefugnisse besaßen; in 277 Fällen (22,4%) konnte keine Entscheidung gefällt werden, weil der Fall der Zuständigkeit der Stellen wieder entzogen worden war; 278 Fälle (22,5%) waren noch anhängig; in 31 Fällen (2,5%) erging eine Entscheidung zugunsten des Patienten und stellte demnach fest, daß die Behandlung *contra legem artis* erfolgt und der Patient also vom behandelnden Arzt (bzw. von dessen Versicherung) den entstandenen Schaden ersetzt verlangen konnte; in 77 Fällen (6,2%) wurde der geltendgemachte Schadensersatzanspruch zurückgewiesen. Die Arbeit der Schlichtungs- und Gutachterstellen wird ständig weiter überprüft[372]) mit dem Ziel, das Verfahren zu verbessern[373]).

c) In Neuseeland und Schweden brachten die 70er Jahre eine wesentliche und weitreichende Veränderung des ganzen Systems zivilrechtlicher Haftung und Entschädigung für Personenverletzungen einschließlich medizinischer Unfälle. In Neuseeland wurde die alte Klage aus unerlaubter Handlung *(tort action)* völlig abgeschafft zugunsten eines verschuldensunabhängigen Kompensationssystems[378]), und in Schweden wurde für medizinische Verletzungen ein solches Prinzip der Gefährdungshaftung *neben* der alten Klage aus Verschulden *(negligence action)* eingeführt[379]). Auch in den Vereinigten Staaten ist eine wachsende Zahl von Bundesstaaten dabei, auf gesetzlichem Weg Kompensationsfunds einzurichten, die den dort steigenden Versicherungskosten und Arzthaftungsprozessen eindämmend entgegenwirken sollen[379a–b]).

aa) In Neuseeland sieht das Gesetz zur Entschädigung für Unfälle *(Accident Compensation Act)* von 1972 vor, daß Schadensersatzansprüche wegen Personenschadens oder Tod durch Unfall[379c]) in Neuseeland auf keine anderen Vorschriften – auch nicht mehr auf Klagearten nach *Common Law* – gestützt werden dürfen als auf dieses neue Gesetz. Wer unter dieses Gesetz fällt, aber Personenschaden durch Unfall außerhalb Neuseelands erleidet, kann nicht vor neuseeländischen Gerichten klagen, sondern muß den Fall der Unfall-Entschädigungs-Kommission *(Accident Compensation Commission)* zur Entscheidung vorlegen[379d]). Die verletzte Person kann eine Schadensersatzklage vor ein überseeisches Gericht bringen, aber unter solchen Umständen darf die Kommission ihr Ermessen ausüben, ob sie die Verfolgung eines Anspruchs und die Leistung von Zahlungen nach dem inländischen *Accident Compensation Act* zuläßt. Die alte Schadensersatzklage wurde demnach in Neuseeland abgeschafft[380]).

Es gibt verschiedene Systeme für die durch medizinische Unfälle Verletzten: das System für Verdienende und ein zusätzliches System für alle anderen Personen, z. B. Nichtverdienende (und ihre Angehörigen), wie Rentner, Hausfrauen und Personen, die sich besuchsweise in Neuseeland aufhalten. Das Verdiener-System umfaßt alle Angestellten und Selbständigen, die Personenschaden durch einen medizinischen Unfall erleiden, ebenso wie bestimmte einzeln aufgeführte Personengruppen in bezug auf Unfälle in anderen Ländern[381]). Während das Zusatzsystem für Nicht-Verdiener aus den Einnahmen des Landes finanziert wird[382]), wird das Verdiener-System durch Abgaben der Arbeitgeber als Teil des Arbeitslohns und durch Abzüge vom Einkommen der Selbständigen finanziert. Das System kennt einen Höchstlohn, der Anfang 1977 bei 15 600 Dollar (NZ) im Jahr lag. Die Abgabenhöhe richtet sich mehr nach der Konjunktur des Arbeitgebers als nach der Stellung des Arbeitnehmers, außer bei Büroangestellten und Handelsreisenden. Die Abgabenhöhe reicht von 0,25 % für Büroangestellte bis 5 % für Tätigkeiten wie Bergbau und Gebäudeniederlegung. Selbständige zahlen einen Einheitssatz von 1 % ihres Erwerbseinkommens innerhalb derselben Höchstgrenze von 15 600 Dollar (NZ). Für Arbeitgeber oder Selbständige, deren Unfallbilanz erheblich schlechter oder besser ist als die anderer in demselben Gewerbezweig werden Straf- bzw. Rabattsätze festgesetzt[383]). Das Entschädigungssystem umfaßt Personenschaden[384]), Verdienstausfall unter gewissen Einschränkungen[385]), Nicht-Vermögensschaden[386]) und bestimmte andere Ausgaben wie angemessene Kosten medizinischer Behandlung und verschriebener Arzneimittel, Beförderungskosten zur Erreichung ärztlicher Behandlung usw.[387]). Das Gesetz wird von der bereits erwähnten Unfall-Entschädigungs-Kommission *(Accident Compensation Commission)* ausgeführt, die aus drei Mitgliedern besteht, von denen einer ein Jurist mit mindestens sieben Jahren Praxiserfahrung sein muß. Die Mitglieder der Kommission werden für drei Jahre ernannt und können wiedergewählt werden; sie sind weitgehend unabhängig von staatlicher Kontrolle, aber sie müssen die Entschädigungspolitik der Regierung verfolgen[388]). Die Unfall-Entschädigungs-Kommission ist in sieben Abteilungen unterteilt: Entschädigung, Finanzen, ärztliche Fragen und Rehabilitation, Sicherheit, Forschung und Planung, Recht, Verwaltung[389]). Schadensersatzansprüche wegen medizinischer Verletzung müssen unverzüglich und jedenfalls innerhalb von 12 Monaten nach dem entsprechenden Unfall erhoben werden. Wer nicht mit der Entscheidung der Kommission einverstanden ist, kann innerhalb eines Monats den Fall der Kommission zur nochmaligen Begutachtung vorlegen[390]), von dort gibt es Berufung zur Unfall-Entschädigungs-Behörde *(Accident Compensation Authority)*, die aus einem Einzelrichter besteht, der jedoch einen Beisitzer mit Fachkenntnissen zuziehen kann[391]). Von der Behörde gibt es die Berufung zum *Supreme Court* und von dort, in Rechtsfragen oder Fragen von allgemeiner Wichtigkeit, zum *Court of Appeal* von Neuseeland. Die Erfahrung mit diesem System in der Praxis ist nicht völlig zufriedenstellend und wie überall, wo die Bürokratie Triumphe feiert, zeit- und geldraubend; aber etwaige Unzulänglichkeiten, heißt es, könnten durch Verbesserung behoben werden[392]). Die Ärzteschaft Neuseelands ist trotz einiger Kritik optimistisch, daß die mit dem neuen System verbundenen Probleme lösbar sind[393]).

bb) In *Schweden* richtet sich im allgemeinen das Verschulden des Arztes nach den üblichen Regeln des Rechtes der unerlaubten Handlungen, das weiterhin anwendbar ist. Wie anderswo ist es immer schwierig gewesen, solches Verschulden nachzuweisen. Es heißt auch, daß das schwedische Parlament seit langem gegen die Einführung der Gefährdungshaftung auf diesem Gebiet ist. Aber die Situation des Verletzten hat sich durch die Einführung des sogenannten *Patientenversicherungssystems* im Januar 1975 wesentlich verbessert, das die zuständigen Gebietskörperschaften in Verhandlungen mit den größten Versicherungsgesellschaften geschaffen haben, um auf der Grundlage einer Gefährdungshaftung den durch medizinische Unfälle verletzten Patienten helfen zu können[394]). Diese Versicherung gewährt Schadensersatz für Patienten im Falle unvorhergesehener Verletzung durch ärztliche Behandlung. Die Zahlung dieser Entschädigung hängt nicht davon ab, daß Verschulden auf seiten des Arztes oder anderen medizinischen oder sonstigen Personals nachgewiesen wird. Der Patient muß nur beweisen, daß die Verletzung durch die medizinische Versorgung entstanden ist – was übliche ärztliche Behandlung, aber auch solche Dienste wie Bluttransfusionen, Therapie und Krankentransport umfaßt. Nicht abgedeckt sind Schäden, die das natürliche oder vorhersehbare Ergebnis von medizinisch gerechtfertigten Handlungen sind, ebensowenig wie Schäden aus Risiken, die zur Verhinderung einer Lebensgefahr oder möglicher dauernder Behinderung gerechtfertigt waren. Schäden aus fehlerhafter Diagnose sind nur abgedeckt, wenn zwar eine Krankheit festgestellt, aber ihre Symptome falsch gedeutet wurden. Andere nicht abgedeckte Schäden sind solche wegen Nebenwirkungen von Arzneimitteln und wegen Infektion – es sei denn, die Infektion war das Ergebnis nicht ordnungsgemäß sterilisierter Instrumente[395]). Strittige Ansprüche und Ansprüche, die Grundsatzfragen berühren, kommen vor einen Ausschuß, der aus einem Vorsitzenden, einem von der Regierung ernannten Mitglied, zwei von den zuständigen Gebietskörperschaften und zwei von den Versicherungsgesellschaften ernannten Mitgliedern besteht. Der Ausschuß erhält, soweit erforderlich, die Hilfe von medizinischen Fachleuten[396]). Im allgemeinen muß der Patient aufgrund der Verletzung stationär behandelt oder über länger als 14 Tage mit 50%iger Arbeitsunfähigkeit krank geschrieben worden sein, oder er muß eine bleibende wesentliche Behinderung davongetragen haben[397]). Die Haftungsgrenze für den einzelnen Schadensfall beträgt 20 Millionen schwedische Kronen und zwei Millionen schwedische Kronen für jede Person, bei einer weiteren Begrenzung auf 60 Millionen schwedische Kronen für sämtliche Schadensfälle im ganzen Land pro Jahr[398]). Bis Ende November 1976 waren 2800 Ansprüche erhoben worden, von denen 1055 zurückgewiesen wurden; von dem im ersten Jahr gezahlten Schadensersatz betrafen 35% Schmerzensgeld, 20% Ersatz wegen Entstellung oder dauernder Behinderung und nur 12% Einkommensausfall. Die Hauptgründe für die Zurückweisung der Klage waren, daß sich die Verletzung vor Einführung des Patientenversicherungssystems ereignet hatte (150), daß der Schaden eine vorherschbare Folge der Behandlung war (130) und daß kein Zusammenhang zwischen der Behandlung und dem Schaden bestand (170)[399]). Die geschätzten Kosten der Ansprüche betrug in dem Zeitraum vom 1. Januar 1975 bis 30. November 1976 knapp 22 Millionen schwedische Kronen. Nur 50 Fälle wurden innerhalb der ersten 23 Monate seit Einführung des Versicherungssystems an den oben erwähnten Ausschuß überwiesen. Der Rat des Ausschusses wurde in allen Fällen befolgt; es war nicht notwendig, den Schiedsgerichtsprozeß nach dem schwedischen Schiedsgerichtsgesetz zu beschreiten[400]).

cc) Auch in den Vereinigten Staaten sind inzwischen Schadenskompensationsfonds in fünfzehn Staaten als Antwort auf die steigenden Versicherungskosten und die sich verringernden Möglichkeiten, eine angemessene Arzthaftungsversicherung einzugehen, gesetzlich eingeführt worden. In diesen fünfzehn Staaten[400a]) ist die obere Haftungsgrenze für Ärzte und Krankenhäuser nunmehr gesetzlich festgelegt worden; darüber hinausgehende Schäden sollen in Zukunft über einen vom Staat verwalteten Entschädigungsfonds aufgefangen werden. Erste Erfahrungen und die überwiegende Meinung lassen darauf schließen, daß solche Entschädigungsfonds eine wirksame Waffe gegen die ausufernden Schadensersatzforderungen sind und letztlich eine abgewogene Versicherungsmöglichkeit für solche Risiken wieder in greifbare Nähe rücken werden. So kann es nicht verwundern, daß auch andere nordamerikanische Staaten aufgefordert werden, es den fünfzehn gleichzutun[400b]).

Eine erste Analyse der zur Zeit in fünfzehn Staaten Nordamerikas[400c]) arbeitenden Entschädigungsfonds für Patienten scheint auf ermutigende Erfolge hinzuweisen. Zweck dieser Entschädigungsfonds ist es, die Versicherbarkeit von Arzthaftungsrisiken wiederherzustellen und die Versicherungskosten zu reduzieren. Dies soll durch die Förderung attraktiverer Versicherungsmodelle auf dem Versicherungsmarkt erreicht werden. Zugleich soll mit diesen Maßnahmen erreicht werden, daß sowohl eine Gewähr für die Absicherung der oberhalb der Haftungsgrenzen von Arzt und Krankenhaus liegenden Schadenssachverhalte besteht als auch eine gerechtere Verteilung der Versicherungsrisiken von den individuellen Versicherungsnehmern mit hohem Risikofaktor auf die Versichertengemeinschaft erzielt werden kann. Auch wenn es noch zu früh sein mag, den Erfolg solcher Entschädigungsfonds schon jetzt zu beurteilen, sollte ihre Arbeit doch aufmerksam beobachtet werden[400d].

V. Zivilrechtliche Arzthaftung in Verbindung mit Krankenhausbehandlung[401]

1. Krankenhäuser im öffentlichen oder privaten Eigentum[402]

Die allgemeine Haftungssituation im Hinblick auf Krankenhausbehandlungen ist alles andere als einheitlich.

a) So ist das Krankenhaussystem in der *Bundesrepublik Deutschland* nicht stark zentralisiert. Krankenhäuser stehen teilweise im Eigentum von öffentlichen Körperschaften und teilweise von Privatpersonen, eine ganz andere Lage als z. B. im *Vereinigten Königreich,* einem der Länder in Europa mit einem stark zentralisierten System, in dem über 97% aller Krankenhausbetten im Eigentum der Regierung stehen, zumeist unter dem System des Nationalen Gesundheitsdienstes[403]. *Frankreich* hat ein teilweise entgegengesetztes System: 90% der Krankenhausbetten stehen im Eigentum der öffentlichen Hand; davon stehen aber 80% nicht im Eigentum der Regierung, sondern im Eigentum unabhängiger örtlicher Körperschaften. Traditionell gibt es in diesem Land viele Arten von Krankenhäusern unter örtlicher Verwaltung, aber diese Krankenhäuser werden hinsichtlich ihrer Errichtung und ihres Betriebes mehr und mehr der Aufsicht der Zentralregierung unterstellt. Das französische System kann demnach als eine „Mischung von örtlicher Verwaltungshoheit und zentraler Aufsicht" bezeichnet werden[404]. In den *Vereinigten Staaten* befinden sich die meisten Krankenhausbetten in staatlichen Einrichtungen. Die meisten gehören einer Gemeinde oder einem Bundesstaat, die wenigsten dem Bund. Aber da sich die staatlichen Einrichtungen hauptsächlich geistigen oder anderen lang andauernden Schädigungen widmen, herrschen für die allgemeinen Krankheiten in Amerika die freiwilligen, nicht auf Gewinn gerichteten Einrichtungen vor. 27 683 987 von ingesamt 28 266 239 Patienten wurden 1964 in Krankenhäusern dieser Art aufgenommen[405].

b) In den meisten Ländern hat jedoch die Tatsache, daß ein Krankenhaus im öffentlichen Eigentum steht, keinen Einfluß auf die Anwendung von Privatrecht. So finden zum Beispiel in *Deutschland* die allgemeinen Regeln des Privatrechts auf alle Fälle von Krankenhaushaftung Anwendung, unabhängig davon, in wessen Eigentum sie stehen; derselbe weite Grundsatz gilt im anglo-amerikanischen Recht, wogegen das französische Recht und teilweise auch – auf kantonaler Grundlage – das schweizerische Recht einen recht verschiedenen Weg eingeschlagen hat, der in Frankreich fast ausnahmslos und in der Schweiz auf kantonaler Grundlage zum Teil zur Anwendung öffentlichen Rechts statt privaten Rechts führt[406]).

2. Ansprüche gegen Krankenhausärzte und gegen Privatärzte

Die meisten Beschwerden gegen Ärzte scheinen sich gegen Krankenhausärzte zu richten[407]). Aber diese Tatsache führt nicht notwendig zu dem Schluß, daß in Krankenhäusern mehr fehlerhafte Behandlungen vorkommen als in Privatpraxen; Ärzte und Juristen stimmen offenbar darüber überein, daß man die meisten – und vielleicht auch schweren – Fälle von Kunstfehlern in der Privatpraxis findet[408]) – jedenfalls soweit es sich um Behandlung mit herkömmlichen und bewährten Methoden handelt; es kann anders sein, wenn es um Behandlung mit neuen Methoden und um Experimente geht, da sowohl therapeutische Behandlung mit neuen Methoden als auch Experimente eher in Krankenhäusern als in normalen Privatpraxen durchgeführt werden. Dennoch bleiben die meisten Fälle von ärztlichen Kunstfehlern in Privatpraxen entweder unentdeckt oder die Krankenhausärzte, die den Patienten anschließend behandeln, klären den Patienten – aus einem recht problematischen Gefühl beruflicher Solidarität mit ihren Kollegen – nicht darüber auf, was tatsächlich vorher mit ihm geschehen ist[409]).

3. Passivlegitimation

Das eigentliche Problem, vor dem Patienten in Haftungssachen im Zusammenhang mit Krankenhausbehandlung stehen, ist die Frage, wer der richtige Beklagte ist, wen er verklagen soll. Das gilt besonders für *Deutschland* und die *Vereinigten Staaten*, in geringerem Maße auch für das *Vereinigte Königreich*, während diese Frage in *Frankreich* seine Bedeutung verloren hat, da heute feststeht, daß sich die Haftung in öffentlichen Krankenhäusern fast ausschließlich nach Verwaltungsrecht richtet, mit der Folge, daß nur das Krankenhaus verklagt werden kann[410]).

a) Im großen und ganzen ist die Lage wiederum recht komplex. Nimmt zum Beispiel in *Deutschland* ein Krankenhaus einen Patienten auf, schließen beide Parteien einen umfassenden *Vertrag*, der die gesamte notwendige medizinische und pflegerische Betreuung einschließt. Innerhalb dieser Vertragsbeziehung hat jede Partei „das Verschulden der Personen, deren er sich zur Erfüllung seiner Verbindlichkeit bedient, im gleichen Umfang zu vertreten wie eigenes Verschulden" (§ 278 S. 1 BGB). Ein Krankenhaus haftet deshalb für Handlungen seines Personals als seiner Erfüllungsgehilfen: für Ärzte, Krankenschwestern und alle anderen Personen, die als Arbeitnehmer Dienste leisten, die ein Krankenhaus üblicherweise gegenüber seinen Patienten erbringt[411]). Diese Haftung für Erfüllungsgehilfen kann nicht durch Vertrag ausgeschlossen werden. Wenn also zum Beispiel eine Krankenschwester im Zusammenhang mit einer Bluttransfusion fahrlässig handelt, haftet nicht nur die Krankenschwester selbst aus unerlaubter Handlung (§ 823 I BGB), sondern auch das Krankenhaus, für das sie tätig ist (§§ 611, 278 BGB)[412]). So weit ist der Grundsatz ganz eindeutig; nur wenn der Patient privatversichert ist und als *Privatpatient* von einem besonderen Krankenhausarzt behandelt werden will, oder wenn er ausdrücklich einen Vertrag mit einem bestimmten Arzt, z. B. Chefarzt oder Belegarzt, schließt, entsteht ein Vertragsverhältnis zwischen Arzt und Patient. Das ist der Punkt, in dem in der Praxis die Schwierigkeiten entstehen hinsichtlich des rechtlichen Einstehenmüssens des Krankenhauses oder des Hauptarztes für den Assistenten und für Hilfsbedienstete, deren er sich zur Behandlung des Patienten bedient. Stehen im Operationsfall der Assistenzarzt, der medizinische Assistent oder die Krankenschwester im Dienst des Hauptarztes, mit dem der Patient den Vertrag geschlossen hat, oder im Dienst des Krankenhauses? Mit anderen Worten: Wer ist der Beklagte, der haftet? Nach deutschem Recht kommt es zum Beispiel darauf an, wem die Aufsicht über die behandelnde Person obliegt. Hier herrscht die Tendenz vor, den Arzt von der Haftung für Krankenhauspersonal zu befreien. Aber es ist auch möglich, daß ein Fehler einer assistierenden Person in den Bereich der vertraglichen Haftung des Arztes fällt mit dem Ergebnis, daß der Arzt aus §§ 611, 278 BGB für seinen Erfüllungsgehilfen haftet und nicht das Krankenhaus. Um das Bild noch mehr zu komplizieren: Es gibt auch Fälle, in denen die Gerichte urteilten, daß die assistierende Person sowohl für das Krankenhaus als auch für den Arzt (Chirurgen) gehandelt hat und daß deshalb beide als Gesamtschuldner haften[413]). Im Zusammenhang mit Krankenhausbehandlung ist die Haftung aus *unerlaubter Handlung* in Deutschland besonders wichtig, um so mehr als die meisten Patienten nicht nur an Schadensersatz aus Vertrag (§§ 611, 278 BGB), sondern auch aus unerlaubter Handlung interessiert sind, da nur aus unerlaubter Handlung auch Schmerzensgeld verlangt werden kann (§§ 253, 847 BGB)[414]). Die Haftung für *Verrichtungsgehilfen* richtet sich nach § 831 BGB, die Organhaftung nach §§ 89, 31 BGB. Organhaftung greift ein, wenn ein Mitglied der Körperschaft oder irgend ein anderer ordentlich bestellter Vertreter des Krankenhauses in Anspruch genommen wird (§ 31 BGB): Die Rechtsprechung ist inzwischen weniger zurückhaltend in der Ausdehnung des Personenkreises, der in diese Kategorie voll verantwortlicher

Vertreter fällt; der Bundesgerichtshof urteilte in einem Fall, daß der Chefarzt, der für die medizinische Versorgung (auch) in einem (unselbständigen) Krankenhaus allein verantwortlich ist, unter diese Kategorie fällt[415]), während der Belegarzt nicht dazu zählt[415]). In den vielen anderen Fällen der Haftung aus unerlaubter Handlung des Krankenhauses für seine Angestellten[416]) ist die einschlägige Vorschrift § 831 BGB, dessen hier wichtiger Teil lautet: ,,Wer einen anderen zu einer Verrichtung bestellt, ist zum Ersatze des Schadens verpflichtet, den der andere in Ausführung der Verrichtung einem Dritten widerrechtlich zufügt. Die Ersatzpflicht tritt nicht ein, wenn der Geschäftsherr bei der Auswahl der bestellten Person (. . .) die im Verkehr erforderliche Sorgfalt beobachtet (. . .)." (§ 831 I BGB). Gemäß dieser Vorschrift muß der Kläger dartun, daß er durch einen der Verrichtungsgehilfen des Krankenhauses verletzt worden ist (§ 831 I 1 BGB), aber es ist nicht erforderlich, daß er den Schädiger im einzelnen identifizieren kann und benennt, wenn er nur seine Krankengeschichte so darlegen kann, daß offensichtlich wird, daß der Schaden durch einen Arbeitnehmer des Krankenhauses verursacht wurde[417]). Der Kläger braucht nicht zu beweisen, daß der Schaden durch *Verschulden* des Arbeit*nehmers* verursacht worden ist[418]), da der Grund für die Haftung des Arbeitgebers sein Verschulden bei der Auswahl des Arbeitnehmers ist *(culpa in eligendo)*, und zugunsten des klagenden Patienten besteht eine widerlegbare Vermutung des Auswahlverschuldens, bis der Beklagte (d. h. das Krankenhaus) den *Entlastungsbeweis* geführt hat, daß keine *culpa in eligendo* vorliegt. Das Krankenhaus hat dabei nachzuweisen, daß es die gehörige Sorgfalt bei der Auswahl, Einarbeitung und Überwachung der Angestellten beachtet hat[419]). Es ist jedoch nicht ausreichend nachzuweisen, daß das Krankenhaus seine leitenden Angestellten sorgfältig ausgewählt hat (dezentralisierter Entlastungsbeweis); das Krankenhaus muß zusätzlich nachweisen, daß die leitenden Angestellten ihrerseits die gehörige Sorgfalt bei der Auswahl derer beobachtet haben, für die sie wiederum verantwortlich sind[420]). Ist bewiesen, daß keine *culpa in eligendo* vorlag, so haftet das Krankenhaus nicht aus unerlaubter Handlung (§ 831 I 2 BGB), aber der Kläger kann immer noch mit der *vertraglichen* Haftung für Erfüllungsgehilfen (§ 278 BGB) durchdringen, bei der es diesen Entlastungsbeweis gar nicht gibt. Wenn indessen der Arbeitnehmer selbst verklagt wird, kann er – aus besonderen Gründen des deutschen Arbeitsrechts[421]) – von dem Krankenhaus als seinem Arbeitgeber verlangen, von der Haftung freigestellt zu werden, so daß wenigstens in gewissem Umfang letztlich doch das Krankenhaus haftet.

b) Wie in Deutschland ist auch in den *Vereinigten Staaten* die Rechtslage komplex[422]). Trotz der Vielfältigkeit der von Staat zu Staat unterschiedlichen Rechtsprechung mit oft voneinander abweichenden und sich widersprechenden Entscheidungen lassen sich jedoch bestimmte grundsätzliche Haftungsprinzipien im Zusammenhang mit Krankenhausbehandlung aus dem Fallmaterial herauskristallisieren. Obwohl viele Fälle von Kunstfehlern auf Vertragsverletzung gestützt werden könnten, werden diese Ansprüche gewöhnlich eher auf unerlaubte Handlung (tort) als auf Vertrag (breach of contract) gestützt[423]). Angesichts der Entwicklung einer hoch entwickelten Gesundheitsfürsorge und der wichtigen Rolle, die die Krankenhäuser in dem Angebot und der Durchführung medizinischer Fürsorge spielen, haben die amerikanischen Gerichte die Haftung der Krankenhäuser für schuldhaftes Handeln ihres Personals immer mehr ausgedehnt – einmal auf der Grundlage der Regel *respondeat superior*, mit der rechtlichen Begründung, daß das Krankenhaus selbst schuldhaft gehandelt habe, weil es unqualifiziertes und fahrlässiges Personal (einschließlich, je nach Fallgestaltung, des handelnden Arztes) zur Verfügung gestellt habe oder weil es die Behandlung des Patienten durch Personal, dem seine Betreuung unmittelbar anvertraut war, nicht oder nicht ordnungsgemäß überwacht oder sonst organisiert habe[424]). Krankenhäuser werden auch haftbar gemacht, wenn sie wissen oder fahrlässig nicht wissen, daß ein Arzt in seiner Arbeit inkompetent ist[425]). Hatte das Krankenhaus Grund zu der Annahme, daß sich ein Kunstfehler ereignen würde, haftet es, wenn er eintritt; das bedeutet, daß ein Kläger unter Umständen von dem Krankenhaus Schadensersatz verlangen kann, wenn er dartun kann, daß Verschulden in der Auswahl des Personals vorlag; das bedeutet auch, daß das Krankenhaus verpflichtet ist, Privilegien der Ärzte einzuschränken oder zu widerrufen, wenn Ärzte ganz oder teilweise inkompetent werden[426]). Das gilt ebenso in bezug auf die Behandlung von Privatpatienten[427]). In Fällen, in denen eine gesamtschuldnerische Haftung des Arztes und des Krankenhauses für das Verschulden eines Arbeitnehmers des Krankenhauses in Frage kommt, klagt der Patient gewöhnlich sowohl gegen den Arzt als auch gegen das Krankenhaus[428]). Es hat viele Vorteile, das Krankenhaus statt des Arztes (oder zusätzlich) in Anspruch zu nehmen. So verändern sich in einigen Rechtsordnungen etwa die Anforderungen an die Sorgfaltspflicht mit der Art des Beklagten. Der Kläger hat möglicherweise weniger Schwierigkeiten zu beweisen, daß nicht die nötigen Maßnahmen ergriffen wurden, wenn er das Krankenhaus verklagt. Außerdem kann bei einer Klage gegen das Krankenhaus eine günstigere Verjährungsfrist gelten. Die Jury ist möglicherweise bereit, gegen eine Institution eine höhere Ersatzsumme zuzubilligen als gegen eine Einzelperson. In vielen Fällen wird eine Einzelperson nicht genügend Vermögen haben, um dem Urteil nachzukommen[429]).

c) Ebenso wie in den Vereinigten Staaten wurde auch im *Vereinigten Königreich*[430]) ursprünglich entschieden, daß ein Krankenhaus nicht für das Verschulden in der Ausübung beruflicher Fertigkeiten einzustehen habe[431]). Aber seit 1938 wurde diese Ansicht schrittweise und im gesamten *Commonwealth* aufgegeben⁴³²). Die Krankenhausbehörden, z. B. die regionalen Krankenhausausschüsse und Krankenhaus-Verwaltungsgremien, welche die nach dem *National Health Service Act* von 1946 errichteten Einrichtungen der Gesundheitsfürsorge verwalten, haften jetzt für das Verschulden des auf Dauer beschäftigten Personals wie Hauschirurgen, Hausapotheker und Krankenschwestern⁴³³), Anästhesisten⁴³⁴) oder vollzeitbeschäftigte Angestellte im ärztlichen Dienst⁴³⁵). Es sollte an dieser Stelle festgehalten werden, daß in fast allen Rechtsordnungen (wohl vor allem mit der Ausnahme des französischen Rechts) die Verantwortlichkeit des Krankenhauses für das schadenstiftende Verhalten seiner Angestellten eine *zusätzliche* Haftung neben der persönlichen Haftung z. B. des Arztes selbst ist und diese Haftung normalerweise nicht zum Erlöschen bringt, so daß von einer konkurrierenden zivilrechtlichen Haftung von Krankenhaus *und* Arzt gesprochen werden muß, auch wenn der Patient normalerweise gegen das Krankenhaus als den Beklagten vorgehen wird, von dem eine Entschädigung noch am ehesten zu erlangen ist; der Patient kann jedoch auch beide gleichzeitig verklagen. Auf der anderen Seite sind Ärzte, z. B. Chirurgen, die für bestimmte ärztliche Dienste, z. B. eine Operation, verantwortlich sind, nicht stets verantwortlich für das schadenstiftende Tun des vom Krankenhaus gestellten Hilfspersonals. In der Regel ist sogar nur das Krankenhaus verantwortlich⁴³⁶). Komplikationen könnte es geben, wenn der Patient/Kläger nicht genau weiß, auf wessen Handlung oder Unterlassung im Laufe der Behandlung seine Verletzung zurückgeht. In solchen Fällen wird von dem klagenden Patienten grundsätzlich nicht verlangt, daß er gewissermaßen mit dem Finger auf den Übeltäter zeigen kann oder genau nachweisen kann, was der Betreffende falsch gemacht hat; der Verschuldensnachweis ergibt sich vielmehr aus den vor Gericht dargelegten Umständen und ihrer Gesamtwürdigung im Einzelfall⁴³⁷). Es kann zum Beispiel die Fahrlässigkeit eines Sanitäters, einer Krankenschwester, eines Anästhesisten oder Chirurgen gewesen sein. Im Jahre 1951 drang ein Kläger mit einem Schadensersatzanspruch aus unerlaubter Handlung gegen das britische Gesundheitsministerium durch, nachdem seine Hand durch eine nachoperative Behandlung im Krankenhaus gebrauchsunfähig geworden war; das Gericht entschied, daß der unter diesen Umständen angenommene *prima-facie*-Beweis für ein Verschulden auf seiten der für den Patienten verantwortlichen Krankenhauspersonen nicht widerlegt worden war. Da die Ärzte in den Diensten der Krankenhausbehörden standen, haftete das beklagte Gesundheitsministerium dem klagenden Patienten im Endergebnis unabhängig davon, ob das Verschulden bei dem Arzt oder bei einem Mitglied oder Mitgliedern des Pflegepersonals lag⁴³⁸). Inzwischen ist es gesetzlich geregelt und vorgesehen, daß in Fällen dieser Art im Rahmen des Nationalen Gesundheitsdienstes zunächst die Gesundheitsbehörden verklagt werden. In weiteren Fällen waren die Gerichte bereit, die zivilrechtliche Haftung des Krankenhauses auch auf schadenstiftende Handlungen eines unerfahrenen

Anästhesisten[439]) oder eines teilzeitbeschäftigten Anästhesisten zu erstrekken[440]). In diesem Zusammenhang ist im englischen Recht die Haftung für Hilfspersonen auch in bezug auf Handlungen von Gastchirurgen oder beratenden Chirurgen oder anderen Ärzten dieser Art erörtert worden[441]). Die zivilrechtliche Verantwortlichkeit des Krankenhauses in solchen Fällen[442]) ist in Frage gezogen worden, weil hier gewöhnlich kein festes Anstellungsverhältnis besteht, das die Regeln der Haftung für Erfüllungsgehilfen (im *Common Law* die Regel *respondeat superior*) auslösen könnte[443]). Angesichts der bereits erwähnten Bestimmungen des *National Health Service Act* von 1946 ist es jedoch heute nicht mehr notwendig, im einzelnen darauf einzugehen, inwieweit auch solche Personen als Angestellte des Krankenhauses angesehen werden können[444]). Der verletzte Patient muß auch nicht unbedingt seine Klage auf Haftung für fremdes Verschulden oder fremdes widerrechtliches Tun stützen, um Schadensersatz zugesprochen zu erhalten. Nach dem *National Health Service Act* ist das Krankenhaus als solches verpflichtet, für die erforderlichen hygienischen Zustände[445]) und für die notwendige ordnungsgemäße Behandlung zu sorgen. Diese Verpflichtung, die auch nicht delegierbar ist, wird in der Regel noch nicht als erfüllt angesehen, wenn das Krankenhaus die nötigen Vorkehrungen für eine Behandlung durch und auf alleinige Verantwortung unabhängige(r) Fachleute trifft[446]). Auch das *Common Law* verpflichtet die Krankenhäuser, die gebotene Sorgfalt darauf zu verwenden, daß seine Patienten von kompetenten Ärzten, Chirurgen und von sachkundigem Pflegepersonal betreut werden, die selbst Zugang zu entsprechenden medizinischen Einrichtungen und Voraussetzungen für ihr Tätigwerden besitzen müssen[447]). Das Krankenhaus ist deshalb primär auch wegen eigenen Vertragsbruchs haftbar, wenn Ärzte oder Fachkräfte, die es bei sich arbeiten läßt, schadensersatzpflichtige Handlungen begehen[448]). Ausnahmen hiervon gibt es heute nur noch, wenn der Chirurg oder zur Beratung herangezogene unabhängige Spezialist vom Patienten selbst hinzugezogen worden ist[449]) oder wenn es sich um unabhängige Ärzte und Chirurgen mit Belegrechten im Krankenhaus handelt, die sie im übrigen unabhängig vom Krankenhaus ausüben[450]). Wird ein Patient unter dem System des Nationalen Gesundheitsdienstes von einem Krankenhaus in ein anderes verlegt und entstehen jetzt Kommunikationsschwierigkeiten zwischen beiden Hospitälern, dann liegt die Organisationsverantwortung für die unverzügliche Sicherstellung dieser Kommunikation bei dem überweisenden Krankenhaus[451]).

d) Nach *französischem* Recht kommt auf dem Gebiet der *Privatpraxis* ein privatrechtlicher Vertrag zwischen Arzt und Patient zustande[452]). Der verletzte Patient kann dann den betreffenden Arzt verklagen, und nur die Regeln des allgemeinen Privatrechts finden Anwendung. Andererseits sind jedoch die Verwaltungsgerichte zuständig, Fälle zu entscheiden, in denen es um die Haftung von Ärzten geht, die in *öffentlichen* Krankenhäusern angestellt sind[453]). Dieser letztere Grundsatz ist im französischen Recht lange umstritten gewesen.

Die *Cour de Cassation* entschied, daß sie auch für Ärzte, die in öffentlichen Krankenhäusern arbeiten, zuständig sei, soweit es sich um rein berufliche Handlungen der betreffenen Ärzte handele; der *Conseil d'Etat*, das höchste Gericht in Verwaltungssachen, unterstrich seine eigene Gerichtsbarkeit in Fällen, in denen Ärzte von öffentlichen Krankenhäusern angestellt sind. Diese unglückliche Meinungsverschiedenheit zwischen den zwei höchsten Gerichten des Landes wurde durch zwei Entscheidungen des *Tribunal des Conflits* vom 25. März 1957 beendet. Darin entschied das Gericht, daß Haftungsfälle, an denen in öffentlichen Krankenhäusern angestellte Ärzte beteiligt seien, fast ausschließlich unter die Gerichtsbarkeit der Verwaltungsgerichte fallen und nicht unter die der ordentlichen Gerichte[454]). Ärzte, die in öffentlichen Krankenhäusern arbeiten, werden also, auch wenn sie nur teilzeitbeschäftigt sind, als *agents publics* behandelt. Das bedeutet, daß zwischen Arzt und Patient keine besondere Rechtsbeziehung besteht. Weder zwischen Arzt und Patient noch zwischen Krankenhaus und Patient wird demnach ein privatrechtlicher Vertrag geschlossen[455]). Die Regel ist, daß Ärzte für Fehler, die sie in Ausübung ihrer Dienste in öffentlichen Krankenhäusern leisten, nicht persönlich haften. Von einigen seltenen Ausnahmen abgesehen, kann nur das Krankenhaus verklagt werden. Das hilft weitgehend, die Streitigkeiten um Kunstfehler von der Person des Arztes loszulösen: zum Vorteil des Arztes und des Patienten. Die öffentliche Krankenhausverwaltung tritt zwischen Patient und medizinisches Personal, um volle Entschädigung für Schäden zu gewährleisten, die durch das Krankenhauspersonal verursacht wurden[456]). Mit Ausnahme weniger Fälle gibt es im französischen Verwaltungsrecht ebenso wie im französischen Privatrecht keine Haftung ohne Verschulden[457]). Der Grad der Verantwortlichkeit ändert sich mit der Art des Verschuldens. Etwas vereinfacht kann man sagen, daß der *Conseil d'Etat* seit 1935 zwischen *actes de soin*, *actes d'organisation du service* und *actes médicaux* unterschieden hat. In den ersten beiden Fällen genügt *faute simple* für die Haftung, im Falle von *acte médical* muß *faute lourde* gegeben sein. Das bedeutet, daß bei *actes médicaux* ein höherer Grad von Verschulden vorliegen muß, um Haftung entstehen zu lassen. Gemäß einer Definition des *Conseil d'Etat* sind *actes médicaux* Handlungen, die nur von Ärzten oder Chirurgen selbst ausgeführt werden können oder von einem Mitglied des medizinischen Personals unter der direkten Aufsicht und Verantwortung eines Arztes und unter Bedingungen, die unmittelbare Kontrolle und nötigenfalls sofortiges Eingreifen ermöglichen[458]). Obwohl das Verwaltungsrecht auf fast allen Gebieten medizinischer Verantwortung in öffentlichen Krankenhäusern gilt, gibt es immer noch einige *ilôts de droit privé*, wie *Savatier* die übriggebliebenen Anwendungsgebiete des Privatrechts genannt hat. Auf diesen Gebieten muß der

Kläger den Rechtsstreit vor ein ordentliches Gericht bringen. Das ist zum Beispiel der Fall, wenn Ärzte, die in öffentlichen Krankenhäusern angestellt sind, Privatpatienten versorgen, oder im Zusammenhang mit dem Dienst in sogenannten *cliniques ouvertes*[459]). Weiterhin kann der Patient den Arzt persönlich nach Regeln des Privatrechts verklagen, wenn der Arzt *faute personelle* begangen hat; ein solches Verschulden kommt jedoch sehr selten vor; es wurde angenommen bei schwerer Verletzung medizinischer Ethik wie *Experimenten am Menschen ohne therapeutisches Interesse*. Aber es muß erwähnt werden, daß in solchen Fällen der Weg zu den Verwaltungsgerichten genauso offensteht, wenn dieses Verschulden eines *agent public* nicht „dépourvue de tout lien avec le service" ist[460]). Falls die Krankenhausverwaltung für den Schaden haftet, hat sie die Möglichkeit, bei dem Arzt Rückgriff zu nehmen[461]).

Teil 2

ZIVILRECHTLICHE ARZTHAFTUNG UNTER BESONDERER
BERÜCKSICHTIGUNG VON NEUEN BEHANDLUNGSMETHODEN
UND EXPERIMENTEN

Der Grundkonflikt hinsichtlich neuer Behandlungsmethoden und Experimente kann beschrieben werden als der Konflikt zwischen dem Interesse des Patienten an der eigenen Genesung und dem Interesse der Allgemeinheit an der Entwicklung der medizinischen Wissenschaft zum Wohl der Menschheit. Dieses besondere Gebiet der *zivil*rechtlichen[462]) Arzthaftung für neue Behandlungsmethoden und Experimente wird in den verschiedensten Rechtsordnungen von einer ständig wachsenden Zahl von *Gesetzen* erfaßt[463]); auch das *Richterrecht* ist überall in der Entfaltung begriffen[464]).

A. Begriffe

I. Im Bereich ärztlicher Behandlung sind drei Fallgruppen zu unterscheiden:

1. Erstens: Die *normale ärztliche Behandlung*, d. h. die Behandlung eines Kranken mit *herkömmlichen* (konventionellen) und bewährten Methoden und Mitteln zum Zweck der Heilung *(Heilbehandlung)*. Auf diese Fallgruppe sind die oben im Teil 1 erörterten Grundsätze anzuwenden[465]).

2. Zweitens: Die *forschende Behandlung*, d. h. die Behandlung eines Kranken mit *neuen* Methoden und Mitteln, wobei der Heilzweck vorrangig (wenn nicht sogar ausschließlich) verfolgt wird *(Heilversuch);* manche nennen dies auch den Bereich der *therapeutischen Versuche*.

3. Drittens: Die *Forschung*, d. h. die Behandlung von Personen mit neuen Methoden, Mitteln und Medikamenten zu ausschließlich wissenschaftlichen Zwecken *(Humanexperiment);* manche nennen dies den Bereich der *wissenschaftlichen Versuche*.

II. Der *Unterschied* zwischen der normalen konventionellen oder auch schulmäßigen *Heilbehandlung* einerseits und dem Bereich der (therapeutischen)

Heilversuche und der (wissenschaftlichen) *Humanexperimente* andererseits ist in der Neuartigkeit und der Natur der angewandten Methoden oder Medikamente zu sehen[466]). Heilversuche unterscheiden sich von Humanexperimenten dagegen in der Zweckrichtung der Behandlung.

Im folgenden soll nur die Arzthaftung bei Heilversuchen und Humanexperimenten erörtert werden[467]).

B. Anwendung der allgemeinen Haftungsgrundsätze

I. Einführende Bemerkungen

Die Voraussetzungen der Zulässigkeit von Heilversuchen und Humanexperimenten – und damit auch die zivilrechtliche Haftung des Arztes in diesem Bereich – hängen weitgehend von dem Zweck der medizinischen Behandlung ab. Die *Deklaration von Helsinki*, ein im Jahre 1964 vom *Weltärztebund* verabschiedeter Kodex standesethischer Regeln über Versuche am Menschen[468]), betont, daß jeder therapeutische oder wissenschaftliche Versuch, also jeder Heilversuch und jedes Humanexperiment, im Einklang stehen muß mit den höchsten moralischen und wissenschaftlichen Grundsätzen, die medizinische Forschung rechtfertigen; Versuche müssen stets zum Nutzen der Menschheit und im Einklang mit den Zielen vorgenommen werden, die in den Worten, die heute als Hippokratischer Eid bekannt sind, so überzeugend ausgedrückt wurden[469]). Im Hinblick auf therapeutische Maßnahmen sieht die *Deklaration von Helsinki* vor, daß die Anwendung neuer Methoden durch deren therapeutischen Wert für den Patienten gerechtfertigt sein müsse, und daß der Arzt grundsätzlich – soweit dies möglich ist – die *freiwillig* erteilte Einwilligung des Patienten einholen solle, nachdem dieser ausführlich und umfassend aufgeklärt worden sei. Dies gilt erst recht für wissenschaftliche Versuche, die keine Heilbehandlung der betroffenen Person bezwecken. Zur Rechtfertigung derartiger Maßnahmen ist es unbedingt erforderlich, daß die freiwillige Zustimmung des Patienten oder der Testperson eingeholt wird, nachdem der Betroffene zuvor vollständig aufgeklärt wurde. Der *Nürnberger Ärztekodex* (1947) betont sehr deutlich, was die unbedingt erforderliche und auch unverzichtbare freiwillige Einwilligung der Versuchsperson beinhaltet: der Betreffende muß rechtlich in der Lage sein, eine Entscheidung völlig frei zu treffen, unbeeinflußt von Gewalt, Betrug, List, Druck, Vortäuschung oder irgendeiner anderen Form der Beeinflussung oder des Zwanges; er muß genügend Kenntnis über und Einsicht in die Bestandteile des betreffenden Versuchs haben, um eine verständnisvolle und aufgeklärte Entscheidung treffen zu können. Diese letztere Bedingung macht es notwendig, daß der Versuchsperson vor der Annahme ihrer bejahenden Entscheidung das Wesen, die Dauer und der Zweck des Versuchs klargemacht werden, ferner die Methoden und die Mittel, die angewendet werden sollen, sowie alle Unannehmlichkeiten und Gefahren, welche mit Fug zu erwarten sind, ferner die Folgen für Gesundheit und Person, die sich aus der Teilnahme an den Versuchen ergeben könnten.

Dabei obliegt es stets demjenigen, der diese Versuche anordnet, leitet oder durchführt, den Wert der Einwilligung seitens der Versuchsperson selbst zu ermitteln[469a]. Grundsätzlich muß der vorrangige Zweck der Behandlung eines Kranken *immer* darin bestehen zu versuchen, die Gesundheit des Patienten wiederherzustellen. Soweit dieser Zweck vernachlässigt wird oder wegen der Art des Experiments überhaupt unberücksichtigt bleibt, sind therapeutische Versuche daher rechtlich zumindest höchst zweifelhaft, wenn sie in diesen Fällen überhaupt zulässig sind[470]. Ein wichtiges und unverzichtbares Prinzip, das in der *Deklaration von Tokio* von 1975 (an anderer Stelle auch revidierte Deklaration von Helsinki genannt) niedergelegt wurde und jeden wissenschaftlichen Versuch am Menschen betrifft, sollte deshalb Erwähnung finden: „Jedem ... Forschungsprojekt sollte eine sorgfältige Bewertung der vorhersehbaren Risiken im Vergleich zu den zu erwartenden Vorteilen für den Betroffenen oder andere vorausgehen. *Die Berücksichtigung der Interessen des Betroffenen verdient immer den Vorzug vor den Interessen der Wissenschaft und der Gesellschaft*"[471].

II. Haftung bei Heilversuchen

„Die bloße Tatsache, daß ein Arzt eine neue Behandlungsmethode statt der üblichen und normalen wählt, begründet für sich allein noch keinen Fahrlässigkeitsvorwurf. Andernfalls gäbe es keinen medizinischen Fortschritt. Wo aber eine neue Heilmethode angewendet wird und insbesondere wo sie eine vom behandelnden Arzt selbst entwickelte Heilmethode ist, da ist andererseits jedoch ein hoher Sorgfaltsmaßstab gefordert sowie die Verpflichtung des Arztes, den Patienten darüber aufzuklären, daß die Behandlungsmethode neu und mit Risiken behaftet ist"[471a]. Ein Fahrlässigkeitsvorwurf ist begründet, wo dieser hohe Sorgfaltsmaßstab nicht beachtet und eingehalten wird oder wo der Arzt es verabsäumt, die gebotene Risikoaufklärung gegenüber dem Patienten durchzuführen. Im Bereich der Arzthaftung bei Heilversuchen (d. h. therapeutischen Versuchen) ist wiederum zu unterscheiden zwischen der Haftung aufgrund eines Handelns oder Unterlassens *contra legem artis* (Kunstfehler) und der Haftung aufgrund einer Behandlung ohne *wirksame* Einwilligung.

Arzthaftung bei neuen Behandlungsmethoden und Experimenten

1. Behandlungsfehler (Kunstfehler)

Behandlungsfehler können aus zwei Gründen vorliegen: Erstens, weil eine neue Behandlungsmethode *contra legem artis* angewandt worden ist (die Methode war beispielsweise nicht ausreichend in Labor- und Tierversuchen erprobt), und zweitens, weil der Arzt es *unterließ*, eine neue Methode anzuwenden, obwohl dies geboten gewesen wäre.

a) Jede Anwendung neuer Behandlungsmethoden muß sowohl medizinisch indiziert als auch moralisch und rechtlich gerechtfertigt sein.

aa) Daher muß die Behandlung eines Patienten nach neuen Methoden, obwohl schon gesicherte Methoden dieselben Erfolgsaussichten mit geringeren Risiken bieten, als Kunstfehler angesehen werden[472]). Bei diesem Grundsatz würde die Haftung des Arztes von der Antwort auf die Frage abhängen, welche Methoden als *neu* anzusehen und welche bereits ein *anerkannter* Bestandteil der medizinischen Wissenschaft und Praxis ist. Was der Stand wissenschaftlicher Erkenntnis ist, ist jedoch häufig *umstritten*[473]). Alles, was die Gerichte in dieser Lage tun können, ist, ihre Entscheidungen auf praktische Erfahrungen anstatt auf theoretische Wahrscheinlichkeiten zu stützen[474]). Sich auf die Erfahrung des Arztes zu beziehen bedeutet, daß der Wissenschaftsbegriff von seinem unwissenschaftlichen Dogmatismus befreit und auf seine eigentliche Bedeutung zurückgeführt wird: Die Grundlage jeder Art von Wissenschaft ist die Achtung vor der empirischen, mit anderen Worten vor der methodisch ausgelegten Wahrnehmung und der praktischen Erfahrung. Mehr denn je bedeutet auf dem Gebiet der Humanmedizin das Überschätzen der Methodik und das Unterschätzen gewonnener Erfahrung, daß der menschliche Organismus nicht richtig in seiner geistigen, psychischen und physischen oder psychosomatischen Gesamtheit gesehen wird, was aber nach Meinung vieler Ärzte für ein zutreffendes Urteil über Krankheit und Therapie entscheidend ist. Die Frage, wann eine bestimmte Methode zu einem anerkannten Heilmittel wird, kann nur mit Hilfe medizinischer Sachverständiger geklärt werden. Die Haftung des Arztes hängt dann – wie oft in Fällen der Arzthaftung – von dem Gutachten seiner sachverständigen Kollegen ab, obwohl ein Gericht selbstverständlich nicht gezwungen ist, jedem Gutachten zu folgen; es kann suspekte gutachterliche Äußerungen auch zurückweisen und wird dies in geeigneten Fällen auch tun[475]). Auf das Problem der Heranziehung medizinischer Gutachter in Prozessen wegen zivilrechtlicher Arzthaftung werde ich an späterer Stelle zurückkommen[476]).

bb) Hervorzuheben ist jedoch noch einmal, daß Heilversuche nur insoweit als fachkundig – und damit als rechtlich zulässig – anzusehen sind, als die neue

Methode *medizinisch indiziert* ist, und dies ist nur dann der Fall, wenn der Heilerfolg bei einer Behandlung mit herkömmlichen Mitteln nach menschlichem Ermessen vernünftigerweise *nicht* mit derselben Wahrscheinlichkeit zu erwarten ist wie bei einer Behandlung mit dem neuen Mittel. Dieses Kriterium gilt auch in Fällen einer psychotherapeutischen Behandlung durch einen medizinisch nicht qualifizierten Psychotherapeuten, deren Zahl in einigen Ländern bedauerlicherweise zu wachsen beginnt[477]). Die Genesung des Patienten muß mit anderen Worten bei Anwendung der neuen Methode *wahrscheinlicher* erscheinen als bei einer Behandlung mit der herkömmlichen, aber erfolglos oder mit geringerem Erfolg eingesetzen Methode[478]). Das Interesse des Kranken, zum Zwecke seiner Heilung therapeutisch behandelt zu werden, muß stets den Vorrang haben vor dem Interesse der Gemeinschaft an der Fortentwicklung der medizinischen Wissenschaft[479]).

cc) Ist die Anwendung neuer Mittel und Methoden nach diesen Grundsätzen rechtlich zulässig, so treffen den Arzt angesichts der Neuheit des Mittels oder der Methode gleichwohl *gesteigerte Sorgfaltspflichten gegenüber dem einzelnen Patienten*[480]). Mit anderen Worten: Der Grad an Sorgfalt, den die Rechtsordnung verlangt, steht in einem direkten und vergleichbaren Verhältnis zu der potentiellen Gefahr, die von dem Mittel oder der Methode ausgeht[481]). Es versteht sich von selbst, daß der Arzt die Gebrauchsanweisungen und Dosierungshinweise der Hersteller oder Apotheker aufmerksam studieren muß[482]); die strikte Befolgung dieser Anweisungen würde den Arzt andererseits aber nicht von seiner zivilrechtlichen Haftung befreien, soweit er vernünftigerweise hätte zweifeln müssen, ob die Anweisungen richtig, ausreichend oder im gegebenen Einzelfall anwendbar seien[483]).

(1) Der bei der Verabreichung von Medikamenten am häufigsten vorkommende Fehler ist die Nichtbeachtung besonderer *Gegenindikationen*[484]), die für gewöhnlich nicht nur in den beigegebenen Literaturhinweisen, sondern auch schon im Beipackzettel aufgeführt werden. Im Falle neuer Spezialitäten, mit denen der Arzt selbst noch nicht vertraut ist, ist besondere Sorgfalt am Platz. Will sich der Arzt hier nicht der Gefahr aussetzen, durch die Verabreichung eines derartigen Medikaments Nebenwirkungen hervorzurufen – was ihm den Vorwurf des Verschuldens eintragen könnte –, dann muß er sich zunächst gründlich mit den Gegenindikationen vertraut machen, wie sie in den Indikationshinweisen und der Literatur des Arzneimittelherstellers dargelegt werden[485]). Er ist deshalb – gemäß seiner Berufspflicht, mit neuen Entwicklungen Schritt zu halten – besonders verpflichtet, sich über neue Arzneimittel und ihre Wirkungen ausreichend zu informieren[486]).

(2) Bevor der Arzt ein noch nicht erprobtes und bekanntes Mittel anwendet, muß er deshalb im Rahmen seiner Aufklärungspflichten dem Patienten erklären, daß das Gebiet der Risiken noch nicht voll erforscht worden ist[487]), und besondere Sorgfalt ist geboten, wenn ein Mittel noch nicht allgemein in den Apotheken zu haben ist und der Arzt vielleicht in einer Fachzeitschrift davon erfahren hat. In diesem Fall muß der Arzt die Zusammensetzung und Anwendbarkeit des Mittels genau nachprüfen, nötigenfalls mit Hilfe eines Fachlehrbuchs[488]) oder der Assistenz von Fachkräften, die in der neuen Methode bereits unterwiesen worden sind, bevor er das Mittel verordnet oder anwendet[489]).

b) Zweitens kann ein Kunstfehler darin bestehen, daß der Arzt es unterläßt, eine schon erprobte neue Methode anzuwenden, deren Gebrauch einen besseren Heilerfolg versprochen hätte als der eines älteren Mittels. In derartigen Fällen hängt die Haftung des Arztes davon ab, ob er die neue Methode oder Arznei hätte kennen müssen. Anders gesagt, stellt sich die Frage, inwieweit dem Arzt mangelnde Fortbildung als fahrlässige Pflichtverletzung vorgeworfen werden kann. Es wird immer mehr betont, daß der Arzt verpflichtet sei, mit der Entwicklung der medizinischen Wissenschaft Schritt zu halten[490]). Es entspricht ständiger Rechtssprechung in zahlreichen Ländern, daß der Arzt seine Erfahrungen ständig am Krankenbett erweitern muß und daß niemand das Recht hat, sei es aus Trägheit, Überheblichkeit oder Starrsinn, diesen neuen Entdeckungen und Entwicklungen keine Beachtung zu schenken[491]). Es kann infolgedessen einen Verstoß gegen die jedem Menschen in Übereinstimmung mit seinem Wissen und seinen Möglichkeiten auferlegte Sorgfaltspflicht darstellen, wenn ein Arzt die Anwendung eines neuen Heilmittels nur deshalb unterläßt, weil seine eigenen Methoden stets in gleicher Weise erfolgreich, wenn auch wesentlich schmerzvoller gewesen sind, oder weil er, ohne daß es medizinisch angezeigt ist, nicht die Methode wählen will, die komplikationsfrei und bedeutend schneller ist. Somit ist der Krankenhausarzt, der feststellt, daß die bis dahin angewandten Methoden nicht die Heilung des Patienten oder wenigstens eine Linderung seiner Schmerzen bewirken, verpflichtet, von den zur Verfügung stehenden Heilmitteln Gebrauch zu machen, selbst wenn sie unerprobt sind, solange nur eine ernstzunehmende, wissenschaftlich begründete Hoffnung auf irgendeinen neuen Erfolg besteht und der Arzt nach sorgfältiger Überlegung diese Hoffnung teilt[492]). Diese Tendenz, die beruflichen Anforderungen zu erhöhen und eine bessere Ausbildung durch spezielle Lehrgänge und Kurse sicherzustellen, ist nicht nur beim ärztlichen Beruf zu beobachten; dieselben Strömungen sind im Bereich anderer sehr wichtiger Berufsstände wahrzunehmen, beispielsweise bei Juristen im allgemeinen und Richtern im besonderen[493]). Was „Schritt halten" mit dem wissenschaftlichen Fortschritt im Einzelfall beinhaltet, sei mit Hilfe der schon erwähnten englischen Entscheidung *Roe v. Minister of Health*[494]) erläutert: Die gelehrten Richter entschieden, daß die ärztlichen Sorgfaltspflichten vom jeweiligen Wissensstand der Medizin abhingen; im vorliegenden Falle wurde eine Schadensersatzpflicht des Arztes, dem eine fahrlässige Pflichtverletzung vorgeworfen wurde, verneint, da die Gefahr, die den Schaden verursachte, im Zeitpunkt der Behandlung (1947) der Ärzteschaft unbekannt gewesen war; jedoch betonte *Lord Denning* nachdrücklich, daß aufgrund der inzwischen eingetretenen Entwicklung der medizinischen Wissenschaft dem Arzt eine fahrlässige Sorgfaltspflichtverletzung vorzuwerfen wäre, wenn er zur Zeit der Entscheidung (1954) die der Ärzteschaft nunmehr (seit 1951) bekannten Gefahren mißachtet hätte[495]). Ärzte müssen sich daher ständig auf dem laufenden halten und auf ihren jeweiligen Fachgebieten informiert sein, und der *Sorgfaltsmaßstab*, den der Arzt seinem Patienten schuldet, *wächst in dem Umfang, in dem er sich von den konventionellen und allgemein akzeptierten Behandlungsmethoden* durch die Wahl neuer Behandlungsmethoden *entfernt*[496]) oder je mehr bislang akzeptierte Behandlungsmethoden ins Kreuzfeuer der Kritik geraten[497]).

2. Behandlung ohne wirksame Einwilligung des Patienten

Auch im Zusammenhang mit Heilversuchen kann eine Haftung des Arztes aufgrund einer Behandlung entstehen, über die der Patient nicht ausreichend oder überhaupt nicht aufgeklärt wurde und in die er deshalb oder aus anderen Gründen nicht wirksam eingewilligt hat. Wir haben schon angedeutet, daß sich eine Verschiebung in der Klagebegründung in Arzthaftungsprozessen abzuzeichnen beginnt: weg von dem Vorwurf des Kunstfehlers und hin zu dem Vorwurf unterlassener oder unzureichender Aufklärung, und dadurch wird diese Seite der Medaille noch wichtiger denn je. Eine vom Patienten unterschriebene Freizeichnung zugunsten des Arztes oder Krankenhauses als Vorbedingung für ärztliche Behandlung verstößt gegen die öffentliche Ordnung und ist in jedem Fall ganz irrelevant[498]), *a fortiori* gilt dasselbe für Fälle, in denen Ärzte oder Krankenhäuser die Aufnahme von des Patienten Bereitschaft abhängig zu machen versuchen, sich auch Heilversuchen oder gar Humanexperimenten zu unterziehen[499]).

a) Der *Umfang* der für eine *wirksame* Einwilligung erforderlichen *Aufklärung* wird um so größer, je neuartiger die beabsichtigte Behandlungsmethode ist. Der Patient ist, grundsätzlich gesehen, berechtigt, vollständige Aufklärung über alle Risiken zu verlangen, und dementsprechend hoch ist auch der verlangte Sorgfaltsmaßstab, den der Arzt zu beachten hat[500]). Der Arzt muß dem Patienten erklären, ob und warum er eine Behandlung mit neuen Methoden oder Medikamenten vorzunehmen gedenkt und welche Folgen zu erwarten wären, wenn die Behandlung mit dieser Methode oder diesem Medikament unterbliebe[501]). Sind die möglichen Folgen einer vorgeschlagenen Behandlung noch nicht voll bekannt, muß der Arzt auch das dem Patienten mitteilen[502]). Benutzt demnach der Arzt eine Behandlungs- oder Operationsmethode, deren Eigenheiten noch nicht voll ausgelotet worden sind oder noch nicht voll verstanden werden, so besteht ein besonders hoher Sorgfaltsmaßstab, den zu verfehlen dem Vorwurf der Fahrlässigkeit gleich kommt[503]). In diesem Zusammenhang sei auf einen kürzlich entschiedenen kanadischen Fall aufmerksam gemacht, in dem sich die (später klagende) Patientin einverstanden erklärt hatte, sich zum Zwecke ihrer Sterilisation einer neuen und experimentellen Behandlungsmethode zu unterziehen. Die Risiken der Behandlung wurden ihr vom behandelnden Arzt nicht beschrieben; sie bestanden u. a. darin, daß die Methode unzuverlässig war und möglicherweise die Gebärmutter schädigen konnte. Nach der Behandlung wurde die Patientin erneut klinisch schwanger, worauf der beklagte Arzt diesen Zustand mit einer Wiederholung derselben Prozedur beantwortete und dabei auch noch eine Uterus-Biopsie hinzufügte. Diese Behandlungsweise kam einer Abtreibung gleich, in die die Patientin nicht eingewilligt hatte. Sie wurde kurz darauf erneut schwanger und unterzog sich in der Sorge, der Fötus könnte durch die vielen Eingriffe in die Gebärmutter geschädigt worden sein, einer Hysterectomie (Gebärmutterentfernung). Der *District Court* von Alberta entschied (und wurde darin später vom *Court of Appeal* der Provinz Alberta bestätigt), daß sich der beklagte Arzt fahrlässig verhalten hatte, als er die Klägerin nicht über die Unsicherheiten der von ihm gewählten Sterilisationsmethode aufgeklärt hatte. Wenn es um die Anwendung einer neuen Behandlungsmethode gehe, verlange das *Common Law* einen hohen Grad an ärztlicher Sorgfalt und zugleich eine Aufklärung des Patienten über die Tatsache, daß die Behandlung neu und risikoreich ist[504]). Umgekehrt ist auch ein Arzt, der trotz gewichtiger Kritik an einer konventionellen Behandlungsmethode an ihr festzuhalten wünscht, verpflichtet, seinen Patienten mitzuteilen, welcher Art die Kritik ist, worauf sie sich bezieht und warum er nichtsdestoweniger meint, auch im gegebenen Fall an ihr festhalten zu sollen[505]).

aa) Zu viel Erklärung kann andererseits aber auch das Risiko mit sich bringen, daß der Patient beunruhigt wird und Ängste in ihm hervorgerufen werden, die die Wirksamkeit der beabsichtigten Behandlung gefährden können. Die Hauptpflicht des Arztes besteht immer darin, den Patienten von seinem Leiden zu befreien. In vielen Fällen läuft übergenaue Aufklärung diesem Ziel zuwider – auch oder gerade bei gebildeten Patienten[506]). Das Klima des Vertrauens zwischen Arzt und Patient sollte in solchen Fällen die Richtung für die Entscheidung weisen, wieviel Aufklärung ein Patient braucht, um wirksam einwilligen zu können[507]). Ernste Probleme entstehen deshalb, falls eine zu umfassende Aufklärung nach der gewissenhaften Entscheidung des Arztes den Gesundheitszustand des Patienten verschlechtern würde[508]). Nach Abwägung der widerstreitenden Werte kann im Interesse des Patienten eine Einschränkung der Aufklärungspflicht im Rahmen eines therapeutischen Versuchs ebenso als gerechtfertigt anzusehen sein wie im Rahmen einer normalen Heilbehandlung nach gesicherten Methoden der Schulmedizin, vorausgesetzt, daß die unter bb) dieses Kapitels noch folgenden Kautelen eingehalten werden. Eine Einschränkung sonst grundsätzlich bestehender Aufklärungspflicht kommt vor allem in Betracht für therapeutische Versuche im Bereich der *Psychiatrie*. Auf diesem Fachgebiet hängt der Erfolg einer bestimmten Behandlung tatsächlich sehr oft von der subjektiven Vorstellung des Patienten ab, daß die Behandlung erfolgreich sein werde. In derartigen Fällen kann es daher durchaus rechtlich zulässig sein, den Patienten nicht über die ganze Tragweite des therapeutischen Versuchs aufzuklären, falls nach menschlichem Ermessen allein diese Art des Vorgehens dem Interesse des Patienten entspricht[509]), wiederum vorausgesetzt, daß die hier (unter bb, *infra*) folgenden Kautelen eingehalten werden.

(1) Die besondere Problematik der Behandlungsmethoden auf dem Gebiet der *Psychiatrie* besteht in der Tatsache, daß die therapeutische Wirkung von psychiatrischen Behandlungen oft in größerem Maße als in anderen medizinischen Bereichen von der Einzelpersönlichkeit abhängt und ebenso sehr durch den Einfluß des Psychiaters auf den Patienten wie durch die von der Subjektivität des Patienten ausgehenden Einflüsse bedingt wird. Man braucht nur zu überlegen, ein wie komplizierter Untersuchungsgegenstand der einzelne Mensch ist, eine Persönlichkeit mit all ihren Möglichkeiten und Grenzen, ihren vielschichtigen und undurchsichtigen Beziehungen sowohl zur biologischen als auch zur sozialen Umwelt, um die Probleme zu erkennen, die mit der Erforschung solcher persönlichen oder subjektiven Einflüsse auf die therapeutische Wirkung zusammenhängen[510]).

(2) Dies bedeutet, daß bei der Erprobung der Wirksamkeit eines psychiatrischen Verfahrens der Psychiater entweder selbst als eine spezifische wirksame Größe Gegenstand der Untersuchung ist oder daß er anderenfalls so genau wie möglich kontrolliert werden muß, weil er dann eine wahrscheinlich sehr einflußreiche, unspezifische Größe darstellt. Dasselbe gilt für solche Einflüsse auf die Heilwirkung, die ihren Ursprung in der Subjektivität des Patienten haben; die Wirkung zeigt sich vor allem im Bereich des Erlebens und des Verhaltens – einem Bereich, den man unmöglich vom Subjekt loslösen kann. Es ist offenkundig, daß bei der Erprobung der Wirksamkeit psychiatrischer Heilmethoden das *Blindverfahren* von besonderer Bedeutung ist. Wenn zum Beispiel ein pharmazeutisch unwirksames Präparat (Placebo) als Mittel für eine therapeutisch wirksame Beziehung zwischen demjenigen, der die Behandlung durchführt, und dem

Patienten benutzt wird und wenn festgestellt werden kann, daß die Behandlung eine günstige (Placebo-) Wirkung zur Folge gehabt hat, dann war das auf der Beziehung Arzt – Patient beruhende Verfahren absolut wirksam. Die spezifische wirksame Größe liegt auf diese Weise nicht in dem wirkungslosen pharmazeutischen Präparat, sondern vielmehr in einer bestimmen Art von ärztlichem Verhalten oder Psychotherapie im weitesten Sinne. Mit anderen Worten kommt es also auf eine Untersuchung auf der richtigen Ebene an, beziehungsweise darauf, daß man jene Wirkungsgröße eines therapeutischen Verfahrens bestimmt, die gerade zu dem gegebenen Zeitpunkt als passend angesehen wird. In der Regel wird der Placebo-Effekt bei einer pharmakologischen Behandlung als Ausdruck unspezifischer Wirkungsgrößen angesehen. Wenn man jedoch den Arzt als spezifische therapeutische Größe in dem oben erwähnten Heilverfahren ansieht, dann ist es seine Wirksamkeit, die bestimmt werden muß. Gerade dieser durch die individuelle Persönlichkeit geleistete Beitrag ist eines der für die Psychiatrie charakteristischen Merkmale[510]).

bb) Es ist jedoch eine sehr heikle Frage, ob die Entscheidung über das Vorliegen der Voraussetzungen, die Aufklärung einzuschränken, allein der Entscheidung des behandelnden Arztes überlassen bleiben soll oder ob – wenigstens in ernsten und wichtigen Fällen – das Vorliegen der Voraussetzungen von einem Kollegen geprüft werden sollte, der nicht an der Behandlung beteiligt ist und daher auch kein eigenes berufliches Interesse an der Vornahme eines derartigen Heilversuchs hat[511]). In der nordamerikanischen Fachliteratur ist zu Recht darauf aufmerksam gemacht worden, daß die Erlaubnis an den Arzt, selbst das Ausmaß der erforderlichen Aufklärung zu bestimmen, in einem so verletzlichen Vertrauensverhältnis wie dem zwischen Arzt und Patient[512]) schließlich darauf hinausliefe, einen Beauftragten zu verpflichten, alle *wesentlichen* Tatsachen seinem Auftraggeber bekanntzugeben, die Bekanntgabeverpflichtung aber an das Ermessen des Beauftragten zu binden, selbst zu entscheiden, was *wesentlich* ist und was nicht[513]), was allzuoft die Abdankung des mündigen Patienten als Inhabers eines unveräußerlichen Rechts auf Selbstbestimmung bedeuten müßte[514]). Es kann daher gar nicht häufig genug betont werden, daß das sogen. therapeutische Privileg des Arztes, selbst zu entscheiden, was dem Patienten nützt, *nur in sehr seltenen Ausnahmefällen* zugelassen werden kann und akzeptabel erscheint[515]). Dafür, daß ein solcher Ausnahmefall vorlag, hat der Arzt stets die Beweislast.

b) Im Bereich einer konventionellen und herkömmlichen *Heilbehandlung* kann der Patient auf sein Aufklärungsrecht auch *verzichten*[516]). Mit Einschränkungen gilt dies auch für *Heilversuche*, die wenigstens vorrangig dem Zweck der Therapie des behandelten Menschen dienen. Wahrscheinlich aber werden die

Gerichte in den meisten Fällen zurückhaltend sein, einen allgemeinen Aufklärungsverzicht auf *Heilversuche* zu erstrecken; vielmehr dürften sie die Auffassung vertreten, daß der Verzicht im allgemeinen nur für eine Behandlung mit herkömmlichen Mitteln gilt[517]), insbesondere dann, wenn der Verzicht nicht ausdrücklich, sondern nur *per implicationem* erklärt wurde[518]).

III. Haftung bei Humanexperimenten

Ohne wissenschaftliche Experimente gäbe es keinen Fortschritt in der Medizin und keinen Fortschritt bei der Entwicklung neuer Arzneimittel und pharmakologischer Substanzen im Kampf gegen Krankheiten. Die Geschichte der Entdeckungen allein auf dem Gebiet der pharmakologisch aktiven Substanzen ist eindrucksvoll genug, um hier in einer Anmerkung rekapituliert zu werden[519]). Es ist deshalb erforderlich, Personen zu finden, die bereit sind, sich auch Humanexperimenten zu unterziehen. Dies gilt vor allem in den Fällen, in denen durch Tierversuche keine brauchbaren Ergebnisse für die Anwendung beim Menschen zu erhalten sind. Als erstes entscheidendes Problem läßt sich deshalb die Frage nach dem Stellenwert von Tierversuchen für Prognosen in der Humanmedizin aufwerfen. Niemand bestreitet die Tatsache, daß es unmöglich ist, mit einiger Sicherheit aus Tierversuchen die Vorhersage abzuleiten, welche Wirkung beim Menschen eintreten wird. Wenn jedoch eine wissenschaftlich fundierte Feststellung überhaupt möglich sein soll, muß man wenigstens in der Lage sein, einen bestimmten Grad von Wahrscheinlichkeit anzugeben. Nur dann ist die Vorhersage rational, nur dann kann aus ihr eine allgemeine Norm abgeleitet werden und nur dann kann sie, falls nötig, anhand geeigneter Grundprinzipien überprüft werden. Wenn dies nicht möglich ist, haben wir es mit einer irrationalen Vorhersage zu tun. Sie stützt sich auf persönliche Erfahrung, Intuition und Glück. Sie kann weder auf andere Fälle übertragen noch normiert werden. Nach Ansicht führender Biostatiker ist es ganz unmöglich, auf Tierversuchen beruhende Vorhersagen über wahrscheinliche Auswirkungen auf Menschen zu machen[520]) und zwar aus drei Gründen. Weder die geprüften Parameter, noch die Tiergattung, noch die untersuchten Substanzen können als zufällige Stichproben gelten in dem Sinne, wie es die Wahrscheinlichkeitstheorie verlangt. Gegenwärtig gibt es keine wie auch immer geartete Wahrscheinlichkeit einer wissenschaftlich fundierten Vorhersage. Die Lage ist in dieser Hinsicht sogar weniger günstig als bei einem Glücksspiel, weil dort die Erfolgsaussichten abgeschätzt werden könnten. Ganz abgesehen von diesem grundlegenden Problem ist die empirische Grundlage für die Einschätzung der Ergiebigkeit von Mustern aus Tierversuchen noch völlig unzureichend. In der einschlägigen Literatur sind weltweit nur wenige umfangreiche Vergleiche der Parameter bei

Operationen am Menschen und an Tieren zu finden. Es ist darüber hinaus deutlich geworden, daß Tierversuche nicht nur zu einer positiven Auswahl von Substanzen führen können, sondern auch zu einer negativen, d. h. unter den Stoffen, die für eine Tiergattung nicht schädlich sind, erweist sich oft einer als für den Menschen schädlich. Ob ein Tierversuch zu einer positiven oder negativen Auswahl von Substanzen führen wird, kann gegenwärtig nicht vorhergesagt werden. Bis jetzt hat es sich nicht als möglich erwiesen, aus den unterschiedlichen Wirkungen von Heilmitteln auf verschiedene Tierarten und auf Menschen ein rationales System herzuleiten. Auf wichtigen Gebieten des Arzneimittelschutzes (z. B. vor Nebenwirkungen in Form von Mutationen, Karzinomen und Mißgeburten) war der Versuch, passende Tierarten zu finden, die für den Menschen relevant sind, bisher ohne Erfolg[521]). Alle bekannten Typen von Versuchstieren sind lediglich als Mittel, die Forschung voranzubringen, von Nutzen. Sie dienen als Anreiz, Hypothesen zu formulieren, aber erlauben keine von dem Tier abzuleitenden Vorhersagen über wahrscheinliche Wirkungen auf den Menschen. Wenn man von der Forschung mit Tieren auf Humanexperimente übergeht, besteht wegen der grundlegenden (nicht statistischen) Unzuverlässigkeit der Anwendung von bei Forschung mit Tieren gewonnenen Vorhersagen auf den Menschen ein unabsehbares Risiko, Arzneimittelschäden zu verursachen. *Das einzige ethisch und rechtlich unanfechtbare Verfahren, um dieses Risiko auf ein Minimum herabzusetzen, ist, daß der Forscher die Versuche an sich selbst durchführt.* Auf dieses Stadium der Erprobung von Arzneimitteln sollte größeres Gewicht gelegt werden, obwohl es heute die Regel ist, daß der Forscher die zu untersuchenden Substanzen an sich selbst erprobt, bevor er sie anderen Versuchspersonen verabreicht[522]). Die Ärzteschaft selbst hat mit großer Hingebung und Aufopferung in hohem Maße dazu beigetragen, Wissensstand und Erfahrung in der Medizin weiterzuentwickeln und zu verbessern[523]). Selbstversuche des Arztes oder des Wissenschaftlers werden jedoch in der Regel allein nicht ausreichen. Patienten und Versuchspersonen müssen um ihre Mitwirkung gebeten und gefragt werden, ob sie im Interesse der Forschung in neue Behandlungsarten (Heilversuche, Humanexperimente) einwilligen wollen[524]). Im Bereich der Forschung zu ausschließlich wissenschaftlichen Zwecken ist dann aber die Haftung des Arztes mit gutem Grund strenger als in allen anderen Fällen, in denen die therapeutische Zielrichtung entweder noch überwiegt oder doch jedenfalls mitschwingt[525]).

Überraschenderweise und ganz im Gegensatz zu der erhöhten Aufmerksamkeit, die viele Rechtsordnungen heute den Humanexperimenten zuwenden, gibt es noch kaum nennenswert viele Arzthaftungsprozesse im Zusammenhang mit humanexperimentell bedingten Gesundheitsschäden[526]). Es gibt bisher nur einige wenige oberinstanzliche Gerichtsentscheidungen zu Problemen der Forschung am Menschen[527]). In solchen Fällen ist vor allem die Frage der Wirksamkeit der Einwilligung des Patienten oder der Testperson von hoher Bedeutung[528]). Die Wirksamkeit kann erneut aus zwei Gründen zweifelhaft sein, einmal im Hinblick darauf, ob man wirklich von einer freiwillig erteilten Einwilligung sprechen kann, zum anderen im Hinblick darauf, welchen Umfang die geschuldete Aufklärung haben muß, die die freiwillig erteilte Einwilligung zu einer informierten Einwilligung und damit zu einer wirksamen Einwilligung werden läßt[529]).

1. Freiwilligkeit der Einwilligung

Die Einwilligung zu einem Humanexperiment muß mit freiem Willen erteilt sein[530]). Da keine Heilung der behandelten Person bezweckt ist, können Minderjährige und Geisteskranke keine rechtlich wirksame Einwilligung erteilen[531]). Es ist höchst fraglich, ob eine Einwilligung des gesetzlichen Vertreters ausreichend wäre, da mit dem beabsichtigten Verfahren keine Heilung bezweckt wird[532]). Das deutsche *Arzneimittelgesetz* von 1976 sieht indessen vor, daß in einigen Fällen unter engen Voraussetzungen auch an Minderjährigen und Geisteskranken wissenschaftliche Versuche durchgeführt werden dürfen[533]). Es scheint uns auch nicht vertretbar zu sein, Humanexperimente an Gefangenen durchzuführen, selbst wenn der Häftling „freiwillig" einwilligt, um irgendwelche Vergünstigungen in seiner Haft zu erhalten. In diesen Fällen kann nie ganz geklärt werden, ob die Einwilligung aus freien Stücken erteilt oder durch Umstände direkt, häufiger wohl indirekt, erzwungen wurde[534]). Besonders suspekt wären Formulare und dergleichen, auf denen der Gefangene einen Verzicht auf Schadensersatzansprüche aus Schadensfällen im Zusammenhang mit wissenschaftlichen Experimenten unterschrieben hat; eine rechtsstaatliche Rechtsordnung verlangt die Nichtanerkennung solcher fragwürdigen Praktiken[535]). Wenn aber Gefangene oder in diesem Zusammenhang auch Soldaten und andere Personengruppen dennoch im Interesse der Gemeinschaft gewissen medizinischen Gefahren ausgesetzt wurden, wäre es völlig unerträglich, ihnen im Falle ihrer Schädigung durch solche Praktiken das Recht auf volle Entschädigung zu verweigern[536]). Der deutsche Bundesgerichtshof hat immerhin entschieden[537]), daß Soldaten, die während des 2. Weltkriegs wissenschaftlichen Experimenten ausgesetzt wurden, einen Anspruch auf angemessene Entschädigung für die im Verlauf dieser Experimente erlittenen medizinischen Verletzungen geltend machen können[538]).

2. Umfang der Aufklärung

Da bei Humanexperimenten im allgemeinen keine Heilung der behandelten Versuchsperson bezweckt ist, muß der Arzt oder Forscher die Versuchsperson uneingeschränkt über Art und Bedeutung des Versuchs einschließlich der möglichen Folgen und Nebenwirkungen aufklären[539]). „Im Bereich des Humanexperiments kann es keinerlei Ausnahme von dem Grundsatz der umfassenden Aufklärung geben, wie dies bei der bereits anerkannten Heilbehandlung noch möglich ist. Der Forscher wägt hier nicht ab zwischen den möglichen Folgen, die ein *Unterlassen* der Heilbehandlung einerseits bzw. die Risiken der Behandlung bei *Durchführung* andererseits haben können. Das Schulbeispiel der dem Patienten in Ausnahmefällen in seinem Interesse rechtmäßig vorenthaltenen Einzelaufklärung ist im Bereich der Humanexperimente nicht anwendbar. Die Versuchsperson hat ein Recht darauf, vollständig und schonungslos über alle Fakten, Wahrscheinlichkeiten und Ansichten informiert zu werden, die ein vernünftiger Mensch vor Erteilung seiner Einwilligung in ein solches Experiment wissen und abwägen möchte"[540]). Humanexperimente sind deshalb rechtlich nur zulässig, wenn der Patient oder die Versuchsperson, nachdem sie *umfassend* über *alle* in Betracht kommenden Risiken aufgeklärt worden ist, im Stande der Einwilligungsfähigkeit eine klare und unmißverständliche Einwilligung in die vorgesehene Prozedur erteilt. Eine Behandlung im Bereich der wissenschaftlichen Experimente darf auch nicht gegen die medizinische Standesethik und akzeptierte Grundsätze der Moral verstoßen. Die Abwägung der Interessen der Wissenschaft einerseits und des Individualrechts auf Selbstbestimmung ist *nicht* zulässig[541]). Bei Humanexperimenten ist somit eine völlig uneingeschränkte Aufklärungspflicht geboten[542]). Diese Pflicht ist hier anspruchsvoller als bei irgendeiner anderen ärztlichen Behandlung oder Operation. Dementsprechend müssen Wesen, Mittel und Methoden des Humanexperiments vollständig erörtert werden; die Versuchsperson muß über den Zweck des Experiments voll informiert werden; ihr muß gesagt werden, welche Risiken und Gefahren (einschließlich aller Nebenwirkungen) der Versuch mit sich bringen kann und welche Folgen zu gewärtigen sind; auch unwahrscheinlichere Konsequenzen müssen erörtert werden und in jedem Fall muß die Versuchsperson auch darüber aufgeklärt werden, daß u. U. ganz andere Folgen auftreten könnten als die erwarteten und erörterten. In diesem Zusammenhang wurde in einem kanadischen Fall einer studentischen Versuchsperson 50 Dollars für ihre Mitwirkung bei einem Experiment bezahlt, das als vollkommen ungefährlich bezeichnet worden war. Der Forscher aber testete in Wirklichkeit ein neues Anaestheticum, mit dem er bis dahin keinerlei Erfahrung gemacht hatte. Das Mittel verursachte bei der Versuchsperson einen Herzstillstand, als dessen Folgewirkung die geistigen Fähigkeiten des Studenten in dauernde Mitleidenschaft gezogen wurden. Der *Court of Appeal* von *Saskatchewan* entschied, daß Forscher ihre Versuchspersonen über *sämtliche* Fakten, Wahrscheinlichkeiten und Ansichten aufzuklären haben, die ein vernünftiger Mensch vor Erteilung seiner Einwilligung in solche Experimente in Erwägung ziehen würde. *Bei Humanexperimenten,* so betonte das Gericht, *gibt es keinerlei Ausnahmen vom Grundsatz einer umfassenden Aufklärung,* wie sie bei normaler Heilbehandlung in Frage kommen können[543]). Vor allem muß der Forscher, wenn *kranke* Menschen herangezogen werden, völlig zweifelsfrei machen, daß es sich bei dem geplanten Humanexperiment um einen wissenschaftlichen Versuch und nicht um eine therapeutische Behandlung handelt[544]). Gleichzeitig muß eine kranke Versuchsperson auch jegliche zur Wiederherstellung ihrer Gesundheit notwendige Heilbehandlung erfahren; es wäre deshalb völlig *contra legem artis,* wenn zum Zwecke der Durchführung eines Humanexperiments medizinisch indizierte Heilbehandlung unterbrochen oder abgebrochen würde. Es erscheint zweifelhaft, ob ein *Aufklärungsverzicht* von seiten der Versuchsperson rechtlich zulässig und wirksam wäre. Hat die Versuchsperson keine ausreichende Vorstellung von der Art des Versuchs und den möglichen Gefahren, könnte ein Aufklärungsverzicht zur rechtlich unzulässigen Aufgabe des Rechts auf Selbstbestimmung führen[545]). Ein weiterer Einwand wäre, daß ein derartiger Verzicht auch gegen die Regeln akzeptierter standesärztlicher Ethik und Moral verstieße, wie sie in den Deklarationen von Helsinki (1964) und Tokio (1975) zum Ausdruck gekommen sind[546]).

3. Juristische Rechtfertigung

Jegliche medizinische Forschung (jegliches Humanexperiment) muß durch ein vernünftiges *Verhältnis zwischen dem angestrebten Ergebnis und den Gefahren* für die Testperson gerechtfertigt sein. Medizinische Forschung im Interesse der Menschheit ist kein Ziel, das um jeden Preis verfolgt werden dürfte. Dementsprechend können Experimente am Menschen, die wissenschaftlich völlig wertlos oder grotesk[547]) sind, nicht mehr als im Einklang mit akzeptablen Normen der Ethik angesehen werden[548]). Sie sind deshalb völlig rechtswidrig[549]).

a) Infolgedessen können Humanexperimente nur dann als mit moralischen, ethischen und rechtlichen Grundprinzipien vereinbar angesehen werden, wenn erwartet werden kann, daß sie zu fruchtbaren Ergebnissen zum Wohl der Menschheit führen, d. h. zu Ergebnissen, die man bei Anwendung anderer (weniger gefährlicher) Forschungsmittel und -methoden nicht hätte erwarten dürfen[550]). Eine Rechtfertigung ist demnach möglich, wenn das Ziel zum Wohl der Menschheit wissenschaftlich notwendig ist und wenn zwischen dem Risiko des Versuchs und seinem Ergebnis eine vernünftige Relation besteht.[551]) Die anspruchsvollsten Sorgfaltsmaßstäbe sind deshalb gerade an die Ärzte und Forscher zu legen, die sich mit neuen oder experimentellen Verfahrensweisen befassen[552]), und es ist kein Zufall, daß gerade in diesem Bereich der Patient das Recht und der Arzt die Pflicht hat, über alle Risiken voll aufgeklärt zu werden bzw. aufzuklären[553]). Diese Grundsätze stimmen mit der *Deklaration von Tokio* (auch revidierte Deklaration von Helsinki genannt) überein, in der ausdrücklich wiederholt und betont wird, daß (1) Forschung nur rechtmäßig ist, wenn die Wichtigkeit des Ziels in einem angemessenen Verhältnis zu dem Risiko für den Betroffenen steht; (2) vor jedem Forschungsprojekt eine sorgfältige Abwägung der voraussehbaren Risiken und Vorteile für den Betroffenen oder andere stehen muß; (3) auch im Bereich der Humanexperimente der Arzt die bleibende Verpflichtung hat, Beschützer von Leben und Gesundheit desjenigen zu bleiben, an dem Versuche ausgeführt werden; (4) Ärzte sich nicht an Forschungsvorhaben beteiligen sollten, es sei denn, sie hätten sich selbst davon überzeugt, daß die Risiken des Vorhabens überschaubar bleiben; sie sollten ihre Mitwirkung aufgeben, wenn die Risiken sich als zu hoch im Verhältnis zu dem möglichen Gewinn des Experiments herausstellen sollten; (5) die Sorge um das Wohl des einzelnen immer über dem Interesse der Wissenschaft und der Allgemeinheit stehen muß oder, mit anderen Worten, das Interesse der Forschung oder der Allgemeinheit niemals den Vorrang gewinnen darf vor Erwägungen zum Wohl des einzelnen Betroffenen[554]). Einige andere nicht weniger wichtige Grundsätze dieser *Deklaration von Tokio* finden sich zusätzlich im Anhang dieser Abhandlung, in dem diese für den Arzt wichtigen Empfehlungen für den Bereich der Humanexperimente vollständig abgedruckt sind[555]).

b) Der besondere Aspekt der juristischen Rechtfertigung von Humanexperimenten macht deutlich, daß ein Steuerungssystem zur Kontrolle von Versuchen am Menschen dringend notwendig ist[556]). Die Frage ist nur, welche bisher erprobten oder vorgeschlagenen Kontrollsysteme in Betracht kommen, die die Grundrechte und Grundfreiheiten des Betroffenen gegen gefährliche oder sinnlose Experimente schützen und gegen sie durchsetzen können. Auf dem 5. Kolloquium über Europäisches Recht des *Europarats* sind drei Lösungsvorschläge erörtert worden.[557]) Kontrollen sind möglich in der Form interner (Selbst-) Kontrolle, die auf ethische Verhaltensweisen und das berufliche Gewissen des einzelnen Forschers vertraut, in der Form standesärztlicher Kontrollen durch Fachkollegen und in der Form externer Kontrollen unter Hinzuziehung öffentlicher Behörden.

aa) Die interne (Selbst-) Kontrolle setzt Achtung vor der Person des einzelnen, seiner Würde, und einen ernsthaften wissenschaftlichen Zweck voraus. Diese Achtung vor dem anderen wäre das Ergebnis beruflicher Erziehung zunächst des Studenten, später des Forschers. In diesem Zusammenhang käme zunächst der Universität eine wichtige erzieherische Rolle zu, eine Rolle, die zumindest in einigen Ländern die Universitäten oder einige von ihnen nicht zu erfüllen bereit sind (wenn sie dazu überhaupt in der Lage wären). Ein Kontroll-

Sicherungsmöglichkeiten gegen mißbräuchliche Experimente 73

system jedoch, das von dem persönlichen Gewissen des einzelnen medizinischen Forschers abhängt, erscheint uns indessen nicht als ein adäquater Schutz für die grundlegenden Interessen des Patienten oder der Versuchsperson[558]). Einige Praktiken, wie die bizarren, auf die Henry K. *Beecher* vor Jahren aufmerksam gemacht hat[559]) oder, aus jüngster Zeit, die Finanzierung von Tests mit Reagenzglasbefruchtungen und Manipulationen von Reagenzglasschwangerschaften durch Vornahme von Abtreibungen seitens englischer Forscher[560]) oder auch bestimmte Genmanipulationen, deren Wert für das Wohl der Menschheit kaum erklärt werden kann, scheinen alle jene elementare ethische Grundüberzeugung vermissen zu lassen, daß nicht alles, was technisch machbar ist, auch schon bedenkenlos durchgeführt werden darf, selbst wenn die Gefahren solchen Vorgehens gelegentlich von überängstlichen Propheten überschätzt werden sollten.[561])

bb) Berufliche Überwachung ist in mehreren Ländern, z. B. den *Vereinigten Staaten,* dem *Vereinigten Königreich* und *Schweden* eingerichtet worden. Diese Review Committees (USA), Ethical Committees (UK) oder Komitees für ethische Fragen (Schweden) sind ins Leben gerufen worden, damit Versuchsvorhaben einer vorausgehenden Untersuchung unterzogen werden[562]). Das amerikanische *Review Committee* arbeitet nach folgenden Grundsätzen: Geldmittel für wissenschaftliche Versuche werden nur unter der Bedingung vergeben, daß das Forschungsvorhaben durch ein Gremium von medizinischen Fachleuten untersucht wird, um sicherzustellen, daß es folgende Kriterien erfüllt: Schutz der Rechte und des Wohlergehens von denjenigen, an denen der Versuch vorgenommen werden soll, wirksame freiwillige Einwilligung und Bewertung der Risiken und Vorteile. Eine etwas andere, aber offenbar auch befriedigende Lösung findet im Vereinigten Königreich Anwendung in der Form von *Ethical Committees,* die aus Ärzten, Forschern, Krankenschwestern und nicht-wissenschaftlichen Mitarbeitern bestehen[562]). In Schweden gibt es die *Komitees für ethische Fragen* innerhalb der medizinischen Fakultäten seit Anfang der 60er Jahre. Bei Bedarf prüfen diese Komitees Forschungspläne, in denen es um Versuche am Menschen geht, und geben Empfehlungen ab. Ihre Aufgaben umfassen sowohl Entscheidungen über die Sicherheit der betroffenen Person als auch Fragen der Aufklärung und der Vertragsbedingungen in bezug auf die Versuche. Die schwedische Gesellschaft für Medizinische Wissenschaften unterhält außerdem eine *Delegation für Medizinische Ethik,* eine besondere Institution, die sich mit diesem Problem befaßt und auch Vertreter der Gewerkschaften (!) und der Massenmedien (!) einschließt. Die *Delegation* äußert ihre Meinung in Fällen, in denen es um wichtige Grundsatzfragen geht, und sie versucht, zwischen Ärzten und Laien ein ständiges Gespräch über ethische Fragen der ärztlichen Behandlung unter besonderer Berücksichtigung der Humanexperimente anzuregen[563]). Ob all diese Komitees wirklich in der Lage und willens wären, die Gesamtheit der täglich in Kliniken und Laboratorien durchgeführten Humanexperimente zu kontrollieren und, wo nötig, unethische Verhaltensweisen zu unterbinden, mag recht zweifelhaft sein. Zu viel ist bereits ans Licht gekommen, um optimistisch zu stimmen, zu niedrig scheint auch das Maß an ethischen Anforderungen zu sein, das man meint, an solche Experimente anlegen zu sollen.

cc) Die Errichtung eines externen Systems von Kontrollen unter Beteiligung öffentlicher Institutionen im Bereich der Humanexperimente wirft ebenfalls viele Fragen auf; sie wurden auf dem vom *Europarat* organisierten 5. Kolloquium über Europäisches Recht in Lyon (1975) ebenfalls angesprochen. Am Ende dieses Symposions unterbreitete die Generalberichterstatterin, Mme *Revillard*, Vorschläge, denen zufolge es wünschbar erscheint, daß akzeptable Standards unter Mitwirkung des Staates erarbeitet werden. Auf künftigen Zusammenkünften wird möglicherweise die Errichtung von Expertenkommissionen für jede wichtige Disziplin vorgeschlagen werden, verbunden mit der Anregung einer gewissen Homogenität im Mitgliederbestand dieser Kommissionen im Bereich der europäischen Mitgliedsstaaten. Außer Vertretern der in Betracht kommenden Fachrichtung sollten diese Kommissionen auch einen Arzt von einer anderen Fachdisziplin sowie Vertreter des Sozialversicherungswesens, von Patientenorganisationen und -zusammenschlüssen und von Herausgebergremien wissenschaftlicher Fachzeitschriften umfassen. Nach unserer eigenen Überzeugung wäre es, wenn auch Vertreter der Gewerkschaften mitwirken sollen, ziemlich unverständlich, warum nicht auch Vertreter ethischer Institutionen und religiöser Körperschaften wie der Kirchen mitwirken sollten, da sie viel mehr als viele andere berufen sind, zu ethischen Problemen Stellung zu nehmen; eines der jüngsten von vielen anführbaren Beispiele für die Bedeutung ihrer Mitwirkung auch im Bereich von Humanexperimenten ist des gegenwärtigen Papstes *Johannes Pauls II.* erste Enzyklika an die Welt über die Würde der Person und des menschlichen Lebens[564]). Dem kompetent zusammengesetzten Gremium zur externen Kontrolle von Humanexperimenten müßte jedes Forschungsvorhaben im Bereich der Humanexperimente mit einem vollständigen Dossier vorgelegt werden, das die Ziele und Bedingungen des beabsichtigten wissenschaftlichen Versuchs darstellt; die Aufgabe der Kommission wäre es, (1) festzustellen, ob das Projekt gerechtfertigt und der Versuch am Menschen unbedingt notwendig ist; (2) den wissenschaftlichen Wert des Projektes zu testen, indem überprüft wird, ob es bei der Durchführung später möglich sein wird, aus den Projektergebnissen angemessene Schlüsse zu ziehen; (3) nachzuprüfen, ob und sicherzustellen, daß nicht schon gleichartige Versuche in anderen Mitgliedsländern des *Europarates* durchgeführt wurden oder gegenwärtig zufriedenstellend laufen und (4) herauszufinden, ob ausreichende Versicherungsbestimmungen vorliegen, die garantieren, daß die Versuchsperson entschädigt werden kann, wenn ihr im Rahmen der Experimente ein Schaden widerfährt[565]). Ein weiterer Vorschlag ist, daß sich die Krankenhausverwaltungen mit den wissenschaftlichen Zeitschriften, medizinischen Gesellschaften und geldgebenden Organisationen zusammentun, um sicherzustellen, daß nur von den Kommissionen geprüfte und gebilligte Forschungsvorhaben ausgeführt und veröffentlicht werden. Um die Arbeit solcher künftiger Kommissionen wirksamer zu machen, wurde in Lyon auch vorgeschlagen, daß unter der Schirmherrschaft des *Europarats* Datenbanken für Informationen über wissenschaftliche Versuche errichtet werden[565]). Ein recht interessantes Problem ist, ob es eine Verpflichtung geben sollte, die Daten *aller* wissenschaftlichen Versuche und ihrer Ergebnisse zu veröffentlichen. Nach Ansicht des *British Medical Research Council*[566]) ist es nicht damit getan, daß sichergestellt wird, daß jede Untersuchung in Übereinstimmung mit ethischen Grundsätzen durchgeführt wird, sondern es muß in den Veröffentlichungen unmißverständlich klargemacht werden, daß die Besonderheiten des Versuchs auch standesethisch beachtet worden sind, was die Publikations- und Herausgabeverantwortlichkeit sowohl der Kommission als auch des Forscherteams einschließt. Es ist unethisch, wenn ein Forscher die Ergebnisse seiner Humanexperimente einem Massenmagazin für hohes Honorar anbietet und die Aufforderung eines Fachblatts, die verifizierbaren Daten zur Publikation für die wissenschaftliche Forschung bereitzustellen, mit ausweichenden Antworten abspeist[567]). Henry K. *Beecher* hat in einem bekannten Beitrag die Auffassung vertreten, daß jedenfalls die nicht ordnungsgemäß erlangten Daten unveröffentlicht bleiben sollten[568]). Dies soll eine praktische Seite haben: Wer nicht damit rechnen kann, daß seine Ergebnisse publik gemacht werden, würde womöglich unethische Experimente eher unterlassen. Die Frage ist freilich, ob sich viele Experimentierer von solchen Vorhaben abhalten ließen, wenn sie wissen, daß sie in wissenschaftlichen Zeitschriften nachher damit nicht reüssieren können. Zugegebenermaßen ist das Problem umstritten; andere Autoren vertreten die Ansicht, daß auch solche Daten veröffentlicht werden sollten, die auf Kosten großer Risiken und Schäden für die Versuchspersonen erlangt worden sind, da auch sie einen Wert für die Forschung besitzen, dann aber mit kritischer Anmerkung der Herausgeber des Berichts versehen werden sollten[569]). Und nochmals: es erscheint zweifelhaft, ob auch die standesethisch weniger anspruchsvollen Mitglieder der Ärzteschaft einen Pfennig dafür geben würden, um in die wissenschaftlichen Zeitschriften hineinzukommen, solange sie über die Massenmedien eine viel weitere Publizität (und Reklame) für sich buchen können.

76 *Arzthaftung bei neuen Behandlungsmethoden und Experimenten*

IV. Anwendung allgemeiner Grundsätze auf andere in Teil 1 erörterte Fragen

1. Die oben[570]) erörterten Regeln über die ärztliche Schweigepflicht würden *mutatis mutandis* auch im Bereich der Heilversuche und Humanexperimente anzuwenden sein. Der Arzt bzw. ärztliche Forscher muß demnach grundsätzlich alle Tatsachen und Umstände geheimhalten, die nur eine beschränkte Personenzahl kennt und die ein verständiger Patient beziehungsweise Proband auch geheimzuhalten wünscht. Wie im Bereich der Heilbehandlung, so mag auch im Bereich von Heilversuch und Humanexperiment in England und Kanada nach der dortigen Tradition jedenfalls kein ärztliches Schweige*recht* gegenüber den Gerichten existieren.

2. Sehr wahrscheinlich wird die oben erörterte Verschiebung in der Begründung von Haftungsklagen gegen Ärzte[571]) in Zukunft auch auf dem weiten Gebiet von Heilversuch und Humanexperiment zu beobachten sein. Die Frage der wirksamen Einwilligung wird weiterhin ein wichtiges, womöglich sogar wichtiger werdendes Element in allen Arzthaftungsprozessen sein und vielleicht sogar zum willkommenen Instrument der Entwicklung eines verschuldensunabhängigen oder -unabhängigeren Haftungssystems *de lege lata* werden[572]). Mit der Einführung eines Patientenversicherungssystems in Schweden sind viele unserer eigenen oder der im *Common Law* gleichfalls bekannten zivilrechtlichen Haftungsprobleme zu Posten mit eher marginaler Bedeutung geworden; in Schweden scheinen die Kunstfehler- und Einwilligungsprobleme heute keine wirklich großen Schwierigkeiten für das Kompensationssystem zu schaffen, soweit es um die Kompensation zivilrechtlicher Schäden geht[573]).

3. Die Hauptreformempfehlung der *Pearson Commission* in bezug auf Verletzungen im Rahmen medizinischer Behandlung ist bereits dargestellt und kommentiert worden[574]). Es ist wahrscheinlich, daß dieser Hauptvorschlag, *daß jeder Freiwillige für Heilversuche und Humanexperimente, der durch diese Behandlungsformen zu Schaden kommt, einen verschuldensunabhängigen Anspruch auf Entschädigung gegen den haben muß, dem er seine Einwilligung in die Behandlung erklärt hat*[575]), wohl noch großen Einfluß auf die internationale Diskussion über ein akzeptables zukünftiges Haftungssystem ohne Verschuldenserfordernis nicht nur im Vereinigten Königreich, sondern auch in anderen Ländern haben wird. Das Fehlen angemessener Entschädigungsregelungen im Falle medizinischer Unfälle, besonders im Bereich von Heilversuchen und Humanexperimenten, ist beklagenswert und eigentlich unerträglich[576]). Die auf dem Verschuldensprinzip basierende Schadensersatzklage der traditionellen Form ist, so akzeptabel sie im Bereich der konventionellen Heilbehandlung[577]) trotz der an ihr auch hier wegen der zu Lasten des Patienten gehenden Beweis-

lastverteilung geübten harten Kritik[578]) auch (noch) sein mag, keine befriedigende Antwort mehr im Bereich der neuen Behandlungsmethoden, gleichgültig ob man nun Heilversuche oder Humanexperimente nimmt[579]). Objektive Fahrlässigkeitstheorien könnten sich entwickeln, über die die Gerichte, wo immer erforderlich, trotz äußeren Festhaltens am Verschuldensprinzip letztlich doch schon *de lege lata* zu einer von (subjektivem) Verschulden praktisch unabhängigen Haftung gelangen könnten, die eigentlich schon dem Bereich der Gefährdungshaftung zuzuschlagen wäre[580]). Parallelen für solche Entwicklungen bieten sich aus dem Bereich der *Produzentenhaftung* und des *Organisationsverschuldens* an: Die für die Gesundheitspflege Verantwortlichen sollten für die neuen gefährlichen Produkte, die sie *verwenden,* oder für die neuen gefährlichen Methoden, die sie *anwenden,* ebenso verantwortlich sein wie diejenigen, die (gefährliche) Nahrungs- und Arzneimittel *herstellen,* und die Begründung dafür sind dieselben rechts- und ordnungspolitischen Überlegungen, die in allen diesen Fällen gültig sind: den Verbraucher medizinischer Leistungen ebenso wie den Verbraucher von (gefährlichen) Produkten von unerträglichen Beweislastregeln und wirtschaftlichen Härten freizustellen, die ihm zugemutet werden im Bereich von mitunter verheerenden Konsequenzen für seine Gesundheit, wie sie ausgelöst worden sind in der Verantwortlichkeitssphäre jemandes, der die Gefahr durch Produktion oder Verwendung selbst hervorgerufen hat und deshalb vermöge seiner größeren Sachkenntnis und Verantwortlichkeit ihre Konkretisierung im Einzelfall durch angemessene Vorsichtsmaßnahmen verhindern und im Schadenseintrittsfall wieder beseitigen muß. In Ergänzung solcher Überlegungen sollten aber unabhängig davon auch die schon vorhandenen Kompensationssysteme in Neuseeland, Schweden und U.S.A. studiert werden; die wichtigen Versicherungsgesellschaften sollten Gremien bilden, die Untersuchungen über die Möglichkeiten eines verschuldensunabhängigen *Patientenversicherungssystems* anstellen, wie es in Ländern mit anderen sozialen und sonstigen Gegebenheiten als den drei genannten Ländern praktikabel sein könnte[581]). In der Zwischenzeit sollte die Beweislast des Patienten im Bereich von Kausalverlauf und Verschulden so weit wie möglich der für ihn überhaupt erreichbaren und damit zumutbaren Beweissituation angepaßt werden: durch eine großzügigere Anwendung des *Anscheinsbeweises* und, wo vonnöten, durch eine *behutsame* und nicht zu strenge, d. h. vor allem *pragmatische Beweislastumkehr im Einzelfall,* wo und wann immer das Gericht es für erforderlich hält, die Beweisnot des Patienten zu mildern und *Beweisschwierigkeiten zu beheben, die in der Verantwortungssphäre des Arztes oder des Krankenhauses entstanden sind und weder vom Arzt noch vom Krankenhaus ausreichend erklärt und aufgeklärt werden, obwohl sie näher daran wären, es zu tun, weil ihnen die entsprechenden Unterlagen zugänglich sind.* Es ist sehr bedeutsam, daß der deutsche *Bundesgerichtshof,* der bekannt dafür ist, daß er von gefestigter Rechtsprechung nicht allzu radikale Abkehrungen vornimmt, jüngst ausdrücklich eine behutsame und pragmatische *Weiterentwicklung des Beweisrechts im Arzthaftungsrecht* befürwortet hat, als er in einem neuen *Grundsatzurteil* feststellte, daß *Beweiserleichterungen für Patienten* zwar nicht durch eine starre und generelle Beweislastumkehr geschaffen werden sollten, wohl aber in pragmatischer Handhabung des Beweisrechts im Einzelfall *bis hin zur Beweislastumkehr* gehen können und je nach Lage des Falles immer dann und soweit geboten sind, als nach tatrichterlichem Ermessen dem Patienten die (volle) Beweislast für einen Arztfehler angesichts der vom Arzt verschuldeten Aufklärungshindernisse billigerweise nicht mehr zugemutet werden kann[582]). Das höchste deutsche Gericht, das *Bundesverfassungsgericht*, hat diese behutsame *Weiterentwicklung des Beweisrechts* durch den *Bundesgerichtshof* kürzlich ausdrücklich gutgeheißen[582a]).

4. Die zivilrechtliche Haftung im Bereich der Krankenhausbehandlung ist für die Fälle der konventionellen Heilbehandlung bereits weiter oben erörtert worden[583]). Dieselben Grundsätze sind *mutatis mutandis* auch im Bereich der Heilversuche und Humanexperimente anzuwenden. Auch hier dürfen Kompetenzprobleme und dergleichen nicht zu einer zusätzlichen Belastung für den Patienten oder Probanden führen, der weder die beruflichen Kenntnisse derer hat noch zu haben braucht, die er im Interesse seiner Gesundheit konsultiert oder deren Experimenten er sich im Interesse der Allgemeinheit freiwillig unterzieht. Deshalb müssen auf die Behandlung mit neuen Methoden und Experimenten die oben entwickelten Grundsätze im Interesse des Geschädigten gehandhabt werden. So soll etwa ein klagender Patient oder Proband, der im Verlauf des Heilversuchs oder des Humanexperiments von verschiedenen Personen, Ärzten und anderen, behandelt worden ist und Schaden erlitten hat, aufgrund des Fehlverhaltens irgendeiner Krankenhausperson, die er nicht identifizieren kann, weil er nicht weiß, wer tatsächlich den Schaden verursacht hat, gleichwohl einen Anspruch auf Schadensersatz gegen das Krankenhaus haben, unabhängig davon, ob das Fehlverhalten bei dem operierenden Arzt, beim Anästhesisten oder irgendeinem anderen Mitglied des Personals zu suchen ist[584]). Es ist Sache des Krankenhauses, sich zu exkulpieren, indem es nachweist, daß keiner seiner Angestellten die medizinische Verletzung verursacht hat; gelingt dieser Beweis nicht in einem für das Gericht akzeptablen Sinn, dann haftet das Krankenhaus für den Schaden des Patienten oder Probanden aus Vertrag und aus unerlaubter Handlung[585]).

C. Ausgewählte Probleme der Arzthaftung bei neuen Behandlungsmethoden und Experimenten

I. Medikamente und Drogen

Im Bereich von Medikamenten und Drogen kann man grob unterscheiden zwischen pharmakologisch wirksamen Arzneimitteln und Placebos, d. h. pharmakologisch unwirksamen Präparaten, die jedoch wie Medikamente verabreicht werden. Der Arzt verabreicht neue Arzneimittel und Drogen in zwei Bereichen: erstens auf dem Gebiet der klinischen Arzneimittelprüfung und zweitens nach der Arzneimittelprüfung zu therapeutischen Zwecken[586]).

1. Klinische Arzneimittelprüfung

Im Bereich der kontrollierten klinischen Arzneimittelprüfung und Erforschung neuer Medikamente wird das Versuchsmedikament entweder mit einem pharmakologisch unwirksamen Präparat, d. h. einem Placebo, oder mit einer pharmakologisch wirksamen Behandlung, d. h. dem Standardmedikament oder der Standardmethode verglichen, um so die Wirkungen der neuen Medizin zu untersuchen. Die moderne Pharmakologie kommt – trotz kürzlich laut gewordener heftiger Kritik an dem gesamten Verfahren[587]) – ohne die klinische Prüfung neuer Medikamente und Drogen nicht mehr aus[588]); dementsprechend hat sie heute in dem neuen deutschen *Arzneimittelgesetz* von 1976[589]) sogar gesetzliche Anerkennung gefunden als eine Voraussetzung zur Zulassung neuer Medikamente und Drogen[590]). Wir sollten uns kurz vor Augen führen, wie ein überwachtes klinisches Arzneimittelerforschungsverfahren – heute die normale wissenschaftliche Methode zur Prüfung eines therapeutischen Verfahrens[591]) – vor sich geht. Es hat zum Ziel, durch die Kontrolle von unspezifischen Einflüssen die für die Behandlung spezifische Wirkung auszusondern. Jene schon bekannten objektiven Einflüsse sollen durch den Gebrauch von Vergleichs- oder Kontrollgruppen (gewöhnlich inter-individuell, und nur relativ selten intra-individuell) ausgeschieden werden; durch die Anwendung der *Blindversuchsmethode* als einem Mittel der zufälligen Streuung sollen objektive Einflüsse gesondert werden von den subjektiven, die vom Patienten oder der Versuchsperson oder von demjenigen, der die Behandlung oder Forschung durchführt, herrühren können. Dies kann in einem *einfachen Blindversuch* geschehen, d. h. in einem Versuch, bei dem nur der Arzt weiß, welcher Patient ein Placebo (bzw. das Standardpräparat) und welcher das neue Medikament erhält, während die Patienten nicht über den Charakter des Versuchs aufgeklärt sind und daher im allgemeinen annehmen, sie alle erhielten ein pharmakologisch wirksames Versuchsmedikament. Es kann sich aber auch um einen *Doppel-Blind-Versuch* handeln, während dessen auch der Arzt nicht weiß, wer das Placebo und wer das neue, zu prüfende Medikament erhält (obwohl er einen verschlossenen Umschlag besitzt, in welchem vom Arzneimittelhersteller die Durchführung des Blindversuchs aufgeschlüsselt ist, so daß der Arzt stets in der Lage ist einzuschreiten, falls die Umstände dies erfordern sollten). Das bedeutet jedoch, daß zum Beispiel die besonderen Bedürfnisse eines an Depression leidenden Patienten während der psychiatrischen Behandlung, etwa zusätzliche Medikamente gegen Schlaflosigkeit oder zur Beruhigung von Ängsten, dem aufgestellten Versuchsplan untergeordnet werden müssen, der weder zusätzliche Arzneimittel noch eine Erhöhung der Dosierung gestattet. Denn nur unter diesen Bedingungen kann jener positive klinische Beweis erbracht werden, daß das getestete antidepressive Mittel wirklich weniger Nebenwirkungen hervorruft oder schneller wirkt als das Produkt, mit dem es verglichen wird. Es besteht hier unvermeidlich ein Konflikt zwischen einerseits der ethischen Verpflichtung, das Leiden jedes einzelnen Patienten so weit wie möglich zu lindern, und andererseits den Ansprüchen der Ethik in der Forschung, den Versuch fehlerlos zu planen[592]). In diesem zunehmend wichtigen und entscheidenden Bereich der Arzneimittelerforschung nimmt das Problem des Schutzes des Gesunden oder Kranken, der sich aus freien Stücken für die Erprobung einer neuen Medizin zur Verfügung stellt, einen besonders hervorragenden Rang auf dem Gebiet der Gesundheits- und Rechtspolitik im Arzneimittelrecht ein. So enthält die *Deklaration von Tokio* von 1975 (auch revidierte Deklaration von Helsinki genannt) jetzt *ausdrücklich* eine Vorschrift, daß bei *jeder* medizinischen Forschung *jedem* Patienten (einschließlich der Patienten der Kontrollgruppe) die erwiesenermaßen besten diagnostischen und therapeutischen Methoden garantiert sein sollten[593]). Daß grobe und schwerwiegende Verletzungen dieser Regel in klinischen Versuchen und auch sonst vorkommen, kann aus Berichten über gegen die Ethik verstoßende oder ethisch fragwürdige Forschungen in den USA und anderswo geschlossen werden[594]).

a) Jedoch muß man oder muß jedenfalls der Gesetzgeber zweierlei bedenken: auf der einen Seite die Verpflichtung, dem einzelnen Patienten oder der einzelnen Versuchsperson einen so umfassenden Schutz gegen Gesundheitsgefahren wie nur möglich zu gewährleisten, und auf der anderen Seite die Notwendigkeit, nicht *zu* hohe Anforderungen an die Bedingungen klinischer Versuche zu stellen, damit es nicht praktisch *unmöglich* wird, überhaupt klinische Versuche durchzuführen. Auch im Lichte eines verfeinerten Verständnisses der Grundrechte des einzelnen und anderer verfassungsrechtlicher Werte kann man sich nicht zum Fürsprecher einer rigorosen Durchsetzung des einen oder anderen Gesichtspunkts zum Schaden oder Ausschluß des anderen machen; denn gesetzgeberische Maßnahmen verlangen eine ausgewogene Berücksichtigung nicht nur der Freiheitsrechte des einzelnen, sondern auch der wesentlichen Vorteile für die Allgemeinheit[595]).

b) Solange es nicht um Therapie zum Nutzen der behandelten Person geht, ist der Bereich klinischer Versuche Humanexperiment und damit also Forschungsexperiment. Deshalb finden die im sehr wichtigen *Ärztekodex von Nürnberg* (1947) sowie selbstverständlich die in Teil III der *Deklaration von Helsinki* (1964) und in Teil III der *Deklaration von Tokio* (1975) niedergelegten und bereits kurz erörterten allgemeinen Grundsätze Anwendung[596]).

Es kann nicht genug betont werden, daß in der nicht-therapeutischen Forschung am Menschen das Interesse der Wissenschaft und der Allgemeinheit niemals Vorrang vor der Rücksicht auf das Wohlergehen des Betroffenen haben darf[597]). Da in Doppel-Blind-Versuchen mit Placebos im allgemeinen überhaupt kein therapeutischer Zweck verfolgt werden kann – jedenfalls nicht für die Kontrollgruppe, der Placebos verabreicht werden – muß dieser Bereich kontrollierter klinischer Prüfung als *Forschung* behandelt werden. Der Patient oder die Versuchsperson muß deshalb *vollständig* darüber *aufgeklärt* werden, daß eine Prüfung neuer Arzneimittel durchgeführt werden wird; und die *freiwillige Einwilligung* des Betroffenen ist erforderlich[598]). Das wird auch von der Ärzteschaft als notwendig angesehen[599]). Man hat jedoch vorgebracht, daß die Anwendung von Placebos in Arzneimittelprüfungen zeige, wie *wenig* Einwilligung nötig sei, um die experimentellen Behandlungsmethoden rechtswirksam zu machen, denn die Blindversuchsmethode, besonders die Doppel-Blind-Versuche erforderten naturgemäß, daß der Patient oder die Versuchsperson oder sowohl der Patient oder die Versuchsperson als auch der Arzt oder Forscher die Art der Medizin nicht kennen, und deshalb sei es aus offensichtlichen technischen Gründen unmöglich, hier die Einwilligung des Patienten oder der Versuchsperson zum Doppel-Blind-Versuch zu verlangen. Dieser Auffassung können wir nicht folgen. Es kann *keine* (oder fast keine) *Ausnahme* von der Regel geben, daß, wo es um Forschungsexperimente geht, vor der notwendigen Einwilligung des Patienten oder der Versuchsperson *vollständige Aufklärung* erteilt werden *muß*[600]). Es sollte deshalb völlig klargestellt werden, daß Doppel-Blind-Versuche nur durchgeführt werden dürfen, wenn es *kein* anderes Mittel gibt, um die Wirksamkeit der Medizin zu erforschen. *Es ist dann Sache des Arztes zu beweisen, daß solche Experimente unbedingt notwendig sind*, und die Resultate unverzüglich weiterzuleiten, damit der Erfolg so schnell wie möglich ausgewertet werden kann und so wenige Patienten oder Versuchspersonen wie möglich betroffen werden[601]).

c) Der deutsche Gesetzgeber hat diese widerstreitenden Werte berücksichtigt, als durch das bereits erwähnte neue deutsche *Arzneimittelgesetz* von 1976 das

Gebiet klinischer Arzneimittelprüfung reformiert und die klinische Prüfung als notwendige Zulassungsvoraussetzung für neue Arzneimittel eingeführt wurde[602]). Der Gesetzgeber ging davon aus, daß jeder Schritt in dem Bereich der Arzneimittel mit einem gewissen Risiko für die Person bezahlt werden muß, die freiwillig zuläßt, daß das Präparat an ihr erprobt wird. Wenn der vereinzelt erhobenen Forderung nach Beseitigung jeglichen Risikos, das im Rahmen des klinischen Versuchs besteht, entsprochen werden müßte, würde dies im Ergebnis den Verzicht auf klinische Erprobung und demzufolge auch den Verzicht auf die Entwicklung neuer Arten von Arzneimitteln und auf die damit einhergehende Entdeckung neuer Heilungsmöglichkeiten bedeuten. Solch ein Verzicht würde Forschung und Entwicklung zum Stillstand bringen. Der deutsche Gesetzgeber wollte einen solchen Stillstand nicht[603]); er verlangte aber, daß klinische Arzneimittelprüfungen *nur* und nur *so* lange durchgeführt werden dürfen, wie (1) die Risiken für die behandelte Person im Verhältnis zu der erwarteten Bedeutung des Medikaments für die medizinische Wissenschaft medizinisch gerechtfertigt sind, (2) die zu behandelnde Person freiwillig eingewilligt hat, nachdem sie vollständig über Art und Bedeutung des klinischen Versuchs aufgeklärt worden ist, (3) die zu behandelnde Person nicht auf gerichtliche oder behördliche Anordnung in einer Anstalt verwahrt ist, (4) ein pharmakologisch-toxikologischer Versuch gemäß dem jeweiligen Stand der wissenschaftlichen Erkenntnisse durchgeführt worden ist, (5) die Unterlagen dieser Prüfung bei der zuständigen Bundesbehörde hinterlegt sind, (6) die klinische Prüfung von einem Arzt mit mindestens zweijähriger praktischer Erfahrung auf dem Gebiet klinischer Arzneimittelversuche überwacht wird, (7) der Leiter der klinischen Prüfung durch einen für die vorklinische Erforschung verantwortlichen Wissenschaftler über die Ergebnisse der pharmakologisch-toxikologischen Prüfung und die voraussichtlich mit der klinischen Prüfung verbundenen Risiken unterrichtet worden ist und (8) von demjenigen, der die durchzuführende klinische Prüfung anordnet, die notwendigen finanziellen Vorkehrungen getroffen worden sind, um den durch die klinische Prüfung möglicherweise entstehenden Schaden entschädigen zu können[604]). Die Einwilligung des Patienten oder der Testperson, die in Übereinstimmung mit diesen Voraussetzungen gegeben wird, ist jedoch nur wirksam, wenn (1) der Einwilligende volljährig und in der Lage ist, Art und Bedeutung des klinischen Versuchs zu erkennen und sich entsprechend zu entscheiden, und wenn (2) die Einwilligung persönlich und in Schriftform erteilt wird[605]). Die Einwilligung kann jederzeit widerrufen werden[606]). Klinische Versuche an Minderjährigen werden nur gestattet, wenn (1) das Versuchsmittel zur Diagnose oder zur Heilung von Krankheiten Jugendlicher bestimmt ist, (2) die Verabreichung jenes bestimmten Mittels nach dem jeweiligen Stand der wissenschaftlichen Erkenntnisse für diese Zwecke angezeigt ist und wenn (3) nicht erwartet werden kann, daß die klinische Prüfung dieser

Voraussetzungen legitimer Arzneimittelevaluierung 83

Arzneimittel an Erwachsenen ausreichende Ergebnisse bringt. Auch unter diesen Voraussetzungen ist die Erprobung an Minderjährigen nur gestattet, nachdem vollständige Aufklärung über Wesen, Bedeutung und Tragweite der klinischen Prüfung gegeben worden ist und sowohl die Eltern als auch der Minderjährige (wenn er die Umstände zu erfassen in der Lage ist) selber schriftlich eingewilligt haben[607]).

d) Die immer wiederholte Forderung umfassender Aufklärung bringt jedoch Schwierigkeiten mit sich, wenn zu erwarten ist, daß diese Aufklärung (oder zu detaillierte Aufklärung) einen unerwünschten Einfluß auf das klinische Experiment haben kann oder wenn bei einem Doppel-Blind-Versuch derjenige, der den Versuch durchführt, selbst nicht weiß, ob ein wirksames Heilmittel oder ein Placebo (bzw. das Standardpräparat) ausgeteilt bzw. angewendet worden ist. Bei psycho-physischen Experimenten, die gerade durch das Erfordernis der sogenannten Introspektion gekennzeichnet sind, müssen ebenfalls Schwierigkeiten dieser Art bewältigt werden. Andererseits kann jedoch auch die Frage äußerst problematisch sein, ob es im Falle eines Blindversuchs jemals sinnvoll ist, eine Erklärung zu geben, und wie weit sie im einzelnen Fall zu gehen hat. Trotz jüngster Untersuchungen über die Begrenztheit der Blindversuchsmethode[608]) wird es ausschlaggebend sein, daß auch in Zukunft gerade auf dem Gebiet der Psychiatrie viele Fragen, die bei der Erprobung der Wirksamkeit der psychiatrischen Behandlung auftauchen, höchstwahrscheinlich ohne den Blindtest einfach nicht beantwortet werden können. Wenn das so ist, muß gefragt werden, welchen *rechtlichen* Wert die Aufklärung des Patienten haben kann, wenn sie aus *medizinischer* Sicht eine Behandlung in Frage stellt, die nur bei Anwendung des Blindverfahrens möglich ist, und bei der die Aufklärung gerade *nicht* angezeigt ist[609]). Bis jetzt sind keine Untersuchungen über den Einfluß bekannt, den die vollständige oder unvollständige Aufklärung des Patienten auf die Wirksamkeit von Blindversuchen hat. Vollständige Aufklärung des Patienten oder der Versuchsperson besteht sicher nicht bloß in der Aufklärung über mögliche Wirkungen und Risiken des Versuchsprodukts und des Produkts, mit dem es verglichen werden soll, sondern auch in der Aufklärung über den Versuch selbst, über die Anwendung des Blindverfahrens und über die Zufallsstreuung. Das Problem wird in aller Schärfe deutlich, wenn das Vergleichsprodukt ein Placebo ist. Die Ärzteschaft scheint der Meinung zu sein, daß der wissenschaftliche Wert des Ergebnisses fragwürdig ist, solange es nicht möglich ist, den Einfluß der im Einzelfall zu gebenden Aufklärung zu kontrollieren, und daß dann auch fraglich bleiben muß, ob die Aufklärung des Patienten oder der Versuchsperson aus ärztlicher Sicht der Ethik entspricht[610]). Die Ärzteschaft hat in der Tat seit langem die Auffassung vertreten und vertritt sie noch, daß die (am besten völlige) *Unkenntnis* des Patienten über den Forschungscharakter der Therapie als grundlegende Voraussetzung für einen kontrollierten therapeutischen Versuch angesehen werden kann; und diese Auffassung wurde von der *Deutschen Pharmakologischen Gesellschaft* in ihren Äußerungen zum ersten Entwurf des neuen Arzneimittelgesetzes geteilt[611]). Seither haben führende Fachleute auf dem Gebiet darauf hingewiesen, daß die ethische Grundlage medizinischer Arbeit sich wahrscheinlich nicht verbessern kann, wenn die Ärzteschaft – unter dem Druck der Öffentlichkeit und in der sicherlich nicht immer gerechtfertigten Annahme, der Patient sei zu einer Einwilligung in der Lage – von diesem Grundprinzip ihrer Forschung abginge[612]). Es scheint eine weit verbreitete Ansicht innerhalb der Ärzteschaft zu sein, daß die volle Verantwortung dafür, daß ein klinischer Versuch in ethischer Hinsicht tadellos ist, bei dem *Arzt* liegen sollte, der den *Versuch* durchführt, in schwierigen Fällen vielleicht mit der zusätzlichen Hilfe eines Gremiums qualifizierter Fachleute, da nach dieser Lehre der einzige wirkliche Schutz des einzelnen nicht so sehr von der erteilten Aufklärung des Patienten und dessen Einwilligung abhängt, sondern von dem Gewissen und der inneren Anteilnahme des medizinischen Forschers[613]). Was immer man zugunsten dieser Meinung vorbringen mag, die Tatsachen deuten in sehr vielen Fällen auf den Schluß, daß jedenfalls einige Forschungsarbeit am Menschen nicht in Übereinstimmung mit diesen Grundsätzen ärztlicher Standesethik ausgeführt wird und daß sie nicht von solchen ethischen Kriterien wie den in den *Deklarationen von Helsinki und Tokio* niedergelegten geleitet wird[614]). Skepsis scheint deshalb im Interesse der Patienten und Testpersonen im allgemeinen wohl angebracht[615]).

e) Besondere Probleme entstehen in Verbindung mit der Prüfung von *Psychopharmaka*[616]). Wie alle Arzneimittel müssen diese Medikamente unter denselben Bedingungen erprobt werden, unter denen sie später zu therapeutischen Zwecken verwendet werden. Aber da bei einer psychiatrischen Behandlung die Aufklärungspflicht des Arztes weitgehend eingeschränkt sein kann[617]), kann das auch schon für das Gebiet klinischer Prüfung und Erprobung dieser Arzneimittel gelten. Sonst würde man vielleicht keine brauchbaren Ergebnisse erhalten[618]).

f) Wie man es auch betrachtet: der *Doppel-Blind-Versuch* sollte, wenn er medizinisch *notwendig* ist und *weder* eine bestehende Krankheit *verlängert* noch den Patienten oder die Versuchsperson physisch oder in sonstiger Weise *schädigt*, jedenfalls dann als *rechtlich vertretbar* angesehen werden[619]), wenn die *Einwilligung* aufgrund vollständiger Aufklärung über das Verfahren *wirksam* erteilt wurde oder – unter bestimmten, notwendigerweise sehr engen Voraussetzungen – *entbehrlich* war[620]). Der Arzt, der ärztliche Forscher oder das Krankenhaus haben die *Beweislast* dafür, daß der Doppel-Blind-Versuch *medizinisch absolut notwendig*, daß in jedem Einzelfall die *Einwilligung* aus *freien* Stücken nach angemessener *Aufklärung* erteilt worden oder unter besonderen Umständen entbehrlich war. Vor Beginn des Versuchs sollte über das Vorliegen dieser Voraussetzungen jedoch nie der Arzt oder Forscher entscheiden, der an der klinischen Prüfung beteiligt ist, sondern immer ein Fachmann, der unabhängig ist, nicht an dieser klinischen Arzneimittelforschung teilnimmt und mit ihr auch kein persönliches Interesse verbindet[621]).

g) Es sollte jedoch selbstverständlich sein, daß schwerkranke Patienten keine Placebos (oder nur das Standardpräparat) erhalten dürfen, weder im Verfahren des einfachen Blindversuchs noch des Doppel-Blind-Versuchs, wenn ein pharmakologisch wirksames (beziehungsweise wirksameres) Mittel medizinisch angezeigt ist[622]). Der Arzt kann jedoch wegen Verabreichung von Placebos etc. bei kontrollierten klinischen Prüfungen nur haftbar gemacht werden, wenn der Patient aufgrund der Behandlung mit dem Placebo einen Schaden erlitten hat. Es kommt auf den Fall an, ob bewiesen werden kann, daß die Krankheit bei Anwendung eines pharmakologisch wirksamen (oder wirksameren) Mittels anders und besser verlaufen wäre[623]).

2. Der Bereich der therapeutischen Anwendung neuer Arzneimittel und Methoden

Die Behandlung eines Kranken mit neuen Arzneimitteln zu *diagnostischen oder therapeutischen Zwecken* bedeutet – nach den oben genannten Definitionen[624]) – einen *Heilversuch,* d. h. eine Behandlung zu wenigstens vorrangig (wenn nicht ausschließlich) therapeutischen Zwecken. Man sollte sich hier daran erinnern, daß auch pharmakologisch unwirksame Produkte (d. h. Placebos) zum Zwecke diagnostischer und therapeutischer Behandlung verabreicht werden können[625]). Wenn mit der Verabreichung eines unwirksamen Arzneimittels beabsichtigt wird, die Diagnose dadurch zu erleichtern, daß der Arzt nun unterscheiden kann, ob die Beschwerden des Patienten nur eingebildet sind und die rein suggestive Kraft des Pseudo-Mittels zu ihrer Beseitigung ausreicht, dann haben wir es mit ausschließlich therapeutischer Behandlung zu tun. Das gilt auch, wenn ein unwirksames Arzneimittel angewendet wird, um zu sehen, ob damit behauptete Nebenwirkungen verschwinden und demnach ebenfalls nur eingebildet sind. In solchen Fällen ist der Patient kein Vergleichsobjekt und damit auch kein Experimentierobjekt zu bloß wissenschaftlichen Zwecken. Er wird vielmehr therapeutisch behandelt – wenn auch nicht so, wie er meint. Würde er darüber aufgeklärt, daß das verabreichte Arzneimittel tatsächlich unwirksam ist, würde der ganze diagnostische Zweck zunichte gemacht; aus diesem Grund kann man in solchen Fällen wohl nicht verlangen, daß diese Aufklärung gegeben wird[626]). Man kann das vielleicht allgemein so ausdrücken:

Wenn Placebos zu Diagnose- und Therapiezwecken (und nicht zu Vergleichs- und Experimentierzwecken) gegeben werden, ist die Pflicht des Arztes, den Patienten darüber aufzuklären, daß er mit pharmakologisch unwirksamen Produkten behandelt wird, durch die diagnostischen und therapeutischen Notwendigkeiten beschränkt[627]). In der psychiatrischen Praxis entstehen auch im Bereich pharmakologisch aktiver Substanzen Schwierigkeiten. Wenn jede Behandlung ein Experiment in dem Sinne ist, daß der Ausgang entweder unsicher oder sonst nur mit einer gewissen Wahrscheinlichkeit vorherzusagen ist, und wenn Einwilligung aufgrund von Aufklärung bedeutet, daß der Patient seine Einwilligung erst nach voller Unterrichtung über die Vorteile und Risiken, die die Behandlung beinhaltet, gibt, muß geprüft werden, ob der Patient vor einer analytischen Psychotherapie über die Möglichkeit eines von Zeit zu Zeit auftretenden Drangs zum Selbstmord oder einer vorübergehenden psychotischen Verschlechterung seines Zustandes informiert werden soll. Weiter ist zu fragen, ob der Patient vor einer Verhaltenstherapie über die Möglichkeit einer Symptomverschiebung und vor einer pharmakologischen Therapie wegen Depressionen über die Möglichkeit einer Agranulozytose zu informieren ist, oder ob es nicht moralisch eher zu rechtfertigen ist, die Aufklärung über solche Risiken zu unterlassen, weil Erklärungen in Wirklichkeit den wohlverstandenen Interessen des Patienten entgegenstehen können. Wenn zum Beispiel die Unterrichtung über die Tatsache, daß die aufheiternde Wirkung eines Heilmittels nur in ungefähr 60% oder 70% aller Fälle eintritt, nur das Gefühl der Hoffnungslosigkeit verstärkt, das der depressive Patient erfahren hat, wenn ein Patient mit destruktiven schizophrenen Symptomen sich einer in seinem Fall ratsamen neurologischen Therapie aufgrund der Aufklärung widersetzt, oder wenn, als letztes Beispiel, der depressiv gehemmte Patient trotz der erhaltenen Information unfähig bleibt, zu einer Entscheidung zu kommen, dann ist das Unterlassen der Aufklärung nicht nur moralisch vertretbar, sondern vielleicht sogar notwendig[628]). Man sollte jedoch daran denken, daß Placebos nicht nur in der Psychiatrie, sondern auch – trotz ihrer pharmakologischen Unwirksamkeit – auf vielen anderen medizinischen Gebieten als therapeutisches Mittel herangezogen werden, angefangen von Kopfschmerzen über Magenkrankheiten bis zu vielen anderen physischen Krankheiten, und das mit Ergebnissen, die für den Laien in der Tat verblüffend sein können, worauf G. *Kuschinsky* kürzlich noch einmal eindrucksvoll hingewiesen hat[629]).

Beim *Heilversuch mit neuen Medikamenten* stellen sich zwei wichtige Probleme: erstens die Frage der ärztlichen Sorgfaltspflicht und zweitens die Frage der ärztlichen Aufklärungspflicht[630]).

a) Die Sorgfaltspflicht

Das weite Feld der möglichen Sorgfaltspflichten im Rahmen einer therapeutischen Anwendung neuer Medikamente ist weitgehend (möglicherweise mit Ausnahme der Vereinigten Staaten) immer noch fast eine *terra incognita*, obwohl einige Schritte zu einer Verbesserung der Situation unternommen wurden. Deutschland besitzt beispielsweise *de lege lata* keine speziellen Vorschriften für die Arzthaftung bei Anwendung neuer Medikamente. Auch das alte deutsche Arzneimittelgesetz von 1961[631]) beinhaltete keine materiellen Voraussetzungen für die Registrierung neuer Arzneimittel. Seit 1971 jedoch muß die klinische Prüfung bestimmte Voraussetzungen erfüllen; die Vorschriften, in denen sie enthalten sind, zielen darauf ab, wenigstens einige Kriterien festzulegen, die vor einer Registrierung und Billigung des Arzneimittels erfüllt sein müssen[632]). Das neue Arzneimittelgesetz von 1976[633]), das am 1. 1. 1978 in Kraft getreten ist, wird sicherlich in mancher Hinsicht den Schutz des Patienten gegen die Gefahren pharmakologischer Produkte verbessern. Das Verfahren der Registrierung, das bis Ende 1977 eine formale Angelegenheit gewesen ist, ist jetzt durch ein echtes *Zulassungsverfahren* ersetzt worden, durch das garantiert werden soll, daß der Arzneimittelhersteller prinzipiell die Wirksamkeit und Unschädlichkeit des Arzneimittels nachweisen muß und daß er zu diesem Zweck mit dem Antrag auf Zulassung des Arzneimittels die Ergebnisse der durchgeführten analytischen pharmakologisch-toxikologischen und klinischen Prüfungen und die Stellungnahmen von Sachverständigen zu den Arzneimitteln vorlegen muß. Aber weder die Registrierung, die bis jetzt die Regel war, noch die seit 1978 eingeführte Zulassung entbinden den *Arzt* von den erweiterten Sorgfaltspflichten, die ihn allgemein bei Anwendung neuer Medikamente oder Behandlungsmethoden treffen, mit denen er nicht vertraut ist. Um dem Vorwurf eines Behandlungsfehlers zu entgehen, hat der Arzt die *Gebrauchsanweisungen* und die *Dosierungsvorschriften* sehr sorgfältig zu studieren. Wenn in Verbindung mit einer therapeutischen Behandlung durch neue Medikamente oder Methoden vorausgehende *Tests* möglich sind oder sogar empfohlen werden, verlangt die hier gebotene ärztliche Sorgfaltspflicht die Ausführung dieser Tests vor jeder Behandlung. Diese Grundregel spielte eine wichtige Rolle in zwei Entscheidungen aus England bzw. Kanada, bei denen es darum ging, ob in zwei Anti-Tetanus-Fällen vorher bestimmte Tests ausgeführt worden waren[634]). Im ersten Fall wurde ein Arzt, der versäumt hatte, vor der Verabreichung massiver Dosen von Neomycin vom Produzenten empfohlene Hörtests durchzuführen, zum Ersatz des Schadens verurteilt, den der Patient durch einen dauernden Gehörverlust erlitten hatte[635]), im zweiten Fall obsiegte eine Patientin mit Penicillinunverträglichkeit in einer Schadensersatzklage gegen den Arzt, der sich nach dieser Unverträglichkeit weder erkundigt noch im Krankenblatt der Patientin danach gesucht hatte, bevor er ihr eine Injektion mit Procain-Penicillin verabreichte[636]). Der Arzt ist jedoch gleichfalls verpflichtet, die auf der Packung oder der Packungsbeilage enthaltenen Informationen über Zusammensetzung und Aufbau der neuen Medizin *kritisch* zu prüfen. Der behandelnde Arzt ist und bleibt nämlich die einzige Person, die die Wirkungen und Folgen der neuen Medizin auf Organismus und Gesundheitszustand des einzelnen Patienten berücksichtigen und sich darüber eine Meinung bilden kann. Da diese Wirkungen nur für jeden Einzelfall festgestellt werden können, darf der Arzt sich nicht auf die in der Packungsbeilage usw. für die Ärzte im allgemeinen angegebenen Ergebnisse der klinischen Arzneimittelprüfung verlassen[637]). Er muß kritisch bleiben. Er darf nur Medikamente verschreiben, deren Wirkung er nach bestem Wissen erkennen kann; und sein Wissensstand muß sich, wie schon oben[638]) gezeigt, auf der Höhe der wissenschaftlichen Entwicklung seines besonderen Spezialgebietes befinden. Der Arzt ist daher auch zu prüfen verpflichtet, ob ein anderes Arzneimittel, das er besser kennt, wahrscheinlich ebenso gut wirken würde[639]). Es ist selbstverständlich, daß der zu fordernde Sorgfaltsmaßstab in Fällen, in denen das (zu testende) Arzneimittel Dauerschäden hervorrufen könnte, generell sehr viel höher ist als in anderen Fällen; ein geringeres Maß an Anforderungen wird dagegen bei Medikamenten anzusetzen sein, die nur eine vorübergehende Belastung oder kleinere Schäden zu verursachen geeignet sind. Die Frage, welche Anforderungen an die ärztliche Sorgfalt zu stellen sind, ist daher in jedem Einzelfall eine Tatfrage; jedoch sind sehr hohe Standards da zu verlangen, wo die getesteten und benutzten Arzneien geeignet sein könnten, Dauerschäden oder schwere Schäden beim Patienten hervorzurufen[639a]). Der Arzt muß sich aus diesen Gründen auch darum kümmern, ob die verwendete Arznei nicht nach kurzer Zeit wegen zu erwartender oder nichtauszuschließender Schäden wieder abgesetzt werden muß[639a]).

b) Der Umfang der Aufklärung

Nach den oben erörterten Grundsätzen[640]) hängt der jeweils erforderliche Umfang der dem Patienten zu erteilenden Aufklärung von den Gefahren und der Dringlichkeit der Behandlung ab[641]). Der Arzt hat die Beweislast dafür, daß die vorgeschlagene Behandlung, sofern sie *neu* ist, auch notwendig war, z. B. weil vergleichbare Methoden aus dem Bereich der konventionellen Heilbehandlung fehlen oder Methoden aus dem Bereich des Heilversuchs mit bereits besser bekannter Wirkung oder größerem Rückhalt in der Ärzteschaft fehlen. Der Arzt wird außerordentlich vorsichtig vorzugehen haben, wenn er beim Studium der dem Präparat beigegebenen Hinweise beispielsweise bemerkt, daß das Arzneimittel Wirkstoffe enthält, die neu oder der Ärzteschaft nicht so gut bekannt sind wie andere Wirkstoffe. Stellt dagegen das Medikament lediglich eine weitere

Heilversuche und gesteigerte ärztliche Aufklärungspflicht 89

Kombination schon bekannter Wirkstoffe dar, mag das Ausmaß der zu erwartenden Gefahr bedeutend geringer sein. Jedenfalls ist der Arzt verpflichtet, den Patienten über die Möglichkeit unbekannter Gefahren aufzuklären[642]), falls er Grund hat anzunehmen, daß derartige Risiken drohen könnten[643]). Wenn der Patient eine Wahlmöglichkeit hinsichtlich seiner Behandlung besitzt, z. B. zwischen verschiedenen Arten der Behandlung oder, falls er wählen kann, ob er sich einer Behandlung unterziehen will oder nicht (z. B. im Falle eines nicht akut entzündeten Blinddarms), muß er in vollem Umfange über beide Wahlmöglichkeiten unterrichtet werden[644]). Ist die Behandlung jedoch unbedingt erforderlich, um das Leben des Patienten zu retten oder seinen Gesundheitszustand zu verbessern, kann der Umfang der Aufklärungspflicht insoweit eingeschränkt sein, als der Patient keinerlei Wahlmöglichkeit besitzt und jede Verzögerung den Erfolg der Behandlung gefährden würde[645]). Der Arzt hat die Beweislast dafür, daß der Patient in solchen Fällen in einer die Wahlmöglichkeit ausschließenden Situation war und sofort erforderliche Entscheidungen eine umfassendere Aufklärung unmöglich machten. Diese Grundsätze sind gleichermaßen auf Heilversuche anzuwenden.

3. Arzthaftung und Produzentenhaftung

Probleme entstehen in bezug auf das Verhältnis zwischen zivilrechtlicher Arzthaftung und Produzentenhaftung, wenn auch der Hersteller für den Schaden des Patienten haftet.

a) Die Haftung des *Herstellers* kann sich daraus ergeben, daß die Gefahr, die später den Schaden verursacht hat, der Sphäre der Verantwortlichkeit des Herstellers entstammte. Ein solcher Fall kann vorliegen, wenn dem Hersteller bei der Produktion des Arzneimittels oder bei dessen Verpackung und Verbreitung für Doppel-Blind-Versuche usw. eine fahrlässige Pflichtverletzung vorzuwerfen ist oder er es versäumt hat, auf der Verpackung oder in den Verschreibungsvorschriften auf bestimmte Gefahren und Kontraindikationen in ausreichendem Maße hinzuweisen[646]). In derartigen Fällen ist der Hersteller verurteilt worden, den im Laufe der Behandlung mit dem Medikament entstandenen Schaden zu ersetzen. Derartige Entscheidungen sind nicht nur von Gerichten der Rechtsordnungen gefällt worden, in denen der Grundsatz der Haftung *ohne* Verschulden angewandt wird[647]), sondern auch von Gerichten jener Rechtsordnungen, die im Bereich der Produzentenhaftung noch dem *Verschuldensprinzip* anhängen[648]); in dieser zweiten Gruppe der Rechtsordnungen, die noch am Verschuldensprinzip festhält, sind die dem Hersteller auferlegten Pflichten teilweise weit über den Bereich hinaus ausgedehnt, den man noch als den der „angemessenen Sorgfaltspflichten" bezeichnen könnte, so daß die daraus resul-

90 Ausgewählte Probleme der zivilrechtlichen Arzthaftung

tierende Last aus der Sicht des Produzenten fast auf eine Gefährdungshaftung des Produzenten hinausläuft[649]).

b) Das Bild der rechtlichen Anforderungen, die an die Produzentenhaftung gestellt werden, sieht von Land zu Land *anders* aus[650]).

aa) In der Rechtsordnung einiger Länder herrscht noch das Verschuldensprinzip mit nur sehr unwesentlichen Konzessionen an das Problem der Erleichterung der Beweisführung des Verletzten. So ist in *England* und *Schottland* der einzige Behelf im Recht der unerlaubten Handlungen (*tort* in England, *delict* in Schottland) jene Schadensersatzklage, die ihren Grund in einer schuldhaften Verletzung der Sorgfaltspflicht hat; die Beweislast für alle erheblichen Fragen einschließlich der Frage des Verschuldens liegt hier beim Kläger[651]). Der zu Schaden gekommene Kläger *unterliegt* deshalb gegen den Arzneimittelhersteller, wenn er nicht außer dem Beweis, daß er durch einen Fehler in dem Produkt geschädigt worden ist, auch noch folgende Beweise führen kann: (1) daß der Fehler in dem Produkt durchaus geeignet war, die eingetretenen Schäden hervorzurufen[652]), (2) daß der Fehler konkret schon zu dem Zeitpunkt bestand, als das Arzneimittel den Herstellerbetrieb verließ[653]), (3) daß der Fehler *nicht* so beschaffen war, daß der Hersteller vernünftigerweise erwarten konnte, der Verletzte oder ein Dritter werde ihn rechtzeitig bemerken und abstellen, bevor er Schaden anrichten konnte[654]) und (4) daß der Fehler durch Verletzung der Sorgfalt auf seiten des Herstellers entstanden, von ihm also schuldhaft verursacht worden ist[655]). Die Rechtsposition des Klägers ist in England und in Schottland also heute im Grunde noch so, wie sie in der Mehrheitsentscheidung des *House of Lords* in dem berühmten schottischen Fall *Donoghue v. Stevenson* (1932) dargestellt worden ist. Darin entschied das *House of Lords* nach einer Reihe von hin und her gehenden Rechtsmitteln, daß der Hersteller von Lebensmitteln, Arzneimitteln und ähnlichem (ja, eigentlich jedes Produktes) dem Endverbraucher gegenüber eine Sorgfaltspflicht schuldet, daß das Produkt frei von Fehlern ist, die Gesundheitsschäden verursachen könnten[656]). Dieser Grundregel sind seither auch die Gerichte anderer *Common-Law*-Länder, z. B. *Australien*[657]) und *Kanada*[658]) gefolgt.

bb) Die *English Law Commission* und die *Scottish Law Commission* haben in einem gemeinsamen Bericht jetzt darauf hingewiesen, daß ihre Befragungen über die zivilrechtliche Haftung für fehlerhafte Produkte eine weitverbreitete Unzufriedenheit mit der gegenwärtigen Rechtslage ergeben haben[659]). Viele, die sich zu der gegenwärtigen Lage des Rechts der unerlaubten Handlung in England und Schottland geäußert haben, waren der Ansicht, daß es zu schwer für den Kläger sei, die Beweislast für das Verschulden zu tragen, um Schadensersatz wegen entstandener Schäden aufgrund fehlerhafter Produkte zu erlangen. Es wurde vorgebracht, daß der *Kläger* den *Fehler* nachweisen müsse und dann der *Produzent* die *Beweislast* dafür tragen sollte, daß der Fehler ohne sein Verschulden entstanden ist[660]). Wenn von dem Produzenten nur gefordert würde, daß er dartut, seine Sorgfaltspflicht beachtet zu haben, aber nicht, daß der Fehler ohne sein Verschulden entstanden ist, dann könne die Klage immer noch abgewiesen werden[661]). In diesem Zusammenhang zitierten die beiden *Law Commissions* eine Grundsatzentscheidung des deutschen *Bundesgerichtshofs*, das sogenannte *Hühnerpesturteil*[662]). In diesem Fall waren die Hühner des Klägers von einem Tierarzt mit einem Impfstoff geimpft worden, den dieser von einem Arzneimittelhersteller gekauft hatte. Der Impfstoff war fehlerhaft, weil er Viren enthielt, die – wie der Kläger beweisen konnte – in dem Impfstoff aktiv waren, als er vom Hersteller geliefert wurde. Die Hühner starben aufgrund dieses Fehlers. Der Kläger konnte nicht beweisen, daß der Arzneimittelhersteller in irgendeiner Hinsicht schuldhaft gehandelt hatte (ein Beweis, den vor diesem Urteil der Kläger hätte erbringen müssen). Der *Bundesgerichtshof* kehrte nun die Beweislast um und entschied[663]), daß in Fällen von Produzentenhaftung jedenfalls dann, wenn das Produkt schon fehlerhaft war, als es den Produzenten verließ, *nicht* der *Kläger* die Beweislast für das Verschulden des Produzenten, *sondern* der *Produzent die Beweislast für sein Nichtverschulden* trage; das Gericht entschied weiter, daß es zum Beweis des Nichtverschuldens nicht ausreiche, wenn der Produzent die Beachtung der Sorgfaltspflicht dartue, er müsse vielmehr auch dartun, *wie* der Fehler entstanden sei; da in diesem Fall der Produzent die wahre Ursache nicht nachgewiesen hatte, haftete er für den Schaden des Klägers[664]). Ein großer Teil der vor den beiden *Law Commissions* gehörten Sachverständigen war jedoch dafür, weiter zu gehen, als nur die Beweislastregeln zu ändern[665]); sie befürworteten im Bereich der Arzneimittelhaftung eindeutig die Einführung der *Gefährdungshaftung*[666]). Die beiden *Law Commissions* kamen auch zu der Empfehlung, daß Produzenten (einschließlich der Arzneimittelproduzenten) in der Regel das Risiko für durch ihre Produkte verursachte Schäden übernehmen und für sie aus Gefährdungshaftung einstehen, also ohne Rücksicht auf Verschulden haften sollen[667]). Folgende Hauptgesichtspunkte wurden zugunsten dieser Empfehlung vorgebracht: (1) Wenn jemand wegen der Fehlerhaftigkeit eines Produkts Personenschaden erleidet, sollte eher derjenige den Schaden tragen, der die Gefahr geschaffen hat, indem er zu kommerziellen Zwecken das fehlerhafte Produkt in Verkehr gebracht hat, als derjenige, der dadurch verletzt wird; (2) es ist wünschenswert, denjenigen innerhalb der Kette von Herstellung und Verteilung die Haftung aufzuerlegen, die am besten in der Lage sind, Kontrolle über Qualität und Sicherheit des Produkts auszuüben; (3) es ist wünschenswert, daß das Schadensrisiko fehlerhafter Produkte von denjenigen getragen wird, die sich am ehesten dagegen versichern können; (4) bei der

Entscheidung, wer den Schaden tragen soll, sollten auch Erwartungen der Öffentlichkeit, die manchmal durch Reklame und Werbematerial geweckt würden, mit berücksichtigt werden; und (5) es ist wünschenswert, Schwierigkeiten verfahrens- und beweisrechtlicher Art zu beseitigen, die den Gang der Rechtspflege eher hindern als fördern[668]).

cc) Der Wortlaut der *European Convention on Products Liability in regard to Personal Injury and Death* von 1977[669]) und des Entwurfs der *European Economic Communities Directive on Products Liability* von 1976[670]) lassen erkennen, daß der Trend in Europa – trotz der eher äußerlichen Anhänglichkeit einiger europäischer Länder an das altehrwürdige Verschuldensprinzip[671]) – auf eine Einführung der Gefährdungshaftung der Produzenten zuläuft, jedenfalls dann, wenn deren Produkte zu Personenschäden führen[672]). Der Trend kann vielleicht am besten auf dem Gebiet der Gefährdungshaftung für pharmazeutische Produkte beobachtet werden[673]). Gefährdungshaftungsmodelle gibt es in den USA schon seit einigen Jahren zuhauf[674]), und es ist kaum verwunderlich, daß auch die *Royal Commission on Civil Liability and Compensation for Personal Injury* unter ihrem Vorsitzenden *Lord Pearson* von diesem starken Trend beeinflußt wurde und in ihrem umfangreichen Bericht von 1978[675]) ebenfalls nachdrücklich die Einführung der Gefährdungshaftung[676]), einschließlich der Gefährdungshaftung der Arzneimittelhersteller für ihre pharmazeutischen Produkte[677]), empfohlen hat. Das bedeutet nicht unbedingt, daß nicht die Einführung eines zentralen Entschädigungsfonds auf lange Sicht für pharmazeutische Produkte das *Gegebene* wäre; aber mit Ausnahme von Neuseeland[678]) und Schweden[679]) haben solche Entschädigungsfonds noch keine breite Anerkennung gefunden, die *Law Commission* hat sich zu diesem Punkt nicht geäußert[680]), die *Pearson Commission* empfahl, sorgfältig zu studieren, wie sich die Entschädigungssysteme in Neuseeland und Schweden bewähren[681]), hielt es aber nicht für angebracht, ihre Einführung in der einen oder anderen Form im Vereinigten Königreich zu empfehlen[682]); in der Bundesrepublik Deutschland wurden frühere Pläne, einen Entschädigungsfonds für Arzneimittelschäden einzurichten[683]), schließlich zugunsten eines anderen Weges fallengelassen: Mit Wirkung vom 1. Januar 1978 ist hier die Gefährdungshaftung des Produzenten für seine Produkte eingeführt worden[684]).

(1) Die neue deutsche Gesetzgebung auf diesem Gebiet stellt ein recht interessantes Abgehen von früheren Plänen in der Bundesrepublik Deutschland dar, auf dem Gebiet von Medikamenten und Drogen einen *Entschädigungsfonds* und nicht ein Gefährdungshaftungssystem einzuführen. Nach einem früheren Entwurf des Arzneimittelgesetzes sollte ein Entschädigungsfonds eingerichtet werden, an den die Arzneimittelhersteller Beiträge hätten zahlen müssen, so daß im

Ergebnis die Haftung alle Hersteller gemeinsam getroffen hätte. Es war eine subsidiäre Haftung des Entschädigungsfonds geplant; der Fonds hätte daher nicht gehaftet, wenn ein anderer für den Schaden gehaftet hätte und soweit der Geschädigte von diesem den Ersatz seines Schaden hätte erlangen können. Der Fonds hätte jedoch die Beweislast für die Tatsachen getragen, die seine Haftung hätten ausschließen können. Für die Haftung des Arztes waren durch die Einführung des Entschädigungsfonds keine Veränderungen zu erwarten. Hätten beide, Hersteller und Arzt, den Schaden verursacht, so wären die oben erörterten Grundsätze anzuwenden gewesen[685]). Hätte der Hersteller beweisen können, daß der Schaden ohne sein Verschulden entstanden war (ein Beweis, der oftmals unmöglich sein wird), so hätte allein der Arzt gehaftet, falls er fahrlässig gehandelt hatte. Wäre auch dies nicht festzustellen gewesen, oder hätte der Geschädigte von dem Arzt aus tatsächlichen Gründen keinen Ersatz erhalten können, dann hätte der Entschädigungsfonds haften sollen[686]).

(2) Wie bereits angedeutet, hat der deutsche Gesetzgeber diese Lösung *aufgegeben*. Stattdessen greift *Gefährdungshaftung* des Arzneimittelherstellers ein, wenn der Tod oder der Personenschaden von dem bestimmungsmäßigen Gebrauch des Arzneimittels herrühren. Der Schaden muß so sein, daß er über ein nach den Erkenntnissen der medizinischen Wissenschaft bestehendes Maß *hinausgeht*, und er muß seine Ursache im Bereich der Entwicklung oder der Herstellung des Arzneimittels haben[687]). Das schließt sogenannte *Bagatellschäden* aus, d. h. kleinere Nebenwirkungen einer sonst nützlichen und wirksamen Medizin, aber es schließt ausdrücklich Entwicklungsgefahren ein[688]). Dieselben Haftungsregeln gelten, wenn der Schaden durch nicht dem Stand der wissenschaftlichen Erkenntnis in der Medizin entsprechende und somit unzureichende Kennzeichnung und Gebrauchsanweisungen entstanden ist[689]). Der Umfang der Ersatzpflicht bei der neuen Gefährdungshaftung erstreckt sich auf den verursachten Schaden wie oben dargestellt; bei Tötung des Verbrauchers haftet der Produzent auch Dritten gegenüber, sofern der Getötete ihnen zur Gewährung von Unterhalt verpflichtet war[690]). Der Umfang der Haftung des Produzenten ist jedoch auf *Höchstbeträge* begrenzt; die Entschädigung ist entweder auf eine Kapitalsumme von 500 000 DM pro Person oder auf einen jährlichen Rentenbetrag von 30 000 DM pro Fall begrenzt; im Falle von Serienschäden, also wenn das gleiche Arzneimittel die Tötung oder Verletzung von mehreren Menschen verursacht hat, beträgt die Grenze der entsprechenden Ersatzpflicht des Herstellers 200 Millionen DM oder 12 Millionen DM im Jahr; übersteigt die Gesamtsumme der Entschädigungen in diesem Fall die erwähnten Höchstgrenzen, erhalten die Ersatzberechtigten nur einen entsprechenden Teilbetrag an der Höchstsumme[691]). Die Haftung kann nicht durch Vertrag ausgeschlossen werden[692]); Vereinbarungen mit diesem Inhalt sind nichtig[693]). Da es keinen Ent-

schädigungsfonds gibt, an dem alle Produzenten beteiligt sind, ist jeder Unternehmer in der pharmazeutischen Industrie verpflichtet, sich durch eine Versicherung in der Höhe der genannten Beträge abzusichern und die notwendigen Vorkehrungen zu treffen, daß er die ihm durch die neuen Gefährdungshaftungsregeln auferlegten Pflichten erfüllen kann[694]). Es versteht sich, daß Privatversicherer ihre Bereitschaft erklärt haben, Versicherungen entsprechend dem neuen Gesetz abzuschließen; im Hinblick auf die Gefährdungshaftung des Produzenten im Bereich der Medizin überhaupt und auf den Mangel der Versicherer und Produzenten an Erfahrung auf diesem Gebiet im allgemeinen und der möglichen Ausweitung von Entschädigungsfällen im besonderen ist aber selbstverständlich eines der Hauptprobleme das eines angemessenen Versicherungssystems, ein Problem, von dem man nicht behaupten kann, daß es schon gelöst wäre[695]). Viel wird davon abhängen, ob es zukünftig gelingt, neue Versicherungssysteme auszuarbeiten, die flexibel genug sind, um im Interesse aller Beteiligten die notwendige Deckung zu schaffen.

c) Es sollte an dieser Stelle jedoch nochmals betont werden, daß die Gefährdungshaftung des Produzenten die mögliche Haftung des Arztes aus unerlaubter Handlung *nicht* ausschließt.

aa) Die Einführung der Gefährdungshaftung für Arzneimittelproduzenten hat die normale Haftung des Arztes innerhalb seiner Berufsausübung unberührt gelassen[696]); es ist auch fast allgemein anerkannt, daß – zugegebenermaßen mit der sehr wichtigen Ausnahme von Heilversuchen und Humanexperimenten[697]) – die zivilrechtliche Haftung für medizinische Schädigungen bei der Behandlung auch in Zukunft weiterhin Verschuldenshaftung und nicht Gefährdungshaftung sein soll, unabhängig davon, daß und wie die Produzenten für die Ausübung ihrer Tätigkeit haften[698]). Es ist deshalb wichtig, daß auch der Arzt gegen die Haftungsrisiken seiner Berufsausübung versichert ist, selbst wenn es – wie in Deutschland – keine *Pflicht*versicherung für die zivilrechtliche *Arzthaftung* gibt[699]), im Gegensatz zu der für den *Arzneimittelhersteller* neu eingeführten Pflichtversicherung[700]). Die meisten Ärzte sind aber gegen Risiken ihrer Berufsausübung versichert[701]). Nach deutschem Recht hat der Patient keinen unmittelbaren Anspruch gegen den Versicherer, der natürlich nur haftet, wenn der Arzt selbst haftet; im allgemeinen ist der versicherte Arzt berechtigt, von dem Versicherer zu verlangen, von seiner durch die Behandlung entstandenen zivilrechtlichen Haftung freigestellt zu werden. Aber nur wenn der Arzt seine Rechte gegen den Versicherer an den Patienten abgetreten hat, kann der Patient auch direkt gegen den Versicherer vorgehen. Es wird daher (noch einmal) zukünftig viel davon abhängen, ob es möglich ist, auch für das Verhältnis Arzt – Patient neue Versicherungssysteme zu entwickeln.

bb) Was in dem vorangegangenen Abschnitt gesagt worden ist über die Wichtigkeit, sich zu versichern und für die Zukunft bessere Versicherungssysteme zu entwickeln, die die Haftungsrisiken für medizinische Handlungen abdecken, gilt ganz besonders für die wichtige Empfehlung der *Pearson Commission*, daß die *Gefährdungshaftung* außer bei der Produzentenhaftung auch auf dem Gebiet medizinischer Verletzung eingeführt werden sollte, und zwar bei einer bestimmten Personengruppe: denjenigen, die sich freiwillig für klinische Versuche oder Forschungsexperimente zur Verfügung stellen[702]). Da es offensichtlich falsch ist, daß ein Patient oder jemand, der sich im Interesse der Gemeinschaft einem medizinischen Risiko aussetzt, im Schadensfall keinen Rechtsanspruch auf Ersatz haben soll[703]), kann man nur mit der *Pearson Commission* empfehlen, daß jeder Freiwillige für klinische Prüfungen (oder irgendeine andere Art von Heilversuchen oder Humanexperimenten), bei denen er einen Schaden davonträgt, unabhängig vom Verschulden auf seiten des Arztes oder Forschers auf der Grundlage der Gefährdungshaftung einen Schadensersatzanspruch gegen denjenigen haben soll, demgegenüber er seine Einwilligung erteilt hat, sich zur Verfügung zu stellen[704]). Es liegt auf der Hand, daß Ärzte und Forscher, die mit Heilversuchen und Humanexperimenten befaßt sind und Patienten oder gesunde Freiwillige bitten, im Interesse der Forschung neue Behandlungsarten auf sich zu nehmen, ordnungsgemäß versichert sein sollten.

cc) Schon 1961 war der Vorschlag gemacht worden[705]), die *Versicherung des Arztes*, als dem unerlaubt Handelnden, durch eine *Versicherung des Patienten*, als dem Opfer, zu ersetzen. Ein entsprechender Vorschlag wurde 1975 von *Lord Kilbrandon* auf dem 5. Kolloquium des Europarats zum Europäischen Recht in Lyon unterbreitet[706]). Die wirklich erhebliche Frage ist das Problem des Schadensersatzes für Nicht-Vermögensschaden, der oft das einzige ist, was der Verletzte tatsächlich erhält[707]). Es bleibt abzuwarten, ob es ein neues System gerechter Entschädigung geben wird, das für beide Parteien, den Arzt und den Patienten, annehmbar ist. Bisher scheinen nur Neuseeland und Schweden in der Einführung eines Patientenversicherungssystems weit gegangen zu sein – mit dem Ergebnis, daß sich viele unserer zivilrechtlichen Haftungsprobleme zu Randfragen gemindert haben; in Schweden scheinen heute weder Kunstfehler – noch Einwilligungsprobleme wirkliche Entschädigungsschwierigkeiten zu machen, soweit es die *zivilrechtliche* Arzthaftung betrifft[708]). Das Gebiet, auf dem diese Probleme wichtig bleiben, scheint heute schon eher das Strafrecht zu sein[709]).

II. Transsexuelle Chirurgie

Transsexuelle Chirurgie wurde vor rund 25 Jahren Wirklichkeit, als Christina Jorgensons operative Geschlechtsumwandlung die Welt schockierte. Seit diesem Vierteljahrhundert ist die Transsexualität Dilemma und Kontroverse zugleich geworden, in der Medizin, in der Psychiatrie, im Recht[710]).

1. Zwar ist die ganze Entwicklung auf diesem Gebiet noch relativ jung, doch hat sie schon zu Rechtsproblemen geführt, die sich vor Generationen noch niemand auszudenken gewagt hätte. Wie hätten sich frühere Generationen auch vorstellen können, daß sich eines Tages – Anno Domini 1976 – die chirurgische Geschlechtsumwandlung so weit perfektioniert hatte, daß ein Gericht in New Jersey die Ehe zwischen zwei biologisch männlichen Partnern aufrechterhalten und den „Ehemann" verpflichten würde, seiner „Ehefrau" ehelichen Unterhalt zu zahlen, da einer der beiden inzwischen sowohl physisch als auch psychologisch und anatomisch eine Frau geworden war[711])?

2. Der höchste deutsche Gerichtshof, das *Bundesverfassungsgericht*, hatte kürzlich mit einem Fall der Transsexualität zu tun und erwies sich als unvoreingenommen – oder vergleichsweise naiv? – aufgeschlossen gegenüber neuen Forschungsergebnissen und dem wissenschaftlichen Fortschritt im Wissen um den Menschen[712]).

a) In diesem bemerkenswerten Fall hatte sich der Antragsteller über Entscheidungen verschiedener Unterinstanzen und des deutschen *Bundesgerichtshofs*[713]) beschwert, die sämtlich seinen Antrag zurückgewiesen hatten, seine Geschlechtseintragung im offiziellen Geburtenregister des Standesamts von *männlich* in *weiblich* abzuändern. Der Beschwerdeführer gehört zu den Personen, die aufgrund ihrer äußeren Geschlechtsmerkmale im Zeitpunkt der Geburt dem männlichen Geschlecht zugeordnet worden sind, sich aber später in jeder Hinsicht dem weiblichen Geschlecht zugehörig zu fühlen begannen und heute – nach auch chirurgischer Anpassung ihres äußeren Erscheinungsbildes – das Leben einer Frau führen, jedoch rechtlich nach wie vor als Männer behandelt werden (sogen. männliche Transsexuelle). Heute ist der Beschwerdeführer als Krankenschwester an einer Klinik tätig. Sie beschwerte sich beim *Bundesverfassungsgericht* darüber, daß der *Bundesgerichtshof* mit seiner ihren Antrag auf Änderung der Geschlechtseintragung im Geburtenbuch zurückweisenden Entscheidung ihre verfassungsmäßigen Rechte verletzt habe, und das *Bundesverfassungsgericht* entschied auf diese Beschwerde hin, daß die gerügten Entscheidungen der Unterinstanzen tatsächlich die verfassungsmäßigen Rechte der Beschwerdeführerin auf Achtung ihrer Menschenwürde (Art. 1 I GG) und der freien Persönlichkeitsentfaltung (Art. 2 I GG) verletzt haben und deshalb null und nichtig sind; der Fall wurde an den *Bundesgerichtshof* zur erneuten Verhandlung im Lichte der Entscheidung des *Bundesverfassungsgerichts* zurückverwiesen[714]).

b) Das *Bundesverfassungsgericht* gab zu bedenken: daß nach dem derzeitigen Stand der Erkenntnisse das Wesentliche am Transsexualismus die vollständige psychische Identifikation mit dem anderen, d. h. dem eigenen Körper widersprechenden Geschlecht sei. Wirkliche Transsexuelle erführen diese Überzeugung von Kindheit an, und ihr Leben sei ein ständiger Kampf um die Lösung dieses ihres biologischen Dilemmas. Der Transsexuelle werde im Gegensatz zum Zwitter (Hermaphroditen) nicht den somatischen Intersexen zugerechnet, die weder ganz zum einen noch ganz zum anderen Geschlecht gehören. Im Zeitpunkt seiner Geburt sei der Transsexuelle vielmehr genetisch eindeutig männlichen oder weiblichen Geschlechts und mit entsprechenden normalen Fortpflanzungsorganen und Fortpflanzungsfunktionen ausgestattet. Entstehung und Ursache des Transsexualismus seien noch nicht endgültig geklärt. Insbesondere stehe nicht fest, ob und welche pränatalen Determinanten für die Entwicklung zum Transsexuellen bestimmend sind. Als medizinisch gesichert gelte aber, daß Transsexualität nichts mit Homosexualität oder Fetischismus zu tun habe und von den psychosexuellen Anomalien und Perversionen klar getrennt werden kann. Entscheidend sei für den Transsexuellen nicht die Sexualität, sondern das Problem des personalen Selbstverständnisses, das sich in der Geschlechtsrolle und der Geschlechtsidentität manifestiere. Der männliche Transsexuelle, also derjenige psychologisch weibliche Mensch, der vom anatomischen Erscheinungsbild als Mann anzusehen wäre, fühle sich nicht zu Homosexuellen hingezogen[715]), sei aber andererseits auch nicht an Frauen interessiert, denen er sich durch dasselbe Geschlecht verbunden wisse[716]). Der Transsexuelle suche vielmehr ausdrücklich den heterosexuell orientierten Partner.

c) In Ermangelung irgendwelcher anderer erfolgversprechender psychotherapeutischer oder hormoneller Behandlungsformen[717]) ist nach einer auch vom *Bundesverfassungsgericht* übernommenen interdisziplinären Auffassung der einzig sinnvolle und hilfreiche therapeutische Weg der, den Körper des Transsexuellen der erlebten Geschlechtsidentität soweit wie möglich anzupassen: durch chirurgische Geschlechtsumwandlung. Nach Auffassung des Bundesverfassungsgerichts hat dieser medizinische Schritt auch *rechtliche Konsequenzen*, weil der Kampf des Transsexuellen um seine Identitätsprobleme nicht schon nach vollzogener chirurgischer Geschlechtsumwandlung ende, sondern erst dann, wenn die Rechtsordnung in jedem konkreten Fall die psychologischen Fakten und Probleme voll zur Kenntnis genommen und akzeptiert habe, einschließlich

z. B. der Kostenübernahme für die geschlechtsumwandelnde Operation durch die Versicherung[718]) und der Korrektur der Geschlechtseintragung im offiziellen Geburtenregister, die ihrerseits wiederum die Vorbedingung ist für die Erlaubnis an den Transsexuellen, seine Vornamen entsprechend der neuen Identität zu ändern und aus dem für das als zugehörig empfundene Geschlecht bereitgehaltenen Schatz an Vornamen auszuwählen[719]).

2. Mit dieser wichtigen Grundsatzentscheidung des höchsten deutschen Gerichts kann nicht länger davon die Rede sein, daß geschlechtsumwandelnde Operationen in der Bundesrepublik Deutschland rechtswidrig seien[720]). Solche Operationen können in Deutschland genauso rechtmäßig sein wie in Belgien, Großbritannien, Kanada, der Schweiz und in den Vereinigten Staaten auch[721]).

a) Gleichwohl ist die gesamte mit der transsexuellen Chirurgie verbundene Problematik sehr weit davon entfernt, gelöst zu sein. So bezeichnete erst vor kurzem ein New Yorker Gericht, das die Änderung des Geschlechts im Geburtenregister ebenfalls (wie der deutsche Bundesgerichtshof) ablehnte, die Geschlechtsumwandlung durch Operation „als eine experimentelle Form von Psychotherapie, bei der an einer Person eine Verstümmelungsoperation in der Absicht durchgeführt wird, ihr zu Gefallen zu sein"[722]). Die chirurgische Geschlechtsumwandlung wird von diesem Gericht nicht anders eingestuft als die körperliche Verstümmelung und als Behandlung des ungesunden psychischen Zustands einer Person durch drastische physische Maßnahmen mißbilligt. Ein Autor hat in diesem Zusammenhang festgestellt, daß jede drastische und weitreichende Operation einer *nicht* therapeutischen Natur rechtswidrig sei, außer es läge ein rechtfertigender Grund dafür vor, wie dies etwa gesagt werden könne bei kosmetischen Operationen, durch die normalerweise aber auch keine gesunden Organe gefährdet würden, und bei der Hingabe von Organen für Transplantationszwecke[723]). Ein Arzt wäre strafrechtlich verantwortlich, wollte er einem Patienten einen gesunden Arm amputieren, nur weil dieser Patient das so will. „Bedeutet dies nicht eindeutig, daß der therapeutische Wert einer Operation über ihre Zulässigkeit entscheidet? Wie aber kann bestimmt werden, was ein therapeutischer Wert ist? Wird man dabei vom Erfolg der Operation, von der Meinung des Chirurgen oder von der subjektiven Selbsteinschätzung des Patienten auszugehen haben? Wenn der Patient anschließend in eine im Selbstmord endende postoperative Depression fällt: soll das dann bedeuten, daß die chirurgische Maßnahme im Ergebnis doch keinen therapeutischen Zweck erfüllt hat und der Chirurg deshalb haftbar zu machen ist? Wenn der Patient sich zufriedenstellend im Geschlecht seiner Wahl einrichtet und nach der Geschlechtsumwandlung ein stabiles und produktives Leben führt: bedeutet das dann, daß die chirurgische Maßnahme eine (therapeutische) Heilmaßnahme war und deshalb zu rechtfertigen ist?"[724]).

b) Der vielleicht am meisten störende Aspekt der transsexuellen Chirurgie in *rechtlicher* Hinsicht ist, daß hier eine offensichtlich subjektive psychologische Geschlechtseinstellung *physisch* behandelt wird und zwar deshalb, weil es der Patient so will: Der *Patient* diagnostiziert sein medizinisches Problem und verschreibt sich selbst die für richtig befundene medizinische Behandlung[725]). Sollten psychologische Probleme überhaupt durch chirurgische Eingriffe behandelt werden[726])? Die meisten Geschlechtsumwandlungskliniken in den Vereinigten Staaten bestätigen, daß viele Antragsteller auf einen geschlechtsumwandelnden chirurgischen Eingriff in Wirklichkeit pathologische Fälle sind, die Publizität suchen, oder masochistische Homosexuelle oder Grenzbereichpsychotiker und nicht wirkliche Transsexuelle[727]). Kann man unter solchen Vorzeichen sagen, daß *Einwilligung* in eine geschlechtsumwandelnde chirurgische Operation diesen Eingriff rechtfertigen kann?

c) Es gibt in den Vereinigten Staaten Gerichtsentscheidungen, die unbeschadet erteilter Einwilligung den Arzt wegen illegaler Operationen schadensersatzpflichtig machen, weil derartige Operationen den öffentlichen Frieden stören und die Einwilligung deshalb null und nichtig ist[728]). Sind solche Entscheidungen im Falle der transsexuellen Operation nicht anwendbar[729])? Andererseits werden Arzthaftungsklagen stets möglich sein bei einer gegen die Regeln der ärztlichen Kunst durchgeführten Geschlechtsumwandlung. Nimmt man einmal an, daß geschlechtsumwandelnde chirurgische Eingriffe nicht rechtswidrig sind – wie jetzt auch das deutsche *Bundesverfassungsgericht* offensichtlich entschieden hat –: Kann die Einwilligung eines Transsexuellen überhaupt je gültig sein? Ein Sachverständiger auf diesem Gebiet hat den Wunsch des Transsexuellen nach einer geschlechtsumwandelnden Operation als heftiges Begehren, als Passion und als Besessenheit charakterisiert[730]). Kann man in solchen Fällen überhaupt von einer aus freien Stücken erteilten Einwilligung sprechen? Wo kein Kläger, da kein Richter: gut. Aber es ist evident, daß die ganze Komplexität des Problems dem behandelnden Arzt oder Chirurgen eine schwere Beweislast für den Fall aufbürdet, daß der Patient später seine Entscheidung bereut und eine Schadensersatzklage einreicht, weil irgendetwas falsch gelaufen ist: mit der Operation, mit seiner persönlichen Identität, mit seiner Selbsteinschätzung und seiner Alltagsbewältigung oder deshalb, weil er inszwischen herausgefunden hat, daß Geschlechtsumwandlung eigentlich doch nicht das richtige für ihn war[731]). Viele Fragen bleiben also offen. Es ist vorgeschlagen worden, daß Juristen die geschlechtsumwandelnde Operation billigen sollten, auf die sich Patient und Arzt verständigt haben, insbesondere deshalb, weil angeblich niemand betroffen sei⁷³²) außer dem Patienten selbst. Es ist auch gesagt worden, daß neue Diagnosen und neue Behandlungsmethoden immer in dem Maße möglich werden, in dem unser medizinisches Verständnis wächst und daß deshalb die unterschiedslose Verweigerung der rechtlichen Anerkennung der Wirksamkeit einer Einwilligung von seiten eines Transsexuellen den Bannspruch über eine revolutionäre und therapeutische Methode sei, mit der der Arzt seinem Patienten vielleicht helfen und seine Leiden lindern könnte⁷³³). Sei dem, wie ihm sei: die schwere Bürde des Beweises, daß die Einwilligung in der Tat aus *freien* Stücken erteilt wurde, nachdem dem Patienten *alle angemessene Aufklärung* zuteil geworden war, bleibt bei dem behandelnden Arzt und bei sonst niemandem. Wenn der Prozentsatz an Instabilität unter denjenigen, die eine geschlechtsumwandelnde Operation beantragen, so hoch ist wie dies von nordamerikanischen Geschlechtsumwandlungskliniken angegeben wird, dann mag der Arzt oder Chirurg, der derartige Operationen vornimmt, sehr wohl mit einer erhöhten Gefahr unzufriedener und wechselhafter Patienten zu rechnen haben, die ihm größeren Ärger verursachen könnten, als je zuvor. Nach unserer Auffassung muß das ganze Verfahren auch unter dem kritischen Aspekt gesehen werden, ob man alles technisch Machbare auch machen sollte, und dies hat auch ethische Implikationen. Wir würden deshalb ein etwas zurückhaltenderes Urteil des deutschen *Bundesverfassungsgerichts* stärker begrüßt haben, und wir sind nicht der Ansicht, daß die medizinischen Probleme (und alle anderen Probleme), die dieses Gericht angesprochen hat, schon so weit geklärt sind, wie das Gericht dies mit seiner Entscheidung anzunehmen und vorwegzunehmen scheint. Ein *videant iudices* scheint uns gelegentlich sogar schon notwendiger zu sein als die ältere Maxime des *videant consules*.

III. Organ- und Gewebeverpflanzungen⁷³³ᵃ)

Im Zusammenhang mit Transplantationen menschlicher Organe haben viele Mitgliedsstaaten des *Europarats* und andere Staaten der Welt bereits gesetzliche Vorschriften erlassen: Erwähnt werden sollten hier beispielsweise die entsprechenden Transplantationsgesetze von Dänemark⁷³⁴), Italien⁷³⁵), Norwegen⁷³⁶), den meisten kanadischen Provinzen⁷³⁷), den Vereinigten Staaten⁷³⁸) und so vieler anderer Staaten der Welt, deren Gesetze im Anhang dieser Abhandlung aufgeführt und gesammelt worden sind⁷³⁹). Gegenwärtig befinden sich weitere Gesetze im Vorbereitungsverfahren, so etwa in der Bundesrepublik Deutschland⁷⁴⁰), in Belgien⁷⁴¹) und in Schweden⁷⁴²). Auch der *Europarat* hat sich mit der Frage befaßt, ob eine europäische Konvention zum Thema wünschbar sei; in seiner Umschreibung des Themas, das zur Vorbereitung einer Resolution an das Joint Committee of Experts of the European Public Health Committee (CDSP) und das European Committee on Legal Co-operation (CDCJ) zur Vereinheitlichung der Gesetzgebung über die Entnahme und Verpflanzung von menschlichen biologischen Substanzen überwiesen wurde, bat der Ministerrat das Joint Committee „angesichts der Bedeutung der Entnahme und Verpflanzung von menschlichen biologischen Substanzen zu therapeutischen und diagnostischen Zwecken zugunsten von Menschen ... und zur Erhaltung ihres Lebens ... die medizinischen, rechtlichen und ethischen Probleme mit besonderer Berücksichtigung des für die Entnahme richtigen Zeitpunkts und auch die Probleme des Transports dieser Substanzen zwischen Mitgliedsstaaten (einschließlich der Erhaltung und Vermeidung von Vergiftungen) zu bedenken"[743]). Das Ergebnis der Beratungen des Joint Committees war ein Resolutionsentwurf über die Harmonisierung der Gesetzgebungen der Mitgliedsstaaten in bezug auf die Entnahme und die Verpflanzung von menschlichen Substanzen aus dem Jahre 1977 und, seit dessen Annahme durch das Ministerkomitee des Europarats am 11. Mai 1978, die nunmehr offizielle *Resolution on Harmonisation of Legislations of member States relating to removal, grafting, and transplantation of human substances* von 1978[744]), die in drei Kapiteln alle wichtigen Aspekte der Harmonisierung zusammenfaßt. Kapitel I betrifft das Gebiet des Anwendungsbereichs der Resolution mitsamt den definitorischen Fragen, Kapitel II behandelt die Entnahme und Transplantationen bei Lebenden, Kapitel III die bei Toten[745]). Die Resolution ist wichtig genug, um im Anhang dieser Abhandlung abgedruckt zu werden[746]). Die sich verstärkende Tendenz zu einer legislatorischen Regulierung von Organtransplantationen hängt mit der teilweise schon atemberaubend schnellen Entwicklung auf diesem Gebiet im medizinischen Bereich zusammen. Wie zu erwarten war, gibt es schon jetzt eine sehr große Zahl von nordamerikanischen Gerichtsentscheidungen zu Transplantationsfragen[747]). Seit der ersten Nierentransplantation im Jahre 1954 sind Nierenverpflanzungen in der ganzen Welt sehr zahlreich geworden (insgesamt 14 000 bis 21 000 Transplantationen). In der Bundesrepublik Deutschland sind es beispielsweise etwa 100 Fälle jährlich, im Vereinigten Königreich etwa 400 Fälle pro Jahr[748]). Allein in Frankreich sind inzwischen rund 2000 Nierenverpflanzungen durchgeführt worden[749]), in Australien und Neuseeland sind es nach neuesten Übersichten 2448[750]); seit 1968 sind ferner rund 400 Herztransplantationen in aller Welt durchgeführt worden, bei denen eine ständig wachsende Zahl von Patienten einen immer qrößer werdenden Zeitraum gut überlebt[751]). Im Jahr 1905 wurde zum ersten Mal eine Hornhaut verpflanzt; gegenwärtig zählt man in einem einzigen Staat (Bundesrepublik Deutschland) mehr als 1000 bis 1500 Hornhautverpflanzungen jährlich[752]). Seit 1968 werden Knochenmarkverpflanzungen erfolgreich durchgeführt, und die Zahl derartiger Transplantationen steigt ebenfalls ständig[753]). Nach erfolgreichen Inseminations- und Befruchtungsversuchen an der menschlichen Eizelle außerhalb des mütterlichen Körpers *(in vitro)* ist es erst kürzlich zu einer Einpflanzung des außerhalb der Mutter befruchteten Eis im mütterlichen Organismus gekommen, und, soweit man weiß, sind als Folgen dieser erfolgreichen Transplantationen auch schon gesunde Kinder geboren worden[754]). Schon gibt es in den Vereinigten Staaten den Plan, in Norfolk im Bundesstaat Virginia die erste Klinik für Retortenbabys zu gründen; eine bereits ausgelegte Warteliste dieses Unternehmens enthält schon die Namen von über 500 Frauen, die sich ein solches Baby wünschen[754a]). Diese Zahlen zeigen den eindrucksvollen Fortschritt des Wissensstandes im medizinischen Bereich, gleichermaßen aber auch die dringende Notwendigkeit, die damit zusammenhängenden Probleme zu lösen[755]). Es ist kaum verwunderlich, daß nationale Ärztekörperschaften jetzt an alle ihre Mitglieder appellieren, die Implikationen dieses sich mit großer Geschwindigkeit ausbreitenden neuen ärztlichen Tätigkeitsbereichs sorgsam zu studieren, sich auch mit Transplantationschirurgie vertraut zu machen und bei der Bevölkerung eine größere Bereitschaft schaffen zu helfen, sich im Interesse von Hilfsbedürftigen als Organspender zur Verfügung zu stellen, im Interesse von Menschen also, deren einzige Überlebenschance vielleicht darin besteht, daß ein Organspender mehr als bisher zur Verfügung steht[756]). Weitere Fortschritte in der Transplantationschirurgie (insbesondere auch ein Durchbruch in der immunologischen Forschung) könnten sehr wohl zu einem weitverbreiteten (und sogar rechtswidrigen) Handel mit menschlichen Körperteilen führen; es gibt bereits Fälle wohlhabender Asiaten, die in Australien bereits mit bezahlten Transplantatspendern eintreffen, um sich einer Nierentransplantation zu unterziehen, und es scheint ein offenes Geheimnis zu sein, daß Patienten aus dem Nahen und Mittleren Osten zu dem gleichen Zweck mit ihren Spendern nach Großbritannien anreisen.[748])

1. Transplantation vom lebenden Spender[756a])

Im Bereich der Transplantationen vom lebenden Spender bestehen – soweit ersichtlich – nur in Dänemark, Italien (für Fälle der Nierenverpflanzung), Norwegen, Südafrika und den meisten kanadischen Provinzen gesetzliche Regelungen[757]). Die Vereinigten Staaten zeichnen sich durch interessante Gerichtsentscheidungen zu Problemen der *inter-vivos*-Transplantationen seit 1969 aus[758]). Wie in den schon oben erörterten Bereichen[759]), kann die Haftung des Arztes auch bei der Vornahme von Transplantationen entweder daraus erwachsen, daß die Transplantation nicht indiziert war (Kunstfehler) oder aus einer Behandlung ohne Einwilligung. Beide Haftungsgründe unterliegen den allgemeinen Grundsätzen, daß z. B. der Arzt dem Patienten verpflichtet ist (nach Deliktsrecht und/oder nach Vertragsrecht), ein faires, angemessenes und hohes Maß an Fachkunde zu zeigen, und dies um so mehr, als Transplantationen ein hohes Maß an Ausbildung und Erfahrung erfordern[760]). Im Bereich der Transplantationen vom lebenden Spender bestehen besondere Aufklärungspflichten, und zwar sowohl gegenüber dem Spender als auch gegenüber dem Empfänger der Transplantate.

a) Zunächst muß der Chirurg den *Spender* in vollem Umfang und eingehend über den geplanten Eingriff aufklären, da keine Heilbehandlung des *Spenders* beabsichtigt ist. Diese Aufklärung wird sich auf die Gefahren der Operation für den Spender, die Erfahrungen der medizinischen Wissenschaft mit dem Eingriff, die Prozentrate des Gelingens usw. und die Erfolgsaussichten für den Empfänger zu erstrecken haben. Dementsprechend sieht Artikel 2 der neuen *Europäischen Resolution* über die Entnahme und die Transplantation menschlicher Substanzen von 1978 vor, daß dem Spender vor der Entnahme *angemessene* Informationen gegeben werden müssen über alle in Betracht kommenden Implikationen, insbesondere in medizinischer, sozialer und psychologischer Hinsicht und bezüglich der Bedeutung, die diese Transplantation für den Empfänger haben wird[761]). *Angemessene* Information bedeutet aber nicht bloß eine medizinische Aufklärung, wie sie sich häufig in Arztberichten antreffen läßt, in denen es von Fachterminologie nur so wimmelt, vielmehr bedeutet sie eine prägnante und klare, leicht verständliche Erklärung der Vorgänge, die auf den Bildungsstand und das Verständnisvermögen des Spenders Rücksicht nimmt; danach muß dem Spender ein wirklich klares und verständliches Bild aller möglichen Konsequenzen der Organentnahme gezeichnet werden[762]). Diese Regel soll nicht nur den Spender selbst schützen, sondern auch den Arzt, der die Organentnahme vornimmt[763]). Minderjährige und Geisteskranke können grundsätzlich nicht als Spender auftreten, da sie selbst nicht wirksam einwilligen können. Eine Einwilligung des gesetzlichen Vertreters dürfte nicht ausreichen, da im allgemeinen keine Heilbehandlung des Vertretenen beabsichtigt ist, die Organentnahme nicht dem Spender zugute kommt[764]). Eltern haben nicht das Recht, gewissermaßen Märtyrer aus ihren Kindern zu machen, noch bevor diese selbst eine rechtlich wirksame Wahl treffen können: Diese Auffassung wurde in einer schon zurückliegenden Entscheidung des Obersten Gerichtshofs der Vereinigten Staaten formuliert[765]). Demgegenüber scheint Artikel 2 der *Europäischen Resolution* die Möglichkeit einer rechtswirksamen Einwilligung des gesetzlichen Vertreters in solchen Fällen vorzusehen[766]). Eine Entnahme darf selbstverständlich nicht ohne die aus freien Stücken erklärte Einwilligung des *Spenders* vorgenommen werden[767]). Demnach darf die Entnahme, auch wenn der gesetzliche Vertreter seine Zustimmung gegeben hat, bei einem Nichtgeschäftsfähigen dann nicht vorgenommen werden, wenn dieser selbst widersprochen hat. Sinn dieser Vorschrift der *Europäischen Resolution* von 1978[768]) ist es, niemanden, gleichgültig ob geschäftsfähig oder nicht, zu zwingen, einer Entnahme unterzogen zu werden, der er selbst widerspricht[769]). Da der Spender völlig freiwillig einwilligen muß, können *Gefangene* keine rechtlich gültige Einwilligung geben, wenn sie sich damit Vorteile im Haftvollzug sichern wollen[770]. Andere Grundsätze können jedoch anzuwenden sein, falls dem Gefangenen allein daran gelegen ist, einem (nahen) Blutsverwandten zu helfen und durch die Blutsverwandtschaft ein Erfolg wahrscheinlicher erscheint. Selbstverständlich können lebende Spender keine lebenswichtigen Organe spenden[771]. Der Chirurg, der einen derartigen Eingriff vornähme, würde deliktisch (und/oder vertraglich) haften, da eine derartige Operation auch nicht durch eine Einwilligung auf dem Hintergrund einer noch so guten Aufklärung gerechtfertigt wäre. Artikel 5 der *Europäischen Resolution* stellt fest, daß die Entnahme von Substanzen, auch wenn sie eine vorhersehbare, wesentliche Gefahr für Leben und Gesundheit des Spenders darstellt, ausnahmsweise dann erlaubt sein kann, wenn sie durch die besonderen Motive des Spenders, die nahe Verwandtschaft zu dem Empfänger und die medizinischen Erfordernisse des Falles gerechtfertigt werden kann; aber auch dann ist die Entnahme von Substanzen untersagt, wenn diese Gefahren einem nicht voll geschäftsfähigen Spender drohen[772].

b) Der Umfang der Aufklärungspflicht gegenüber dem *Empfänger* hängt von der Natur der beabsichtigten Operation ab. Je größer die möglichen Gefahren sind, desto umfassender ist die Aufklärungspflicht, deren Umfang wiederum durch die Lebensnotwendigkeit der Behandlung eingeschränkt werden kann. In den Fällen, in denen mehr Bedürftige als Spender vorhanden sind, besteht normalerweise keine Haftung des Arztes für die Auswahl des Empfängers, es sei denn, schwerwiegende medizinische Gründe schrieben eine ganz bestimmte Auswahlentscheidung vor[773].

c) Keine Substanz darf aus Gewinnabsicht angeboten werden[774]. Verdiensteinbußen und Ausgaben, die durch die Organentnahme oder die vorangegangenen Untersuchungen verursacht wurden, dürfen dagegen selbstverständlich ersetzt werden. Der Spender oder der potentielle Spender muß, unabhängig von der eventuell bestehenden ärztlichen Haftung, nach einem Sozialversicherungs- oder sonstigen Versicherungssystem für etwa auftretende Schäden entschädigt werden[775]. Diese Grundregel der *Europäischen Resolution* impliziert zugleich das absolute Verbot, menschliche Substanzen zu kommerzialisieren. Da diese Regel ausnahmslos auf alle Arten menschlicher Substanzen anwendbar ist, wird die bisher in einigen Staaten geübte Praxis, Blutspender zu honorieren, in diesen Ländern (z. B. in Deutschland) geändert werden müssen, wenn sie der *Resolution* beitreten[776]. Freilich sollte beachtet werden, daß mit diesen Vorschriften nicht beabsichtigt ist, auch den Aufwendungsersatz zu verbieten; es ist vernünftig und auch konsequent, dem Spender, der zwar keinen Gewinn aus seiner Spende ziehen darf, jedenfalls die Unkosten zu ersetzen, die er im Rahmen seiner

Spenderaktion auf sich genommen hat. Solche ersetzbaren Unkosten umfassen beispielsweise (wie schon bisher) Verdienstausfall, Anreisekosten sowie alle Kosten, die im Zusammenhang mit der Entnahmeoperation und vorausgegangenen Voruntersuchungen zusammenhängen[777]).

2. Transplantation vom toten Spender

Die Haftung des Chirurgen im Zusammenhang mit Transplantationen vom toten Spender wirft insbesondere zwei Probleme auf: erstens das Problem der Feststellung des Todeszeitpunkts und zweitens das Problem der Autorisation zur Entnahme und der eventuellen Zustimmung der Angehörigen zu der beabsichtigten Transplantation[778]).

a) Die Feststellung des Todeszeitpunkts[778a])

Eine zivilrechtliche Haftung im Zusammenhang mit dem Problem der Todesfeststellung kann sich daraus ergeben, daß der Chirurg durch das Entfernen eines Organs oder das Abschalten der Herz-Lungen-Maschine den Tod des Patienten verursacht. Aus diesem Grunde kann der Chirurg den Angehörigen zum Ersatz des daraus entstehenden Schadens (z. B. Begräbniskosten, Verlust des Unterhaltszahlers und Ernährers usw.) verpflichtet sein. In derartigen Fällen ist der genaue Zeitpunkt, zu dem der Patient (Spender) verstorben ist, von größter Wichtigkeit. Um den Todeszeitpunkt festzustellen, sind zwei Fragen zu klären: Erstens: welches Organ muß endgültig versagen? Zweitens: auf welche Weise soll das endgültige Versagen dieses Organs festgestellt werden?

aa) Kriterien des Todes sind – soweit ersichtlich – bisher nur in Finnland[779]), Italien[780]) und Spanien[781]) festgelegt worden. In Frankreich sind diese Fragen in einem Erlaß des Gesundheitsministeriums geregelt[782]), in der Schweiz behandeln kantonale Vorschriften, die sich auf Richtlinien der Schweizer Akademie der medizinischen Wissenschaften von 1969 beziehen, sowie eine wichtige Entscheidung des Schweizerischen *Bundesgerichts* von 1972[782]) das Problem der Feststellung des Todeszeitpunkts[783]). In allen anderen Mitgliedsstaaten des *Europarats* sowie in vielen anderen Ländern gibt es keine besonderen Gesetze oder andere Rechtsvorschriften über die Feststellung des Todeszeitpunktes. Diese Entscheidung wird vielmehr den Ärzten überlassen, die den Todeszeitpunkt verifizieren sollen und dies im Lichte der medizinischen Ethik und Erkenntnisse zu tun haben[784]). In einer Reihe von Staaten sind die Fragen des Todeszeitpunkts in Form von Richtlinien oder Hinweisen zur Feststellung des Todeszeitpunkts innerhalb der ärztlichen Berufsorganisationen geregelt worden. In Dänemark ist es das nationale Gesundheitsamt, in Irland ein gemeinsamer Ausschuß aus

Mitgliedern medizinischer Fakultäten, Ärztevereinigungen und Juristen, in den Niederlanden ist es der Holländische Medizinische Rat und in Norwegen und Schweden sind es die nationalen Gesundheitsbehörden, die Richtlinien, Hinweise oder Rundschreiben herausgeben, um den Ärzten in diesen Fragen Handreichungen zu geben und auf dem laufenden zu halten. Die Türkei ist das einzige Land, in dem die Grundsätze medizinischer Ethik in einem Regierungserlaß Aufnahme gefunden haben. Generell gesprochen, ist die medizinische Praxis der Todesfeststellung jedoch von Land zu Land unterschiedlich. Während beispielsweise die schwedische Praxis auf den Eintritt des Gehirntodes und des Herzstillstands gemeinsam abstellt und beides vorliegen muß, bevor ein Mensch für tot erklärt werden kann, hält die norwegische medizinische Praxis den irreversiblen Gehirntod für ausreichend, ohne den Herzstillstand *auch* noch zu verlangen. Der Gehirntod als die totale und irreversible Beendigung aller Gehirnfunktionen wurde auch in einer kürzlich ergangenen Entscheidung des Obersten Gerichtshofs von Massachusetts als ein akzeptables Kriterium anerkannt[785]). Obwohl die Richtlinien in Irland den Gehirntod ebenfalls anerkennen, würde die gegenwärtige ärztliche Praxis aber wohl niemals eine Organentnahme an einem Spender vornehmen, dessen Herz noch schlägt[786]). Die Sachverständigen sind darüber geteilter Ansicht, ob man eine allgemeine Definition des Todes formulieren sollte bzw. ob eine solche überhaupt möglich wäre; die Mehrheit der vor dem *Europarat* gehörten Sachverständigen war der Ansicht, daß eine solche Definition hilfreich sein könnte[787]). Die dänischen Sachverständigen schlugen eine Definition vor, die auch von einer Reihe Sachverständiger aus anderen Ländern unterstützt wurde: „Ein Mensch ist irreversibel tot, wenn festgestellt wird, daß er einen irreversiblen Stillstand sämtlicher Gehirnfunktionen erlitten hat"[787]). In Kanada hat die *Law Commission* empfohlen, es solle gesetzlich festgelegt werden, daß der Tod eintrete „at the time at which irreversible cessation of all that person's brain functions occurs"[788]); die Gleichsetzung des Individualtodes mit dem irreversiblen Gehirntod hat sich aber offenbar auch ohne gesetzliche Regelung überall in der Welt durchgesetzt[789]). Die neueren Auffassungen von Theologen, Medizinern und Juristen tendieren zu der Annahme, daß all das, was wir menschliche Persönlichkeit nennen, mit dem Gehirntod aufhört zu existieren[790]). In einigen Ländern, z. B. in Deutschland, wird jedoch überwiegend bezweifelt, ob es angesichts des schnellen und ständigen Fortschritts der medizinischen Erkenntnis überhaupt noch sinnvoll sei, Todeskriterien gesetzlich zu verankern, oder ob die Bestimmung des Todeszeitpunkts nicht weiterhin besser in der Verantwortung der Ärzte belassen werden sollte, wie dies vom *Weltärztebund* in der *Deklaration von Sydney* (1968) vorgeschlagen wurde[791]). Die in Deutschland zur Untersuchung dieser Fragen gebildete Arbeitsgruppe versuchte deshalb erst gar nicht, eine Definition des Todes zu erarbeiten; sie wollte vielmehr ein Verfahren herausarbeiten, das den Spender schützt, indem es das

Todesfeststellungsverfahren wesentlich sicherer macht, beispielsweise durch das Erfordernis, daß zwei unabhängige Ärzte, die nichts mit der geplanten Transplantation zu tun haben, den Tod des Spenders, dem das Explantat entnommen werden soll, vorher verifizieren müssen[792]). Ein erst kürzlich veröffentlichter Gesetzentwurf der deutschen Bundesregierung für ein Transplantationsgesetz von 1979[793]) verlangt für die Vornahme von Gewebeentnahmen usw. kein förmliches Todesfeststellungsverfahren, wenn mit der Entnahme und Transplantation nicht früher als drei Stunden nach dem Stillstand der Gehirnströme des Spenders begonnen wird[794]), aber ein förmliches Todesfeststellungsverfahren durch zwei unabhängige Ärzte, die dem Transplantationsteam nicht angehören dürfen, ist immer dann erforderlich, wenn die Transplantatentnahme vom toten Spender schon vor diesem Zeitpunkt beginnen soll, d. h. also entweder unmittelbar oder kurz nach dem Tod des Spenders oder innerhalb der ersten drei Stunden nach seinem Tod[795]). Da aber fast alle Transplantationsexperten dafür sind, so früh wie möglich mit der Entnahme zu beginnen, d. h. also möglichst *unmittelbar* im Anschluß an den Tod des Spenders, wird das *förmliche Verfahren* zum Zwecke der Feststellung des Todeszeitpunktes in Zukunft wohl die größere Rolle spielen[796]). Dieser Gesichtspunkt unterstreicht die Bedeutung der Frage, welche *Methode* zur Feststellung (oder Bestätigung) des Todes des Spenders angewandt werden soll.

bb) Als Kriterien für die Feststellung des Gehirntodes sind verschiedene Vorschläge unterbreitet worden. Die *British Transplantation Society* hat vorgeschlagen, daß bestimmte Ausfallerscheinungen des Gehirns über einen Zeitraum von 12 Stunden feststellbar sein müssen, wobei eine Kontrolle durch ein Elektro-Enkephalogramm (EEG) vorgenommen werden soll[797]). In den Niederlanden wird ein sechsstündiges Ausfallen der Gehirnfunktionen, kontrolliert durch dreimalige jeweils halbstündige EEG-Registrierung für ausreichend erachtet[798]). Die *Deutsche Gesellschaft für Chirurgie* hat vorgeschlagen, daß für eine Todesfeststellung entweder bestimmte Ausfallerscheinungen des Gehirns während eines Zeitraums von mindestens 12 Stunden mit Hilfe eines EEG nachweisbar sein müssen oder eine zerebrale Zirkulationsunterbrechung wenigstens 30 Minuten angiographisch nachzuweisen sei[799]). Vielfach wird gefordert, daß die Todesfeststellung von mehreren Ärzten getroffen werden muß, die nicht dem Transplantationsteam angehören dürfen[800]); der neue deutsche Entwurf eines Transplantationsgesetzes ist das jüngste Beispiel für diese Forderung. Nach der *Europäischen Resolution* über die Harmonisierung der Gesetzgebungen von Mitgliedsstaaten des Europarats betreffend die Entnahme und Transplantation von menschlichen Substanzen von 1978 muß der Tod von *einem* Arzt festgestellt werden, der nicht dem Team angehört, das die Entnahme und Verpflanzung vornehmen wird; doch soll dieser Arzt eine Entnahme in Fällen unbedeutenderer Operationen selbst vornehmen dürfen, wenn kein anderer geeigneter Arzt vorhanden ist[801]). Diese Resolution stellt also geringere Anforderungen als der deutsche Gesetzentwurf, der zur Feststellung des Todeszeitpunkts des Spenders zwei übereinstimmende ärztliche Voten verlangt, und zwar von Ärzten, die nicht dem Team angehören; der deutsche Entwurf sieht auch keine Ausnahmen für Fälle unbedeutenderer Operationen vor, wie sie die *Europäische Resolution* zuläßt[802]). Es scheint uns sinnvoll und vernünftig, auf *zwei* unabhängige ärztliche Voten für die Feststellung des Todeszeitpunkts abzustellen, da der Tod möglichst sicher und unabhängig von jedem beruflichen Interesse an der Vornahme der Transplantation festgestellt werden sollte.

b) Autorisation zur Entnahme von Transplantaten

Wenn der Tod eines Menschen klar festgestellt ist, darf die Entnahme von Transplantaten gleichwohl nur vorgenommen werden, wenn das Transplantationsteam, der Chirurg, jeder andere beteiligte Arzt und deren Mitarbeiter ermächtigt sind, zum Nutzen des Empfängers dem Spender Transplantationssubstanzen zu entnehmen. Diese Ermächtigung oder Autorisation kann normalerweise vermutet werden, wenn jemand zu seinen Lebzeiten schriftlich oder während seiner letzten Krankheit vor zwei Zeugen mündlich seine Absicht geäußert hat, seinen Körper oder einzelne Körperteile nach seinem Tod zu therapeutischen Zwecken oder zum Zweck medizinischer Ausbildung oder Forschung zur Verfügung zu stellen, es sei denn, es bestünde Anlaß zu der Annahme, daß der Verstorbene diese Absicht vor seinem Tod wieder rückgängig gemacht hat[803]). Schwierigkeiten entstehen, wenn der Verstorbene zu seinen Lebzeiten keine derartige Absicht bekundet hat. Das Problem der Autorisation ist für solche Fälle nur in Dänemark[804]), Italien[805]), Norwegen[806]), Schweden[807]), dem Vereinigten Königreich[808]) und den Vereinigten Staaten[809]) besonders geregelt worden[810]), die Bundesrepublik Deutschland ist dabei, mit einem neuen Entwurf eines Transplantationsgesetzes von 1979 diese Frage demnächst zu regeln[811]). Die möglichen Antworten auf die Probleme, die sich um die Einwilligung des *Spenders* kristallisieren, spiegeln sich in den bereits vorhandenen Gesetzen wider; die Einwilligung wird üblicherweise als unabdingbar angesehen[812]), das eigentliche Problem aber ist, unter welchen Voraussetzungen man die Einwilligung als erteilt ansehen kann. Einige Rechtsordnungen verlangen ausdrückliche oder wenigstens stillschweigende Einwilligung, ohne die die Transplantation rechtswidrig wäre; nach anderen Rechtsordnungen ist die Transplantation rechtmäßig, wenn nicht feststeht, daß sich der Verstorbene zu Lebzeiten ausdrücklich oder stillschweigend gegen eine Verwendung seines Leichnams oder von Teilen seines Leichnams zu Transplantationszwecken gewandt hat[813]). Nach dänischem Recht kann ein Volljähriger wirksam einwilligen, daß zum Zwecke der Behandlung von Krankheiten oder Verletzungen anderer Menschen oder zu Forschungszwecken nach seinem Tod Organe und Gewebe entnommen werden. Wenn keine solche Erklärung des Verstorbenen vorliegt, darf die Entnahme trotzdem durchgeführt werden, es sei denn, daß der Verstorbene dies zu seinen Lebzeiten ausdrücklich untersagt hat oder daß die Entnahme in Widerstreit zu seinen bekannten (beispielsweise religiösen oder ethischen) Überzeugungen stünde oder daß nach seinem Tod seine nächsten Angehörigen einer solchen Transplantatentnahme ausdrücklich widersprechen[814]). Das norwegische Recht basiert gleichfalls auf der vermuteten Einwilligung des Spenders, wenn dieser die Entnahme nicht zu Lebzeiten ausdrücklich ausgeschlossen hat; widersprechen seine nächsten Verwandten nach dem Tod oder besteht Grund zu der Annahme, daß eine solche Entnahme den Überzeugungen des Verstorbenen oder seiner nächsten Angehörigen zuwiderläuft, darf die Entnahme ebenfalls nicht durchgeführt werden[815]). Im schwedischen Recht gelten im großen und ganzen dieselben Grundsätze wie in den genannten anderen skandinavischen Ländern; ein neuer Entwurf auf diesem Gebiet verlangt nicht mehr die Einwilligung von Angehörigen zur Entnahme, aber er verlangt, daß sie über den Plan einer Entnahme unterrichtet werden; wollen sie aufgrund dieser Information die Organentnahme verhindern, müssen sie ihr ausdrücklich widersprechen; Schweigen gilt als Zustimmung[816]). Nach neuem italienischem Recht darf keine Organentnahme vorgenommen werden, wenn der Leichnam nicht der Autopsie (*riscontro diagnostico*) unterworfen ist und der Verstorbene der Entnahme zu Lebzeiten widersprochen hat; dasselbe gilt, wenn die nächsten Angehörigen (bis zum zweiten Grad der Verwandtschaft) ihren ausdrücklichen Widerspruch kundgeben[817]). In Großbritannien ermächtigt nach dem *Human Tissue Act* von 1961 die zu Lebzeiten erklärte ausdrückliche oder stillschweigende Einwilligung des Verstorbenen den Gebrauch seines Leichnams zu Transplantationszwecken; hat der Verstorbene zu Lebzeiten derartigen Operationen nach seinem Tod nicht ausdrücklich oder nachweislich zugestimmt, kann derjenige, der sich im „Besitz" seines Leichnams befindet, der Entnahme und Transplantation zustimmen, wenn er keinen Grund zu der Annahme hat, daß der Verstorbene sich dagegen ausgesprochen oder seine Einwilligung widerrufen hat oder daß der überlebende Ehegatte oder irgendein überlebender Verwandter sich dagegen aussprechen würden, daß mit dem Leichnam auf diese Weise verfahren wird[818]). Ein belgischer Gesetzentwurf verlangt, daß der Wille des Verstorbenen hinsichtlich seiner Einwilligung oder Ablehnung solcher Einwilligung stets beachtet werden muß; hat er jedoch nicht zu Lebzeiten seinen Widerspruch erklärt, soll die Einwilligung künftig vermutet werden[819]). In den Niederlanden verlangen dagegen grundsätzliche Rechtsprinzipien den ausdrücklichen Konsens des Spenders oder nach seinem Tod den der nächsten Angehörigen[820]). In Österreich und in der Türkei ist die Rechtslage fast identisch: Auch hier verlangen generelle Rechtsgrundsätze die ausdrückliche Autorisation jeglicher Organentnahme entweder zu seinen Lebzeiten durch den Spender oder nach seinem Tod durch die nächsten Anverwandten[821]). In der Bundesrepublik Deutschland arbeitet der dort vorliegende jüngste Entwurf mit der Vermutung erteilter Einwilligung, soweit sich der Verstorbene nicht zu seinen Lebzeiten ausdrücklich gegen die Organentnahme ausgesprochen hat (sogen. *Widerspruchslösung*)[822]), im Gegensatz zu dem entgegengesetzten Vorschlag, wie er von einer Expertenminderheit und jetzt von der Mehrheit des deutschen Bundesrats befürwortet wird, daß Organentnahmen nur gestattet sind, wenn der Spender ihnen zu seinen Lebzeiten ausdrücklich oder stillschweigend zugestimmt hatte oder wo nach seinem Tod die nächsten Anverwandten nach entsprechender Information mit der Organentnahme einverstanden sind (sogen. *Einwilligungslösung*)[823]). Es sei hier noch hinzugefügt, daß die sogen. *Widerspruchslösung* des Entwurfs der Bundesregierung auch in Frankreich[823a]) und Spanien[823b]) bevorzugt wird und daß das Europäische Parlament in Straßburg in seiner jüngst gefaßten *Resolution zu den Organbanken* (1979) festgestellt hat, daß „nur die Widerspruchslösung den Nöten der Empfänger optimal gerecht wird", zumal wenn man berücksichtige, daß es an Spendern und Organbanken derzeit mangele[823c]).

c) Zum Erfordernis der Zustimmung von Angehörigen

Die vorstehenden Ausführungen führen zum nächsten Problem, nämlich der zivilrechtlichen Haftung des Arztes aus dem Rechtsgrund der Organentnahme ohne Zustimmung der Angehörigen. Eine Haftung aus diesem Grund ist nur denkbar, soweit der Chirurg die Pflicht hat, die Zustimmung der Angehörigen einzuholen, bevor er die Organentnahme bzw. die Transplantation durchführt.

aa) Daß keine Organentnahme stattfinden darf, wo auf seiten des zum Spender ausersehenen Verstorbenen ein offener oder vermuteter Widerstand gegen solche Prozeduren besteht[824]), insbesondere, wenn man seine religiösen oder philosophischen Überzeugungen mitberücksichtigt[825]), sollte sich von selbst verstehen: Haftungsprobleme werden daraus jedoch kaum entstehen, es sei denn, daß die Situation dadurch komplizierter wird, daß nach seinem Tod die Angehörigen gegen die Organentnahme sind und damit das Problem eines von ihnen nicht bewilligten ärztlichen Eingriffs aufgeworfen wird[826]).

bb) Zu der Frage der Erforderlichkeit der Einwilligung der Angehörigen besteht eine große Meinungsvielfalt, die fast mit dem Wort *quot capita tot sententiae* zu kennzeichnen ist[827]). Anderseits ist man sich wenigstens in gewissem Maße einig für den Fall, daß der Verstorbene selbst vor seinem Tod mit Organverpflanzungen einverstanden war; viele meinen, in diesen Fällen sei die Einwilligung der Angehörigen entbehrlich, da sie insoweit an den Willen des Verstorbenen gebunden seien und diesen Willen zu achten hätten[828]). Das dänische Gesetz vom 2. Juni 1967[829]) verbietet Transplantationen in den Fällen, in denen sich der Verstorbene *oder* die nächsten Angehörigen dagegen ausgesprochen haben oder Organentnahmen und Transplantationen den religiösen oder ethischen Überzeugungen des Verstorbenen oder seiner Angehörigen widersprechen. Auch der britische *Human Tissue Act* von 1961 (in der Fassung, die für England *und* Schottland gilt) berücksichtigt die Anschauungen des Verstorbenen und dessen Angehörigen; dieses Gesetz schreibt in § 1 Abs. 2 vor, daß „derjenige, der die Leiche rechtmäßigerweise im Besitz hat, die Entfernung von Körperteilen zu den genannten Zwecken veranlassen kann, falls er – nachdem er sich in angemessener Weise, und soweit dies durchführbar ist, erkundigt hat – keine Gründe kennt anzunehmen, (a) daß der Verstorbene Einwände dagegen erhoben hat, daß nach seinem Tode mit seinem Körper in dieser Weise verfahren wird, und diese Einwände nicht aufgegeben hat; oder (b) daß der überlebende Ehegatte oder jeder überlebende Verwandte des Verstorbenen Einwände dagegen erhoben hat, daß mit der Leiche so verfahren wird"[830]). Die Gesetze einiger anderer Staaten sehen sogar eine Rangliste der Angehörigen vor, die zu fragen sind, bevor die Transplantation vorgenommen werden kann[831]). In anderen Rechtssystemen besteht die Tendenz zu fordern, daß die nächsten Angehörigen vor der Durchführung der Transplantation *benachrichtigt* werden, aber ihre Zustimmung ist nicht erforderlich; nur wenn sie der beabsichtigten Operation ausdrücklich und eindeutig widersprechen, ist ihr Widerspruch beachtlich, so daß die Organentnahme dann nicht durchgeführt werden darf[832]). In Deutschland ist streitig, ob in dem Fall, in dem ein entgegenstehender Wille des Verstorbenen nicht feststeht, die Einwilligung der Angehörigen eingeholt werden muß. Überwiegend wird die Ansicht vertreten, eine Transplantation, die ohne Einwilligung der Angehörigen vorgenommen würde, sei durch den Grundsatz des rechtfertigenden Notstandes (vgl. § 34 StGB) zu rechtfertigen, falls die Entfernung des Organs oder Gewebes erforderlich ist, um das Leben des Empfängers zu retten oder seinen Gesundheitszustand zu bessern[833]). Diese Meinung beruht darauf, daß man, nach Abwägung, das Leben des Empfängers für wichtiger hält als das Recht eines Teils der Verwandten des Verstorbenen, dessen Organ entnommen wird. Einige gehen jedoch weit über diese Einschränkungen hinaus und meinen, die Einwilligung der Verwandten sei auch dann nicht erforderlich, wenn das Organ nicht für einen bestimmten Empfänger entnommen werde, sondern zum Zwecke der Lagerung in einer Organbank[834]).

cc) Man kann jedoch durchaus fragen, ob der Chirurg nicht wenigstens zu dem *Versuch* verpflichtet ist, die Einwilligung der Verwandten vor der Transplantation einzuholen, und der Grundsatz des rechtfertigenden Notstandes nur anwendbar ist, falls die Einwilligung nicht zu erlangen ist. Nach dem Grundsatz des rechtfertigenden Notstandes, der auch von einem deutschen Gericht in der bekannten *Gütgemann-Entscheidung*[835]) angewandt wurde, müssen widerstreitende Rechtsgüter gegeneinander abgewogen werden. Die Verletzung des einen Rechtsguts ist gerechtfertigt, falls sie erforderlich war, um ein größeres Übel von einer anderen Person abzuwenden. Die Möglichkeit, ein Menschenleben zu bewahren, ist höher einzustufen als eine mögliche Verletzung des Rechts der Angehörigen auf Zustimmung zu der Transplantation.

dd) Gegen eine Pflicht, die Einwilligung der Angehörigen einzuholen, werden zwei weitere Gründe vorgebracht: In erster Linie wird eingewandt, es bestehe die große Gefahr, daß die Organe Verstorbener zum Handelsobjekt werden könnten, falls man Transplantationen von einer Zustimmung der Angehörigen abhängig machte. Wären nämlich die Angehörigen zur Zustimmung berechtigt und stünde ihnen ein Schadensersatzanspruch zu, falls sie nicht gefragt würden, könnten sie ihre Einwilligung auch von der Zahlung einer Geldsumme abhängig machen. Außerdem wird die Gefahr gesehen, daß eine ausführliche Information die Angehörigen mehr verletze als eine Operation ohne ihre Zustimmung und ihr Wissen[836]). Gemäß diesen Überlegungen verlangt der neue deutsche Entwurf eines Transplantationsgesetzes von 1979 nicht, daß die Verwandten dem Eingriff zustimmen. Entscheidend dafür, ob eine Entnahme von Organen oder Geweben zu Transplantationszwecken vorgenommen werden darf, ist nicht, ob der Verstorbene eingewilligt hatte, vielmehr wird seine Einwilligung solange *vermutet*, wie er nicht in seinem *Personalausweis* öffentlich ausdrücklich *Widerspruch* gegen Organentnahmen von seinem Leichnam eingetragen hat[837]). Für den Verfasser dieser Abhandlung ist es schwierig, *keinen* kritischen Kommentar an dieser Stelle über den deutschen Hang zum Perfektionismus hinzuzufügen, der sich wieder einmal mehr in der vorgesehenen Regelung mit dem Personalausweis zeigt. Der gegenwärtige Entwurf war schon mehrfach Gegenstand heftiger Kritik, besonders deshalb, weil er auch in einem so persönlichen Bereich wie dem vorliegenden das Persönlichkeitsrecht auf Selbstbestimmung nur wenig respektiert. Sowohl die Kirchen als auch die Mehrheit im deutschen Bundesrat haben gefordert, daß Organentnahmen und Transplantationen nur gestattet sein sollten in Fällen, in denen der Verstorbene zu Lebzeiten klar und nachweislich in solche Prozeduren eingewilligt hatte oder in denen – nach dem Tod des Spenders – die nächsten Angehörigen (Ehegatte oder nächste Anverwandte) ausdrücklich in die Organentnahme eingewilligt haben[838]). Auch wir sind für die zuletzt genannte Einwilligungslösung, die dem Selbstbestimmungsrecht des einzelnen und seiner unmittelbaren Angehörigen am besten gerecht wird.

ee) Künftige gesetzgeberische Maßnahmen und gerichtliche Entscheidungen werden sich mit diesen Fragen weiter zu befassen haben. Wiederum kommt die wohl größte Zahl von Gerichtsentscheidungen auch im vorliegenden Bereich aus den Vereinigten Staaten[839]). In Deutschland gingen frühere Lösungsvorschläge davon aus, Organentnahmen zum Zwecke der Lebensrettung stets ohne Einwilligung der Angehörigen rechtlich zuzulassen. Heute wird man § 34 StGB unmittelbar heranziehen können. Dient die Organentnahme jedoch anderen Zwecken (z. B. wissenschaftlicher Forschung, Einlagerung in Organbanken), wird die Einwilligung der Angehörigen erforderlich sein. Es gibt eine Tendenz, die in Gewinnabsicht geschlossenen Verträge oder erteilten Einwilligungen als null und nichtig anzusehen; Spenden sollten Spenden bleiben, und menschliche Organe sollten nicht zu Handelsobjekten werden[840]). In Übereinstimmung mit diesen allgemeinen Grundsätzen sieht Artikel 14 der *Europäischen Resolution* zu Fragen der Organentnahme und Transplantation von 1978 ausdrücklich vor, daß menschliche Organe und Substanzen nicht zum Gegenstand von Gewinnabsichten gemacht werden dürfen[841]). Artikel 14 der *Europäischen Resolution* verbietet somit jede Kommerzialisierung von postmortalen Organspenden. Dieses Verbot schließt jede gewinnbringende Transaktion des Spenders zu Lebzeiten auf den Todesfall ein sowie jede Abmachung seiner Verwandten, die aus der Organentnahme nach seinem Tod ein Geschäft machen wollen[842]).

3. Transplantationshaftung

Selbstverständlich kann der Arzt, der eine Transplantation vornimmt, für alle Schäden, die er durch seine Transplantationsoperation oder sonstige Behandlungsweise verursacht, schadensersatzpflichtig werden. Seine zivilrechtliche Haftung hängt nach allgemeinen Grundsätzen davon ab, ob er die Transplantation fahrlässig durchgeführt oder eine gebotene Operation oder Behandlung fahrlässig nicht ausgeführt hat. Deshalb sind die grundsätzlichen Regeln dieses Buchs auch im vorliegenden Zusammenhang anwendbar[842a]). So kann sich der Chirurg etwa schadensersatzpflichtig machen, wenn er die Transplantation nicht unter genauer Beachtung der für sie geltenden *gesteigerten Sorgfaltsregeln* vornimmt, deren Einhaltung von einem sorgfältigen und gewissenhaften Spezialisten seines Fachs erwartet werden kann und erwartet wird. Ein interessantes und auffälliges Beispiel kommt hier aus *Frankreich*. In diesem Fall hatte der Chirurg eine Hornhautverpflanzung mit dem Transplantat eines Patienten durchgeführt, der kurz zuvor an Tollwut gestorben war. Das Transplantationsteam hatte statt der Tollwut bei dem Spender eine Hirnhautentzündung diagnostiziert und keine Veranlassung gesehen, die Hornhaut von dem zuvor verstorbenen Spender nicht auf den Patienten zu übertragen. Durch das Transplantat wurde alsbald auch der Patient infiziert und starb ebenfalls an Tollwut. Die Angehörigen verlangten

Schadensersatz; sie erhielten ihn[842b]). Der Chirurg kann auch schadensersatzpflichtig gegenüber dem Spender werden, wenn der Spender unter dem Eindruck der durch den Behandlungsfehler des Arztes entstandenen Notlage freiwillig das Risiko auf sich nimmt, dem durch den Behandlungsfehler des Arztes geschädigten Patienten mit einer Transplantatspende zur Hilfe zu kommen, und zwar gleichgültig, ob der Spender sich hierzu aus familiären Gründen verpflichtet sieht oder nicht[842c]). In einem bemerkenswerten und erst kürzlich entschiedenen *kanadischen* Fall ärztlicher Behandlungsfehler hatte der beklagte Chirurg während einer Tubenligatur fehlerhaft einen Gegenstand im linken Quadranten des Unterleibs seiner Patientin für eine Eierstockzyste gehalten und diesen operativ entfernt. In Wirklichkeit aber handelte es sich bei diesem Gegenstand um die einzige (ektopisch verlagerte) Niere der Patientin, deren Zustand sich nach dieser Entfernung alsbald verschlechterte und zu ihrem Anschluß an eine Dialysemaschine führte, bis ein geeigneter Spender gefunden war, der eine seiner Nieren der Patientin spenden würde. Der Vater der Patientin gab eine seiner Nieren zu diesem Zweck hin, die Transplantation dieser Niere auf die Tochter fand statt, war jedoch erfolglos, weil der Körper der Patientin die fremde Niere nicht annahm. Das Gericht in Manitoba entschied, daß der beklagte Arzt nicht nur der Patientin schadensersatzpflichtig sei, sondern auch deren Vater, dem Nierenspender, der nach diesem Urteil berechtigt war, seine Schäden vom beklagten Chirurgen ebenfalls ersetzt zu bekommen (Schäden aus der Operation selbst, wegen des Verlusts einer gesunden Niere, wegen der notwendigen nachoperativen Wiederherstellung seiner Gesundheit und wegen der körperlichen Beschwerden und des Verlusts an Lebensmut, die nach dem Verlust einer Niere auch über die Zeit der eigentlichen körperlichen Wiederherstellung anhalten könnten). Das Gericht war der Auffassung, daß der Arzt auch solche, beim Spender entstandenen Schäden hatte vorhersehen können, daß sie also auch sozialadäquant entstanden waren. „Wenn Nierentransplantationen heute auch vielleicht noch nicht zur Routine ärztlicher Heilmaßnahmen gehören – weil die Gefahr noch groß ist, daß der Körper die transplantierte Niere abstößt und sich damit durch mögliche Antikörperbildung die Chance einer Heilung durch weitere Transplantationsversuche verringert –, so kann aber doch mit Sicherheit gesagt werden, daß im Lichte heutiger medizinischer Erkenntnisse Nierentransplantationen eine akzeptierte Form der Behandlung beim Ausfall der Nierenfunktionen sind. Dann muß die Spendung von Nieren zu diesem Zweck auch als ein Ereignis angesehen werden, mit dem man zu rechnen hat, wenn jemandes Nierenfunktionen ausgefallen sind und eine Nierentransplantation angezeigt ist. Unter den Umständen der fahrlässigen Schädigung der Patientin durch operative Entfernung der einzigen Niere mußte der beklagte Arzt damit rechnen, daß sich ein Mitglied der Familie (oder sonst jemand) als Spender zur Verfügung stellen würde", bekräftigte das Gericht seine Entscheidung zugunsten des Spenders und gegen den Arzt[842d]). Der Chirurg kann auch schadensersatzpflichtig werden, wenn er bei einem Patienten die vor der Transplantation *erforderliche Aufklärung* unterläßt, die allein zu einer rechtswirksamen Einwilligung führen kann, oder wenn er zwar Informationen gibt, diese aber nicht so ausfallen, wie sie ein sorgfältiger und gewissenhafter Fachkollege in vergleichbaren Fällen gegeben haben würde. Ein Anschauungsbeispiel kommt aus *Deutschland:* Hier hatte ein Patient Gesichtsverletzungen durch Granatsplitter erlitten. Deshalb drängte er den behandelnden Chirurgen, bei ihm Knochentransplantat aus dem rechten Beckenkamm zu entnehmen und dem Oberkieferknochen aufzulagern, um die Entstellung dadurch zu mildern. Der Chirurg beurteilte eine solche Transplantation in ihrem vom Patienten angestrebten medizinischen Erfolg nicht als aussichtsreich, unterließ es aber, dem nach der Transplantation drängenden Patienten gehörig genug klar zu machen, daß er selbst den nicht unerheblichen Eingriff nicht als aussichtsreich beurteile. Das Gericht warf dem Chirurgen mangelhafte Aufklärung mit der Begründung vor, nur eine klare Aufklärung über die aus medizinischer Sicht als sicher anzunehmende Erfolglosigkeit der Transplantation hätte den Patienten in den Stand gesetzt zu entscheiden, ,,ob die Operation mit allen Beschwernissen, Schmerzen und Risiken trotzdem noch hätte durchgeführt werden sollen". Da der Chirurg dem Patienten dies aber nicht mitgeteilt und ihm die anzunehmende Erfolglosigkeit der Operation verschwiegen habe, sei dem klagenden Patienten ,,die wirkliche, alle wesentlichen Umstände mitberücksichtigende Abwägung und damit letztlich die echte Entscheidung nicht möglich gewesen". Da keine ausreichende Aufklärung geleistet worden war, lag auch keine wirksame Einwilligung vor, war die vorgenommene Transplantation mithin rechtswidrig (rechtswidrige Körperverletzung). Schadensersatz mußte der Arzt nur deshalb nicht leisten, weil das Gericht nicht überzeugt war, daß die behaupteten Schäden durch die Operation verursacht worden waren[842e]).

IV. Haftung bei heterologer Insemination, Ei- und Eierstocktransplantationen und Embryoverpflanzungen

Die ärztliche Haftung in diesem Bereich scheint in keinem Mitgliedstaat des *Europarats* gesetzlich geregelt zu sein, doch gibt es in den Vereinigten Staaten eine Reihe von gesetzlichen Vorschriften in bezug auf die heterologe Insemination[843]) sowie etliche amerikanische Gerichtsentscheidungen in diesem Bereich[844]). Von den eher die Regel bestätigenden ausgefallenen Ausnahmen abgesehen[845]), gibt es in Europa auch noch kein repräsentatives Material an Gerichtsentscheidungen, während die Zahl der Abhandlungen im vorliegenden Problembereich ständig wächst[846]).

1. Haftung bei heterologer Insemination sowie Ei- und Eierstocktransplantationen

Heterologe Insemination und Ei- und Eierstockverpflanzungen dienen beide demselben Zweck: das Unvermögen auszugleichen, auf normalem Weg ein Kind zu bekommen, mit anderen Worten also: die Kinderlosigkeit zu beseitigen. Während die heterologe Insemination ein Unvermögen des Mannes ausgleichen soll, beseitigt die Ei- oder Eierstockverpflanzung ein Unvermögen der Frau. Während die heterologe Insemination heute auf der ganzen Welt eine mehr oder weniger fest eingeführte und trotz ihrer schwerwiegenden, besonders ethischen und genetischen Bedenklichkeiten[846a]) für viele Ärzte auch anerkannte Praxis ist[847]), sind Ei- und Eierstocktransplantationen noch eine vergleichsweise junge Entwicklung, allerdings mit gleichermaßen unvorhersehbaren Dimensionen für die Zukunft. Es wird bereits die Möglichkeit einer Eiverpflanzungsmethode erforscht, bei der das implantierte Ei nicht aus den Eierstöcken der Frau, sondern von einer Spenderin kommt *(egg transfer from donor = ETD)*. Wie bei den meisten bedeutenderen Schritten in der medizinischen Wissenschaft, besonders aber denen, die aus der Forschung im Bereich der Fortpflanzungsbiologie hervorgehen, wirft auch die ETD-Methode ethische Fragen von größter sozialer Bedeutung auf: der Welt erstes „Retortenbaby", Louise Brown, ist kürzlich in England geboren worden[848]), und die ihr durch die Tatsache ihrer einzigartigen Entstehung anhaftende Berühmtheit wird in dem Maße wieder abnehmen, in dem mehr Babys auf diese Weise gezeugt und in diese Schöne Neue Welt hineingeboren werden. Für die zivilrechtliche Arzthaftung im Bereich von heterologer Insemination sowie Ei- und Eierstocktransplantationen gelten die bereits erarbeiteten allgemeinen Haftungsgrundsätze einschließlich derer bei Transplantationen[849]). Für alle Pflichten des Arztes bei der Auswahl eines geeigneten Spenders bzw. einer geeigneten Spenderin, des Spermas, des *ovum* oder des *ovarium* sowie für die Arzthaftung gegenüber dem später geborenen Kind gelten außerdem die im folgenden dargelegten besonderen Grundsätze. Eine zivilrechtliche Haftung des Arztes im Zusammenhang sowohl mit heterologer Insemination als auch mit Ei- oder Eierstocktransplantationen ist denkbar gegenüber der behandelten Frau, dem später geborenen Kind und gegenüber dem Ehemann der Frau; das hier über die heterologe Insemination Auszuführende gilt, *mutatis mutandis*, auch im Bereich der ETD-Methoden.

a) Eine vertragliche Haftung des Arztes gegenüber der Frau hängt von der Gültigkeit des Behandlungsvertrags ab.

aa) In einigen Rechtsordnungen bestehen gegen die Gültigkeit eines Vertrages zwischen einer Frau und dem Arzt über die Vornahme einer heterologen

Insemination oder einer ETD-Methode keine Bedenken[850]). In anderen Rechtsordnungen[851]) ist die Frage umstritten, und die Wirksamkeit des Vertrags hängt von den jeweiligen Umständen des Einzelfalles ab. Entscheidend dürfte sein, ob die heterologe Insemination oder die ETD-Methode zum Nutzen einer Ehe vorgenommen wird, um die von den Ehegatten vielleicht tief empfundene Not der Kinderlosigkeit mit Hilfe dieser neuen Methoden zu beheben: heterologe Insemination im Falle der Sterilität des Mannes[852]), Ei- oder Eierstocktransplantationen im Falle eines die normale Empfängnis verhindernden Umstandes bei der Frau. Es gelten also wiederum dieselben Grundsätze zugleich für heterologe Insemination und für die Anwendung von ETD-Methoden. Es ist *eine* Sache, einem kinderlosen Ehepaar doch noch die Empfängnis und Geburt eines Kindes zu ermöglichen, indem man die auf diesem Wege vorhandenen Hindernisse wegräumt, beispielsweise im Falle des Ehemanns dessen Sterilität durch eine heterologe Samenübertragung zu umgehen oder im Falle der Ehefrau deren Eileiterverstopfung durch die Ei- oder Eierstockverpflanzung zu überspielen versucht[853]); wenn die Behandlung solchen Zielen dient, wird man gegen den Behandlungsvertrag wohl nicht unter allen Umständen Bedenken hegen müssen. Die mit der Behandlung angestrebten Ziele sind nämlich auf andere als die gewählte Weise nicht immer erreichbar, insbesondere auch nicht durch die Adoption, die der Frau einerseits nicht die Erfahrung der Schwangerschaft und Geburt schenken kann, die nach medizinischer Ansicht in vielen Fällen für die Mutter-Kind-Bindung in den ersten Lebensjahren des Kindes so überaus wichtig ist[854]) und andererseits schon nach der Zahl der für die Adoption in Frage kommenden Kinder nicht für alle Fälle eines ernsthaften und sehnlichen Wunsches nach Kindern ausreicht; im Jahre 1972 war beispielsweise in Deutschland die Zahl der Ehepaare, die eine Adoption wünschten, doppelt so groß wie die Zahl der vorgemerkten Kinder[855]). Es ist jedoch eine völlig *andere* (und auch anders zu beurteilende) Sache, im Wege der heterologen Insemination oder der Eier- und Eierstockverpflanzungen Großversuche mit menschlichem Leben durchzuführen und in der Rolle des Herrs über Leben und Tod im Labor ständig neue Eingriffe in genetische Abläufe oder den natürlichen Prozeß der Lebensentstehung und des wachsenden Lebens vorzunehmen[856]). In diesem Zusammenhang mag an einen jüngst in New York entschiedenen Fall erinnert werden, in dem einem Ehepaar gegen den Arzt Schadensersatz und Schmerzensgeld zugesprochen worden ist, weil der Arzt einen auf Wunsch und unter Mitwirkung des Ehepaars begonnenen Reagenzglasbefruchtungsprozeß ohne Zustimmung des Ehepaares wieder abgebrochen und dem Paar so die Hoffnung genommen hatte, doch noch auf künstlichem Weg zu erlangen, was ihnen auf natürlichem Weg versagt war: auf demselben künstlichen Weg übrigens, der schließlich in England zur Geburt von Louise Brown geführt hat[857]).

bb) Soweit der Vertrag zwischen dem Arzt und der Frau gültig ist, kann der Arzt aufgrund einer Behandlung ohne wirksame Einwilligung des Patienten oder aufgrund von Kunstfehlern wegen einer Vertragsverletzung haften. Beispielsweise läge ein Kunstfehler vor, wenn dem Arzt bei Auswahl des Spermas Fahrlässigkeit vorzuwerfen ist, z. B. wenn der Arzt mit einer Erbkrankheit infiziertes Sperma verwendet oder Sperma eines Spenders auswählt, der einer völlig anderen menschlichen Rasse angehört als der Ehemann[858]). In den Fällen von Eiverpflanzungen läge ebenfalls ein Kunstfehler vor, wenn der Arzt bei der Anwendung der entsprechenden Technik der Befruchtung *in vitro* fahrlässig war mit dem Ergebnis, daß ein beschädigtes *ovum* befruchtet wurde[859]). Dieselben tatsächlichen Haftungsgründe, Kunstfehler oder Behandlung ohne wirksame Einwilligung der Frau, können zu einer deliktischen Haftung des Arztes führen. Der Arzt wäre gleichfalls deliktisch haftbar, wenn er eine Frau gegen ihren Willen oder ohne gebührende Aufklärung über die möglichen Folgen einer erfolgreichen Insemination behandelt[860]).

b) Ein Kind, das geschädigt oder infiziert (beispielsweise mit Syphilis) als Folge einer heterologen Insemination geboren wurde, die *contra legem artis* vorgenommen wurde, kann – wenigstens in einigen Rechtsordnungen – ebenfalls von dem fahrlässigen Arzt Schadensersatz verlangen[861]). Dasselbe gilt für Fälle, in denen eine Eiverpflanzung *contra legem artis* vorgenommen wurde und das Kind daraufhin behindert zur Welt kam.

aa) In einigen Rechtsordnungen[862]) kann der Vertrag zwischen der Mutter und dem Arzt die Grundlage eines solchen Anspruchs sein. In den Rechtsordnungen, die streng dem Grundsatz folgen, daß nur die am Vertrag beteiligten Personen Rechte aus dem Vertrag herleiten können, wäre eine vertragliche Haftung höchstwahrscheinlich nicht zu begründen[863]). Der fahrlässige Arzt würde jedoch deliktisch dem Kind haften, das geschädigt oder infiziert geboren wurde, weil der Arzt beispielsweise infiziertes Sperma[864]) oder ein beschädigtes *ovum* verwendet hatte. Nach deutschem Recht genügt es für die Entstehung eines solchen Anspruchs, daß die fahrlässige Handlung des Arztes adäquat ursächlich für die Schädigung oder Infektion des später geborenen Kindes war. Mögliche Probleme bei der Feststellung der Ursächlichkeit zwischen Vornahme der künstlichen Insemination (oder Fertilisation oder Transplantation) und der Schädigung des Kindes werden im Interesse des Kindes ausgeräumt, wenn nur das Kind lebend geboren wird[865]). Eine ähnliche Rechtsauffassung wird auch von amerikanischen Gerichten geteilt; hier hat jüngst der *Court of Appeals* der Vereinigten Staaten entschieden, daß Gerichte im Bundesstaat Missouri, weil sie das Recht des lebend geborenen Kindes auf Schadensersatz für alle ihm vor der Geburt zugefügten Schäden anerkennen, im Wege der Analogie wahrscheinlich auch einen Schadensersatzanspruch für ihm vor der Empfängnis bereits grundgelegte Schäden gewähren würden, ein solcher Schadensersatzanspruch wäre auch – so urteilte der *Court of Appeals* – mit einer kleineren Anzahl von Entscheidungen zu diesem Fragenkreis aus anderen Bundesstaaten vereinbar[866]). Erwähnenswert in diesem Zusammenhang sind die Vorschläge der englischen *Law Commission*, daß der Anspruch wegen vorgeburtlicher Schädigung auf die erste Generation beschränkt werden sollte[867]).

bb) In all diesen Fällen ist der Beweis überaus schwierig, daß das Kind im Zeitpunkt der Zeugung gerade durch den Vorgang der künstlichen Insemination oder der Ei- oder Eierstockverpflanzung infiziert oder geschädigt wurde. Ein solcher Beweis scheint nahezu ausgeschlossen, falls der Spender (oder die Spenderin) anonym geblieben ist, was in zahlreichen Fällen zutrifft[868]) und sogar von juristischen Autoren empfohlen wird, die die Anonymität des Spenderverfahrens dem Recht des Kindes zu wissen, wer seine Eltern sind, vorzuziehen scheinen[869]). Andererseits können sich bestimmte Beweisregeln zugunsten des Kindes auswirken[870]); auch wird sich ein Haftungsausschluß im Verhältnis zwischen Arzt und Frau nicht auf einen deliktsrechtlichen Anspruch des Kindes auswirken, da ein Vertrag zwischen zwei Personen nicht Rechte eines Dritten schmälern kann, der nicht – oder wenigstens nicht unmittelbar – Vertragspartner ist[871]).

c) Falls eine verheiratete Frau sich einer heterologen Insemination oder Ei- bzw. Eierstockverpflanzung ohne Einwilligung ihres Ehemanns unterzieht (derartige Fälle sind nicht nur von akademischem Interesse), sind möglicherweise deliktische Ansprüche des Ehemannes gegen den Arzt auf Schmerzensgeld denkbar. Ein Arzt wäre außerordentlich schlecht beraten, wollte er sich auf derartige Prozeduren überhaupt einlassen[872]). Es ist die Meinung vertreten worden, der Arzt, der eine heterologe Insemination oder eine ETD-Methode ohne Einwilligung des Ehemannes vornähme, verletze das Persönlichkeitsrecht des Ehemannes und verursache eine schwere Ehestörung[873]). Dieselbe Argumentationsweise könnte auch auf die Anwendung einer ETD-Methode ohne Einwilligung des Mannes übertragen werden. Andererseits ist jedoch argumentiert worden, der Ehemann sei nicht berechtigt, für solche Rechtsverletzung Schadensersatz zu verlangen, da das Eherecht besondere Sanktionen und Mittel (z. B. die Scheidung) vorsehe, und daß er daher zunächst die Scheidung einreichen müsse, bevor er einen Dritten (d. h. den Arzt) auf Schadensersatz verklagen könne[874]). Ein aufwühlender englischer Fall verdient Erwähnung hier, in dem der Richter (Sir George *Baker* P.) entschied, daß ein Ehemann nach *Common Law* überhaupt kein Recht habe, seine Frau an der Abtreibung ihres gemeinsamen Kindes zu hindern; das Gericht lehnte es deshalb ab, dem antragstellenden Ehemann eine Einstweilige Verfügung zu gewähren, mit der die Frau von der Abtreibung hätte abgehalten werden können[875]). Diese Entscheidung ist in unseren Augen völlig unhaltbar, aber vielleicht war es unter dem gegenwärtigen, äußerst freizügigen Abtreibungsrecht in England und in Ermangelung klarer Präzedenzien auch nach *Common Law* nicht möglich, anders zu entscheiden als geschehen[876]).

2. Haftung bei Embryo-Verpflanzungen

Hier finden wir eines der eindrucksvollsten Beispiele wissenschaftlicher Entwicklung in der am 25. Juli 1978 erfolgten Geburt von Louise Brown, dem ersten, wie es selbst in der seriösen Presse bezeichnet wurde, Retortenbaby der Welt – gewiß ein Markstein in der Geschichte der medizinischen Wissenschaft und sogar der Menschheit, was in des Verfassers Augen nicht notwendigerweise ein Lob des gesamten beobachteten Verfahrens mit einschließt[877]). Dem wissenschaftlichen Durchbruch (wenn dies das passende Wort ist) in diesem Fall gingen mehr als fünfzehn Jahre umfangreicher Laborarbeit und Humanexperimente voraus, die von Patrick *Steptoe,* dem gynäkolgischen Spezialisten, der nach normalerweise zuverlässigen Berichten aus der seriösen Presse jedenfalls einen Teil dieser Humanexperimente aus Abtreibungen finanzierte, die er während dieser Zeit ebenfalls vornahm[878]), und von Dr. Robert *Edwards*, einem physiologischen Forscher aus Cambridge, unter deren Beteiligung das erste außerhalb des Mutterleibs empfangene (und in der Mutter gewachsene) Baby zur Welt kam, betrieben worden waren[879]). Aber Embryoverpflanzungen sind nicht nur auf die Fälle der Unfruchtbarkeit beschränkt, die im Falle von Mrs. Brown erfolgreich behoben werden konnte. Insgesamt sind vielmehr *vier* Fallgruppen zu unterscheiden und getrennt zu behandeln.

a) Erster Fall: Eine verheiratete Frau ist unfruchtbar wegen einer beliebigen Störung ihrer Fähigkeit zur Mutterschaft, wie z. B. Eileiterverstopfung. Das ist der Fall von Louise Brown. Ihr Fall unterscheidet sich also von der normalen Konzeption dadurch, daß der Frau ein *ovum* entnommen, *in vitro* (im Labor) mit dem Samen des Ehemannes befruchtet und das befruchtete *ovum* in den *uterus* der Frau eingepflanzt wird. Normale Schwangerschaft und Geburt können folgen. Diese Methode nützt jedoch nur einigen unfruchtbaren Paaren. Obwohl jedes zehnte Paar gegen seinen Wunsch kinderlos ist, kann der Grund ebensogut beim Mann wie bei der Frau liegen. Das von Steptoe und Edwards entwickelte Verfahren bietet denjenigen Frauen eine Alternative, bei denen eine Operation keinen Erfolg hat. Die Frau erhält eine kurze Hormonbehandlung, damit mehrere Eizellen gleichzeitig reifen. Ein Laparoskop, d. h. eine enge Röhre vergleichbar mit einem Teleskop, wird dann in ihr Abdomen eingeführt;

die Eizellen werden entnommen und in einer Flüssigkeitskultur mit den Samenzellen des Mannes vermischt. Es ist wahrscheinlich, daß eine Eizelle (oder mehr) befruchtet wird, und nach wenigen Tagen wird sie sich zu einem kleinen Ball sich teilender Zellen, einem Keimbläschen, entwickelt haben. Dieser sehr kleine Embryo kann dann in den Uterus verpflanzt werden, so daß die Implantation stattfinden sowie normale Schwangerschaft und Geburt folgen können[880]). Dieser Vorgang der Embryo-Verpflanzung wäre, wie *Lord Kilbrandon* es ausgedrückt hat, einfach ein künstliches Mittel, eine Geburt einzuleiten, einem Kaiserschnitt vergleichbar[881]). Die Haftung des Arztes würde keine neuen Probleme aufwerfen. Er wäre nach den allgemeinen Regeln schadensersatzpflichtig, nämlich wegen Kunstfehlern oder Behandlung ohne wirksame Einwilligung[882]). Diese erste Fallgruppe, die Befruchtung *in vitro*, wird mit einem Problem der heterologen Insemination gut fertig: das durch Befruchtung *in vitro* empfangene Kind stammt nämlich von seinen natürlichen, rechtlichen Eltern ab, das Kind ist ganz das Kind seiner Eltern; bei der heterologen Insemination und der heterologen Ei- oder Eierstockverpflanzung dagegen stammt das Kind genetisch nur von einem der Elternteile ab. Das Verfahren kann darum vielleicht eher akzeptiert werden als die heterologe Insemination[883]) und die (heterologen) ETD-Methoden[884]); es bedarf aber eines hochbefähigten Expertenteams und nicht weniger hoch entwickelter Leistungen, deshalb wird die Zahl der Zentren, an denen dieses Verfahren durchgeführt werden kann, notwendig sehr klein und begrenzt bleiben.

b) Zweiter Fall: Falls die Erkrankung der Frau ihren Ursprung im Bereich des Eierstockes hat, könnte ein anonymer weiblicher Spender mit dem Sperma des Ehemannes inseminiert werden. Anschließend könnte das befruchtete *ovum* der Gebärmutter der Spenderin entnommen und der Gebärmutter der Ehefrau eingepflanzt werden. Das ist die Methode der heterologen Eiverpflanzung, bei der das befruchtete Ei, das der Mutter implantiert wird, nicht aus deren eigenen Eierstöcken, sondern aus denen der Spenderin kommt. Diese Art der Embryo-Verpflanzung führt zu ähnlichen Ergebnissen wie eine Eierstock-Transplantation, auf die weiter oben bereits eingegangen wurde[885]). Sie ist einer heterologen Insemination vergleichbar. Die gleichen tatsächlichen Gründe würden zur Haftung führen, z. B. Auswahl einer ungeeigneten Spenderin oder Übertragung einer Erbkrankheit oder eine Infektion auf das Kind[886]).

c) Dritter Fall: In bestimmten Fällen der Erkrankung der Ehefrau[887]) könnte die technisch beste Lösung darin liegen, den Embryo nach normaler Zeugung durch den Ehemann zu entnehmen und ihn in eine sogenannte „Amme" einzupflanzen, die das Kind gebären würde. Danach würde das Kind der „Amme" weggenommen und der Ehefrau gegeben werden. In diesem Fall könnte der Arzt auch der „Amme" gegenüber haften. Er müßte sie in vollem Umfang über die möglichen körperlichen und seelischen Gefahren aufklären und könnte wegen einer Behandlung ohne wirksame Einwilligung schadensersatzpflichtig werden[888]).

d) Vierter Fall: Beide, Ehefrau und Ehemann, sind unfruchtbar, die Ehefrau aber wäre in der Lage, ein Kind auszutragen. Der Arzt könnte in diesem Fall ein anonymes Spender-Paar auswählen, das das genetische Material (*horribile dictu*), d. h. das befruchtete Ei, liefern würde. Zur gegebenen Zeit könnte der Embryo in den *uterus* der Ehefrau eingepflanzt werden. Diese Art der Verpflanzung könnte man als „vorgeburtliche Adoption"[889]) bezeichnen, obwohl dieser Ausdruck manchmal zu dem besonderen Zweck gebraucht wird, die Adoption eines andernfalls unerwünschten Kindes zu bezeichnen, die eine Abtreibung vermeiden soll[890]).

e) Die wirklich wichtige Frage im Zusammenhang mit Embryo-Verpflanzungen liegt mehr im ethischen als im rechtlichen Bereich[890a]), da das Behandeln und Verpflanzen befruchteter *ova* Versuche am Menschen bedeuten. Die ethische und rechtliche Rechtfertigung dieser Verfahren ist sehr zweifelhaft, da der Embryo, den man – wenigstens in vielen Fällen, in denen Laboruntersuchungen, klinische Untersuchungen und Versuche an ihm wie an Mäusen durchgeführt werden und auch seine endgültige Vernichtung bedeuten können, sobald er seinen Zweck erfüllt hat und nicht länger mehr benötigt wird – das *Opfer* nennen könnte, all den an ihm vorgenommenen Prozeduren nicht zustimmen kann, und es ist sicher *nicht* befriedigend zu erfahren, daß er selbst dann, wenn er befragt werden könnte, jedenfalls nach dem sonst so viel bewunderten *Common Law* kein Recht, gefragt und gehört zu werden, hätte und deshalb in all den Verfahren, denen er unterzogen und deren Opfer er wird, rechtlich überhaupt nicht vorgesehen ist; dies ist inzwischen ziemlich klar gemacht worden in verschiedenen amerikanischen und englischen Abtreibungsfällen[891]). Die Rechtsposition der *non iam nati* oder des ungeborenen menschlichen Lebens ist nach deutschem Verfassungsrecht gesicherter, da das Grundrecht der Menschenwürde auch dem Ungeborenen zusteht; dazu mögen auch Ereignisse aus der unmittelbaren deutschen Vergangenheit beigetragen haben[892]). Wie dem auch sei: Verfahren wie die Embryoverpflanzung und damit zusammenhängende Experimente müssen darauf überprüft werden, auf welche Weise sie zur Verbesserung der menschlichen Lebensbedingungen und des menschlichen Lebens beizutragen geeignet sind, menschliches Leben darf jedoch selbst nicht im Interesse der Forschung und des angeblichen Fortschritts der Erkenntnis geopfert werden, auch wenn es sich um menschliches Leben handelt, das – wie im Falle des sehr frühen Embryo oder gar des Fetus – noch „unreif" und noch nicht selbständig lebensfähig ist. Diese Grundsätze gelten auch für die Experimente an Feten und fetalem „Material" zum Zwecke der Forschung, gleich welcher Herkunft sie sind[893]), also für die sich der Forschung hier öffnenden neuen Horizonte einer Schönen Neuen Welt, denen man nur mit Unbehagen gegenüberstehen kann. Die große Freude, die das außerhalb des Mutterleibes gezeugte und später gesund geborene Baby seinen Eltern geschenkt zu haben scheint, zeigt anschaulich, daß die mit seiner Entstehung verbunden gewesenen Prozeduren im konkreten Ergebnis dieses Falles große menschliche Erfüllung gebracht haben. Wie es aus Anlaß der Geburt von Louise Brown aber zu Recht formuliert wurde[894]), ist es eine Sache, einem kinderlosen Ehepaar zu helfen, die vielleicht tief empfundene Kinderlosigkeit mit neuen Behandlungsmethoden zu überwinden; es ist aber eine ganz andere Sache, auf neue Weise anmaßend den Herrn über Leben und Tod zu spielen. Und genau dies geschieht *auch* bei all den Embryoverpflanzungstechniken, denen vielleicht viel menschliches Leben im experimentellen Stadium zum Opfer gefallen ist, bevor ein Fall Louise Brown möglich wird[895]). Man sollte deshalb betonen, daß die zivilrechtliche Verantwortlichkeit in diesem Bereich neuer Behandlungsmethoden und Experimente, wenn sie ethisch und rechtlich überhaupt zu rechtfertigen sind, eine sehr strikte sein muß für den Fall, daß ein deformiertes oder auf andere Weise geschädigtes Kind aus den Verfahren hervorgeht[896]).

V. *Beweisprobleme*

Es ist wohlbekannt, daß ein Erfolg in Haftungsprozessen gegen Ärzte (wie auch in anderen Prozessen) zu einem erheblichen Teil von den vorhandenen Beweismitteln[897]) und davon abhängt, welche Partei die *Beweislast* trägt[898]). Wie in allen Zivilprozessen gilt auch hier der Grundsatz, daß *der Kläger* die Beweislast trägt und daß er Gefahr läuft zu unterliegen, wenn er nicht alle seine Klage stützenden Tatsachen darlegen und notfalls auch beweisen kann[899]). Es ist jedoch höchst bedeutsam, daß in einem jüngst entschiedenen Fall der deutsche *Bundesgerichtshof* ausdrücklich darauf hingewiesen hat, „daß es bei der Eigenart des Arzthaftungsprozesses in erhöhtem Maße Pflicht des Gerichts ist, gegebenenfalls eine Ergänzung des Parteivortrags durch geeignete Hinweise und Fragen anzuregen (§ 139 ZPO)". Wenigstens im Hinblick auf die Zumutbarkeitsgrenze des dem Patienten fehlenden Einblicks in Organisation und Einzelheiten des ärztlichen und klinischen Betriebs kann insoweit im Arzthaftungsprozeß keine „typenreine Verhandlungsmaxime" gelten[899a]).

Ausgewählte Probleme der zivilrechtlichen Arzthaftung

1. Kunstfehler-Prozesse

In Kunstfehlerprozessen muß grundsätzlich der Patient beweisen, daß der Schaden durch schuldhafte Behandlung verursacht wurde, die den an die ärztliche Berufsausübung allgemein gestellten Anforderungen nicht genügte[900]. In den meisten Rechtsordnungen kann der Patient sich auch darauf berufen, daß ein anderer schuldhaft gehandelt hat, für den der Arzt rechtlich einzustehen hat[901]. Beide Beweise sind oftmals schwer zu erbringen, und es ist nicht statthaft, allein deshalb auf einen Behandlungsfehler des Arztes zu schließen, weil irgendetwas daneben gegangen ist[902]. Es überrascht deshalb nicht, daß die klagenden Patienten in Arzthaftungsprozessen immer mehr die schwere Bürde des Behandlungsfehlerbeweises zu umgehen suchen und auf die Behauptung ausweichen, daß der Arzt es rechtswidrig unterlassen hat, den Patienten vor Beginn der Behandlung ordnungsgemäß aufzuklären[903]. Während nämlich der Patient das Vorliegen eines Behandlungsfehlers zu beweisen hat, muß bei einer auf unterlassene ordnungsgemäße Aufklärung gestützten Klage umgekehrt der Arzt beweisen, daß er dem Patienten eine im Einzelfall ausreichende Aufklärung gegeben hat, weil sie allein den Eingriff rechtfertigen kann[904].

a) Diese bereits erörterten forensischen Beweisführungsschwierigkeiten für den klagenden Patienten, eine ärztliche Behandlung *contra legem artis* schlüssig darzutun, hat zu der in vielen Rechtsordnungen zu beobachtenden Tendenz geführt, den Patienten von (Teilen) der Beweislast zu befreien und sie dem beklagten Arzt aufzuerlegen, der freilich oft auch in einer besseren Lage ist, den gesamten Geschehensablauf zu erklären, als sein Patient, der die berufliche Sachkunde und Erfahrung des Fachmannes weder hat noch zu haben braucht, den er im Interesse seiner Gesundheit oder Wiedergenesung konsultiert[905]. Allerdings genügt die bloße Einlassung des beklagten Arztes, auch er könne sich die Ursachen nicht erklären, die dem klagenden Patienten Schaden zugefügt haben, keineswegs für sich alleine für die Folgerung aus, daß hier also auf ärztlicher Seite die erforderliche Sorgfalt mißachtet worden sein muß[906]. Wenn aber andererseits der klagende Patient darlegen und notfalls auch beweisen kann, daß der bei ihm eingetretene Schaden ein bei ärztlichem Fehlverhalten typischerweise auftretender Schaden ist, dann verlangen die so auf den Tisch gelegten Tatsachen nach einer Erklärung, denn dann – *res ipsa loquitur* – sprechen die Tatsachen für sich, und wenn der beklagte Arzt es unter diesen Umständen versäumt, eine vernünftige Erklärung für den Geschehensablauf zu geben, dann kann er sehr wohl zur zivilrechtlichen Haftung herangezogen werden[907], da die Gerichte fast generell *prima facie*[908] auf der Grundlage des *Anscheinsbeweises* (*weil* die *res ipsa loquitur*)[909] dann davon ausgehen, daß der *Kausalzusammenhang* zwischen dem (typischerweise schadenstiftenden) Behandlungsfehler und dem (tatsächlich *in casu* auch eingetretenen) Schaden damit nachgewiesen ist[910]). Steht damit der Kausalzusammenhang fest, würden jedenfalls eine Reihe von Gerichten der verschiedensten Rechtsordnungen dem beklagten Arzt auch die Beweislast dafür auferlegen, daß er und seine für ihn tätigen Mitarbeiter nicht fahrlässig gehandelt haben[911]): der Arzt, nicht der Patient, weiß oder sollte alles über die von ihm vorgenommene Behandlung wissen, und es ist der Arzt, und nicht der Patient, der seine Behandlung und – falls erforderlich – jeden einzelnen Schritt im Lauf der Behandlung erklären muß; und falls er sich nicht in ausreichendem Maße und zur Zufriedenheit des erkennenden Gerichts entlasten kann, dann haftet er für den eingetretenen Schaden wegen fahrlässiger Sorgfaltspflichtverletzung[912]).

b) Gleichwohl ist der Ausgangspunkt, daß der klagende Patient erst einmal über Indizien einen *Anscheinsbeweis* zu seinen Gunsten liefern muß[913]). Der Arzt kann eben nicht schon deshalb als verantwortlich herangezogen werden, weil während der Behandlung oder in ihrem Gefolge etwas schief gegangen ist. Nur dies darzutun, würde daher niemals gegen ihn ausreichen[914]), wie wir bereits mehrfach betont haben. Der klagende Patient ist andererseits aber *nicht* gehalten und verpflichtet, mit dem Finger exakt auf die Person zu zeigen, die in dem ganzen Geschehensablauf der Urheber des Schadens gewesen ist oder detailliert darzulegen, was diese Person alles falsch gemacht hat[915]). Es reicht vielmehr aus, einen Beweis des ersten Anscheins aus Indizien aufzubauen und gegebenenfalls auch zu belegen, daß im Rahmen der ärztlichen Behandlung nicht mit der erforderlichen Sorgfalt gearbeitet worden ist[916]). Das ist eigentlich alles, was man einem Patienten in dessen typischer Beweissituation noch zumuten kann[917]). Wie die Privatrechtsvergleichung zeigt, ist dies aber auch für *keine* Rechtsordnung ein *neuer* Grundsatz; der auf Indizien aufbauende Anscheinsbeweis beruht auf einer ganz normalen Beobachtungsgabe und Lebenserfahrung, daß manchmal eine bestimmte Sache oder ein bestimmter Geschehensablauf ihre bzw. seine eigene Geschichte selbst erzählt; es reicht dabei aus (und ist andererseits auch erforderlich), daß Merkwürdigkeiten des konkreten Falles entschieden zugunsten einer Sorgfaltpflichtverletzung des beklagten Arztes sprechen[918]). Der Grundsatz „basiert also auf dem *common sense*, sein Zweck ist es, zu einem gerechten Urteil zu finden in Fällen, in denen die den Kausalverlauf und die vom Beklagten zu beobachtende Sorgfalt betreffenden Tatsachen zu Beginn für den Kläger unerklärlich sind, aber im Wissens- und Erfahrungsbereich des Beklagten liegen oder liegen sollten"[919]). Im Lauf der Jahre hat sich zweifellos und in fast allen Rechtsordnungen eine Tendenz zu größerem Entgegenkommen gegenüber dem Kläger herausgestellt. Sogar im Bereich der zivilrechtlichen Arzthaftung sind frühere Zweifel, ob man den Grundsatz der aus sich heraus sprechenden Tatsachen (*res ipsa loquitur*) oder, wie er im deutschen Sprachbereich genannt wird, den *Anscheinsbeweis* hier überhaupt anwenden kann, längst zerstreut worden, insbesondere unter solchen Umständen, bei denen auch der unerfahrene Laie in ähnlich guter Position ist wie der Experte, seine eigenen Schlüsse aus bestimmten Tatsachen und Geschehensabläufen zu ziehen, wie das in Fällen geschah, in denen Mulltupfer oder Operationsinstrumente in der Operationswunde vergessen worden waren oder Schäden auch außerhalb des eigentlichen Gebiets der medizinischen Behandlung auftraten[920]. Mitunter kann ein klagender Patient wohlberaten sein, mit Hinweisen und Beispielen aus der früheren Erfahrung oder mit technischen Gutachten das bereits vorhandene Arsenal an Erfahrungswissen in bezug auf bestimmte Geschehensabläufe zu erweitern und dadurch auf Informationen beruhende Vermutungen in den beweisrechtlich ausreichenden Rang überzeugender Hypothesen zu bringen[921]. Wenn der erste Anschein für eine Sache oder einen bestimmten Verlauf ein Grundsatz oder eine Lebenserfahrung ist, die auf dem normalen *common sense* der Menschen beruht, braucht er sicherlich nicht künstlich beschränkt zu werden auf den Bereich von Tatsachen, in dem sich der Richter mit seinen eigenen (vielleicht nur laienhaften) Kenntnissen und Erfahrungen gut auskennt, das Erfahrungswissen des Gerichts kann sich auch auf medizinische oder sonstige fachliche Kenntnisse voraussetzende Umstände erstrecken, selbst wenn man profunde medizinische Sachkenntnisse beim Gericht nicht ohne weiteres sogleich wird voraussetzen können[922]. Deshalb gibt es auch keinen zwingenden Grund, warum sich das Gericht nicht im Wege von überzeugenden Gutachten und Sachverständigeninformationen auch in Arzthaftungsprozessen die nötigen Grundlagen für einen rechtlich zulässigen Beweis des ersten Anscheins verschaffen sollte, daß des Klägers Schaden hätte vermieden werden können, wenn in Diagnose, Therapie und Operation ausreichende Sorgfalt beobachtet worden wäre[923].

aa) Sachverständigengutachten sind allerdings zugegebenermaßen der wohl schwierigste und haarigste Teil des gesamten Arzthaftungsprozesses. Medizinische Sachverständige zumal sehen sich leider allzu oft – und mißverstehen damit die ihnen zugewiesene Rolle vor Gericht gründlichst – als Waffe in der Hand der *einen* Partei, des beklagten Kollegen, gegen die andere, den Patienten. Ihre eigentliche Aufgabe ist es indessen, einem unabhängigen und unvoreingenommenen Gericht bei der Feststellung von Tatsachen – medizinischen *Tatsachen* – behilflich zu sein; dem Sachverständigen gelegentlich *nicht* zu glauben, sondern das von ihm Vorgebrachte auch einmal als nicht überzeugend zurückzuweisen[924], ist unter den gegebenen Umständen heute noch leider des öfteren ein Gebot der Fairneß und der Gerechtigkeit im Prozeß[925]. Selbstverständlich wäre es für den Kläger am besten, wenn er Sachverständigengutachten vorlegen könnte, aus denen sich unmißverständlich ergibt, daß der beim Kläger eingetretene Schaden normalerweise nicht ohne fahrlässiges Verhalten auf Seiten des beklagten Arztes entstanden sein kann, und wenn es dem Kläger möglich ist, ein solches Gutachten beizubringen, sollte er dies ganz sicherlich auch tun[926]. So einfach ist das aber nicht, und derart eindeutige Sachverständigengutachten zu erlangen, das dürfte die Ausnahme sein; sie zu fordern, würde einem schweren Mißverständnis der Grundsätze des Anscheinsbeweises gleichkommen und bedeuten, daß der Anscheinsbeweis in Arzthaftungsprozessen an schärfere Voraussetzungen geknüpft und von ihrem Vorliegen abhängig gemacht würde, als in den meisten anderen auf Fahrlässigkeit gestützten Schadensersatzprozessen, denn es gibt nun einmal bestimmte Vorfälle, die auch in den Augen eines weniger sachverständigen Laien für fehlende Sorgfalt sprechen, ohne daß dies nochmals durch Sachverständigengutachten abgesichert werden müßte[927]. Worum es hier geht, ist in einem englischen Fall, bei dem der klagende Patient nachgewiesen hatte, daß der beklagte Arzt Operationstücher in seinem Körper zurückgelassen hatte, recht plastisch wie folgt formuliert worden: „Der Chirurg ist für die Operation verantwortlich; er beherrscht sie. Er entscheidet, welche Operationsinstrumente, Mulltupfer und so weiter benutzt werden, und er ist es, der sie im Rahmen der Operation benutzt bzw. benötigt. Der Patient oder im Falle seines Todes dessen Angehörige kann bzw. können über diese Angelegenheit nichts wissen. Es kann überhaupt keine Frage sein, daß weder Operationstücher noch Instrumente normalerweise und nach Abschluß der Operation irgendetwas im Körper des Patienten zu suchen haben, und niemand mit Verstand würde behaupten wollen, daß es mit richtigen Dingen zugeht, wenn sie dort zurückgelassen werden, auch wenn diese Tatsache unter besonderen Umständen einmal entschuldbar sein kann. Wenn also ein Operationstuch im Körper des Patienten zurückbleibt, ist es klar, daß es Sache des Chirurgen (und niemandes anderen) ist darzutun – nicht notwendigerweise, warum er das Tuch dort zurückgelassen hat, wohl aber –, daß er gleichwohl die im konkreten Fall gebotene ärztliche Sorgfalt beachtet war, die nötig war, um zu verhindern, daß das Tuch dort zurückbleiben würde"[928].

bb) Um also einen *Anscheinsbeweis* aufzubauen und sich auf ihn berufen zu können, muß der umstrittene Umstand oder Vorfall *zunächst* einmal unerklärlich und unaufgeklärt sein: Die *res* kann überhaupt nur im Rahmen des Grundsatzes *res ipsa loquitur*, der *Anschein* kann überhaupt nur im Rahmen seiner Anwendbarkeit für ein bestimmtes schuldhaftes Verhalten auf Seiten des Beklagten sprechen, wenn die Umstände, um die es geht, noch unaufgeklärt sind[929]. Sind die Umstände dagegen schon aufgeklärt, dann hört der Sachverhalt auf, einer zu sein, bei dem die Umstände, der äußere Anschein, in eine bestimmte, ansonsten aber noch unaufgeklärte Richtung weisen, und die Lösung des Falls hat mit dem Anscheinsbeweis nichts mehr zu tun, sondern geschieht schlicht durch Beantwortung der Frage, ob aufgrund der festgestellten Tatsachen ein

schuldhaftes Verhalten vorliegt oder nicht[930]). Aus diesem Grund müssen beim Anscheinsbeweis die näheren Umstände *zunächst* noch ungeklärt sein. „Die *res* spricht deshalb, weil die Umstände noch unaufgeklärt sind, und nur deshalb ist noch Raum für einen naheliegenden und vernünftigen (nicht bloß zusammengereimten) Schluß, daß all das, was geschehen ist, vernünftigerweise wohl dem Schuldkonto einer bestimmten Person zugeschrieben werden muß"[931]). *Zweitens* müssen die Umstände, ungeklärt wie sie sind, von einer Art sein, wie sie normalerweise nicht ohne Verletzung von Sorgfaltspflichten entstanden sein können. Der *Anscheinsbeweis* oder, wie es in einer englischen Gerichtsentscheidung formuliert worden ist, der Grundsatz *res ipsa loquitur* „bedeutet nicht..., daß nur deshalb, weil am Ende einer Reise ein Pferd verletzt angetroffen wird oder jemand verletzt auf der Straße liegt, auch ein Verschulden gegeben sein muß. Das wäre absurd. Vielmehr bedeutet er nur, daß die Umstände des Falles beredt auf die Möglichkeit des Verschuldens dessen hinweisen, der die Situation geschaffen hat, über die sich der andere beklagt"[932]). Und *drittens* – nicht weniger wichtig – müssen die Umstände des Falles nicht nur auf die Möglichkeit fahrlässiger Verhaltensweise allgemein hindeuten, sie müssen diese Möglichkeit fahrlässiger Verhaltensweise praktisch vor die Haustür des Beklagten bringen oder an dessen Stirn heften[933]). „Fahrlässigkeit in der Luft – das würde nie ausreichen. Es reicht nicht aus, aufgrund der Umstände auf ein Verschulden irgend jemandes zu schließen; erforderlich ist, daß die Umstände gerade besonders auf die Möglichkeit eines Verschuldens desjenigen hindeuten, von dem man den Schaden ersetzt verlangt"[934]). Die Umstände müssen also folgendes Bild entstehen lassen: „Alle vorhandenen Mosaiksteinchen weisen, vernünftig interpretiert und ohne weitere Erklärung, mehr auf dein (d. h. des beklagten Arztes oder Krankenhauses) Verschulden hin als auf irgendwelche anderen Erklärungsursachen für den Schadenseintritt"[935]). Mit anderen Worten müssen die Umstände auf eine Nachlässigkeit gerade des Beklagten hindeuten.
"Wo das Geschehen im tatsächlichen Herrschaftsbereich des Beklagten oder seiner Leute abläuft und der Schaden beim normalen Verlauf der Dinge und bei gehöriger Sorgfalt derer nicht eingetreten wäre, die diesen Geschehensablauf beherrschen, dort sind in Ermangelung von den Fahrlässigkeitsvorwurf ausschließenden Erklärungen des Beklagten vernünftige Beweise dafür erbracht, daß der Schaden durch Fahrlässigkeit auf Seiten des Beklagten eingetreten ist"[935a]). Der angloamerikanische Grundsatz *res ipsa loquitur,* der kontinentalrechtliche Grundsatz vom *Anscheinsbeweis,* findet also Anwendung (1) beim Vorliegen von Umständen und Geschehensabläufen einer (noch) ungeklärten Ursache, (2) wenn die Entstehungsursache normalerweise nicht ohne das Verschulden einer anderen Person als des Klägers aufgetreten und wirksam geworden wäre, und (3) wenn die Gesamtumstände, ungeklärt, wie sie ansonsten noch

sind, auf das Verschulden gerade derjenigen Person oder Institution hindeutet, die der Kläger haftbar zu machen wünscht[936]).

cc) Liegen diese drei Voraussetzungen vor, ist der nächste Schritt die Entscheidung, welchen Einfluß dies auf die Beweislastfrage im Arzthaftungsprozeß hat. In diesem Punkt sind sich eigentlich alle hier behandelten Rechtsordnungen, gleichgültig ob solche aus der Tradition des *Common Law* oder kontinentaleuropäische Rechtsordnungen, vergleichsweise einig: der Grundsatz *res ipsa loquitur* bzw. der Grundsatz des *Anscheinsbeweises* gibt, wo er anwendbar ist, den Weg zu einem Schluß darauf frei, daß der beklagte Arzt oder das beklagte Krankenhaus den entstandenen Schaden tatsächlich schuldhaft verursacht hat[937]). Angesichts dieser rechtlichen Folgerungsmöglichkeit wäre es für den beklagten Arzt oder das beklagte Krankenhaus *unzureichend*, nun nur lediglich darauf zu beharren, daß man aber dennoch sorgfältig genug gewesen sei. Die Verschuldensvermutung zum Nachteil des Beklagten kann aber dadurch entkräftet werden, daß der Beklagte nun nachweist, daß er in Wirklichkeit nicht fahrlässig gewesen ist, auch wenn er nicht in der Lage ist nachzuweisen oder zu erklären, wie der Unfall sich ereignet hat[938]). In *Moore v. R. Fox* und anderen Fällen aus verschiedenen Rechtsordnungen[939]) ist jedoch entschieden worden, daß es nicht genügt, wenn der Beklagte nun seinerseits theoretische Möglichkeiten anderer atypischer Geschehensabläufe dartut, die den Schaden auch, und zwar ohne Verschulden des Beklagten herbeigeführt haben könnten; der vom Kläger insoweit bereits erbrachte Anscheinsbeweis verlangt nun vom Beklagten vielmehr, nach Lage des Falles wirklich ernsthafte und als genauso naheliegend in Betracht zu ziehende Möglichkeiten darzutun, aus denen sich ergibt, daß der Schadensfall nicht auf seinem schuldhaften Verhalten beruhen muß, und um diesen Beweis zu erbringen, muß der Beklagte angesichts des zugunsten des Klägers streitenden Anscheinsbeweises entweder darlegen, (1) daß der Schaden in Wirklichkeit auf einem Umstand beruht, aus dem sich nicht auf die mangelnde Sorgfalt der Beklagtenseite zwingend schließen läßt, sondern umgekehrt eher auf ausreichend sorgfältiges Verhalten als der wahrscheinlicheren Alternative[940]) oder (2), wenn ein solcher Umstand nicht dargetan wird, daß die Beklagtenseite alle gebotene Sorgfalt im Rahmen ihres Tätigseins beobachtet hat[941]).

dd) Es gibt genug gute Gründe, diese Grundsätze auch in Arzthaftungsprozessen *auszubauen*. Der Patient und spätere Kläger – das ist hier schon weiter oben dargelegt worden – weiß oft nichts über den Hergang des Schadenseintritts, er mag z. Z. der schädigenden Behandlung sogar unter dem Einfluß eines Narkotikums gestanden haben oder sehr krank gewesen sein[942]), und er wird gleichwohl mit der schwierigen Bürde belastet, die seine Klage stützenden Tatsachen zu beweisen und für sie auch noch die nötigen Informationen und

Zeugen zu finden. Der Beklagte/Arzt/Krankenhausträger dagegen hat regelmäßig einen sehr leichten Zugang zu den Informationen, die dem Kläger/Patienten meistens fehlen[943]). Dieses Dilemma wurde vor einigen Jahren in einem hochinteressanten kanadischen Fall eindrucksvoll beschrieben, in dem der Oberste Gerichtshof von Kanada entschied, daß Fairneß und Gerechtigkeit es verlangen, die Grundsätze des Anscheinsbeweises auch in Arzthaftungsverfahren voll und streng zum Tragen kommen zu lassen. Andernfalls, so führte das Gericht aus, „würde Ärzten, Zahnärzten und Mitgliedern anderer, auf besonderer Sachkunde beruhender Berufe, ein unfairer und durch nichts zu rechtfertigender Vorsprung in Fällen gegeben, in denen es um ihre Sachkunde geht und ihre Verhaltensweise bei der Ausübung ihres Berufs im Einzelfall ins Kreuzfeuer der Kritik geraten ist. Ohne den zugunsten des Klägers streitenden Anscheinsbeweis hätten diese Beklagten die Möglichkeit, auch vor einem Gericht einen von ihnen beherrschten oder zu beherrschenden Geschehensablauf, der sich in einem Schaden für den Kläger ausgewirkt hat, nicht einmal erklären zu müssen, obwohl der Geschehensablauf für jeden vernünftigen Menschen den Schluß auf eine den gebotenen Sorgfaltsmaßstäben nicht gerecht werdende Verhaltensweise auf Seiten des Beklagten nahelegen würde. Dadurch wäre in einem Fall wie dem *in casu* vorliegenden Arzthaftungsprozeß der beklagte Arzt in der Lage, vor Gericht zu erklären: ‚Ich bin allein verantwortlich für alles, was im Laufe der Operation geschehen ist. Ich kenne alle Tatsachen und Umstände, aus denen auf mein sorgfältiges oder nicht sorgfältiges Verhalten geschlossen werden kann. Ich kann den Geschehensablauf auch erklären, aber ich weigere mich, dies zu tun.' Einem Beklagten eine sinngemäße Einlassung dieser Art überhaupt abzunehmen, käme einer Verweigerung der Gerechtigkeit gegenüber einer Person gleich, die, wie der klagende Patient, den Geschehensablauf eben nicht oder nicht so gut kennt wie der Arzt und versucht, Ersatz seines Schadens von dem zu erlangen, der aufgrund seiner Kenntnis den vollen Zugang zu den Tatsachen besitzt und den Fall aufklären könnte"[944]). Es ist diese vom kanadischen Obersten Gerichtshof so anschaulich beschriebene Situation, in der sich der Patient/Kläger befindet, die den deutschen Bundesgerichtshof jetzt veranlaßt, vom Arzt/Krankenhaus/Beklagten eine Erklärung der Behandlungs- oder Operationsweise zu verlangen, sobald der Patient selbst einen Schaden nachgewiesen hat, der allem Anschein nach an die Haustür des Beklagten eher gehört als anderswohin. Diese Rechtspflicht des Arztes, seine Verhaltensweise vor Gericht zu erklären, kann immer noch am besten durch sorgfältig geführte Krankenunterlagen erfüllt werden, die für den gutem ärztlichem Brauch folgenden Arzt selbstverständlich sind, aber auch als ein dem Patienten zustehendes Recht von diesem vor Gericht eingefordert werden können[944a]). Nicht zuletzt im Bereich der ärztlichen Behandlung mit neuen Methoden und Experimenten müßte die Übertragung dieser Grundsätze auf den Prozeß eine wichtige Hilfe für den Patienten sein können. In Übereinstimmung mit den höheren Sorgfaltsverpflichtungen, die der Arzt dem Patienten im Bereich der Behandlung mit neuen Methoden und bei Experimenten schuldet, würde der Arzt deshalb zugleich mit dem erhöhten Pflichtenmaßstab auch eine stärkere Beweislastverschiebung zu seinen Ungunsten zu akzeptieren haben, wenn er diese Behandlungsformen nicht im Einklang mit der *lex artis* seines Berufsstands ausführt[945]). Das gleiche gilt für Krankenhäuser. Und es ist auch hier der beklagte Arzt, das beklagte Krankenhaus, die die Beweislast dafür haben, daß sich ihre Behandlungsweise in Übereinstimmung mit der *lex artis* der medizinischen Wissenschaft zur Zeit der Behandlung befunden hat[946]).

c) Im Hinblick auf die konventionelle Heilbehandlung mag es in der Tat vielleicht[947]) noch problematisch sein, eine *generelle Beweislastumkehr* zugunsten des Patienten zu befürworten[948]), obwohl nicht oft genug betont werden kann, daß da, wo das schadenstiftende Ereignis in der Verantwortungssphäre des Arztes seinen Anfang genommen hat, zahlreiche Argumente für eine klare Beweislastumkehr stärker sprechen als für eine bloß strengere Anwendung der Grundsätze des Anscheinsbeweises mit zulässigen Schlußfolgerungen und (widerlegbaren) Vermutungen, zumal diese allzu oft erschüttert werden können von denen, die die Behandlung durchgeführt haben und über sie mehr wissen oder wissen müßten als der klagende Patient[949]). Eine *vollständige Beweislastumkehr* wäre aber zumindest[949a]) *in drei Fällen* gerade auch im Bereich der herkömmlichen Heilbehandlung zu rechtfertigen, nämlich *erstens* da, wo der Arzt im Rahmen seiner Behandlung einen *grobfahrlässigen* Fehler macht, der typischerweise Schäden hervorzurufen geeignet ist wie die, die der Kläger erlitten hat. In solchen Fällen grober Fahrlässigkeit hat der beklagte Arzt grundsätzlich und stets nachzuweisen, daß sein Verhalten den Schaden nicht verursacht hat[950]). Wo er Mitarbeiter beschäftigt, ist er auch für deren schadenstiftendes Tun genau ersatzpflichtig, es sei denn, er kann sich in bezug auf sie exkulpieren. Eine weitere grundsätzliche Beweislastumkehr sollte *zweitens* dann vorgenommen werden, wenn der Arzt (oder das Krankenhaus) die Beweisführungspflicht des Patienten dadurch beeinträchtigt oder unmöglich gemacht hat, daß er im Arzt- oder Krankenhausbereich vorhandene *Krankenunterlagen* und sonstige Dokumente vernichtet oder verändert oder es unterlassen hat, wichtige Tatsachen und Unterredungen pflichtgemäß aufzuzeichnen[951]). Ärzte und Krankenhäuser schulden dem Patienten sowohl nach Vertrag als auch im Recht der unerlaubten Handlung die Pflicht, ordnungsgemäße und auf dem laufenden befindliche Krankenpapiere zu führen, aus denen sich alle relevanten Punkte der Anamnese, Diagnose und Therapie, der erteilten Aufklärung, der erteilten Einwilligung und aller sonstigen Behandlungsmaßnahmen entnehmen lassen; diese Rechtspflicht ist jetzt auch vom deutschen Bundesgerichtshof in einer sehr wichtigen arztrechtlichen Grundsatzentscheidung unter Aufgabe früherer Erkenntnisse eher zurückhaltenden Inhalts bekräftigt worden[952]). Eine vollständige Beweislastumkehr zugunsten des Patienten ist *drittens* und am wichtigsten ebenfalls zulässig, wenn immer und solange immer nach tatrichterlichem Ermessen dem Patienten die Beweislast für einen *Arztfehler* angesichts der *vom Arzt verschuldeten Aufklärungshindernisse billigerweise nicht mehr zugemutet werden kann*[953]). Man muß sich im übrigen darüber klar sein, daß jede *allgemeine* Beweislastumkehr kein optimales Mittel auf dem Weg zur Wahrheitsfindung ist; der einzig wirklich annehmbare Grund für eine solche allgemeine Beweislastumkehr kann nur sein, daß man vernünftigerweise nicht erwarten kann, daß gerade der Patient die Beweislast trägt, wenn der Arzt seine Pflichten gröblich verletzt hat. Dennoch scheint eine wachsende Tendenz, die Anforderungen an die zivilrechtliche Arzthaftung zugunsten des Patienten zu erhöhen, auf einen möglichen Ausweg für bestimmte Härten, die den Arzt mit dieser Entwicklung treffen können, hinzuweisen: Strengere Regeln zivilrechtlicher Haftung innerhalb des bestehenden Rahmens der zivilrechtlichen Verantwortlichkeit im allgemeinen müssen durch neue und nötigenfalls wesentlich verbesserte Haftungssysteme aufgefangen werden und nicht dadurch, daß man dem Patienten, der fast immer der schwächere Teil in einem Schadensersatzprozeß oder Entschädigungsverfahren ist, die Entschädigung verweigert; auch dies ist jetzt dem Sinne nach mit wünschenswerter Deutlichkeit vom kanadischen Obersten Gerichtshof in *Holt v. Nesbitt*[954]) betont worden, und die Gerichte sollten nicht fortfahren, wo dies noch geschieht, bei der Anwendung der Grundsätze des Anscheinsbeweises bzw. der *res-ipsa-loquitur*-Regeln übervorsichtig zu sein, auch nicht mehr in Arzthaftungsprozessen[955]). Die vorläufig letzte Antwort mag indessen vielleicht eher in einem ausgefeilten System der *Gefährdungshaftung* liegen als in Versicherungslösungen. Auch den in Neuseeland und Schweden neu eingeführten Kompensationssystemen sollte man mit Interesse auf der Spur bleiben[956]), selbst wenn es z. Z. noch zu früh ist, sie angesichts unterschiedlicher Umstände, Ausgangspunkte und Voraussetzungen in anderen Ländern jetzt schon gleichfalls zu erproben oder gar zu übernehmen[957]).

2. Behandlung ohne wirksame Einwilligung

Auch aus der Aufklärungspflicht des Arztes gegenüber seinem Patienten können rechtliche Beweisprobleme entstehen[958]).

a) In den meisten Rechtsordnungen muß der Arzt den Beweis für die wirksame Einwilligung des Patienten erbringen, da die Einwilligung zur Rechtfertigung der Behandlung erforderlich ist[959]). Es ist deshalb weithin herrschende Ansicht, daß es Sache des behandelnden Arztes ist zu beweisen, daß er die

Einwilligung aufgrund angemessener ärztlicher Aufklärung von seinem Patienten erhalten hat, und es besteht kein Zweifel, daß nur diejenige Einwilligung wirksam ist, die nach gebührender Aufklärung erfolgt ist[960]. Ein Arzt, der es versäumt, seiner Beweispflicht nachzukommen und zu beweisen, daß der Patient ihm eine Einwilligung aus freien Stücken nach ordnungsgemäßer Aufklärung erteilt hat, handelt fahrlässig und macht sich in bezug auf etwa entstehenden Schaden seinem Patienten gegenüber schadensersatzpflichtig[961]. Die Grundlage für den Schadensersatzanspruch ist dann aber letztlich nicht, daß die Behandlung fahrlässig durchgeführt werde, sondern, daß sie überhaupt durchgeführt wurde und Schaden gestiftet hat[962]. Bevor ein klagender Patient eine Entschädigung erhält, muß er auch nachweisen, daß er der Behandlung oder Operation nicht zugestimmt hätte, wäre er ordnungsgemäß aufgeklärt worden[963]. Wenn er zugäbe, auch mit Aufklärung über die Behandlungsrisiken weiterhin an der Behandlung festgehalten zu haben, wäre der Schadensersatz ausgeschlossen[964].

b) Aber die Tatsache, daß Ärzte im allgemeinen Patienten ja nicht gänzlich gegen deren Willen behandeln, gibt wahrscheinlich – jedenfalls im Bereich der konventionellen Heilbehandlung – einen sinnvollen Anknüpfungspunkt für die Entscheidung der Frage, wer im Bereich der Behandlung ohne Einwilligung die Beweislast tragen soll[965]. Im Bereich schulmedizinischer Heilbehandlung könnte die Verpflichtung zu beweisen, daß die dem Patienten gebührende Aufklärung auch tatsächlich erteilt wurde, dem Arzt außerdem nur auferlegt werden, wenn es sich um eine den Erfordernissen des Einzelfalles besonders angepaßte Aufklärung gehandelt haben sollte. In der normalen Praxis hat ein Arzt, der konkrete Angaben über Art und Umfang der dem Patienten erteilten Aufklärung machen soll, gewöhnlich unter den Mitgliedern seines Teams oder seinen Mitarbeitern Zeugen: sehr bereitwillige Zeugen, wie man in manchen Fällen hinzufügen möchte. Dem Wort solcher Zeugen gelegentlich *nicht* zu glauben, scheint einigen unserer Richter mitunter sehr schwer zu fallen[966]. Aber wenn der Richter überzeugt ist, daß der Behandlung oder Operation eine nicht nur formale Aufklärung vorausgegangen war, sondern eine ausreichende, dann sollte er es ohne allzuviel Federlesen dabei bewenden lassen, in geeigneten Fällen aber den Arzt wohl auch einmal wissen lassen, daß er dem Arzt aufgrund der gelieferten Erklärungen vertraut[967]. Daran kann vor allem in schulmedizinischen Fällen der konventionellen Heilbehandlung zu denken sein, wenn die Fallumstände deutlich machen, daß nur das unvermeidliche Fehlschlagen der Heilbehandlung den Patienten dazu bestimmt hat, die erhaltene Aufklärung später mangelhaft zu finden. Eine wichtige Grundlage für einen derartigen Vertrauensbeweis des Richters gegenüber dem beklagten Arzt wären in dieser Situation ordnungsgemäß geführte Krankenpapiere und -unterlagen, die nicht den Verdacht aufkommen lassen, sie seien erst aus Anlaß des Prozesses angefertigt oder manipuliert worden[968]), was leider häufig der Fall ist[969]). Ganz abgesehen von der rechtlichen Bedeutung solcher Krankenunterlagen, können diese Unterlagen auch auf eindrucksvolle Weise die Qualität der Behandlung erhöhen helfen, wie ein jüngst entschiedener kanadischer Fall deutlich gemacht hat[970]). Es ist sehr schwer zu verstehen, warum solche Krankenpapiere allzu oft, wenn nicht in der Mehrzahl der Fälle überhaupt, gar nicht oder nicht sorgfältig genug geführt werden[971]). Nach einigem Zögern in früheren Urteilen[972]) hat jetzt der deutsche *Bundesgerichtshof* in einer jüngst ergangenen Entscheidung betont, daß der Arzt dem Patienten sowohl eine Rechtspflicht als auch eine Standespflicht schuldet, ordnungsgemäß geführte Krankenpapiere zu führen, die Auskunft geben über die Krankengeschichte, die nach Aufklärung und Einwilligung durchgeführte Behandlung und deren Ergebnisse[973]). Die schriftliche Erklärung, die in vielen Krankenhäusern üblich ist, hat dagegen wenig Sinn; sie ist normalerweise viel zu vage abgefaßt[974]) und wird dem Patienten oder seinem Vertreter auch von Personen vorgelegt, die selbst nicht dazu qualifiziert sind, eine auf den Einzelfall bezogene konkrete und angemessene Erklärung zu geben oder abzufassen[975]). Man sollte zusammenfassend feststellen, daß immer dann, wenn Krankenunterlagen entweder gar nicht geführt werden oder aber fragmentarisch, inakkurat, unvollständig oder manipuliert sind, die Konsequenzen daraus weder für den Arzt noch für ein Krankenhaus gut sind, da ein Gericht unter solchen Umständen mit Recht dem Vorbringen der Klägerseite stärker zu folgen geneigt sein wird als der Beklagtenseite[976]).

c) Man kann deshalb die folgende Regel aufstellen: Wenn das Gericht angesichts der vom Arzt oder vom Krankenhaus verursachten Aufklärungshindernisse dem Arzt oder Krankenhaus die Beweislast für den Geschehensablauf aufbürdet, dann aber von den Erklärungsversuchen des Arztes oder des Krankenhauses nicht überzeugt ist, muß der Arzt mit zusätzlichem Vorbringen das Gericht bis ins einzelne gehend davon zu überzeugen versuchen, daß die Schadensursache nicht in seinem Verantwortungsbereich gesetzt worden und er auch an der Entwicklung zum Schaden nicht schuldhaft beteiligt ist; gelingt ihm das nicht, haftet er[977]). Was in Fällen der Heilbehandlung gilt, gilt erst recht, *a fortiori*, von Heilversuch und Humanexperiment: Wieder ist es der Arzt, der die neue Behandlungsmethode einsetzt oder Experimente am Menschen durchführt und den Behandlungs- oder Versuchsablauf aufgrund seiner Sachkenntnis beherrscht oder beherrschen müßte, und nicht der Patient oder die Versuchsperson, die sich zur Verfügung stellt, weil sie auf die Sachkunde des anderen und darauf vertraut, daß ihr kein Schaden entstehen wird; es ist daher der Arzt oder Forscher, nicht der Patient oder die Versuchsperson, der zunächst seine Behandlungs- oder Experimentiermethode zu erklären hat und zweitens zu beweisen hat, daß und in welchem Umfang ordnungsgemäß aufgeklärt wurde, und da „es die Gerichte sind und nicht der betreffende Berufsstand, die zu beurteilen haben, ob aufgrund der erwiesenen Tatsache Verschulden vorliegt oder nicht"[978]), muß der Arzt, der keine das Gericht zufriedenstellenden Antworten auf die ihm gestellten Fragen weiß, entsprechend den Grundsätzen, die bereits oben erörtert worden sind[979]) und weiter unten noch einmal zusammengefaßt werden sollen[980]), wegen fahrlässiger Schadensstiftung im Zusammenhang mit seiner ärztlichen Behandlung oder Versuchsbehandlung dem Patienten auf den Schaden haften, den dieser erlitten hat[981]). Es ist von nicht zu unterschätzender Bedeutung, daß die *Pearson Commission* im Vereinigten Königreich erst kürzlich zu dem Schluß gekommen ist, daß zwar im Bereich der Heilbehandlung weder eine Beweislastumkehr[982]) noch die Einführung der Gefährdungshaftung[983]) sinnvoll sei, jedoch bei Heilversuchen und Humanexperimenten eine strikte Schadenskompensation ohne Verschuldenserfordernis bereitstehen sollte für die, die im Bereich der Behandlung mit neuen Behandlungsmethoden und Experimenten zu Schaden kommen[984]). Die beruflichen Anstrengungen und Bemühungen manches Juristen und Arztes sollten dem Problem gewidmet sein, wie man ein Entschädigungssystem schafft, das dieses Ziel in unserer Gesellschaft sicherstellt, anstatt die Lobby derer zu unterstützen, die den Zug der Zeit in Zirkeln und Kabalen aufhalten wollen trotz des Trends zu größeren Risiken um größerer Gewinne willen.

d) Der Arzt kann auch nachzuweisen haben, daß eine Einwilligung auf der Grundlage ausreichender Aufklärung nicht erforderlich war, da ein *Notfall* vorlag, oder der Patient rechtlich wirksam auf Aufklärung *verzichtet* hat[984a]). Es ist jedoch sehr unwahrscheinlich, daß die Gerichte im Bereich neuer Behandlungsmethoden und Versuche die Ansicht vertreten würden, der Patient habe *schlüssig* einen wirksamen Verzicht erklärt[985]). In Frankreich andererseits trägt seit der Entscheidung der *Cour de Cassation* vom 29. Mai 1951 der Patient die Beweislast dafür, daß keine ausreichende Aufklärung erteilt worden sei, oder er aus anderen Gründen nicht wirksam eingewilligt habe[986]). Ob dieser Grundsatz sich auch im Bereich einer Behandlung mit neuen Methoden oder in Fällen von Experimenten zu Lasten des Patienten auswirken würde, erscheint jedoch fraglich; in diesem Bereich obliegen dem Arzt gesteigerte Aufklärungspflichten[987]). Dies könnte – wie schon erwähnt[988]) – die Gerichte veranlassen, dem Arzt die *Beweislast* aufzuerlegen und ihn aufzufordern, seine Behandlungsweise genau zu erklären.

D. Haftungsgrundsätze
(insbesondere bei neuen Behandlungsmethoden und Experimenten)

Auf die Arzthaftung im allgemeinen und in Hinblick auf neue Behandlungsmethoden und Experimente im besonderen sind folgende Grundsätze anwendbar:

I. Je neuer und unerprobter die Behandlungsmethoden sind, desto stärker und größer ist das Maß der Sorgfalt, das der Arzt anzuwenden hat und das er dem Patienten schuldet.

1. Je neuer und unerprobter die Methoden einer *Heilbehandlung*[989]) und eines *Heilversuchs*[990]) sind, desto größer sind die *Aufklärungspflichten* des Arztes und desto weniger kann das Verhalten des Patienten als schlüssiger Verzicht auf Aufklärung angesehen werden.

a) Ernste Probleme entstehen auch, wenn zu viele Erklärungen oder zu detaillierte Aufklärungshinweise nach dem sorgfältigen Urteil des Arztes den Gesundheitszustand des Patienten eher verschlechterten als verbesserten. Nach höchst verantwortungsbewußter und behutsamer Abwägung der Interessen in jedem Einzelfall kann hier unter Umständen und in seltenen Ausnahmefällen eine *Beschränkung des Aufklärungsumfangs* durch den Arzt zum Nutzen des Patienten in Betracht kommen, und zwar sowohl im Bereich der Heilbehandlung als auch in dem des Heilversuchs, vor allem, wenn auch ein unabhängiger zweiter Arzt zu demselben Ergebnis gelangt.

b) Das gilt besonders auch im Bereich der Heilbehandlung und des Heilversuchs auf dem Gebiet der *Psychiatrie*. Hier hängt der Erfolg einer bestimmten Behandlung schon aus Therapiegründen sehr oft von der subjektiven Vorstellung des Patienten ab, daß die Behandlung Erfolg haben und kein Fehlschlag eintreten werde. In solchen Fällen kann es unter strengen Voraussetzungen und in seltenen Fällen – die nach Eindruck der mit solchen Fällen befaßten Richter seltener sind als das von Medizinern behauptet wird – in Betracht kommen, den Aufklärungs*umfang* einzuschränken, wenn dies im Interesse des Patienten liegt.

2. Bei *Humanexperimenten* (also im Bereich der Behandlung allein aus wissenschaftlichem Interesse)[991]) hat der Arzt die Versuchsperson stets *in vollem Umfang aufzuklären*, soweit dies nur eben objektiv möglich ist. Von diesem Grundsatz gibt es *keine* Ausnahme. Im Bereich der Humanexperimente sind die Interessen von Wissenschaft und Forschung *nie* vorrangig vor den gebotenen Rücksichtnahmen auf das Wohlergehen der einzelnen Versuchsperson und ihr Interesse daran, durch die Experimente nicht geschädigt zu werden[992]).

Allgemeine Haftungsgrundsätze

II. Je neuer und unerprobter die Behandlungsmethoden sind, desto *geringere Anforderungen* sollten auch an Beweisführung und *Beweislast* des Patienten gestellt werden. Es gibt nirgends eine Ausnahme von der Regel, daß der Patient darlegen und notfalls eben auch beweisen muß, daß er einen *Schaden* erlitten hat. Im Hinblick auf die übrigen Voraussetzungen einer Schadensersatzklage usw. muß zwischen Behandlungsfehlerklagen und Fällen einer Behandlung ohne Einwilligung unterschieden werden.

1. Behandlungsfehlerklagen (Kunstfehlerprozesse)

In Kunstfehlerprozessen muß zunächst eine Unterscheidung gemacht werden zwischen normaler *Heilbehandlung* auf der einen Seite sowie *Heilversuchen* und *Humanexperimenten* auf der anderen Seite.

a) Heilbehandlung

Im Hinblick auf das *Kausalverhältnis* zwischen Behandlungsfehler und eingetretenem Schaden kommen die Regeln des *Anscheinsbeweises* voll zur Anwendung; es kann jedoch derzeit noch keine *generelle* Beweislastumkehr zugunsten des Patienten in Betracht gezogen werden, soweit es sich um etablierte und bewährte (Schul-)Methoden handelt. Dies ist auch die entscheidende Grundlage (und der allein richtige Kern) einer jüngst ergangenen Entscheidung des höchsten deutschen Gerichts, des *Bundesverfassungsgerichts,* das in einem recht umstrittenen Beschluß mit Stimmengleichheit unter den acht Verfassungsrichtern selbst[992a]) entschieden hat[992b]), daß im Bereich der normalen und etablierten Behandlungsmethoden, in der Schulmedizin also, die *verfassungsmäßigen Rechte eines Patienten auf Waffengleichheit im Prozeß* mit dem beklagten Arzt oder Krankenhaus *nicht* nach einer *generellen Beweislastumkehr* zugunsten des Patienten und zu Lasten des Beklagten als desjenigen verlangen, der als Arzt seine Behandlungsweise besser als der in medizinischen Dingen unerfahrenere Patient kennt oder kennen muß und auch besseren Zugang zu den Krankenunterlagen hat als der Patient selbst. Es ist hochbedeutsam, daß vier der acht Richter des Bundesverfassungsgerichts aber der Auffassung sind, daß es *gerade die konkrete Beweislastumkehr zugunsten des Patienten* gewesen wäre, die auch im entschiedenen Fall hätte *vorgenommen* werden *müssen,* und diese vier Richter machten es über jeden Zweifel klar, daß nach ihrer eigenen (die Entscheidung jedoch nicht tragenden) Auffassungen das Prinzip der Waffengleichheit vor Gericht durch die angegriffene Entscheidung des Oberlandesgerichts Stuttgart verletzt worden sei. Dieses Gericht habe die Waffengleichheit vor Gericht nicht durch Beweislastumkehr herstellen wollen und damit die verfassungsmäßigen Rechte des Patienten gem. Art. 2 I GG (freie Entfaltung der Persönlichkeit), 3 I

GG (Gleichheit vor dem Gesetz) und 20 II und III GG (Rechtsstaatsprinzip) verletzt[992c]. Aber selbst die jetzt vom Bundesverfassungsgericht – mit vier gegen vier Stimmen – erlassene Entscheidung *gegen* eine *generelle* Beweislastumkehr schließt es keineswegs aus, die Beweislast *im Einzelfall* zugunsten des Patienten *umzukehren*, wo Gerechtigkeitserwägungen eine solche Umkehr nahelegen. Die vier den Beschluß des Bundesverfassungsgerichts tragenden Verfassungsrichter stimmen ausdrücklich mit den vier „unterlegenen" Verfassungsrichtern und mit dem *Bundesgerichtshof* darin überein, daß zumindest eine *flexible Handhabung des Beweisrechts* (einschließlich des Instituts der Beweislastumkehr) im Bereich der Arzthaftung angezeigt ist; auch die vier die Entscheidung des Bundesverfassungsgerichts tragenden Verfassungsrichter stimmen mit der vom Bundesgerichtshof ständig weiter entwickelten Handhabung des Instruments Beweislastumkehr überein, also mit der Umkehr der Beweislast dort, wo das im Einzelfall erforderlich ist[992d]. Der Bundesgerichtshof hat Fallgruppen entwickelt, in denen eine pragmatische und fallorientierte *Beweislastumkehr vor allem* in Betracht kommen kann, nämlich insbesondere in Fällen, in denen der Arzt seine beruflichen Sorgfaltsverpflichtungen *grob fahrlässig mißachtet* und gegen allgemein akzeptierte Standards verstoßen hat oder *Aufklärungshindernisse in seinem eigenen Verantwortungsbereich nicht beseitigt* oder zu ihrer Beseitigung nicht beiträgt *obwohl er es könnte*, indem er zum Beispiel Krankenunterlagen nicht herausgibt oder nachträglich manipuliert, die dem Patienten als Kläger helfen könnten, seinen Fall ausreichend zu begründen, sowie *generell in allen Fällen, in denen bis zur Beweislastumkehr reichende Beweiserleichterungen für den Patienten insoweit geboten sind, als nach tatrichterlichem Ermessen dem Patienten die (volle) Beweislast für einen Arztfehler angesichts der vom Arzt verschuldeten Aufklärungshindernisse billigerweise nicht mehr zugemutet werden kann* und aus diesem Grunde dem Arzt aufgebürdet werden muß[993].

b) Heilversuch und Humanexperiment

In Kunstfehlerprozessen im Bereich von Heilversuchen und Humanexperimenten gilt die Regel, daß immer dann, wenn der klagende Patient einen Schaden dartun kann, der typische Folge eines ärztlichen Behandlungsfehlers ist (ein Beweis, der oft schon schwer genug sein wird), die Gerichte mit zunehmender Tendenz weniger zurückhaltend mit der Annahme eines *Anscheinsbeweises* und, in geeigneten Fällen sogar besser, einer *vollständigen Beweislastumkehr* sind und deshalb eine (widerlegliche) Vermutung für das Vorliegen des Kausalverhältnisses zulassen, bis der Arzt dann seinerseits zur Zufriedenheit des Gerichts das Gegenteil beweist oder zumindest einen ganz ernsthaften anderen Geschehensablauf dartut (Anscheinsbeweis) bzw. nachweist, daß die Ursache für den Schaden nicht in seinem Verantwortungsbereich liegt. Im Bereich von

Heilversuch und Humanexperiment spricht dann, wenn der Patient einen typischerweise aus einem Arztfehler resultierenden Schaden nachgewiesen hat, die Vermutung wegen der Neuheit und Unerprobtheit der Mittel und Methoden zugunsten des Patienten und gegen den Arzt, der über die neuen Mittel und Methoden vor deren Einsatz Bescheid weiß oder wissen muß und deshalb zur Zufriedenheit des Gerichts darlegen muß, notfalls auch beweisen muß, warum er sich für dieses neue Mittel oder diese neue Methode entschieden hat, obwohl sie noch nicht ausreichend erprobt waren und also nicht zu den generell akzeptierten Mitteln und Methoden der Heilbehandlung gehörten. Wenn der Arzt nicht nachweisen kann, daß der Schaden im konkreten Fall nicht das sonst typische Ergebnis eines Arztfehlers ist, liegt das *non liquet* beim Arzt, der dann folglich auch wegen schuldhaften Behandlungsfehlers bzw. schuldhafter Unterlassung der gebotenen Behandlung für den daraus entstandenen Schaden aufkommen muß[993a]). Spätestens an dieser Stelle der Argumentation ist nach unserer Auffassung dem (oben *sub* 1a erörterten) *Minderheitenvotum* der vier Richter des Bundesverfassungsgerichts der Vorzug vor der von den vier anderen Richtern des Gerichts getragenen Entscheidung gegen eine Beweislastumkehr zu geben.

2. Behandlung ohne Einwilligung

Wenn in Fällen der Arztbehandlung ohne Einwilligung des Patienten der Kläger dartut, daß er einen Schaden erlitten hat, der auf eine von ihm nicht bewilligten Behandlung oder Operation zurückzuführen ist, obliegt es dem beklagten Arzt nachzuweisen, daß er in Wirklichkeit eine angemessene (ausreichende) Aufklärung gegeben und danach vom Patienten eine (wirksame) Einwilligung erhalten hat. Nach kontinentaleuropäischem Recht reicht es aus, wenn zwischen der nicht bewilligten Behandlung oder Operation und dem Schaden ein Kausalzusammenhang besteht; Gerichte aus der Tradition des *Common Law* würden vom Patienten den Beweis verlangen, daß er sich der Behandlung oder Operation nicht unterzogen hätte, wäre er ordnungsgemäß aufgeklärt worden[994]). In den Fällen, in denen eine Behandlung oder Operation ohne erteilte Einwilligung Gegenstand der Verhandlung ist, sollte im Bereich der Heilversuche und der Humanexperimente nur eine schriftliche Einwilligung akzeptiert werden. Das Schriftstück sollte deutlich machen, in welchem Umfang der Patient oder die Versuchsperson über Art und Bedeutung der neuen Behandlungsmethode oder des Experiments und die jeweilige Zufallsstreuung sowie die Risiken und Nebenwirkungen (auch darüber, daß möglicherweise ganz andere, ggf. auf welchem Gebiet, als die erwarteten) aufgeklärt worden ist, und *Klauseln*, die schwer zu verstehen sind usw. oder die Beweislast zum Nachteil des Patienten einseitig umverteilen, *sollten grundsätzlich zurückgewiesen* oder zumindest in der engsten und für den Patienten günstigsten Weise, also regelmäßig restriktiv, interpretiert werden.

3. Kausalität und Schuld

Wenn der Kausalzusammenhang zwischen dem Arztfehler (Behandlungsfehler) bzw. der nicht bewilligten Behandlung einerseits und dem Schaden andererseits feststeht, so trägt der Arzt regelmäßig die Beweislast hinsichtlich der Fahrlässigkeit, d. h. ein Arzt, der seine Behandlungsweise im Bereich von Heilbehandlung, besonders aber Heilversuch und Humanexperiment, nicht zur Zufriedenheit und Überzeugung des Gerichts erklären und sich insoweit nicht entlasten kann, würde als fahrlässig zu behandeln sein, so daß er dem Patienten für den durch dieses Verhalten entstandenen Schaden haften müßte.

4. Haftungsverzicht

Im Bereich des Rechts der unerlaubten Handlung kann ein *Verzicht* auf Schadensersatzansprüche aus grundsätzlichen Erwägungen nicht anerkannt werden. Soweit das Vertragsrecht dem Deliktsrecht vorgeht[995], so daß nur das erste auf Schadensersatzansprüche wegen einer fehlerhaften oder nicht konsentierten Heilbehandlung, eines fehlerhaften oder nicht konsentierten Heilversuchs oder Humanexperimentes anwendbar ist, sollte ein Verzicht auf solche Ansprüche nur dann für akzeptabel gehalten werden, wenn er *expressis verbis* im Vertrag zwischen dem Arzt (Krankenhaus) und dem Patienten enthalten ist; und selbst ein ausdrücklicher Verzicht sollte im Interesse des Patienten, der sich einer Behandlung mit neuen Methoden oder einem Experiment unterzogen hat, sorgfältig geprüft und so eng wie möglich ausgelegt werden.

III. *Härten*, die den Arzt durch eine strenge Anwendung dieser Regeln treffen könnten, müssen durch neue Versicherungskonzepte gemildert werden. Die Last sollte jedoch nicht dem Patienten aufgebürdet werden, der nicht das berufliche Wissen und Können derjenigen besitzt – und auch nicht zu besitzen braucht –, die er im Interesse seiner Gesundheit konsultiert. „Die Verluste sollten von denen getragen werden, die das Risiko geschaffen und den Gewinn daraus gezogen oder zu ziehen versucht haben"[996].

IV. *De lege ferenda* sollte im übrigen jeder, der sich für Heilversuche und Humanexperimente, insbesondere für klinische Versuche, zur Verfügung stellt, und als Folge davon Schaden erleidet, unabhängig von einem Schadenersatzanspruch aus unerlaubter Handlung gegen den Arzt oder das Krankenhaus[997] auch auf der Grundlage der Gefährdungshaftung einen Entschädigungsanspruch gegen die Körperschaft oder Behörde haben, der gegenüber er in die Behandlung mit neuen Methoden und Experimenten eingewilligt hat, sich zur Verfügung zu stellen. Die Anstrengungen und Bemühungen aller Beteiligten sollten deshalb darauf gerichtet sein, ein akzeptables und angemessenes Entschädigungskonzept zu erarbeiten, das so weit wie möglich hilft, in nicht zu ferner Zukunft für medizinische Unfälle im weiteren Sinn ein Haftungs- und Entschädigungssystem einzuführen, das verschuldensunabhängig ist und auch das Arzt-Patient-Verhältnis nicht mehr so stark belastet wie das heutige. Die weitere Entwicklung der bereits in anderen Ländern existierenden verschuldensunabhängigen Kompensationssysteme sollte sorgsam verfolgt werden: im Interesse derer, die heute noch nicht ausreichend gegen jene Schäden abgesichert sind, die im Rahmen einer medizinischen Behandlung auftreten können, und dies schließt Patienten *und* jene ein, die sich um sie im Interesse ihrer Gesundheit bemühen.

Teil 3

AUSGEWÄHLTE PROBLEME DER SACHVERSTÄNDIGENGUTACHTEN, DER BERUFLICHEN AUS- UND FORTBILDUNG UND DES VERTRAUENS IN DAS GEGENSEITIGE VERSTÄNDNIS ZWISCHEN MEDIZINERN UND JURISTEN

A. *Der Sachverständigenbeweis in der Krise?*

Eine vor wenigen Jahren ergangene Entscheidung des deutschen *Bundesgerichtshofs* hat beträchtliche Aufmerksamkeit auf dieses Problem gelenkt, das auch in anderen Ländern bekannt ist[998]), und zwar nicht nur in der Fachliteratur, sondern auch in den Massenmedien. In der deutschen Entscheidung ging es um die Einschätzung von medizinischen Sachverständigengutachten durch Instanzgerichte. Die Richter des *Bundesgerichtshofs* sahen sich veranlaßt, in ihrer eigenen Entscheidung[999]) folgende Hinweise und Anregungen zu geben:

I. Grundsätzlich sei der Ansicht des Berufungsgerichts zuzustimmen, daß die Frage, ob ein Arzt im Einzelfall seine *Sorgfaltspflicht* gegenüber dem Patienten erfüllt hat, eine *Rechtsfrage* sei, über die der Richter selbst eine Entscheidung treffen müsse[1000]). Eine solche Entscheidung könne nur auf der Grundlage des Verständnisses der medizinischen Gegebenheiten und der auf ärztlicher Erfahrung beruhenden Feststellungen ergehen, und dieses Verständnis setze eine ordentliche und ausführliche Befragung von Sachverständigen voraus. Das könne nur anders sein, soweit das Gericht selbst über besondere Fachkenntnisse verfüge, was nicht ohne weiteres angenommen werden könne[1001]). Das Berufungsgericht selbst habe jedoch nicht den Anspruch erhoben, dieses Fachwissen zu besitzen. Durch das Studium mehrerer schriftlicher Gutachten und durch wiederholte mündliche Anhörung von Sachverständigen habe sich das Gericht das medizinische Wissen angeeignet, das die Grundlage für die Beurteilung des Verhaltens der Beklagten (Ärzte und medizinische Spezialisten, die mit diesem Fall zu tun hatten) im Hinblick auf deren Pflichten gegenüber dem Patienten bilden müsse. Besonders den Sachverständigen Professor G. habe das Berufungsgericht wiederholten, sorgfältigen mündlichen Befragungen unterzogen, wobei dieser auf alle Einzelheiten des gerichtlichen Untersuchungsprotokolls eingegangen sei und die erheblichen medizinischen Tatsachen herausgearbeitet habe; dies habe dem Gericht die richtige Beurteilung der Frage der Pflichtverletzung des Arztes gegenüber seinem Patienten ermöglicht[1002]).

1. Nach der Ansicht des deutschen *Bundesgerichtshofs* war das Berufungsgericht in dieser Situation aber weder verpflichtet noch berechtigt, die medizinischen *Wertungen* der Sachverständigen zu übernehmen, ohne sie sorgfältig zu prüfen. Solange das Berufungsgericht mit ausreichenden *tatsächlichen Informationsunterlagen* versorgt worden sei, habe es im Gegenteil von diesen Wertungen auch *abweichen* dürfen, sogar ohne sich der Hilfe eines weiteren Sachverständigen bedienen zu müssen[1003]).

2. Vor allem, so entschied der *Bundesgerichtshof*, dürfe der Richter nicht die Tatsache übersehen, daß *sogar heute noch eine beträchtliche Anzahl von ärztlichen Sachverständigen bei der Ausübung ihres Berufes nicht leicht von Verhaltensweisen abzubringen sei, die nicht nur veraltet, sondern in diesem Zusammenhang sogar rechtswidrig seien. Dies gelte vor allem in Kunstfehler-Prozessen gegen ihre medizinischen Kollegen*[1004]). Das bedeute nicht, daß solchen Sachverständigen deshalb nie vertraut werden könne. *Aber der Richter müsse auf Anzeichen von Voreingenommenheit auf seiten des Sachverständigen achten*, die möglicherweise von einer solchen Einstellung herrühre und u. U. dem Sachverständigen in vielen Fällen auch nicht bewußt sei; der Richter könne dann, soweit er sich nicht durch fehlende Spezialkenntnisse daran gehindert fühle, sogar die unvermeidlich auf einer subjektiven Einschätzung beruhenden Wertungen des Sachverständigen zurückweisen und sie durch seine eigenen Ansichten abändern oder ersetzen[1005]).

3. Das Berufungsgericht hatte jedoch die Tatsache berücksichtigt, daß der medizinische Gutachter Professor G. in diesem Falle aus einem Gefühl beruflicher Solidarität mit dem einen Beklagten zu Schlüssen gekommen war, die *zu günstig* für seinen Kollegen ausgefallen waren. In diesem Zusammenhang hatte das Berufungsgericht die Aufmerksamkeit auf Professor G.'s Stellungnahme gelenkt, die nach Ansicht des Gerichts bezeichnend war: Auf die konkrete Frage, ob schon im Jahre 1966 ein Ansteigen des Blutdrucks nach körperlicher Bewegung als eine Indikation für einen chronischen Zustand angesehen wurde (ein solcher Fall hätte eine sofortige gründliche Operation erforderlich gemacht) hatte Professor G. geantwortet: „Die Frage ist schwierig zu beantworten, weil davon große Konsequenzen für den Prozeß abhängen." Diese Antwort genügte dem Berufungsgericht zu der Schlußfolgerung, daß der Sachverständige entweder – wenn auch unbewußt – noch von traditionellen Einstellungen abhängig war oder daß er seine dem Grundsatz des ärztlichen *esprit de corps* entsprechenden Worte nicht unkritisch verstanden wissen wollte.

Die Richter des Bundesgerichtshofs bestätigen ihrerseits mit Nachdruck, daß ein Richter solche Anzeichen beruflicher Solidarität mit Kollegen, gegen die auf Schadensersatz wegen eines Kunstfehlers geklagt werde, nicht übergehen dürfe[1006]).

II. Diese Kritik an den Stellungnahmen von Sachverständigen und an deren unkritischer Übernahme durch verschiedene Gerichte, die kaum je zuvor[1007]) so deutlich in einer Entscheidung des höchsten deutschen Zivilgerichts geäußert worden ist, kann niemanden überraschen, der das frühere Schrifttum zu diesem Thema gelesen hat; besonders in den gelehrten Beiträgen einiger dem *Bundesgerichtshof* angehörender Bundesrichter ist man auf eine tiefe Skepsis im Hinblick auf den Beitrag vieler Ärzte zur richterlichen Wahrheitsfindung gestoßen. Diese Skepsis gegenüber dem Selbstverständnis manches medizinischen Sachverständigen ist keineswegs eine nur in Deutschland anzutreffende Meinung[1008]), noch ist der hier genannte *Bundesgerichtshof* die einzige warnende richterliche Stimme in diesem Zusammenhang geblieben[1009]). So finden wir in einem jetzt viel zitierten Beitrag des Richters Walter *Dunz* (einem Mitglied des VI. Zivilsenats des Bundesgerichtshofs, der über Arztfehlerklagen entscheidet) z. B. folgendes: „Trotzdem bestehen empfindliche Beweisnachteile für den Patienten, die von den sachlichen Haftungsgrundlagen unabhängig sind. Die auffällige Vergeßlichkeit mancher Zeugen ist schon gestreift worden; das aber sind Schwierigkeiten, wie sie der Tatrichter auch sonst zu meistern hat. Die *typische* Beweisklippe für den Kläger im Kunstfehlerprozeß bildet das medizinische Gutachterwesen, auf das der Richter fast immer zurückgreifen muß. Es ist nun einmal so, daß sich die Mehrzahl der Ärzte auch noch in der Gutachterrolle einer hergebrachten Standesmoral verpflichtet glaubt, die in diesem Zusammenhang eindeutig unmoralisch wird. Das gilt nicht für alle. Die großen wissenschaftlichen Kapazitäten, die aber ohnehin überlastet sind, und deren Einsatz oft sachlich gar nicht notwendig wäre, urteilen nach meiner Erfahrung mindestens subjektiv redlich; ihre Assistenten gehen mitunter im Beckmessern sogar zu weit. Sonst aber ist das ‚Mauern' zugunsten des beklagten Arztes ein fast allgemeiner Brauch"[1010]). Das wurde 1974 geschrieben, aber das Unbehagen über diese Lage ist seither nicht gewichen. Die Rechtsvergleichung vermittelt den Eindruck, daß ähnliches Unbehagen auch in anderen Ländern spürbar ist[1011]).

B. Mehr Ausbildung und mehr Fortbildung

Hierbei geht es um zwei Punkte: Gerichtsentscheidungen in Klagen gegen Ärzte sind (wie in anderen Fällen auch) so gut oder so schlecht wie das Wissen und die Erfahrung der Richter. Das impliziert Überlegungen zur Struktur der Gerichte und zur Ausbildung und Fortbildung der Richter.

I. Wir können in diesem Zusammenhang nicht auf die Strukturen der Gerichtsbarkeiten der Rechtsordnungen aller hier herangezogenen Länder eingehen. Es ist bekannt, daß in Rechtssystemen, in denen es kein Karrieresystem für Richter (wie in Deutschland oder Frankreich) gibt, sondern ein Auswahlverfahren, bei dem selbst als erstinstanzliche Richter (ganz zu schweigen von den höheren Instanzen) meist hochqualifizierte und erfahrene Rechtspraktiker mit üblicherweise langjähriger Berufserfahrung ernannt werden, dieses Auswahlverfahren weitgehend gewährleistet, das die Ausbildung und die Erfahrung in einem Beruf, die normalerweise in vielen Lebensjahren gesammelt wurde, in die Richterposition mit eingebracht werden. Im Blick auf das Beispiel England ist an anderer Stelle schon aufgezeigt worden, wie wichtig und entscheidend das Verfahren, erfahrene Richter zu ernennen, wirklich ist[1012]. Mit der Struktur der Gerichte, die über Fälle medizinischer Unfälle entscheiden, hat sich der X. Internationale Kongreß für Rechtsvergleichung in Budapest im August 1978 befaßt; ein sehr gründlicher Bericht des Generalberichterstatters über die zivilrechtliche Arzthaftung zeigt deutlich, wie verschieden die Systeme sind und was getan werden muß, um die Bedingungen zu verbessern, unter denen die Gerichte ihre Aufgabe in einer Zukunft bewältigen können, die wahrscheinlich voller höchst wichtiger und komplexer Entwicklungen auf dem Gebiet der Medizin und der Rechtswissenschaft sind[1013]. Um zu zeigen, worauf diese Überlegungen zielen, mag es hier genügen, auf die Struktur der mit Arzthaftungsklagen befaßten deutschen Gerichte hinzuweisen. Hier bestehen die ordentlichen Gerichte nur aus Berufsrichtern. Schadensersatzklagen, deren Streitwert 3000 DM nicht übersteigt, kommen vor die *Amtsgerichte;* Verhandlung und Entscheidung des Falles liegen bei nur einem Richter, der meistens jung und ohne längere Berufserfahrung oder nicht besonders ausgewiesen ist, Arztfehlerprozesse zu behandeln. Fälle mit höherem Streitwert kommen vor die *Landgerichte,* deren Kammern mit drei Berufsrichtern besetzt sind; hier kann die Lage besser sein. Laien oder Mediziner sind weder am Gerichtsverfahren noch an der Gerichtsentscheidung beteiligt: Sie treten nur als Partei, Sachverständige oder Zeugen auf[1014]. Man hat überlegt[1015], ob eine Kammer mit der Beteiligung von Ärzten ein sinnvoller Beitrag sein könne, um die verschiedenen Ansichten von Ärzten und Juristen in Fragen der zivilrechtlichen Arzthaftung auszugleichen[1016], aber ein Ergebnis ist dabei praktisch nicht herausgekommen[1017]. Um diese Situation zu verbessern, sind in einigen Ländern *Schlichtungs- und Gutachterstellen* geschaffen worden, die sich mit Fällen zivilrechtlicher Arzthaftung befassen sollen. Solche Einrichtungen sind die Folge einer zunehmenden Zahl von Schadensersatzklagen gegen Ärzte, sie resultieren aber auch aus dem Gefühl, daß die ordentlichen Gerichte die Probleme solcher Fälle manchmal nur sehr ungenügend behandeln. Zweck dieser Stellen ist demnach der Versuch, den Streit außergerichtlich zu beenden und eventuell den Schaden ohne die ordentlichen Gerichte zu entschädigen. Aber, wie bereits früher ausgeführt[1018]) ist jedenfalls in den meisten Ländern niemand verpflichtet, sich auf solche Verfahren einzulassen, sich den Schlichtungs- und Gutachterstellen zu unterwerfen oder ihre Entscheidungen anzuerkennen, so daß man immer noch die ordentlichen Gerichte für eine Streitentscheidung anrufen kann[1019]). Wo (wie in einigen nordamerikanischen Bundesstaaten) solche Schlichtungsstellen unter bestimmten Voraussetzungen jedoch bindend sind, werden verfassungsrechtliche Bedenken dagegen aus dem Gesichtspunkt geltend gemacht, daß niemand seines Verfassungsrechts auf Gehör vor einer Jury beraubt werden dürfe[1020]).

II. Es sind also die Berufsrichter, die für die Entscheidungen über zivilrechtliche Arzthaftung in den meisten Ländern allein verantwortlich sind. Von entscheidender Wichtigkeit in Hinblick auf die Qualität ihrer Urteile und die Qualität der Entwicklung und zukünftigen Bildung eines modernen Rechts der zivilrechtlichen Arzthaftung – das natürlich in weitem Maße Fallrecht bleiben wird – dürfte deshalb auch weiterhin die Ausbildung und Fortbildung der Richter sein, die von Berufs wegen mit Prozessen über medizinische Fälle zu tun haben. Wenn wir eine bessere Rechtsprechung auf dem Gebiet der Haftungsprozesse gegen Ärzte erreichen wollen, muß uns auch an einer (noch) besseren Ausbildung der Richter gelegen sein, und das wiederum macht nicht nur eine Förderung ihrer praktischen und theoretischen Ausbildung nötig, sondern bedeutet auch, daß wir gewährleisten müssen, daß sich qualifizierte Richter dafür interessieren, in diesem Bereich zu arbeiten, nachdem die Zahl der Arzthaftungsverfahren steil angestiegen ist und, wenn die in den Vereinigten Staaten gemachten Erfahrungen auch in Europa zur Regel werden, auch weiter anwachsen und (heilsame?) Unruhe verursachen wird. Richter, die sehr qualifiziert sind und vielleicht auch Grundkenntnisse der Medizin haben, sind rar; die Position des Richters ist gegenwärtig nicht sehr attraktiv, weil ihm nicht die notwendige Hilfe an Personal und Ausstattung zur Verfügung steht. Es hätte eine größere Bedeutung für uns, eine solche Position attraktiver zu machen, wenn wir dadurch einen Anreiz für den Richter schaffen könnten, sich mit medizinischen, psychologischen und psychiatrischen Fragen zu beschäftigen. Das wäre wünschenswert, nicht um die Hinzuziehung medizinischer Gutachter überflüssig zu machen, sondern vielmehr, damit die Richter bei ihren Entscheidungen über Fragen zivilrechtlicher Arzthaftung nicht das Gefühl zu haben brauchen, sie seien den Gutachtern völlig ausgeliefert, und damit sie nicht unter dem Druck des Pensenschlüssels deren Meinungen blind übernehmen müssen, eine Gefahr, die der *Bundesgerichtshof* kürzlich mehrfach beklagt hat[1022]).

C. Mehr Vertrauen in das gegenseitige Verständnis?

Es ist wichtig, daß sich der Richter, der Fälle verhandeln muß, an denen Ärzte als Beklagte, Zeugen oder Gutachter beteiligt sind[1023]), den grundlegenden Mentalitätsunterschied zwischen dem juristischen und dem medizinischen Beruf vergegenwärtigt[1024]). Die Gründe für diesen Unterschied reichen bis auf die unterschiedliche Art der Ausbildung und Fortbildung zurück. Vom allerersten Tag seiner beruflichen Ausbildung an wird der junge Jurist im dialektischen Denken und im Austragen von Kontroversen geschult und zum Zweifeln erzogen. Sein ganzes berufliches Leben setzt sich aus Meinungsunterschieden und Kritik zusammen, ob im Verhältnis zum gegnerischen Anwalt, zum Kollegen auf dem Richterstuhl, zur höchstrichterlichen Rechtsprechung oder zur Gegenmeinung[1025]). Sein Erfolgserlebnis besteht in der Entdeckung eines Fehlers seines Kollegen; das läßt ihn empfinden, daß er nun etabliert und in der Lage ist, seine beruflichen Pflichten zu erfüllen. Die Einstellung des Arztes ist ganz anders. Der Arzt sieht seine Pflicht vor allem in harmonischer Zusammenarbeit, wobei das Ziel ist, die Gesundheit des gemeinsamen Patienten zu fördern. Aus diesem Grunde hat die Verpflichtung, einen unbedingten *esprit de corps* zu pflegen, eine Bedeutung, die wahrscheinlich nicht ihresgleichen in irgendeinem anderen Berufsstand hat. Diese Pflicht ist ein ständiges Thema in der Geschichte der Medizin gewesen und kann vom Hippokratischen Eid durch die Geschichte der ärztlichen Standesethik bis zu den gegenwärtigen ärztlichen Berufsordnungen verfolgt werden[1026]). Wo immer es möglich ist, werden Meinungsunterschiede geschlichtet und ohne Einmischung von außen beigelegt; denn nichts ist so geeignet, das Vertrauen des Patienten – ein so wichtiger Faktor in der Behandlungsbeziehung zwischen Arzt und Patient[1027]) – zu zerstören, als Zeuge eines Konflikts zu werden, der vor seinen Augen, womöglich noch am Krankenbett, ausgetragen wird. Aus diesem Grund wird die gesamte Atmosphäre, die den Arzt in der Praxis und in der Klinik umgibt, erzeugt, um seine Stellung, Autorität und man kann sogar sagen, Unfehlbarkeit herauszustreichen. Es wäre jedoch ungerecht, dies als Aura abzutun, mit der sich die „Halbgötter in Weiß" aus Selbstgefälligkeit und um ihre persönliche Bedeutung zu vergrößern umgeben. Es handelt sich dabei tatsächlich um einen notwendigen Schutz, der sie in die Lage versetzt, ihrer schweren Aufgabe gewachsen zu sein und ihren Patienten zu helfen. Die Kehrseite davon ist jedoch, daß diese Ausbildung sie nur unzulänglich in den Stand setzt, sich mit Kritik und Mißbilligung auseinanderzusetzen. Dies ist eine Tatsache, die der Richter erkennen muß, wenn er überhaupt irgendeine Einsicht in die Mentalität des beklagten Arztes und ebenso die des medizinischen Sachverständigen gewinnen will. Die Reaktion fast jedes Arztes darauf, verklagt zu werden, ist in erster Linie das Gefühl, daß der Patient ihm gegenüber grob undankbar ist, aber er erfährt auch eine tiefe Demütigung,

... zum stets im Vordergrund stehenden Wohl des Patienten

die ihm jegliche künftige Ausübung seines Berufes unerträglich schwieriger macht. Wenn er zur gleichen Zeit in ein Strafverfahren verwickelt ist, ist er um so mehr belastet. Um dieses Problem zu lösen, muß der Richter dem Arzt zeigen, daß er versteht, welches Risiko mit seinem Beruf verbunden ist. In einer bekannten englischen Entscheidung hat der gegenwärtige Master of the Rolls, *Lord Denning*, einmal geäußert, daß es leicht sei, hinterher weise zu sein und als Fahrlässigkeit zu verurteilen, was eigentlich nur Unglück und Pech gewesen sei. „Wir sollten gegen eine solche Verurteilung auf der Hut sein, besonders bei Schadensersatzklagen gegen Krankenhäuser und Ärzte. Die ärztliche Heilkunde hat der Menschheit großen Segen gebracht, aber diese Wohltaten sind auch immer wieder mit beträchtlichen Risiken verbunden. Wir können den Fortschritt nicht haben ohne die Risiken. Jeder Fortschritt ist zugleich mit Risiken beschwert. Ärzte müssen, wie wir alle, durch Erfahrung klug werden dürfen, und Erfahrung ist oft eine sehr harte Lehrmeisterin"[1028]). „Wir würden unserer Gesellschaft im ganzen einen Bärendienst erweisen, wollten wir den Ärzten und Krankenhäusern eine Schadensersatzverpflichtung für alles auferlegen, was nun einmal schief gegangen ist. Ärzte würden dadurch verleitet, an ihre eigene Sicherheit zuerst und dann erst an ihre Patienten zu denken. Initiativen würden erstickt, Vertrauen würde erschüttert. Ein ausgewogener Sinn für die richtigen Proportionen verlangt von uns, Rücksicht zu nehmen auf die Verhältnisse, unter denen Ärzte und Krankenhäuser zu arbeiten haben. Wir müssen ganz gewiß an jedem Punkt auf der Beobachtung angemessener Sorgfalt gegenüber dem Patienten bestehen, aber wir dürfen nicht als Nachlässigkeit verurteilen, was in Wirklichkeit ein Fehlschlag ärztlicher Bemühungen ist"[1029]). Auf der anderen Seite muß aber auch der Arzt erkennen, daß nach rechtlichen Grundsätzen und weil es eine angemessene Risikoverteilung geben muß, sogar *leichte* Nachlässigkeit bei der Ausübung seines Berufes (– etwas, was jedem – auch dem Juristen – irgendwann in seiner Laufbahn passieren kann –) zur Haftung führt; aber er sollte auch wissen, daß eine Verurteilung wegen eines solchen Verstoßes kein Todesurteil ist. Er soll nicht seines beruflichen Ansehens beraubt werden. Nur wenn er dies einsieht, kann er jene innere Freiheit bewahren, die ihn in die Lage versetzt, an der Aufklärung des Geschehens mitzuwirken. Nur dann kann er für sein Verhalten einstehen und eine Schadensersatzklage nicht als Angelegenheit ansehen, in der sein Prestige auf dem Spiele steht, sondern vielmehr als das mit seinem Beruf verbundene Risiko, gegen das er sich in der Regel auch versichert haben wird[1030]).

INTERNATIONAL
MEDICAL MALPRACTICE LAW

PREFACE

This book is intended equally for Doctors and Lawyers. Comprehensive, interdisciplinary, and focused on the problems of civil liability, it presents, within a context of comparative law, the development, points of contact and differences in the modern law of medical liability of selected countries of both the Common Law and the Civil Law traditions. It demonstrates the extent to which both the problems of medical law and the impulses within the law of civil liability towards their solution are now already familiar in the legal systems dealt with. At the same time, in conjunction with a previous monograph of mine, it represents new evidence of how the state of professional judgements has changed with almost breathtaking speed in recent years, and will continue to develop in such a manner that judgements and criteria still valid today could be in question tomorrow*).

The book represents a contribution to the interdisciplinary discussion between medical and legal experts, whose co-operation, both for the individual and for the common good, is now more necessary than ever. The book itself could never have come into being but for the co-operation, gratefully acknowledged, of numerous medical scientists and practising doctors.

The focal issue of the presentation lies in the analysis of numerous Court decisions – which show an ominous increase; in the United States they can now scarcely be assimilated – on the civil liability of the doctor for damages arising from failures in treatment or inadequate consultation with the patient, in all spheres of approved medicine, therapeutic research and scientific experiments. However, further legal and medical literature is taken into account wherever it was thought indispensable or useful for a systematic completion and enhancement of an already plentiful store of relevant Court decisions. It is intended that the index with its broad lay-out should render the book accessible as a handbook and reference work for the law of civil liability of doctors.

The text of the treatise is published in German and English: however, the annotation and the documents, printed in the appendices and important or typical for the development of modern medical law, are only printed in English.

---

*) Cf. D. GIESEN, Civil Liability of Physicians with regard to New Methods of Treatment and Experiments [in German, English, and French], Bielefeld 1976, at p. 43 (Preface).

This decision was not made on financial grounds alone, and I ask German-speaking readers for their understanding: what experience has shown, not only in sciences and medicine, but also increasingly in work in comparative law, applied equally in this case; that a work of comparative law written exclusively in the German language and devoted to the international development of the law of medical liability must necessarily fall short of its goal as a contribution to the international discussion on medical law. According to the author's experiences with previous publications on medical law, a widely understood language was needed as the medium for the present work; and English meets this demand.

My thanks are due to many colleagues both abroad and at home: in the order of reference to decisions and literature observed in the notes, more especially from England, Australia, New Zealand, Canada, the United States of America, France, Belgium, West Germany, Switzerland and Austria: but my thanks go also to professional friends from the Council of Europe, Japan and Korea, as well as to those experts and colleagues from both medical and legal fields with whom I have been in professional contact since my activities in an advisory capacity on the subject of medical law for the Council of Europe in Strasbourg (1975) and the Xth International Congress on Comparative Law in Budapest (1978). To mention them all by name would greatly exceed the customary bounds of a preface.

I should here like to thank personally, however, the Free University of Berlin (West), particularly its Foreign Department, for their obliging assistance in facilitating various research visits abroad. Thanks also to my assistants: most especially Frau Assessorin Irene Fahrenhorst, LL. M. (Chicago), at present of Pembroke College, Oxford, for valuable and responsible assistance in this entire work; also Frau Assessorin Betina Wieser, Miss Helen Hartnell, J. D., of the University of Illinois Law School at Urbana/Champaign, at present in Berlin, Herrn Referendar Wolfram Fischer, Fräulein cand. jur. Christina Stresemann, Herrn cand. iur. Michael Kleine and Mrs. Cheryl Dingeldein, LL. B., at present in Berlin, for important preparatory work, and also Miss Helen Turk, B. A. (Oxford/London) and Miss Alexandra Jones, at present of New College, Oxford, for the linguistic revision of my English in that section of the work.

I am grateful to my publisher, Herr Werner Gieseking, and his staff once again for their patience, proven over more than twenty years now, with so many special requests and also for the supervision of this book.

Last but not least I record my gratitude to my dear wife for her great patience with me: during my various absences abroad on research, she bore domestic responsibility, and for long periods of my work on this treatise, she had to bear the greatest part of the daily parental care for our four children. By her sober criticism and qualified objections founded on her knowledge as a doctor, she frequently provided me with occasion for critical reflection and also preserved me from making some of the excessive demands of which the Lawyer, with his perhaps too theoretical approach, is occasionally guilty in the eyes of the Doctor concerned for the welfare of his patients. She still registers her energetic disagreement with some propositions in this treatise which she regards as exaggerated: by so doing, she may well be voicing the sincere conviction of many a doctor engaged in the service of medical progress: and to her I dedicate this book, which serves as a warning against inadequately deliberated and safeguarded progress, and as a reminder of the patients' rights to appropriate explanation and considerable self-determination: the regard for these rights is in itself the best protection for a careful doctor committed to medical science against subsequently being called to account for his legal liability.

Berlin, 19th March 1981   Dieter Giesen

TABLE OF CONTENTS

Preface	150
Select Monographs	XIX
List of Abbreviations	XXIII
Table of Cases	XXXIII
Table of Statutes	LV

Part 1:

Civil Liability of Physicians in General 157

A. The Possible Nature of Liability 157
    I. Contractual Liability 158
    II. Tortious Liability 158

B. The Grounds of the Physician's Liability 160
    I. Treatment contra legem artis (Malpractice) 160
        1. Duty of Care 160
        2. Standard of Skill 162
            a. Determination of Standards 163
            b. Treatment and Omission of Treatment 164
            c. Vicarious Liability 167
        3. Causality 167
        4. Subjective Elements of Negligence 169
        5. Damage 170
    II. Treatment without the Patient's Informed Consent 171
        1. Principles 171
        2. Essentials of Consent 172
            a. Consent to Act Complained of 172
            b. Legal Capacity to Consent 173
            c. Form of Consent 174
            d. Consequences of Insufficient Consent 175
            e. Extent of Information to be given 175
            f. Volenti non fit iniuria 181
            g. Test for Informed Consent 182

       3. Cases in which Consent ist Not Required 182
          a. Public Health Interests 182
          b. Necessity 182
          c. Other Cases 183
  III. The Physician's Duty of Secrecy 183
       1. Doctor-Patient privilege: rule with exceptions 184
       2. Contents of Privilege 184
       3. When doctor may be free to disclose Confidentials 184
       4. Duty of Secrecy where Minors are involved 184
  IV. Forensic Shift in Liability Actions and future Compensation Developments 185
       1. The Problem 185
       2. The Pearson Commission (U. K.) 186
       3. Screening Panels, Arbiration Boards, and Compensation Schemes 189
  V. Civil Liability of Physicians in Connection with Hospital Treatment 195
       1. Ownership of Hospitals 195
       2. Claims against Physicians in Hospitals and Against Private Practitioners 196
       3. Defendants of Claims 196

Part 2:

Civil Liability with special Regard to New Methods of Treatment and Experimentation 203

A. Definitions 203

B. Application of General Principles 204
  I. Introductory Note 204
  II. Liability with Regard to Research Treatment 205
       1. Malpractice 205
       2. Treatment without Patient's Informed Consent 208
  III. Liability with Regard to Research Experiments 211
       1. Free Consent 213
       2. Extent of Information 214
       3. Legal Justification 215

Table of Contents

 IV. Application of General Principles with Regard to Other Issues discussed in Part 1 219

C. Selected Problems of Liability of Physicians with Regard to New Methods of Treatment and Experimentation. 221
  I. Medicines and Drugs 221
   1. Clinical Trials of New Medicines and Drugs 221
   2. The Field of Therapeutic Application of New Medicines and Methods 227
    a. Duty of Care 228
    b. Extent of Information 230
   3. Physician's Liability and Manufacturer's Liability 230
  II. Transsexual Surgery 236
  III. Organ and Tissue Transplants 240
   1. Transplants from Living Donor 242
   2. Transplants from Deceased Person 244
    a. Establishing Death 244
    b. Authorisation to remove transplant material 246
    c. Relatives' Consent 248
   3. Transplantation Liability 251
  IV. Liability with regard to Artificial Insemination by a Donor (AID), Egg and Ovary Transplants, and Embryo Transfers . . . 252
   1. Artifical Insemination and Ovary Transplants 253
   2. Liability with Regard to Embryo Transfer 256
  V. Problems of Evidence 259
   1. Malpractice Actions 259
   2. Treatment without Consent 265

D. Liability Principles 268
  I. Standard of Care 268
  II. Standard of Burden of Proof 269
   1. Malpractice Cases 269
    a. Therapeutic Treatment 269
    b. Research Treatment and Experiments 270
   2. Treatment without Informed Consent 271
   3. Causality and Negligence 271
   4. Waivers 272
  III. Cases of Hardship 272
  IV. Reform Measures de lege ferenda 272

Part 3:

Selected Problems of Expert Opinions, Education and Further Professional Training and Trust in Reciprocity between Medical and Legal Professional People 273

A. Crisis of Evidence provided by Medical Experts? 273

B. More Basic and more Further Training. 276

C. More Trust in Reciprocity? 278

Appendices 280

    Appendix I: Notes. 281
    Appendix II: Legal Texts. 399
    Appendix III: Statutory Provisions and Legislative Activities with Regard to Transplantation of Human Organs and Tissue 413
    Appendix IV: The Hippocratic Oath in Greek, Latin, English and German 423
    Appendix V: The Code of Nuremberg, 1947. 427
    Appendix VI: The Declaration of Helsinki, 1964. 429
    Appendix VII: The Declaration of Tokyo, 1975 431
    Appendix VIII: A Patient's Bill of Rights, 1972/1978 434
    Appendix VIIIa: Council of Europe Recommendation 779 (1976) and Resolution 613 (1976) on the Rights of the Sick and Dying, 1976. . . . 436
    Appendix IX: Resolution of the German Surgical Association on the Treatment of the Dangerously Ill and Dying, 1979. 439
    Appendix X: Professional Regulations of German Doctors, 1979 . . . 441
    Appendix XI: Council of Europe Resolution on Harmonisation of Legislation of Member States relating to Removal, Grafting and Transplantation of Human Substances, 1978. 445
    Appendix XII: European Communities Resolution on Organ Banks, 1979 449
    Appendix XIII: Draft Transplantation Act, 1979, of the German Federal Government. 451
    Appendix XIV: Draft Transplantation Act, 1978–9, of the German Bundesrat 453
    Appendix XV: The new American Medical Association Ethics Code 1980. 455

Index of Authors 457
Subject Index 493

Part 1

CIVIL LIABILITY OF PHYSICIANS IN GENERAL

With a number of exceptions to be discussed in Part 2 C of this book[1]), no member State of the *Council of Europe* and, as far as we can see, no legal system in the world[2]) has already passed statute law particularly providing either for civil liability of physicians with regard to new methods of treatment and experimentation or for special civil liability of physicians in general. To the civil liability of physicians, therefore, the general rules of liability are applied to the effect that almost everywhere the modern law of the liability of physicians is largely case-law created by the courts[3]).

A. The possible nature of liability

The legal relationship between physician and patient has been described differently over the centuries since Hippocrates[4]). Originally, at Common Law, the medical profession was a common calling like so many others, e. g. apothecary, innkeeping, and common carriers. This meant that when a doctor practised medicine he was legally bound to show a certain degree of skill in his calling, and if he did not show this degree of skill he was liable to an action of trespass on the case for negligence[5]). He could, therefore, be sued in tort if he did not come up to the standard imposed by the law[6]). When the profession of medicine began to get a more definite organisation[7]), and with the additional development of the law of contract[8]), liabilities of such persons seemed no longer to be formed on tort, but to flow from the contract which they had made[9]). Thus, it was soon held that the patient's submission to treatment was sufficient reason for the physician's services[10]); many terms of the contract were implied by the law, e. g., that the doctor possessed and would use due care and skill[11]). The past century and a half has again been dominated by the tort of negligence, and it is not surprising that the modern law of civil liability of physicians came to be judged by negligence principles[12]). Thus, for nearly a century most actions against physicians have been based on negligence rather than any other ground[13]). Today, the nature of civil liability of physicians still is either contractual (with negligence as test) or tortious, mostly based on negligence where negligence has not yet been superseded by a stricter form of liability as in certain legal developments in the United States[14]).

I. Contractual liability

If a contractual relationship exists between the physician and the patient[15]) the physician may be liable for breach of contract. In those legal systems which distinguish different types of contracts the qualification of the medical contract may be important, as different rules of liability may be applicable to different types of contract; the contract between the practitioner and the patient normally is regarded as a contract which obliges the physician only to carry out properly and skilfully an indicated medical treatment, but neither does he guarantee, nor is he liable for the success[16]). The courts rightly give some protection to the doctor by looking with suspicion on any claim that a physician guaranteed a good result, unless he admits having done so, or a written agreement is produced to that effect[17]). There seems to be some uncertainty about whether a contractual doctor-patient relationship arises where the patient is being examined or treated by a physician at the request of a third party, e. g. in cases when the patient requires a medical check-up for employment, life insurances etc.[18]). American authorities state that there is no contractual doctor-patient relationship in such circumstances[19]), English courts at last, after some hesitation[20]), arrived at the conclusion that there is a duty owed by the physician to a patient being examined[21]), Canadian courts seem to remain reluctant[22]), and German law has no problems in according coverage in such cases[23]). The problem of qualifying the contract may be of decisive importance with regard to the term of limitation or the period during which an action may be filed at law[24]).

II. Tortious liability

1. In some countries – in France and Germany for instance – the length of the period of limitation also depends on the question whether the physician is liable for breach of contract or in tort, whereas in other countries – e. g., in England and almost generally at Common Law – the period during which an action for personal injury may be filed is three years, regardless of whether it is founded on a breach of contract or on tort[25]). In all the legal systems the period of limitation runs from the earliest time at which an action could be brought; a cause of action arises, therefore, at the moment when a state of facts occurs which gives a potential plaintiff a right to succeed against a potential defendant[26]). There must

be a plaintiff who can succeed, and a defendant against whom he can succeed[27]). Mention should, however, be made of an English[28]) and a Tasmanian[29]) statute which both confer on the court the power to override the time limits prescribed in cases of personal injuries if it appears to the court that it would be equitable (England) or just and reasonable (Tasmania) to allow an action to proceed in spite of the expired limitation period.

2. According to many legal systems the same act of a physician may amount both to a breach of contract and a tort (concurrent liability in contract and tort)[30]). An exception to this rule is found in the French legal system. According to the doctrine of *non-cumule des responsabilités* a cumulation of both contractual and tortious liability is legally impossible. Until 1936, the French courts held that a physician can only be liable in tort, even if he was in a contractual relationship with the patient. But since the important decision of the *Cour de Cassation* of 20th May 1939, within a contractual relationship a physician is held liable only according to the rules of contractual liability[31]). Only if there is no contract, the rules of tortious liability apply according to French law[32]).

3. According to the German law of torts, special provisions apply to the liability of physicians who are civil servants. In certain cases it is not they who are liable, but the state that employs them[33]). Similar rules can also apply in Switzerland on a cantonal basis[34]). Furthermore, according to German law, compensation for immaterial loss and damage can only be claimed on the ground of tortious liability[35]).

4. In considering damages in personal injury cases, it should, however, be noted that, generally speaking, the plaintiff is not entitled to be *fully* compensated for all the personal loss and detriment he has suffered. He is only entitled to what is, in all the circumstances, a *fair* compensation – fair both to him and to the defendants[35a]). Money may compensate for loss of earnings and other pecuniary loss, but can neither undo nor offer an equivalent for pain. The most damages can furnish is solace, by providing the victim with the means of distraction and substitute activities. „Not all the gold in the Bank of England can make good excruciating pain, loss of sight or of limbs, but it may finance holidays, recreation, and extra comforts. However imperfect, the overriding purpose remains compensation"[35b]). Additional problems may arise when the victim has either died more or less instantaneously or suffered a „living death" (permanent unconsciousness); in such cases the question arises whether the loss of a patient's ability to enjoy life is measured objectively or in terms only of his (remaining) capacity to sense that loss, i. e. subjectively. The legal systems under review here vary quite substantially. Whereas the „objective test" seems to be

preferred in *Canada*[35c]) and *England*[35d]) and, thus, entitles the victim to quite a substantial award independent of his actual sense of loss, the opposite point of view seems to prevail in *Australia*, where the High Court of Australia endorsed the view that ,,loss of faculty" consists of an amalgam of objective and subjective elements: what the plaintiff has actually lost and what he feels about it; damages, then, are awarded on a much more modest level than when awarded under the ,,objective test"; thus, the High Court of Australia approved an award of no more than 3000 Dollars for a plaintiff reduced to permanent unconsciousness[35e]), in comparison with ten times and more in comparable English cases[35f]). The *German* Federal Supreme Court in such cases also awards no more than a symbolical compensation[35g]). But limited capacity to sense the loss may still justify quite substantial awards[35h]).

B. The Grounds of the Physician's Liability

Medical decisions involve risks, and if things go wrong, the patient may die or be permanently disabled. Impairments or death of a person by a physical or mental condition arising in the course of his or her medical care may lead to the physician's civil liability[36]). As to the grounds or origins of the physician's civil liability a line may be drawn between damage caused by medical treatment not according to the *lex artis* and, therefore, not according to the skill of the profession (*malpractice*), on the one side, and damage arising in the course of medical treatment without the patient's *informed consent*, on the other[37]).

I. Treatment contra legem artis (malpractice)

1. Physicians owe to their patients a duty in contract as well as in tort[38]). It is expected of such a professional man that he should show a fair, reasonable and competent degree of skill[39]). Skill is that special competence which is not part of the ordinary equipment of the *reasonable man*[40]) – that ,,excellent but odious character"[41]) –, but the result of aptitude developed by special training and experience; in other words those who undertake work calling for special skill must not only exercise reasonable care but must measure up to the standard of proficiency that can be expected from persons of such profession and is, indeed, expected from them[42]). If a physician or surgeon holds himself out as a specialist a higher degree of skill is required of him than of one who does not profess to be so qualified by special training and ability[42a]). Failure to display this skill and care, so that wrong treatment is given or proper treatment is omitted, constitutes

negligence[43]). Unskilful treatment may be found either in carrying out some treatment or in omitting it[44]). The carrying out of treatment can be *contra legem artis* (malpractice) if it is done without the proper and reasonable standard of skill, care, and competence of the medical profession. The omission of some treatment may be *contra legem artis* (malpractice) if the treatment ought to have taken place according to the proper and reasonable standards of the profession[45]).

a) Thus, medical treatment or an operation may only be carried out on the grounds of medical *diagnosis*[46]). The patient can at the time of diagnosis demand that the physician makes use of all those sources of knowledge at his disposal the application of which is possible, bearing in mind the state of medical science and the means available[47]) and exposes the patient to no serious new danger; the patient can likewise demand that the physician applies the most modern means available and that he takes into consideration all – even remote – possibilities of damage[48]). If, as a result of inadequate specialist knowledge in a particular field of knowledge, a practitioner feels unable to make a diagnosis, he must then refrain from treating the patient himself[49]) and either himself consult a specialist[50]) or put pressure on the patient to go to a specialist or hospital for treatment[51]). The rule for all skilled professions as applied to the medical profession by an important Canadian decision, then, is: if your position implies skill you must use it; if you do not have that skill, you are liable, or if having that skill you nevertheless perform your work negligently, you are liable, for a person holding himself out to do certain work impliedly warrants that he possesses the competence to perform it[52]). It is of course not possible to give any universal answer to the question of how much time a physician should spend considering doubtful diagnoses in order to arrive at a clear diagnosis[53]). If the illness presents ambiguous characteristics the physician, if necessary through study of the relevant literature or else in some other way, e. g. by seeking a second opinion, must provide an explanation of its possible origins and of the methods of investigation to be applied[53a]). In the United States the duty placed on the physician to exercise care in all that he does to and for the patient has been extended to include a duty to warn third parties of a serious danger from a patient under treatment[54]).

b) How thorough the ensuing *information* must be on the possible dangers of the treatment or operation is really governed even in such treatments or operations where the aim is *diagnostical* by the physician who, bearing in mind his obligations, then forms a judgement in each individual case. Correspondingly the judge will examine the case only on the basis of the circumstances at the time of the treatment or operation. According to law one must, however, still take into consideration the fact that every treatment or operating risk to which a patient is asked to submit needs to be justified by the benefits which it is hoped this treatment or operation will bring[55]). In some cases, where there is only a remote possibility of injury no precautions need be taken for ,,one must guard against reasonable probabilities, not fantastic possibilities"[56]), but this means no more than that if the risk is very slight indeed the physician may have behaved reasonably though he did nothing to prevent the harm[57]). If his act was one for which there was in any case no justification he may still be liable so long only as the risk of damage to the patient is not such that a reasonable man would brush it aside as far-fetched[58]). Theoretically at least, in every case where a duty of care exists the courts must consider whether the risk was sufficiently great to require of the physician more than he has actually done[59]). But it is all the more necessary to mention even the more remote risks of complication in cases where confident expectations of cure or perhaps complete recovery cannot be justified, and justified to the patient's satisfaction[60]). For this reason particularly exacting demands must be made on the information given on risks in operations which, rather than directly serving to cure the illness, merely further the diagnosis and, thus, the medical understanding of the illness and its therapy[61]).

2. The decisive question of what *standard of skill and care* is to be applied, must be answered according to the knowledge of medical science at the time of the treatment. It is notable that in most professions (and elsewhere) each generation convicts its predecessors of ignorance and that there is a steady rise in the standard of competence incident to them. The physician for instance must exercise such care as accords with the standards of reasonably competent medical men at the time[62]) and, if he actually has or claims to have greater than average knowledge of any treatment, operation and inherent risks, he may be obliged to take more than average precautions[63]), but he is certainly *not* an insurer against every accidental slip[64]). He must keep himself reasonably up to date and cannot just ,,obstinately and pigheadedly carry on with the same old technique if it has been proved to be contrary to what is really substantially the whole of informed medical opinion"[65]). Physicians are required, then, to exercise that degree of care and skill expected of a reasonably competent practitioner in his speciality acting in the same or similar circumstances[65a]). On the other hand, he is not negligent if he acts in accordance with a practice accepted at the time as proper by a responsible body of medical opinion skilled in the particular form of treatment[65b]) even though there is a body of competent professional opinion which might adopt a different technique[65c]). A defendant physician charged with negligence can then – at least *prima facie*[66]) – clear himself if he shows that he acted in accordance with general and approved practice[67]). However, the physician must have known, or ought to have known of the risk at the material

time, which is the time at which the treatment or operation took place. The physician's actions of yesterday are not judged in the light of what no one knew until today[68]). An illustration to this may be found in the English case of *Roe v. Minister of Health*[69]). In 1947, the plaintiff had been injected with nupercaine, a spinal anaesthetic, by a specialist anaesthetist[70]) in order to undergo a minor operation. The nupercaine was contained in glass ampoules, which were in turn kept in a jar of phenol. Some of the phenol percolated through cracks in the ampoules and contaminated the nupercaine. As a result the plaintiff was permanently paralysed below the waist. The cracks in the ampoules were not detectable by ordinary visual or tactile examination. This was a risk which was first drawn to the attention of the profession in 1951: it would not have been appreciated by an ordinary anaesthetist in 1947[71]). ,,Nowadays it would be negligence not to realise the danger, but it was not then", as *Lord Denning* ruled in his well-known judgement[72]). Generally speaking, therefore, a special method of treatment is skilful as long as it is represented by one of the acknowledged schools of medical science[73]). The primary basis of civil liability in a malpractice action, therefore, is the deviation from the standard of conduct of a reasonable and prudent medical man of the same established and approved[74]) school or practice as the defendant under similar circumstances at the time[75]). And this standard of care is still the rule in most legal systems under review here[76]). If on the other hand a weighty body of medical opinion has changed and now considers a certain heretofore accepted method as harmful in certain cases, it may be malpractice to disregard this critical opinion or not to know about the changes in medical literature[77]). In other words, what was approved practice yesterday may be obsolete today, and the physician who fails to keep abreast of the advances in medical sciences may discover that his tried and true outdated tools, techniques or treatment are found wanting[78]). The law, then, must balance the desirability of promoting advances in medical technology and knowledge against the need to caution against resorting too readily to novel and untested treatment methods, techniques or equipment[79]).

a) The determination of the standards of medical science may, however, be difficult. Medical science is (as any science) characterised by scientific controversies[80]). It must be emphasised, in this context, that the lawyer (and especially the judge) cannot and must not presume to decide controversies of medical science[81]). In such cases especially, the courts can do nothing but act in accordance with the practical experiences of the medical profession rather than with the theoretical and dogmatic arguments put forward by this or another school[82]). There are of course cases in which no generally accepted rules of diagnosis or therapy can be found or in which special circumstances call for a variation of established treatment. In such cases the physician is obliged to act after having considered all circumstances and having balanced all the advantages and disadvantages of the treatment envisaged. But it is the acting physician who bears the onus of proving that his conduct conformed to the approved practice at the time[83]). The result, then, is that in each case a careful balance must be struck between the magnitude of the risks and the burden to the physician in doing (or not doing) what it is alleged he should (or should not) have done[84]). The law in other words in all cases exacts a degree of care commensurate with the risks involved[85]). Expert evidence will almost invariably be necessary before a decision can possibly be made[86]).

b) Since lack of skill may occur in both carrying-out or omitting a certain medical treatment or operation, the two different forms of malpractice – active medical treatment and the omission of such treatment – have to be distinguished and treated separately[87]).

aa) Regarding the *active medical treatment* two important groups of cases have been distinguished in almost all the legal systems under review: first, the cases in which the physician consciously diverged from the generally accepted rules of treatment, and, secondly, the cases of unconscious or negligent deviation from accepted rules.

(1) In the *first* group of cases, those in which the doctor *consciously* diverges from established methods of treatment, the question already discussed above of which treatment corresponds with the standards of medical science is again decisive: e. g., it has been held that it does not correspond with the standards of medical science to treat an infected appendix only with compresses[88]) or to treat cases of cancer or of syphilis only with natural remedies[89]). One has to take a different view, however, of cases in which a departure from normal and accepted methods of treatment is justified by the nature of the patient's illness. These are the cases in which approved methods of treatment may not be expected to produce any success. In such cases it may be justified to carry out a therapeutic experiment and not follow beaten paths of normal treatment[90]).

(2) The *second* big group of cases of active malpractice is the group of cases of *unconscious* deviations from the indicated treatment, i. e. the cases of „ordinary" careless treatment. These are the cases in which the physician negligently gave an *overdose*, e. g., of X-rays causing burnings[91]) or the wrong X-rays altogether[92]). In many countries X-ray burnings, except in cases of treating cancer, are today regarded as classic example of malpractice[93]). But also the giving of an overdose of or the wrong narcotics or other medicines is an action which typically leads to liability because of malpractice[94]). Here one case from

the German case law in which an overdose was given is worth mentioning: The reason for administering an overdose in this particular case was not so much „ordinary" carelessness but rather that the physician, through lack of knowledge or attention, did not know of the necessary treatment. Because of a misprint in a medical dictionary an assisting physician infused a 25% solution of NaCl instead of a 2.5% solution. The German Federal Supreme Court *(Bundesgerichtshof)* held[95]) that the doctor had violated his duty of care[96]). Here we approach the field of malpractice because of *lack of knowledge* or breach of the *duty to keep abreast of the progressive developments of medical science,* and neglect of duty does certainly not cease by repetition to be neglect of duty[97]) nor is the standard of care and skill required of a physician lowered by reason of his lack of experience or being a novice-physician[98]). The highest German Civil Court between 1879 and 1945, the *Reichsgericht,* held[99]) that physicians are obliged to study the progress of their respective field and to familiarise themselves with new medicines and new techniques, and the same legal opinion has been followed ever since by both the German legal literature and the courts[100]). The same duty to keep abreast of the progressive developments of medical science is stressed in the legal and medical literature of other countries[101]). Therefore, malpractice may occur if a physician fails to apply an already well-tried new method the use of which would have promised greater success than the employment of an older method. In 1972 again, the Federal Supreme Court of Germany *(Bundesgerichtshof)* delivered a decision ruling[102]) that it was *contra legem artis* to treat a case of Neurolues with an older medicine the side effects of which caused arsenic poisoning, because at the time of the treatment penicillin had already been accepted as a well-tried medicine for such cases without producing similar side effects[103]). Finally, there are cases of „ordinary" *careless treatment,* such as failing to properly secure an examination table which consequently collapses and injures the patient[104]), failing to dispense the proper medication[105]), leaving instruments or operating tissues, tools or other objects in the operation wound[106]), confusing patients or the sides of double-organs[107]), confusing medicines or injections[108]), or mistakenly removing the patient's only kidney, believing it to be an ovarian cyst[108a]).

bb) As to the *omission* of some indicated medical treatment as malpractice, most examples are to be found in the field of the omission of some specific *diagnosis*[109]). It must be regarded as malpractice if the physician fails to guarantee hygienic conditions in ordination and waiting rooms[110]), negligently fails to see and examine a patient[111]), fails to make an anamnesis of the patient he is examining[112]), if he fails to use proper precautions which a colleague of ordinary skill and prudence would take or have taken[113]), omits or fails to repeat indicated diagnostic treatment[114]), fails to consult medical reports which he had identified as pertinent and necessary to the diagnosis of the patient's condition or which he ought to have known was available[115]), fails to consult a specialist when he finds himself unable to discover the origin of the patient's special condition[116]) or, after administering a sedative or on information about an imminent seizure of an epileptic, leaves the patient unattended[117]), or fails to test apparatus used in treatment or to make, if indicated, periodic checks of them[118]) or does not draw the appropriate conclusions from established facts or symptoms and, therefore, omits to take the necessary steps[119]). Finally, there are the important cases of omitted instructions and information which the doctor should have obtained from or given to the patient or to others responsible for him[120]). In 1972 a German County Court for instance held[121]) that the doctor must inform the patient to whom he gives a required injection that the injection may cause certain reductions in his ability to drive a car for one or two hours after the injection: after a highly dosed injection of penicillin for tonsillitis the patient in the case referred to got into his car to drive home; at a slight curve he came off the road and drove against a tree. The physician who had failed to inform the patient on possible side effects of the treatment was held liable by the court to pay the damages incurred by the patient. In another famous German case a physician who omitted to inform a 15-year old girl of the dangers of applying an overdose of ,,Fowler's Solution" which he had prescribed for her against warts was held liable for damages[122]).

cc) It follows, then, that those who undertake work calling for special skill must not only exercise reasonable care but must measure up to the standard of proficiency that can be expected from persons of such profession and is, indeed, expected from them[123a]). Failure to display this skill and care, so that wrong diagnoses are made or wrong treatment is given or proper treatment is omitted, constitutes negligence[123b]). The correct and, perhaps, only relevant negligence test, therefore, is whether there was any failure by the physician to exercise the standard of skill expected from the ordinary competent specialist having regard to the experience and expertise which that specialist held himself out as possessing[123c]). A physician, then, is negligent when he falls short of the standard of a reasonably skilful medical man or, in short, when he is deserving of censure, as *Lord Denning* once observed in another important English case[123d]). But if, on the other hand, the physician carries out his diagnosis or treatment with due care and proper circumspection, then he will not normally be liable just because his diagnosis or treatment turned out to be wrong or would not have been shared by some of his professional peers[123e]). When speaking of ,,the very high standard of professional competence that the law requires"[123f]), courts do not suggest that the law makes no allowance for errors of judgement: else there would be a danger, in all cases of professional men, of their being made liable whenever something happens to go wrong[123g]). As was said in a recent Canadian case: ,,Diagnosis involves questions of judgment and where the error amounts to an honest mistake in judgment it will not constitute professional negligence; the law does not demand infallibility of physicians"[123h]). An error of judgement by medical practitioners, is not *necessarily*[123hh]) the same thing as negligence; in a most recent case in England, *Whitehouse v. Jordan and Another*[123i]), the Court of Appeal[123j]) expressed its opinion that courts must say firmly that, in a physician, an error of judgement was not *always* negligent in itself[123k]). This decision has been acclaimed by the medical profession in England as a relief of the anxieties medical men undoubtedly have in the face of an ever-increasing amount of charges of negligence[123l]). The Court of Appeal no doubt sought to relieve these anxieties[123m]), thereby following some earlier decisions in which *Lord Denning* took part, too[123n]), but a somewhat harder line would have been taken by the dissenting judge in this case[123o]).

c) A medical practitioner is also liable for the wrongful acts or omissions (malpractice) of his assistants, nurses, and other personnel, or a *locum tenens* employed by him[124]). He is, however, not liable for malpractice of a substitute whom he selected with due care if this substitute is not his employee: the rule is that a physician who is unable to care for a patient[124a]) may send a substitute to care for the patient, and no liability attaches for negligence of the substitute absent agency or negligence in selection of the substitute[125]). The substituted physician is considered an independent contractor and not the agent or employee of the substituting physician[126]). A physician is not liable for the acts of hospital employees if they are not at the same time also employed by him[127]) or not under his immediate control and professional supervision[128]).

3. The physician's civil liability can, however, only be established if there is a *causal relationship between the wrongful act* (treatment or omission) *and the damage*[129]). In other words, the violation of the duty of care must be a *conditio sine qua non* for the damage[130]). In the Common Law countries, the so-called ,,but for" test enjoys a widespread acceptance as a key for ascertaining causal relationship in the above-mentioned sense. It is at once relatively simple to apply and, generally speaking, theoretically relatively satisfactory[131]). The formula postulates that the defendant's fault *is* a cause of the plaintiff's harm, if such harm would not have occurred without (but for) it. Conversely, it is not a cause if the harm would have happened just the same, fault or no fault[132]). In other words, once more, a physician is liable only if it can be established that the application of another method of treatment would *not* have caused this particular damage. Therefore, the court will have to ask whether there would be no damage had the physician exercised due care. A physician's delay in attending to a patient is

causally irrelevant, e. g., if the latter was in any event beyond all help[133]), and a physician's failure to treat the patient's hypersensitive condition is also irrelevant if such treatment would not have averted the subsequent stroke[134]). In cases of omission of some indicated treatment, then, the judge must check that the damage would not have occurred if the indicated treatment had been carried out in time[135]). It has, however, to be borne in mind that as far as civil liability is concerned, only such causal links may be taken into account as were *foreseeable* at the time of treatment and were a typical factor in causing the damage which actually occurred. At Common Law, therefore, any damage occurring which falls outside of that which is reasonably foreseeable, is said to be *too remote*, and in German and other legal systems *inadequate*, and the defendant will then not be held liable for it[136]). But a defendant will be held liable also for an *intervening act of negligence by a third person*, if the injury caused by that intervening act was of a class or character foreseeable as a possible result of it[136a]). In cases, therefore, in which there are negligent acts by two persons in succession, courts will normally hold that a person doing a negligent act may be held liable for future damages arising in part from the subsequent negligent act of another, and in part from his own negligence, where such subsequent negligence and consequent damage were reasonably foreseeable as a possible result of his own negligence. Thus, it can be reasonably foreseeable by Dr. A that once the information generated by his negligent error got into the hospital records, other doctors subsequently treating the plaintiff might well rely on the accuracy of that information, even though to do so in the circumstances might itself be a negligent act[136b]). Legal literature has rightly pointed out the difficulties arising in the course of such hypothetic judgements[137]). In another context (also applicable here), the Royal Commission on Civil Liability and Compensation for Personal Injury – commonly called the *Pearson Commission* – only recently stressed the point that the main difficulty in the way of future compensation schemes for medical injury is how to establish causation, since the cause of many injuries cannot be identified[138]). ,,Even with our [flexible] definition of medical injury[139]) we were forced to conclude that in practice there would be difficulty in distinguishing medical accident from the natural progression of a disease or injury, and from a foreseeable side effect of treatment. It is quite normal for a patient not to recover completely for several weeks or months after a major operation; for complications to ensue after operation; and for a patient to find that the drugs prescribed cause serious side effects"[140]). ,,To establish causation would involve deciding whether the condition was the result of the treatment and, if so, whether it was a result that might have been expected. This would have to be disentangled from the conditions resulting from the progress of the disease or advancing age or from some other purely fortuitous circumstances"[141]). In the present writer's view it can well be argued that a patient should not be overburdened with proof pre-requisites detrimental to his just action after medical injury was incurred by him in the course of his treatment by those who know (or ought to know) more about their treatment than the patient, who is devoid of the professional knowledge of those he is consulting for the benefit of his health[142]), even if due to incalculable risks in the medical history of a patient under exceptional circumstances a doctor cannot always be charged with responsibility for incidents which happen during medical treatment[142a]). We will return to this subject later in this treatise[143]).

4. According to most legal systems, in order to establish an action for compensation for medical injury, *subjective neglect* attributable to the fault of the physician must be established separately from a breach of an abstract duty of care[144]). The standard of subjective neglect, however, is almost invariably generalised according to the class and profession of the acting person[145]) so that the subjective neglect is established in most cases together with the breach of an abstract duty of care[146]). So the physician has to exercise the care of a reasonable medical practitioner of his kind[147]), and negligence occurs when practice by any member of the team caring for a patient falls below the accepted standards of professional competence and training[148]). One can, however, think of cases in which the diagnosis and treatment by the physician were objectively erroneous but were nevertheless carried out without attributable fault on his part. It would then be a subjective excuse for the physician to say that he was overstressed and overworked, e. g. because of an epidemic[149]). This principle would apply generally for the medical treatment in greater disasters of any kind, e. g., collision of planes or trains, floods, or other catasrophes[150]). This principle would probably also be sound in emergency cases when a physician voluntarily and gratuitously provides first aid treatment under otherwise inadequate facilities[151]). A different view must, however, be taken of other cases in which the physician treats the patient objectively erroneously though subjectively with no attributable fault on his side; in mind come cases in which the physician is not a specialist and one could not expect him to treat the illness properly due to lack of special competence and special training. Such a physician would nevertheless be liable for damages because his subjective fault is that he has accepted and treated a case although he ought to have known of his inability to treat the patient with the necessary knowledge and skill[152]). It can, therefore, be considered as established that the doctor must take care to recognise a case which is beyond his skill, and refer it to another practitioner or specialist having the requisite skill[153]).

a) The patient's remedy at law then is to sue his physician for *damages*[153a]). He must prove that, on the balance of probabilities, the physician was negligent[154]). As it was summarised in an interesting Scottish case[155]), ,,to establish [civil] liability . . . where deviation from normal practice is alleged, three facts require to be established. First of all it must be proved that there is a usual and normal practice; secondly . . . that the defender [= defendant] has not adopted that practice; and thirdly (and this is of crucial importance) . . . that the course the doctor adopted is one which no professional man of ordinary skill would have taken if he had been acting with ordinary care."

b) A complication is that the patient may not know whose act or omission injured him in the course of his treatment. Such cases may happen both in a hospital and in a practice where specialists of different fields of specialisation and nursing staff etc. are employed. It may thus have been the negligence of the anaesthetist, the operating surgeon, a nurse or anybody else. In 1951 a plaintiff succeeded in an action in negligence against the British Ministry of Health after post-operational treatment by hospital staff left his hand useless. It was held in this English case[156]) that there had been no rebuttal of the evidence showing a *prima facie* case of negligence on the part of the persons caring for the plaintiff. As the doctors involved were employed under contracts of service to the hospital authorities the defendants were liable to the plaintiff whether the negligence was that of the doctor or a member or members of the nursing staff[157]). This decision evidently is an amelioration of the patient's burden of proof situation and certainly a step in the right direction; it is also in conformity with similar developments in other countries' case law[158]).

5. The physician will of course only be liable for damages if the patient has actually suffered any damage[159]). This statement sounds like a banal commonplace, but it enjoys a certain actuality at least in the United States and in Germany. I am thinking of the cases in which the physician has been sued for damages because the female patient or the wife of a male patient has given birth to a child in spite of the fact that the physician had carried out specific operations in the course of family-planning, such as sterilisation of husband or wife. The parents, who sued the negligent physician, argued that their obligation to maintain the (unwanted) child must be regarded as a damage; and indeed, just recently, several German[160]) and American courts[161]) have decided in favour of the parents[162]), whereas Canadian[162a]) and some German[162b]) courts have declined to do so[162c]). The German judges stressed the point that the unwanted birth of a child cannot as such be regarded as a damage, as giving birth to a child always means the realisation of an absolute value, but that the burden of the maintenance-obligation owed by the parents to the child[163]) is a financial loss for which damages can be claimed and recovered at law[163a]). The New York Court of Claims held that where a physician's alleged negligence in the performance of

a female sterilisation procedure resulted in the birth of a healthy child, the parents had a cause of action for direct pecuniary loss and physical pain suffered by the mother against the physician for medical malpractice; the court rejected the physician's argument that pregnancy and birth are not injuries for which the law provides a remedy, and saw reason to emphasise that the mother's failure to abort the child did not preclude her recovery, since a woman's right to decide whether or not to have an abortion is protected by her constitutional right of privacy[164]), and the Minnesota Supreme Court held that parents in such cases may seek damages for prenatal and postnatal medical expenses, for the mother's pain and suffering during pregnancy and delivery, for loss of consortium – whatever that can have meant to the court under the circumstances[164a]) –, and for the reasonable costs of rearing the child: all to be offset by the value of the benefits conferred on them by the child. In answer to public policy arguments that the award of childrearing costs in such cases is contrary to the traditional procreative purpose of the marriage, the court noted that such costs are a direct financial injury to the parents and that the award constitutes a deterrent to negligent sterilisation[165]) or vasectomy[165a]). It should be noted that the physician does not only owe a professional duty of care to the mother whom he is treating for fertility or sterilising, but also to the child born as the hoped-for or unwanted possible result of his negligent operation[166]). According to German law, damage recompensation for maintenance paid is due to the mother[166a]) as well as to the father[166b]).

II. Treatment without the patient's informed consent

Apart from malpractice, failure to balance the conflicting interests of *voluntas aegroti* and *salus aegroti* give rise to the second possible ground for liability on a physician's part, namely, treatment without the patient's *informed consent*.

1. In many cases, if treatment is given without the patient's informed consent, this may establish a physician's civil liability where the plaintiff cannot prove malpractice[167]). Treatment without the patient's informed consent[168]) may arise either where consent is totally lacking or where it is invalid. Consent is legally valid only where it is given by a patient with the legal capacity to consent who has been sufficiently informed by the physician of the nature of the treatment to be provided or operation to be performed[169]).

2. Generally speaking, consent is an *essential* prerequisite of *all* medical treatment. The necessity of the patient's consent arises out of the human right of self-determination which cannot be renounced[170]). It is the patient who has the right to determine when he shall be treated therapeutically and how[171]), and if

alternative treatment or operation methods are available, then the patient must be given an opportunity of deciding both whether he wishes to be treated at all, and if so, what method should be employed[172]). As Mr. Justice *Cardozo* stated in his celebrated landmark decision of *Schloendorff v. Society of New York Hospital*[173]): ,,Every human being has a right to determine what shall be done with his own body; and a surgeon who performs an operation without his patient's consent commits an assault, for which he is liable in damages." The physician's legal obligation to give sufficient information is intended to inform the patient on possible risks and consequences of the illness as well as of the intended treatment or operation, its consequences and possible side effects[174]), and to guarantee the patient's absolute freedom of decision[175]). But the test for informed consent is *not* whether a prudent person would have accepted the risks but whether this particular patient in his particular circumstances would have had he been informed properly[176]). Although this principle seems to be quite clear, experience in some American jurisdictions seems to show that the application of the informed consent doctrine to the day-to-day practice of medicine is fraught with inconsistency[177]), the legal requirements imposed on the physician are sometimes somewhat ill-defined and even diffuse and vary from community to community, state to state, and court to court, thus creating some uncertainty and confusion within the medical profession as to the possible outcome of individual malpractice actions[178]). Some principles, however, seem to have been widely accepted both in the legal and medical professions and practice, regardless which country one looks at.

a) *Consent must be to the act complained of*[179]). Thus, a physician violates his duty to his patient and subjects himself to civil liability if he withholds any facts which are necessary to form the basis of an intelligent consent by the patient to the proposed treatment or operation[180]). If the patient consents to an exploratory operation only and the surgeon goes beyond this and performs a major operation he has no defence whatsoever except on an unforeseeable emergency requiring an immediate decision in order to save life[181]). In other words, here the balance between preservation of life and self-determination is found in authorising medical procedure only when it would be totally unreasonable, not just inconvenient, to postpone until consent could be sought[182]). Justification for this is found not in fictitiously imputing to the patient a consent he has obviously not given, but in the humanitarian duty of the medical profession to save life[183]). In all other cases, the rule applies that treatments or operations not fully consented to (and, thus, not fully covered by consent) are completely *illegal*[184]). Courts apply rather strict rules to such cases. One of the latest decisions by the German Federal Supreme Court regarding the problems of informed consent holds[185]) that the physician, on discovering an increased risk from the operation about which the patient has not been informed, must stop the operation, if it can be interrupted or stopped without endangering the patient's health, in order to obtain the patient's informed consent. Other legal systems observe the same strict rules[186]). It should, however, be added here, that even a physician who with the consent of his patient performs an operation which is *not* medically indicated, may find himself in legal difficulties[187]). It is equally illegal to take photographs of a patient without consent during treatment or operation for whatever alleged scientific purpose even if the treatment or operation as such is consented to and, thus covered by informed consent[188]). In a recent German case, the Federal Supreme Court has expressly stated that diagnostic steps without a specific therapeutic value for the patient have to be judged by a generally much stricter duty to inform the patient before such steps are taken, and the court emphasised in this case that this *increased duty to inform the patient about intended diagnostic steps* also serves as a safeguard *against diagnostic perfectionism and scientific curiosity*[188a]). There is a striking absence of English cases on consent in medical suits[189]), but the consent test applied here as a general rule is supported by the trend of decisions in other Common Law countries[190]) and in continental legal systems[191]). Consent to a certain treatment or operation under normal circumstances must also be to the physician who administers the treatment or carries out the operation; consent given to treatment etc. by Dr. A. does not necessarily include and justify treatment etc. by Dr. B.[192]).

b) *A consent will be valid only if given by a patient who has the legal capacity to give it.* In several legal systems the patient's consent may be valid even if the patient is *under age*[193]), provided, of course, that she or he is capable of appreciating the reason for and the importance and significance of the proposed treatment or operation and of making up her or his mind correspondingly[194]). Generally, the legal world takes the view that minors *under* a certain age[195]) will not be able to consent because they will not normally have the necessary understanding of all the implications involved[196]). The physician who cannot receive the parent's consent, will have to decide the difficult question of whether the minor has the capability to understand and whether the treatment could not be postponed until the parent's opinion can be obtained[197]). Apart from age and maturity of the minor, the degree of necessity and urgency as well as the weight of the risk of the treatment may be relevant. Thus, in 1971, the German Federal Supreme Court held[198]) that the consent of a 16-year old patient was not valid to justify a treatment which carried some risks but was not urgent. Sometimes even the combined consent of minor and parents may not suffice if the operation consented to is not in the interest of the patient under age[199]). On the other hand, it may be rather doubtful whether – apart from cases in which legislation imposes a duty to receive treatment[200]) and, perhaps, apart from attempts to save life[201]) – the law in all countries would permit of interventions to cure, even to save life, against the declared wishes of a mentally competent adult or guardian of a minor[202]). Thus, in a recent New Jersey case before the same judge before whom the *Karen Quinlan* case originally was tried[203]), the court held that a 72--year old patient who refused to permit amputation of his gangrenous legs, making his death within three weeks probable, was, under the evidence presented, competent to make this decision; and that in the light of the extensive bodily invasion contemplated (amputation of both legs) the state's right and interest in the preservation of life had to yield to the patient's constitutional right to be free from nonconsensual invasion of his bodily integrity and to decide his own future[204]). In a recent Florida case the court upheld the right of a competent 73-year-old man, hospitalised with an incurable, terminal disease, and sustained by a mechanical respirator, to decline further life-prolonging treatment. The court found that the patient's constitutional right of privacy superseded any state or medical interests in maintaining, against his will, the extraordinary treatment, and determined that neither medical nor judicial judgement should be substituted for that of this fully competent adult, despite the virtual certainty of immediate death without the treatment, and anyone assisting this patient in the voluntary exercise of his right was free of either civil or criminal liability[204a]).

c) The legal validity of consent does *not* require consent in any specific *form*. The consent may be given *expressis verbis* or *per implicationem*[205]). In many hospitals it is common practice now to ask the patient to sign a form containing information and documenting the patient's consent, especially for major treatment such as surgery[206]), and in some jurisdictions this is a legal requirement now[207]). Although one should always advise the physician to make notes on information and consent given[208]) and although there are positive experiences with printed forms for standard-operations in some hospitals[209]), the value of such documents should not be overrated[210]). It therefore remains to be seen what effect the new German Drug Administration Law (*Arzneimittelgesetz*) of 1976 of the Federal Republic of Germany will have on the clinical drug trial procedures in the course of which the patients' or test persons' consent will only be valid *if given in writing*[211]). But printed forms are often drafted too generally, do not contain quite the information which later turns out to be relevant or even decisive and are often presented to the patient by persons who are not qualified to give due and adequate and, thus, legally acceptable information personally[212]). It should also be noted here that at least in one country, Germany, the Federal Supreme Court has increasingly put the burden of proof on those who with the intention of excluding their civil liability have used elaborate forms which are difficult to understand or contain clauses unacceptable to the courts on grounds of public policy[213]), and such clauses may, on grounds of public policy, be equally unacceptable in other countries, too[214]).

d) Within a *contractual relationship*, medical treatment given without proper information being given to the patient constitutes a breach of contract. It must, however, be established that the physician was negligent in not giving proper information. According to French and German case law, causality between an operation performed without informed consent and any damage is sufficient to establish civil liability[215]). English courts, by contrast, ask whether the patient, had he been informed properly, would have refused his consent or not[216]), and other Common Law countries seem to follow on similar lines[217]). In *tort*, treatment without the patient's informed consent is regarded as a trespass to the patient's body or an assault with intent to do bodily harm[218]). Without the patient's informed consent, treatment is regarded as illegal, but in order to establish civil liability of the physician involved, the treatment complained of must be the cause of the damage. As the basis of the physician's tortious liability is his carrying out treatment without consent, there is no need to establish also that he reckoned with or negligently disregarded the damage caused by his treatment. In some countries (e. g. in Germany) most plaintiffs found their action against physicians on tortious liability rather than contractual liability, one reason for this being that only tortious liability on the part of the defendant entitles the plaintiff to compensation for non-physical loss and damage[219]).

e) The *extent to which information must be given* by the doctor very much depends on the circumstances of the individual case: ,,There is one fact of which every surgeon is certain: The gods, and the jurists after them, have decreed that before operation comes consent and before consent information. On this point and this point alone is there unanimity. When it comes to ‚when' and ‚how far' widely diverging views are to be found. There are still many questions to be answered"[220]). But one principle can clearly be stated: If not justifiable by genuine concern over the patient's health and life, half-truths or soft answers today run the serious risk of being condemned as either negligent misrepresentation[221]), deceit or even utterly vitiating the consent given[222]). The modern patient has, as it is said in an important textbook on the law of torts, a ,,right to know"[223]).

aa) Unfortunately there are still many physicians who believe information to be superfluous, because having performed a particular treatment or operation many hundreds of times they feel completely confident and furthermore fear that a long preamble would make the patient feel needlessly insecure[224]). Indicative here is the result of an inquiry led by Hans *Mohl* on the physician's duty of information which was recently broadcast in a television programme on the second German television channel. According to this a bare half of all the interrogated patients stated that they had received thorough, comprehensive and prompt information. In 14% of the cases no explanation whatsoever had been provided, in 22% only a rather superficial and brief one, in 2% the explanation was too brief and in 11% it was detailed but incomprehensible[225]).

bb) As *volenti non fit iniuria,* the patient, before his giving consent, must receive such information as to enable him to appreciate and to realise the nature and significance of the medical treatment to be provided[226]). A valid consent now is an informed consent freely given. An informed consent is that which is based on a physician's fulfilment of his duty to give a fair and reasonable explanation of the proposed procedure including the probable effect and any special or unusual risks[227]). A physician, therefore, may not minimise the known dangers of a treatment or operation in order to induce his patient's consent[228]). Negligent or wilful misrepresentation of what is involved in the treatment or operation to be undergone renders any consent invalid[229]). The principle of the patient's freedom of decision demands that he is also made familiar with exceptional forms in which the treatment or operation risk can materialise[230]) if these forms are not obvious to him from the very nature of the operation or from other circumstances[231]). A multitude of variables affect the physician's degree of disclosure. The present trend, in American experience, indicates that the patient's right to know is contingent upon (1) the physician's subjective evaluation of his patient's physical and mental state; (2) the predisposition of a particular physician to disclose serious risks to a bed-ridden patient; (3) the particular physician's assessment of probable symptomatic response to disclosure; (4) the standard degree of disclosure among doctors of similar practice; (5) the law governing disclosure as applied by the courts in the physician's particular jurisdiction; (6) the patient's own tendency to view the choice of treatment as a medical decision best left to those skilled in the practice, and (7) the judicially-spawned „therapeutic privilege" of physicians to withhold material risks where disclosure would, in the physician's very subjective opinion, worsen the condition of the patient[232]).

cc) If, then, the physician indicates to a patient who has a general understanding of the nature of a necessary treatment or operation that the receiving of specific information could in his case increase the treatment or operation risk, it can be permissible for further information on the possible materialisation of this risk to be dependent on and wait for corresponding questions from the patient[233]). But the patient must at least have a general awareness that such a treatment or operation *can* have quite considerable consequences; such information is neither time-consuming nor too complicated. It gives the patient an opportunity for appropriate consideration and appropriate questions[234]). If the patient then were to ask for details it would not take the physician too long to specify the possibilities of complications as described in the relevant literature and those of which he has learned in other ways. The patient is thereby offered a sort of *step-to-step explanation*. The future of a human being must surely be worth this amount of time, and physicians are well-advised to keep this in mind, as courts will not normally take a soft line in this respect[235]).

dd) Consequently, the following principles apply when it comes to the average expectation of information to be assumed in the normal case:

(1) When the treatment is intended to prevent a development in the illness which poses a direct threat to the patient's life, and, moreover, the proposed treatment is relatively promising, then the requirements concerning the intensiveness of the information on the risks of the treatment or operation are *lowest*. In such cases a certain degree of readiness to accept risk can also be assumed on the part of any reasonable patient who, informed to some extent of the situation, has made no explicit pronouncement.

(2) On the other hand, however, the circumstances of the case can render it necessary for the physician to assume that the patient's requirements as regards information are particularly *high*. This is especially true in cases where the treatment or operation will result in grave and irrevocable consequences such as abortion[236]), artificial insemination[237]), castration[238]), sterilisation[239]) or vasectomy[240]), transsexual surgery[241]) and the like[242]). Particularly high requirements as regards information may also have to be taken into consideration where the treatment or operation is indicated but not urgent[243]) or when it is merely a question of eliminating an insignificant impairment to health with which it is possible to live; here cosmetic operations form the illuminating example[244]), in connection with which it should by no means be overlooked that, particularly in times of war and in the case of injuries caused by accidents, there are cosmetic injuries so severe that it is worth making a special effort to remove them.

(3) The thoroughness of the explanation offered increases, too, according to the degree to which the success of the treatment itself, quite apart from the risk of its miscarrying, must remain in doubt, or when very promising or less dangerous treatment methods recommend themselves at least for a trial[245]). In this connection the physician must take as a starting point the opinion prevailing in medical science (if there is any), even if he does not share it. He is free to convince the patient of the advantages of the minority opinions he himself

favours, but only after having stated without any decoration the ratio of opinion[246]). If, according to these principles, one must proceed from a maximum expectation of information on the part of the patient, it is equally inadmissible to keep silent about those risks which materialise only relatively seldom, the probability of their being realised lying perhaps somewhere well below 5%[246a]).

(4) When it may be assumed that the patient already has a more or less concrete picture of the type of treatment or operation involved and is aware that the treatment or operation is, moreover, of some considerable importance, information will frequently be superfluous for the reason that the criterion results from the needs of information of a reasonable patient in just this situation. This assumption can be justified by the particular history of the patient, who for example has access because of his profession to medical information of greater or lesser depth, or who has already undergone similar treatments or operations while in command of sufficient powers of judgement[247]).

(5) Accordingly, the Federal Supreme Court in Germany in a recent case observed that the degree of information required on possible undesirable consequences is in the first place to be governed by the intelligence and education of the patient and particularly by his experience, as found in his medical history[248]). In this case it was known to the physician that the patient, having for many years been concerned with the elimination or alleviation of his hearing impairment and having consulted numerous specialists including two internationally-known experts, had already once previously undergone an operation intended to improve his hearing. In the end he had deliberated for almost a year over the decision to undergo the controversial operation and had even been in communication during this period with a specialist physician who had acquainted him with the defendant (i. e. the physician who had carried out the controversial operation). As was evident from his notes which accompanied the report, he presented, as a graduate architect with wide-ranging interests, the picture of an informed and active individual, who gave great attention to and expended much energy on questions relating to his hearing. The knowledge of all these circumstances would not, to be sure, exempt the defendant physician in any way from giving information on the risks of the operation unless he was certain that the patient (now the plaintiff) had received adequate information from some other quarter. But such circumstances could perhaps not fail to have some influence over the nature and intensiveness of this indispensable information, and first and foremost for the reason that the plaintiff, as opposed to the mentally less developed patient to whom the subject is quite foreign, was expected to acquire

if necessary a completion of the explanation through his own questions if it seemed to him to be too scanty and incomplete[249]).

ee) So much for the material requirements of the physician's duty of information, which occupy a central position in the court decisions of almost all the legal systems under review[250]). The principles determining them seem to be on the one hand irrevocable with a more felt than seen trend to greater rigidness against the medical profession, and on the other hand to bind the physician in no way which is not to be expected. The traditionally generous (and perhaps too generous) assessment of the subjective elements of negligence through case law at least in England, Australia, New Zealand, Canada, and generally in most West European countries, means that, as long as the acting physician remains aware of and faithful to his patient's fundamental right of self-determination, he can hardly get into difficulties. But this awareness seems to be indeed indispensable for any professional ethics which is in some measure suited to the times today[251]). If the courts follow the example of some American jurisdictions and become more rigid in their standards and demands on physicians *to the possible extent of generally reversing the burden of proof against physicians*, it will mainly be due to the unethical behaviour of certain medical experts who all too often misunderstand their rôle before a court of justice and believe themselves to be a weapon for one side of the action only. A German Federal Court judge has already warned against such practices and in this connection stated that the behaviour of many medical experts makes it difficult *not* to generally reverse the burden of proof against physicians, implying thereby nothing less than an indication that a change in the still reluctant attitude of the courts in medical malpractice cases might have to be changed if things do not change themselves in the interest of an impartial finding of facts by the courts to which experts are called upon to contribute[252]).

ff) The question has not yet been dealt with of how far in exceptional cases purely *therapeutic* interests can justify a *restriction of the information* actually offered. The courts have never excluded the possibility of such ambivalence; the German Federal Supreme Court, e. g., has on the contrary from time to time expressly accepted it[253]). This issue will be discussed in more depth in connection with the legal problems of research treatment in Part 2 of this book, *infra*[254]). But the *golden rule* of the physician's duty of information must once again be re-emphasised: with regard to the rule *volenti non fit iniuria*, i. e. with regard to the fundamental right of self-determination and with regard to the mutual trust-relationship between physician and patient[255]), the patient must be informed in such a way that he recognises before giving his consent to the treatment or operation its nature, seriousness and bearing[256]). The patient must also be informed about possible side effects, as far as these are known to medical science at the time of the treatment or operation[257]). This is the principle involved, and it is convenient here to repeat it in the words of the American Hospital Association's Patient's Bill of Rights of 1972:

> The patient has the right to obtain from his physician complete current information concerning his diagnosis, treatment, and prognosis in terms the patient can be reasonably expected to understand. When it is not medically advisable to give such information to the patient, the information should be made available to an appropriate person in his behalf. He has the right to know, by name, the physician responsible for co-ordinating his care. The patient has the right to receive from his physician information necessary to give informed consent prior to the start of any procedure and/or treatment. Except in emergencies, such information for informed consent should include, but not necessarily be limited to, the specific procedure and/or treatment, the medically significant risks involved, and the probable duration of incapacitation. Where medically significant alternatives for care or treatment exist, or when the patients requests information concerning medical alternatives, the patient has the right to such information. The patient also has the right to know the name of the person responsible for the procedures and/or treatment [258]).

gg) It should, however, be emphasised that the extent of the information to which a patient is entitled also depends on the weight of the risks involved in the treatment, in relation to the consequences for the patient that are likely to arise if the intended treatment is not given[259]). It may not, therefore, be necessary to inform the patient about risks which occur only very rarely in the course of the treatment and which a reasonable patient would not consider to be important *in relation to his state of health*[260]). The same applies to information on possible side effects, if a reasonable patient would consider them to be insignificant in relation to his disease[261]). The relationship between the risks arising from the treatment and the dangers inherent in the patient's condition is, therefore, also of great importance[262]). The extent of what constitutes proper information also depends on the objective and *urgency* of the intended operation or treatment[263]). Information concerning the consequences likely to arise if the treatment is not given may lead to the disclosure of details about the patient's state of health. As far as the physician has reason to expect that such information will cause further damage to the patient's health (either psychologically or psychosomatically) the extent of the information it is necessary for the physician to provide may be reduced, on a proper balancing of the patient's interests[264]). This principle applies especially in the field of *psychiatry* to treatment with drugs[265]). The success of such treatment largely depends on the subjective mental responses of the patient. A psychologically sick patient, therefore, should perhaps not be informed in detail if the despair or depression of a psychotic patient would be increased by the information that the anti-depressive effect of the relevant drug works only in 60 to 70% of cases[266]). On the other hand, there are increasing indications that even in cases of cancer and other grave illnesses the chances through mutual co-operation between patient and physician of more successfully keeping such diseases under control are getting greater if the patient is provided with such information about his illness as is indicated to strengthen his will to recover[266a]).

f) No act is actionable either in contract or in tort at the suit of any person who has expressly or impliedly assented to it: *volenti non fit iniuria*. No man can enforce a right which he legally can waive or abandon and, indeed, has voluntarily waived or abandoned[267]). So the maxim affords a defence to a physician or surgeon for an act done in the proper course of medical or surgical treatment[268]), which is within the scope of the patient's express or implied consent[269]). The defendant physician must, however, establish that the plaintiff's (i. e. the patient's) consent was fully and freely given[270]). Information thus can be omitted *if the patient has waived his claim to information*[271]). Knowledge of the risk of injury is, however, not enough; nor is willingness to take the risk of injury. Nothing will suffice short of an agreement to waive any claim for negligence[272]). Under such a waiver the patient declares that he wishes to exercise his right of self-determination by giving up all claims to the further information he would normally be entitled to if he wishes to receive it: again, *volentibus non fit iniuria* applies. The waiver of a claim to information with regard to therapeutic treatment would be legally valid, whether the waiver be *expressis verbis* or *per implicationem*. But whether the patient actually *has* waived his claim to information depends on the circumstances of the case and the interpretation of them by the court. There will always be some uncertainty, therefore, with regard to the possible outcome in a given case; deplorable as this uncertainty is for all those involved, especially for the members of the medical profession, it is inevitable. It should be added, however, that the physician's difficulties could be ameliorated by the existence of regularly kept-up records about the details of the treatment he gave, after informed consent had been received, and it is really very difficult to understand why such records with details about the information given, the consent received and the treatment provided all too often are not kept[273]). Stricter rules, however, would apply to waivers of a claim to information with regard to research treatment[274]).

g) The *legal consequence* of a treatment or operation which, because *insufficient information* has been given, is unauthorised and, thus, illegal, is, as is well known, the civil liability of the physician even for those incidents which arise through no (detectable) fault of his. In such cases, the only sufficient defence for the physician or surgeon would be evidence that the patient would still have given his consent to the treatment or operation had he received appropriate information[275]). Such evidence was recognised, e. g., by the German Federal Supreme Court, in particularly complicated cases[276]). Its feasability is also occasionally made mention of elsewhere, if quite consciously sparingly[277]). But the *test for informed consent* is *not* whether a prudent person would have accepted the risk but whether the *patient* would have[278]). If standards of a most exacting kind are expected of such evidence, however, this is based on the fundamental legal consideration that the patient's right of self-determination over his person requires protection as a matter of priority, even if in other fields outside the present scope certain facts may allow one to presume that consent has been acquired. The consequences for the physician are severe, but in the light of this evaluation perhaps unavoidable. And it is hardly to be expected that the courts will alter their point of view on this matter[279]).

3.) There are, however, cases in which the patient's consent is not necessary to justify the medical treatment[280]).

a) This particularly applies in cases in which medical treatment is statutorily provided in the interest of *public health*[281]). In principle, the physician also is obliged to act and to treat cases of *attempted suicide* without, or even against, the patient's consent. The background of the physician's general duty to help in such cases is the fact that an attempt to commit suicide can often not be distinguished quickly enough from a normal accident. It is even less probable that the physician can find out quickly whether the suicide followed his own free wish or whether he was the victim of a panic-action caused by despair[282]). In some countries, e. g. in Germany, further reasons are adduced in this connection: First, there is no legal right to commit suicide; secondly, the Criminal courts regard suicide as an accident which obliges the physician to render help if he does not want to take the risk of being charged for a criminal offence[283]) and, thirdly, according to the Civil law, the wishes of a suicide have to be disregarded because they cannot be approved morally[284]).

b) A special problem is the *treatment without consent in cases of necessity*[285]). Whereas consent is (with few exceptions only[286]) absolutely indispensable where it can be obtained, there are many cases in which the patient is unable, because of his condition, to give consent, but still is in need of *immediate treatment*. What is the position, then, of a surgeon operating on such a patient? Although we are informed that in some legal systems (e. g. at Common Law) there is no clear authority on the point[287]), most medical practitioners obtain (preferably written) consents from parents or other relatives, if this is possible[288]). In cases of *emergency* such as road accidents, collisions of trains or planes, floods or other catastrophes, however, the law generally and universally allows the defence of necessity[289]) or implied consent[290]) to any action brought by an aggrieved patient, but in the absence of consent the crucial test always is whether the physician acted ,,in order to save the life or preserve the health of the patient"[291]), and the legal position of physicians is very unsatisfactory as a result of some uncertainty in most legal systems. E. g., an authoritative textbook on the English law of torts, states that lecturers on medical jurisprudence in two British universities advise their students never to render first-aid at the scene of a road accident, in case they should be sued for negligence afterwards[292]). It may well be that a similar view is held in other countries[293]), but the advice is highly questionable. In some countries, at least, a doctor refusing first-aid at a road accident or in other emergency cases could be indicted under the criminal law for neglecting to give necessary first-aid in such a situation[294]).

c) It is self-evident that in the case of an *unconscious* patient the physician must, without hesitation, give the best treatment he possibly can, in full consciousness that legally this is a state of emergency. Here the implied consent of the patient is legally valid and unquestionable; in other legal systems the defence of necessity will be available as the doctor in such cases does his professional duty of saving life. Likewise in other cases of acute dangers to life, the physician certainly need not stand on ceremony as regards consent[295]). He will simply have to take as consent the fact that the sick is there in front of him for immediate treatment or operation[296]).

III. The Physician's Duty of Secrecy

The physician requires personal data from the patient in order to be able to give proper advice and treatment, and the patient has a responsibility to cooperate by providing them. The patient may, however, assume that his confidences will not be revealed to third parties without his prior permission (doctor-patient privilege)[297]). Hence the physician's duty (and right) of secrecy, and a physician who violates this duty may be liable for damages thus caused to the patient[298]). He also may be indicted for a criminal offence[299]), subjected to disciplinary proceedings by his profession[300]) for conduct unbecoming a physician and be reprimanded, suspended or even struck off the register[301]).

1. Communications made within the doctor-patient relationship are, however, not privileged everywhere. Thus, in England, the rule that communications between physician and patient are not privileged in the court-room, with the consequence that physicians are required to give full evidence before a court of justice, has remained unchanged since the celebrated decision by *Lord Mansfield* in the bigamy trial of the Duchess of Kingston in 1776[302]), and courts in Canada have followed this rule and request a physician to give full evidence[303]). But the general trend is to provide for doctor-patient privilege and to demand disclosure only when interests of justice are paramount and override all considerations to the contrary[304]).

2. The doctor's duty of secrecy or non-disclosure is laid down in the Hippocratic Oath[305]) in order to protect the suffering person who entrusts to the physician information of a highly personal nature. The physician has to keep secret all facts and circumstances which are known only to a limited number of persons and which the reasonable patient wants to keep secret. These facts cover, of course, the diagnosis, physical and psychological characteristics, but also professional, economical, and financial circumstances[306]).

3. Under certain circumstances, however, the practitioner may perhaps justifiably consider himself as less restricted by his general duty of secrecy[307]); in such cases he will always have to consider the patient's private interests on the one hand and any conflicting public or third party interests on the other and will have to balance them. Thus, as the German Federal Supreme Court has ruled[308]), the physician is entitled to inform the traffic-authorities if a patient drives his car when unable to do so without endangering himself and other people[309]). Likewise, an exception regarding the physician's duty of secrecy is not only justified but demanded if the physician receives knowledge of communicable and certain venereal diseases[310]) or intended crime which actually endangers a third person[311]). On most of these problems of the duty of secrecy case-law is almost non-existent[312]); it is, however, likely that courts would adopt a similar view to that held by the Californian Supreme Court which held a psychologist liable for damages because he did not inform a third person that his patient intended to murder that person; the patient had actually committed the murder the plan of which he had previously related to his psychologist[313]).

4. Special problems regarding the doctor's duty of secrecy arise in the course of therapeutic treatment of *minor* patients. Here one has to balance the parent's rights and duties of custody, care and control against the personal rights of the child. Many specific questions in connection with this issue, which cannot be discussed at length here[314]), are still unanswered in most of the countries under

review. Generally, however, one may not be wrong with the ruling that the patient's rights decrease the more the child approaches the age of majority, which is 18 years now in most of the countries[315]). That this rule is not without serious problems concerning the sometimes very unbalanced dichotomy between parental rights and duties and, on the pretext of the child's welfare, state interference and even state intrusion, has been critically discussed at some length by several authors[316]).

IV. Forensic shift of emphasis in Liability Actions and future Compensation Developments

1. The problem

Liability actions against physicians still centre on the charge that the physician, through incorrect and negligent treatment (malpractice), is guilty of causing damage to the patient. Seen in this way the physician's civil liability displays no real peculiarities to distinguish it from any other sort of professional civil liability[317]).

a) In the courts, however, an increasing shift of emphasis is becoming evident. The reproach of omitted (or deficient) information is more and more frequently and forcefully appearing alongside the reproach of an error in treatment (malpractice), which originally occupied the front of the stage. The rule of the burden of proof which applies in court means that the breach of the duty of information becomes the most attractive starting-point. If it is up to the patient to convince the court that the physician has committed an error in treatment, it is conversely the physician who, if he is not to lose the case, must prove that he has obtained the patient's consent and provided him with adequate information[318]). A charge of inadequate information thus allows the patient (i. e. the future plaintiff) to reach his goal with more ease, and no less profit, than a (perhaps more rarely) successful malpractice action[319]).

b) In this context, it should be noted here that although compensation claims following negligent treatment have considerably increased in recent years[320]), the proportion of *successful* claims for damages in tort seems to be much lower for *medical* negligence than for all (other) negligence cases[321]). There is a good deal of evidence about the difficulty of proving negligence: it is not always possible to obtain the necessary information on which to base a claim; the patient might not know what had happened and he might have difficulty in obtaining the services of a medical expert to assist him; when a doctor was accused of negligence, his colleagues might naturally be reluctant to give evidence; the medical records (if there are any) might not contain all the details of the case, leaving ample scope for different interpretations by witnesses for and against[322]).

2. The Pearson Commission

All this points to a situation which shows that there is considerable dissatisfaction with the present position of medical injury cases and some unease about an acceptable scheme of future compensation provisions[323]). The *Royal Commission on Civil Liability and Compensation for Personal Injury*[324]) – commonly called the Pearson Commission after its chairman *Lord Pearson* – in its recently published three-volume report has also dealt with the manifold problems of medical injury, the position at law at present, and especially with tort and no-fault compensation reform plans for the future. The *Pearson Commission* distinguishes between the different kinds of medical treatment and draws a distinct line between *therapeutical* treatment on one hand and *clinical trials* (or research treatment) and *research* on the other.

a) With regard to conventional or *therapeutical treatment* with normal and approved methods and means it recommended to the Parliament of the United Kingdom that the basis of civil liability in tort for medical injuries should continue to be *negligence*[325]).

aa) The Royal Commission made it clear that it recommended the continuation of negligence liability of physicians *in spite* of the doubts its members entertained about the particular arguments put to them by the medical profession for the retention of the negligence action[326]). In most of the evidence from the medical profession before the *Pearson Commission* it was argued that negligence liability was one of the means whereby physicians could show their sense of responsibility, and, therefore, justly claim professional freedom; if negligence liability were abolished and substituted by a no-fault compensation system, there could be some attempt to control doctors' clinical practice to prevent mistakes for which compensation would have to be paid by some central agency. It also was said that this could lead to a bureaucratic restriction of medicine and a brake on progress. It was further argued that the traditions of the medical profession were not sufficient in themselves to prevent all lapses which, though small in number, might have disastrous effects[327]). As to these arguments by the medical profession in the United Kingdom, some members of the *Pearson Commission* could not help but observe *that they are unsound and at least overstated*[328]). Nevertheless, and irrespective of these doubts, the *Pearson Commission* thought it clear that there would have to be a good case for

In cases of conventional treatment the test is negligence 187

exempting any profession from legal liabilities which apply to others[329]), and the Commission, therefore, did not regard the special circumstances of medical injury strong enough as to constitute such a case[330]).

bb) The *Pearson Commission* also considered whether in the interest of patients a *reversal of the burden of proof* or the introduction of an additional ground of *strict liability* could be recommended. The answer to both questions with regard to *therapeutical* treatment was in the negative[330a]).

(1) Some witnesses suggested to the *Pearson Commission* that, if the *burden of proof* were reversed, the patient's difficulties in obtaining and presenting his evidence would be largely overcome. It was said that the doctors were in a better position to prove absence of negligence than patients were to establish liability. The Commission, however, had serious doubts on the desirability of making a radical change in the burden of proof. ,,We think that there might well be a large increase in claims, and although many would be groundless, each one would have to be investigated and answered. The result would almost certainly be an increase in defensive medicine"[331]). It should, however, be noted that this opinion applies only in the field of conventional and normal medical treatment, and *not* in the field of clinical trials and research[332]).

(2) The *Pearson Commission* also considered whether *strict liability* should be introduced as an additional means of redress for an injured patient alongside the negligence liability. Whilst this would avoid the difficulties of proving or disproving negligence, there would remain the difficulty of proving that the injury was a medical accident, that is to say it would not have occurred in any event[333]). But even if it were possible to limit the scope of this liability satisfactorily, the Commission thought that the imposition of strict liability, as with reversing the burden of proof, might well lead to an increase in defensive medicine, which in the field of conventional medicine would be undesirable[334]). Strict liability of physicians in the normal field of their therapeutic duties would also tend to imply standards of professional skill beyond those which the present law requires to be exhibited, and beyond those which could fairly be expected[335]).

(3) The *Pearson Commission*, to sum up then, decided not to recommend that strict liability should be introduced in the field of medical injuries, *except for one special category of people – those who volunteer for research or clinical trials*[336]).

b) With regard to *clinical trials* (in the field of research treatment, that is) and with regard to *research experiments* the *Pearson Commission* rightly took a much tougher line. ,,Patients as well as healthy volunteers may be asked if they will agree to accept a new form of treatment in the interests of research. If a patient is given such treatment, and through it suffers injury, or a worsening of his condition which would not have been expected with conventional treatment, he is in the same position as a healthy person volunteering to take part in research"[337]). The Commission strongly emphasised that it is *wrong* that a person who exposes himself to some medical risk in the interest of the community should have no right to compensation in the event of injury. The *Pearson Commission*, therefore, recommended *that any volunteer for medical research or clinical trials who suffers severe damage as a result should have a cause of action, on the basis of strict liability, against the authority to whom he has consented to make himself available*[338]).

c) Despite the harsh criticism by representatives of the British medical profession of this recommendation[339]), we fully accept this recommendation as a step in the right direction which, after the models developed in New Zealand[340]) and Sweden[341]), may lead into an elaborate no-fault compensation scheme which the *Pearson Commission*, on reasons one can accept for the time being[342]), thought not fit to recommend immediately for adoption in the United Kingdom[343]). Only a compensation scheme which is no-fault orientated would at last effectively help to overcome some of the burden of proof difficulties of the injured patient, and such special no-fault scheme for medical injuries would also be justifiable because of the reliance of the patient on the physician to preserve his health or perhaps his life and because the health care provider does in fact create the dangers which may result in damage to the patient, and the health care provider is the one who masters or ought to master the procedures he selects for application on his patient who does not know and need not know as much as the physician as a professional man knows or ought to know. In this context it has been argued that the right of the medical consumer to be warned of inherently dangerous risks in a proposed medical treatment or operation is very much founded on essentially the same overriding public policy doctrine that secures the law of products liability[344]), and that, therefore, the same strict rules of public policy support the imposition of strict tort liability to shift the risk of loss for defective services to the supplier/physician/hospital, rather than the consumer/patient[345]). However, neither the imposition of strict tort liability nor a no-fault compensation scheme would be a panacea for *all* the difficulties encountered at present. Imposition of strict tort liability to medical malpractice law[346]) would by no means be automatic; several difficult-to-prove elements explicitly or impliedly embodied in almost all the legal systems under review would have to be established before the burden of the patient's damage could be imposed on the physician[347]). The patient/plaintiff would still be faced with an arduous burden

Movement towards strict liability where experiments are involved 189

of proof, i. e. he must prove that (1) the warning (information) was defective, if the informed consent doctrine were to be applied; (2) the defect existed at the time the warning (information) left the control of the defendant/physician; (3) that because of the defect the warning (information) was unreasonably dangerous to the consumer/patient/plaintiff; (4) that the medical consumer was injured or suffered damage; and (5) that the defect (if proved) was the proximate cause of the injuries, i. e. not too remote, and not inadequate[348]). And one of the experts from New Zealand heard before the *Pearson Commission* pointed out that the authorities handling compensation claims under the no-fault compensation scheme as introduced in 1974 are following a restrictive interpretation of ,,medical misadventure" which ,,seems concerned to avoid sliding down the slippery slope and compensating illness or death every time medical treatment fails"[349]), and it can safely be said that the old difficulties under the negligence liability provisions of establishing malpractice just have been replaced by new difficulties of a perhaps even more difficult nature, namely establishing and fully proving the causation link between the alleged medical misadventure and the damage incurred[350]).

d) While it is still too early yet to make a useful appraisal of how the no-fault compensation schemes in New Zealand and Sweden work[351]), the progress of no-fault compensation for medical accidents or misadventures in these countries should be studied and assessed carefully, so that the experience can be drawn upon, if, because of changing circumstances, a decision can be made to introduce some such system for medical injuries in other countries as well. In the meantime, however, every effort should be made to alleviate the patient's burden of proof where this burden becomes unbearable or is, in the light of public policy, unacceptable in view of the physician's professional responsibility for their medical decisions[352]). It should become a concern of public policy and law reform to help those who are the weakest part in the chain of events following a medical treatment where this is justifiable.

3. Screening Panels, Arbitration Boards, and Compensation Schemes

The steadily increasing number of actions in many countries against members of the medical profession for compensation of medical injury[353]) seems to be an increasing source of anxiety to the medical profession, and damages are sometimes awarded by the courts which almost exceed all understanding[353a]). It is such damage awards *Lord Denning* referred to when, in a recent *English* case, he apprehensively said that if these damage awards by courts ,,get too large, we are in danger of injuring the body politic: just as medical malpractice cases have done in the United States of America. As large sums are awarded, premiums for insurance rise higher and higher, and these are passed to the public in the shape of higher and higher fees for medical attention"[353b]). And, indeed, insurance costs have doubled in recent years[354]).

a) In response to this crisis, especially in the United States legislative measures have been adopted by various states as to ceilings on damages, shortened statutes of limitations, mandatory screening of malpractice claims, and voluntary (but if chosen: binding) arbitration[355]). Screening and Arbitration have become increasingly popular *alternatives to medical malpractice litigation,* aimed at reducing delays, cutting legal expenditures, and diminishing the price of malpractice insurance[356]). Forty-eight states have now adopted general arbitration statutes[357]).

aa) The function of the *Screening Panels* is to make an advisory recommendation on the merits of a claim. The intended purpose is to discourage further pursuit of weak or frivolous claims while encouraging the expeditious settlement of justifiable claims[358]). Unlike binding arbitration, there is no final determination of civil liability or definite award of damage; what is aimed at is a negotiated settlement outside the courts of justice; but the access to the courts for a trial on the merits still remains[359]). As the findings of the panel are not binding on the parties, American practice tries to safeguard against an overestimation of these findings; a recent New York decision reflects the fear that a jury of laypeople might accord too great weight to such panel recommendations which are the results of a body of experts of several disciplines inclusive of the medical and legal professions[360]). Thus, under the present system in many American jurisdictions, the screening procedures seem to outweigh some of their advantages by their disadvantages: this all the more so if a jury's possible acceptance of panel recommendations abridged the losing party's state constitutional right to a meaningful jury trial[361]).

bb) The difference between screening panels and *Arbitration Boards,* in the United States, then is that the panels make only advisory recommendations with no restriction on the parties to institute a civil action, whereas the boards are a complete substitute for an action in law[362]). We do not at present see what advantages such boards could bring in other countries if they are a bar to the ordinary courts of a country even if patients are offered the option of a voluntary binding arbitration of malpractice cases instead of bringing an action[363]). But it is equally true that panels with advisory capacity only cannot cater for cases where at least one party feels that the findings of the arbitration board are not justified or not acceptable; there might then have been much ado about almost nothing, and a more severe, perhaps fatal (limitation!) delay and wasting of time before legal proceedings are instituted. But it is submitted that the American arbitration experiments cannot be understood properly without a profound knowledge of the American contingency fee problems and the fact that, unlike England, the jury still has a very influential *locus standi* in most medical (and other) malpractice trials; it may, therefore, be rash to draw unfavourable conclusions yet[364]), although there seems to be enough American criticism as to the present problems of the whole concept (especially from a constitutional point of view), and as to the defects of the boards themselves and their working[365]).

b) In the Federal Republic of Germany, under an agreement made in April 1975, doctors in conjunction with insurance companies have also set up arbitration boards (or screening panels as one would have to describe them if one used American nomenclature rather than the German one) on an experimental basis. The purpose of these *boards of arbiters (Schlichtungs- und Gutachterstellen)* is to try to end the dispute and perhaps to compensate the damage without recourse to the ordinary courts which, however, are always open for both parties at any time of the deliberations, as the arbitration boards are in no way obligatory nor binding in their decisions. Cases of alleged medical negligence are referred to these boards with the agreement of all parties. The board normally consists of two representatives of the state branch of the Federal Medical Association[366]), one of whom must be a specialist in the field under discussion and a representative of the doctor and another of the patient; these can be lawyers. The board gives a majority opinion on civil liability and a recommendation for settlement. If agreement can be reached, the insurance company accepts liability on the basis of the board's recommendations; otherwise, the matter goes to court. The costs of the boards' proceedings are met by the German Medical Association branch of the Federal State within the Federal Republic of Germany where the case occurs[367]). Nobody has, however, as has been said above, any obligation to take part in such proceedings and to surrender to a board of arbiters, and even if one has taken part in such proceedings with the result of a decision being made in the case, there still remains access to the ordinary courts[368]). But the idea behind the whole scheme in spite of some criticism of the composition of these boards[369]) is well worth being encouraged and the provisions are worth being improved for the benefit of all concerned, provided that access to the courts of justice always is and remains available. First experiences with the working of the boards of arbiters in North Germany are perhaps worth mentioning here[370]). Five boards of arbiters were set up in the North German states[371]). A balance of the work of these boards shows that between 1st November 1976 and 31st December 1977 (i. e. within 14 months) a total of altogether 1235 cases were laid before the boards for decision (100%). The acceptance of altogether 572 cases was refused by the boards because the cases were outside their jurisdiction (46,4%); in 277 cases no decision could be reached because the cases were withdrawn from the jurisdiction of the boards (22,4%); 278 cases were still pending (22,5%); in 31 cases the decision found in favour of the patient, and, thus, stated that a treatment *contra legem artis* had been carried out which entitled the patient to compensation (2,5%), and in 77 cases the claim to compensation by the patient on the ground of alleged medical malpractice had been dismissed (6,2%). The system is constantly under review[372]) with the aim of improving it[373]).

c) In New Zealand and Sweden, the 1970s saw a considerably far-reaching change in the whole system of civil liability and compensation for personal injuries including medical accidents. In New Zealand, the old tort action was completely done away with in favour of a no-fault compensation scheme[378]), and in Sweden such a no-fault compensation scheme was introduced alongside the old negligence action for medical injury[379]). In the United States, an increasing number of jurisdictions is creating Patient Compensation Funds in response to the increased cost and reduced availability of medical malpractice insurance associated with the so-called medical malpractice crisis there[379a–b]).

aa) In *New Zealand,* the *Accident Compensation Act* of 1972 provided that no claim for damages may be brought in that country independently of the Act, either at Common Law or under another statute, for personal injury or death resulting from an accident[379c]) suffered in New Zealand. Where a person suffers personal injury by accident outside New Zealand and has cover under the Act, an action cannot be brought in New Zealand courts: they have to be laid before the *Accident Compensation Commission* for decision[379d]). The injured person may bring an action for damages in an overseas court, but in such circumstances the Commission has discretionary powers relating to the pursuit of a claim and the adjustment of payments made under the Accident Compensation Act. The tort action was, thus, abolished in New Zealand[380]). There are different schemes which cover those injured by medical accident: the earners scheme and a supplementary scheme which covers anyone injured who is not covered by the earners scheme, e. g. non-earners (and their dependants), such as pensioners, housewives, and visitors to New Zealand. The earners scheme covers all employed or self-employed persons who suffer personal injury by medical accident, and certain specified categories of persons in respect of accidents abroad[381]). Whereas the supplementary scheme for non-earners is financed from national revenue[382]), the earners scheme is financed by levies on employers as a percentage of wages and on the earned income of the self-employed. The scheme operates within a wages ceiling, which at the beginning of 1977 was 15 600 dollars (NZ) a year. The rates of levies are determined by the industrial activity of the employer, rather than the occupation of the employee, except for office workers or commercial travellers. The rates vary from 0,25% for clerical workers to 5% for such activities as mining and building demolition. The self-employed pay a flat-rate levy of 1% of business income within the same annual ceiling of 15 600 dollars (NZ). A penalty rate or rebate respectively may be fixed for any employer or self-employed person whose accident record is significantly worse or better than others engaged in the same industrial activity[383]). The compensation scheme covers personal injuries[384]), loss of earnings under certain restrictions[385]), non-pecuniary loss[386]), and certain other expenses like the reasonable costs of medical treatment and prescribed drugs, transport costs in obtaining medical treatment etc.[387]). The Act is administered by the already mentioned *Accident Compensation Commission,* consisting of three members one of whom must be a lawyer with at least seven years experience in practice. The Commissioners are appointed for three years and are eligible for reappointment; they are largely independent of government control, but they must give effect to the government's compensation policy[388]). The Accident Compensation Commission is organised into seven divisions dealing with compensation, finance, medical questions and rehabilitation, safety, research and planning, law, and administration[389]). Claims for compensation for medical injury are to be made without delay and in any event within 12 months of the relevant accident. Any person dissatisfied with a decision of the Commission may apply within a month to the Commission for a review[390]), and an appeal from these decisions lies to the *Accident Compensation Authority,* which consists of a single judge, who may, however, appoint an assessor with expert knowledge to assist him[391]). Appeal lies from the Authority to the Supreme Court, and thence, on a question of law or general interest or public importance, to the Court of Appeal of New Zealand. The experience of the working of this scheme is not altogether satisfactory, and, as always where bureaucracy is pontificating, time-and money-consuming; but admitted shortcomings, it was argued before the *Pearson Commission,* could be overcome by improvements[392]). The medical profession of New Zealand in spite of some criticism is said to be optimistic that the problems resulting from the new scheme could be solved[393]).

bb) In *Sweden,* generally speaking negligence on the part of physicians is subject to the normal tort rules which continue to be applicable. As elsewhere, such negligence has been difficult to prove, and the Swedish Parliamant is said to have been opposed to the imposition of strict liability in this field. But the position of an injured person has been substantially improved by the introduction in January 1975 of the so-called *Patient Insurance Scheme* which the Association of Swedish County Councils negotiated with the main insurance companies to provide compensation on a no-fault basis to patients injured by

194   Civil liability of doctors and hospitals

medical accidents[394]). This insurance provides compensation for patients in case of unforeseen injury resulting from medical treatment. Payment of this compensation is not dependent on proving negligence or carelessness on the part of the physician or other medical or any other personnel. The patient has only to prove that injury has resulted from health care, which includes ordinary medical treatment and also such services as blood donations, therapy and the provision of ambulance transport. Injury which was a natural or foreseeable result of acts which were medically justified is not covered; nor is injury resulting from risks justified to avoid a threat to life or the possibility of permanent disability. Injury resulting from a faulty diagnosis is covered only if the symptoms of illness actually observed were misinterpreted. Other injuries not covered are those resulting from the side effects of drugs, and from infection unless the result of failure to sterilise equipment[395]). Disputed claims and those involving questions of principle come before a panel consisting of a chairman and one member appointed by the government, two members appointed by the county councils and two insurance companies. The panel obtains medical specialist help as necessary[396]). Generally, as a result of the injury, the patient must have been admitted to hospital, or be on sick leave with a least 50% incapacity to work for more than 14 days, or left with a permanent significant disability[397]). Liability is limited to 20 million kronor for each incident involving injury and two million kronor for each individual, with a further limitation of 60 million kronor for such injuries in the whole country on one year[398]). By the end of November 1976, 2800 claims had been made of which 1055 had been refused; of the compensation paid during the first years, 35% was in respect of pain and suffering, 20% in respect of disfigurement and permanent disability and only 12% in respect of loss of income. The major grounds for refusal were that the injury occured before the start of the scheme (150), the injury was a probable consequence of the treatment (130), and the alleged injury had no connection with the treatment (170)[399]). The estimated costs of claims reported in the period from 1st January 1975 to 30th November 1976 was just under 22 million kronor. Only 50 cases have been referred to the panel mentioned above in the first 23 month of the scheme. The advice of the panel has been accepted in every case; there has been no need to use the arbitration machinery under the Swedish Arbitration Act[400]).

cc) In the *United States,* fifteen states have by now created Patient Compensation Funds in response to the increased cost and reduced availability of medical malpractice insurance associated with the so-called *medical malpractice crisis.* In these states[400a]), Patient Compensation Fund statutes limit health care provider's civil liability to a specific amount, and establish state-administered funds to compensate victorious malpractice plaintiffs for damage awards in excess of that amount. The prevailing view, an America, seems to be that the Patient Compensation Fund mechanism is an effective means of increasing the availability and of reducing the cost of medical malpractice insurance and, therefore, should be adopted by other American states experiencing medical malpractice crises[400b]). An analysis of the *Patient Compensation Funds* in now fifteen states in the *United States of America*[400c]) seems to be encouraging. The purpose of the compensation fund statutes as enacted in these states is to increase the availability and to reduce the cost of malpractice insurance by fostering a more attractive medical malpractice insurance market and, thus, to compensate medical malpractice victims reliably and efficiently. In addition, they are intended to provide a guaranteed source of excess insurance and to distribute equitably the costs of compensation and insurance in that they shift costs away from insurers and high-risk providers and spread them among the entire provider class. Although it may be still too early to finally assess the success of such schemes, the Patient Compensation Fund jurisdictions' experience should certainly be monitored closely[400d]).

V. Civil Liability of Physicians in Connection with Hospital Treatment[401])

1. Private or Public Ownership of Hospitals[402])

The general liability situations with regard to Hospital Treatment is far from uniform. A seperate treatment of the different systems, therefore, suggests itself as appropriate.

a) In *Germany*, the hospital system is not highly centralised. Hospitals are partly owned by local governments and partly by private bodies like the Churches or other Charity organisations like the Red Cross etc. This is a situation quite different from the one that can be found, e. g., in the *United Kingdom,* one of the European countries with a highly centralised system, where over 97% of all hospital beds are owned by the central goverment, mostly under the National Health Service scheme[403]). *France,* on the other hand, has a partially centralised system in that 90% of the hospital beds are publicly owned, but about 80% of these beds are not owned by the central government but by independent local boards; the country has a long tradition of locally governed hospitals of many types, but these hospitals are increasingly subjected to the control of the central government with regard to their construction and operation. The French system can, thus, be called a mixture of local sovereignty and centralised control *sui generis*[404]). In the *United States,* the majority of hospital beds is located in government facilities (most of them are state and local, only a minority is federal). But because government-owned institutions are devoted mainly to mental and other long-term disorders, the voluntary non-profit hospital for general diseases dominates the American hospital scene. 27 683 987 out of altogether 28 266 239 patients were admitted to general hospitals of that kind in 1964[405]).

b) In most countries the question of the ownership of a hospital does, however, not have any effect on the general application of private law. Thus, in Germany, e. g., the general rules of private law apply to all hospitals and hospital liability cases irrespective of how they are owned; the same broad principle is true in Anglo-American law, whereas French law and to some extent also Swiss law adopted a rather different solution which in the French case almost invariably, and in some Swiss cantons sometimes, leads to the application of public law rather than private law[406]).

2. Claims Against Physicians in Hospitals and Against Private Practitioners

The majority of complaints against doctors seems to be directed against physicians in hospitals[407]). But this fact does not necessarily lead to the conclusion that there is more wrongful treatment in hospitals than in private practice; doctors and lawyers apparently seem to agree that the majority of cases of malpractice, and the perhaps more serious ones, can be found in the field of private practice[408]) – at least as treatment with already established and well-approved methods are concerned; it may be different if it comes to treatment with regard to new methods of treatment and experimentation, since both therapeutic treatment with new methods and experimentation are more likely to be carried out in hospitals rather than in the ordinary private practice. Still, most of these private practice malpractice cases either remain undiscovered, or the physicians of the hospital, who have to treat the patient afterwards, out of a rather problematic feeling of professional solidarity with his colleague, do not inform the patient about what actually happened to him previously[409]).

3. Defendant of Claims

The real problem which the patient has to face regarding civil liability in connection with hospital treatment is the question of who is the right defendant or, in other words, whom to sue. This is especially true in *Germany* and the *United States*, to a somewhat lesser degree also in the *United Kingdom*, whereas in *France* this question has lost its importance since it has been settled that liability in public hospitals is determined nearly entirely in accordance with administrative law, with the result that an action can be brought against the hospital only[410]).

a) Generally speaking, the situation again is rather complex indeed; thus, in *Germany* for instance, if a hospital accepts a patient, hospital and patient enter into one comprehensive *contract* covering all the medical and nursing services necessary. Within this contractual relationship, each party is ,,responsible for the fault of persons whom he employs in performing his obligation to the same extent as for his own fault" (cf. § 278 BGB). A hospital, therefore, is *vicariously liable* for the acts of all its staff: doctors, nurses and all the other persons employed to render services normally owed by the hospital to its patients[411]). This vicarious liability cannot be contracted out. If, e. g., a nurse was negligent in connection with a blood transfusion, then not only the nurse personally is tortiously liable (§ 823 I BGB), but also the hospital for which she acted, is liable in contract (§§ 611, 278 BGB)[412]). So far the principle is very clear, and only if the patient is insured on a private basis and wishes to be treated as a private patient (*Privatpatient*) by a particular hospital physician or if he expressly enters into a contract with a specific physician (e. g., the director of the hospital or the head of the department [*Chefarzt, Belegarzt*]), is a contractual relationship created between physician and patient. And it is here where, in practice, difficulties arise with regard to legal responsibility of hospital or principal physician for the assistant and auxiliary services they use in treating the patient. Is, in an operation case, the assistant doctor, the medical assistant or the nurse in the service of the principal physician the patient has contracted with or in the service of the hospital? In other words, who is the defendant liable for? According to German law, it is decisive, by whom the acting person is to be supervised and controlled. Here, the tendency prevails to exonerate the physician from responsibility for the staff employed by the hospital. But it is also possible that an error made by an assisting person could fall within the compass of the physician's contractual liability with the result that the physician would be vicariously liable (§§ 611, 278 BGB) rather than the hospital. And to complicate the picture, there are also cases in which the courts held that the assisting person had acted on behalf of both hospital and principal physician (surgeon), and that, therefore, both hospital *and* physician were jointly liable[413]). In connection with hospital treatment, liability in *tort* is of particular importance in Germany, all the more so as most patients are not only interested in compensation based on contractual liability (§§ 611, 278 BGB), but also prefer to receive damages in tort as this is the only possible means of getting compensation for personal pain and suffering and other non-pecuniary loss (*Schmerzensgeld*, §§ 253, 847 BGB) included, too[414]). In order to establish *vicarious liability in tort*, the patient may rest his claim either on §§ 89, 31 BGB or on § 831 BGB. The former paragraphs apply in case the board, a member of the board, or any other duly appointed representative of the hospital is being sued (§ 31 BGB): case law is now less reluctant to extend the number of persons who fall under this category of fully responsible representatives; the Federal Supreme Court in several cases held that the responsible sole director of all the medical services (even) in a (dependant) hospital may come within the scope of that category, whereas the head of a single medical department within a hospital does not[415]). In all the many other cases of civil liability in tort the relevant provision for vicarious liability of the hospital for its employees[416]) is the latter mentioned paragraph (§ 831 BGB), the most important part of which reads: ,,A person who employs another to do any work is bound to compensate for any damage which the other unlawfully causes to a third party in the performance of his work. The duty to compensate does not arise if the employer has exercised necessary care in the selection of the employee." (§ 831 I BGB). According to this provision, the plaintiff/patient has to establish that he was illegally damaged by one of the hospital's employees (§ 831 I 1 BGB), but it is not required that he should single out and name a particular person who caused the damage as long as he can explain his story in such a way that the causation of the damage by an employee of the hospital seems to be obvious[417]). The plaintiff has no duty to prove that the damage was caused through a fault of the employee[418]), as the reason for the vicarious liability of the employer is the latter's fault in employing the wrongdoer (*culpa in eligendo*), and this fault is rebuttably presumed in favour of the plaintiff until the defendant (i. e. the hospital) has exonerated himself that no *culpa in eligendo* does exist. The employing hospital has to prove that it has exercised due care in selecting, instructing and supervising the employees[419]). It is not sufficient, however, to prove that the hospital has carefully selected and supervised its leading employees; for the exoneration to be accepted by the courts it is also obligatory to establish that the leading employees have in turn carefully selected and supervised the personnel for which they in turn are responsible[420]). If the absence of any *culpa in eligendo* can be established, no vicarious liability will follow on the side of the hospital (§ 831 I 2 BGB), but within its own scope and under its own legal conditions (§ 278 BGB), vicarious liability in *contract* may well be the way by which the plaintiff can still succeed. If, however, the employee is (additionally) being sued personally, he may – because of certain principles of German labour law[421]) – make a claim against the employing hospital to exempt him from liability, so that in the end, at least to some extent, it is the hospital which eventually is liable.

b) As in German law, the legal situation in the *United States* is complex, too[422]). In spite of the mulitplicity of jurisdictions with often differing and conflicting decisions, certain basic liability principles in connection with hospital treatment can be extracted from the legal material there. Although many of the malpractice claims could be based on a breach of contract, these claims are usually pursued in tort rather than in contract[423]). In view of the development of highly organised health care and the important part hospitals play in supplying and regulating medical care, American courts expanded more and more the liability of hospitals for negligent acts of their staff, either on the ground of the doctrine of *respondeat superior,* under the legal theory that the hospital itself was negligent in supplying incompetent and negligent staff (including, as it may be the case, the acting physician) or because it failed to supervise, control, or otherwise regulate the treatment of a patient by the staff immediately charged with his care[424]). Hospitals will also be held liable in all cases if they know or should know that a physician is professionally incompetent[425]). If the hospital had reason to know that an act of malpractice would take place, it is liable if this act was performed; this means that a plaintiff/patient may be able to recover damages from the hospital if he can show negligent selection of the staff; it also means that a hospital has the obligation to restrict or revoke staff privileges of physicians who partly or entirely become incompetent[426]). And this is equally true if with reference to treatment of private patients[427]). In cases where the hospital as well as the physician could be (jointly) liable for the negligence of an employee of the hosptial, the plaintiff usually sues both the physician and the hospital[428]). There are many advantages in suing the hospital as well as (or instead of) the physician. Thus, in some jurisdictions the standards of care vary according to the type of the defendant. The plaintiff may have less problems to prove, e. g., failure to meet the necessary requirements of the case if he sues the hospital. Furthermore, a more favourable period of limitation may apply in case the complaint is directed against the hospital. The jury may be willing to grant a higher award against an institution than against a private individual. In many cases the individual will not have enough resources to satisfy a judgement against him[429]).

c) In the *United Kingdom*[430]), as in the United States, it was originally held that a hospital was not liable for negligence involving the exercise of professional skills[431]). But since 1938 this opinion has been gradually abandoned throughout the Commonwealth[432]). The hospital authorities, e. g. regional hospital boards and hospital management committees which administer the health facilities established under the National Health Service Act, 1946, are now held liable for negligence of permanent medical staff such as house surgeons, house pharmacists, nurses[433]), anaesthetists[434]) or whole-time assistant medical officers[435]). It should, however, be noted that where a hospital is liable for the negligence of the physician such liability is *additional* to that of the physician himself which is not extinguished but remains as a *concurrent liability,* even if the patient will normally proceed against the hospital as the one from which recovery may better be had; but the patient may also bring an action against both at the same time. On the other hand, surgeons in charge of any operation are not liable for the negligence of hospital staff if their carelessness was not reasonably foreseeable to the surgeon. The hospital then is solely responsible so far[436]). A complication may arise if the plaintiff/patient does not know whose act or omission injured him in the course of his treatment in hospital. In such cases, the patient is not required to lay his fingers on the exact person in all the chain who was responsible, or to specify what he did wrong; negligence is found as a matter of inference from the existence of the damage taken in conjunction with all the known circumstances of the individual case[437]). It may, e. g., have been the negligence of an ambulance man, a nurse, an anaesthetist or a surgeon. In 1951 a plaintiff succeeded in an action in negligence against the British Ministry of Health after post-operational treatment by hospital staff left his hand useless; it was held that there had been no rebuttal of the evidence showing a *prima facie* case of negligence on the part of the persons caring for the plaintiff. As the physicians involved were employed under contracts of service to the hospital authorities the defendants were liable to the plaintiff whether the negligence was that of the doctor or of a member or members of the nursing staff[438]). It is now required by statute that in cases arising in the British *National Health Service* the health authority be sued in the first instance. In other cases the courts were also prepared to impose vicarious liability on a hospital authority for the acts of an inexperienced anaesthetist[439]) or a part-time anaesthetist[440]). In this context the questions of vicarious liability for the acts of visiting or consulting surgeons or other physicians has also been discussed in English law[441]). Vicarious liability[442]) of hospital authorities has been questioned on the ground that in these cases there is usually no employment under a contract of service so that the doctrine of *respondeat superior* could come into operation[443]). However, in view of the already mentioned provisions of the National Health Service Act of 1946 it is not now necessary to go into the lengths of holding such persons to be servants of the hospital authority[444]). The injured patient must not necessarily found his complaint upon vicarious liability in order to obtain redress. Under the National Health scheme, a hospital itself has the duty to provide for proper hygienic measures[445]) and for the necessary treatment. This duty, which cannot be delegated, is usually not fulfilled if hospital authorities merely make arrangements for treatment by and at the sole risk of independent specialist contractors[446]). Also the Common Law puts the hospital under a duty to exercise reasonable care to ensure that its patients are treated by competent physicians, surgeons and nurses, and that these individuals have access to proper medical equipment[447]). The hospital is, thus, primarily liable for breach of its own duty to the patient if a visiting surgeon or consultant is negligent[448]). An exception is only made if the surgeon or consultant was selected and employed by the patient himself[449]) or in the case of physicians und surgeons who carry on their (independent) practice in that hospital[450]). If a patient is transferred under the National Health scheme from one hospital to another, and if difficulties of communication arise between the hospitals, the responsibility for ensuring that a proper system of communication and co-operation exists in such cases rests on whoever is in charge of the transferring hospital[451]).

d) In *French* law, a private contract is concluded between physician and patient in the field of *private* practice[452]). The injured patient can then sue the physician in question and the rules of general private law alone apply. On the other hand, however, administrative tribunals have the competence to decide on cases dealing with liability of physicians employed in *public* hospitals[453]). This latter principle has long been contested in French law; the *Cour de Cassation* held that it was competent also with regard to physicians working in public hospitals as long as purely professional activities of a physician were concerned; the *Conseil d'Etat,* the supreme court in administrative matters, underlined its jurisdiction in cases involving physicians employed in public hospitals; the unhappy difference of opinion between the two highest courts in the country was terminated by two decisions of the *Tribunal des Conflits* of 25th March 1957. In these decisions the *tribunal* held that cases of liability involving physicians employed in public hospitals fall nearly entirely under the jurisdiction of administrative tribunals rather than on the ordinary courts[454]). Physicians working in public hospitals, then, even if they work only part-time, are considered to be *agents publics*. This means that between physician and patient no special legal relation exists. No private contract is thus concluded either between the patient and the physician or the patient and the hospital[455]). The rule is that physicians are not personally liable for faults committed by them in the execution of their services in public hospitals. Besides several rare exceptions, only the hospital can be sued, which helps to a large extent to depersonalise the malpractice dispute to the advantages of both physician and patient. The public administration of the hospital is placed between patients and the medical staff to assure full compensation in cases of damages caused by the hospital's staff[456]). With the exception of rare instances there is, like in French private law, no liability without fault in French administrative law[457]). The degree of responsibility varies with the type of fault. Somewhat simplified, one can say that since 1935 the *Conseil d'Etat* distinguishes between *actes de soin, actes d'organisation du service* and *actes médicaux*. In the first two cases a *faute simple* is sufficient to impose liability, in case of an *acte médical* a *faute lourde* must be given. This means that a higher degree of negligence is necessary to assume liability if *actes médicaux* are concerned. According to a definition of the *Conseil d'Etat* actes *médicaux* are acts that can only be performed by a physician or surgeon personally or by a member of the medical staff under the direct supervision and responsibility of a physician and under conditions which would permit immediate control and intervention, if necessity should so require[458]). Although administrative law covers nearly all areas of medical responsibility in public hospitals, some *ilôts de droit privé*, as the remaining areas of private law have been called by *Savatier,* do still exist, with the consequence that the plaintiff/patient has to institute legal proceedings at a regular (or ordinary) court. This is, e. g., the case if physicians employed in a public hospital are caring for a private patient or in connection with the service in so-called *cliniques ouvertes*[459]). Furthermore the plaintiff can sue the physician personally under private law rules if the physician committed a *faute personnelle;* such a fault is, however, very seldom; it is assumed, for example, if a serious violation of medical ethics like *human experimentation without any therapeutic interest* occurred. But it has to be noted that even in such cases the way to the administrative tribunals is equally open if this fault of an *agent public* is not ,,dépourvue de tout lien avec le service"[460]). If the hospital administration is held liable for damage, then it has the possibility of recovering from the physician[461]).

Part 2

CIVIL LIABILITY OF PHYSICIANS WITH SPECIAL REGARD TO NEW METHODS OF TREATMENT AND EXPERIMENTATION

The basic conflict in respect of new methods of treatment and experiments may be described as the conflict between the patient's interest in his own recovery and the public interest of development of medical science for the benefit of all mankind. On this special aspect of civil[462] liability of physicians with regard to new methods of treatment and experiments there is an increasing amount of statutory law[463] and of case law[464] available.

A. Definitions

I. With regard to medical treatment, three different cases are to be distinguished:

1. First: *Therapeutic Treatment,* i. e. treating the sick person with normal and approved (conventional) methods and means for therapeutical purposes. To this the general principles discussed in Part 1, *supra,* apply[465].

2. Secondly: *Research Treatment,* i. e. treating a sick person with new methods and means for at least primarily (if not purely) therapeutical purposes; some authors call this the field of therapeutic experiments.

3. Thirdly: *Research Experimentation,* i. e. treating persons (patients or test persons) with new methods, means and medicines for purely scientific purposes; some authors call this the field of research experiments.

II. The difference between the normal or conventional methods of treatment taught in medical schools, or therapeutic treatment, on the one side, and both research treatment and research experimentation, on the other, lies in the novelty and nature of the applied methods or medicines[466]. Futhermore, it is in relation to its purpose that research treatment differs from research experimentation. In what follows, only the physician's civil liability with regard to research treatment and research experimentation will be further discussed[467].

B. Application of General Principles of Liability

I. Introductory Note

The conditions for the admissibility of research treatment and research experimentation, and, therefore, the physician's civil liability in respect of them, depend very much on the medical purposes for which both the therapeutic methods as well as research experiments are applied. The *Declaration of Helsinki*, a code of medical ethics approved in 1964 by the *World Medical Association* with regard to human experimentation[468]), stresses the point that all research treatment and experimentation must conform to the paramount moral and scientific principles justifying medical research, and that this always must be for the benefit of mankind, with the intentions so admirably expressed in what is known as the *Hippocratic Oath*[469]). The *Declaration of Helsinki* provides, with regard to therapeutic measures, that the application of new methods must be justified by their therapeutic value for the patient, and that as a general rule the physician should, if possible, obtain the patient's freely given consent after the patient has been given ample information about what is involved. This is all the more the case with regard to non-therapeutic research experimentation: here the free consent of the patient or test person who has been fully informed is absolutely vital to the justification of such measures and procedures. The *Code of Nuremberg* (1947) stresses what absolutely essential and indispensable voluntary *consent* to experimentation means: It means that the person involved should have legal capacity to give consent; should be so situated as to be able to exercise free power of choice, without the intervention of any element of force, fraud, deceit, duress, over-reaching, or other ulterior form of constraint or coercion; and should have sufficient knowledge and comprehension of the elements of the subject matter involved as to enable him to make a responsible and enlightened decision. This latter element requires in turn that before the acceptance of an affirmative decision by the test person there should be made known to him the nature, duration, and purpose of the experiment; the methods and means by which it is to be conducted; all inconveniences and hazards reasonably to be expected; and the effects upon his health or person which may possibly come from his participation in the experiment. And the duty and responsibility for ascertaining the quality of such consent always rests upon each individual who initiates, directs, or engages in the experiment[469a]). Generally speaking, in the course of treating a *sick* person the primary purpose must *always* be to attempt to re-establish his health. Research treatment, therefore, is highly questionable in legal terms (*if it is permitted at all*) to the extent that this purpose is either neglected or, by the very nature of the research experiment, omitted[470]).

Mention should, therefore, be made of an important and indispensable principle, expressed in the *Declaration of Tokyo* (otherwise called the revised Declaration of Helsinki) 1975, and relevant to all research work involving human beings: ,,Every . . . research project should be preceded by careful assessment of predictable risks in comparison to foreseeable benefits to the subject or to others. *Concern for the interests of the subject must always prevail over the interests of science and society*"[471]).

II. Liability with regard to Research Treatment

,,The fact that a physician adopts a new procedure in a particular case instead of following the usual or normal practice does not in itself constitute negligence. Otherwise medical progress would be impeded. However, where an experimental procedure is adopted, and especially where it is the physician's procedure, a high degree of care is required, as well as disclosure to the patient that the treatment is new and risky"[471a]). Negligence occurs where this particularly high degree of care is not observed or the doctor fails to disclose to the patient that the treatment is new and risky. Thus in considering the liability of physicians with regard to research treatment (i. e. therapeutic experiments), a line must again be drawn between civil liability on the ground of doing or omitting something *contra legem artis* (malpractice) and on the ground of providing treatment without the patient's *informed consent*.

1. Malpractice

Malpractice may occur for two reasons: first, because a new method of treatment has been applied *contra legem artis* (because, e. g., it has not previously been sufficiently tried out in laboratory and animal experiments), and, secondly, because the physician *failed* to apply an indicated new method of treatment.

a) With regard to the application of a new method of treatment, such a method of treatment must be medically indicated and morally as well as legally justified.

aa) Therefore, treating a patient by new methods must be regarded as malpractice, where approved methods may be expected to produce the same degree of success with less risk[472]). On this principle, the liability of the physician would depend on which method was to be regarded as *new* and which method already was an *approved* element of conventional medical science and practice. The position of scientific knowledge is, however, characterised by the fact that it is *controversial*[473]). All that the court can do, then, is to allow its decision to be governed by practical experiences instead of by theoretical probability[474]). Reference to the experience of the physician means that the scientific concept can be freed from its unscientific dogmatism and restored to its full significance: The basis of every type of science is respect for the empirical, in other words, for the methodically interpreted observation and the practical experience. More than ever the overrating of methods and the underrating of actual experience in the field of human medicine means that the human organism is not properly considered in its mental, psychic and physical or psycho-somatical entirety, which many physicians think is decisive when it comes to making an appropriate assessment of the illness and the cure. The question of at what point a special method becomes an approved therapeutic method can, therefore, only be answered with the help of medical experience and medical experts. A physician's civil liability would, therefore, it seems, often depend on the expert opinion and evidence of his expert colleagues, although a court always has the discretion ultimately to accept or reject evidence[475]). I will return later to the problem of the use of medical experts in civil liability actions against physicians[476]).

bb) But it must again be pointed out that research treatment can only be considered to be skilful (and, therefore, legally admissible) treatment, if the new method is *medically indicated*, i. e. if, on balance, the prospect of re-establishing the patient's health by approved methods cannot reasonably be expected to be as probable as it would be by the new method. This test also applies to cases of a psycho-therapeutic treatment by a psycho-therapist who is not at the same time also medically qualified, as lamentably often seems to be the case now in certain countries[477]). In other words, the recovery of the patient must seem to be more probable by applying the new method than by applying an established one[478]). The interest of the sick person in receiving therapeutic treatment conducive to his or her recovery is, however, *always* more important than the further development of science as such[479]).

cc) If, in the light of the principles already discussed, the application of new methods or the use of new equipment is in itself legally admissible, then the practitioner owes an *increased and extended duty of care* to each particular patient[480]). In other words: The degree of care required by the law is the care commensurate with the potential danger[481]). It goes without saying that he has very carefully to study the directions regarding method of use and dosage issued by the manufacturer or dispensing pharmacist[482]), but strict compliance with such instructions would not exonerate a physician from liability if there were reasonable grounds for doubt on his part as to whether the instructions provided were correct, sufficient or applicable in the individual case[483]).

(1) The error which occurs most frequently in the administering of medicines is the failure to observe specific *contra-indications*[484]), which are usually stated not only in the explanatory literature but also in the information material enclosed with the medicine. Particular care is necessary in the case of a new speciality still unfamiliar to the physician. If he is to avoid exposing himself to the danger of provoking side effects through the administering of such a medicine, in which case he could be charged with negligence, then he must first acquaint himself thoroughly with the contra-indications as stated in the drug producer's literature and in the material enclosed with the medicine[485]). He is, therefore, as part of his professional duty to keep abreast of new developments, under a particular obligation to inform himself on new medicines and their effects[486]).

(2) Before applying an unfamiliar and untried medicine the practitioner must explain to the patient that as regards the risk the territory is not yet fully explored[487]), and particular care is called for if a medicine is not yet available in pharmacies, the practitioner having perhaps learned about it in a technical journal. In this case the specified composition and also the applicability must be checked accurately before prescription, if necessary with the aid of a textbook[488]) or assistance from a staff member trained in the use of the new method[489]).

b) Secondly, malpractice may occur if a physician fails to apply an already well-tried new method, the use of which would have promised greater success than the employment of an older method. In such a case, the doctor's liability depends on whether he should have known of the new drug or method. In other words, the question is to what extent it is negligence not to continue to keep up to date with developments in medical practice. There is an increasing tendency to stress the practitioner's (or any physician's) obligation to keep abreast of the times and the progressive developments of medical science[490]). It is established law in many countries that the physician has constantly to broaden his experience at the sick-bed and that no-one, whether through indolence, arrogance or obstinacy, has the right to ignore new discoveries and developments in medicine[491]). It can, therefore, constitute an offence against the duty of care to be expected of every professional man in accordance with his knowledge and opportunities if a physician fails to apply a new medicine for the mere reason that his own methods have always resulted in the same successful outcome, albeit substantially more painfully, or for the reason that he does not wish to choose a course which is substantially quicker and free of complications without being necessary on medical grounds. Thus, the physician in the hospital who realises that the methods so far applied are not effective in curing the patient or at least relieving his pain has the obligation, although he must be careful not to cause suffering to be needlessly prolonged when there is no hope, to make use of the drugs available even if they are untested as long as a credible scientifically-based claim offers hope of some new sort of success and the physician himself, after careful consideration, comes to share this hope[492]). This tendency towards raising the standards of the profession and bringing about more exacting educational standards by means of special study and training courses does not apply only to the medical profession; the same tendency can also be found in other major professions, such as lawyers in general and judges in particular[493]). What keeping abreast with the progress of science in a particular case implies has already been illustrated by reference to the English case of *Roe v. Minister of Health*[494]). There the learned judges held that the physician's duty of care depends on the state of medical knowledge at the time. In that case, the doctor was not found liable in negligence, because at the time of his treatment (i. e. 1947) the danger which caused damage to the patient was not known to the profession; but it was strongly emphasised by *Lord Denning* that at the time of the judgement (i. e. 1954), due to the development of medical science in the meantime, a physician would have been held to be negligent, if he disregarded dangers by then known to the medical profession[495]). Physicians, therefore, must keep themselves informed of the developments in their own field of specialisation and practice, and the degree of knowledge and skill a doctor owes to his or her patients *increases, the further he departs from well-established practice* by applying new methods of treatment[496]) or *the more an established method comes under criticism* by weighty voices in the medical literature[497]).

2. Treatment without Patient's Informed Consent

With regard to research treatment (as distinct from research experimentation), liability may also arise on the ground that treatment was given without the patient's informed consent. We have already indicated that an increasing shift of emphasis from the reproach of malpractice to the reproach of omitted (or deficient) information is more and more becoming evident, and makes this side of the coin even more important than ever. An exculpatory contract signed by a patient as a condition of receiving medical treatment is utterly invalid as contrary to public policy[498]); *a fortiori* it should go without saying that a physician or hospital cannot make admission dependent upon the patient's willingness to engage in research treatment or research experimentation[499]).

a) The *extent* of the information it is necessary to give a patient as the basis for his *informed* consent increases according to the degree of novelty of the methods intended to be applied. The patient, as a rule, is entitled to complete disclosure of the risk and a higher standard of care is expected of the physician[500]. The doctor must explain to the patient why he intends to treat the patient's condition with *new* methods or medicines and what the possible consequences would be if the research treatment were not applied[501]. If the possible consequences are not fully known yet, the physician also has the duty to explain this to his patient[502]. Accordingly, when a physician uses a method of treatment or operation the properties of which are not fully known or understood yet, he has a duty to use very great care, and failure in this regard amounts to negligence[503]. Thus, in a recent Canadian case, the plaintiff/patient agreed to be sterilised by a new and experimental procedure, the risks of which the defendant physician did not describe; these included: unreliability and damage to the uterus. When the plaintiff became clinically pregnant, the defendant treated this condition by carrying out the procedure again and performing a biopsy of the uterine lining. This treatment amounted to an abortion without consent. The plaintiff became pregnant again and, concerned over possible damage to the foetus because of changes in the uterus she underwent a hysterectomy. The Alberta District Court (affirmed later by the Alberta Court of Appeal) held that the defendant was negligent in failing to inform the plaintiff of the uncertainties of this procedure. When an experimental procedure is employed the Common Law requires a high degree of care and also disclosure to the patient of the fact that the treatment is new and risky[504]. On the other hand, a physician who in spite of a weighty body of criticism of an established method of treatment or operation in the medical literature wishes to continue with this treatment or operation method, is also obliged to explain to the patient what the criticisms are and why nevertheless he thinks that the criticised method will be helpful in the individual case[505].

aa) Too many explanations, on the other hand, may entail the risk of alarming the patient and arousing fears which may jeopardise the effectiveness of the intended treatment. The physician's essential duty is always to relieve the patient's suffering. In many cases, over-precise information runs counter to this objective even, or perhaps especially, among well-educated patients[506]. The climate of confidence and trust between physician and patient should in such cases be a guide in deciding how much information a patient needs in order to give his informed consent[507]. Serious problems arise if the doctor, on a careful judgement of the particular case, concludes that too extensive or too detailed information would be liable to worsen the patient's state of health[508]. After balancing the conflicting interests, the curtailment of information for the benefit of the individual patient may well be considered justifiable in the course of research treatment, as well as in the course of normal or conventional treatment in accordance with established methods, subject to important limits to be discussed in this section under bb. Curtailment of information is a special item in cases of research treatment in the field of *psychiatry*. In this area, the success of a particular treatment very often depends in reality on the subjective imaginations and belief of the patient that the treatment will be successful. In such cases, therefore, it may well be legally acceptable not to inform the patient of all the implications of a new research treatment, provided that this can be considered to be in the patient's interests[509]) and provided that the limits discussed here (under bb, *infra*) are observed.

(1) The special problem regarding methods in the field of *psychiatry* is the fact that the therapeutic effect of psychiatric procedures is often to a greater extent than in other medical disciplines dependent on the personality of the individual, and dependant as much on the flow of influence from the psychiatrist as on the influences stemming from the subjectivity of the patient. One only need consider what a complicated object of investigation is the individual human personality with all its possibilities and limitations, its complex and opaque relationships both to the biological environment and to the social environment, to recognise the problems involved in investigating these personal or subjective influences on the therapeutic effect[510]).

(2) This means that in the testing of the effectiveness of a psychiatric therapeutic procedure either the psychiatrist is himself, as specific operating-variable, the object of the test or alternatively he must be controlled as firmly as possible, as being a probably very powerful unspecific quantity of influence. The same applies for those influences on the therapeutic effect which originate in the subjectivity of the patient, the effect appearing above all in the area of experience and behaviour – an area which cannot conceivably be independent of the subjective. It is obvious that in the testing of the effectiveness of psychiatric therapeutic procedures the *blind-technique* is of special significance. When, for example, a pharmacologically inactive preparation (e. g. a placebo) is used as the vehicle for a therapeutically active relationship between the person carrying out the treatment and the patient and when it can be established that this treatment has resulted in a favourable (placebo-) effect, then the procedure based on the doctor-patient relationship has been completely effective. The specific operating-variable is, then, not to be found in the inactive pharmacological preparation but rather in a specific form of medical conduct or psychotherapy in the broadest sense. In other words, it depends on an investigation on the right level, or else on a definition of that operating-variable in a therapeutic procedure which was at the time, considered to be specific. As a rule the placebo effect in a pharmacolog-

ical treatment is regarded as the expression of unspecific influence-variables. If, however, one takes the physician to be the specific therapeutic variable in the above-mentioned therapeutic procedure, then it is his effectiveness which is to be determined. But it is precisely here in the contribution made by the individual personality that one element characteristic of psychiatry is to be found[510]).

bb) It is, however, a very delicate question whether the criteria for deciding whether to restrict the information to be given to a patient should be left entirely to the physician treating the patient or whether, at least in grave and important matters, the criteria should not have to be verified and their application decided upon by a colleague who is not himself involved in the treatment and, therefore, has no professional interest in carrying it out[511]); American legal literature has also rightly pointed out that allowing the physician to determine the extent of disclosure and information in a fiduciary relationship such as between patient and physician[512]) would be tantamount to requiring an agent to disclose all „material" facts to his principal, but limiting disclosure to the agent's binding definition of „material"[513]), which all too often could mean the abdication of the patient as a human being with an inherent and undeniable right to self-determination[514]); it cannot be overstressed, therefore, that it is *in very rare cases only* that the defence of *therapeutic privilege* is admissible and acceptable[515]). The burden of proof that the patient's case was in fact such a rare one lies with the physician claiming his therapeutic privilege.

b) In the sphere of a normal (conventional) and well-established treatment, the patient may, in general, *waive his right to information*[516]). This applies also, within certain limits, to research treatment which at least primarily serves the purpose of curing and healing a particular patient. On the other hand, the courts are likely to be reluctant in most cases to accept without reservation a general waiver of information in regard to research treatment and may sometimes be of the opinion that a waiver covers treatment by generally approved methods only[517]), particularly if the waiver was not *expressis verbis* but *per implicationem* only[518]).

III. Liability with regard to Research Experimentation

Without research experimentation, no progress in the field of medical science and in the development of new medicine and pharmacological substances against diseases would be possible. The history of new discoveries in the field of pharmacologically active substances alone is impressive enough to be recollected here[519]). It is, therefore, necessary to find persons who are willing to submit themselves to research experiments, all the more so in cases in which animal experiments have proved to be inconclusive with regard to the consequences and results to be expected if such treatment were applied to the human species. The first decisive problem can be put thus: Of what value for prognosis are *animal experiments?* No-one disputes the fact that it is not possible to predict with any certainty from experiments with animals what will happen in the case of human beings. If, however, a scientifically-based statement is to be at all possible one must at least be able to indicate a defined probability. Only then is the prediction rational and only then can it be standardised and, if necessary, checked according to the appropriate guiding principles. If this is not possible we are then dealing with an irrational prediction. This is based on personal experience, intuition, and luck. It can neither be transferred to other cases nor standardised. According to the view of leading biostatisticians it is fundamentally impossible to make probability forecasts for human beings from animal experiments[520]), and this for three reasons. Neither the parameters being tested, nor the animal species, nor the substances examined can be valid as fortuitous random-samples in the sense which probability theory demands. But at the present time there is no likelihood whatsoever of a scientifically-based prediction. The situation is in this respect even less favourable than in a game of chance, for there the chances of success could be assessed. Quite apart from this fundamental problem the empirical basis for the evaluation of the efficiency of models from experiments with animals is still totally inadequate. In the relevant literature from every continent are to be found but few comprehensive comparisons of the parameters of operation in animals and human beings. It has become evident, moreover, that animal experiments can lead not only to a positive choice of substances but also to a negative, i. e., among the materials which are not harmful to an animal species one frequently turns out to be harmful to human beings. Whether an animal experiment will lead to a positive or to a negative selection of substances cannot at the present be predicted. Until now it has not proved possible to erect a rational system from the differences in effect produced by drugs when applied to various species of animals and to human beings. In important areas of drug safety (e. g., with mutagenic, carcinogenic and teratogenic side effects) the attempt to find suitable animal models which are relevant to human beings has so far been unsuccessful[521]). All known animal-experimental models are of value merely as a means of furthering research; they are of use as a stimulus to the forming of hypotheses but do not permit probability forecast to be made for the human being from the animal. When the transition is made from research with animals to *clinical tests* with human beings there exists, because of the fundamental (not statistical) unreliability of applying predictions made from research with animals to man, an incalculable risk of causing drug damage. *The sole ethical and legally incontestable procedure to minimise this risk is for the researcher to carry out the tests on his own person.* Greater emphasis should be placed on this stage of drug-testing, although it is today perhaps the rule that the researcher first tests the substances being examined on himself before dispersing them to other test-people[522]). Thus the medical profession has, with great devotion and much sacrifice, greatly contributed towards the development and improvement of medical knowledge and experience[523]). However, experimentation on the physician's or medical scientist's own person in many cases will not suffice. Patients as well as healthy volunteers may have to be asked if they will agree to accept a new form of treatment in the interests of research[524]). But then, i. e. in the field of research for purely scientific purposes, the situation with regard to the physician's civil liability is, *and ought to be,* much stricter than in cases where the therapeutic purpose is predominant[525]).

Surprisingly enough, despite the concentrated attention given to legal regulation of human experimentation, including clinical medical investigation, there have been very few claims and even fewer actual lawsuits against investigators for any type of injury to subjects[526]). There are only a very few appellate-court cases involving research on human beings[527]). In such cases, especially the question of the legal validity of the patient's consent is important[528]). Its validity may be doubtful, first, in regard to whether it constitutes freely given consent, and, secondly, in regard to the extent of the information that is necessary to informed consent[529]).

1. Free Consent

The consent to treatment for the purpose of research must be given completely freely[530]). As the purpose of such treatment is not the curing and healing of the treated person, minors and insane persons cannot give a legally valid consent to it[531]). It is extremely doubtful whether the consent of a parent or guardian would be sufficient, because no therapeutic purpose will be achieved by the procedure concerned[532]). The new German Drug Administration Law of 1976, however, provides for some cases in which, under strict conditions, research experiments on minors and insane persons may be legally carried out[533]). It also seems not to be admissible to carry out research on prisoners even if the prisoner gives his „free" consent to obtain some benefits with regard to his imprisonment. In these cases it never can clearly be established whether the consent was freely given or the prisoner was forced by his circumstances[534]). Especially the use of releases of liability in medical research on prisoners has to be looked upon critically and with suspicion; public policy requires their discouragement[535]). It would be totally wrong if persons detained in prisons or, for that matter, soldiers and other groups of persons who are nevertheless exposed to some medical risk in the interest of the community should have no right to full compensation in the event of injury[536]). The German Federal Supreme Court held[537]) that soldiers who have been exposed to research treatment during the second World War are entitled to adequate compensation for the medical injury they suffered in the course of the research treatment[538]).

2. Extent of Information

Since there is, generally speaking, no therapeutic purpose at issue in the course of research experiments, the physician must give the subject *full* information on the nature and significance of the experiment[539]). „There can be no exceptions to the ordinary requirements of disclosure in the case of research as there may well be in ordinary medical practice. The researcher does not have to balance the probable effect of lack of treatment against the risk involved in the treatment itself. The example of risks being properly hidden from a patient when it is important that he should not worry can have no application in the field of research. The subject of medical experimentation is entitled to a full and frank disclosure of all the facts, probabilities and opinions which a reasonable man might be expected to consider before giving his consent"[540]). Research experiments on the human being then are legally only admissible when, after receiving *full* information on *all* conceivable risks, the patient or test person, who must be *capable* of judgement, gives his *clear* consent to the treatment envisaged. A treatment or operation connected with research experimentation also must not go against medical ethics and accepted morals. A balancing of the respective claims of science and the right to self-determination is *not* possible[541]). In medical experiments with human beings an *unrestricted* duty of information is called for[542]). This duty is more exacting than in any other medical treatment or operation. Thus, the nature, means and methods of the experiment must be fully explained; the test-person must be informed of its purpose; he must be told what risks and dangers (including possible side effects) are involved and what consequences are likely to be expected; remote consequences will have to be explained; and, certainly, information must also be given that perhaps other consequences than the expected ones may occur and injure the test-person. Thus, in a very instructive Canadian case, the plaintiff/test person was paid 50 Dollars to act as a subject in a research project and was told that the test was safe. The researchers were in actual fact testing a new anaesthetic with which they had no previous experience. The anaesthetic caused the plaintiff to suffer a cardiac arrest which eventually affected his mental ability. The Saskatchewan Court of Appeal held that researchers must completely disclose to their subjects all facts, probabilities and opinions which a reasonable man would consider before giving his consent. *In research cases,* the court emphasised, *there are no exceptions to full disclosure* as there may be in ordinary medical practice[543]). Above all, the experimentator must, when *sick* people are used in the course of experimentation, make it absolutely clear that it is here a case of research experimentation and not of therapeutic treatment[544]). At the same time the sick test-person must also be treated with all the therapies which are necessary for his health recovery; it would, therefore, be totally *contra legem artis,* if in order to carry out research experiments on patients indicated therapeutical treatment was discontinued and stopped. It seems doubtful whether a *waiver of information* by the subject would be legally admissible and valid. If the subject has insufficient understanding of the nature of the experiment and the risks involved, a waiver of his right to information would, in the last analysis, amount to a waiver of the human right of self-determination, and this is not legally admissible[545]). It could also be argued that acceptance of such a waiver would be contrary to the rules of accepted medical ethics and morality[546]).

3. Legal Justification

Any research experiments must be justifiable by a reasonable *relationship between the objects to be achieved and the risks involved* for the subject. Medical research in the interests of mankind is not an aim to be pursued at all costs. Correspondingly, experiments with human beings which are scientifically completely worthless or bizarre[547]) can no longer be considered to be in keeping with ethical conduct[548]). They are utterly illegal[549]).

a) Consequently, experiments can only be considered to be compatible with moral, ethical, and indispensable legal principles when they can be expected to produce fruitful results for the benefit of mankind, and results, that is, which it was not possible to obtain using other (less dangerous) research means or methods[550]). Justification, thus, would be possible if the result is scientifically necessary for the benefit of man and if the relationship between the element of risk and the result is a reasonable one[551]). The highest standard of care, then, is expected of physicians and researchers using a new or experimental procedure[552]), and it is no coincidence that it is here that the patient or test person is entitled to obtain and the physician or researcher is obliged to give a full explanation of all risks involved[553]). All these principles concur with the *Declaration of Tokyo* (otherwise called the revised Declaration of Helsinki) of 1975, in which it is expressly re-emphasised that (1) research cannot legitimately be carried out unless the importance of the objective is in proportion to the inherent risk to the subject, (2) every research project should be preceded by careful assessment of predictable risks in comparison to foreseeable benefits to the subjects or to others, (3) in the purely scientific application of medical research carried out on a human being, it is the duty of the physician to remain the protector of the life and health of the person on whom experiments are being carried out, (4) doctors should abstain from engaging in research projects unless they are satisfied that the hazards involved are believed to be predictable, and should cease any investigation if the hazards are found to outweigh the potential benefits, and (5) concern for the interests of the subject must always prevail over the interests of science and society, or, in other words, that in research on man, the interest of science and society should *never* take precedence over considerations related to the well-being of the subject[554]). Some other no less important principles of this *Declaration of Tokyo* can be found in the appendix, where these important recommendations guiding physicians in research experimentation are printed in *extenso*[555]).

b) The particular aspect of the legal justification of research experiments on human beings reveals the need for a system for monitoring human experimentation in the future[556]). Are there any control systems which could protect the basic rights and freedom of the person concerned against dangerous or futile experiments? Three solutions may be considered here in accordance with what has been proposed at the 5th Colloquy on European Law at Lyons in 1975[557]). Controls are possible as an internal private control, relying on the moral and professional conscience of the research worker, as professional control, and as external control with the participation of the public authorities.

aa) Private internal control presupposes respect for the person and his dignity, and a serious scientific purpose. These moral concepts would be the outcome of the professional education of the students and later of the research workers. In this connection, an important educative role would have to be assigned to the university, a role which, at least in some countries, the universities or some of them are not disposed (if qualified) to fill. A control system depending on the professional and individual conscience of the medical research worker would, however, seem to be inadequate as protection of the basic interests of the patient or test person[558]). Some practices like the bizarre tests Henry K. *Beecher* has drawn public attention to some years ago[559]), or, more recently, the financing of in-vitro-fertilisation tests and test-tube-pregnancy manipulations by resources derived from abortions carried out by English researchers[560]) or gene experimentations the benefit of which for mankind can hardly be explained, all seem to lack this elementary conviction that not everything that can be carried out technically should be done as ethically acceptable, even if the dangers of the outcome of such practices may sometimes be overrated by over-apprehensive critics[561]).

bb) Professional supervision has been organised in several countries, e. g., the *United States*, the *United Kingdom*, and *Sweden*. These Review Committees

(US), Ethical Committees (UK) or Ethics Committees (Sweden) were appointed to subject experimentation projects to prior investigation[562]). The American *Review Committees* work on the following principle: grants are awarded for research experimentation only on condition that the research project is examined by a board of medical experts to ensure compliance with the ensuing criteria: protection of the rights and welfare of those on whom the experiment is to be performed, free and informed consent and an evaluation of the risks and benefits. A slightly different but apparently satisfactory solution operates in the United Kingdom in the form of *Ethical Committees* combining physicians, research workers, nurses, and non-professionals[562]). In Sweden, *Ethics Committees* have existed within the medical faculties since the beginning of the 1960s. When requested, these committees consider plans for research involving experiments with human beings and provide recommendations. Their tasks include decisions on the safety of the individual concerned as well as matters of information and terms of agreement regarding the experiments. Moreover, the Swedish Society of Medical Sciences maintains a *Delegation for Medical Ethics*, a special unit which deals with these problems and includes representatives from the trade unions and the mass media. The Delegation expresses opinions on cases which involve important questions of principle and attempts to initiate and stimulate a continuous discussion between doctors and laymen regarding ethical questions in medical treatment cases, with special emphasis on research involving experiments with human beings[563]). Whether these committees would really be able and determined and in a position to efficiently supervise all research experimentation carried out in clinics and laboratories, and if necessary, to stop unethical conduct such as unacceptable experimentation on human beings or foetal material, may well be questioned. Too much has come to light to be enthusiastic about this kind of professional supervision, too low seem the standards by which experimentation is measured.

cc) The establishment of an external system of control for research experimentation raises many issues; they were also discussed at the 5th Colloquy on European Law of the *Council of Europe* in 1975. At the end of this symposion proposals were submitted, by the General Rapporteur, Mme *Revillard*, according to which government action would seem to be desirable for defining acceptable standards. The creation of committees of experts might be suggested, in future meetings, for each medical discipline and some degree of homogeneity recommended in the membership of those committees in the various member States of the *Council of Europe*. Apart from representatives of the specialty concerned, the committees should include a doctor from another discipline and representatives of the social security scheme, and representatives of the patients' associations, if there are any, as well as of editorial committees of scientific journals. It is the present writer's view that if trade union representatives are also to co-operate, it is hardly understandable why representatives from Ethical and Religious bodies like the Churches should not be represented as it is they more than many others who from the very message they have to give to the world are competent to advise on ethical principles; the most recent example of the many which could be adduced here to support this suggestion is Pope *John Paul II's* first encyclical message to the world on the dignity of human beings and human life[564]). A research project giving a complete dossier setting out the aims and conditions of the proposed experiment would have to be submitted to such a committee, and the committee's role in each individual case would be (1) to ascertain whether the project is justified and whether human experimentation is absolutely necessary, (2) to test the scientific value of the project by making sure that it will be possible to draw conclusions from the report, (3) to check that no identical experimentation has been or is being satisfactorily performed in any of the member States and (4) to find out whether provisions have been made for an insurance scheme to ensure the test person will be compensated in the event of an accident resulting in medical injury to him, whether the fault of the researcher or not[565]).

Another suggestion is that the hospital administrative boards join with the scientific journals, medical societies and organisations providing finance, to endeavour to ensure that only the research projects approved by the committee are carried out and published. To make these committees operate more effectively, it was also proposed at Lyons that central data banks for information relating to experimental research be set up under the auspices of the *Council of Europe*[565]). A particularly interesting problem is whether there should be an obligation to publish the important data of *all* research experiments and their outcome. In the view of the *British Medical Research Council*[566]) it is not enough to ensure that all investigation is carried out in an ethical manner: it must be made unmistakably clear in the publications that the proprieties have been observed, and this necessarily implies editorial responsibility (of the research team) in addition to that of the investigating committee. It is unethical to publish results of one's experimentation with human life in mass magazines for profit and to give evasive answers as to the methods used and proprieties observed to the professional papers or to refuse categorically to supply relevant data which could be of great value to the profession but only stimulates sensation in the uninformed public if released there[567]). Henry K. *Beecher* in his well-known article on ethics and clinical research supported the idea that at least data which have been improperly obtained, should not be published[568]). There is a practical aspect to the matter: failure to obtain publication would discourage unethical experimentation. How many research workers would carry out such experimentation if they knew its results would never be published? Admittedly, there is room for debate; other authors think that such data, because of their intrinsic value, obtained at a cost of great risk of damage to the test persons, should not be wasted but should be published with stern editorial comment[569]). And, of course, it seems doubtful whether the less ethically-minded members of the profession would care a straw for getting into the professional papers as long as they can have a much wider public attention elsewhere.

IV. Application of General Principles with Regard to other issues discussed in Part 1

1. The rules about the physician's duty of secrecy owed by him to the patient or test person respectively discussed above[570]) *mutatis mutandis* also apply in the field of new treatment methods and experimentation. The physician or research worker has, thus, to keep secret all facts and circumstances which are known only to a limited number of persons and which the reasonable patient or test person wants to keep secret. As in the cases of conventional treatment, there may be no physician-patient privilege in England and Canada so far.

2. It is likely that the discussed forensic shift of emphasis in civil liability actions[571]) in the future will also be observed in the vast field of medical treatment with new methods and in the field of experimentation. The informed-consent issue will continue to be an important element in all the cases of medical negligence actions, but it may well prove to be a handsome instrument in developing a strict-liability rather than fault-orientated liability system[572]). With the introduction of a *Patient Insurance Scheme* in Sweden many of our own (or most Common Law countries') civil liability problems seem to have been reduced to almost marginal issues there; neither malpractice nor consent problems now seem to create real compensation difficulties in Sweden as far as civil liability cases are concerned[573]).

3. The main law reform recommendation of the *Pearson Commission* with regard to medical injuries has already been explained and commented upon[574]). It is quite likely that this proposal, i. e., *that any volunteer for medical research or clinical trials who suffers severe damages as a result should have a cause of action, on the basis of strict liability,* against the authority to whom he has consented to make himself available[575]), will perhaps have great influence on the international discussion about an acceptable no-fault compensation scheme for the future, not only in the United Kingdom, but also in other countries. The lack of proper and, in the light of public policy, acceptable provisions for medical accidents in the course of therapeutic, but especially in the course of research

treatment and research experimentation is lamentable and unbearable[576]). The negligence action, acceptable as it may be in the field of conventional medical treatment[577]) in spite of its severe criticism by many authors on reasons of burden of proof difficulties on the side of the patient[578]), is no longer the answer to liability problems relating to new methods of treatment and experimentation[579]). Negligence *per se* doctrines might develop in the future which, where necessary, outwardly adhere to the fault principle of some provable negligence but in fact come close to or will eventually be identical with a strict liability philosophy[580]). Parallels offer themselves. Providers of health care should be as liable for new dangerous products they administer or new dangerous treatment they provide as food and drug manufacturers are, and for the same reasons of public policy, that is, to relieve both the product consumer and the health care consumer from overharsh burdens of proof and economic hardship placed upon them by injuries sustained within the area of responsibility of the person who created the danger. It is he, then, who should guard against such disastrous consequences, both because of his greater expertise and because of his duty to provide sufficient protection against them. In other words, it is the responsibility of the creator of the new danger to ensure that it does not materialise by providing proper precautionary measures, the omission of which leads to the liability of whoever did not do what he could, and should, have done. In addition to such considerations, however, the compensation schemes of New Zealand and Sweden should be carefully studied, and the more important insurance companies should set up commissions to investigate into the possibilities of a no-fault orientated *Patient Insurance Scheme* that could work in countries with larger populations and other conditions than those prevailing in New Zealand or Sweden[581]). In the meantime, the patient's burden of proof difficulties as regards causation and negligence must as far as possible be eased by a generous application of the *prima-facie* (or, as it were, *res-ipsa-loquitur*) *rules* and, where *necessary*, by a careful and not too rigid, i. e. *pragmatical reversal of the burden of proof whenever the court considers this to be necessary in order to overcome the proof difficulties originating in the physician's or hospital's sphere of responsibility and still not sufficiently accounted for by them*, and it is very significant indeed that even the German Federal Supreme Court, known as opposed to radical departures from established judicature, now, in a most recent decision, has ruled that exactly this pragmatical approach reaching from alleviating some difficulties in the evidence process to a complete reversal where necessary ought to be within every court's scope and consideration[582]). The highest German court, the Federal Constitutional Court, has recently expressly approved of this careful development of the German law of Evidence by the Federal Supreme Court[582a]).

4. Civil liability in connection with hospital treatment in the field of conventional therapeutic treatment has already been discussed at some length[583]). The same principles *mutatis mutandis* are also to be applied in the field of research treatment and research. Once again, competence problems and so forth cannot result in an added burden for the patient or test person, who has not and need not have the professional knowledge of those he is consulting for the benefit of his health or submitting to for clinical tests; the same maxims must, therefore, generously and, on principles of public policy, favourably be applied in cases of treatment with new methods or experimentation. Thus, for example, a plaintiff who has been treated by different medical and other persons in the course of research treatment or experimentation and has suffered damage due to negligence by some person of the staff of the hospital whom he cannot now identify because he does not know who actually caused the injury, should have a tort action irrespective of whether the negligence was that of the operating physician, an anaesthetist, or any other member of the staff[584]). It is for the hospital to exonerate itself from negligence by proving that none of its employees actually had caused the medical injury, and if this proof cannot be sufficiently established, then the hospital is liable in contract and tort for the damage caused to the patient or test person[585]).

C. Selected Problems of Liability of Physicians with Regard to New Methods of Treatment and Experimentation

I. Medicines and Drugs

In the field of medicines and drugs, it is possible to distinguish, broadly speaking, between pharmacologically active medicines and placebos (i. e. pharmacologically inactive substances administered in a clinical context). The physician applies new medicines and drugs in two areas: first, in the field of clinical trials and, secondly, after drug testing, for therapeutical reasons[586]).

1. Clinical Trials of New Medicines and Drugs

In the field of controlled clinical drug tests and evaluations of new medicines, the medicine on trial is compared with either a pharmacologically inactive substance (i. e. the placebo) or a pharmacologically effective treatment (i. e. the standard medicine or standard treatment) to investigate the effects of the new drug. In spite of recent severe criticism of the whole procedure[587]), the clinical trial of new medicines and drugs can no longer be dispensed with in modern pharmacology[588]), and, accordingly, it has now even gained statutory recognition in the new German Drug Administration Law *(Arzneimittelgesetz)* of 1976[589]) as a prerequisite for the licencing of new medicines and drugs[590]). It is worthwhile reminding ourselves briefly of what happens in a controlled clinical drug evaluation procedure, today the standard scientific method for testing a therapeutic procedure[591]). It has as its aim the exclusion through the use of controls of unspecific influences on the effect which is specific to the treatment. Those objective influences which are already known are to be eliminated through the use of comparison or control groups (usually inter-individual, and only relatively seldom intra-individual), unknown objective influences through chance-distribution, and subjective influences, whether stemming from the patient or test person or the person carrying out the treatment or research, through the use of the *blind-technique*. This technique may be a *single-blind-test*, i. e. a test in which only the physician knows who receives the placebo (or standard treatment) and who the medicine on trial, whereas the patients or test persons are not informed of the test conditions and, therefore, generally speaking, take it for granted that they all receive a pharmacologically active medicine on trial. Or it may be a *double-blind-test*, during which the physician does not know either who receives a placebo (or the standard treatment) and who receives the new drug on trial (although he has, under a sealed envelope, the key of the blind test procedure from the drug manufacturer, in order always to be able to step in if necessity should so demand). That means, however, that while, a depressively ill patient is undergoing a course of psychiatric treatment his particular needs, for example additional medicine to combat insomnia or subdue anxiety, must be sacrificed to the formalised plan of the trial which permits neither the use of supplementary medicines nor an increase in dosage. For it is only under these conditions that positive clinical proof can be provided to confirm that the anti-depressant which is being tested really does cause fewer side effects or take effect faster than the substance with which it is being compared. There is inevitably a conflict here between on the one hand the ethical obligation to alleviate as much as possible the suffering of each individual patient and on the other the demands of the ethics of research that the trial should be faultlessly planned[592]). In this increasingly important and vital field of drug evaluation the problem of the protection of the healthy or ill person who of his own free will makes himself available for the testing of a new drug occupies a particularly prominent position in the areas of health policy and legal policy in drug law. Thus, the *Declaration of Tokyo* (otherwise called the revised Declaration of Helsinki) of 1975 *expressis verbis* now contains a clause that in *any* medical study, *every* patient (including those of the control group) should be assured of the best proven diagnostic and therapeutic methods[593]). That grave and gross mistakes against this rule are being made in clinical trials and otherwise, can be gathered from reports on unethical or questionable ethical studies in the United States and elsewhere[594]).

a) One has, however, and at all events the legislator has to consider on the one side the obligation to guarantee to the individual patient or test person the most extensive protection possible against danger to health and on the other the necessity of not making such great demands on the conditions of clinical trial that it becomes practically impossible to carry out a clinical trial at all. Moreover, in the light of a refined understanding of basic individual rights and other constitutional values as regards legislative measures demanding a balanced consideration not only of individual rights of freedom but also of significant benefits to society, one could not advocate the rigorous accomplishments of one of the two aspects to the detriment or exclusion of the other[595]).

b) As long as no therapeutic purposes for the benefit of the treated person are involved, the field of clinical trials is research, and the clinical tests are research experiments. Therefore, the general principles as laid down in the highly important *Code of Nuremberg* (1947) and, of course, in Part III of the *Declaration of Helsinki* (1964) and in Part III of the *Declaration of Tokyo* (1975) and briefly discussed above apply[596]). It, therefore, cannot be over-emphasised that in non-therapeutic research on man, the interest of science and society should never take precedence over considerations related to the well-being of the subject[597]). As in double-blind-tests with placebos, generally speaking, no therapeutic purpose can possibly be intended – at least not for the control group to which placebos are administered –, this field of controlled clinical trials has to be regarded as *research experimentation*. The patient or test person must, therefore, be *fully informed* of the fact that a trial of new medicines will be performed, and his freely given consent is required[598]). This is also regarded as necessary by the medical profession[599]). It has been argued, however, that the use of placebos in drug trials reveals how little consent is necessary to ensure the legality of experimental methods of treatment, since the blind-technique, especially the double-blind-tests, are by definition tests which require the patient or test person or both the patient or test person and the physician or research worker to be ignorant of the nature of the medicine concerned, and that, for obvious technical reasons, it is impossible here to demand the patient's or test person's consent for a double-blind-test. We do *not* accept this proposition. There can be no (or almost no) exception to the rule that where research experimentation is concerned *full* information must be given prior to the necessary consent of the patient or test person[600]). It should, therefore, be made absolutely clear that double-blind-tests should not be carried out unless there is *no* other means of assessing the drug's effectiveness. *It is up to the physician and hospital, then, to prove that such experimentation is absolutely necessary*, and to transmit the results immediately so that the conclusion can be obtained as quickly as possible from the smallest possible number of patients or test persons respectively[601]).

c) The German legislator took these conflicting values into consideration when both the field of clinical drug-testing was reformed and the clinical trial introduced as an imperative pre-requisite for the licencing of new medicines by the already mentioned new German Drug Administration Law *(Arzneimittelgesetz)* of 1976[602]). The legislator took as his basis the fact that every medical step taken in the domain of drugs must be paid for with a certain element of risk for the person who of his own free will allows the drug to be tested on his person. If the sporadically raised demand for the elimination of every risk which exists within the framework of the clinical trial were to be satisfied, this would mean, however, when taken to the logical conclusion, the renunciation of clinical testing and, therefore, also the renunciation of the development of new types of medicines and of the accompanying discovery of new therapeutical possibilities. Such a renunciation would bring research and development to a standstill. The legislator in Germany would not accept such a standstill[603]), but would demand that clinical trials of drugs on human beings may only be performed if and as long as (1) the risks for the treated person are medically justified in relation to the expected significance of the medicine for the medical science, (2) the person who shall be treated has freely consented after full information on the nature and the significance of the clinical trial have been given, (3) the person who shall be treated is not held in custody by order of court or an authority, (4) a pharmacological-toxicological trial has been carried out according to the scientific knowledge of the time, (5) the papers of this trial are filed with the responsible federal authority in the Federal Republic of Germany, (6) the clinical trial is supervised by a physician of at least two years standing and experience in the field of clinical trials of medicine, (7) the physician supervising the clinical trial has been informed about the results of the pharmacological-toxicological trial and the likely risks of the clinical trial by the scientist in charge of the pre-clinical evaluations, and (8) the necessary financial precautions to compensate the damage possibly arising in the course of the clinical trial have been provided by the one who orders the clinical trial to be performed[604]). The consent of the patient or test person, given in accordance with these preconditions, however, is only valid: (1) if the consenting person is of full age and able to appreciate the nature and significance of the clinical trial and to make up his or her mind accordingly, and (2) if the consent is declared personally and in writing[605]). The consent may be withdrawn at any time[606]). Clinical trials on minors are acceptable only, if (1) the medicine on trial is destined to the diagnosis or therapy of illnesses in minors, (2) the administration of that particular medicine according to the scientific knowledge of the time is indicated for these purposes, and (3) the clinical trial of these medicines on adults cannot be expected to render sufficient results. Also under these preconditions the trial on minors is only permissible after full information has been given on the nature, significance, and importance of the particular clinical trial, and both parents and the minors (if able to appreciate the circumstances at issue) have personally consented in writing[607]).

d) The constantly reiterated demand for complete information presents, however, difficulties when this information (or too detailed information) can be expected to have an undesirable influence on the clinical experiment or when, in a double-blind-test, the person conducting the trial does not himself know whether an active medicine or a placebo (or the standard treatment) has been dispensed (or applied respectively). Psychophysical experiments, which are characterised precisely by their claim to (so-called) introspection, must also come to terms with difficulties of this kind. On the other hand, however, the question of whether it ever makes sense in the case of the blind-test to provide an explanation and how far it must go in the individual case can also be extremely problematic. In spite of recent investigations of the limitations of the blind-test as a method[608]), it will be decisive that also in the future, most probably precisely in the field of psychiatry, many questions which arise in the testing of the effectiveness of the psychiatric treatment simply cannot be answered without the blind-test. If this is so then it must be asked what *legal* value the informing of the patient can have when, seen from a *medical* point of view it calls into question a treatment which is only possible through use of the blind-technique and is then contra-indicated[609]). So far, no investigations are known to have been made concerning the influence which full or only partial informing of the patient has on the validity of blind-tests. Full information does certainly not just consist of informing the patient or test person of the possible effects and risks of the test substance and the substance with which it is to be compared, but also of information on the trial itself, on the testing using the blind-technique and on the distribution of chance. The problems become very clear indeed when the comparison substance is in fact a placebo. The medical profession seems to hold that as long as it is not possible to control the influence of the explanation the scientific evidence is questionable, and that it must also remain questionable whether the informing of the patient or test person is ethical from the professional point of view[610]). Indeed, the medical profession has for a long time held and still holds that the preferably complete ignorance of the patient as regards the research character of the therapy can be considered as the basic pre-requisite for a controlled therapeutic test, and this opinion was shared by the German

Pharmacological Society *(Deutsche Pharmakologische Gesellschaft)* in its comments on the first draft of the new Drug Law[611]). It has since been pointed out by leading experts in the field that the ethical basis of medical work is not likely to be improved if, under pressure from the public and on the assumption, certainly not always justified, of the capability of the patient to give his consent, the profession would have to depart from this basic principle of research[612]). It seems to be a widely held view among the medical profession that the entire responsibility for ensuring that ethically a clinical trial is faultless should fall on the physician carrying out the research, in difficult cases perhaps with the additional help of a competent specialist body, as the only genuine protection of the individual according to this school of thought depends not so much on information given to the patient and consent added by him, but on the conscience and sympathy of the medical researcher[613]). Whatever can be said in favour of this view, the facts in a great many cases point to the conclusion that at least some research work on human beings is not carried out in accordance with these principles of the medical profession and not guided by ethical criteria such as embodied in the *Declarations of Helsinki and Tokyo*[614]). Scepticism, therefore, seems to be well justified in the interest of the patients and test persons in general[615]).

e) Special problems arise in connection with the trial of psychopharmacological medicines[616]). Like all drugs, these medicines must be tried under the same conditions which are applied later for therapeutic purposes. But since, in the course of psychiatric treatment, the physician's duty to inform the patient may be substantially restricted[617]), this may also already be valid in the field of clinical trials and evaluations of these drugs. Otherwise one would perhaps not be able to get useful trial results[618]).

f) Looked at from every angle the double-blind-test, which causes neither a prolonging of an existing illness nor physical or other damage to the patient or test person respectively, should be regarded as legitimate[619]), provided that consent was either given or, under certain and necessarily very limited conditions, dispensable[620]). It is the physician, researcher and the hospital respectively who have the *burden of proving* that the double-blind-test was medically *necessary*, that in each particular case *consent* was *freely* given after *appropriate information* had been provided to the patient or test person, or that under the special circumstances *consent* was *dispensable*. The dispensibility conditions should, however, never be decided upon by the physician or research worker involved in the clinical trial, but by a detached enough expert who takes no part and no personal interest in the whole clinical drug evaluation at stake[621]).

Therapeutic application of new medicines and methods

g) It should, however, go without saying that severely ill patients may not receive any placebo (or, for that matter, standard treatment), either in single-blind-test or in double-blind-test proceedings, if a pharmacologically effective (or, for that matter, more effective) treatment is medically indicated[622]. Civil liability of the physician on the ground of giving placebos etc. in the course of controlled clinical trials, however, can only be established if the patient has suffered a material damage caused by the placebo treatment. It depends on the case whether it can be proved that the application of pharmacologically active (or more active) medicine would have produced another (better) development of the disease[623]).

2. The Field of Therapeutic Application of New Medicines and Methods

Treatment of the sick with new medicines for primarily diagnostic or therapeutic purposes is, according to the definitions given above[624]), research treatment, i. e. treatment for at least primarily (if not purely) therapeutic purposes. It should be remembered here that also pharmacologically *inactive* substances (i. e. placebos) can be adminstered for the purpose of diagnostical and therapeutical treatment[625]). If the dispensing of an inactive drug is intended to facilitate diagnosis by enabling the physician to distinguish whether the patient's complaint is in fact imaginary, the mere suggestive power of the pseudo-medicine being sufficient to eliminate it, we are then dealing with a case of pure therapeutical treatment. The same is true of a case in which an inactive drug is applied in order that it can be seen whether alleged side effects then disappear, thus likewise being only imaginary. In such cases the patient is not an object of comparison, and, thus, not an object of experimentation for scientific purposes only. He is in fact being therapeutically treated – if not the way in which he supposes. If he were to be informed of the fact that the drug he has received is inactive, then the entire diagnostical purpose would be destroyed, and for this reason the giving of this information can in such cases perhaps on no account be demanded[626]). But it is for the physician, research worker or hospital to prove that the applied procedure was necessary and the diagnostical purpose would have been destroyed had the information omitted been given. Generally speaking, one can perhaps say that where placebos are used for the purpose of diagnosis and therapy (rather than comparison and experimentation), then the physician's duty to inform the patient of the fact that he is treated with pharmacologically inactive substances is restricted as far as this is necessary from the diagnostic or therapeutic point of view[627]). Here again, the burden of proof rests with the physician. Psychiatric practice also raises problems in the field of pharmacologically active substances. If each course of treatment is an experiment in the sense that the result is either uncertain or else predictable only with a certain measure of probability, and if „informed consent" means that the patient gives his consent only after receiving a full explanation of the advantages and the risks which the treatment holds, then it must be examined whether before undergoing analytical psychotherapy the patient is to be informed of the possibility of a failure, say, of an intermittent suicidal urge or psychotic exacerbation, before behaviour therapy of the possibility of a transference of symptoms, and before pharmacological therapy for depression, of the possibility of an agranulocytosis, or whether it cannot be regarded as ethically more justifiable to omit information on such risks, since explanations can in fact be against the patient's best interests. If, for example, awareness of the fact that the anti-depressant effect of a drug works in only about 60 to 70% of all cases only goes to reinforce the feeling of hopelessness experienced by the depressive patient, if a patient with destructive schizophrenic symptoms refuses as a result of receiving information to undergo the neurological therapy indicated in his case, or if, to take the last example, the depressively inhibited patient remains, in spite of receiving information, incapable of reaching a decision, then surely the omission of detailed information would not only be ethically defensible, but perhaps even necessary[628]). Attention should, however, be drawn to the fact that placebos are used as a therapeutic means not only in the field of psychiatry but also – in spite of their pharmacologically ineffective substance – in many other medical fields ranging from the treatment of headache to stomach diseases and many other physical illnesses, with results which for the layman can be startling indeed, and to which G. *Kuschinsky* has recently once again impressively referred[629]). Research treatment with new medicines gives rise to two important problems then: first, the physician's duty to take reasonable care, and secondly, his duty to give the relevant information to his patients[630]).

a) Duty of Care

The wide range of possible duties of care in the therapeutic applications of new medicines is to a large extent (with the possible exception of the United States) still almost a *terra incognita,* although some steps are being taken towards an improvement of the situation. Germany, for instance, does not have any provision *de lege lata* governing the physician's civil liability regarding the application of new medicines. Nor did the *old* German Drug Administration Law *(Arzneimittelgesetz)* of 1961[631]) contain any relevant requirements for the registration of new drugs. However, since 1971, clinical trials must fulfil certain conditions laid down in rules applied to establish at least some criteria that have to be met before official registration and approbation of a new drug can take place[632]). The *new* Drug Administration Law *(Arzneimittelgesetz)* of 1976[633]), which came into operation on 1st January 1978, will certainly improve in some ways the protection of the patient against the dangers of pharmacological substances. The procedure of registration which until the end of 1977 was a formal matter has now been replaced by a proper *licencing procedure,* through which it is to be guaranteed that the pharmaceutical manufacturer must, as a matter of principle, demonstrate the quality, effectiveness and harmlessness of the drug, and must to this end submit with his application to have the drug licenced the results of the analytical pharmacological-toxicological and clinical tests which he has performed, together with the views of experts on the drug. But neither the registration which was the rule until recently nor the licencing in force since 1978 exonerates the *physician* from the extended duties of care generally demanded of him when applying new medicines or methods of treatment with which he is not familiar. To avoid malpractice, the doctor has to study the directions for their use and the dosage instructions very carefully. If tests are available or suggested in conjunction with drug therapy the standard of care may require that they be carried out. It was important in two anti-tetanus cases from England and Canada respectively whether preliminary tests were done[634]), and a physician who failed to conduct hearing tests as suggested by the drug manufacturer during massive doses of neomycin was liable to the patient who suffered a permanent hearing loss[635]). Similarly, a patient who was allergic to penicillin was successful in an action against a physician who neither inquired nor checked her records prior to administering her an injection of procaine penicillin[636]). The physician is also under an obligation to think about the information on the composition and structure of a new drug provided by the manufacturer. The physician is, after all, and remains the only person who can consider and form an opinion of the effects and consequences of a new drug on the organism and state of health of his particular patient. As these effects can only be determined individually, the physician may not rely on the results of the clinical drug evaluations, communicated by the drug manufacturer to the medical profession generally[637]). The physician has to remain critical. He may only prescribe those medicines whose effects he can perceive to the best of his personal knowledge; and his knowledge must, as was pointed out on earlier pages[638]), be in line with the development of medical science in his particular field of specialisation. The physician is, therefore, also obliged to check whether another medicine with which he is more familiar would be likely to produce the same effect[639]). It goes without saying that the standard of care is much higher in cases where the use of a drug may cause substantial permanent damage; a very high standard of care would not apply in cases where the use of a drug might cause only temporary or minor damage. The standard of care then is a question of fact which will vary from case to case but a very high standard of care is required where drugs are tested which could cause permanent or substantial damage to the patient[639a]). If, with respect to the possible danger a drug may cause to a patient, a doctor fails to appreciate that the patient may have, and probably had been consuming the drug over a fairly prolonged period, this is not a mere ,,misadventure" but a breach of the high standard of care required, and damage caused by this failure will make the doctor liable in damages to the patient[639a]).

b) The Extent of Information

According to the principles previously described[640]), the extent of the information it is necessary to give the patient will depend on the risks involved in and the necessity for the proposed treatment[641]). It is the physician who carries the burden of proof that the proposed treatment, if new, was necessary in the absence of any comparable treatment acknowledged by a weighty body of professional opinion. The physician will have to exercise extreme care if he finds out, by studying the manufacturer's instructions that a new preparation contains hormones which have not been used before, or even where they are not as well known to the profession as other hormones. On the other hand, if the preparation is merely a new compound of already well-known hormones the extent of the information may be considerably smaller. In any case, the physician is obliged to inform the patient about or at least to warn him against, the possibility of unknown risks[642]), if he has reason to think that such risks could be involved[643]). Where the patient has a choice with regard to his treatment, e. g., between different kinds of treatment or between agreeing to undergo treatment and declining it altogether (e. g. if he is advised to undergo an operation for the removal of an appendix that is not actually infected at the time) he must be given full information about both the options before him[644]). If, on the other hand, the treatment is absolutely necessary for saving life or re-establishing health, the extent of the information he must be given may be restricted to the extent that the patient has no choice and any delay would imperil the success of the treatment[645]). The physician has the burden of proving that the patient really was in a situation allowing no choice which had to be overcome by immediate decisions which made elaborate information impossible. The same principles would apply to research treatment with new medicines.

3.· Physician's Liability and Manufacturer's Liability

Problems arise in regard to the relationship between the civil liability of the physician and that of the manufacturer of a drug if the latter also is liable for any damage suffered by the patient.

a) The manufacturer's civil liability may be established if the danger that later caused the damage originated within the manufacturer's sphere of responsibility. This may be the case if he was negligent in producing the drug complained of, in preparing and dispensing it for double-blind-tests, etc., or if he failed to give a proper warning of specific risks or contra-indications on the package or in his instructions for use[646]). In such cases, the manufacturer has been held to be liable for damage arising in the course of treatment with a drug produced by him. Civil liability in such circumstances has been imposed not only by courts in legal systems which apply strict liability principles[647]), but also by courts in legal systems which still adhere to the fault principle in the sphere of manufacturer's liability[648]); in this second category of jurisdictions the obligations imposed on a manufacturer are sometimes extended so far beyond what could possibly be regarded as a reasonable duty of care that the resultant burden amounts almost to one of strict liability from the point of view of the manufacturer[649]).

b) The picture as to the legal requirements of products liability in the field of pharmaceuticals varies from country to country[650]).

aa) Some countries do still legally adhere to the fault principle with only very insignificant concessions as to the problem of alleviating the injured person's onus of establishing his case in court. Thus, in *England* and *Scotland*, the only remedy provided by the present law of torts (England) and delict (Scotland) still is the action for damages based on failure to take reasonable care, and the burden of proof on all the relevant issues (including negligence) lies on the person bringing the action[651]). The injured person, therefore, will not succeed in a claim against the manufacturer of a pharmaceutical product unless he can establish not only that he was injured by a defect in the product but also that (1) the defect in the product was likely to cause physical injury[652]), (2) the defect existed at the time the product left the manufacturer[653]), (3) the defect was not one that the manufacturer could reasonably have expected that the injured person or some third person would have noticed and corrected before it could cause injury[654]), and (4) the defect was created by a lack of reasonable care (i. e. through negligence) on the part of the manufacturer[655]). The legal position in Scotland or England of a plaintiff/patient is then, in other words, basically still the one as described in the majority decision of the *House of Lords* in the famous Scottish case of *Donoghue v. Stevenson* (1932), which after a series of appeals decided that the manufacturer of an article of food, medicine or the like (or indeed of any product) owed a legal duty of care to the ultimate consumer to take reasonable care that the product is free from defect likely to cause injury to health[656]). The doctrine of reasonable care on the part of the manufacturer has been followed since by the courts of other Common Law countries, such as *Australia*[657]), and *Canada*[658]).

bb) The English Law Commission and the Scottish Law Commission in joint reports have pointed out now that their consultations about civil liability for defective products have revealed a widespread dissatisfaction with the existing state of the law[659]). Many commentators on the present state of the law of tort or delict expressed the view that the burden on the claimant of proving fault in order to recover compensation in respect of defective products was too onerous. It was argued that where a product was shown to be defective the producer should have to undertake the burden of proving that the defect arose without fault on his part[660]). If the producer were merely required to establish that he took reasonable care, but not to establish that the defect occurred for a reason that was not his fault, then, it was argued, the claim might still fail for want of sufficient proof[661]). In this context, a leading decision of the German Federal Supreme Court, in Germany commonly referred to as *Hühnerpesturteil* (i. e. chicken vaccine case), was referred to by the two Law Commissions[662]); in this case, according to the assumed facts of the decision, the plaintiff's chickens were inoculated by a veterinary surgeon with a vaccine that he had purchased from a drug manufacturer. The vaccine was defective in that it contained viruses which the plaintiff could prove were active in the vaccine when it was delivered by the manufacturer. The chickens died as a result. The plaintiff was unable to prove that the drug manufacturer had been negligent in any particular respect (a proof which the plaintiff was burdened with until the chicken vaccine case came before the German Federal Supreme Court). The highest German civil court now reversed the burden of proof and held[663]) that in cases of products liability in which the product was already defective when it left the manufacturer, the burden is not with the plaintiff to prove negligence on the part of the manufacturer, but *vice versa* on the manufacturer to prove that the product's defect had occurred without fault on his part: and to prove this, the court ruled, it is not enough for the producer to establish that he took reasonable care; he must show how the defect actually arose, and as, in this case, the producer had failed to prove what the real cause was, he was liable for the damage caused to the plaintiff[664]). Before the two Law Commissions, a weighty body of expert opinion favoured going further than simply altering the rules on burden of proof[665]); they were in favour of making the producer of a defective product strictly liable[666]). The two Law Commissions also arrived at the main recommendation that producers (including producers of pharmaceuticals) should, as a general rule, bear the risk of and be strictly liable for injuries caused by defects in their products, that is to say they should be liable irrespective of fault considerations[667]). The following main considerations were proposed in favour of this policy: (1) where a person suffers personal injury because of the defective state of a product, the loss should be borne by the person or persons who created the risk by putting the product into circulation for commercial purposes, rather than by the person injured; (2) it is desirable to impose liability on those in the chain of manufacture and distribution who are in the best position to exercise control over the quality and safety of the product; (3) it is desirable that the risk of injury by defective products should be borne by those who can most conveniently insure against it; (4) public expectations, which are sometimes raised by advertising and promotional material, should be taken into account in determining where the loss should lie, and (5) it is desirable to remove difficulties of a procedural or evidentiary character which impede rather than assist the course of justice[668]).

cc) The terms of the *European Convention on Products Liability in regard to Personal Injury and Death* of 1977[669]) and of the draft *European Economic Communities Directive on Products Liability* of 1976[670]) both suggest that, in spite of a somewhat superficial rather than convinced and loyal adherence of some European countries to the time-honoured negligence liability system[671]), the trend in Europe is towards imposing strict liability on manufacturers now, at least where defects in their products lead to personal injuries[672]). The trend can perhaps best be observed in the domain of strict liability for pharmaceutical products[673]). Strict liability models have abounded in the United States for quite a few years now[674]), and it is hardly surprising that under the influence of this strong trend towards strict products liability also the *Royal Commission on Civil Liability and Compensation for Personal Injury* under its Chairman *Lord Pearson* in a voluminous report of 1978[675]) also found strong words of recommendation in favour of introducing strict products liability[676]), inclusive of strict liability of drug manufacturers for their pharmaceutical products[677]). This is perhaps not to say that a central compensation fund would, also in the long run, be inappropriate for pharmaceutical products, but with the exceptions of New Zealand[678]) and Sweden[679]), such compensation funds have not been found widely acceptable yet; the Law Commission refrained from commenting upon the issue[680]), the *Pearson Commission* recommended the careful study of the working of the compensation schemes in New Zealand and Sweden[681]), but did not see fit to recommend their introduction to the United Kingdom[682]); in the Federal Republic of Germany, previous plans to establish a compensation fund to cover damage caused by drugs and medicines[683]) were finally dropped in favour of another measure by which the drug producer's strict liability for his products was introduced as from 1st January 1978[684]).

(1) The new German legislation in this field is a rather interesting departure from earlier plans in West Germany to establish a *compensation fund* rather than a strict liability system in the domain of drugs and medicines. The compensation fund was to be created under an earlier draft of the new Drug Administration Law to which the producers of drugs would have had to contribute, with the result that liability would have rested jointly on all producers. The compensation fund was planned to work on a supplementary basis; it would, therefore, not have been liable to the extent that someone else was liable for damage and the plaintiff was able to recover from that liable person. But it would have been for the compensation fund to establish the facts which would have exempted it from liability to pay compensation. As to the civil liability of the physician, no changes were to be expected as a result of the creation of the compensation fund. If both the drug producer and the physician had caused the damage, the principles of a joint negligence liability would have applied[685]. If the manufacturer could have proved that the damage caused was not due to his fault (a matter which it will very often be impossible to prove) then only the physician would have been liable, if he acted negligently. If negligence on the part of the physician could not be established, or if the plaintiff simply could not recover from the physician *de facto*, then the compensation fund was to be liable[686].

(2) The German legislator has given up this concept, as indicated already. Instead, there is strict liability (*Gefährdungshaftung*) of the drug manufacturer if death or personal injury results from the use for which the drug was intended (so – called *bestimmungsmäßiger Gebrauch*). The damage done must be so as to go *beyond* that point which, according to the state of medical science, is still regarded as tolerable and must have its source either in the development or in the production of the medicine[687]. This excludes so-called *Bagatellschäden*, i. e. minor side effects of an otherwise helpful and effective drug, but expressly includes development risks[688]. The same standard of liability will apply if injury results from insufficient labels or instructions for use or instructions which are not in accordance with the state of medical science[689]. The new strict liability is to cover the resulting damage as described above, and, in the case of death of the consumer, the producer is also liable to those to whom the deceased owed maintenance at law[690]. The total amount to which the manufacturer can be made liable is limited, however; the compensation will be limited to either a capital sum of up to 500 000 DM per person or an annual payment of 30 000 DM per case; in case of *domage en série*, i. e. if the drugs caused death or personal injury to more than one person, then the maximum amount of a producer's civil liability will be 200 million DM or 12 million DM in any year; if the total amount of compensation in this case would exceed the maximum limits mentioned, the persons entitled to compensation have to be content with an equal

share in the maximum amount[691]). The liability cannot be contracted out[692]); agreements or arrangements to this intent are null and void[693]). As there is no compensation fund to which all producers contribute, each enterprise in the pharmaceutical industry is under an obligation to seek insurance coverage up to the amounts specified above and to make the necessary provisions to be able to meet all the obligations put upon them by the new strict liability rules[694]). It is understood that private insurers have declared their willingness to provide insurance coverage required under the new Act, but it is obvious that, with regard to any strict products liability in the field of medicines and the lack of experience in this field both of insurers in general and of the possible extent of compensation cases in particular, one of the most important problems is that of an appropriate insurance scheme, a problem that cannot be said to have been properly solved yet[695]). Much will depend on whether it is possible, in the future, to work out new schemes of insurance flexible enough to cover what needs to be covered in the interest of all involved.

c) It should, however, be re-emphasised here that the drug manufacturer's strict liability does not exclude the physician's tort liability, if there is any.

aa) The introduction of strict liability rules for drug manufacturers has made no changes, nor will the proposals and recommendations to introduce strict liability of drug producers make any changes as to the normal (contractual and/or tortious) liability of physicians for their own professional activities[696]). It is almost generally accepted that, with the admittedly immensely important exception of research treatment and research[697]), the basis of civil liability for medical injuries incurred in the course of treatment also in the future should continue to be negligence rather than strict liability, independent of the drug manufacturer's liability for their professional work[698]). It is important, therefore, that a physician is also insured against the liability risks involved in his professional activities, even if there is no statutory insurance of physicians' civil liability, as in Germany, where no physician is legally bound to be insured[699]) – in contrast to the new statutory insurance obligation for the drug manufacturer[700]). Most physicians, however, are insured against risks incurred in their professional work[701]). According to German law, the patient has no direct claim against the underwriter who is, of course, only liable if the insured physician himself is liable; generally speaking, the insured physician is entitled to demand from the insurer that the insurer shall exempt him from the civil liability incurred by his treatment. But only if the physician has assigned his rights against the insurer to the patient, can the patient take legal action against the insurer directly. In the future, once again much will depend on whether it is possible to work out new schemes of insurance for the relationship between physician and patient as well.

bb) What has just been said in the preceding section about the importance of both being insured and devising better insurance schemes for the future which cover the liability risks of medical activities, applies even more particularly to the important recommendation by the *Pearson Commission* in the United Kingdom that – not only from products liability – but also in the field of medical injury *strict liability* should be introduced for one special category of people: those who volunteer for clinical trials or research experiments[702]). Since it is obviously wrong that a patient or person who exposes himself to some medical risk in the interest of the community should have no legal right to claim compensation in the event of injury[703]), one can only in accordance with the *Pearson Commission* recommend that any volunteer for clinical trials, research treatment or research experimentations who suffers severe damage as a result should have a cause of action irrespective of any negligence on the side of the physicians or researchers involved, on the basis of strict liability, against those to whom he has consented to make himself available[704]). It is obvious then that physicians and research workers who are involved in research treatment or research experiments and who ask patients or healthy volunteers to accept new forms of treatment in the interest of research ought to be properly insured.

cc) As early as 1961 it was proposed[705]) to substitute the insurance of the physician, as *quasi* delinquent, for an insurance of the patient, as the victim. A corresponding proposal has been submitted in 1975 by *Lord Kilbrandon* at the 5th Colloquy on European Law of the *Council of Europe* in Lyons[706]). The big issue really is the problem of compensation for non-pecuniary damage, which is often the only money actually given to an injured patient[707]). One will have to wait and see whether there will be a new system of just compensation acceptable to both parties involved: the physician and his patient; so far, only New Zealand and Sweden seem to have gone far in introducing a patient's insurance scheme with the result that many of other countries' civil liability problems have been reduced there to almost marginal issues; neither malpractice nor consent problems now seem to create real compensation difficulties in Sweden as far as the physician's *civil* liability is concerned[708]). The field in which these problems remain important, however, now seems to be Criminal Law[709]).

II. Transsexual Surgery

Transsexual surgery became a modern reality 25 years ago when Christine Jorgenson's sex reversal shocked the world. Since that time, transsexuality has become both dilemma and controversy in medicine, psychiatry, and law[710]).

1. The development in this particular field is rather new, but it has already created legal issues unheard of in generations past. How could they have imagined that one day – in 1976 – surgical sex reversal would be perfected to the point that a New Jersey court would uphold a marriage between two biological males – and require the ,,husband" to pay spousal support to the ,,wife" since the male spouse had become physically, psychologically, and anatomically female[711])?

2. The highest German Court, the Federal Constitutional Court (*Bundesverfassungsgericht*) recently had to deal with a case of transsexuality and proved to be unbiasedly – or relatively naively? – open to new research developments, and scientific progress in knowledge about man[712]).

a) In this remarkable case, the applicant complained about decisions of some lower instances and the German Federal Supreme Court[713]) which has declined to allow an application that his sex entry in the state-kept official birth register be changed from male to female. The applicant belongs to the group of people who from their outward appearance at the time of their birth were adjudged to be of male sex but later in every respect develop a feeling that in reality they belong to the female sex and – after surgical adaption of their outward appearance to their genuine feeling – live the life of a woman, although legally they are still being treated as men (so-called male transsexuals). The applicant is now working in a hospital as nurse. She complained to the Federal Constitutional Court that the Federal Supreme Court's decision refusing her to have her entry corrected according to her application (from male to female sex) violated her constitutional right as enshrined in the German Constitution of 1949, and the Federal Constitutional Court ruled that in fact the decisions refusing her the desired entry violated her human rights of dignity (Art. 1 I GG) and personal freedom (Art. 2 I GG) and, therefore, were null and void; the case was referred back to the Federal Supreme Court for a new hearing in the light of the Federal Constitutional Court's decision[714]).

b) The Federal Constitutional Court considered that according to expert knowledge of the time it could be taken as established that transsexualism is the complete psychical identification with the other sex opposite to one's own anatomic sex. True transsexuals experienced this conviction from childhood onwards, and their lives were a constant struggle to resolve this biological dilemma. Transsexuals must not be confused with hermaphrodites who neither completely belong to the one nor to the other sex; genetically speaking, they unmistakably belonged, from the very beginning of their life, to either the one or the other sex and have all the respective reproductive organs of their sex. The origins and causes for transsexualism were not yet fully known; in particular it was still unsettled whether any, and if so, which prenatal determinants are responsible for someone's transsexual disposition. But it could be considered as medically settled that transsexualism had nothing to do with homosexuality or fetishism, and must be clearly distinguished from psychosexual anomalies and perversions; it was not his or her sexuality that is decisive for a transsexual, but the problem of his or her personal identity or the conviction that one's psychological gender is opposite to one's anatomic sex. The male transsexual, i. e. the psychological female who from one's anatomic sex seems to be a male, was not attracted to homosexuals[715]), yet they were not attracted to women whom they perceived as belonging to the same sex as they do[716]).

c) In the absence of any other successful or even promising psychotherapeutic or hormone treatment[717]), the German Federal Constitutional Court follows the interdisciplinary opinion that the only sensible and helpful therapeutic way to resolve the transsexual problem is to resolve the biological dilemma through transsexual surgery which could adapt as far as possible the anatomic appearance to the psychological gender. The court ruled that this also has *legal consequences,* as the transsexual's struggle to resolve his identity problems does not end after the surgical operation but only after the law has in each individual case fully accepted the psychological facts and issues, including medical insurance coverage for transsexual surgical operations[718]) and the correction of sex entries in state-kept birth registers, the correction of which is in turn the pre-condition for a desired change of a transsexual's first names[719]).

2. With this important decision of the highest German court one can no longer consider it true that transsexual surgery is considered to be unlawful in Germany[720]). Such operations can be lawful here as in Belgium, Canada, Great Britain, Switzerland and the United States[721]).

a) Yet the whole issue is far from being totally resolved. For instance, a New York court, in refusing to order a new sex designation to appear on a transsexual's birth certificate, called sex reversal „an experimental form of psychotherapy by which mutilating surgery is conducted on a person with the intent of setting his mind at ease"[722]). That court considered the transsexual surgery no better than mutilation and disapproved of „resolving a person's unhealthy mental state" by drastic physical means. One writer has observed that any drastic and far-reaching operation of a non-therapeutic nature is illegal unless there is a justifiable reason for it, such as cosmetic surgery that will not normally endanger healthy organs or donation of an organ for transplant[723]). A physician would be criminally liable for removing a healthy arm just because a patient requests it.

"Does this not suggest that therapeutic value is the deciding factor? How will therapeutic value be determined? Will it be from the success of the operation, the opinion of the surgeon, or the subjective report of the patient? If the patient slips into a post-operative depression resulting in suicide, does that mean the surgery was not therapeutic and the surgeon is liable? If the patient adjusts satisfactorily to his gender of choice and lives a stable, productive life, does this mean the surgery was therapeutic?"[724])

b) Perhaps the most disturbing aspect of the transsexual surgery problems for *legal purposes* is that an apparently subjective gender is treated physically at the request of the patient: the *patient* diagnoses his problem and prescribes himself the treatment[725]). Should psychological problems be treated by surgical operations[726])? Most gender clinics in the United States report that many applicants for transsexual surgery are actually sociopaths seeking notoriety, masochistic homosexuals, or borderline psychotics, and not true transsexuals[727]). Is transsexual surgery undertaken then, always lawful?

c) There are cases in the United States where damages have been awarded in spite of consent, since the operation is considered a threat to public peace and interest and this makes the consent given utterly null and void[728]). Are such cases inappropriate to transsexual surgery[729])? Yet, malpractice actions will always be available for negligently performed surgical operations. If we assume that surgical sex reversal as such is not illegal – as the German Federal Constitutional Court obviously held recently –: can a transsexual's consent to surgical sex reversal ever be valid? It has been said by an expert in the field that the transsexual's desire to have surgery has been described as craving, an obsession, and a passion[730]). Is, then, the consent in such cases freely given? Where there is no plaintiff, there is no judge. But it is obvious that the whole complexity of the issue places a heavy burden on the treating physician or surgeon if the patient later resents his decision and prefers to claim damages because something went wrong with the operation, with his personal identity, self-esteem and daily functioning, or simply because he found out that sex reversal after all was not what he thought might help him[731]). Many questions remain open. It has been suggested that enlightened jurists should allow the treatment on which physician and patient agree, especially since allegedly no one[732]) but the patient is affected. It has been said that new diagnoses and new treatments always emerge as our medical understanding deepens and that a blanket denial of the validity of a transsexual's consent may ban a revolutionary and therapeutic tool with which his physician may ease his suffering[733]). Be this as it may, the arduous onus of proof that the consent was indeed freely given after all appropriate information had been given to the patient remains with the physician and nobody else. If the ratio of unstability among those who seek transsexual surgery is as high as has been suggested by American gender clinics then the physician or surgeon who undertakes surgical sex reversal operations may well incur a greatly increased danger of unsatisfied or changeable patients who might create greater trouble to him than ever. In our own view the whole business comes under the category of the grave ethical issue whether man should really always do what he technically is able to do. We would have preferred a more reluctant judgement from the German Federal Constitutional Court, and we do not think that the medical questions raised by that court are already as settled as the court assumed they are. A *videant iudices* sometimes seems to be even more necessary than the old maxim of *videant consules*.

III. Organ and Tissue Transplants[733a])

With regard to the transplantation of human organs, many member States of the *Council of Europe*, as well as other States throughout the world, have already passed statutory provisions; mention should here be made of the respective transplantation laws, e. g., of Denmark[734]), Italy[735]), Norway[736]), most of the Canadian provinces[737]), the United States[738]) and, indeed, of the many states all over the world the relevant legislative measures of which are mentioned and collected in the Appendix to this book[739]). At present, further statutes are in the course of being prepared in some countries, e. g. in the Federal Republic of Germany[740]), in Belgium[741]), and in Sweden[742]). The *Council of Europe* has also considered whether a European Convention on the subject would be desirable; in its terms of reference to the Joint Committee of Experts of the European Public Health Committee (CDSP) and the European Committee on Legal Co-operation (CDCJ) on the harmonisation of legislation relating to the removal, grafting, and transplantation of human biological substances it asked the Joint Committee ,,in view of the importance of removal, grafting, and transplantation of human biological substances for therapeutic and diagnostic purposes of persons other than the donors in order to maintain life and active capacity for research purposes . . . to consider the medical, legal, and ethical problems involved, paying attention to the moment thought appropriate for removal and also the problems raised by the transportation of these substances between member States (including preservation and avoidance of contamination)"[743]). The result of the Joint Committee's deliberations was the Draft Resolution on Harmonisation of Legislations of member States relating to removal, grafting, and transplantation of human substances of 1977 and, since its adoption by the Committee of Ministers of the *Council of Europe* on 11th May 1978, the now official *Resolution on Harmonisation of Legislations of member States relating to removal, grafting, and transplantation of human substances* of 1978[744]), comprising three chapters: Chapter I concerns the field of application of the resolution and contains an article defining the terms used in the resolution, including the term ,,substance of human origin"; Chapter II deals with removals, graftings, and transplantations of substances from living persons; Chapter III concerns removals, graftings, and transplantations of substances from deceased persons[745]). The resolution is important enough, as a measure of harmonisation in this field of the *Council of Europe*, to be printed here in the Appendix to this book[746]). The trend towards regulation of the transplantation of human organs results from the recent development of medical science in this field. As could be expected, there is already an abounding number of American case law caused by the increasing number of transplant operations[747]). Since, in 1954, a kidney was transplanted for the first time, kidney transplantations have become very frequent all over the world (to date, 14 000 to 21 000 transplantations altogether). In the Federal Republic of Germany, e. g., there are now roughly about 100 cases a year and in the United Kingdom about 400[748]). Some 2000 renal transplants have now been performed in France alone[749]), 2448 in Australia and New Zealand[750]); since 1968, about 400 heart transplantations were performed throughout the world, with a steadily increasing number of patients who survive these transplantations for an ever increasing period of time[751]). In 1905, a cornea was transplanted for the first time; we now have more than 1000 to 1500 cornea transplantations a year performed in the Federal Republic of Germany alone[752]). Since 1968, bone marrow transplantations have been successfully performed, and such transplantations are ever increasing[753]). After *in vitro* fertilisation of a human egg, the successful re-transplantation of the fertilised egg into the mother's womb has become possible only recently, and (as far as one knows) healthy children were born in the course of such treatment[754]). There is already an American plan to establish the first clinic for test-tube babies in Norfolk (Virginia), and the waiting–list of that institution already comprises names of more than 500 women who want a child through this agency[754a]). These figures show the impressive advancement of knowledge in the medical field as well as the pressing need to solve the problems involved[755]). It is not surprising, therefore, that national professional bodies now appeal to all members of the profession to carefully study the implications of this new and vastly developing field of medical activities, to make themselves familiar with the importance of transplant surgery and to help to promote greater readiness in the public to donate transplant substances in the interest of those to whom a transplantation may indeed mean the only chance of help and survival[756]).

Selected civil liability problems

1. Transplantation from Living Donor[756a])

In regard to transplantations from living donors Denmark, Italy (for kidney transplants), Norway, South Africa, the provinces in Canada, and France seem to have passed statute law[757]). The United States has the distinction of having very interesting case law on *inter vivos* transplantations since 1969[758]). As in the context discussed above[759]), the surgeon's civil liability with regard to transplantations may arise either on the ground that the transplantation was not indicated (malpractice) or on the ground of treatment without consent. Both grounds of civil liability reflect the general principles already discussed, i. e. that a professional medical man owes to his patient a duty (in contract and/or in tort) to show reasonable competence, i. e. a high degree of skill, all the more so since transplantations ought not to be undertaken without a high standard of professional training and experience[760]). In the case of transplantations from a *living* donor, there is a *special* duty to give relevant information both to the donor and to the recipient of the organ.

a) First, the surgeon has to give *full and detailed information* to the *donor*, since no therapeutic treatment of the *donor* is intended. This information will have to relate to the risks of the operation for the donor, the experience of medical practitioners generally with regard to the operation, rates of success, and the chances of a successful implantation in the proposed recipient. Thus, according to Article 2 of the *European Resolution* relating to removal, grafting, and transplantation of human substances (1978), the donor must be given *appropriate* information before the removal about the possible consequences of this removal, in particular medical, social, and psychological, as well as the importance of the donation for the recipient[761]). The „appropriate"information is not just medical information usually given in medical reports employing professional and technical terms, but it is rather concise and clear information easily understandable by the donor taking into account his level of education and understanding capacity; the donor is to receive a truly clear and understandable picture of all the possible consequences of the removal[762]). This rule is not only to protect the donor but it is also intended to protect the physician from damage actions after removal[763]). In principle, *minors* and *insane persons* cannot legally be permitted to serve as donors, as they cannot give a legally valid consent. The guardian's consent will not be sufficient either because, generally speaking, the transplantation does not normally benefit the donor[764]). Parents are not free to make martyrs of their children before they have reached the age of full and legal discretion which enables them to make a choice for themselves: this opinion is held by the United States Supreme Court[765]). Article 2 of the *European Resolution*, however, seems to envisage the validity of a legal representative's consent to transplantations from legally incapacitated persons[766]). A removal must not be effected without the *freely* given consent of the donor[767]). Accordingly, if the legally incapacitated person objects to the removal, it cannot be effected even if the legal representatives have given their consent. The aim of this rule in the *European Resolution* of 1978[768]) is not to force any living donor, legally capacitated or not, to undergo a removal operation when he objects to it[769]). As the donor's consent must be given completely freely, *prisoners* will not be able to give a legally valid consent if they thereby expect to achieve some benefit during their imprisonment[770]). However, other principles may apply if a prisoner only intends to help a blood relative and the blood relationship would make success more likely. It is clear that the living donor may not give vital organs[771]). Moreover, the surgeon performing a transplantation of vitals would be liable in tort (and/or in contract) as such an operation could not be justified even by the best informed consent possible. Article 5 of the *European Resolution*, however, states that where removal of substances presents a foreseeable substantial risk to the life or the health of the donor, a removal may be permitted exceptionally when it is justified by the motivations of the donor, the family relationship with the recipient and the medical requirements of the case, but removal of substances which presents foreseeable substantial risk to the life or the health of the donor who is legally incapacitated are forbidden[772]).

b) The extent of the information to be given to the *recipient* depends on the intended operation. The greater the risks involved, the more information must be given, although the extent of the necessary information may be restricted for reasons of extreme urgency in the interests of saving life. Where there are more patients in need of transplants than donors, the physician cannot normally be held liable for his selection of the recipient patients, if no weighty medical reasons dictate a special choice[773]).

c) No substance may be offered for profit[774]). However, loss of earnings and any expenses caused by the removal or preceding examination may be refunded. The donor, or potential donor, must be compensated, independently of the possible medical responsibility, for any damage sustained as a result of a removal procedure or preceding examination, under a social security or other insurance scheme[775]). This rule of the *European Resolution* implies the total prohibition of offer of human substance for a profit. Article 9 admits of *no* exception to the rule. Since this rule will be applicable to all kinds of human substances without exception, the practice of payment to some blood donors, which at the present time exists in a number of member States, e. g. in Germany, has to be revised when and if those states take steps to implement the *European Resolution*[776]). It should, however, be borne in mind that nothing in the article is an obstacle to the refunding of expenses; it is fair and logical that though the donor is not allowed to get any profit from his donation, he should not carry the financial burdens of removal operations and preceding examinations. These refundable expenses include: loss of earnings, travelling expenses, and any expenses caused by the removal operations as well as preceeding examinations[777]).

2. *Transplantations from Deceased Person*

A physician's or surgeon's civil liability with regard to a transplantation from a deceased person gives rise especially to two problems: first, the problem of establishing death, and, secondly, the necessity of the relatives' consent to the intended transplantation[778]).

a) Establishing Death[778a])

Civil liability with regard to the problem of establishing death may arise on the ground that the surgeon carrying out a transplant caused the death of a patient by the removal of an organ or by stopping the apparatus providing oxygen or artificial circulation of blood. The surgeon, therefore, may be liable to the patient's relatives for loss caused by his negligence (e. g. costs of the funeral, costs of maintenance of dependants, etc.). In such cases the question of the exact time of the patient's (donor's) death is of the highest importance. For the purpose of establishing death two questions have to be answered: first, which of the vital organs cease to function irreversibly, and, secondly, which method is to be applied to establish this cessation.

aa) It seems that only Finland[779]), Italy[780]), and Spain[781]) have so far provided statutory criteria for determining death. The same matters are regulated in France by a decree of the Ministry of Health[782]), and in Switzerland both cantonal regulations referring to directives of the Swiss Academy of Medical Science of 1969 and two important Federal Court (*Bundesgericht*) decisions of 1972 and 1975[782]) cover the problem of determination of death[783]). In all other member States of the *Council of Europe* and in many other countries there are no specific laws or other government regulations on determination of death. This determination is rather left to the verifying physicians in the light of medical science and medical ethics[784]). In a number of States rules in the form of guidelines or recommendations regulate the matter within the medical profession. In Denmark, the National Board of Health, in Ireland a joint Committee of medical colleges, medical associations and of lawyers, in the Netherlands the Dutch Medical Council, in Norway and Sweden the National Boards of Health issue guidelines, advice or circulars to assist and direct medical practitioners as regards the determination of death. Turkey is the only State where the principles of medical ethics are embodied in a Governmental Decree. In general, medical practice differs from State to State. For instance, while the Swedish practice requires simultaneous brain death and cardiac arrest before a person may be declared dead, the Norwegian medical practice finds irreversible brain death sufficient without requiring cardiac arrest. Brain death as the total and irreversible cessation of brain functions was also considered to be an acceptable test in a recent American case before the Massachusetts Supreme Judicial Court[785]). In Ireland, although the guidelines recognise the concept of brain death, current medical practice would never admit to the carrying out of a removal on a person whose heart is still beating[786]). Experts are divided on whether a common legal definition of death should or, indeed, could be found; a majority of experts heard at a Council of Europe experts meeting in Strasbourg thought such a definition was needed[787]). The Danish experts proposed the following definition which was also supported by a number of experts from other countries: *A person is dead when it is established that he has suffered an irreversible cessation of all brain functions*[787]). In Canada the Law Commission has recommended that death should be statutorily defined as taking place ,,at the time at which irreversible cessation of all that person's brain functions occurs"[788]); but the equation of a person's death with the irreversible cessation of brain functions appears to have been adopted all over the world, even without such statutory provisions[789]). According to the more recent opinions of theologians, doctors, and lawyers, all that may be regarded as human individuality and human personality ceases physiologically with the death of the human brain[790]). In some countries, e. g. in Germany, the majority – considering the rapid and continuing development of medical science – doubt whether it would be at all helpful to fix criteria of death by statute, considering it preferable to leave this question for the future, making it the responsibility of the medical profession to determine, as was suggested by the *World Medical Association* in its *Declaration of Sydney* (1968)[791]). In Germany, the working party studying the matter, therefore, did not try to find a definition of death but rather a procedure which would protect the donor, giving much more certainty to the death verification procedure, e. g. by requiring that two independent physicians not involved in the planned transplantation must verify the death of the donor from whom the transplant is to be taken[792]). A recently published German government draft of a Transplantation Law of 1979[793]) requires no formal death verification procedure if the transplantation does not begin prior to three hours after the complete standstill of the donors's cerebral circulation[794]), but a formal death verification procedure by two independent physicians not belonging to the transplantation team is always required if the transplantation operation on the deceased donor is to commence before that time, i. e. either immediately or shortly after the death of the donor or within the first three hours after his death[795]). Since almost all the transplantation surgery experts are in favour of *as early a beginning of the transplantation operation as possible*, i. e. immediately after the death of the donor, the formal death verification procedure would become the rule rather than the exception under this law[796]). This aspect underlines the immense importance of the question of which method is to be applied to establish (or verify) the death of the donor.

bb) As to the method of establishing the brain death, different criteria have been proposed. The *British Transplantation Society* proposes that certain brain functions must cease for a period of 12 hours, during which it would be advisable, but not necessary, to carry out an electroencephalogram (EEG)[797]). In the Netherlands, a cessation of the brain functions is considered to be sufficient if this is controlled over a period of six hours, during which three EEG tests must be carried out, each lasting for half an hour[798]). The German Society of Surgery (*Deutsche Gesellschaft für Chirurgie*) has proposed that, for the purpose of establishing death, either the cessation of certain brain functions must be proved with the help of an EEG for a period of at least 12 hours or the interruption of cerebral circulation for 30 minutes established by the angiographical method[799]). Frequently it is required that more than one physician confirm the fact of death and that they may not be members of the transplantation team [800]); the new German draft of a Transplantation Law is the most recent example for this requirement. According to the *European Resolution* on harmonisation of legislations of member States relating to removal, grafting, and transplantation of human substances of 1978, death must be established by a physician who does not belong to the team which will effect the removal, grafting, or transplant operation; however, this doctor can effect a removal in cases of minor operations when no suitable doctor is available[801]). This Resolution, then, is less demanding than the German draft which insists upon two concurring medical opinions of physicians not belonging to the transplantation team for the verification of death of the donor, and does not admit of exceptions for minor operations as envisaged by the *European Resolution*[802]). The insistence on two independent medical opinions relating to the verification of death appears to be sensible and reasonable, as death should be established as safely as possible and as independently as possible of any professional interest in the particular transplantation operation.

b) Authorisation to remove transplantation material

If the death of a person is established, the transplantation operation may nevertheless only be performed if the transplantation team, the surgeon, any other physician involved, and their staff, are authorised to remove from that dead person's body transplantation substances for the benefit of a given recipient. This authorisation can normally be assumed if a person has expressed in writing at any time, or orally before two or more witnesses during his last illness, his wish to donate his body or a part of his body to be used after his death for therapeutic purposes or for the purpose of medical education or research, unless there is reason to believe that the deceased has later withdrawn his bequest[803]). Problems arise, however, if the deceased person has made no such wish in his lifetime. On the subject of authorisation only Denmark[804]), Italy[805]), Norway[806]), Sweden[807]), the United Kingdom[808]) and the United States[809]) have specific provisions[810]). The Federal Republic of Germany is about to introduce a new draft of 1979 into parliament for debate[811]). The possible answers to the problem focussing on the *donor's* consent are reflected by the different laws already in existence; the consent normally being thought to be indispensable[812]), the problem really is under what conditions consent can be assumed to have been given. Some legal systems require an express or at least implied consent in the absence of which transplantations are illegal, other legal systems consider a transplantation to be legal unless there is evidence that the deceased person during his or her lifetime has expressly or impliedly ruled against the use of his or her body or parts of his or her body for transplant purposes[813]). According to Danish law, a person who has come of age can give his consent to a removal of organs or tissues to be effected after his death for the purpose of treatment of illness or injury in other human beings or for research purposes. If there is no such decision by the deceased, the removal may nevertheless also be effected except where the deceased has forbidden such removal when he was alive, or such a removal would be in conflict with his known, e. g. religious, beliefs, or his nearest relatives expressly object to such a removal[814]). The Norwegian law is even more straightforwardly based on presumed non-objection where the deceased did not rule out the removal during his life; if his nearest relatives object to the removal or there is reason to believe that such an operation would be contrary to the beliefs of the deceased or his nearest kin, then a removal may not be effected at all[815]). The Swedish law operates on very much the same lines as the law of other Scandinavian countries; a new law covering this area does not require the consent of the relatives to proceed to removal but it requires that they be informed about it; they can then only bar a removal by *express* objection; silence is no barrier to a removal operation[816]). Under the new Italian law, when a dead body is not subject to autopsy (*riscontro diagnostico*), and the deceased explicitly objected to a removal when he was alive, no such removal can be effected; the same rule applies if the nearest relatives (up to the second degree) manifest their explicit objection to such operations[817]). In Great Britain, under the *Human Tissue Act* of 1961, express or implied consent of the deceased during his life time authorises the use of his dead body for such purposes; if the deceased person has not expressly or provably consented to such operations after his death, the person in possession of his body can nevertheless authorise a removal for therapeutic or research purposes if he has no reason to believe that the deceased had expressed an objection to this end, or had not withdrawn his consent, or that the surviving spouse or any surviving relative of the deceased objects to the body being so dealt with[818]). A draft Belgian law requires that the will of the deceased as to his consent or non-consent to such a removal should always be respected; however, if the deceased has not stated his objection during his lifetime, the consent is presumed under the draft law of Belgium[819]). In the Netherlands, on the other hand, general principles of law require the explicit consent of the deceased or, in the absence of it, the explicit consent of his next of kin[820]). In Turkey and in Austria the situation is almost identical: general principles of law require explicit authorisation of any kind of removal either by the deceased in his lifetime or, in the absence of it, by his nearest relatives[821]). In Germany (W), the new Federal Government draft law is in favour of a presumed non-objection where the deceased did not *explicitly* rule out the removal during his lifetime (so-called *Widerspruchslösung*)[822]), against the other suggestion, favoured by a minority of experts and now by the majority of the *Länder* governments (provinces or states) of the Federal Republic of Germany which would prefer to allow organ or tissue removals only where either a clear and provable (express or implied) consent had been given by the deceased in his lifetime, or where, after his death, the nearest relatives had been informed about the proposed removal and had consented to it clearly (*Einwilligungslösung*)[823]). It should be added here that the so-called contracting-out solution of the German Federal Government (*Widerspruchslösung*) is also preferred by France[823a]) and Spain[823b]), and that the *European Parliament* in Strasbourg, in its recent Resolution concerning Organ Banks (1979), has also strongly recommended that only this solution can really cater for the need of recipients, in particular in the absence of a sufficient number of donors[823c]).

c) *The necessity of the relatives' consent*

This brings us to the next problem with regard to transplantations from a deceased person, namely the question of the surgeon's civil liability on the ground that he has removed organs or tissues *without* the relatives' consent. This can only be a ground of liability as far as the surgeon has a duty to obtain this consent before such an operation is carried out.

aa) That no removal must take place when there is an open or presumed objection on the part of the deceased[824]), in particular, taking into account his or her known religious and philosophical convictions[825]), should go without saying: liability problems will, however, hardly arise, unless the issue becomes more complicated by the nearest relatives' *ex post* objection to the performance of organ removals not consented to by them[826]).

bb) As to the necessity of the relatives' consent, opinions vary greatly, almost to the extent of *quot capita tot sententiae*[827]). On the other hand, there is, at least to some extent, agreement in one particular case, namely, where the deceased before his death personally agreed to the use of his organs for transplant purposes after his death: many hold, in such cases, that the relatives' consent is then unnecessary since the relatives are bound by and have to respect the wishes of the deceased[828]). However, the Danish Statute of 2nd June 1967[829]) does not allow any transplantation if either the deceased *or* the relatives have opposed the performance of organ or tissue removal and transplantations or if operations of this kind must be regarded as being incompatible with the religious or ethical beliefs of the deceased or his next of kin. Also the *Human Tissue Act,* 1961 (as applicable in England and Scotland) regards the view of the deceased and the relatives as being relevant by providing in s. 1 (2) that ,,the person lawfully in possession of the body of a deceased person may authorise the removal of any part from the body for use for the said purposes if, having made such reasonable enquiry as may be practicable, he has no reason to believe (a) that the deceased has expressed an objection to his body being so dealt with after his death, and had not withdrawn it; or (b) that the surviving spouse or any surviving relative of the deceased objects to the body being so dealt with"[830]). The statutes of some other states even provide for a ranking list of relatives who have to be asked before any transplantation may be carried out[831]). In other legal systems, the trend is rather to require that the nearest of kin be *informed* before a transplantation procedure is performed, but their *consent* is *not* required; only if they expressly and clearly object to the proposed operation, will their objection be relevant in that the removal may not take place then[832]). In Germany, it is disputed whether there is a duty to obtain the relatives' consent if the deceased is not known to object to transplantations. In the opinion of a great majority, a transplantation carried out without the relatives' consent would be justifiable on the principle of necessity, if the removal of the organ or tissue is necessary to save the recipient's life or to re-establish his health[833]). The argument is that on balance the life of the recipient is more important than the consent of the relatives of the deceased from whom the organ or tissue is taken. Some, however, go far beyond these restrictions and hold that the relatives' consent is not required, even if the organ is removed not for a particular recipient but for storage in an organ bank[834]).

cc) But it may well be asked whether the transplant surgeon must not *at least try* to obtain the relatives' consent before the actual transplantation is carried out, and that only if the consent cannot be obtained would the doctrine of necessity apply. According to the doctrine of necessity, which was also adopted by a German court in the famous *Gütgemann* case[835]), a balance must be struck between competing sets of values. The act complained of would be justified if it was necessary to prevent greater evil to another. The possibility of saving human life or re-establishing human health is, on balance, of a higher value than the possible infringement of a relative's right to consent.

dd) Two further arguments have been put forward against any duty to obtain the relatives' consent. First, it is argued that making transplantations dependent on the relatives' consent would certainly imply a great risk that human organs might become objects of trade. If the relatives are entitled to consent and may claim damages for not being asked, they could make their consent subject to some payment. Secondly, it is argued that to give detailed information to the relatives and attempt to obtain their informed consent would cause more damage to them than an operation without their consent and knowledge[836]). The relatives' consent is, in accordance with these considerations, not required by the new German Federal Government draft, shortly to come before the German Federal Parliament for discussion and decision; it is the deceased's express objection against removals from his dead body as publicly confirmed in his national Identity Card (*Personalausweis*), and not his consent, which is decisive for any removal of organs or tissues for transplantation purposes[837]). It is difficult for the present writer not to make a critical comment on the German sense of perfection as expressed in this typical approach to the problem. The present German draft was already severely criticised on account of its not taking enough notice of the individual's real will; it was argued both by the Churches and by the majority of the *Länder* governments in the German *Bundesrat* (the Second Chamber of the Federal Parliament in which the state government interests of the Federation are represented) that transplantations should only be allowed in cases where the deceased during his lifetime had in fact clearly consented to the removal of transplants from his body after his death or, after his death, where the spouse or next of kin expressly agree to the transplantation procedure[838]). We personally are also in favour of the latter solution.

ee) Future legislation and/or case law will have to cover these questions. Once again, perhaps the greatest amount of case law at present is available from a number of American jurisdictions[839]). In Germany, earlier proposals were to consider the removal of organs without the relatives' consent for the purpose of saving life. But if, primarily, other purposes were served (e. g., research, organ bank stocking), then the relatives' consent was to be made necessary. There is a tendency to regard as null and void any agreement or consent which is made or given for profit; donations should be donations, and human organs should not become objects of trade[840]). In accordance with this general policy, Article 14 of the *European Resolution* on harmonisation of legislations of member States of the *Council of Europe* relating to transplantations of human substances of 1978 expressly provides that human substances must not be offered for any profit[841]). Article 14 of the *European Resolution* then outlaws all *post mortem* donations of human substances for any gain. This interdiction includes any gainful transaction made by the donor in his lifetime to be effective after his death as well as any stipulation by his relatives entered into after his death for the same gainful purpose[842]).

3. Transplantation Liability

In cases of transplantation, the acting surgeon or physician may become liable for any damage which he causes by his operation or treatment. His civil liability generally depends on whether he carried out an operation or treatment or omitted an indicated operation or treatment negligently. The general rules as discussed in this treatise apply[842a]). Thus, a surgeon may become liable for any damage arising out of a transplantation procedure if he falls short of that particularly high skill which can be expected of specialists who undertake transplantation operations. A striking example now comes from a recent *French* case, in which a surgeon transplanted a cornea from a donor who had died from rabies. The transplant team's diagnosis of the donor's illness was brain-fever instead of rabies. The transplanted cornea infected the recipient patient who shortly afterwards in turn also died from rabies[842b]). The surgeon may also become liable to the donor if the donor, under the exigency caused by the doctor's wrongful misconduct, consciously and deliberately faces a risk, even of death, to rescue another from imminent danger of personal injury or death, whether the person is one to whom the donor owes a duty of protection, as a member of the family, or is a mere stranger to whom he owes no such special duty[842c]). In an extraordinary recent *Canadian* case of medical malpractice, the defendant surgeon, during the course of a tubal ligation operation, mistakenly identified a body found in the lower left quadrant of his patient's abdomen and excised this, believing it to be an ovarian cyst. But, it was a kidney, out of place indeed (ectopic) but a kidney none the less, and, indeed, that patient's only kidney. The patient was placed on dialysis (the only alternative to a successful transplant) until a kidney transplant could be arranged. The patient's father then volunteered one of his kidneys and a transplant operation took place. Unfortunately, the patient's body rejected the transplanted kidney and the patient had to go back on dialysis. The Manitoba court held that the defendant surgeon was answerable not only to the patient but also to her father who had donated his kidney and who was entitled to recover damages for the operation itself, for the loss of his kidney, for post-operative recovery and his discomfort and also perhaps for the loss of confidence, which the court thought would persist somewhat beyond that period of recovery. The court held that the father's donation of a kidney to his daughter was a reasonably foreseeable consequence of the medical malpractice done to her by the defendant. ,,If not routine – because of the danger of rejection and the consequent worsening of the patient's chance for a successful operation by risking the build-up of antibodies – certainly it could fairly be said, in the light of today's medicine, that kidney transplant is an accepted remedy in renal failure. As a result a transplant must be viewed as an expected result, something to be anticipated as a consequence of the loss of normal kidney function. Given the disaster that befell the daughter, it was entirely foreseeable that one of her family would be invited, and would agree, to donate a kidney for transplant", the court concluded[842d]. The transplanting surgeon may also become liable if he *omits* the necessary *information* to the patient which alone will render the patient's consent valid or if he *falls short* of giving *all* the information which a skilful colleague would have given to the patient in order to obtain a valid consent. Thus, in a recent *German* case, a surgeon carried out a transplantation on a patient who very strongly desired this particular transplantation which, in the surgeon's view, however, could not have the desired effect. The surgeon, instead of making comparably strong representations against the desired transplantation in order to cause the patient to desist from his plan, gave in without telling him strongly that in his view the operation would be useless, and operated. The patient claimed damages for an alleged deterioration after his operation. The court held that because the information given was not sufficient, the patient's consent wasn't valid either, and the transplantation illegal accordingly. However, due to the court's dissatisfaction with the argument that the alleged deterioration was caused by the transplant operation, the plaintiff was unable to recover[842e].

IV. Liability with regard to Artificial Insemination by a Donor (AID), Egg and Ovary Transplants, and Embryo Transfers

In regard to the physician's civil liability in this field, no statutory provisions seem to exist in any member State of the *Council of Europe,* but there are some statutory regulations as regards Artificial Insemination by a Donor in the United States[843]), and some American case law in this field is also available already[844]). In Europe, however, apart from some still odd exceptions again dealing with

Heterologous insemination and Ovary transplants

AID[845]), no relevant case law is available yet, whilst the number of articles and books on the issues to be treated here is ever increasing[846]).

1. Liability with regard to AID and Ovary Transplants

Both AID and ovary transplants serve the same purpose, namely to compensate for the disability to have a child normally. While AID compensates for a male disability, an ovary transplantation removes a female disability. While AID now appears to be a somewhat well-established and with many doctors, in spite of its grave, especially ethical and genetic problems[846a]), an acceptable practice all over the world[847]), egg or ovary transplants are still a comparatively recent development with, however, equally unforeseeable dimensions in the future. The possibility is already being explored of a method called egg transfer from donor (ETD), in which the *ovum* being implanted into a woman comes not from her own ovaries but from a so-called donor-woman. In common with most major steps in medical sciences, and especially those emerging from research in reproductive biology, also ETD raises ethical questions of the greatest social importance. The world's first test tube baby, Louise Brown, was born in England recently[848]), and the label of being the world's first test tube baby no doubt will soon fade away as more babies are conceived this way and born to see this Brave New World as brave new babies. The physician's civil liability with regard to egg and ovary transplantations is governed, on the one hand, by the general principles of liability with regard to transplantations[849]). On the other hand, the physician's duty in choosing an appropriate donor for the sperm or *ovum* or ovary and his civil liability to the child subsequently born, are governed by the following special principles too. With regard to both AID and ETD, a physician may become liable in particular to the woman undergoing treatment, her husband, and the child, and what follows about AID now, *mutatis mutandis* also applies to ETD.

a) Contractual liability on the part of the physician depends on the validity of the contract of treatment.

aa) In some legal systems there is no doubt that a contract between a woman and a doctor for performing AID is legally valid[850]). In other legal systems[851]) this question is disputed and the validity of the contract will depend on the circumstances of the individual case. A decisive consideration would be whether AID is to be applied for the benefit of a marriage and to relieve the spouses of the perhaps deeply felt stigma of childlessness due to the husband's sterility[852]). In the case of ETD, the same principles would apply. It is one thing to help a childless couple to conceive by overcoming an obstacle to conception on the husband's (e. g. in cases of sterility) or the wife's side (e. g. in cases of an obstruction of the fallopian tubes)[853]; if these purposes are pursued, the contract would then perhaps be valid. These aims cannot be fully achieved by means of adoption (leaving aside the fact that adoption cannot give to the wife the experience of pregnancy and childbirth which, according to medical experts, is often important for the mother-child relationship during the early years of the child's life)[854]. In 1972, moreover, the number of spouses wishing to adopt a child in Germany was twice as high as the number of children legally available for adoption[855]. But it would be another thing as genetic engineer and researcher to create new interferences with the process of life[856]. One should add, perhaps, that only recently in New York a married couple was accorded damages for personal sufferings to be compensated by the physician because he had terminated a test tube fertilisation process and, thus, destroyed the couple's hope to become parents of a baby through the same procedure by which ultimately Louise Brown was born in England[857].

bb) As far as the contract between the physician and the woman is valid, the physician may become liable for breach of his contractual duties if treatment is given without informed consent or if there is malpractice. It would, for example, be malpractice if the physician were negligent in choosing sperm, for instance taking sperm infected with a hereditary disease or choosing the sperm of a donor of greatly different racial origin from that of the husband[858]. It would also be malpractice if in cases of ETD a physician were negligent in applying the appropriate technique of fertilisation *in vitro*, with the result that a damaged *ovum* is fertilised[859]. The same grounds, malpractice or treatment without the woman's informed consent, may give rise to tortious liability on the part of the physician. The doctor would also be liable in tort if he inseminated a woman against her will or without properly informing her of the possible consequences of a successful insemination[860].

b) A child born disabled or infected (for instance, with syphilis) as the result of AID performed *contra legem artis* could also, at least according to the law of some countries, claim damages against the physician for lack of due care which was also owed to him[861]. The same holds true of cases in which ETD was performed *contra legem artis* and a disabled child born afterwards.

aa) According to some legal systems[862] such an action could be founded on the contract between the mother and the physician. In those legal systems which maintain a strict doctrine of privity of contract, contractual liability could most probably not be established[863]. However, the physician who failed to éxercise due care in the selection process and during the insemination or transplantation procedure would be liable in tort to the child born infected or disabled because of malpractice, for instance, if he used infected sperm[864]) or a damaged *ovum*. Under German law, for such an action to succeed, it is sufficient to establish that the doctor's lack of care caused the disability or infection of the child subsequently born. Possible difficulties in establishing a causal relationship between the insemination (or fertilisation and transplantation) and damage to the child who came into existence as a result have been removed in the interests of the child, provided that the child is born alive[865]). This position is obviously also shared by some American courts; in a very recent decision the United States Court of Appeals found that Missouri courts, because they recognise the right of an infant who is born alive to recover for personal injuries arising from pre*natal* negligent conduct, probably would also recognise, *per analogiam,* a cause of action for injuries arising out of pre*conception* negligent conduct; such a holding, the court said, was consistent with the small number of decisions on this issue in other American jurisdictions[866]). In this connection the proposals of the English Law Commission should be mentioned; they have suggested that ,,there should be no claim for prenatal injuries otherwise than at the suit of the first generation"[867]).

bb) In all these cases it is very difficult to prove that the child at the time of his or her conception was infected etc. by the particular act of artificial insemination or egg transfer. This proof seems to be almost impossible if the donor (or *donatrix)* is anonymous, which is the fact in very many cases[868]) and is also recommended by legal writers who seem to prefer anonymity to the child's right to know who his or her parents are[869]). On the other hand, it seems that certain rules of evidence would work in the child's favour[870]) and that an action by the child founded on the law of tort would not be affected by any exemption from liability conceded to the physician by the mother, since a contract (of waiver to claims for damage) between them cannot affect the rights of a person who is not, or at least not directly, a party to the contract[871]).

c) In a case where a married woman undergoes AID or ETD without her husband's consent (and such cases are not of academic interest only) an action by the husband against the physician for loss and damage would probably be possible in tort. The physician would be extremely ill-advised to embark on such procedures[872]). It has been argued that the physician, by carrying out the AID without the husband's consent, seriously infringes the husband's personal and matrimonial rights[873]). The same line could be adopted in cases of ETD. On the other hand, it has also been argued that the husband is not entitled to claim damages for such an infringement, as matrimonial law provides for special sanctions and remedies, e. g. divorce, and that the husband would first have to petition for divorce before he could sue a third party (i. e. the physician) for damages in tort[874]). A stirring English case should be mentioned in which it was held only recently that the husband has no right to interfere with his wife's plan for an abortion of their child; the judge (Sir George *Baker* P.) in that case refused to issue an injunction applied for by the husband to stop the woman aborting the child; „the law of England gives him no such right . . . It follows, therefore, that in my opinion this claim for an injunction is completely misconceived and must be dismissed", the court argued[875]). This decision is wholly untenable in our view, but perhaps a different view had to be taken under the extremely permissive Abortion Act, 1967, and in the absence of any convincing guidance at Common Law in this matter[876]).

2. Liability with regard to embryo transfer

Here we have one of the most striking examples of scientific devolopment with the arrival of Louise Brown, the world's first test tube baby (as she was also labelled in the most serious daily newspapers) on 25th July 1978, certainly a landmark date in the history of the medical sciences and, indeed, of mankind, a fact which does not necessarily imply, in the present writer's view, a sympathetic praise of the whole procedure[877]). The breakthrough (if that is the word I want) in medical science which the birth portrays was preceded by more than fifteen years of research in laboratory and clinical studies by Mr. Patrick *Steptoe*, the consultant gynaecologist who, according to normally reliable newspaper information sources, financed his research at least to some extent by performing abortions[878]), and Dr. Robert *Edwards*, the Cambridge research physiologist, who both presided over the birth of the first baby born by *in vitro* fertilisation, i. e. conception outside the mother's womb [879]). But embryo transfers may not be confined to overcoming infertility in the sense in which the method was employed in Mrs. Brown's case. In relation to embryo transfers, *four* different cases have to be distinguished and treated seperately.

a) First, the case where a married woman is sterile because of some maternal disability such as obstruction of the fallopian tubes. This is the case of the Brown family. A test tube baby, then, differs form a normal conception in that the fertilisation of the *ovum* by the sperm takes place in a laboratory instead of inside the mother. Once fertilisation has occurred, and the *ovum* begins the process of cell division, it is returned to the mother's body and grows inside the *uterus*. This method, however, benefits only some infertile couples. Though one marriage in every ten is involuntarily childless, the cause is as likely to be in the man as in the woman. The technique developed by Mr. Steptoe and Dr. Edwards provides an alternative for women in whom surgery has failed. The woman is given a short course of treatment with hormones to cause several *ova* to mature at the same time. A laparascope, i. e. a narrow tube like a telescope, is then passed into her abdomen and the ova are removed. They are mixed with *spermatozoa* from the man in a culture fluid. One *ovum* (or more) is likely to be fertilised, and after a few days it will have become a small ball of dividing cells, a blastocyst. This very small embryo can then be placed inside the uterus so that implantation can occur, and, later, normal gestation and birth will follow[880]). This procedure of embryo transfer is, as *Lord Kilbrandon* put it earlier, simply an artificial means of organising an ordinary birth, analogous to a caesarean birth[881]). The civil liability of the physician would not create entirely new problems. He would be liable, in accordance with the general rules, for malpractice or treatment without informed consent[882]). This first case of fertilisation *in vitro*, however, overcomes one of the ethical questions raised by AID in that the baby conceived by *in vitro* fertilisation is the progeny of its natural legal parents: the child is fully the child of its mother *and* father; in AID or ETD the child is only the genetic child of one of the parents. The procedure, therefore, is perhaps more likely to be acceptable than AID[883]) or ETD[884]). But it requires a highly skilled team of experts and a not less highly skilled back-up service: so the number of centres at which the procedure can be adopted will obviously be very small and limited.

b) Secondly, if the wife's disability is of ovarian origin, an anonymous female donor could be inseminated with the husband's sperm. After the fecundation, the fertilised *ovum* could be taken out of the womb of the *donatrix* and implanted into the wife's womb. This is the method of egg transfer from *donatrix* (ETD), in which the fertilised egg being implanted into a mother does not come from her own ovaries but from a donor woman. This kind of embryo transfer achieves similar results to those of an ovary transplant referred to earlier in this treatise[885]). It is comparable to AID. The same grounds of liability would arise, e. g. choosing an unsuitable *donatrix* or transmitting a hereditary disease or an infection to the child[886]).

c) Thirdly, in certain cases of disability in the wife[887]), the best technical solution would perhaps be the removal of the embryo after normal fertilisation of the *ovum* by the husband's sperm, and the implantation of the embryo into a so-called *nurse* (wombmother). She will give birth to the child who is then taken away from the ,,nurse" and given to the wife. Here, the physician could also incur liability in respect of the ,,nurse". The doctor would have to give her full information of the physical and psychological risks involved and could perhaps become liable for damage on the ground of treatment without informed consent[888]).

d) Fourthly, the last case is one where both husband and wife are sterile, but the wife is capable of bearing a child. The doctor could select an anonymous donor couple who would supply the genetic material (*horribile dictu*) – the fertilised *ovum*, that is. At the appropriate time the donor couple's embryo could be implanted into the wife's *uterus*. This might be called a ,,prenatal adoption"[889] although this term is now sometimes used for the more specific purpose of describing the adoption of an otherwise unwelcome child before his or her birth in order to prevent abortion[890]).

e) The really important problem in relation to embryo transfers is an ethical rather than a legal one[890a]), because treating and transferring fertilised ova is experimentation on human beings. The justification of these procedures, ethical and legal, is very doubtful, as the embryo, whom one could call the *victim* – at least in many cases, in which laboratory and clinical experiments are carried out on him as on mice and can mean his utter destruction as soon as he has served his purpose and is no longer needed as research object –, cannot give his informed consent to all the painstaking procedures he is subjected to, and it is indeed *not* gratifying to know that, even if he could be asked, according to the otherwise so often admirable Common Law, he would have no right to be asked and to be heard and, thus, would have no legal *locus standi* in all the procedures and experiments he is subjected to. This has been made more than clear now in recent American and English abortion cases[891]). The legal position of *non iam nati* or unborn human life is slightly better under the German constitution of 1949, and if only because of our own recent history[892]). Be this as it may, the benefits and usefulness of such procedures of embryo transfer and all the experiments connected therewith have to be gauged by the way they contribute to human life, but human life itself must not be sacrificed (even if in the ,,immature" stage of a very early embryo) in the interest of research aiming at better knowledge and methods in medical sciences or elsewhere. This also applies to the experiments with foetuses and foetal material for research[893]) – a new (?) horizon in this Brave New World one can only regard with apprehension. The great joy that the new baby born by *in vitro* fertilisation seems to have brought to her parents shows that in this particular case the treatment has brought great fulfilment. But as has been said quite rightly[894]), it is one thing to help a childless couple to conceive by overcoming an obstacle to conception, even a major one. It would be another to create new interferences with the process of life. And this is exactly what all these embryo transfer techniques are also about[895]). Therefore, the physician's civil liability with regard to embryo transfer ought, if it were allowed and both ethically and legally justifiable, to be made a very strict one if the procedure caused birth of a malformed or otherwise disabled child[896]).

V. Problems of Evidence

It is well known that to a very large extent the success of actions against physicians depends (as in many other contexts) on the parties' pleadings, on the evidence available[897]) and on who bears the burden of proof[898]). Here as elsewhere the principle applies that the plaintiff/patient must bear this burden and, if he does not meet the requirements to establish – and if necessary also to prove – all the relevant facts for his action, run the risk of losing that action[899]). It is highly significant, however, that in a recent German case the Federal Supreme Court has expressly stated that because of the particular nature of cases in which the civil liability of doctors is at stake, the *courts have an increased duty* to see to it that through relevant suggestions and questions the pleadings of the parties can be completed or implemented so that proper conclusions can be drawn and decisions be arrived at[899a]).

1. Malpractice actions

In malpractice actions the patient, generally speaking, has to provide evidence that damage was caused by negligent treatment, not in accordance with the standard of skill expected of medical practitioners generally[900]). In most legal systems the patient may also provide evidence of negligence on the part of someone else for whom the physician is vicariously liable[901]). Both these proofs are rather burdensome and a very difficult task indeed, and it is not permitted to draw conclusions about the negligence of the physician from the failure of his treatment alone; the mere fact that something went wrong is not in itself an indication yet that the physician acted negligently[902]). It is not surprising, therefore, that the plaintiffs, as explained above, now more and more try to avoid the heavy burden of malpractice proof in actions against physicians by turning to the allegation that the physician has wrongfully omitted to give them sufficient information before the treatment commenced[903]). Whereas the patient has to prove that malpractice actually occurred in the course of treatment by the physician, it is the physician who against a charge of omitted information has to prove that he had given sufficient information to the patient who argues that his consent is invalid, due to lack of proper information[904]).

a) It is the difficulty already discussed of forensic proof of a treatment *contra legem artis* which has led to this development of a trend to shift the burden of proof from the patient/plaintiff onto the shoulders of the physician/defendant who, of course, very often is in a much better position than his patient, who has not and does not need to have the professional knowledge and skill of those he consulted for the benefit of his health[905]). The defendant physician's admission that he cannot explain how the plaintiff's condition was damaged cannot, however, as such, support an inference that the injury was caused by his negligence because the mere happening of the injury is not in itself evidence that reasonable care has not been used[906]). But if the patient can prove that the damage is a typical result of malpractice, then the facts call for an explanation, then *res ipsa loquitur*, and if the defendant/physician fails to give a satisfactory explanation, he may well be liable[907]), and the courts would, as an almost general rule, *prima facie*[908]) on the basis of *res ipsa loquitur*[909]), hold that the causal link between the malpractice and the damage caused was established[910]). The causality being established, some courts at least would then impose the burden of proof with regard to the negligence upon the physician[911]): it is he, and not the patient, who knows or ought to know about the treatment he used and it is, therefore, he, and not the patient, who should justify the treatment he gave, and if necessary, every single step in the course of that treatment; and if he cannot absolve himself to the satisfaction of the court, he will then be liable for negligence[912]).

b) With respect to proof the burden of establishing a *prima facie* case nevertheless lies upon the plaintiff[913]). A physician is not to be held liable simply because something went wrong; establishing only this, therefore, will never suffice[914]), as has already been emphasised. But the patient is *not* required to lay his fingers on the exact person in the entire chain who was responsible or to specify what he did wrong[915]). It is sufficient to establish *prima facie* a case of fault in the field of the physician's treatment[916]). That is really as far as any plaintiff can be expected to take his case[917]). There is nothing new about this principle; it is based on common sense, since it is a matter of ordinary observation and experience in life that sometimes a thing tells its own story; it is both necessary and sufficient that the odds in a given case are decidedly in favour of the defendant's negligence[918]). The maxim ,,is based on common sense, and its purpose is to enable justice to be done when the facts bearing on causation and on the care exercised by the defendant are at the outset unknown to the plaintiff and are or ought to be within the knowledge of the defendant"[919]). Over the years, the general trend has undoubtedly and in almost every country become more sympathetic to plaintiffs. Even in medical negligence actions, earlier doubts concerning the propriety of invoking the doctrine of *res ipsa loquitur* or, as it is called in German, the *Anscheinsbeweis*, have been dispelled, at least when the sensible layman is in as good a position as the expert to draw his own conclusion, as in cases of swabs or surgical instruments and tools left in a patient's body or injury sustained outside the area of medical treatment[920]). Sometimes, a patient will be well advised to introduce evidence of past experience or technical expertise to supplement the range of common knowledge regarding the particular happening and thereby raise an uninformed guess to the level of a persuasive hypothesis[921]). If *res ipsa loquitur* is a common-sense notion, it certainly need not be artificially restricted to the realm of matters in which the court is capable of its own expert knowledge, which cannot as a rule always be presupposed[922]). Hence there is no compelling reason why, even in medical negligence cases, expert evidence may not properly lay the foundation for a permissible inference that the plaintiff's injury could have been avoided by due care in diagnosis, treatment or operation[923]).

aa) Proof by testimony of medical experts admittedly is the most difficult part of the whole malpractice action. Medical experts all too often see themselves, and thereby misunderstand their own rôle, as a weapon for just one side of the action. Their true rôle, however, is simply to assist the impartial court in determining the facts; just occasionally *not* to believe them and to reject their evidence[924]) is a demand of fairness and justice[925]). The best evidence would, of course, be the testimony of experts that the accident that caused damage would not normally occur without negligence on the part of the defendant physician, and if it is possible to obtain this evidence the patient ought certainly to do so[926]). But to require such evidence in every case would be to misinterpret the principle of *res ipsa loquitur* or *Anscheinsbeweis* and apply it more strictly to medical negligence cases than to ordinary negligence cases, for there are certain occurrences that, even to a layman, speak of negligence without the confirmation of expert evidence[927]). As was stated in an English case where the patient proved that the physician had left a swab in her body: ,,The surgeon is in command of the operation. It is for him to decide what instruments, swabs and the like are to be used, and it is he who uses them. The patient, or, if he dies, his representatives, can know nothing about this matter. There can be no possible question but that neither swabs nor instruments are ordinarily left in the patient's body, and no one would venture to say it is proper, though in particular circumstances it may be excusable, so to leave them. If, therefore, a swab is left in the patient's body, it seems to me clear that the surgeon is called upon for an explanation. That is, he is called upon to show, not necessarily why he missed it, but that he exercised due care to prevent its being left there"[928]).

bb) In the *first* place, then, to invoke the principle of *res ipsa loquitur* or *Anscheinsbeweis*, the accident must have been of a kind which stands unexplained: The *res* can only speak so as to throw the inference of fault on someone where the act of the defendant is unexplained[929]). If the facts are sufficiently known already, then the question ceases to be one where the facts speak for themselves, and the solution is to be found by determining whether on the facts as already known and established, negligence is to be inferred or not[930]).

Therefore, the circumstances of the accident must have been of a kind which still stand unexplained. ,,The *res* speaks because the facts stand unexplained, and therefore the natural and reasonable, not conjectural, inference from the facts shows that what has happened is reasonably to be attributed to some act of negligence on the part of somebody"[931]). *Secondly,* the accident is such that it would not ordinarily happen without negligence: that is, want of reasonable care under the circumstances. ,,*Res ipsa loquitur* does not mean . . . that merely because at the end of a journey a horse is found hurt, or somebody is hurt in the streets, the mere fact that he is hurt implies negligence. That is absurd. It means that the circumstances are, so to speak, eloquent of the negligence of somebody who brought about the state of things which is complained of"[932]). And, *thirdly,* no less important a requirement is that the *res* must not only bespeak negligence, but pin it on the defendant[933]). ,,Negligence in the air will never do. It is not enough that the accident spell negligence on the part of someone or other without linking it specifically to the person charged"[934]). *Res ipsa loquitur* in this following sense: ,,The circumstances are more consistent, reasonably interpreted without further explanation, with your [i. e. the defendant physician's or hospital's] negligence than with any other cause of the accident happening"[935]). In other words: ,,There must be reasonable evidence of negligence [in the defendant]. Where the thing is shown to be under the management of the defendant or his servants, and the accident is such as, in the ordinary course of things, does not happen if those who have the management use proper care, it affords reasonable evidence, in the absence of explanation by the defendant, that the accident arose from want of care"[935a]). The maxim of *res ipsa loquitur,* then, comes into operation (1) on proof of an unexplained occurrence; (2) when the occurrence is one which would not have happened in the ordinary course of things without negligence on the part of somebody other than the plaintiff himself; and (3) the circumstances point to the negligence in question being that of the defendant rather than that of any other person"[936]).

cc) If these three prerequisites have been met, the next important issue is its effect on the *onus* of proof in a medical negligence case. On this point the law in all the countries under review, whether Common Law tradition or continental jurisdictions, is fairly consistent: the maxim of *res ipsa loquitur* or *Anscheinsbeweis,* if applicable, causes an inference to be drawn that the defendant physician or hospital was indeed negligent[937]). In the face of this interference, it would be insufficient for the defendant physician or hospital merely to say that he or it respectively had acted carefully, but he etc. can rebut the inference of his negligence by proving that he etc. was not negligent, even though he cannot prove how the accident happened[938]). But in *Moore v. R. Fox* and many other comparable cases[939]) it was held that although the defendants had shown ways in which it was possible for the accident to have happened without negligence on their part, this did *not* amount to discharging the *onus* which *res ipsa loquitur* cast on them, which was to show that the accident was not attributable to want of care on their part; if in the sense of the maxim the facts speak for themselves, then there is a presumption that the event is caused by negligence on the part of the defendants, and the plaintiff/patient succeeds with his malpractice action unless the defendant/physician/hospital can rebut this presumption; to displace the presumption, however, the defendants must go further and prove either (1) that the damage was due to a specific cause which does not connote negligence on their part but points to its absence as more probable[940]), or (2) if they point to no such cause, that they used all reasonable care in and about their procedures[941]).

dd) There are compelling reasons for utilising these principles also in medical malpractice cases. As was discussed earlier in this book, the plaintiff/patient who often knows nothing about the accident, indeed who may have been anaesthetised or very ill[942]), bears a heavy burden yet may have difficulties in getting information and witnesses. The defendant/physician/hospital, on the other hand who/which knows or ought to know often has easy access to the facts[943]). This dilemma has been forcefully described in a Canadian case in which the *Supreme Court of Canada* held that justice demands the application of the principles of *res ipsa loquitur* in cases of medical malpractice: ,,It would give to doctors, dentists, and members of other professions an unfair and unwarranted protection in actions where their conduct in the exercise of their profession is called into question. It would permit them to refuse to give explanation in a Court of justice of a happening which has caused injury to a person, even though the occurrence was of such a kind and description that a reasonable man would naturally infer from it that it was caused by some negligence or misconduct. It would place them in a position in the Courts that in a case such as the present one the defendant could unfairly and unjustly say: ‚I alone am responsible for all that happened in the course of the operation. I know all the facts from which it can be decided whether or not I used due care. I can explain the happening, but I refuse to do so.' To permit a defendant to take such a position in a Court of law would be, in my opinion, a denial of justice to a person who knows nothing of the matter that caused his injury and seeks to recover for the loss suffered by reason of it from the person who possesses full knowledge of the facts."[944]). It is this particular situation the patient/plaintiff finds himself in that causes the German Federal Supreme Court now generally to demand of the doctor to explain his treatment or operation once the plaintiff has proved a damage which, to all outward appearances *(prima facie)*, can be laid at the doctor's doorstep. This legal duty of the doctor to explain his behaviour can best be met by him through carefully kept medical records and documents which are a matter of course with reputable physicians but which are also a duty owed by the physicians to their patients as a matter of the latters' legal right[944a]). At least in cases of new methods of treatment and experiment, it will then be easier in the future for the patient or test person to be successful in establishing his case on these principles. In accordance with the higher duty the physician owes to the patient with regard to new methods of treatment and experimental procedures, a physician will have to meet an increased measure of liability *and* of burden of proof if he fails to carry out the new treatment according to the *lex artis* of the medical profession[945]). The same applies to hospitals. And, again, the defendant bears the *onus* of proving that his conduct conformed to the approved *lex artis* of the profession at the time[946]).

c) With regard to conventional treatment with approved and established methods, it may still *perhaps*[947]) be problematic to introduce a *general reversal of the burden of proof* in favour of the patient[948]), although it has again to be re-emphasised that where the damaging act originated in the sphere of the physician many arguments speak in favour of a complete reversal rather than just for the increasingly stricter application of *prima facie* and *res ipsa loquitur* inferences and presumptions, since these inferences and presumptions can very often all too easily be shaken by those who caused the treatment to be carried out and do or ought to know more about it than the patient[949]). A complete reversal would, however, be *at least*[949a]) *justifiable first* in cases of treatment with conventional methods where the physician negligently makes a *gross* mistake which usually results in damage like the one incurred by the plaintiff. In such cases of gross negligence the physician has always to prove that his gross negligence did not cause the damage[950]). And if he has employees, he is also vicariously liable for them and has to exonerate himself for their doings as well. A reversal may *secondly* be admissible if the physician (or hospital) impeded or made impossible the plaintiff's evidence by destroying or improperly interfering with documents or omitting to record important facts and conversations[951]). Physicians and hospitals owe a (contractual and/or tortious) duty to the patient to keep and update proper medical records on anamnesis, diagnosis, information given, consents received, and therapeutical steps or operations decided upon and carried out; this legal duty has now at last been recognised by the German Federal Supreme Court in a very important decision reversing earlier judgements to the contrary[952]). A complete reversal of the burden of proof in favour of the patient may *thirdly*, and most importantly, be admissible if the court, after due consideration of all the merits of the individual case, on balance comes to the conclusion that in the light of the difficulties for the plaintiff, negligently caused by the physician, of fully establishing his case, the burden can no longer rest with the patient and, therefore, must be shifted onto the acting physician or hospital[953]). But one has to be aware that any general complete reversal of the *onus* of proof is not an optimal means of finding the real truth, and the only acceptable reason for a general reversal can be that one cannot reasonably expect the patient to bear the burden of proof if the physician has violated his duties through unprofessional behaviour or negligence. Still, a growing tendency towards increasing the standards of a physician's civil liability in favour of the patient points to the possible way out of certain hardships for the physician: stricter rules of civil liability within the existing framework of civil liablility in general must be solved by new and, if necessary, greatly improved or changed schemes of *insurance*, not by denying redress to the patient who almost invariably would be the weaker part in a legal struggle for compensation. This has now been made abundantly clear by the Canadian Supreme Court in *Holt v. Nesbitt*[954]), and the courts should not continue, where still applicable, to be over-cautious in their application of the doctrine of *res ipsa loquitur* or *Anscheinsbeweis* in medical negligence cases[955]).

The ultimate answer may well lie in an elaborate no-fault compensation scheme rather than in an insurance solution, and although the compensation schemes recently introduced in New Zealand and Sweden and discussed on earlier pages[956]) may be too far ahead of developments elsewhere, and, therefore, be too much to ask for, the progress of such schemes should be studied and assessed, so that the experience can be drawn upon, if, because of changing circumstances, a decision can be taken to introduce a no-fault scheme for medical accidents in other countries[957]).

2. Treatment without Informed Consent

Legal difficulties concerning proof can also arise when it comes to the physician's duty of information[958]).

a) In most legal systems the physician has to provide evidence of the patient's informed consent, since that consent is necessary to justify the treatment[959]). It is widely held, therefore, that it is up to the acting physician to prove that the consent was obtained after due information had been given prior to the commencement of the treatment or operation, and it is beyond doubt that the only valid consent is that of a duly *informed* patient[960]). A physician who fails to discharge the burden of proving that the plaintiff gave full and free consent, acts negligently and, therefore, is liable to his patient[961]). But the basis of the complaint is not that the procedure had been performed negligently, but rather that it had been performed at all[962]). Before a patient is allowed to recover damages because of treatment without consent, he must present evidence that he would not have had the treatment or operation or allowed the procedure if he had known what the foreseeable consequences would be[963]). If he admits he would have gone ahead anyway, he cannot recover[964]).

b) However, the fact that physicians do not as a rule treat patients totally against their will can probably serve – at any rate in the field of conventional ,,school medicine" for diagnostic and therapeutic purposes – as an acceptable point of departure when deciding on whom the burden of proof should fall[965]). In the field of this standard practice treatment, moreover, the responsibility to prove that the explanation and information due to the patient was in fact given might reasonably be placed on the physician only when it is a question of information adapted to suit the requirements of the individual case. In practice a physician who can produce concrete statements as to the fact that and extent to which information was given to the patient usually has at his disposal witnesses from his team: willing witnesses, one would like to add in some cases. Just occasionally *not* to believe the word of such witnesses seems to cause great difficulties for some of the judges[966]). But if the judge feels satisfied that the explanation which preceded the treatment or operation was not merely formal he should proceed in a way which is not too grudging, in appropriate cases even confiding in the physician his personal belief that the explanation was thorough enough[967]). This can be considered above all in standard medicine cases in which the circumstances of the case make it obvious that it was only the irreparable failure of the treatment which persuaded the patient to find fault later with the information which he had received at the time. In this situation, too, an important basis for such a demonstration of trust on the part of the judge towards the physician would be the existence of regularly kept-up *medical records,* which do not give any grounds for the suspicion of their having been drawn up or tampered with after the event[968]), as is unfortunately frequently the case[969]). Quite apart from the legal significance of the medical record, it can also profoundly influence the quality of care received by the patient, as can be seen from a recent Canadian decision[970]). It is difficult to understand why such records are all too often, if not in the majority of cases, either not kept at all or carelessly kept[971]). After some hesitation in earlier years[972]) the German Federal Supreme Court in a recent case has emphasised that the physician owes a legal as well as a professional duty to keep a proper documentation of the medical history, the treatment given and the results achieved[973]). The written declaration which is the practice in many hospitals is, on the other hand, of little use. It is usually conceived in terms which are much too general[974]) and then presented to the patient or the person who is representing him by someone who is himself not qualified to give an appropriate explanation[975]). It should go without saying that when medical records are not made or kept or when they are scanty, inaccurate,

Evidence problems in actions for treatment without consent 267

incomplete or tampered with, the consequences for the physician or hospital are not good, for the court will then generally and rightly favour the testimony of the plaintiff/patient[976]).

c) The rule may, therefore, be proposed that *where the court does not feel satisfied with the explanations given by the physician (defendant), it is the physician who has to explain his treatment including the circumstances of the alleged consent, which is necessary for justifying the treatment*[977]). And what applies in ordinary cases of treatment with normal and approved methods and means for purely therapeutic purposes, must *a fortiori* apply even more rigidly in cases of treatment with new methods and medicines: it is again the physician who uses new methods of treatment or who experiments on a patient or test person, not the patient or test person, and the physician who knows or should know all about the treatment or experiment he chose to use. It is, therefore, he, and not the patient, who should first explain his treatment or experiment, and, secondly, provide credible evidence establishing that information was given to the patient before the commencement of the treatment or experiment, and the extent of this information. And, since ,,it is the courts and not the particular profession concerned which decide whether negligence is established in a particular case"[978]), he will then, if he cannot give satisfactory answers according to the principles discussed *supra*[979]), and again set out *infra*[980]), be held negligently liable for the damage incurred by the patient[981]). It is highly important that the *Pearson Commission* in the United Kingdom only recently came to the conclusion that, whilst in the field of conventional therapeutic medical treatment neither a reversed burden of proof[982]) nor a general departure from the negligence liability principle could be recommended[983]), strict liability compensation should be available to any volunteer for clinical trials or medical research who suffers severe damage as a result[984]). The professional energy and efforts of many a lawyer and doctor should be devoted to the problem of how to organise a compensation scheme that secures this goal in our society rather than to aid the lobby of those who want, and who from time to time rally together in their cabals, to halt the train despite the trend of greater risks for greater gain.

d) The physician may also have to prove that informed consent could be dispensed with, as the case was one of *emergency* or the patient had validly *waived* his claim to information [984a]). In the field of new methods of treatment and experiments, however, it is very unlikely that courts would hold that the patient had given a valid waiver *per implicationem*[985]). In France, on the other hand, since a decision of the *Cour de Cassation* of 29th May 1951, the patient has had to prove that he did not give informed consent[986]). But it seems doubtful whether this rule would amount to a disadvantage for the patient in the case of medical treatment applying new methods or involving experimentation. In these fields, the physician's duty to give full information is increased and extended[987]). This could provide grounds for the courts, as has already been pointed out [988]), to impose the *onus* of proof on the physician and, therefore, to require him to answer for and justify the treatment he gave or the operation he carried out.

D. Liability Principles
(especially with regard to new methods of treatment and experimentation)

For the civil liability of physicians in general, and with regard to new methods of treatment and experimental procedures in particular, the following principles are relevant:

I. The more untried and new the applied methods of treatment are, the higher and stricter is the *standard of care* which the physician must exercise and owes to the patient.

1. The more new and untried the applied methods of *therapeutic (conventional) treatment*[989]) and *research treatment*[990]) are, the greater is the *extent of the information* that ought to be given to the patient, and so much the less may the patient's conduct be interpreted as an implied waiver of the normal claim to information.

a) Serious problems arise if too many or too detailed explanations by the physician would, in his careful judgement, be tantamount to worsening the patient's state of health. Upon highly responsible and careful consideration in each particular case, and after balancing the conflicting interests, a *restriction of information* for the benefit of the patient may well, under strictly confined preconditions and in rare cases, be contemplated as being justified in the course of therapeutic treatment as well as in the course of research treatment, especially when, and this is to be preferred, an independent second opinion arrives at the same conclusions.

b) This applies expecially to therapeutic and research treatment in the field of *psychiatry*. In this area, the success of a particular treatment for therapeutic reasons very often depends on the subjective imaginations of the patient that his treatment will be successful and will not fail. In such cases, therefore, it may under strictly defined preconditions in cases which, according to impressions held by the legal profession, occur less often than is alleged by the medical profession, be legally acceptable not to inform the patient of all the implications even of a new research treatment, as long as this procedure can be considered to be in the patient's best interest.

2. In the case of *research experiments* (for purely scientific purposes, that is)[991], the *information* the physician must render and owes to the patient or test person must be *as full and ample as possible*. No limitation of full information is permissible. In research on human beings, the interest of science and society should never take precedence over considerations related to the well-being of the individual test person[992]).

II. The more new and untried the applied methods of treatment are, the less should be demanded of the patient regarding the *standard and burden of proof*. There is no exception to the rule that the patient will always have to establish that he has suffered *damage*. With regard to other prerequisites for a damage action, a distinction has to be drawn between cases of malpractice on the one hand and cases of treatment without informed consent on the other.

1. Malpractice Cases

In malpractice cases, a distinction must be drawn between normal *therapeutic treatment*, i. e. conventional (standard) treatment, on the one hand, and *research treatment* and *research experimentation* on the other.

a) Therapeutic Treatment

With regard to the *causal relationship* between the malpractice and the damage, *no* general reversal of the burden of proof should at present be contemplated for the field of normal therapeutic treatment with approved and established (school) methods. This is also the gist of a most recent decision by the highest German Court, the Federal Constitutional Court, which in a hotly debated decision, and by an equal division of opinion among the judges themselves[992a]) held[992b]) that in the field of normal therapeutic treatment with approved and established (school) methods the constitutional rights of a patient to have a fair trial of his case on an equal footing with the defendant physician or hospital do not require that the burden of proof be *generally* reversed in his favour and shifted onto the defendant physician or hospital as the one that knows or ought to know more about the treatment, and has better access to the treatment documentation than the patient/plaintiff. But it ist highly significant that four of the eight judges of the Federal Constitutional Court dissented from this decision and are of the opinion that *in casu* exactly *this* reversal of the burden of proof in favour of the patient (plaintiff) was what the circumstances of the case dictated, and they made it clear beyond any doubt that in their opinion the principle of a fair trial was infringed by the lower court's refusal to reverse the burden of proof in favour of the patient, and that this lower court's decision, therefore, violated the constitutional rights of patients as enshrined in Articles 2 I GG (right to free development of human personality), 3 I GG (equality before the law) and 20 II and III GG (guarantee of fair treatment and trial by all state authority [*Rechtsstaatsprinzip*]) [992c]). The Federal Constitutional Court's new decision does, however, not *exclude* the reversal of burden of proof in *other* cases where justice demands such a reversal; the four deciding judges expressly agreed with the four dissenting judges and with the Federal Supreme Court that at least a flexible practice with regard to the law of evidence is indicated, and they strongly approved of the German Federal Supreme Court's new tendency to administer the law of the burden of proof *flexibly*, and to shift the burden of proof onto the shoulders of the physician or hospital whenever this is demanded by considerations of justice[992d]). The Federal Supreme Court has given instances of cases which fall under this category. Thus, in cases of treatment with conventional (approved and established [school]) methods, a reversal of the burden of proof may be strongly required *first* where the physician made a *gross* mistake which usually results in damage like the one incurred by the plaintiff/patient, *secondly* where the physician (or hospital) impeded or made impossible the plaintiff's evidence by destroying or improperly interfering with documents or omitting to record important facts and findings, and *thirdly*, and most importantly, wherever the court, after due consideration of all the merits of the individual case, on balance comes to the conclusion that in the light of the difficulties for the plaintiff, negligently caused by the physician, of fully establishing his case, the burden can no longer rest with the patient and, therefore, must be shifted onto the acting physician or hospital[993]).

b) Research Treatment and Experimentation

In malpractice cases involving *research treatment* or *research experimentation,* if the patient can establish damage which is a typical result of a physician's treatment or non-treatment *contra legem artis* (a burden of proof which will often be very difficult to discharge), the courts should proceed less reluctantly by way of applying the *prima facie* or *res ipsa loquitur* rules, and, in appropriate cases even better, by rebuttably *presuming a causal relationship* between the malpractice and the damage until the physician can, to the satisfaction of the court, prove either the contrary or, on balance, an equally probable cause in his favour. In the field of research treatment and experimentation, because of the newness of the procedures, the presumption speaks in favour of the patient and against the physician as the one who knows or ought to know about the treatment chosen, and the more new and untried the applied methods of treatment are, the more it must be he who has, to the satisfaction of the court, to explain, and, if necessary, to explain in detail, his decisions and reasons for them, and especially why he departed from conventional methods of treatment and applied new or omitted established ones. If it cannot be proved, by the physician, that the damage in this particular case was not the typical result of his treatment or non-treatment, then the burden of *non liquet* goes with the defendant physician who will accordingly be held liable if his treatment or the omission of it was negligent[993a]). At the very latest at *this* point of the reversal-of-burden-of-proof discussion the *minority opinion* of the four judges of the Federal Constitutional Court *in favour of the patient* (as discussed above *sub* 1a) *is to be preferred* to the decision of the other four judges of that court against a reversal of the burden of proof.

2. Treatment without Informed Consent

In these cases, if the patient alleges that the damage he incurred was caused by a treatment or an operation undertaken without his consent, it is upon the physician to prove that in actual fact he gave appropriate information and received valid consent. According to continental law, causality between a treatment or operation performed without informed consent and any damage is sufficient to establish civil liability; Common Law jurisdictions would require the patient to present evidence that he would not have had the operation or allowed the procedure if he had been properly informed[994]). In cases where treatment without informed consent is alleged, only consent in writing should be accepted in the field of treatment involving new methods and experimental procedures. The document should make clear to what extent the patient or test person was informed about the nature, significance and the distribution of chance of the new treatment applied in his case. Clauses difficult to understand, or the shifting of the burden of proof onto the patient without taking into consideration the obvious difficulties he encounters when having to prove his case without having access to the relevant documents, should always be refused as inadmissible and against public policy, or at least be constructed in the narrowest possible sense.

3. Causality and Negligence

The causal relationship between the malpractice or the procedure undertaken without consent and the damage established, the burden of proof with regard to *negligence* should fall upon the physician; i. e. if he cannot explain his treatment to the satisfaction of the court and exonerate himself (or others employed by him) of any fault relevant to his treatment, he would then have to be considered as having acted negligently, with the result that he would be liable to his patient for the damage caused.

4. *Waivers*

Waivers of claims to compensation cannot be accepted in the field of tort, as this would be against public policy. However, where the law of contract prevails over the law of tort[995]), with the result that only the former is applicable in actions for compensation on the ground of a physician's civil liability with regard to new methods of treatment and experimentation, waivers of claims to compensation should not be held to be valid, unless they are incorporated *expressis verbis* in the contract between physician and patient, and even then the express waiver should be carefully considered and be invoked in the strictest possible terms, in the interests of the patient.

III. *Cases of hardship* for the physician (or hospital) which may arise out of a strict application of these rules must be dealt with by new schemes of insurance. They cannot result in an added burden for the patient, who has not and need not have the professional knowledge and skill of those he is consulting for the benefit of his health. ,,The losses should be borne by those who have created the risk and reaped the profits in the stream of commerce"[996]).

IV. *De lege ferenda,* any volunteer for clinical trials or other medical research who suffers damage as a result should – quite apart from and independent of any action for negligence against the individual physician or hospital involved[997]) – have a cause of action, *on the basis of strict liability,* against the authority to whom he has consented to make himself available. The energy and efforts of all concerned should, therefore, be devoted to finding acceptable compensation schemes which as far as possible help to introduce a no-fault scheme for medical accidents in the not too distant future. The progress of no-fault compensation in other countries should be studied carefully in the interest of those who at present are insufficiently protected, or not protected at all, and this statement includes both patients *and* medical health care providers.

Part 3

SELECTED PROBLEMS OF EXPERT OPINIONS, EDUCATION AND FURTHER PROFESSIONAL TRAINING AND TRUST IN RECIPROCITY BETWEEN MEDICAL AND LEGAL PROFESSIONAL PEOPLE

A. Crisis of the Evidence provided by Medical Experts?

A recent decision of the German Federal Supreme Court *(Bundesgerichtshof)* has attracted considerable attention to this problem which is also known in other countries[998]), and such attention was not only being given by specialist publications but also and especially by the mass media. The point at issue was a lower court's assessment of the opinions of medical experts. The deciding judges of the Federal Supreme Court in their own decision[999]) saw reason to give the following explanations of their own view and as practice directives for their own and lower courts' guidance in comparable cases:

I. We must (the judges say) in principle concur with the view of the Court of Appeal that the question of whether a physician in a given case has fulfilled his oligatory *duty of care* towards his patient is a *question of law* on which the judge himself must make a decision[1000]). Such a decision takes as its basis an understanding of medical data and of propositions based on medical experience, and this understanding presupposes regular and detailed consultation with medical experts. This could only be otherwise where the court itself has at its disposal particular specialist knowledge (e. g. a judge who at the same time also has a full medical training and relevant experience in the field under scrutiny in a given case, thus making it unnecessary to consult medical experts), and this is something which is not lightly to be assumed[1001]). The Court of Appeal (the judges say) does not, however, make this claim of specialist knowledge about itself. It was through studying several written expert opinions and through listening many times over to experts that it acquired its grasp of medical knowledge which must constitute the basis for judging the conduct of the co-defendants (physicians and medical experts) involved in the case as regards their obligations towards the patient. In particular, the Court of Appeal (the Federal Judges continue) has subjected the expert Professor G. to repeated careful oral questioning, going into all particulars as in the court record, thereby distinguishing the relevant medical facts and enabling the proper judgement to be made on the question of the physician's breach of his duty of care owed to the patient he had treated[1002]).

1. In this situation (the judges of the Federal Supreme Court continue) the Court of Appeal was neither obliged nor entitled just to accept the medical judgements of the experts without very carefully examining them. As long as the Court of Appeal had been provided with enough factual information it was on the contrary permitted to diverge from these medical opinions, even without enlisting the assistance of a further medical expert[1003]).

2. First of all, the Supreme Court judges emphasise, a judge of whatever instance or tier must not overlook the fact that *even today a considerable number of medical experts are not easily to be shaken in the exercising of their profession under codes of behaviour which are not only antiquated but also contrary to law. This applies above all in malpractice actions against medical colleagues*[1004]). This is certainly not to say that such experts are, therefore, never to be trusted. *But the judge,* according to this decision of the highest German court in civil matters, *must watch out for indications of prejudice on the part of the expert,* possibly stemming from such attitudes and certainly in many cases unconscious, and then, as long as he does not feel handicapped by a lack of relevant specialist knowledge, he can even modify or replace by his own informed opinion the personal opinions of the medical experts, inevitably based on subjective assessment, and reject their evidence[1005]).

3. The Court of Appeal, in this present case the *Oberlandesgericht Braunschweig,* had in fact taken into account the fact that in the case before them out of a feeling of professional solidarity with the defendant physician, the medical expert Professor G. had arrived at conclusions which were rather too favourable for his medical colleague, now the defendant. In this connection the Court of Appeal had drawn attention to Professor G.'s comments, which in the opinion of the Federal Supreme Court are in fact characteristic, on the precise question of whether in 1966 an increase in blood-pressure after exercise was already being taken as an indication of a chronic condition (in which case an immediate radical operation would have been the only medically indicated answer): ,,Because it involves such important consequences for the lawsuit this question is difficult to answer." This reply of the medical expert was enough to cause the Court of Appeal to deduce that the expert was still dependent – if unconsciously – on traditional attitudes or that he intended to indicate that his words, chosen according to the principle of medical *esprit de corps,* were not to be heard with an uncritical ear. The judges of the Federal Supreme Court re-

emphasise that a judge must not ignore such indications of professional solidarity with the colleague involved in an action for damage on account of some alleged malpractice[1006]).

II. Such criticism, previously only rarely[1007]) expressed so strongly in a decision of the highest German Civil Law Court, of the opinions of many medical experts and of the judges' uncritical acceptance of these opinions can admittedly come as no suprise to anyone who has read the past literature on the subject, and, particularly in the learned contributions of judges of the Federal Supreme Court, has encountered the profound scepticism regarding the contribution of many medical experts to the judicial search for the truth. This sceptical assessment of the rôle of many medical experts is not a unique opinion only held in Germany[1008]), nor has the Federal Supreme Court decision referred to here remained the only judicial warning in the present context[1009]). Suffice it to refer here to a now much-quoted contribution by Federal Judge Walter *Dunz* (a member of the Federal Supreme Court's [VIth] Senate in charge of medical malpractice actions), where we find the following most interesting reading: ,,Nevertheless there are for the patient distinct disadvantages as regards evidence which are quite separate from the technical grounds of liability. The conspicuous forgetfulness of many witnesses has already been touched upon; this is a problem, however, of a type with which the judge has to deal in other contexts as well. The typical stumbling-block for the plaintiff in a malpractice action against physicians is the problem of the medical expertise to which the judge must always refer. It is at present the case that the majority of physicians, even when in an expert capacity, believe themselves to be bound by an inherited moral code which is in this context quite unambiguously immoral. This does not apply to all physicians. In my experience the great scientific authorities who are, however, overtaxed and whose participation is often technically quite unnecessary, do judge at least subjectively sincerely; and their assistants occasionally even take their cavilling too far. But apart from such cases the custom of putting up a defensive wall around the physician involved, as defendant, in an action for damages is almost universal"[1010]). This was written in 1974, but the uneasiness about the state of affairs has not been alleviated since. A comparative law analysis gives the impression that similar feelings are expressed in other countries too[1011]).

B. More Basic and more Further Training

The issues to be discussed here are twofold: Court decisions in actions against physicians are (as in other cases) as good or bad as the knowledge and experience of the decision-makers themselves is. This, of course, implies reflections on the structure of the courts and the education and further training of those sitting on the bench.

I. We do not presume here to discuss the court structures of all the countries under the review of this book. It is well-known that in legal systems where there is no career system for judges (as is the case in France or Germany) but an election process by which only relatively highly qualified and experienced legal practitioners of normally many years' standing are appointed as judges even of courts of first instance (to say nothing about the higher tiers), this appointment procedure goes far in guaranteeing that training und usually a lifetime's experience in the profession are brought into the job by those elected for appointment. With reference to the English example, we have already shown elsewhere how important and decisive the procedure of appointing experienced judges really is[1012]). The structure of the courts with jurisdiction in medical malpractice cases has been dealt with at the Xth International Congress for Comparative Law in Budapest in August 1978; a very thorough report from the general rapporteur on Civil Liability of Physicians demonstrates in a striking way how different the systems are and what needs to be done to improve the conditions under which courts can cope with their task in a future probably full of enormously vital and complex developments in the field of medical and legal sciences[1013]). To demonstrate what these reflections are also aiming at, it may suffice here to refer and confine myself to the German structure of courts in medical malpractice cases. Here, the benches of the ordinary courts consist of lawyers only. Actions for damage and recompensation not exceeding the value of 3000 DM are covered by the jurisdiction of the lower County Courts *(Amtsgerichte)*, and such cases are heard before and decided by one single judge, more often than not either a rather junior judge with no long professional standing or a judge with no particular qualifications to handle cases of medical accidents or medical malpractice. Cases involving an amount over the sum mentioned are handled by three professional judges in the upper County Courts *(Landgerichte)*; here the situation may be (but need not be) slightly better. Laymen (juries, for instance) or medical people do not participate in either the proceedings of the court or the decision by the court: they are involved only as either parties or experts or witnesses[1014]). From what we know of American developments, we personally do prefer not to have juries at all in such damage actions or, at least, to have them as reluctantly set up in exceptional cases as is the case in the English jury tradition in civil matters. It has been considered[1015]) whether a bench with the participation of physicians could be a constructive contribution to balance the different attitudes of doctors and lawyers in questions of the civil liability of physicians[1016]), but nothing has come of it yet[1017]). To ameliorate this situation, screening panels, arbitration boards and similar institutions like the German *Schlichtungs- und Gutachterstellen* have been set up in several countries to deal with cases of medical malpractice. Such institutions are the consequence of the ever increasing number of damage actions against physicians, but also the result of a feeling that ordinary courts sometimes deal only very inadequately with the problems of such cases. The purpose of these boards, then, is to try to end the dispute and perhaps to compensate the damage without the ordinary courts. But nobody is obliged in Germany – as has already been pointed out above[1018]) – to take part in such proceedings, to surrender to a board of arbiters or to accept its decision, so that there still remains access to the ordinary courts for final decision and settlement[1019]). And where arbitration commissions are binding like in some American jurisdictions, problems of a constitutional nature arise as to whether this is compatible with the constitutional right to be tried or have one's case tried by jury[1020]).

II. It is the professional judges, then, who will be exclusively responsible for decisions on the civil liability of physicians in Germany and most other countries where the idea of binding arbitration boards excluding access to the ordinary courts is equally unacceptable. Of decisive importance as regards the quality of their judgements and the quality of the development and future evolution of a modern law of civil liability of physicians – which will, of course, remain extensive case law everywhere –, will be the education and further training to keep abreast of developments of those judges who are professionally involved with medical malpractice and other medical cases. If we want an improved quality of court decisions in actions concerning the physician's civil liability we must also want to see (even) better trained judges; and this in turn entails not only the furthering of their practical and theoretical training but means also that we must ensure that qualified judges are interested in working in this field, malpractice and other medical actions having shown a rapid increase which, if experiences in the United States also become true in Europe, will continue in the future and will perhaps make us shiver one day. Members of the judiciary who are widely qualified and who perhaps also possess a basic knowledge of medicine are few and far between; in some countries, the position of the judge is not at present very attractive as he does not have at his disposal the necessary assistance in terms of staff and equipment. It would be more meaningful for us to make such a position more attractive if we could thereby create an incentive for the acquisition of additional training on medical, psychological and psychiatric questions, and basically this would be desirable not because we could thereby render the presence of medical experts unnecessary but rather in order that the judges, when called upon to make decisions on problems to do with the civil liability of physicians with regard to conventional treatment, research treatment and research experimentation, need not feel that they are entirely in the hands of the experts, and need not, under the pressure of work, blindly accept their opinions, as has recently been deplored by the Federal Supreme Court of Germany in a decision already referred to, *supra*[1022]).

C. More Trust in Reciprocity?

It is important indeed that the judge who has to hear cases in which physicians – not only as defendants but also as witnesses or experts – are involved[1023]), should be aware of the rather fundamental difference of mentality between the two professions[1024]). The foundations for this difference are to be found as far back as the different processes of education and training undergone. From the very first day of his professional training the young jurist is reared on dialectics, controversy, and doubt. His entire professional life is constituted of differences of opinion and criticism, whether against the opposing lawyer, the colleague on the bench, the supreme court jurisdiction or the alternative hypothesis[1025]). What allows him to experience the feeling of success for which he has been aiming and makes him feel that he is now established and capable of fulfilling his professional duties is the discovery of an error which a colleague has committed. The attitude of the physician is very different. The physician sees his duty as lying first and foremost in harmonious co-operation, the aim being to promote the good health of the mutual patient. It is for this reason that the obligation to maintain an unconditioned *esprit de corps* has an importance the equal of which is probably not to be found in any other professional body. This duty has been a constant theme in medical history, and can be traced from the Hippocratic Oath, through the history of medical ethical codes right up to the current professional regulations[1026]). Wherever possible, differences of opinion are arbitrated and settled without external intervention; for there is nothing so liable to undermine the patient's confidence and trust – such a highly important factor in the treatment relations between doctor and patient[1027]) – as the witnessing of a conflict being fought out before his very eyes. For this reason the entire atmosphere which surrounds the physician in the practice and the clinic is created with the intention of stressing his status, authority and it is even true to say, infallibility. It would, however, be unjust to deride this as being merely an aura with which „demigods in white" surround themselves out of pure egotism

A proper sense of proportion required for the patient's benefit

or to promote and worship their own personal grandeur. It is actually a necessary suit of armour, enabling them to do justice to their difficult task and to help their patients. On the debit side, this training frankly equips them but poorly to deal with criticism and disapproval. This is a fact which the judge must recognise if he is to gain any insight whatsoever into the mentality of the physician involved in a medical malpractice action, and, likewise, into that of the medical expert in a malpractice action. The reaction of almost any physician to being sued is more than anything else the feeling that the patient is showing him gross ingratitude, but he also experiences a severe humiliation which makes all future practice of his profession intolerably more difficult for him. If he is at the same time involved in a criminal procedure he is then all the more handicapped. The judge, in order to resolve this problem, must show the physician that he understands the risk which goes with his profession. In an important English case, the present Master of the Rolls, *Lord Denning,* once observed that ,,it is easy to be wise after the event and to condemn as negligence that which was only a misadventure. We ought always to be on our guard against it, especially in cases against hospitals and doctors. Medical science has conferred great benefits on mankind, but these benefits are attended by considerable risks. We cannot take the benefits without taking the risks. Every advance in technique is also attended by risks. Doctors, like the rest of us, have to learn by experience; and experience often teaches in a hard way"[1028]). ,,We should be doing a disservice to the community at large if we were to impose liability on hospitals and doctors for everything that happens to go wrong. Doctors would be led to think more of their own safety than of the good of their patients. Initiative would be stifled and confidence shaken. A proper sense of proportion requires us to have regard to the conditions in which hospitals and doctors have to work. We must insist on due care for the patient at every point, but we must not condemn as negligence that which is only a misadventure"[1029]). On the other hand, of course, the physician must recognise the fact that according to private law, and for the reason that there must be a suitable distribution of risk, even a slight carelessness in the exercising of his profession or common calling, something of which anyone could at some time in his career be guilty, leads to civil liability; but he should also recognise that a charge of negligence or malpractice is no death-sentence. He is not to be stripped of his professional reputation. It is only when he realises this that he can secure that inner freedom which enables him to co-operate towards finding the explanation for what has occurred, answer for his conduct and methods, and regard the trial or malpractice action (which certainly is no ordeal) not as an affair in which prestige is at stake but rather as the risk inherent in his profession and against which he will as a rule have insured himself[1030]).

APPENDIX I

ANMERKUNGEN/NOTES

¹) *Appendix* III, *infra*, pp. 413 ff.
²) It is impossible, in this short treatise, to deal with all, even with all major, health care systems in the world, on which, however, for a first reading can be recommended: M. I. ROEMER, Health Care Systems in World Perspective, Ann Arbor 1976, including, in Part II, *Latin America, Asia, and Africa, and,* in Part III, *Australia,* the *Soviet Union,* and selected countries in *West Europe* and *North America.* This present book aims at a survey of developments and trends in the medical malpractice law of some countries representative of the *Common Law* tradition *(England, Australia, New Zealand, Canada, United States),* and of some countries of the continental tradition of codified legal systems both from the Roman and Germanic law families *(France, Germany [W], Switzerland),* and also includes references to measures and resolutions of the *Council of Europe* and the *European Communities.* Under the legal systems, *and always in the order of the countries mentioned before,* all entries are, as far as possible, arranged in alphabetical order by case name or authors respectively. Thus, *English* cases (and textbooks) take alphabetical precedence over *Australian* cases (and textbooks), *Common Law* entries take precedence over *Continental* legal systems, among which *French* authorities come first, *German* second, others thereafter.
³) CHARLESWORTH on Negligence, §§ 965 ff.; SALMOND on Torts, 232, 508.; FLEMING on Torts, 106 ff.; PICARD, 17 ff., 45 ff., 63 ff., 91 ff.; HOLDER, 43 ff., 71 ff., 101 ff., 225 ff., 398 ff.; BRUNHES, 21 ff.; SAVATIER-AUBY-SAVATIER-PEQUIGNOT, 211 ff., 240 ff., 288 ff.; for a *Belgian* view cf. H. ANRYS, La Responsabilité Civile Médicale, Bruxelles 1974, 45 ff.; W. GEHRING, Die ärztliche Aufklärungspflicht im französischen Recht, Bie. 1964, 13 ff.; D. EBERHARDT, Selbstbestimmungsrecht des Patienten und ärztliche Aufklärungspflicht im Zivilrecht Frankreichs und Deutschlands, Bie. 1968, 3 ff.; K. H. BAUER, ,,Zur ärztlichen Aufklärungspflicht aus den Erfahrungen eines Chirurgen", in: K. FORSTER (Ed.), Offene Fragen zwischen Ärzten und Juristen, Mü. 1963, 13 ff.; G. GAISBAUER, ,,Die Rechtsprechung zum Arzthaftpflichtsrecht 1966–1970. Eine Übersicht", in: VersR 1972, 419 ff., IDEM, ,,Die Rechtsprechung zum Arzthaftpflichtrecht 1971–1974", in VersR 1976, 214 ff.; A. LAUFS, ,,Arztrecht im Wandel – Die Entwicklung des Arztrechts 1976/77", in: NJW 1977, 1081 ff.; further refs. can be found in: LAUFS, ArztR, pp. 1, 12, 23, 35–36; as to *Swiss* law, cf. OTT, 4, 9 ff.
⁴) Cf. D. 9. 2. 78 (ULPIANUS) and D. 9. 2. 78 (GAIUS). A very informative study is: Ch. R. BURNS (Ed.), Legacies in Ethics and Medicine, NY 1977 (dealing with medical ethics of ninth-century Islam, the physician's prayer attributed to Moses MAIMONIDES, the medical ethics and etiquette of the early Middle Ages, the Hypocratic Oath in Elizabethan England, and eighteenth-century medical ethics); PICARD, 17 ff.; H. PETERS, Der Arzt und die Heilkunst in alten Zeiten, Düss. and Köln 1969; a convenient multilingual and world-wide collection of the original *Hippocratic Oath* and the present forms of oaths and declarations (to be administered to young physicians at the time of their admission as a member of the medical profession) can

be found in: Arzt und Christ (Salzburg) 8: 1–34 (1962). The *Hippocratic Oath* is also printed here, in the original Greek, and in Latin, English, and German, as *Appendix IV*, at pp. 423 ff., *infra*.

⁵) HEL III. 385–386. The earliest registered *English* case dates back to 1374, when an action by a patient against a surgeon was upheld in principle but it failed on a technicality, *Morton's Case* (1374) Y. B. 48 Edw. III, fol. 6, pl. 11; the first registered malpractice case in the United States occurred in 1790, cf. H. W. SCOTT, ,,Professional Liability Problems in the United States", in: (1977) 1 The Medical Jnl. of Australia 69 ff.

⁶) HEL III. 386.

⁷) In *England,* this development began under HENRY VIII (1508–1547), HEL IV. 403.

⁸) HEL III. 447–448; POTTER'S Historical Introduction to English Law and its Institutions, 4th ed. (by A. K. R. KIRALFY) Lo. 1958, 446 ff. (461), PICARD, 17 ff.

⁹) HEL III. 448; *Everard v. Hopkins* (1615) 2 Bulst. 332, 80 ER 1164; *Slater v. Baker* (1767) 2 Wils. 359, 95 ER 860.

¹⁰) Cf. *Coggs v. Bernard* (1703) 2 Ld. Raym. 909, 92 ER 107 (K. B.); *Banbury v. Bank of Montreal* (1918) A. C. 626, 657 (H. L.).

¹¹) *Slater v. Baker* (1767) 2 Wils. 359, 95 ER 860 (here it was held that a medical man cannot examine, treat or operate upon a patient without that patient's *consent* except by committing a trespass or assault).

¹²) C. R. A. MARTIN, Law Relating to Medical Practice, 2nd ed. Lo. 1979, 274; PICARD, 17 ff. (20), 91 ff.; OTT, 15; cf. Art. 41 ff. OR.

¹³) Cf. *Edwards v. Mallan* [1908] 1 K. B. 1002 (C. A.); *Pippin v. Sheppard* (1822) 11 Price 400, 147 ER 512; C. R. A. MARTIN, *op. cit.* [*supra*, note 12], (*ibd.*, 274: ,,No branch of the law affects more strongly the practice of medicine than the law of tort; this can be stated with certainty."); for *German* Law cf. LAUFS, ArztR, §§ 1 ff.; PALANDT-THOMAS, Bürgerliches Gesetzbuch, Kommentar, 39th ed. Mü. 1980, note 7 B f to § 823 BGB; for *Swiss* law cf. OTT, 3 ff.

¹⁴) For the latter, cf. J. E. MALDONADO, ,,Strict Liability and Informed Consent", in: 9 Akron L. Rev. 609 ff. (1976). For an impressively large collection of *American* case law relevant here cf. M. L.CARMICHAEL, ,,Liability of Hospital or Medical Practitioners, Under Doctrine of Strict Liability in Tort, or Breach of Warranty, from Harm Caused by Drug, Medical Instrument, or Similar Device Used in Treating Patient", 54 ALR 3rd 258 (1973); also cf. Th. COOPER, ,,Liability of Manufacturers and Providers of Health Related Goods and Services", in: 2 American Jnl. of L. and Med. 257, 262 (1976); A. MEISEL, ,,The Expansion of Liability for Medical Accidents: From Negligence to Strict Liability by Way of Informed Consent", in: 56 Nebraska L. Rev. 51–152 (1977); J. O'CONNELL, ,,Alternative to Abandoning Tort Liability: Elective no-fault Insurance for Many Kinds of Injuries", in: 60 Minnesota L. Rev. 501–565 (1976). As to the position at Private International Law cf. E. DEUTSCH, ,,Das Internationale Privatrecht der Arzthaftung", in: Festschrift für Murad Ferid zum 70. Geburtstag, Mü. 1978, 117–135, with further refs. as to the law of conflicts.

¹⁵) *Ethical considerations* – e. g. a moral obligation to render first aid in cases of emergency where no law requires to render first aid – *aside,* the physician is, however, at *Common Law,* not required to accept any patient, SALMOND on Torts, 508; PICARD, 20; he may even refuse a patient though no other doctor is available, but once he has done so he must exercise proper care and skill, *Hurley v. Eddingfield* (1901) 59 NE 1058 (Ind. S. C.); as to the legal situation in *emergency cases* cf. C. V. GODFREY, ,,Emergency Care: Physicians should be placed under an affirmative duty

to render essential medical aid in emergency circumstances", in: 7 Univ. of California Davis L. Rev. 246 ff., 249 (1974); PICARD, 17 ff. (20), 139–167, the *legal* duty to render first aid in emergency cases is affirmed by statute in *France* (Art. 63 II Code Pénal), *Germany* (§ 330 c StGB) and *Switzerland* (Art. 127 II SchwStGB, Art. 18 Zürcher EG). Cf. notes 151, 293, *infra*.

[16]) Medical science has not yet reached (and may indeed never reach) the stage where the law ought to presume that a patient must come out of an operation as well or better than he went in, *Girard v. Royal Columbian Hospital* (1976) 66 D. L. R. 3rd 676 (B. C. S. C.); accordingly, neither in contract nor in tort can a conclusion as to negligence on the part of the acting physician be drawn from the mere fact that an accident happened or the result was not in accordance with expectation, cf. *Hucks v. Cole* (1968) 112 S. J. 483, 118 New L. J. 469 (C. A. per LORD DENNING. M. R.); *Whitehouse v. Jordan and Another* (1979) *The Times*, 6th December (C. A., per LORD DENNING, M. R.); *Davy v. Morrison* (1931) 4 D. L. R. 619 (Ont. C. A.); *Holmes v. Board of Hospital Trustees of City of London* (1978) 81 D. L. R. 3rd 67, 78 (Ont. H. C.); *Hughston v. Jost* [1943] O. W. N. 3; *Johnston v. Wellesley Hospital* (1970) 17 D. L. R. 3rd 139 (Ont.); PICARD, 22; as to *American* case law cf. *Delaneuville v. Bullard*, 361 So. 2d 918 (La.App. 1978); *Hawkins v. McCain*, 79 SE 2d 493 (NC 1954); *Marvin v. Talbott*, 30 Cal. Rptr. 893 (1963); *Vann v. Hardan*, 47 SE 2d 314 (Va 1948); *Zoterell v. Repp*, 153 NW 692 (Mich 1915), and the annotations by J. W. SHAW: „Recovery Against Physician on Basis of Breach of Contract to Achieve Particular Results or Cure", 43 ALR 3d 1221 (1972); for the *French* position cf. P. M. TOURNEAU, La Responsabilité Civile, Vol. I (Pa. 1972), 307, 310; J. PENNEAU, La Responsabilité Médicale, Tou. 1977, 18 ff., 22 ff.; for *German* case law cf. BGH, 15th March 1977, NJW 1977, 1102 (1103, *sub* II 1); 14th March 1978, VersR 1978, 542 (543, *sub* I. 1). The medical contract normally is a *Dienstvertrag* (§§ 611 ff. BGB), and not a *Werkvertrag* (§§ 631 ff. BGB) according to *German* law, cf. PALANDT-PUTZO, Bürgerliches Gesetzbuch, Kommentar, 39th ed. Mü. 1980, note 2 a bb before § 611; this may also be true if a physician accepts a patient for *sterilisation*, OLG Düsseldorf, 31st Jan. 1974, NJW 1975, 595, ArztR 1976, 46 ff. (47–48); for a *Werkvertrag*: LG Freiburg i. B., 18th Nov. 1976, NJW 1977, 340; but cf. PALANDT-PUTZO, *op. cit.*, note 2 a bb before § 611; an interesting *Canadian* case in this context is *Allard v. Boykowich* [1948] 1 W. W. R. 860 (Sask K. B.); the same applies to *French* law, where the *obligation médicale* is an *obligation de moyens*, and not an *obligation de résultat*, cf. BRUNHES, 25; W. GEHRING, *op. cit.* [*supra*, note 3], 21 ff. and H. STOLL, „Haftungsverlagerung durch beweisrechtliche Mittel", in: AcP 176 (1976) 145 (156); Angela HOLLMANN, „Rechtliche Beurteilung des Arzt-Patienten-Verhältnisses", in: ArztR 1977, 69 ff. (71). The *obligation de moyens* theory is also good law in *Switzerland*; cf. Art. 394 ff. OR and BG, 14th June 1938, BGE 64 II 200; 20th Feb. 1940, BGE 66 II 34; 20th Sep. 1927, BGE 53 II 298; H.HAUSHEER, „Arztrechtliche Fragen", in: SJZ 73 (1977) 245 ff. (254); OTT, 23–24, 63.

[17]) PICARD, 22, and cf. note 16, *supra*.
[18]) Cf.PICARD, 17 ff. (23–24).
[19]) D. W. LOUISELL and H. WILLIAMS, Medical Malpractice, NY 1969, 191; *dub. Beadling v. Sirotta*, 197 A. 2d 857 (N. J. S. C. 1964); for *Canada* cf. PICARD, 23.
[20]) *Pimm v. Roper* (1862) 2 F. & F. 783, 175 ER 1283; *Urquhart v. Grigor* (1864) 3 Macph. 283, 287 (Ct. Sess.); also cf. CHARLESWORTH on Negligence, § 973.
[21]) *Hall v. Semple* (1862) 3 F. & F. 337, 176 ER 151; *Everett v. Griffiths* [1921] 1 A. C. 631 (H. L.); *Harnett v. Fisher* [1927] 1 K. B. 402, A. C. 573, 580.

²²) PICARD, 23–24, with further refs.
²³) Cf. § 328 BGB; RG, 29th Sep. 1936, RGZ 152, 175; also cf. PALANDT-PUTZO, Bürgerliches Recht, Kommentar, 39th ed. Mü. 1980, note 2a before § 611.
²⁴) According to *German* law, e. g., the period of limitation for a *Dienstvertrag* is thirty years (§§ 611, 195 BGB), whereas for a *Werkvertrag* it is six months only (§§ 631, 638 BGB). Also cf. note 25, *infra*.
²⁵) In most *Common Law* countries, the time period within which the plaintiff must bring his action, is three years in cases of personal injury claims and fatal accidents, s. 2A (4) *Limitation Acts* 1939 to 1975, with time beginning to run from either the date when the cause of action accrued or the date (if later) of the plaintiff's knowledge that his injuries were significant and had resulted from an act or omission, which is alleged to constitute negligence on the part of the defendant, s. 2A (8), (6) (a) and (7) with (since 1975) *power of the court to override these time limits* if it is fair to do so (s. 2D), cf. CHARLESWORTH on Negligence, §§ 1318, 1319, 1321, 1330, 1331; for instructive illustrations of the working of this latter section (2D) cf. *Buck v. English Electric Co. Ltd.* [1977] 1 W. L. R. 806 (where a delay of 16 years was held not to be a bar to the plaintiff's claim for damages): *Firman v. Ellis* (1977), *The Times*, 8th July. There is no difference in time limit for tort and contract actions for negligence, and this is also true in *Australia, cf. Limitation Act,* 1969 (N. S. W.), *Limitation Act,* 1972 (Vict.) and *Limitation Acts,* 1974 of *Queensland* and *Tasmania,* the latter allowing a judge to extend by up to 3 more years when judged to be ,,just and reasonable" (FLEMING on Torts, 177 note 19), and most *United States* jurisdictions (cf. A. J. MILLER, ,,The Contractual Liability of Physicians and Surgeons", in: 1953 Washington Univ. L. Q. 413, 429 [1953]); the limitation period, however, differs for tort and contract actions in *Canada* and most *European* countries; as a general rule, in *Canada*, the patient must sue in tort within one year from the termination of professional services, whereas he has six years from the date of breach to sue in contract, PICARD 54, with further refs. There is a tendency, in *American* jurisdictions, to shorten the time of limitation; in *California*, however, malpractice actions must generally be filed within the (normal) limitation period of three years of alleged injuries or within one year of discovery, whichever comes first, cf. Comment in Modern Health Care 4 (no. 5) 16o–16p (1975); in *Indiana*, a state with a statute unfavourable to malpractice actions, an action must be filed within two years after the alleged injuries happened, W. SCHWEISHEIMER, ,,Die Malpractice-Misere. Eine leichte Besserung im Gange", in: Veska (Das Schweizer Spital) 41 (1977) 393–394. In *France* (cf. Artt. 1382, 1383, 2262 Code Civil; W. GEHRING, *op. cit.* [supra, note 3], 107) and in *Germany* (§§ 195, 853 BGB) for an action founded on breach of contract the limitation period is thirty years, whereas for an action founded on tort it is only three years. In *German* law, the time limit in tort does, however, not affect the time limit in contract, even if the claims are based on concurrent (contractual and tortious) liability, BGH, 24th May 1976, BGHZ 66, 315 (319); in *Swiss* law, the time limit in contract is ten years (Art. 127 OR), in delict one year (Art. 60 I OR); cf. OTT, 19.
²⁶) S. 2A (6) *Limitation Acts,* 1939 to 1975; for *American* case law cf. E. H. SCHOPLER, ,,When Statute of Limitations Commences to Run Against Physician etc.", in: 80 ALR 2d 320, 368 (1961), for the more recent developments cf. W. SCHWEISHEIMER, *loc. cit.* [supra, note 25], 393–394; as to the *German* law, cf. § 198 BGB. Also cf. note 25, *supra*.
²⁷) S. 2A (6) *Limitation Acts,* 1939 to 1975; in *Germany* this is implied by the notion of *Anspruch* (§ 194 I BGB).

Notes · Anmerkungen

[28]) *Limitation Acts*, 1939 to 1975, s. 2D (1); CHARLESWORTH on Negligence, §§ 1330–1332.
[29]) *Limitation Act*, 1974 (Tas.); FLEMING on Torts, 175 ff. (177 note 19).
[30]) This is so at *Common Law: Chesworth v. Farrar* [1967] 1 Q. B. 407; *Fish v. Kapur* [1948] 2 All E. R. 176; *R. v. Bateman* (1925) 94 L. J. K. B. 791; CHARLESWORTH on Negligence, §§ 967–968; SALMOND on Torts, 3, 9 ff. The same applies to Continental law, e. g. *German law*, RG, 13th Oct. 1916, RGZ 88, 433; BGH, 13th May 1955, BGHZ 17, 214 (217); W. FIKENTSCHER, Lehrbuch des Schuldrechts, 6th ed. Bln and NY 1976, § 102 V 1 (pp. 621 ff.); F. OTTO, ,,Die Haftung des Arztes", in: Berliner Ärzteblatt 90: 1080–1087 (1977); H.-L. WEYERS, ,,Empfiehlt es sich, im Interesse der Patienten und Ärzte ergänzende Regelungen für das ärztliche Vertrags- (Standes-) und Haftungsrecht einzuführen?", in: Gutachten A zum 52. Deutschen Juristentag Wiesbaden 1978, Mü. 1978, A 13 ff., A 20 ff. As to *Swiss* law, cf. Art. 41 OR and BG, 25th May 1938, BGE 64 II 254 (259); OTT, 14–17; a full comparative law discussion of the *cumul*-problem in *American, French* and *German* law can be found in: P. H. SCHLECHTRIEM, Vertragsordnung und außervertragliche Haftung, Frankfurt a. M. 1972, 152 ff. *(France)*, 273 ff. *(USA)*, 429 ff. *(Germany)*.
[31]) *Cour de Cassation*, Civ., 20. 5. 1936, D. P. 1936. 1.88 (a case in which the period of limitation for a tort action was expired); also cf. J. AMBIALET, Responsabilité du Fait d'Autrui en Droit Médical, Pa. 1964, 41 ff.; BRUNHES, 23 ff.; J.-Cl. CHARDON, Les Responsabilités du chirugien-dentiste, Pa. 1972, 78 ff.; J. PENNEAU, La Responsabilité Médicale, Tou. 1977, 19; IDEM, Faute et Erreur en Matière da Responsabilité Médicale, Pa. 1973, 14 ff. As to the *Belgian* law cf. X. RYCKMANS, R. MEERT-VAN DE PUT, Les Droits et les Obligations de Médecins, Vol. I, 2nd ed. Bruxelles 1971, 163 ff. Also cf. artt. 1382–1383 Code Civil.
[32]) For further details, cf. SAVATIER-AUBY-SAVATIER-PEQUIGNOT, 211 ff.
[33]) § 839 BGB, Art. 34 GG. A full discussion of problems of liability of the employers for their employees can be found in: The Responsibility of the Employer for the acts of his Employees. Proceedings of the 3rd Colloquy on European Law, *Council of Europe*, Würzburg, October 4th–5th, 1972. It should be noted that damage incurred in the course of negligent medical treatment does not normally lead to state recompensation in accordance with § 839 BGB, Art. 34 GG, even if the acting physician is a *civil servant by special charter* (Beamter), as medical treatment normally is not carried out by a physician in his capacity as holder of a public office, but to recompensation by the institution by which the acting physician is employed (either §§ 31, 89 or 831, 823 BGB, for which cf. this treatise, pp. 48 ff., 195 ff., *supra*), BGH, 9th Dec. 1974, BGHZ 63, 265 ff. (270); state recompensation would be available if the physician acted in his particular capacity as holder of a public office (as is the case when he acts as official of the Public Health Authorities as *Amtsarzt*, e. g. in cases of an obligatory vaccination), cf. BGH, 5th Oct. 1972, BGHZ 59, 310 (313).
[34]) CF. BG, 3rd July 1975, BGE 101 II 177 (182–185).
[35]) §§ 253, 847 BGB.
[35a]) *Lim v. Camden Health Authority* [1979] 1 Q. B. 196 (at 215, *per* LORD DENNING M. R.), [1978] 3 W. L. R. 895 (C. A.), [1979] 3 W. L. R. 44, [1980] A. C. 174 (H. L.); *H. West and Son Ltd. v. Shephard* [1964] A. C. 326, 356–357 *(per* LORD DEVLIN); CHARLESWORTH on Negligence, §§ 1423–1449; FLEMING on Torts, 221–223; *Urbanski v. Patel* (1978) 84 D. L. R. 3rd 650, 658–659 (Man. Q. B., *per* WILSON J.); as to *German* law, cf. § 847 BGB (,,eine billige Entschädigung in Geld"), and BGH, 6th July 1955, BGHZ 18, 149 ff.
[35b]) FLEMING on Torts, 221; also cf. BGH, 6th July 1955, BGHZ 18, 149 (154).

35c) *R. v. Jennings* [1966] S. C. R. 532 (at 542); also cf. *Holmes v. Board of Hospital Trustees of City of London* (1978) 81 D. L. R. 3rd 67, 99 (Ont. H. C.); *Urbanski v. Patel* (1978) 84 D. L. R. 3rd 650, 668–670 (Man. Q. B., per WILSON J.); *Yepremian v. Scarborough General Hospital* (1979) 88 D. L. R. 3rd 161, 190 (Ont. H. C. per HOLLAND J.).

35d) *Ward v. James* [1965] 1 All E. R. 563, 574 (*per* LORD DENNING M. R.); *West v. Shephard* [1964] A. C. 326; *Wise v. Kaye* [1962] 1 Q. B. 638; A. OGUS, ,,Damage for Lost Amenities: For a Foot, a Feeling, or a Function?", in: (1972) 35 M. L. R. 1 ff., with further refs.

35e) *Skelton v. Collins* (1966) 115 C. L. R. 94.

35f) FLEMING on Torts, 223.

35g) BGH, 16th Dec. 1975, NJW 1976, 1147–1149.

35h) Cf. *Lim v. Camden Health Authority* [1979] 1 Q. B. 196 (C. A.), [1979] 3 W. L. R. 44, [1980] A. C. 174 (H. L.); *Lindsley v. Hawkins* [1973] 2 N. S. W. L. R. 581; PALANDT-THOMAS, Bürgerliches Gesetzbuch, Kommentar, 39th ed. Mü. 1980, note 4 to § 847 BGB, with further refs. as to *German* case law.

36) CHARLESWORTH on Negligence, §§ 965 ff.; SALMOND on Torts, 232, 468–470; FLEMING on Torts, 106 ff. (110); PICARD, 45 ff., 63 ff., 91 ff.; HOLDER, 43 ff., 71 ff., 101 ff., 298 ff., 398 ff.; SAVATIER-AUBY-SAVATIER-PEQUIGNOT, 211 ff., 288 ff.; ANRYS, 45 ff.; D. GIESEN, ,,Civil Liability of Physicians with Regard to New Methods of Treatment and Experiments", in: (1976) 25 I. C. L. Q. 180 ff.; LAUFS, ArztR, §§ 154 ff., 176 ff.; OTT, 9 ff.

37) Cf. E. DEUTSCH, Medizin und Forschung vor Gericht, Karlsruhe 1978, 28 ff.; D. GIESEN, ,,Civil Liability of Physicians (in the Federal Republic of Germany)", in: *Deutsche zivil-, kollisions- und wirtschaftsrechtliche Beiträge zum X. Internationalen Kongreß für Rechtsvergleichung Budapest 1978*. (Materialien zum Ausländischen und Internationalen Privatrecht), herausgegeben vom Max-Planck-Institut für Ausländisches und Internationales Privatrecht, Vol. 29, Tüb. 1978, 403 ff. (406).

38) There is no essential distinction between the duties of care and skill owed by the physician to the patient in contract or in tort, D. W. LOUISELL and H. WILLIAMS, Medical Malpractice, NY 1969, 197; H. STOLL, ,,Haftungsverlagerung durch beweisrechtliche Mittel", in: AcP 176 (1976) 145, 166. As to *Common Law, cf. Gladwell v. Steggall* (1839) 5 Bing. N. C. 733; *Edgar v. Lamont*, 1914 S. C. 277; CHARLESWORTH on Negligence, § 968; SALMOND on Torts, 8 ff.; *Fizer v. Keys* (1974) 2 W. W. R. 14 (Alta. S. C.); as to *German* case law, cf. the abounding material collected for the years 1966 to 1974 in G. GAISBAUER, ,,Die Rechtsprechung zum Arzthaftpflichtrecht 1966–1970. Eine Übersicht", in: VersR 1972, 419–424; IDEM, ,,Die Rechtsprechung zum Arzthaftpflichtrecht 1971–1974. Eine Übersicht", in: VersR 1976, 214–226; also cf. Angela HOLLMANN, ,,Rechtliche Beurteilung des Arzt-Patienten-Verhältnisses", in: ArztR 1977, 69 ff. (71). As to *Swiss* law cf. R. FAESCH, Die privatrechtliche Verantwortlichkeit des Arztes in der Schweiz mit Berücksichtigung der französischen und deutschen Praxis, Diss. (typescript) Basel 1956.

39) *Akarele v. The King* [1943] A. C. 255; *R. v. Bateman* (1925) 94 L. J. K. B. 791; CHARLESWORTH on Negligence, § 965; SALMOND on Torts, 232; FLEMING on Torts, 106 ff.; *Baltzan v. Fidelity Insurance* (1932) 2 W. W. R. 140, affd. [1933] 2 W. W. R. 203 (Sask. C. A.); *Rickett v. Hayes*, 511 SW 2d 187 (Ark. 1974); *Skeeves v. United States*, 294 F. Supp. 446 (D.C.S.C. 1968); for earlier cases cf. D. E. EVINS, ,,Physicians and Surgeons: Standard of Skill and Care Required of Specialist", 21 ALR 3d 953–957 (1968). The French *Cour de Cassation* often held that medical services must meet the standards of the *connaissances acquises de la science*, cf. P. Le

TOURNEAU, La Responsibilité Civile, Vol. I, Pa. 1972, 306; also cf. D. EBERHARDT, op. cit. [supra, note 3], 73 ff., 123 ff.; G. B. CHAMMARD and P. MONZEIN, La Responsabilité Médicale, Pa. 1974, 130 ff.; J. PENNEAU, La Responsabilité Médicale, Tou. 1977, 46 ff. and H. PHARAON, La Responsabilité Civile du Médecin en Droit Francais, Diss. Lausanne, Geneve 1961; as to *German* case law, cf. LAUFS, ArztR, §§ 154 ff., with further refs.; as to *Swiss* law cf. BG, 14th June 1938, BGE 64 II 200; H. HAUSHEER, „Arztrechtliche Fragen", in: SJZ 73 (1977) 245 ff., 254.

⁴⁰) Cf. *Blyth v. Birmingham Waterworks Co.* (1856) 11 Ex. 781, 156 ER 1067; *Donoghue v. Stevenson* [1932] A. C. 562; FLEMING on Torts, 107–108.

⁴¹) Cf. the famous „case" *Fardell v. Potts* in A. P. HERBERT'S *Uncommon Law* (Being 66 Misleading Cases . . . collected in One Volume), Lo. 1935 (new ed. 1969), 1 ff. (4).

⁴²) *Mahon v. Osborne* [1939] 2 K. B. 14; S. R. SPELLER, Doctor and Patient, 64; FLEMING on Torts, 106 ff. (109–110).

⁴²ᵃ) Cf. the case law quoted in note 52, *infra*.

⁴³) *Blyth v. Birmingham Waterworks Co.* (1856) 11 Ex. 781, 156 ER 1067 (with the classical definition of negligence); *Bolam v. Friern Hospital Management Committee* [1957] 1 W. L. R. 582, 586–588 (per McNAIR J.); *Coggs v. Bernard* (1704) 2 Ld. Raym. 909, 92 ER 107, 1 Comyns 133, 92 ER 999; *Marshall v. Lindsey C. C.* [1935] 1 K. B. 516, 540 (per MAUGHAM L. J.); *Pudney v. Union-Castle Mail SS. Ltd.* [1953] 1 Lloyd's Rep. 73; *R. v. Bateman* (1925) 94 L. J. K. B. 791, *Roe v. Ministry of Health* [1954] 2 Q. B. 66; *Whitehouse v. Jordan and Another* (1980) The Times, 18th December (H. L.); CHARLESWORTH on Negligence, §§ 1–20, 925–935, 965–984; S. R. SPELLER, Doctor and Patient, 62–64; *Hunter v. Hanley*, 1955 S. C. 200; *Harrison v. Read* [1964] W. A. R. 228; FLEMING on Torts, 109–111; *Kangas v. Parker* [1976] 5 W. W. R. 25 (Sask. Q. B.); *McCormick v. Marcotte* (1971) 20 D. L. R. 671 (S. C. C.); as to German case law, cf. F. W. FRHR. MARSCHALL VON BIEBERSTEIN, „Überlegungen zur Haftung bei Heilbehandlung", in: Festschrift für E. Klingmüller, Karlsruhe, 1975, 249 ff.; *Palandt-Heinrichs*, Bürgerliches Recht, Kommentar, 39th ed. Mü. 1980, note 14 (*sub* Ärzte) to § 823, both with further refs. As to *Swiss* law, cf. E. THILO, La Responsabilité Professionelle du Médicin, Lausanne 1936; for more recent developments in *Switzerland*, cf. H. HAUSHEER, „Arztrechtliche Fragen", in: SJZ 73 (1977) 245 ff. and OTT, 3 ff. As to *Austrian* law, cf. W. HOLCZABEK, „Der ärztliche Kunstfehler", in: Mitteilungen der österreichischen Sanitätsverwaltung 1977, 5 ff.

⁴⁴) There may be omissions both in failing to treat a patient and in failing to apply indicated methods of treatment, D. GIESEN, „Civil Liability of Physicians with Regard to New Methods of Treatment and Experiments", in: (1976) 25 I. C. L. Q. 180 ff., 182; also cf. E. DEUTSCH, „Typen des Arztverschuldens", in: VersR 1977, 101 ff. An interesting *Canadian* case is *Eady v. Tenderenda* [1975] 2 S. C. R. 599.

⁴⁵) An interesting discussion of new dimensions in the *American* malpractice development can be found in: Editorial Notes, „Malpractice and the Quality of Care", in: 88 Annals of Internal Medicine 836 (1978); R. J. SCHMIDMAN and M. J. SALZLER, „The Legal Malpractice Dilemma: Will New Standards of Care Place Professional Liability Beyond the Reach of the Specialist?", in: 45 Univ. Cin. L. Rev. 541 (1976); an interesting recent *German* case is LG Kassel, 27th Febr. 1979, VersR 1980, 149 f.).

⁴⁶) Diagnosis is a matter of judgement, *Hobson v. Munkley* (1976) 14 O. R. 2nd 575; *Borne v. Brumfield*, 363 So. 2d 79 (La. App. 1978); *Christianson v. Downs*, 279 NW 2d 918 (Wisc. 1979); *Walski v. Tiesenga*, 381 NE 2d 279 (Ill. 1978).

⁴⁷) Cf. *Whiteford v. Hunter* (1950) C. L. C. 684, W. N. 553, 94 S. J. 758 (H. L.), where plaintiff claimed damages resulting from erroneous diagnosis of defendant that he

had cancer of the bladder; the argument revolved mainly round whether defendant should have used one or other of two special cystoscopes, neither of which he had and both of which at the time were difficult to obtain in *England*. The *House of Lords* held, defendant not negligent in the circumstances, approving the *dictum* of MAUGHAM L. J. in *Marshall v. Lindsey* C. C. [1935] 1 K. B. 540 that ,,a defendant charged with negligence can clear himself if he shows that he acted in accordance with general and approved practice."

[48]) CHARLESWORTH on Negligence, § 969, Failure to use due skill in diagnosis so that wrong treatment is given is negligence, *Newton v. Newton's Model Laundry* (1959) *The Times*, 3rd November (per SALMON J.); but also cf. *Crivon v. Barnet Group Hospital Management Committee* (1958) *The Times*, 18th November. Failure to diagnose *malaria* was held to be negligent: *Langley v. Campbell* (1975) *The Times*, 6th November. PICARD, 143 149, RG, 22nd Dec. 1922, JW 1923, 603; 20th June 1930, JW 1931, 1466; BGH, 27th Nov. 1952, BGHZ 8, 138 (140); 11th May 1956, VersR 1956, 493. Also cf. notes 49–52, *infra*.

[49]) BG, 17th Sept. 1936, BGE 62 II 274; 19th June 1938, BGE 64 II 200 (205); 27th Jan. 1941, BGE 67 II 22; OTT, 42; and cf. note 48, *supra*, and notes 50–52, *infra*.

[50]) *Vail v. Mac Donald* (1976) 66 D. L. R. 3rd 530 (S. C. C.); and cf. notes 48–49, *supra*, and note 51, *infra*.

[51]) CHARLESWORTH on Negligence, § 969; *Turiff v. King* (1913) 9 D. L. R. 676, 678 (Sask. S. C.); *Vail v. Mac Donald* (1976) 66 D. L. R. 3rd 530 (S. C. C.); an earlier authority to the contrary, *Jarvis v. International Nickel* Co. (1929) 63 O. L. R. 564 (H. C.), where it was held that a physician who is unable to diagnose a problem is not under a legal obligation to so inform the patient or to advise the calling in of a specialist is *overruled* now; PICARD, 143, 149–151. As to the abounding American case law cf. Annotation, ,,Malpractice: Physician's Failure to Advise Patient to Consult Specialist or one Qualified in a Method of Treatment which Physician is not Qualified to Give", 35 ALR 3d 349 (1971); a more recent case in which one of the biggest recompensations ever awarded was given to a 11-year old boy who due to a wrong diagnosis after a serious injury eventually became totally paralysed, is *Niles v. City of San Rafael*, 116 Cal. Rptr. 733 (Cal. 1974) (damage awarded: 4 million dollars); HOLDER, 74 ff. In *French* law, a physician who is incompetent to treat a certain disease, is liable if he failed to consult a specialist, cf. P. LE TOURNEAU, La Responsabilité Civile, Vol. I, Pa. 1972, 307, with further refs. As to *German* law, cf. RG, 7th Jan. 1938, JW 1938, 2203; LAUFS, ArztR, § 59; W. WEIMAR, ,,Die Pflicht des Arztes zur richtigen Diagnose", in: ZfV 1968, 451. As to *Swiss law*, cf. BG, 27th Jan. 1941, BGE 67 II 22 (23); OTT, 41.

[52]) *Drinnen v. Douglas* [1931] 2 D. L. R. 606 (B.C. S.C.); *Gray v. Lafleche* [1950]1 D. L. R. 337 (Man. K. B.) If a doctor holds himself out as a specialist a higher degree of skill is required of him than of one who does not profess to be so qualified by special training and ability,*Crits v. Sylvester* [1956] O. R. 132, 143, 1 D. L. R. 2nd 502, 508 (C. A.); *Kapur v. Marshall* (1978) 85 D. L. R. 3rd 566, 572 (Ont. H. C.); *Wilson v. Swanson* [1956] S. C. R. 804, 5 D. L. R. 2nd 113; *Yepremian v. Scarborough General Hospital* (1979) 88 D. L. R. 3rd 161, 162, 171 (Ont. H. C., per HOLLAND J.); *White v. Edison*, 361 So. 2d 1292 (La.App. 1978); this is also the law in *Germany* (W), where a doctor through accepting a patient for treatment impliedly warrants that he possesses the competence to perform his art carefully and competently inclusive of his proper and skillful judgement whether and when his patient needs a referral to a specialist, a hospital or to another colleague for a second opinion, BGH, 20th Febr. 1979, VersR 1979, 376 (377 *sub* II 1); in *German* law, this implied

warranty is called *Garantenstellung*. An interesting *Austrian* case is öOGH, 22nd June 1961, ÖJZ 1961 No. 380.
53) G. GAISBAUER, ,,Die Rechtsprechung zum Arzthaftpflichtrecht 1971–1974. Eine Übersicht", in: VersR 1976, 214 (221–222), with further refs.; BGH, 28th June 1963, JZ 1964, 231; OLG München, 17th Dec. 1959, VersR 1960, 568.
53a) Cf. note 53, *supra*.
54) *Tarasoff v. Regents of University of California*, 17 Cal. 3d 425, 551 P. 2d 334, 131 Cal. Rptr. 14 (1976); this is one of the most controversial decisions of recent years, cf. N. A. NESBITT, ,,Tarasoff v. Regents of the University of California: Psychotherapist's Obligation of Confidentiality Versus the Duty to Warn", in: 12 Tulsa L. J. 747 (1977); Alan A. STONE, ,,The Tarasoff Decisions: Suing Psychotherapists to Safeguard Society", in: 90 Harv. L. Rev. 358 (1976/77); J. C. WILLIAMS, ,,Liability of one Treating Mentally Afflicted Patient for Failure to Warn or Protect Third Persons Threatened by Patient", 83 ALR 3d 1201 (1978).
55) ,,The law in all cases exacts a degree of care commensurate with the risk". *(Read v. J. Lyons and Co. Ltd.* [1947] A. C. 156, 173, *per* LORD MACMILLAN). ,,As the danger increases, so must the precautions increase." *(Lloyds Bank Ltd. v. Railway Executive* [1952] 1 All E. R. 1248, 1253, *per* DENNING L. J.); WINFIELD and JOLOWICZ on Tort, 10th ed. Lo. 1975, 65–66; BGH, 16th Jan. 1959, VersR 1959, 312; 22nd June 1971, VersR 1971, 929 (930); 22nd Febr. 1978, NJW 1978, 1206; OLG Frankfurt a. M., 10th July 1972, NJW 1973, 1415; OLG Saarbrücken, 29th Oct. 1974 (as affd. by BGH, 10th May 1977, VersR 1977, 872); and cf. notes 56–61, *infra*.
56) *Fardon v. Harcourt-Rivington* (1932) 146 L. T. 391, 48 T. L. R. 215, 76 S. J. 61 (392, *per* LORD DUNEDIN).
57) *Bolton v. Stone* [1951] A. C. 850 (865, *per* LORD REID: ,,I think that reasonable men do in fact take into account the degree of risk and do not act upon a bare possibility as they would if the risk were more substantial", 886–889, *per* LORD RADCLIFFE). Also cf. notes 55–56, *supra*, and notes 58–61, *infra*.
58) *Overseas Tankship (U. K.) v. Miller SS. Co., sub. nom. The Wagon Mound No. 2* [1966] 2 All E. R. 709, (1967) 1 A. C. 617 (P. C., 643–644, *per* LORD REID); as to the foreseeability test also cf. *Overseas Tankship (U. K.) v. Morts Dock and Engineering Co. Ltd., sub. nom. The Wagon Mound No. 1* [1961] A. C. 388 (P. C.); as to the *mutatis mutandis* German equivalent *(Adäquanztheorie)* cf. BGH, 23rd Oct. 1951, BGHZ 3, 261 ff., and *this* treatise, pp. 14 ff., 167 ff., *supra*.
59) *Hucks v. Cole* (1968) 118 New L. J. 469 (*per* LORD DENNING, M. R.); WINFIELD and JOLOWICZ on Tort, 10th ed. Lo. 1975, 65–66; BGH, 12th Febr. 1974, NJW 1974, 1422 (administering of anaesthetic with particularly grave risks).
60) WINFIELD and JOLOWICZ on Tort, 10th ed. Lo. 1975, 65–66, with further refs.; *Chubey v. Ashan* [1975] 1 W. W. R. 120, 124 (Man. Q. B., *per* SOLOMON J.), affd. [1976] 3 W. W. R. 367 (Man. C. A.), but also cf. the strong dissenting opinion in this appeal case by FREEDMAN C. J., in [1976] 3 W. W. R. 367, 370; PICARD, 108; BGH, 16th Nov. 1971, FamRZ 1972, 89; OLG Bamberg, 19th Sept. 1975, affd. by BGH 14th Dec. 1976, VersR 1977, 436 (437); OLG Saarbrücken, 29th Oct. 1974, affd. by BGH, 10th May 1977, VersR 1977, 872.
61) In *Whiteford v. Hunter* [1950] W. N. 553, a surgeon was held to be *not* liable, however, when he made an incorrect diagnosis through his failure to use an instrument which was very rare in *England* at the time in question, cf. note 47, *supra*. BGH, 22nd June 1971, NJW 1971, 1887; 15th May 1979, JZ 1979, 530–531 = VersR 1979, 720–722. OLG Celle, 20th Sept. 1976, VersR 1977, 258.
62) *Bolam v. Friern Hospital Management Committee* [1958] 1 W. L. R. 582, 2 All E. R.

118; *Badger v. Surkan* [1973] 1 W. W. R. 302, 32 D. L. R. 3rd 216 (Sask. C. A.); another interesting *Canadian* case is *Crysler v. Pearce* [1943] 4 D. L. R. 738 (Ont. H. C.) (Physician negligent in failing to use any of the proper precautions which a surgeon of ordinary skill and prudence would take, or might reasonably be expected to take, to avoid the ignition of alcohol used for sterilising the operation site); an almost identical decision can be found in *German* case law, OLG Celle, 20th Sept. 1976, VersR 1977, 258; another interesting *German* case is BGH, 3rd May 1962, NJW 1962, 1780 (1781[Isselsfall]).

[63]) *Hucks v. Cole* (1968) 118 New L. J. 469 (*per* DENNING, M. R.); *Lanphier v. Phipos* (1838) 8 C. & P. 475, 173 ER 581; *R. V. Bateman* (1925) 94 L. J. K. B. 791, 41 T. L. R. 557; *Stokes v. Guest, Keen and Nettlefold (Bolts and Nuts) Ltd.* [1968] 1 W. L. R. 1776, 1783, 1786 (*per* SWANWICK J.); CHARLESWORTH on Negligence, § 967; WINFIELD and JOLOWICZ on Tort, 10th ed. Lo. 1975, 62; *Johnston v. Wellesley Hospital* (1970) 17 D. L. R. 3rd 139, 141 (Ont. H. C.); *McCaffrey v. Hague* [1949] 2 W. W. R. 539 (Man. K. B.): PICARD, 49–50, 91 ff., 100; E. DEUTSCH, ,,Medizinische Fahrlässigkeiten", in: NJW 1976, 2289 (2293, with further refs. as to *German* legal material). Also cf. the refs. in note 52, *supra*.

[64]) Thus, a physician is not to be held negligent simply because something went wrong: *Hucks v. Cole* (1968) 112 S. J. 483, 118 New L. J. 469 (C. A., *per* LORD DENNING, M. R.) *Whitehouse v. Jordan and Another* (1979), *The Times*, 6th December (C. A., *per* LORD DENNING, M. R.); FLEMING on Torts, 110; *Holmes v. Board of Hospital Trustees of City of London* (1978) 81 D. L. R. 3rd 67 (Ont. H. C.); an unfavourable result is not synonymous with negligence; a doctor is not an insurer, *Kapur v. Marshall* (1978) 85 D. L. R. 3rd 566, 573 (Ont. H. C.); the same is true in *German* law: RG, 1st March 1912, RGZ 78, 432 (435); 7th Aug. 1940, RGZ 165, 336 (338–339); BGH, 15th March 1977, NJW 1977, 1102 (1103), *sub* II. 1); 14th March 1978, VersR 1978, 542 (543, *sub* I.1); also cf. H. FRANZKI, ,,Leitfaden für Arzthaftungsprozesse", in: DRiZ 1977, 36 ff. (38, *sub* III. 1).

[65]) *Hunter v. Hanley*, 1955 S. L. T. 213, cited in *Bolam v. Friern Hospital Management Committee* [1957] 1 W. L. R. 582; WINFIELD and JOLOWICZ on Tort, 10th ed. Lo. 1975, 62; *McCormick v. Marcotte* [1971] S. C. R. 18, 26; BGH, 14th March 1978, VersR 1978, 542 ff.; OLG Celle, 13th Oct. 1976, VersR 1976, 1178 ff.; BG, 23rd Nov. 1927, BGE 53 II 419 (424); 6th May 1931, BGE 57 II 196 (202); 17th Sept. 1936, BGE 62 II 274 (275); 10th Oct. 1944, BGE 70 II 207 (209); *Cour de Justice Geneve*, 15th March 1935, SJZ 32 (1935/36) 298 No. 215.

[65a]) *Bolam v. Friern Hospital Management Committee* [1957] 2 All E. R. 118, 1 W. L. R. 582; *Marshall v. Lindsey* C. C. [1935] 1 K. B. 516, 540 (*per* MAUGHAM L. J.); *Whiteford v. Hunter* [1950] C. L. C. 684, W. N. 553, 94 S. J. 758 (H. L.); *Smith v. Auckland Hospital Board* [1964] N. Z. L. R. 241, 247 (*per* WOODHOUSE J.); *Crits v. Sylvester* (1956) 1 D. L. R. 2nd 502, 508 (*per* SCHROEDER J.), affd. [1956] S. C. R. 991; *Holmes v. Board of Hospital Trustees of City of London* (1978) 81 D. L. R. 3rd 67, 78 (Ont. H. C.); *Zimmer v. Ringrose* (1979) 89 D. L. R. 3rd 646, 653 (Alta. S. C.); PICARD, 95–122; *Robbins v. Foster*, 553 F. 2d 123 (D. C. Civ. 1977); in this decision, the *United States* Court of Appeals for the District of *Columbia* abandoned the traditional ,,locality rule" (under which the standard of care in medical malpractice cases was determined by the standards of the community in which the physician practices); also cf. *Hirschberg v. New York*, 46 U. S. L. W. 2134 (NY Ct. Cl., Aug. 24, 1977); *Mehlman v. Powell*, 46 U. S. L. W. 2227 (Md. Ct. App., Oct. 28, 1977).

[65b]) ,,A defendant charged with negligence can clear himself if he shows that he acted in accordance with general and approved practice". – *Marshall v. Lindsey* C. C. [1935]

1 K. B. 516 (540, *per* MAUGHAM L. J.), cited in *Whiteford v. Hunter* [1950] W. N. 553 (H. L.); CHARLESWORTH on Negligence, §§ 202, 969, *Chin Keow v. Government of Malaysia* [1967] 1 W. L. R. 813; *Bell v. R.* (1973) 44 D. L. R. 3rd 549; *Benett v. C.* (1908) 7 W. L. R. 740 (Man. T. D.); BGH, 22nd June 1955, VersR 1955, 573.

65c) *Bolam v. Friern Hospital Management Committee* [1958] 1 W. L. R. 582, 2 All E. R. 118; *Crivon v. Barnet Group Hospital Management Committee* (1958) *The Times*, 19th November (C. A.) (one pathologist diagnosed carcinoma, but head of department took a different view; *held*, first pathologist not negligent merely because another pathologist took a different view); also cf. *Hucks v. Cole* (1968) 118 New L. J. 469 (cf. note 73, *infra*); Interesting *Canadian* cases are: *Davy v. Morrison* [1931] 4 D. L. R. 619 (Ont. C. A.); *Hodgins v. Banting* (1906) 12 O. L. R. 117 (H. C.); *Holmes v. Board of Hospital Trustees of City of London* (1978) 81 D. L. R. 3rd 67, 91 (Ont. H. C.); *Kapur v. Marshall* (1978) 85 D. L. R. 3rd 566, 573 (Ont. H. C.); *Van Mere v. Farwell* (1886) 12 O. R. 285 (C. A.). Cases from the *United States* are abounding; very interesting cases are: *Blankenship v. Baptist Memorial Hospital,* 168 SW 2d 491 (Tenn. 1942); *Bruce v. United States,* 167 F. Supp. 579 (D. C. Cal. 1958); *Chamler v. McLure* 505 F. 2d 489 (CCA 6th 1974). The test for malpractice is not to be determined by a plebiscite; *Hurtt v. Goleburn,* 315 A. 2d 597 (Del. 1973); *Kortus v. Jensen,* 237 NW 2d 845 (Neb. 1976): Differences of opinion are consistent with the exercise of due care or even the highest degree of care; *Ybarra v. Cross,* 317 NE 2d 621 (Ill. 1974); HOLDER, 45, 58; a physician is not liable in negligence for a misdiagnosis or error of judgement unless it is clear that the course pursued was clearly against the course recognised to be correct by the profession generally: *Hatcher v. Black and Others* (1954) *The Times*, 2nd July (*per* DENNING, L. J.); *Whitehouse v. Jordan and Another* (1979) *The Times*, 6th December (C. A., *per* LORD DENNING M. R., LAWTON L. J.; DONALDSON L. J. dissenting); *Carter v. Ries,* 378 SW 2d 487 (Mo. 1964); a physician is not held to insure the correctness of his diagnosis, *Sinkey v. Surgical Associates,* 186 NW 2d 658 (Iowa, 1971); HOLDER, 77–89; BGH, 22nd June 1955, VersR 1955, 573.

66) PICARD, 170 ff. (178); this author also refers to the many authorities which hold that compliance with approved practice is a complete defence and not only a *prima facie* case that the standard of care has been met; cf. note 67, *infra*.

67) *Marshall v. Lindsey* C. C. [1935] 1 K. B. 516, 540 (*per* MAUGHAM L. J.), affd. [1937] A. C. 97 (H. L.); *Whiteford v. Hunter* (1950) C. L. C. 684, W. N. 553, 94 S. J. 758 (H. L.); FLEMING on Torts, 106 ff. (110); *McDaniel v. Vancouver General Hospital* [1934] 4 D. L. R. 593 (P. C.); *Robinson v. Annapolis General Hospital* (1956) 4 D. L. R. 2nd 421 (N.S. S.C.); *Rodych v. Krasey* [1971] 4 W. W. R. 358 (Man. Q. B.); PICARD, 170–181; *Chamler v. McLure,* 505 F. 2d 489 (CCA 6th, 1974); *Kortus v. Jensen,* 237 NW 2d 845 (Neb. 1976); HOLDER, 45–58; BGH, 27th Nov. 1952, BGHZ 8, 138 (140); 11th Oct. 1977, NJW 1978, 584 ff.; LAUFS, ArztR, §§ 154 ff., with further case law discussion.

68) PICARD, 105; *Shack v. Holland,* 389 NYS 2d 988 (NY 1976); H. W. SCOTT, „Personal Liability Problems in the United States", in: (1977) 1 The Medical Jnl. of Australia 69 ff. (70) reports a case, however, where the outcome could have been different indeed: here, a young woman who, 22 years after oxygen had been used in her incubator which led to her blindness, filed an action against the physician who had treated her as a premature infant at that time. In the early 1950s, oxygen therapy was commonly used and its disadvantages were only later discovered. The case was settled out of court for 165 000 dollars early in 1975, the jury was reportedly

prepared to award even 1 million dollars; as to *Swiss* law, cf. BG, 14th June 1938, BGE 64 II 200 (206); OTT, 118.

⁶⁹) [1954] 2 Q. B. 66 (C. A.).

⁷⁰) On the civil liability of physicians for anaesthesy accidents cf. *Jones v. Manchester Corporation* [1952] 2 All E. R. 125 (C. A.); *Roe v. Minister of Health* [1954] 2 Q. B. 66 (C. A.); *Crits v. Sylvester* [1956] S. C. R. 991 (Can.); *Holmes v. Board of Hospital Trustees of London* (1977) 17 O. R. 2nd 626, 81 D. L. R. 3rd 67 (Ont. H. C.); *Martel v. Hotel-Dieu St.-Vallier* (1969) 4 D. L. R. 3rd 445 (S. C. C.); *Sisters of St. Joseph v. Villeneuve* [1975] 1 S. C. R. 285; PICARD, 155–157. Also cf. H. L. DORNETTE (Ed.), Legal Aspects of Anesthesia, Phil. 1972, 25 ff., 47 ff., 95 ff., 179 ff., 229 ff. As to *German* law cf. W. UHLENBRUCK, ,,Die ärztliche Haftung für Narkoseschäden", in: NJW 1972, 2201; W. WEISSAUER and R. FREY, ,,Ärztliche Haftung für Anästhesiezwischenfälle", in: Deutsche Medizinische Wochenschrift 103: 724–728 (1978); as to *Swiss* law, cf. H. HINDERLING, ,,Die privatrechtliche Stellung des Anästhesisten", in: Schweizerische Ärztezeitung 44 (1963) 643; also cf. notes 71–72, *infra*.

⁷¹) SALMOND on Torts, 232; as to the duties of care owed by an anaesthetist to his patient according to *German* law, cf. BGH, 18th March 1974, NJW 1974, 1424 ff.; 24th June 1975, VersR 1975, 952 ff., and H.-J. MUSIELAK, ,,Haftung für Narkoseschäden", in: JUS 1977, 87–92; also cf. note 70, *supra*. An interesting case in is *Jones v. Manchester Corporation* [1952] 2 All E. R. 125, 2 Q. B. 852 (C. A.); cf. note 72, *infra*.

⁷²) [1954] 2 Q. B. 66, 86 (*per* DENNING L. J.). Very instructive on much the same lines as LORD DENNING'S reasoning: *McLean v. Weir* [1977] 5 W. W. R. 609 (B.C. S.C.) (the technique employed by defendant radiologist during an angiogram conformed to approved practice in 1973 [the relevant time in this case], but in 1977 the defendant would have been found negligent for failing to guard against leakage of hypague [the contrast medium applied] into the patient's costocervical trunk; *held*, not liable for having rendered the patient quadriplegic); interesting similar views can be found in *German* case law: BGH, 24th June 1975, NJW 1975, 2245 ff. = VersR 1975, 952 ff.; 22nd March 1977, VersR 1977, 644 (645); OLG Bamberg, 19th Sept. 1975, affd. by BGH, 14th Dec. 1976, VersR 1977, 436 ff. As to the professional duties of an anaesthetist, cf. notes 70–71, *supra*, and BGH, 11th Oct. 1977, VersR 1978, 82 ff. (84, *sub* III. 2): an anaesthetist, according to this judgement, must be expected to scientifically and technically master the vitally important functions of the employed anaesthetisers and other apparatus, even if the newest technology is employed; failure to be abreast of the development is negligence on his part; also cf. *Clarke v. Adams* (1950) C. L. C. 6673, 94 S. J. 599, and note 977, *infra*.

⁷³) Thus, in *Bolam v. Friern Hospital Management Committee* [1957] 2 All E. R. 118, 1 W. L. R. 582, it was held that a physician who conforms to practices accepted as proper by some responsible members of his profession is not liable merely because other members of the profession would have taken a different view; this conforms with the general line of case law in England and elsewhere: *Whiteford v. Hunter* [1950] W. N. 553 (H. L.); CHARLESWORTH on Negligence, § 969; STREET on Torts, 5th ed. Lo. 1972, 125; WINFIELD and JOLOWICZ on Tort, 10th ed. Lo. 1975, 68–69; *Watson v. Davidson* [1966] N. Z. L. R. 853, 859; FLEMING on Torts, 119, the physician's own practice is, of course, irrelevant: *Chin Keow v. Government of Malaysia* [1967] 1 W. L. R. 813 (P. C.); *Bell v. R.* (1973) 44 D. L. R. 3rd 549; *Benett v. C.* (1968) 7 W. L. R. 740 (Man. T. D.); the standard as stated in *Bolam (supra)* has also been adopted in s. 1 *Congenital Diseases (Civil Liability) Act* 1976. – A doctor is not liable for taking one choice out of two or for favouring one school rather than

another, *Hucks v. Cole* (1968) 118 New L. J. 469 (*per* DENNING, M. R.); *Kortus v. Jensen*, 237 NW 2d 845 (Neb. 1976): ,,Differences of opinion are consistent with the exercise of due care or even the highest degree of care"; HOLDER, 45 ff. (47–48); an error of judgement by medical practitioners is not the same thing as negligence: *Whitehouse v. Jordan and Another* (1979) The Times, 6th December (C. A., per LORD DENNING, M. R., LAWTON L. J.; DONALDSON L. J. dissenting); *Holmes v. Board of Hospital Trustees of City of London* (1978) 81 D. L. R. 67, 90–91 (Ont. H. C., per ROBINS J.); BGH, 27th Nov. 1952, BGHZ 8, 138 (140).

74) The wisdom of the Far East, however, is not in highly valued in *Germany:* according to a decision there, *acupuncture* is *not* a treatment which could be considered as scientifically well-established, and, therefore, does not fall under medical insurance coverage in *Germany*, AG Neuss, 4th Aug. 1977, NJW 1978, NJW 1978, 592–593; in *New York v. Amber*, 349 NYS 2d 604 (NY 1973), it was, by contrast, held that acupuncturists are in fact practicing medicine with all the consequences thereto belonging.

75) *Marshall v. Lindsey* C. C. [1935] 1 K. B. 516, 540 (*per* MAUGHAM L. J.); *Whiteford v. Hunter* (1950) C. L. C. 684, W. N. 553, 94 S. J. 758 (H. L.); *Natanson v. Kline*, 186 Kan. 393, 411, 350 P. 2d 1093, 1107 (1960); for *German* case law cf. OLG Hamm, 29th Nov. 1977, VersR 1979, 826 (as affd. by BGH, 19th June 1979, *ibd.*); also cf. LAUFS, ArztR, §§ 154 ff. with further refs.

76) J. E. MALDONADO, ,,Strict Liability and Informed Consent: Don't say I didn't tell you so!", in: 9 Akron L. Rev. 609 ff., 612 (1976); FLEMING on Torts, 106 ff. (109–110); also cf. note 75, *supra*.

77) BGH, 27th Sept. 1977, NJW 1978, 587 ff.; as to *Swiss* case law cf. *Cour de Justice Geneve*, 18th May 1934, SJZ 32 (1935/36) 9 No. 8.

78) *McCormick v. Marcotte* [1972] S. C. R. 18; *St.-Hilaire v. S.* [1966] C. S. 249 (Que. S. C.); PICARD, 171.

79) *McQuay v. Eastwood* (1886) 12 O. R. 402, 408 (C. A.); PICARD, 114–118; and cf. the text of this treatise related to note 188a, *supra*, with a quotation from a recent judgement of the *German* Federal Supreme Court warning against diagnostic perfectionism and scientific curiosity.

80) For a thorough discussion cf. G. KRIELE, ,,Stand der medizinischen Wissenschaft als Rechtsbegriff", in: NJW 1976, 355 ff,; IDEM, ,,Was ist ein ,wissenschaftlich allgemein anerkanntes Arzneimittel'?", in: NJW 1976, 1126 ff.

81) RG, 8th July 1930, JW 1931, 1483 (1485).

82) CHARLESWORTH on Negligence, §§ 969–971; WINFIELD and JOLOWICZ on Tort, 10th ed. Lo. 1975, 64–67; FLEMING on Torts, 106 ff.; PICARD, 95 ff.; HOLDER, 45 ff.; LAUFS, ArztR, §§ 154 ff.; OTT, 6 ff.

83) PICARD, 169 ff. (171).

84) WINFIELD and JOLOWICZ on Tort, 10th ed. Lo. 1975, 65; *Smith v. Rae* (1919) 46 O. L. R. 518 (C. A.); PICARD, 139 ff. (140); *Reyes v. Wyeth Laboratories*, 498 F. 2d 1264, 1276 (5th Cir. 1974); J. E. MALDONADO, *loc. cit.* [*supra*, note 76], 609 ff., 613–614; A. LAUFS, ,,Arztrecht im Wandel", in: NJW 1977, 1081 ff. (1082).

85) *Read v. J. Lyons and Co. Ltd.* [1947] A. C. 156, 173 (*per* LORD MACMILLAN); also cf. *Lloyds Bank Ltd. v. Railway Executive* [1952] 1 All E. R. 1248, 1253: ,,As the danger increases, so must the precautions increase". (*per* DENNING, L. J.); *Goldman v. Hargrave* [1967] 1 A. C. 645, 663 (per LORD WILBERFORCE); WINFIELD and JOLOWICZ on Tort, 10th ed. Lo. 1975, 65–66; *Badger v. Surkan* (1970) 16 D. L. R. 3rd 146, 153, affd. [1973] 1 W. W. R. 302 (Sask. C. A.); LAUFS, ArztR, § 161, with further refs.

[86]) FLEMING on Torts, 119; LAUFS, ArztR, §§ 202 ff. The principle certainly does not only apply between the physician and the court, it also applies between the less specialised or experienced doctor and his senior: there is evidence from *Ontario* and *New Zealand* of close co-operation between the ordinary medical practitioner and his more specialised colleague, and some laws oblige the medical profession to co-operate in the interest of their patients; in all cases of doubt, the acting physician is obliged to consult with specialists and seek a second opinion before he carries on with his treatment; physicians can approach a *Board of Commissioners*, consisting of experienced physicians and lawyers who are state-appointed and independent from any organisation and called upon to give advice to those who seek it; for details cf. D. J. GALBRAITH, Proceedings of the National Conference on Workmen's Compensation and Rehabilitation, United States Department of Labor, Bureau of Labor Standards, Bulletin 122 (1950) 45–46 (about the *Ontario* scheme): ,,The private physicians know that it is not only their privilege but their duty to call out staff and discuss with them all serious disabilities on reverse telephone charge. They are expected to call us as freely as they would their own friends in the profession, even if we are a thousand miles away . . . In some cases of more complicated injuries it is suggested that the patient be transferred to a large center having more adequate facilities. The very complicated cases may be transferred to Toronto for special treatment . . . The doctors are so co-operative and know the routine so well that they not infrequently charter planes or arrange other means of transport on their own initiative and merely call us to say that the patient is coming and describe the care required." As to *New Zealand*, cf. *Report of the Royal Commission of Inquiry: Compensation for Personal Injury in New Zealand* (so-called *Woodhouse Report* after its chairman, The Hon. Mr. Justice WOODHOUSE), Wellington (Government Printer) 1967 (Reprint 1972), paras. 306 ff. (pp. 125 ff.), 380 ff. (147 ff.), with further refs.– For the abounding *American* case law cf. the annotation by D. E. FELD, ,,Necessity and Sufficiency of Expert Evidence to Establish Existence and Extent of Physician's Duty to Inform Patient of Risks of Proposed Treatment", 52 ALR 3d 1084 (1973); as to *French* law, cf. J. PENNEAU, La Responsabilité Médicale, Tou. 1977, 136 ff.; as to *German* Law, cf. LAUFS, ArztR, §§ 202 ff., with further refs.

[87]) Cf. D. GIESEN, ,,Civil Liability of Physicians", in: *Deutsche zivil-, kollisions- und wirtschaftsrechtliche Beiträge zum X. Internationalen Kongreß für Rechtsvergleichung in Budapest 1978* (Materialien zum Ausländischen und Internationalen Privatrecht), ed. by the Max-Planck-Institut für Ausländisches und Internationales Privatrecht, Vol. 29, Tüb. 1978, 403 ff. (407).

[88]) *Cooper v. Nevill* (1961) The Times, 10th March; *Dryden v. Surrey* C. C. [1936] 2 All E. R. 535 (*per* FINLAY J.); *Anderson v. Chasney* [1949] 4 D. L. R. 71, affd. [1950] 4 D. L. R. 223; *Ales v. Ryan*, 64 P. 2d 409 (Cal. 1936); *Chappetta v. Ciaravella*, 311 So. 2d 563 (La. 1975); *Guilbeau v. St. Paul Fire and Marine Insurance Co.*, 325 So. 2d 395 (La. 1975); *Hestbeck v. Hennepin Country*, 212 NW 2d 361 (Minn. 1973); *Wells v. Woman's Hospital Foundation*, 286 So. 2d 439 (La. 1974); HOLDER, 136–143; RG, 1st Dec. 1931, RGSt 67, 12 (24); also cf. note 106, *infra*, for further examples.

[89]) BGH, 21st June 1960, NJW 1960, 2253 (carcinoma); OLG Hamburg, 3rd April 1928, HRGZ 28, 490 (494 ff.) (syphilis).

[90]) A physician is not negligent merely because there is a body of opinion which would take a contrary view, *Bolam v. Friern Hospital Management Committee* [1958] 1 W. L. R. 582; deviation from normal professional practice is not necessarily evidence of negligence; a doctor is certainly entitled to use his common sense and experience and judgement in the treatment of each particular case, and a slight departure from the

textbooks would not of itself establish negligence, *Holland v. Devitt and Moore Nautical College* (1960), *The Times*, 4th March (*per* STREATFIELD J.); according to CHARLESWORTH on Negligence, § 969, for devitation from normal professional practice to constitute negligence it must be proved that (1) there is normal practice applicable to the case; (2) the defendant has not adopted it, and (3) the course he took is one which no professional man of ordinary skill would have taken had he been taking ordinary care, also cf. *Hatcher v. Black and Others* (1954) *The Times*, 2nd July; *Whitehouse v. Jordan and Another* (1979) *The Times*, 6th December (C. A.); *Hunter v. Hanley*, 1955 S. C. 200; *Zimmer v. Ringrose* (1979) 89 D.L.R. 3rd 646, 653–654 (Alta. S.C.); LAUFS, ArztR, § 155; also cf. note 73, *supra*, and note 471a, *infra*.

91) *Gold v. Essex* C. C. [1942] 2 K. B. 293; *Abel v. Cooke and Lloydminster and District Hospital Board* [1938] 1 W. W. R. 49 (Alta. C. A.); *Hochman v. Willinsky* [1933] O. W. N. 79 (Ont. H. C.); *McCaffrey v. Hague* [1949] 2 W. W. R. 539 (Man. K. B.); *Costa v. Regents of the University of California*, 254 P. 2d 85 (Cal. 1953); *Thomas v. Lobrano*, 76 So. 2d 599 (La. 1954); while these decisions from *California* and *Louisiana* hold that the fact of a burn from x-rays raises an inference of negligence, most other jurisdictions would require specific proof of negligence in administering x-rays before allowing recovery for burns: *Arnold v. Woolley*, 514 P. 2d 599 (Idaho 1973); *Grady v. Faykus*, 530 SW 2d 151 (Tex. 1975); *Groman v. St. Francis Hospital*, 208 NE 2d 653 (Ill. 1965); *Ragan v. Steen*, 331 A. 2d 724 (Pa. 1974); *Sweeny v. Erving*, 228 US 233 (1913); HOLDER, 148–151; RG, 3rd Sept. 1935, DJ 1935, 1885; 21st May 1937, HRR 1937 No. 1301.

92) *Price v. Milawski* (1977) 18 O. R. 2nd 113 (C. A.) (order of an x-ray of the patient's foot instead of his ankle, and failure to realise that the x-ray on examination was a view of the patient's foot and not his ankle – a rather unusual case indeed).

93) *Cassidy v. Ministry of Health* [1951] 2 K. B. 343, 1 All. E. R. 574 (C. A.); STREET on Torts, 5th ed. Lo. 1972, 134; *Abel v. Cooke and Lloydminster and District Hospital Board* [1938] 1 W. W. R. 49, 1 D. L. R. 2d 170 (Alta. C. A.); for *American* cases cf. note 91, *supra*; for *German* case law, cf. RG, 3rd Sept. 1935, DJ 1935, 1885; 21st May 1937, HRR 1937 No. 1301; for *Swiss* case law, cf. BG, 23rd Nov. 1927, BGE 53 II 419 (429); *Cour de Justice Geneve*, 3rd May 1974, Sem. Jud. 97 (1975) 73; *Obergericht Zürich*, 18th Jan. 1919, SJZ 17 (1920/21) 234 No. 181; 5th May 1972, ZR 71 (1972) 161 No. 60; OTT, 150.

94) *Smith v. Brighton H. M. C.* (1958) *The Times*, 2nd May (34 doses of streptomycin instead of 30); *Barker v. Lockhart* [1940] 3 D. L. R. 427 (N. B. C. A.) (defendant negligent in applying a silver nitrate solution of unascertained strength); *Myrlie v. Hill*, 58 S. D. 330, 236 NW 287 (1931); *Schulz v. Feigal*, 273 Minn. 470, 142 NW 2d 84 (1966); also cf. Annotation, ,,Hospital's Liability for Injury or Death to Patient Resulting from or Connected with Administration of Anesthetic", 31 ALR 3d 1114 (1970); M. L. CARMICHAEL, ,,Liability of Hospital or Medical Practitioner, Under Doctrine of Strict Liability in Tort, or Breach of Warranty, for Harm Caused by Drug, Medical Instrument or Similar Device Used in Treating Patient", 54 ALR 3d 258 (1973); BGH, 27th April 1967, VersR 1967, 775 (administering an overdose of streptomycin); BG, 11th June 1959, BGE 85 II 344 (using the wrong contrast substance during a myelography).

95) BGH, 7th July 1970, NJW 1970, 1963.

96) A very interesting *Canadian* parallel is *Fleming v. Sisters of St. Joseph* [1938] S. C. R. 172 (while giving a diathermic treatment, turning on a much more powerful electrical current than indicated; plaintiff suffered severe burnings: *held*, negligence); another

similar case can be found in *English* and in *German* case law, *Clarke v. Adams* (1950) 94 S. J. 599; RG, 7th Febr. 1930, JW 1930, 1597.

⁹⁷) *Bank of Montreal v. Dominion Guarantee Co. Ltd.* [1930] A. C. 659, 666 (*per* LORD TOMLIN); WINFIELD and JOLOWICZ on Tort, 10th ed. Lo. 1975, 69; BGH, 13th Oct. 1964, NJW 1965, 345 (346).

⁹⁸) *Challand v. Bell* (1959) 18 D. L. R. 2nd 150 (Alta. S. C.); *Dale v. Munthali* (1977) 16 O. R. 2nd 532 (H. C.); FLEMING on Torts, 110; *McKeachie v. Alvarez* (1970) 17 D. L. R. 3rd 87 (B. C. S. C); *Yepremian v. Scarborough General Hospital* (1979) 88 D. L. R. 3rd 161, 169 (Ont. H. C., *per* HOLLAND J.); PICARD, 100.

⁹⁹) RG, 8th July 1930, JW 1931, 1485.

¹⁰⁰) G. GAISBAUER, ,,Die Rechtsprechung zum Arzthaftpflichtrecht 1966–1970. Eine Übersicht", VersR 1972, 419–424; IDEM, ,,Die Rechtsprechung zum Arzthaftpflichtrecht 1971–1974. Eine Übersicht", VersR 1976, 214–226, both with a full analysis and discussion of the abounding *German* case law between 1966 and 1974; also cf. M. KOHLHAAS, Medizin und Recht, Mü., Bln. and Wien 1969, 66 ff.; LAUFS, ArztR, § 159; W. UHLENBRUCK, ,,Ärztliche Fortbildungspflicht und Vertragsverletzung", in: Deutsche Medizinische Wochenschrift 1968, 2136 ff.; a very interesting recent *German* decision is OLG Hamm, 29th Nov. 1977, affd. by BGH, 19th June 1979, VersR 1979, 826 ff. (*sub* 1). Also cf. note 101, *infra*.

¹⁰¹) Cf. s. 2 of The Current and The Proposed American Medical Association Principles of Medical Ethics, in: JAMA 239: 1336–1337 (1978); also cf. S. R. SPELLER, Doctor and Patient, 64–67; P. E. DIETZ, ,,Clinical Approaches to Teaching Legal Medicine to Physicians", in: 2 American Jnl. of L. and Med. 133–145 (1976); K. JORK, ,,Allgemeinmedizinische Fortbildung in Europa", in: Medizinische Welt 29: 1737–1741 (1978); G. SCHETTLER and H. SCHROEDER, ,,Aufgaben und Möglichkeiten der Kliniken in der ärztlichen Fortbildung", in: Medizinische Welt 26: 999–1014 (1975); W. WADLINGTON, ,,Teaching Law and Medicine in the United States", in: (1977) 14 Jnl. of the Society of Public Teachers of Law (UK) 96–102; BG, 20th Sept. 1938, BGE 64 II 320 (326); OTT, 46–47; cf. note 100, *supra*.

¹⁰²) BGH, 16th May 1972, VersR 1972, 882; also cf. DUNZ, 33 ff.

¹⁰³) An interesting *English* case is *Hucks v. Cole* (1968) 112 S. J. 483 (C. A.) (failure to administer penicillin).

¹⁰⁴) *Baltzan v. Fidelity Insurance* [1932] 3 W. W. R. 140, affd. [1933] 3 W. W. R. 203 (Sask. C. A.).

¹⁰⁵) *Williams v. Jones* (1977) 79 D. L. R. 3rd 670 (B. C. S. C.).

¹⁰⁶) *Cooper v. Nevill* (1961) *The Times*, 24th March; *Dryden v. Surrey C. C.* [1936] 2 All E. R. 535; *Hocking v. Bell* [1948] W. N. 21; *Mahon v. Osborne* [1939] 2 K. B. 14, 50 (*per* GODDARD L. J.); CHARLESWORTH on Negligence, § 970; STREET on Torts, 5th ed. Lo. 1972, 133; *Macdonald v. Pottinger* [1953] N. Z. L. R. 196; FLEMING on Torts, 304; *Anderson v. Chasney* [1950] 4 D. L. R. 223 (S. C. C.); *Gloning v. Miller* (1953) 10 W. W. R. 414 (Alta. S. C.); *Holt v. Nesbitt* [1951] 4 D. L. R. 478, affd. [1953] 1 D. L. R. 671 (S. C. C.); *Karderas v. Clow* (1973) 32 D. L. R. 3rd 303 (Ont. H. C.); a very striking case is *Pierce v. Strathroy Hospital* (1924) 27 O. W. N. 180 (H. C.); for *American* case law, cf. 61 AmJur 2d (1972), Physicians, Surgeons etc., § 128, and cases cited therein; HOLDER, 136–143; E. L. SAGALL and B. C. REED, The Law and Clinical Medicine, Phil. and To. 1970, 149 ff. (Chapter on ,,Foreign Body Cases"); *Froh v. Milwaukee Medical Clinic*, 270 NW 2d 83 (Wisc. App. 1978); for *German* case law, cf. BGH, 13th Dec. 1951, BGHZ 4, 138 (145); 27th Febr. 1952, VersR 1952, 180; 16th April 1955, VersR 1955, 344; OLG Hamm, 20th Dec. 1976, VersR 1978, 332; OLG Düsseldorf, 11th May 1978, VersR 1979, 845 ff.; 22nd March 1979,

VersR 1980, 535; W. JANSSEN, ,,Kunstfehler – nicht-natürlicher Tod", in: MMW 120: 587 ff., 588 (1978); for *Swiss* law, cf. *Appellationshof Bern*, 26th Nov. 1936, ZBJV 74 (1938) 286; further refs. can be found in note 88, *supra*.

[107]) Cf. *Staple v. Winnipeg* (1956) 18 W. W. R. 625 (Man. Q. B.) (surgeon operating on the wrong leg of a polio victim); *Kantongsgericht Waadt*, 9th Febr. 1972, SJZ 68 (1972) 311 (vasectomy [sic] on the wrong male patient).

[108]) *Caldiera v. Gray* (1973) *The Times*, 15th February (injection piercing sciatic nerve); *Collins v. Hertfordshire C. C.* [1947] K. B. 598, 1 All E. R. 633 (infection: cocaine instead of procaine); *Robinson v. Post Office* [1974] 2 All E. R. 737, 1 W. L. R. 1176 (C. A.), *per* ORR L. J., who in this judgement makes detailed reference to the risks of, and precautions to be observed with, the injection of anti-tetanus serum generally; *Voller v. Portsmouth Corporation* (1947) C. L. C. 6869, *The Times*, 30th April (injection: faulty asepsis: paralysis); CHARLESWORTH on Negligence, §§ 970–971; *Adderly v. Bremner* (1968) 1 O. R. 621 (H. C.); *Budgen v. Harbour View Hospital* [1947] 2 D. L. R. 338 (N. S. S. C.) (adrenalin instead of novacain); *Casson v. Haig* (1914) 5 O. W. N. 437 (K. B.) (caustic substance instead of cocaine); *Hershey v. Peake*, 115 Kan. 562, 223 P. 1113 (1924) (wrong teeth extracted); *Moos v. United States*, 225 F. 2d 705 (CCA 8th Minn. 1955) (surgery on right instead of left hip and leg); J. R. KEMPER, ,,Malpractice: Doctor's Liability for Mistakenly Administering Drug", 23 ALR 3d 1334 (1969); BGH, 12th Dec. 1967, VersR 1968, 280 (intraarterial instead of intravenuous injection of the narcotic ESTIL); BG, 17th Sept. 1936, BGE 62 II 274 (sub-cutaneous instead of intravenuous injection); *Cour de Justice Geneve*, 18th May 1934, SJZ 32 (1935/36) 9 No. 8 (intramuscular instead of intravenuous injection); for *French* law cf. P. LE TOURNEAU, La Responsabilité Civile, Vol. I, Pa. 1972, 21–22. Some interesting cases can also be found in E. DEUTSCH, Medizin und Forschung vor Gericht, Karlsruhe 1978, 9.

[108a]) *Urbanski v. Patel* (1978) 84 D.L.R. 3rd 650 (Man. Q.B.): a very remarkable case indeed.

[109]) *Newton v. Newtons Model Laundry* (1959) *The Times*, 3rd November (plaintiff was taken to hospital after falling twelve inches [= 3.65 m] onto concrete – he was examined and sent home – in fact he had fractures of [1] patella, [2] nose, and [3] wrist; *held*, doctor was negligent in not diagnosing [1], but not in not diagnosing [2] and [3]); *McCormack v. Redpath Brown* (1961) *The Times*, 24th March (failure to detect depressed fracture of skull); *Cusson v. Robidoux* [1977] S. C. R. 650 (failure to diagnose fracture of the hip); *Dale v. Munthali* (1977) 16 O. R. 2nd 532 (H. C.) (failure to diagnose meningitis); *Gibbons v. Harris* [1924] 1 D. L. R. 923 (Alta. C. A.) (failure to diagnose tuberculosis of the spinal column [so-called Pott's disease]); as to *American* cases: *Gray v. Weinstein*, 227 NC 463, 42 SE 2d 616 (1947); *Johnson v. St. Paul Mercury Insurance Co.*, 219 So. 2d 524 (La. App. 1969); *Rewis v. United States*, 369 F. 2d 595 (CCA 5th Ga. 1966); HOLDER, 71–100; for *German* case law, cf. E. DEUTSCH, ,,Typen des Arztverschuldens", in: VersR 1977, 101 ff.; as to *Swiss* law, cf. F. X. DESCHENAUX, ,,Die Haftpflicht des Arztes und seines Hilfspersonals", in: Schweizerische Ärztezeitung 58 (1977) 78 ff., 81; OTT, 39–40.

[110]) For some cases, cf. note 445, *infra*.

[111]) *Barnett v. Chelsea and Kensington H. M. C.* [1969] 1 Q. B. 428, [1968] 1 All E. R. 1068; cf. S. R. SPELLER, Doctor and Patient, 74–77.

[112]) BG, 6th May 1931, BGE 57 II 196 (205); 14th June 1938, BGE 64 II 200 (204); F. X. DESCHENAUX, *loc. cit.* [*supra*, note 109] 78 ff., 81. Cf. note 120, *infra*

[113]) *Crysler v. Pearce* [1943] 4 D. L. R. 738 (Ont. H. C.); BGH, 27th Nov. 1952, BGHZ 8, 138 (140); 16th Oct. 1956, NJW 1956, 1834; 28th April 1959, NJW 1959, 1583;

2nd Dec. 1969, VersR 1970, 256; 3rd March 1970, VerR 1970, 544; OLG Celle, 20th Sept. 1976, VersR 1977, 258; *Appellationsgericht Freiburg* (Schw.), 9th Dec. 1959, SJZ 57 (1961) 357 No. 143.

[114]) *Wood v. Thurston* (1951) C. L. C. 6871, *The Times,* 25th May (drunk man brought to hospital with history of having been under a moving lorry – he had eighteen broken ribs, broken collar bone and badly congested lung from which he died next day – house surgeon pleaded he did not examine more closely in view of deceased's dulled reaction to pain and inability to give any account of what had happened; *held,* defendant should have been even more careful, and if he had used stethoscope he would almost certainly have found deceased's true condition); cf. also *Chin Keow v. Government of Malaysia* [1967] 1 W. L. R. 813 (P. C.) (penicillin injection: failure to ascertain from medical records whether patient allergic). An interesting *Canadian* case is *Badger v. Surkan* [1973] 1 W. W. R. 302, 32 D. L. R. 3rd 216; *Hôpital Notre Dame de l'Esperance v. Laurent* [1978] 1 S. C. R. 605 (failure to use x-rays); *Parkin v. Kobrinsky* (1963) 46 W. W. R. 193 (Man. C. A.) (failure to take x-rays); *Clark v. United States,* 402 F. 2d 950 (CCA 4th 1968) (failure to secure an adequate factual basis upon which to support diagnosis); *Spillman v. Forsyth Memorial Hospital,* 227 SE 2d 292 (NC 1976); HOLDER, 77–89, with many more *American* cases; for *German* case law cf. PALANDT-THOMAS, Bürgerliches Recht, Kommentar, 39th ed. Mü. 1980, note 14 (*sub* Ärzte) to § 823: LAUFS, ArztR, §§ 154 ff., for *Swiss* case law, cf. BG, 20th Sept. 1927, BGE 53 II 298 (300); 6th May 1931, BGE 57 II 196 (203); 28th May 1935, BGE 61 II 106 (113); *Cour de Justice Geneve,* 15th March 1935, SJZ 32 (1935/36) 298 No. 215.

[115]) *Holmes v. Board of Hospital Trustees of London* (1977) 17 O. R. 2nd 626, 81 D. L. R. 3rd 67 (H. C.) (failure to consult x-ray report on patient).

[116]) *Vail v. MacDonald* (1976) 66 D. L. R. 3rd 350 (S. C. C.) (failure to consult a cardiovascular specialist when defendant physician found himself unable to discover the origin of the plaintiff's circulation problem); *Akins v. Novinger,* 322 F. Supp. 1205 (DC Tenn. 1970); *Benson v. Dean,* 133 NE 125 (NY 1921); *Osborne v. Frazor,* 425 SW 2d 768 (Tenn. 1968); *Richardson v. Holmes,* 525 SW 2d 293 (Tex. 1975); *Steeves v. United States,* 294 F. Supp. 446 (D. C. S. C. 1968); HOLDER, 49–53; LAUFS, ArztR, § 165.

[117]) *Beatty v. Sisters of Misericorde of Atlanta* [1935] 1 W. W. R. 651 (Alta. S. C.) (falling out of bed prior to sleeping is a foreseeable risk to a patient under the influence of a sedative – therefore the defendant was negligent in not attending the patient until she slept); *Bernier v. Sisters of Service* [1948] 1 W. W. R. 113 (Alta. S. C.); *Dowey v. Rothwell* [1974] 5 W. W. R. 311 (Alta S. C.) (leaving momentarily unattended an epileptic patient who is in danger of an imminent seizure: negligence); but cf. *Cahoon v. Edmonton Hospital Board* (1957) 23 W. W. R. 131 (Alta S. C.) (patient, not under sedation, nor with medical history to warn of risk of his falling out of bed, did so, fell against a hot radiator and sustained second degree burns – *held,* radiators of this kind standard heating apparatus; patient's falling out of bed not reasonably foreseeable; no negligence in leaving him unattended); OLG Hamm, 5th Nov. 1979, VersR 1980, 684 (leaving patient unattended while foreseeable course of development requested physician's decision: negligence).

[118]) *Bernier v. Sisters of Service* [1948] 1 W. W. R. 113 (Alta. C. A.) (defendant negligent in failing to periodically check temperature of hot water bottles causing severe burns to patient's heels); *Davis v. Colchester* [1933] 4 D. L. R. 68 (N. S. C. A.).

[119]) Negligence may consist in failing to consider the possibility that a patient who had recently returned from a tropical country could well be suffering from some tropical

disease (malaria) and not just from influenza: *Langley v. Campbell* (1975) *The Times*, 6th November, also cf. *Chute Farms v. Curtis* (1961) *The Times*, 10th October (failure to give necessary antitetanus serum); *Hucks v. Cole* (1968) 112 S. J. 483 (C. A.) (failure to administer penicillin); *Dangerfield v. David* (1910) 17 W. L. R. 249 (Sask. S. C.) (failure to diagnose dislocated hip and to reset it immediately); *Wade v. Nayernouri* (1978) 2 L. M. Q. 67 (Ont. H. C.); *Yepremian v. Scarborough General Hospital* (1979) 88 D. L. R. 3rd 161 (Ont H. C.) (failure from the history and condition of the patient, to suspect diabetes rather than tonsillitis); *Clark v. United States*, 402 F. 2d 950 (CCA 4th 1968) (failure to secure an adequate factual basis upon which to support diagnosis); *Jarboe v. Hartin*, 397 SW 2d 775 (Ky. 1965) (failure to diagnose pregnancy); *Pugh v. Swiontek*, 253 NE 2d 3 (Ill. 1969) (same); *Smith v. Wright*, 305 P. 2d 810 (Kan. 1957) (same); *Hawthorne v. Campbell*, Cal. S. C., The Citation, Vol. 28. No. 5 p. 77 (failure to become alert from symptoms that biopsy was necessary); HOLDER, 71–100; BGH, 22nd April 1975, NJW 1975, 1463 (failure to properly diagnose osteomyelitis and order correct treatment [operation instead of protracted treatment with antibiotics when skilful physician would have operated long ago]); LG Frankfurt a. M. 16th Jan. 1975, VersR 1975, 935; 9th Jan. 1976, VersR 1976, 1075; OLG Celle, 13th Oct. 1976, VersR 1976, 1178; BG, 6th May 1931, BGE 57 II 196; 15th Dec. 1941, BGE 67 I 321; *Appellationshof Bern*, 25th June 1935, ZBJV 72 (1936) 338; for further examples of *German and Swiss* case law, cf. E. DEUTSCH, „Typen des Arztverschuldens", in: VersR 1977, 101 ff. and OTT, 145–159 respectively.

[120]) Thus, negligence may be found in failing to make adequate arrangements for a patient, *Corder v. Banks* (1960) *The Times*, 9th April (surgeon failing to arrange for receipt of telephone messages about condition of patient); failing to give proper instructions, *Waters v. Park* (1961) *The Times*, 15th July; failing to communicate medical findings to others responsible for continuing a patient's treatment, *Chapman v. Rix* (1958) *The Times*, 10th November; and failing to make proper inquiries to discover what treatment, if any, a patient had already received elsewhere, *Coles v. Reading Hospital Management Committee* (1963) 107 S. J. 115, *The Times*, 31st January; also cf. *Crichton v. Hastings* (1972) 29 D. L. R. 3rd 692 (Ont. C. A.); *Crossman v. Stewart* (1977) 5 C. C. L. T. 45 (B. C. S. C.); *Price v. Milawski* (1978) 82 D.L.R. 130 (Ont. C. A.; failure to instruct radiology department to x-ray ankle rather than foot only; failure in not recognising that the foot rather than the ankle had been x-rayed); *Capuano v. Jacobs*, 305 NYS 2d 837 (NY 1969) (failure to transmit promptly and properly medical information and test results to primary physician); *Jeanes v. Milner*, 428 F. 2d 598 (CCA 8th 1970) (failure to transmit slides of patient); *Welch v. Frisbie Memorial Hospital*, 9 A. 2d 761 (NH 1939) (failure to transmit corrected diagnosis); BGH, 28th April 1959, NJW 1959, 1583 (failure to make a proper anamnesis so as to make sure that the administering of certain drugs was not contra-indicated).

[121]) LG Konstanz, 14th April 1972, NJW 1972, 2223; also cf. *Crichton v. Hastings* (1972) 29 D. L. R. 3rd 692 on the one hand, and *Smith v. Auckland Hospital Board* [1964] N. Z. L. R. 241, on the other.

[122]) BGH, 13th Jan. 1970, VersR 1970, 324; another interesting case is OLG Celle, 20th Sept. 1976, VersR 1977, 258 ff. Also ef. *Smith v. Brighton H. M. C.* (1958) *The Times* 2nd May (injections: overdose: 34 doses of streptomycin instead of 30).

[123a]) *Mahon v. Osborne* [1939] 2 K.B. 14; S. R. SPELLER, Doctor and Patient, 64; *Holmes v. Board of Hospital Trustees of City of London* (1978) 81 D. L. R. 3rd 67, 78 (Ont. H. C.); FLEMING on Torts, 106 ff. (109–110).

Appendix I

[123b] Cf. the refs. in note 43; *supra;* also cf. *Cassidy v. Ministry of Health* [1951] 2 K. B. 343 (C. A.); *Hatcher v. Black and Others* (1954) *The Times*, 2nd July.

[123c] *Whitehouse v. Jordan and Another* (1979) *The Times*, 6th December (*per* DONALDSON L. J.) (C. A.); (1980) *The Times*, 18th December (H. L.).

[123d] *Hatcher v. Black and Others* (1954) *The Times*, 2nd July (*per* DENNING L. J.); also cf. *Whitehouse v. Jordan and Another* (1980) *The Times*, 18th December (H. L., per LORD EDMUND-DAVIES).

[123e] *Hatcher v. Black and Ohters* (1954) *The Times*, 2nd July (*per* DENNING L. J.); *Whitehouse v. Jordan and Another* (1979) The Times, 6th December (*per* LORD DENNING M. R., LAWTON L. J.); *Borne v. Brumfield*, 363 So. 2d 79 (La.App. 1978); SOERGEL-SIEBERT-ZEUNER, Bürgerliches Gesetzbuch, Kommentar, 10th ed. Stuttgart, Bln, Köln, Mainz 1969, note 187 to § 823; BG, 20th September 1927, BGE 53 II 300; A. KELLER, Haftpflicht im Privatrecht, 2nd ed. Bern 1971, 354 ff. (356); Ott, 40.

[123f] Cf. *Whitehouse v. Jordan and Another* (1979) *The Times,* 6th December (a quotation, by LORD DENNING M. R., from the judgement of the court of first instance at Birmingham [Mr. Justice BUSH]).

[123g] *Hatcher v. Black and Others* (1954) *The Times*, 2nd July and *Whitehouse v. Jordan and Another* (1979) *The Times*, 6th December (*per* LORD DENNING M. R.).

[123h] *Holmes v. Board of Hospital Trustees of City of London* (1978) 81 D. L. R. 3rd 67, 90–91 (Ont. H. C., per ROBINS J.). The same court in *Haines v. Bellissimo* (1978) 82 D. L. R. 3rd 215 speaks (at 229, *per* GRIFFITHS J.) of ,,the fundamental principle of law that governs all professionals that . . . [a doctor etc.] who makes a diagnostic mistake or error in judgment does not incur liability whatever the harm, provided he exercised reasonable care and skill and took into consideration all relevant factors in arriving at his diagnosis or judgment." As for *American* case law, cf. *Kinning v. Nelson*, 281 NW 2d 849 (Minn. 1979); *Walski v. Tiesenga*, 381 NE 2d 279 (Ill. 1978).

[123hh] Not *necessarily* negligent, but *if* a doctor failes to measure up to the standard required of him in *any* respect (– ,,clinical judgement" or otherwise –), then he *has* been negligent and *should* be so adjudged, *Whitehouse v. Jordan and Another* (1980) *The Times*, 18th December (H. L., per LORD EDMUND-DAVIES; LORDS FRASER, WILBERFORCE and RUSSELL concurring in their judgement qualifying some statements by LORD DENNING M. R. in his Court of Appeal decision).

[123i] (1979) *The Times*, 6th December (C. A.); (1980) *The Times*, 18th December (H. L.).

[123j] LORD DENNING M. R., LAWTON L. J.; DONALDSON L. J. dissenting.

[123k] *Whitehouse v. Jordan and Another* (1979) *The Times*, 6th December (per LORD DENNING M. R.); but cf. the statement of law by LORD EDMUND-DAVIES in the *House of Lords*' decision in *Whitehouse v. Jordan, supra*, note 123hh.

[123l] Cf. the letters to the editor of *The Times*, 10th December 1979, 13, esp. the assessment by the President of the *Royal College of Obstetricians and Gynaecologists*, E. A. J. ALMENT, of this decision by the Court of Appeal, *ibidem*.

[123m] A constant theme in cases involving ,,Doctors at Law" of the present Master of the Rolls; cf. especially *Roe v. Minister of Health* [1954] 2 Q. B. 66 (at 86–87, *per* DENNING L. J.); *Hatcher v. Black and Others* (1954) *The Times*, 2nd July (*per* DENNING L. J.), and *Whitehouse v. Jordan and Another* (1979) *The Times*, 6th December (*per* LORD DENNING M. R.); also cf. LORD DENNING, The Discipline of Law, Lo. [Butterworths] 1979, 237 ff. (on ,,Doctors at law"), with a convenient summary of all decisions concerning medical practitioners in which this distinguished judge took part (for a review of LORD DENNING'S book, cf. J. A. G. GRIFFITH in: (1979) 42 M. L. R. 348–350).

123n) E.g., *Hatcher v. Black and Others* (1954) *The Times*, 2nd July; *Roe v. Minister of Health* [1954] 2 Q. B. 66. Also cf. note 123m, *supra*, with further refs.

123o) DONALDSON L. J. (cf. note 123i, *supra*) would have dismissed the appeal from the court of first instance (cf. note 123f, *supra*) which had awarded the sum of £ 100,000 damages to the plaintiff, Stuart Charles Whitehouse, an infant who had suffered brain damage at his birth, diagnosed as cerebral palsy and mental deficiency for lifetime: the baby was delivered by the defendant obstetrician (Mr. Jordan); the charge against him was that he pulled too long and too hard with the forceps instead of switching over to a Caesarean section and that in so doing he was guilty of such want of skill and care that it was he who caused the baby's cerebral haemorrhage. The plaintiff, suing by his mother, is now nearly ten but is no better than a baby of nine months; he is, as LORD DENNING M. R. summarised the evidence, ,,a helpless cripple in need of constant care and attention all his life" (*Whitehouse v. Jordan and Another* (1979) *The Times*, 6th Dec.). DONALDSON L. J., in his dissenting opinion on points of law, said that if a doctor failed to exercise the skill which he had or claimed to have, he was in breach of his duty of care, and, thus, negligent. He did not understand why someone who exercised that skill to the full, but nevertheless took what, with hindsight could be shown to be the wrong course, was not negligent and was liable to no one, much though he might regret having done so. Both were errors of clinical judgement, and the only relevant question here was whether there had been any failure by Mr. Jordan to exercise the standard of skill expected from the ordinary competent specialist having regard to the experience and expertise which that specialist held himself out as possessing. His Lordship said he was not satisfied that the judge's answer (in the first instance, i.e. that Mr. Jordan was indeed negligent) on the evidence was wrong and would dismiss the appeal (*ibd.*).

124) *Hancke v. Hooper* (1835) 7 C. & P. 81, CHARLESWORTH on Negligence, § 972; *Bergstrom v. C.* [1967] C. S. 513 (Que.); PICARD, 235–245; a full annotation on *American* case law can be found in: H. J. GRAYSON, Physician and Patient: Legal Relationship, No. 6: Liability of Physicians and Hospitals for Acts or Omissions of Others (Vicarious Liability), NY 1976, 6:1 ff., 6:15 ff; HOLDER, 200 ff.; as to *German* law, cf. §§ 278, 89, 31, 831 BGB; RG, 19th Jan. 1933, RGZ 139, 255 (vicarious liability for an employed nurse); BGH, 16th Oct. 1956, NJW 1956, 1834 (Vicarious liability for a *locum tenens*); 14th March 1978, NJW 1978, 1681 (sub I 1); as to *Swiss* law cf. Artt. 101, 55 OR; F. X. DESCHENAUX, ,,Die Haftpflicht des Arztes und seines Hilfspersonals", in: Schweizerische Ärztezeitung 58 (1977) 78; OTT, 66–69; B. SCHNYDER, ,,Die Haftung des Arztes für seinen Vertreter", in SJZ 51 (1955) 105.

124a) As to the duty to see a patient at his home cf. OLG Karlsruhe, 10th August 1979, JR 1980, 295 ff.

125) *Sturm v. Green*, 398 P. 2d 799 (Okla. 1965).

126) *McFadyen v. Harvie* [1942] 4 D. L. R. 647 (S. C. C.); *Brandt v. Grubin*, 131 NJ 182, 329 A. 2d 82 (1974); *Moore v. Lee*, 109 Tex. 391, 211 SW 214 (1919); *Reder v. Hanson*, 338 F. 2d 244 (CCA 8th 1964).

127) CHARLESWORTH on Negligence, § 972; *Knight v. Sisters of St. Ann* (1967) 64 D. L. R. 2nd 657 (B. C. S. C.); *Lavere v. Smith's Falls Public Hospital* (1915) 26 D. L. R. 346 (Ont. C. A.); §§ 278, 831 BGB; Artt. 55, 101 OR.

128) In *American* case law, a physician is not liable for the negligence of others (such as hospital personnel) who are not his employees, unless he exercises control and supervision over their activities, *Burns v. Owens*, 459 SW 2d 303 (Mo. 1970); *Bria v. St. Joseph's Hospital*, 113 Conn. 626, 220 A. 2d 29 (1966); *Graham v. St. Luke's*

Hospital, 46 Ill. App. 2d 147, 196 NE 2d 355 (1964); *Schneider v. Albert Einstein Medical Center*, 390 A. 2d 1271 (Pa. 1978); for a full discussion of the relevant case law cf. H. J. Grayson, *loc. cit.* [*supra*, note 124], 6:15 ff.

[129]) This is universal according to general principles of civil liability; cf. Charlesworth on Negligence, §§ 220–229; Street on Torts, 5th ed. Lo. 1972, 140; Fleming on Torts, 179–185; Picard, 126–139; Holder, 62–65, for *French* law cf. Gehring, *op. cit.* [supra, note 3] 119 ff.; for *German* law cf. K. Larenz, Lehrbuch des Schuldrechts, 11th ed. Mü. 1977, Vol. I, § 27 III a., D. Giesen, *loc. cit.* [*supra*, note 87]. 409 note 40, with refs. to BGH decisions and further literature.

[130]) D. Giesen, ,,Civil Liability of Physicians with Regard to New Methods of Treatment and Experiments", in: (1976) 25 I. C. L. Q. 180 ff., 183; Ott, 109; an interesting *German* decision is BGH, 11th May 1951, BGHZ 2. 138 (140).

[131]) Fleming on Torts, 180, this tests is also used in other Common Law countries, e. g. in *New Zealand, Smith v. Auckland Hospital Board* [1965] N. Z. L. R. 191, 199 (N. Z. C. A.), and in *Canada*, Picard, 126 ff. (127); as to the legal concept of ,,proximate cause" in the *United States*, cf. Holder, 62–65.

[132]) Cf. *Cork v. Kirbi MacLean* [1952] 2 All E. R. 402, 407.

[133]) *Barnett v. Chelsea and Kensington Hospital Management Committee* [1969] 1 Q. B. 428; *Robinson v. Post Office* [1974] 1 W. L. R. 1176; BG, 14th June 1938, BGE 64 II 200 (204); Ott, 111–112.

[134]) *Parsons v. Schmok* (1975) 58 D. L. R. 3rd 622 (B. C. S. C.); BGH, 2nd March 1965, VersR 1965, 583; BG, 14th Dec. 1954, BGE 80 II 348.

[135]) Cf. *Barnett v. Chelsea and Kensington Hospital Mangement Committee* [1968] 1 All E. R. 1068, [1969] 1 Q. B. 428: three night-watchman drank tea which made them vomit; they went to the casualty department of local hospital; the casualty officer, on being told of the complaints by a nurse, did not see the men, but told them to go home and call in their own doctors; some hours later one of them died from arsenic poisoning; *held*, (i) the casualty officer owed a duty of care in the circumstances; (ii) the casualty doctor had been negligent in not seeing them: but (iii) even if he had, it was improbable that the only effective antidote could have been administered in time to save the deceased, and therefore the defendants were not liable.

[136]) *Overseas Tankship (U. K.) v. Morts Dock (The Wagon Mound No. 1)* [1961] A. C. 388, 1 All E. R. 404 (P. C.); *Overseas Tankship (U. K.) v. Miller SS. Co. (The Wagon Mound No. 2)* [1966] 2 All E. R. 709, [1967] 1 A. C. 617 (P. C.); *Doughty v. Turner Manufacturing Co. Ltd.* [1964] 1 Q. B. 518, 1 All E. R. 98 (C. A.); *Hughes v. Lord Advocate* [1963] A. C. 837; *Majewski v. Cementation Co.* (1961) C. A. 322; Charlesworth on Negligence, §§ 317–320; *Blaikie v. British Transport Commission*, 1961 S. C. 44; *Bunyan v. Jordan* (1937) 57 C. L. R. 1; *Chester v. Waverley Corporation* (1939) 62 C. L. R. 1 (H. C. Aust.); *Bourhill v. Young* [1943] A. C. 92; Fleming on Torts, 139–142, 179 ff. (195–198); *Cardin v. Montreal* (1961) 29 D. L. R. 2nd 492, 494 (S. C. C.); *Price v. Milawski* (1978) 82 D. L. R. 130, 140 (Ont. C. A.); *University Hospital Board v. Lepine* [1966] S. C. R. 561, 579–580, Picard, 129–130; *Palsgraf v. Long Island Railroad*, 248 NY 339, 162 NE 99 (1928, per Cardozo J.); *Henderson v. Milobsky*, 595 F. 2d 654 (C.A.D.C. 1978); W. Prosser, ,,Palsgraf Revisited", in: 52 Mich. L. Rev. 1 (1952); as to the *Adäquanztheorie* in *German* law, cf. BGH, 11th May 1951, BGHZ 2, 138 (140–141); 25th Sept. 1952, BGHZ 7, 198 (204); 14th Oct. 1971, BGHZ 57, 137 (141); O. Jauernig and A. Teichmann, Bürgerliches Gesetzbuch mit Erläuterungen, München 1979, Note V before § 249–253 [especially Note V 3d, with further refs. as to *German* case law]; Palandt-Heinrichs, Bürgerliches Recht, Kommentar, 39th ed. Mü. 1980, note 5 b

before § 249; W. FIKENTSCHER, Schuldrecht, 6th ed. Bln and NY 1976, § 51 III and LAUFS, ArztR, § 168.

¹³⁶ᵃ) *Overseas Tankship (U. K.) Ltd. v. Miller Steamship Co. (The Wagon Mound No. 2)* [1967] A. C. 617, 636 (P. C., *per* LORD REID); *Child v. Vancouver General Hospital* [1970] S. C. R. 477, 488; *Price v. Milawski* (1978) 82 D. L. R. 3rd 130, 140–141 (Ont. C. A.); *Powell v. Guttman* (1979) 89 D. L. R. 3rd 180, 189, 192 (Man. C. A.); *School Division of Assiniboine South No. 3 v. Hoffer* (1971) 21 D. L. R. 3rd 608, 614, [1971] 4 W. W. R. 746, 752, 753 (Man. C. A.); BGH, 9th March 1965, BGHZ 43, 178 (181). If A negligently causes damage to the body of B, he will also be liable for the damage subsequently caused by a doctor who negligently treats B for his bodily injury: BGH, 23rd Oct. 1951, BGHZ 3, 261 (268); also cf. PALANDT-HEINRICHS, Bürgerliches Gesetzbuch, Kommentar, 39th ed. Mü. 1980, notes 5e before § 249 BGB, with further refs. as to *German* case law.

¹³⁶ᵇ) *Price v. Milawski* (1978) 82 D. L. R. 3rd 130, 141–142 (Ont. C. A., *per* ARNUP J. A.): such a possibility was not a risk which a reasonable man (in the position of Dr. A) would brush aside as far-fetched, the judge said.

¹³⁷) PICARD, 126 ff. (127–128); K. LARINZ, *op. cit.* [*supra*, note 129], § 27 III a; LAUFS, ArztR, § 169, with further refs.

¹³⁸) *Royal Commission on Civil Liability and Compensation for Personal Injury*(Chairman: LORD PEARSON), Presented to Parliament By Command of Her Majesty, March 1978, Vol. I (Report), Vol. II (Statistics and Costings), Vol. III (Overseas Systems of Compensation), Lo. (HMSO) 1978, Cmnd. 7054-I, 7054-II, 7054-III, hereafter cited as *Pearson Report* (volume, page, paragraph). For comprehensive reviews of this report, cf. J. G. FLEMING, ,,The Pearson Report: Its Strategy", in: (1979) 42 M. L. R. 249 ff. and N. S. MARSH, ,,The Pearson Report on Civil Liability and Compensation for Death or Personal Injury", in: (1979) 95 L. Q. R. 513 ff. The text above refers to *Pearson Report*, I. 290 (1364). – The same dilemma (see text above) is, of course both *de lege lata* and *de lege ferenda* true under *German* law, cf. W. STOLZ, ,,Die Reformmodelle zum Arzthaftpflichtrecht. Eine vergleichende Untersuchung der praktischen Auswirkungen", in: VersR 1978, 797–801, 800 (*sub* 6.2).

¹³⁹) ,,By ,medical injury', we mean an impairment of a person by a physical or mental condition arising in the course of his or her medical care." (*Pearson Report*, I.280 [1306]).

¹⁴⁰) *Pearson Report*, I.290 (1365). The problems and importance of the patient's proper rehabilitation are fully dealt with by the *Royal Commission on Personal Injury in New Zealand* (Woodhouse Commission), cf. the *Woodhouse Report, op. cit.* [*supra*, note 86], 141 ff. (§§ 354 ff.), with further refs. Cf. also H. H. KESSLER, Principles and Practice of Rehabilitation, 1952. The importance of rehabilitation, under the then planned New Zealand Compensation Scheme, is also stressed by: *Personal Injury*, A [Government] Commentary on the Report of the Royal Commission of Inquiry into Compensation for Personal Injury in New Zealand, Wellington (Government Printer) 1969, 16 (§ 27), 105 ff. (§§ 255 ff.). Also cf. E. EFFER, ,,Rehabilitation: Das Aufgabengebiet weitet sich aus", in: Deutsches Ärzteblatt 76: 259–267 (1979).

¹⁴¹) *Pearson Report*, I.291 (1368).

¹⁴²) Cf. D. GIESEN, ,,Civil Liability of Physicians with Regard to New Methods of Treatment and Experiments", in: (1976) 25 I. C. L. Q. 180 ff., 210 ff., or, more general, D. GIESEN, ,,Civil Liability of Physicians", *loc cit.* [*supra*, note 87], 403 ff., 425–426, both with further refs. Cf. note 143, *infra*.

[142a]) BGH, 14th March 1978, VersR 1978, 542 ff. (544 *sub* II 2b) = NJW 1978, 1681 ff. (1682 *sub* II 2b); 22nd Jan. 1980, VersR 1980, 428 ff. (*sub* 1), with further case law refs.
[143]) Cf. this treatise, pp. 59 ff., 67 ff., 123 ff., 205 ff., 211 ff., 259 ff., *supra*.
[144]) SALMOND on Torts, 195 ff., 222 ff. (233); WINFIELD and JOLOWICZ on Tort, 10th ed. Lo. 1975, 64 ff. (65); *Tiesmaki v. Wilson* [1974] 4 W. W. R., affd. [1975] 6 W. W. R. 639 (Alta. C. A.); A. H. MCCOID, ,,The Care Required of Medical Practitioners", in: (1959) 12 Vand. L. Rev. 549 ff., 614; PICARD, 97–98; D. W. LOUISELL and H. WILLIAMS, Medical Malpractice, NY 1977, 200–206; as to *French* law, cf. Art. 1382 Code Civil; GEHRING, *op. cit.* [*supra*, note 3], 115 ff.; SAVATIER-AUBY-SAVATIER-PEQUIGNOT, 288 ff. (§§ 309 ff.); as to *German* law cf. §§ 278, 823 ff. BGB; LAUFS, ArztR, § 170; as to *Swiss* law, cf. Artt. 55, 101 OR; OTT, 11 ff. (12).
[145]) SALMOND on Torts, 222 ff., 231 ff.; STREET on Torts, 5th ed. Lo. 1972, 125; WINFIELD and JOLOWICZ on Tort, 10th ed. Lo. 1975, 64 ff.; PICARD, 91 ff.; the American position is discussed at some length in: D. E. EVINS, ,,Physicians and Surgeons: Standord of Skill and Care Required of Specialist", 21 ALR 3d 953 (1968); HOLDER, 43 ff., 71 ff., 101 ff., as to case law, cf. *Brune v. Belinkoff,* 235 NE 2d 793 (Mass. 1968); *Johnson v. National Institutes of Health,* 408 F. Supp. 730 (D. C. Md.), affd. 544 F. 2d 514 (CCA 4th Md. 1976); *McPhee v. Reichel,* 461 F. 2d 947 (CCA 3rd Pa. 1972); *Rickett v. Hayes,* 511 SW 2d 187 (Ark. 1974); *Steeves v. United States,* 294 F. Supp. 446 (D. C. S. C. 1968); *Toth v. Community Hospital at Glen Cowe,* 22 NY 2d 255, 292 NY 2d 440, 239 NE 2d 368 (1968); as to *French* law, cf. J. PENNEAU, La Responsabilité Médicale, Tou. 1977, 46 ff.; as to *German* law. cf. E. DEUTSCH, ,,Typen des Arztverschuldens", in VersR 1977, 101 ff., 104.
[146]) SALMOND on Torts, 222 ff.; DUNZ, 21; OTT, 117–119.
[147]) *Bolam v. Friern Hospital Management Committee* [1957] 2 All E. R. 118, 1 W. L. R. 582 (*per* MCNAIR J.); *Marshall v. Lindsey* C. C. [1935] 1 K. B. 516, 540 (*per* MAUGHAM L. J.); *Whiteford v. Hunter* (1950) C. L. C. 684, W. N. 553, 94 S. J. 758 (H. L.); CHARLESWORTH on Negligence, § 969; SALMOND on Torts, 232; STREET on Torts, 5th ed. Lo. 1972, 207; *Hirschberg v. New York,* 46 U. S. L. W. 2134 (NY Ct. Cl., August 24, 1977); *Robbins v. Forster,* 553 F. 2d 123 (D. C. Cir. 1977); *Laufs,* ArztR, § 158.
[148]) ,,Though, on the authorities, the point remains open, it is suggested that where an unexplained accident occurs from a thing under the control of the defendant, and medical or other expert evidence shown that such accidents would not happen if proper care were used, there is at least evidence of negligence for a jury." (STREET on Torts, 5th ed. Lo. 1972, 134); also cf. *Pearson Report,* I.280 (1308); as to *German* law, ef. BGH, 18th March 1974, NJW 1974, 1424; as to the civil liability of physicians working as a team, cf. H. P. WESTERMANN, ,,Zivilrechtliche Verantwortlichkeit bei ärztlicher Teamarbeit", in NJW 1974, 577 ff.
[149]) E. DEUTSCH, ,,Medizinische Fahrlässigkeiten", in: NJW 1976, 2289 ff. (2292).
[150]) *Waldon v. Archer* (1921) 20 O. W. N. 77 (H. C.); *Wilson v. Swanson* (1956) 5 D. L. R. 2nd 113 (S. C. C.); *Chapman v. Carlson,* 240 So. 2d 263 (Miss. 1970); *Crouch v. Most,* 432 P. 2d 250 (NM 1967); *Dunlap v. Marine,* 51 Cal. Rptr. 158 (1966); if an emergency during a surgical or medical procedure is, however, caused by the physician's negligence, he cannot then use emergency as a defense, *Long v. Sledge,* 209 So. 2d 814 (Miss. 1968); *Piper v. Halford,* 25 So. 2d 264 (Ala. 1946); HOLDER, 312–313; as to *German* law, cf. K. LARENZ, Lehrbuch des Schuldrechts, 11th ed. Mü. 1977, § 27 III a (p. 231).
[151]) PICARD, 109–114, with a discussion of *Canadian* protective legislation in favour of

the physician who acts as a Good Samaritan and renders First Aid in emergency cases; a person injured in these circumstances who wishes to sue the physician would, under these measures, have to prove *gross* negligence, which means *very great negligence, Studer v. Cowper* [1950] S. C. R. 450; were there no such protective legislation, 90% of *Ontario* physicians would stop to assist in such cases, whereas 50% of *United States* physicians would not, PICARD, 110 note 97; as to the *United States*, cf. note 293, *infra*, and *McKenna v. Cedars of Lebanon Hospital*, 155 Cal. Rptr. 631 (1979); in *Germany (France and Switzerland*, cf. note 294, *infra*), a physician refusing First Aid at an emergency case could be criminally liable for neglecting to give necessary help (§ 330c StGB, Art. 63 II Code, Pénal; Art. 127 II SchwStGB), cf. LAUFS, ArtzR, § 45; and cf. this treatise, Part 1, B II 3 b, pp. 33, 182.

152) *R. v. Bateman* (1925) 94 L. J. K. B. 791; STREET on Torts, 5th ed. Lo. 1972, 125; BGH, 7th June 1966, VersR 1966, 853.

153) *R. v. Bateman* (1925) 94 L. J. K. B. 791; CHARLESWORTH von Negligence, § 965; S. R. SPELLER, Doctor and Patient, 62–83; *Pearson Report*, I.281 (1309); *Turriff v. King* (1913) 9 O. L. R. 676, 678 (Sask. S. C.); *Vail v. MacDonald* (1976) 66 D. L. R. 3rd 530 (S. C. C.); *Akins v. Novinger*, 322 F. Supp. 1205 (D. C. Tenn. 1970); *Benson v. Dean*, 133 NE 125 (NY 1921); *Logan v. Field*, 75 Mo. App. 594 (C. A. Mo. 1898); *Marion v. Tweedy*, 100 NW 2d 124 (Minn. 1959); *Osborne v. Frazor*, 425 SW 2d 768 (Tenn. 1968); HOLDER, 49–53; as to *French* law, cf. P. LETOURNEAU, La Responsabilité Civile, Vol. I, Pa. 1972, 307; as to *German* law, ef. RG, 7th Jan. 1938, JW 1938, 2203; as to *Swiss* law, ef. BG, 27th Jan. 1941, BGE 67 II 22 (23); also cf. notes 49–51.

153a) Cf. E. KÜNNELL, ,,Die Ersatzansprüche beim Vorliegen eines ärztlichen Kunstfehlers", in: VersR 1980, 502 ff.

154) Cf. H. J. MUSIELAK, ,,Haftung für Narkoseschäden", in: JUS 1977, 87 ff. (90 ff.); IDEM, Die Grundlagen der Beweislast im Zivilprozeß, 1975, 33 ff., 120 ff., 145 ff., 165 ff., with further refs.

155) *Hunter v. Hanley*, 1955 S. C. 200, 206 (*per* LORD CLYDE); also cf. *Landau v. Werner* (1961) 105 S. J. 1008.

156) *Cassidy v. Ministry of Health* [1951] 2 K. B. 343.

157) Also cf. *MacDonald v. Glasgow Western Hospitals Board of Management*, 1954 S. C. 453; *Pearson Report*, I.281 (1308–1311).

158) STREET on Torts, 132–134; *Aynsley v. Toronto General Hospital* [1972] S. C. R. 435, 25 D. L. R. 3rd 241; OLG Frankfurt a. M., 26th April 1977, VersR 1977, 1058–1059; as to the famous German *Hühnerpesturteil* (Chicken vaccination case) in a products liability context cf. BGH, 26th Nov. 1968, BGHZ 51, 91 ff., and the discussion of this case in this treatise, pp. 91, 232, *supra*.

159) Cf. *Carreras v. D. E. and J. Levy* (1970) 215 E. G. 707 (quoted from CHARLESWORTH on Negligence, § 16 note 50); *Fish v. Kapur* [1948] 2 All E. R. 176 (K. B.); *Munday v. London* C. C. [1916] 2 K. B. 331, 334 (*per* LORD SIMON); FLEMING on Torts, 104; *Browne v. Lerner* (1940) 48 Man. R. 128 (K. B.); PICARD, 122–124; D. GIESEN, ,,Civil Liability of Physicians", loc. cit. [*supra*, note 87], 403 ff. (410); PALANDT HEINRICHS, Bürgerliches Recht, Kommentar, 39th ed. Mü. 1980, notes 1–4 before § 249, with further refs.

160) OLG Celle, 8th May 1978, NJW 1978, 1688; OLG Düsseldorf, 31st Jan. 1974, NJW 1975, 595; OLG Zweibrücken, 14th July 1978, NJW 1978, 2340; LG Freiburg, 18th Nov. 1976, NJW 1977, 340.

161) *Garwood v. Locke*, 552 SW 2d 892 (Tex. Ct. App. 1977); *Rivera v. New York*, 46 U. S. L. W. 2586 (NY Ct. Cl., April 28, 1978); *Sherlock v. Stillwater Clinic*, 46 U. S. L. W. 2227 (Minn. S. Ct., Oct. 14, 1977). There are other American cases involving

wrongful life claims, both as actions in damages brought by the parents, and by the child, cf. G. B. ROBERTSON, ,,Civil Liability Arising from ,Wrongful Birth' Following Unsuccessful Sterilization Operation", in: 4 American Jnl. of L. and Med. 131–156 (1978); A. M. CAPRON, ,,Tort Liability in Genetic Counseling", in: 79 Colum. L. R. 618–684 (1979); H. H. CLARK jr., ,,Wrongful Conception: A New Kind of Medical Malpractice?", in 12 Fam. L. Q. 259–274 (1979). In *Bushman v. Burns Clinic Medical Center*, 268 NW 2d 683 (Mich.App. 1978), *Elliott v. Brown*, 361 So. 2d 546 (Ala. 1978), and *Wilczynski v. Goodman*, 391 NE 2d 479 (Ill. App. 1979), the courts denied recovery of childrearing costs, but recovery of medical expenses etc. incurred during pregnancy was granted.

[162] Both the *American* and the *German* decisions are, as far as the issue of direct pecuniary loss is concerned, in accordance with the prevailing (but not the general) view, G. B. ROBERTSON, *loc. cit.* [*supra*, note 161], 131–156, with further refs. as to *American* literature, and D. GIESEN, ,,Geburt eines ungewollten Kindes – Wertverwirklichung oder Schadensereignis?", in: FamRZ 1970, 565–572, with a discussion of *German* case law, e. g. LG Itzehoe, 21st Nov. 1968, VersR 1969, 265; LG Limburg, 18th June 1969, NJW 1969, 1574, other German courts, e. g. LG München, 27th Febr. 1970, VersR 1970, 428; LG Duisburg, 7th March 1974, VersR 1975, 432, and OLG Bamberg, 6th Febr. 1978, NJW 1978, 1685 = JZ 1978, 529, have refused to allow damages on the reason that a child always is the realisation of an absolute value, and not a damage, and that the present damage law does not envisage recompensation by third parties of maintenance obligations arising out of a parent-child relationship; also cf. notes 162a, 163 and 640, *infra*.

[162a] In *Canada*, the Alberta Supreme Court, in *Colp v. Ringrose*, Judicial District of Edmonton No. 84474, 6th October 1976, found that it would be against public policy to award damages for the *birth* of a child (*per* LIEBERMAN J.), and the same court, in *Zimmer v. Ringrose* (1979) 89 D. L. R. 3rd 646, 658–659, confirmed that the same principle would apply when the claim was for damages for *conception* of a child (*per* MACDONALD J.). In *Doiron v. Orr* (1978) 86 D. L. R. 3rd 719, 723, the Ontario High Court of Justice also rejected the notion that damages should be the cost of bringing up the child: ,,I reject that completely in so far as the argument is concerned about the damages", the judge (GARRETT J.) held.

[162b] OLG Bamberg, 6th February 1978, NJW 1978, 1685. Also cf. PALANDT-HEINRICHS, Bürgerliches Recht, Kommentar, 39th ed. Mü. 1980, note 2d before § 249 BGB, and note 162, *supra*, for further German case law.

[162c] For a full discussion of the legal and ethical problems involved, cf. W. SELB, ,,Eltern wider Willen. Geburtenplanung und Schadensersatzrecht", in: JZ 1971, 201–208, with further refs.; also cf. A. LAUFS, ArztR, § 111.

[163] §§ 1601, 1602 BGB; ef. W. KÖHLER, ,,Schadensersatzpflicht bei fehlgeschlagener Sterilisation", in: VersR 1979, 700–701, with further refs.

[163a] In *Germany* (W), the Federal Supreme Court (*Bundesgerichtshof*) has just now approved of this opinion in three important decisions, BGH, 18th March 1980, VI ZR 105/78, VI ZR 247/78 and ZR 15/78 (the two first-mentioned decisions are printed in NJW 1980, 1450 ff. and NJW 1980, 1452 ff. repectively. Also cf. Deutsches Ärzteblatt 77: 1307–1308 (1980).

[164] *Rivera v. New York*, 46 U. S. L. W. 2586 (NY Ct. Cl., April 28, 1978).

[164a] As to the question of loss of *consortium*, cf. *Best v. Samuel Fox and Co. Ltd.* [1951] 2 All E. R. 116 (125, *per* BIRKETT L. J.): ,,Companionship, love, affection, comfort, mutual services, sexual intercourse – all belong to the married state. Taken together they make up consortium, but I cannot think that the loss of one element, however

grievous it may be . . ., can be regarded as the loss of the consortium within the meaning of the decided cases. Still less could any impairment of one of the elements be so regarded. Consortium, I think, is one and indivisible. The law gives a remedy for its loss, but for nothing short of that." This is also the law in *Canada, Schendel et al. v. Peggie* (1955) 16 W. W. R. 499 (Man. C. A.); beyond actual recoupment of expense, the defendant ought not to be called on to pay significantly more than if he had injured an unmarried woman; the award then must be modest under normal circumstances, *Urbanski v. Patel* (1978) 84 D. L. R. 3rd 650, 667 (Man. Q. B.); loss of sexual relations is only loss of a portion of *consortium* and gives no cause of action, *Zimmer v. Ringrose* (1979) 89 D. L. R. 3rd 646, 660 (Alta. S. C.).

[165]) *Sherlock v. Stillwater Clinic*, 46 U. S. L. W. 2227 (Minn. S. Ct., Oct. 14, 1977). Also cf. *Bushman v. Burns Clinical Medical Center*, 47 U. S. L. W. (Mich. Ct. App., 22nd May 1978) (ineffective vasectomy cannot be offset by the benefits conferred by the birth of healthy child with regard to provable damages for the wife's pain, suffering, and discomfort resulting from pregnancy).

[165a]) In *Bushman v. Burns Clinic Medical Center*, 83 Mich.App. 453, 268 NW 2d 683 (Mich.App. 1978) the court held that a patient, who had undergone an ineffective *vasectomy*, could recover from physician on theory of wrongful pregnancy, and that the damages incurred need not be offset by the benefits received from having the blessing of a healthy child; cf. note 166, *infra*.

[166]) *Bergstreser v. Mitchell*, 577 F. 2d 22 (8th Cir. 1978); *Park v. Chessin*, 88 Misc. 2d 222, 387 NYS 2d 204 (S. Ct. 1976), affd. 400 NYS 2d 110 (App. Div. 1977); and cf. M. E. COHEN, ,,Park v. Chessin: The Continuing Judicial Development of the Theory of ,Wrongful Life'", in: 4 American Jnl. of L. and Med. 211–232 (1978), *ibd.* 232: ,,Wrongful birth and preconception injury cases support the contention that in wrongful life cases the physician-defendant owes a duty to the infant-plaintiff, and right-to-die cases show that courts can find, consistent with public policy, that one has been harmed by being born." But cf. *Elliot v. Brown*, 361 So. 2d 546 (Ala. 1978), where the court held that there is *no* legal right *not* to be born, and that the child born (now the plaintiff) had no cause of action for ,,wrongful life" against the defendant physician who allegedly breached contract and was negligent in improperly performing *vasectomy* on plaintiff's father, resulting in conception of plaintiff who was born with serious deformities, in absence of any claim that alleged preconception negligence of physician caused the deformities. Cf. ns. 161, 165a, *supra*.

[166a]) BGH, 18. 3. 1980 (VI ZR 105/78), NJW 1980, 1450.

[166b]) BGH, 18. 3. 1980 (VI ZR 247/78), NJW 1980, 1452.

[167]) The German Federal Supreme Court (*Bundesgerichtshof*) has already seized upon the opportunity to state that in many cases the reproach, against the defendant physician, of treatment without the plaintiff/patient's informed consent ,,is often raised abusively in cases where malpractice cannot be proved" (,,. . . oft vom Patienten mißbräuchlich dann erhoben . . ., wenn er nach einem Mißerfolg den Nachweis eines ärztlichen Behandlungsfehlers nicht hat führen können."), BGH, 27th Sept. 1977, NJW 1978, 588; also cf. BGH, 15th May 1979, JZ 1979, 530 (531: ,,nachträgliche Aufklärungsrügen [dürfen] nicht zum bloßen Vorwand werden . . ., um das Risiko unvermeidlicher Fehlschläge auf Arzt oder Krankenhaus zu überbürden."); LAUFS, ArztR, §§ 67–68, and IDEM, ,,Die Verletzung der ärztlichen Aufklärungspflicht und ihre deliktische Rechtsfolge", in NJW 1974, 2026 ff.; as to the *French* position, cf. GEHRING, *op. cit.* [*supra*, note 3], 120.

[168]) SALMOND on Torts, 507–512; PICARD, 63–90; HOLDER, 226–226; for the *French* requirement of the *consentment libre et éclaré*, cf. EBERHARDT, *op. cit.* [*supra*, note 3]

73 ff.; GEHRING, *op. cit.* [*supra*, note 3] 48 ff.; SAVATIER-AUBY-SAVATIER-PEQUIGNOT, 223 ff. As to the *German* law, cf. LAUFS, ArztR §§ 64 ff.

[169]) ,,The defendant [physician] must establish that the plaintiff's consent was fully and freely given." (SALMON on Torts, 508); also cf. WINFIELD and JOLOWICZ on Tort, 10th ed. Lo 1975, 618, and STREET on Torts, 5th ed Lo. 1972, 74–76; *Lepp v. Hopp* (1977) 77 D. L. R. 3rd 321 (Alta. C. A.); *Reibl v. Hughes* (1977) 78 D. L. R. 3rd 35 (Ont. H. C.); *Green v. Hussey*, 127 Ill. App. 2 d 174, 262 NE 2d 156 (1970); *Miller v. Kennedy*, 85 Wash. 2d 151, 530 P. 2d 334 (1975); *Shack v. Holland*, 89 Misc. 2d 78, 389 NYS 2d 988 (S. Ct. Kings Cty 1976); *Wilkinson v. Vesey*, 110 R. I. 606, 295 A. 2d 676 (1972); *Young v. Group Health Cooperative*, 85 Wash. 2d 332, 53 P. 2d 1349 (1975); also cf. L. B. FRANTZ, ,,Modern Status of View as to General Measure of Physician's Duty to Inform Patient of Risks of Proposed Treatment", 88 ALR 3d 1008 (1978); M. L. PLANTE, "An Analysis of Informed Consent", in: 36 Fordham L. Rev. 639 (1968); IDEM, ,,The Decline of Informed Consent", in: 35 Wash. and Lee L. Rev. 91 ff (1978); F. J. SCHNEYER, ,,Informed Consent and the Danger of Bias in the Formation of Medical Disclosure Practices", in: 1976 Wisconsin L. Rev. 124 ff. (1976); J. M. SPOONHOUR, ,,Psychosurgery and Informed Consent", in: 26 Univ. Fla. L. Rev. 432 ff. (1974); J. R. WALTZ and T. W. SCHEUNEMANN, ,,Informed Consent to Therapy", in: 64 North Western Univ. L. Rev. 628 ff. (1969). As to *French* law, cf. G. B. CHAMMARD and P. MONZEIN, La Responsabilité Médicale, Vendome 1974, 130 ff.; EBERHARDT, *op. cit.* [*supra*, note 3] 73 ff.; the *German* position is being dealt with by BGH, 16th Jan. 1959, BGHZ 29, 176 ff.; 22nd Febr. 1978, NJW 1978, 1206; LAUFS, ArztR, §§ 64 ff., with further refs. An important reading now is O. TEMPEL, ,,Inhalt, Grenzen und Durchführung der ärztlichen Aufklärungspflicht unter Zugrundelegung der höchstrichterlichen Rechtspechung", in: NJW 1980, 609–617, with a full discussion of *German* case law and further refs.

[170]) *Baugh v. Delta Water Ltd.* [1971] 1 W. L. R. 1295, 1298; SALMOND on Torts, 122; *Marshall v. Curry* [1933] 3 D. L. R. 260, 274 (N.S. S.C.); PICARD, 63 ff.; *Mohr v. Williams*, 95 Minn. 261, 271, 104 NW 12, 16 (1905); *Schloendorf v. New York Hospital*, 211 NY 125, 129, 105 NE 92, 93 (1914); HOLDER, 225–265 (225: ,,The doctrine that a patient who is subject to medical treatment without his consent has a cause of action against the physician or surgeon comes from . . . our belief in the inalienable rights of man." 259: ,,With the exception of a very few situations in which compulsory treatment may be administered within very strict limitations, a free human in a free nation has a constitutional and legal right to make the decision as to what, if anything, is to be done to either his mind or his body."); the constitutional right of self-determination in *German* law is now enshrined in Artt. 1 and 2 GG; it cannot be renounced, BGH, 16th Jan. 1959, BGHZ 29, 176 (179–180); 29th June 1976; BGHZ 67, 48 (49–50); 15th May 1979, JZ 1979, 530 (531) = VersR 1979, 720 (721); 22nd Jan. 1980, VersR 1980, 428 ff. (429 *sub* 3b). 28th Nov. 1957, BGHSt 11, 111 (114); LAUFS, ArztR, §§ 51–54; as to *Swiss* law, cf. E. BUCHER, Die Ausübung der Persönlichkeitsrechte, insbesondere die Persönlichkeitsrechte des Patienten als Schranken der ärztlichen Tätigkeit, Diss. Zürich 1956; H. HINDERLING, ,,Zur Frage der ärztlichen Aufklärungspflicht", in SJZ (1963) 319; OTT, 27–28.

[171]) It is, therefore, illegal for physicians or hospitals to attempt to make admission conditional upon an alleged ,,agreement" to arbitrate any malpractice claim, cf. W. J. CURRAN, ,,Malpractice arbitration and conditional medical treatment", in: The New England Jnl. of Med. 296: 1045–1046 (1977); no hospital can make admission conditional on the patient's signing of a release of legal liability for any injury

incurred during hospitalisation, *Tunkl v. Regents of the University of California,* 60 Cal. 2d 92, 383 P. 2d 441 (1963).
172) Thus, in the *Canadian* case of *Gorback v. Ting* [1974] 5 W. W. R. 606 (Man. Q. B.), the plaintiff was not given the opportunity of choosing the type of anaesthetic to be used in an operation for excision of a maxilla cyst behind one of her teeth, nor was she informed of the risks in the method that was used; she suffered damage to her teeth as a result of the method used; *held* that because the operation could be carried out under either a general or a local anaesthetic, the defendant anaesthesist was negligent in failing to offer the plaintiff the opportunity of choosing the method to be used; PICARD, 82–84, with further examples. The same rules (as stated in related text, *supra*) also apply in *German* law: BGH, 22nd Jan. 1980, VersR 1980, 428 ff. (429 *sub* 3b).
173) 211 NY 125, 129–130, 105 NE 92, 93 (1914).
174) The actual consent by the patient is sufficient consideration for an implied promise on the side of the physician to exercise proper care and skill, *Everett v. Griffiths* [1920] 3 K. B. 163, 193 (*per* SCRUTTON L. J.); *Crichton v. Hastings* (1972) 29 D. L. R. 3rd 692 (Ont. C. A.); *Reibl v. Hughes* (1977) 78 D. L. R. 3rd 35 (Ont. H. C.); as to *German* case law, cf. PALANDT-THOMAS, Bürgerliches Gesetzbuch, Kommentar, 39th ed. Mü 1980 note 7 B f to § 823, and the notes here following.
175) BGH, 9th Dec. 1958, BGHZ 29, 46 (54); 25th Nov. 1975, NJW 1976, 365 ff.; 22nd Jan. 1980, VersR 1980, 428 ff. (429 *sub* 3b [following RG, 31st May 1894, RGSt 25, 379 ff.]). It follows, then, that the information to the patient must be given at a time when the patient still is able and free to determine whether and when he shall be treated and how, and this implies that enough time is given him to ponder and weigh the pros and contras against the treatment or operation proposed to him, OLG Stuttgart, 7th Dec. 1977, VersR 1979, 1016 = NJW 1979, 2355 (affd by BGH, 10th July 1979). Also cf. notes 170–174, *supra,* and OLG München, 7th Febr. 1979 (affd. by BGH VI ZR 82/79), VersR 1980, 72 (73).
176) *Koehler v. Cook* (1975) 65 D. L. R. 3rd 766 (B.C. S.C.).; BGH, 22nd Jan. 1980, VersR 1980, 428 ff. (429 *sub* 3b): „[andernfalls] würde die Freiheit des Patienten, sich eben anders, vielleicht nach Meinung anderer gar unvernünftig, zu entscheiden, rechtswidrig unterlaufen"). Also cf. BGH, 24th June 1980, VersR 1980, 940 (941).
177) Cf. R. G. JOHNSON, „Medical Malpractice Doctrines of Res Ipsa Loquitur and Informed Consent", in: 37 Univ. Colo. L. Rev. 182, 185 (1965); W. H. KARCHMER, „Informed Consent: A Plaintiff's Medical Malpractice ,Wonder Drug'", in: 31 Miss. L. Rev. 29 ff. (1966); W. A. KELLY, „The Physician, the Patient, and the Consent", in: 8 Univ. of Kansas L. Rev. 405 ff. (1960); M. L. PLANTE, „An Analysis of Informed Consent", in: 36 Fordham L. Rev. 639 ff., 653 (1968); R. E. POWELL, „Consent to Operative Procedures", in: 21 Maryland L. Rev. 202 ff. (1961). Also cf. note 178, *infra.*
178) J. E. MALDONADO, „Strict Liability and Informed Consent: Don't say I didn't tell you so", in: 9 Akron L. Rev. 609 ff. (1976), with further refs.
179) STREET on Torts, 5th ed Lo. 1972, 75; FLEMING on Torts, 81; PICARD, 82–85, RG, 8th March 1940, RGZ 163, 129; OLG Hamm, 18th Dec. 1962, MDR 1963, 520; for one of the latest *German* decisions, cf. note 185, *infra.*
180) *Kenny v. Lockwood* [1932] 1 D. L. R. 507 (Ont. C. A.); *Salgo v. Leland Stanford University Board of Trustees,* 154 Cal. App. 2d 560, 578, 317 P. 2d 170, 181 (1957); *Lambert v. Park,* 597 F.2d 236 (C.A. Okl. 1979). The patient's right to self-determination is no longer a source of dispute in the law (cf. note 170, *supra*). Most legal systems under review here recognise, in varying degrees, his right to know of

material risks inherent in a medical treatment or surgical operation, and this *right* connotes a *duty* among physicians to disclose all material risks to the competent medical consumer, cf. J. E. MALDONADO, *loc. cit. [supra*, note 178], 609, 613.

[181]) STREET on Torts, 5th ed. Lo. 1972, 75; SALMON on Torts, 508; FLEMING on Torts, 81; *Parmley v. Parmley* [1945] S. C. R. 635; *Marshall v. Curry* [1933] 3 D. L. R. 260; *Murray v. McMurchy* [1949] 2 D. L. R. 442 (B.C. S.C.); *Schweizer v. Central Hospital* (1974) 53 D. L. R. 3rd 494; as to *American* case law: *Barnett v. Bachrach*, 34 A. 2d 626 (C.A. D.C. 1943); *Beringer v. Lackner*, 73 NE 2d 620 (Ill. 1947); *Hundley v. St. Francis Hospital*, 327 P. 2d 131 (Cal. 1958); *Jackorach v. Yocom*, 237 NW 444 (Iowa 1931); *Moore v. London*, 29 App. Div. 2d 666, 286 NYS 2 d 319 (S. C. App. Div. 1968); *Perry v. Hodgson*, 148 SE 659 (Ga. 1929); *Mohr v. Williams*, 104 NW 12 (Minn. 1905); *Robinson v. Wirts*, 127 A. 2d 706 (Pa. 1956); *Valdez v. Percy*, 217 P. 2d 422 (Cal. 1950); also cf. W. E. SHIPLEY, ,,Liability of Physician or Surgeon for Extending Operation or Treatment Beyond that Expressly Authorized", 56 ALR 2d 695 (1957); for some other interesting *American* case law cf. note 120, *infra*, from *Danielson v. Roche* downwards, and *Beck v. Lovell*, 361 So. 2d 245 (La.App. 1978); *Meretsky v. Ellenby*, 370 So. 2d 1222 (Fla.App. 1979); as to *French* law, cf. A. LOTZ, ,,Zur Frage der rechtlichen Verantwortlichkeit des Arztes", in BJM 15 (1968) 107 (119); SAVATIER-AUBY-SAVATIER-PEQUIGNOT, 223 ff., especially § 247, with further refs.; for a *Belgian* view cf. ANRYS, 59 ff., 91 ff.; as to *German* case law, which is on the same lines as the principle stated in the text above, cf. RG, 8th March 1940, RGZ 163, 129 (136); BGH, 28th Nov. 1957, BGHSt 11, 111 ff.; 2nd Nov. 1976, NJW 1977, 337; also cf. K. NÜSSGENS, ,,Probleme der fachärztlichen Aufklärungspflicht", in: Laryngologie, Rhinologie, Otologie 54: 783 ff., 804 (1975); H. SCHLUND, ,,Die ärztliche Aufklärungspflicht im Spannungsfeld der Gerichte und der Ärzteschaft", in: VersR 1977, 496 ff., 496; H. WEITNAUER, ,,Fragen der ärztlichen Verantwortlichkeit in zivilrechtlicher Sicht", in: Der Betrieb 1961, 1 ff. (6); as to *Swiss* law, cf. OTT, 77–78.

[182]) FLEMING on Torts, 81. This test is explicitly recognised in several *Australian* Criminal Codes, e.g.s. 51 Tasmania Criminal Code, s. 282 Queensland Criminal Code, s. 259 Western Australia Criminal Code; P. D. G. SKEGG, ,,A Justification for Medical Procedures Performed Without Consent", in: (1977) 90 L. Q. R. 512 ff. Also cf. a *Canadian* case from *Nova Scotia, Marshall v. Curry* [1933] 3 D. L. R. 260, 275 (N.S. S.C.); PICARD, 82–84 with further refs.

[183]) FLEMING on Torts, 81.

[184]) *Slater v. Baker* (1767) 2 Wils. 359, 95 ER 860; CHARLESWORTH on Negligence, § 967; *Male v. Hopmans* (1967) 64 D. L. R. 2nd 105; *Murray v. McMurchy* [1949] 2 D. L. R. 442 (B.C. S.C.); *Parmley v. Parmley* [1945] 4 D. L. R. 81 (S.C.C.); PICARD, 63 ff. (68–69); *McCandless v. State of New York*, 3 App. Div. 2 d 600, 162 NYS 2d 570, affd. 4 NY 2d 797, 173 NYS 3d 30, 149 NE 2d 530 (1957); *Mohr v. Williams*, 95 Minn. 261, 104 NW 12 (1905); *Suskey v. Davidoff*, 2 Wis. 2d 503, 87 NW 2d 306 (1958); *Thaxton v. Reed*, 339 SW 2d 241 (Tex. Ct. App. 1960); *Calabrese v. Trenton State College*, 392 A.2d 600 (NJ 1978); several other *American* cases held that even outside an emergency situation an extended operation was not illegal if it was required by sound surgical procedure, *Barnett v. Bachrach*, 34 A. 2d 626 (D. C. 1943); *Kennedy v. Parott*, 243 NC 355, 90 SE 2d 754 (1956); but where there is no emergency condition, before the surgeon proceeds to extend surgery he should also in American law attempt to get the consent of someone in the patient's family. If this is not possible, he should probably decide not to extend the scope of the surgery unduly. An extension of a minor operation into a major one is usually an illegal act

for which he will always be liable, HOLDER, 237, and cf. the cases quoted in note 181, *supra;* a very informative study is B. C. RECHER, ,,Informed Consent Liability", in: 26 Drake L. Rev. 696–715 (1976/77). As to *German* case law cf. BGH 9th Dec. 1958, BGHZ 29, 46 ff. (53–54); 29th June 1976, BGHZ 67, 48 ff. (49–50); 2nd Nov. 1976, ArztR 1978, 46ff. (47) = NJW 1977, 337 ff.; 28th Nov. 1957, BGHSt 11, 111 (114); OLG Köln, 5th March 1976, VersR 1978, 551; OLG Frankfurt/M., 22nd Sept. 1978, VersR 1979, 651 (LS 1); OLG Celle, 10th July 1978, NJW 1979, 1251 ff. (1252); a full discussion of the present position in *German* case law is: W. BRÜGMANN, ,,Widerrechtlichkeit des ärztlichen Eingriffs und Aufklärungspflicht des Arztes", in: NJW 1977, 1473–1478, with further refs. Also cf. Art. 28 ZGB; OTT, 27, and D. GIESEN, ,,Civil Liability of Physicians", *loc cit.* [*supra*, note 87], 403 ff., 411 with note 54, where further refs. can be found.

[185]) BGH, 2nd Nov. 1976, NJW 1977, 337 ff.
[186]) Cf. note 184, *supra.*
[187]) *German* case law offers three rather interesting examples. A doctor who on the massive request of a patient carries out an operation (here: a transplantation) in spite of the fact that he himself judged the therapeutic effect of that operation *not* as promising, has the duty to inform his patient of this diagnosis with the aim to discourage him from insisting on such operation; if he does not so inform him, he gives no sufficient information to the patient, and the patient's consent is rendered *invalid,* thus making the operation *illegal,* and the doctor *liable* for any damage incurred by the patient, OLG Köln, 5th March 1976, VersR 1978, 551 (552); a doctor who on request of a 34-year old mother of 3 children sterilises her since she doesn't want any more children, performs a perfectly legal operation in spite of the fact that it is not medically indicated, the reason for this being that, under the given circumstances, the sterilisation was not *contra bonos mores* (BGH, 29th June 1976, BGHZ 67, 48 [49–55]); but a dentist who on request of his patient extracts all her teeth because she without genuine knowledge of medical facts out of a crazy assessment of her health conditions desires him to do this, performs a totally illegal operation (*contra bonos mores*) not covered by her (thus invalidly given) consent (BGH, 22nd Febr. 1978, NJW 1978, 1206); a discussion of this decision can be found in: E. HORN, ,,Der medizinisch nicht indizierte, aber vom Patienten verlangte ärztliche Eingriff", in JUS 1979, 29 ff. (30–31); a slightly different case in which the extraction of teeth was medically indicated, but according to the plaintiff not fully consented to, is the *Canadian* decision *Guimond v. Laberge* (1956) 4 D. L. R. 2d 559 (Ont. C. A.): the plaintiff returned to the defendant dentist for the agreed upon extraction of all her *upper* teeth; the defendant, from past discussions, also anticipated a decision as to whether or not the plaintiff would consent to the removal of her *lower* teeth as well. Before administering the anaesthetic the dentist asked the plaintiff ,,Toutes les dents, Madame?", and she replied: ,,Oui". The defendant removed all her (upper *and* lower) teeth, and the plaintiff brought an action for wrongful extraction of her lower teeth; *held:* it may be that in Mrs. Guimond's mind all what she meant was ,,all the upper teeth", but that is not what she said; the defendant followed her instructions when he extracted her lower teeth and is thus not liable for assault.
[188]) *Estate of Berthiaume v. Pratt,* 365 A. 2d 792 (Me. 1976), where the Supreme Judicial Court of *Maine* held that the estate of a man who died from cancer of the larynx was entitled to sue for damages for violation of the common law right to privacy, and for assault and battery, by alleging that the otolaryngologist who had been treating the deceased had taken pictures of him showing the progress of the illness despite

patient's alleged protest; the court also held that law does not permit to take photographs without the patients consent simply because of the value to medical science of the existence of a complete photographic record of the deceased's illness.

[188a]) BGH, 15th May 1979, JZ 1979, 530 (531) = VersR 1979, 720 (721); also cf. OLG Stuttgart, 7th Dec. 1977, VersR 1979, 1016; OLG Düsseldorf, 30th Nov. 1978, VersR 1980, 949.

[189]) STREET on Tours, 5th ed. Lo. 1972, 75 note 4.

[190]) Cf. the cases quoted in notes 169, 181, 184, *supra*.

[191]) As to the *French* position, cf. EBERHARDT, *op. cit.* [*supra*, note 3] 83 ff., 86; SAVATIER-AUBY-SAVATIER-PEQUIGNOT, 223 ff.

[192]) BGH, 15th Febr. 1957, LM BGB § 823 (Aa) Nr. 11; but cf. the *Canadian* case *Burk v. S., B. and K.* (1952) 4 W. W. R. 520 (B.C. S.C.) (where plaintiff could not have reasonably expected Dr. A. to both perform the surgery and administer the anaesthetic).

[193]) In *American* law, however, a patient who is a minor is *not* competent to give informed consent: *Bonner v. Moran*, 126 F. 2d 121 (D.C. C.A. 1941); *Bowers v. Talmadge*, 159 So. 2d 888 (Fla. App. 1963); *Jackovach v. Yocum*, 212 Iowa 914, 237 NW 444 (1931); *Tabor v. Scobee*, 254 SW 2d 474 (Ky. Ct. App. 1951); *Sharpe v. Pugh*, 270 NC 598, 155 SE 2d 108 (1967); *Rogers v. Sells*, 178 Okla. 103, 61 P. 2d 1018 (1936). But medical treatment of children in emergencies without parental consent is considered legally acceptable, and parents may not then recover damages for treatment without their consent, *Luka v. Lowrie*, 136 NW 1106 (Mich. 1912); *Sullivan v. Montgomery*, 279 NYS 575 (1935). But note that there is an increasing tendency in the legal literature that parental consent may be omitted if the minor patient is of the age of discretion, by which is meant 15 and older, and a number of states have enacted statutes allowing ,,emancipated minors" to consent to medical treatment or surgery (abortions?) without parental involvement, HOLDER, 25–29. In 1976, the *United States* Supreme Court ruled that parents do not have veto power over a minor girl's decision to abort her child and that a husband has no right to prevent his wife from having an abortion; the Court found that the interest of the parents is no more weighty than the right of ,,the competent minor mature enough to have become pregnant", but the same Court also emphasised ,,that our holding does not suggest that every minor, regardless of age or maturity may give effective consent for termination of her pregnancy." (With respect: what does it suggest else?) – *Planned Parenthood Association v. Danforth*, 428 US 52 (1977). Also cf. note 197, *infra*. As to the conflicting views in *German* law, cf. note 194 (16th line).

[194]) Cf. SALMOND on Torts, 508, referring to s. 8 of the *Family Law Reform Act*, 1969 (1969 c. 46), which provides that the consent of a minor who has attained the age of 16 to surgical, medical or dental treatment shall be as effective as it would be if the minor were of full age (= 18); there are similar statutes in other *Common Law* countries, cf. *Minor (Property and Contracts) Act*, 1970 (N.S.W.), s. 49; *Guardianship Act*, 1968 (N. Z.), s. 25; also cf. some *Canadian* cases, *Booth v. Toronto General Hospital* (1970) 17 O. W. R. 118 (K. B.); *Johnston v. Wellesley Hospital* (1970) 17 D. L. R. 3rd 139 (Ont. H. C.); PICARD, 73–77; also cf. P. CREPEAU, ,,La Consentement Du Mineur au Matiere De Soin et Traitements Medicaux ou Chirurgicaux Selon Le Droit Civil Canadien", in: (1974) 52 Canadian Bar Rev. 247 ff.; FLEMING on Torts, 79; FRENKEL, ,,Consent of Incompetents (Minors and Mentally Ill) to Medical Treatment", in: (1977) 2 Legal Medical Quarterly 187 ff.; P. D. G. SKEGG, ,,Capacity of Minors to Consent to Medical Treatment", in: [1969] Recent Law 295 ff. (N. Z.); IDEM, ,,Consent to Medical Procedures on Minors", in: (1973) 36 M. L. R. 370 ff.; S. R. SPELLER, Doctor and Patient, 28–36; B. TOMPKINS, ,,Health Care for Minors: The

Right to Consent", in: (1974/75) 40 Sask. L. Rev. 41 ff. As to *German* case law, cf. BGH, 9th Dec. 1958, BGHZ 29, 33 (36); 10th Febr. 1959, NJW 1959, 825; LAUFS, ArztR, §§ 83, 145, with further refs. A former *German* draft law revising certain issues of the parent-child relationship, especially with regard to parental care, custody and control, intended to make the age of 14 the relevant age for consent of minors to surgical, medical or dental treatment, cf. *Entwurf eines Gesetzes zur Neuregelung des Rechts der elterlichen Sorge,* 10th Febr. 1977, BT-Drs. 8/111, § 162a (critical on this draft: D. GIESEN, ,,Familienrechtsreform zum Wohl des Kindes?", in: FamRZ 1977, 594 ff.); but the final bill, as accepted by Parliament and as effective from 1st January 1980 (*Gesetz zur Neuregelung des Rechts der elterlichen Sorge,* 18th July 1979 [BGBl. I. 1061]), does not go as far and contains no such clause, so that the law applicable to medical treatment of minors will continue to be guided by *court decisions* (cf. O. JAUERNIG and P. SCHLECHTRIEM, Bürgerliches Gesetzbuch mit Erläuterungen, München 1979, Note 2 to § 1626 [as to *German* case law, cf. Note 195, *infra*]). Other *German* authors consider parental consent as *indispensable:* MünchKomm-GITTER, No. 95 before § 104 BGB, with further refs. As to *Swiss* law, cf. A. GROTSCH, Heilbehandlung und eigenmächtige Heilbehandlung, unter besonderer Berücksichtigung des Unmündigen, Diss. (typescript) Basel 1973; OTT, 30–31. Similar principles (as in related text above) are applied by *French* courts, cf. EBERHARDT, *op. cit.* [*supra*, note 3] 52 ff.; SAVATIER-AUBY-SAVATIER-PEQUIGNOT, 215–217, with further refs.

[195]) The proper *Common law* criterion is whether the minor is ,,too young to exercise a reasonable discretion in the matter", FLEMING on Torts, 81 note 10, but the practice varies from country to country, even though the ,,mature minor rule" is generally accepted from an age onwards that is almost always *below* the age of majority (at *Common Law* the age of majority was 21, and this was also generally the case in other legal systems, e. g. *Austria, France, Germany.* The relevant age is now almost invariably 18 [Canada: *Alberta, Manitoba, Ontario, Quebec* only; *England, France, Germany,* all *East block* countries]; sometimes 19 [*Austria,* Canada: *British Columbia, Saskatchewan, Nova Scotia* only] or 20 [*Denmark, Finland, Norway, Sweden, Switzerland*]); thus, under the ,,mature minor rule" and under certain conditions, a consent from the minor may be valid if the minor is 14 years of age or older in *Quebec* and 16 years of age or older in *British Columbia* (PICARD, 75–76), *Australia* (Minor [Property and Contracts] Act, 1970 [N. S. W.], s. 49), *England* (Family Law Reform Act, 1969, s. 8, cf. note 196, *infra*) and *New Zealand* (Guardianship Act, 1968 [N. Z.], s. 25), 14 years of age or older in *Switzerland* OTT, 31). Also cf. FLEMING on Torts, 79; *S. v. McC. and W. v. W.* [1972] A. C. 24, 57 (*per* LORD HODSON); *Re L.* [1968] P. 119, 132; as to *American* law, cf. HOLDER, 24–26 (on the Common Law concept of ,,emancipation"); *German* case law accepts the consent of a minor who is almost on the verge of reaching the age of majority, BGH, 9th Dec. 1958, BGHZ 29, 33 (37), or is mature enough to understand and assess the important implications of the treatment or operation to be undergone, BGH, 24th April 1961, LM BGB § 839 (Fc) No. 15, but refuses to accept as valid the consent of a 16-year old minor to an operation which is not altogether urgent and carries considerable risks, BGH, 16th Nov. 1971, VersR 1972, 153, NJW 1972, 335; for a detailed discussion cf. W. UHLENBRUCK, ,,Rechtsfragen bei der ärztlichen Behandlung minderjähriger Patienten", in: Arzt- und Arzneimittelrecht 1976, 301–311, 341–346.

[196]) It seems to be widely accepted that the medical practitioner has sufficient legal protection in the consent of the child's parents or guardian, WINFIELD and JOLOWICZ on Tort, 10th ed. Lo. 1975, 620. Note, however, that in *English* law, if the person

subjected to medical treatment is under the age of majority (now 18 years), the defendant may be protected by the *Family Law Reform Act,* 1969 (1969 c. 46), s. 8, which provides that the consent of a minor who has attained the age of 16 to surgical, medical and dental treatment which, in the absence of consent, would be illegal (and constitute a trespass to his person), shall be as effective as it would be if he were of full age, cf. SALMOND on Torts, 508–509. A minor of 16, then, may give a valid consent himself, WINFIELD and JOLOWICZ on Tort, 10th ed. Lo. 1975, 620 note 42. But it is doubtful whether a minor over 16 (and, by definition, under 18) can validly consent to an abortion, to a transplant or to a blood donation, as the treatment consented to must be therapeutic, s. 9 (2) *Family Law Reform Act,*1969; S. R. SPELLER, Doctor and Patient, 28–29. According to WINFIELD and JOLOWICZ on Tort 510, it is irrelevant (for the purposes of the law of torts) that the plaintiff is a minor, if he has in fact consented; we respectfully submit that this does not apply here, as the protection of the minor by the law should be the paramount consideration; but cf. *Buckpitt v. Oates* [1968] 1 All E. R. 1145. For the *American* legal situation of consent by minors and vetos by their parents in such matters as abortion cf. note 193, *supra.*

[197]) S. R. SPELLER, Doctor and Patient, 31–36; also cf. P. D. G. SKEGG, „Consent to Medical Proceedings on Minors", in: (1973) 36 M. L. R. 370 ff.; WINFIELD and JOLOWICZ on Tort, 10th ed. Lo. 1975, 619–620; as to *German* Law, cf. G. GAISBAUER, „Die Rechtsprechung zum Arzthaftpflichtrecht 1971–1974. Eine Übersicht", in: VersR 1976, 214 (221); D. GIESEN, „Civil Liability of Physicians", loc. cit. [*supra,* note 87] 403 ff., 411–412; W. UHLENBRUCK, „Rechtsfragen bei der ärztlichen Behandlung von minderjährigen Patienten", in: Arzt- und Arzneimittelrecht 1976, 301 ff., 314 ff. As to the *American* legal situation, cf. note 193, *supra;* the prevailing view in the *United States* still seems to be that a minor is *not competent* to render a valid consent; but an increasing tendency seems to be to completely disregard the parent's opinion even in the gravest matters; while HOLDER, 29, rightly considers it „extremely unwise, to say the least, for a physician to sterilize an unmarried minor in the absence of parental consent" because of „the irreversible nature of the procedure", the *United States* Supreme Court – after its controversial decisions on abortion in general, *Roe v. Wade,* 410 US 113 (1973); *Doe v. Bolton,* 410 US 179 (1973) –, has now also ruled that parents have no veto power over a minor girl's decision to abort, expressing the view that the interest of the parents is no more weighty than the right of „the competent minor mature enough to have become pregnant", *Planned Parenthood Association v. Danforth,* 418 US 52 (1977); cf. note 193, *supra* and notes 199, 236, 876, *infra.*

[198]) BGH, 16th Nov. 1971, VersR 1972, 153, NJW 1972, 335; for an *English* view cf. S. R. SPELLER, Doctor and Patient, 35–36.

[199]) Thus, in *Re D (A Minor) (Wardship: Sterilisation)* [1976] Fam. 185, a wardship order was granted to prevent the sterilisation of a girl aged 12 whose mother had agreed to the operation because she feared that her subnormal daughter might become pregnant and be incapable of caring for a child; but cf. *Gary-Northwest Indiana Women's Services v. Bowen,* 421 F. Supp. 734 (D. C. Ind. 1976), where a Federal District Court held that a pregnant and unmarried minor's right to an abortion cannot be defeated by the lack of consent of a parent (or person *in loco parentis*) to the abortion; this view is now also held by the U.S. Supreme Court, cf. notes 193, 197, *supra;* the opposite view (namely, that a 16 year old girl, in the absence or after the refusal of the consent of her parents, cannot validly sign a contract to have an abortion) was held by LG München I, 24th July 1978, NJW 1980, 646; for a full discussion cf. O. TEMPEL, „Inhalt, Grenzen und Durchführung der ärztlichen Aufklärungspflicht

unter Zugrundelegung der höchstrichterlichen Rechtsprechung", in: NJW 1980, 609–617, with further refs. On the other hand, it ought to be clear that a minor girl may not be forced to have an abortion against her will at the request of her parents, *In re Smith*, 295 A. 2d 238 (Md. 1972).

[200]) The law sometimes imposes a duty to receive treatment in cases such as communicable and certain veneral diseases, cf. P. D. G. SKEGG, ,,A Justification for medical procedures performed without consent", in: (1974) 90 L. Q. R. 512 ff.; SALMOND and TORTS, 508; PICARD, 70; *Erickson v. Dilgard*, 252 NY 2 d 705 (1962); *Re Brook's Estate* 205 NE 2 d 435 (Ill. 1965); GEHRING, *op. cit*. [supra, note 3], 71 with further refs. as to *French* law; for *German* law, cf. Impfgesetz, 8th April 1874 (RGBl. 34) § 3; Gesetz zur Bekämpfung der Geschlechtskrankheiten, 23rd July 1953 (BGBl. I. 700); A. LAUFS, ArztR, §§ 54, 56; for *Swiss* law. cf. OTT, 27–28; a doctor may also have the duty to inform the authorities of certain diseases of his patient, cf. note 310, *infra*.

[201]) Cf. *R. v. Senior* [1899] 1 Q. B. 283; S. R. SPELLER, Doctor and Patient, 31–35 (32); J. GROSS, Die persönliche Freiheit des Patienten. Zur öffentlich-rechtlichen Normierung des medizinischen Behandlungsverhältnisses, Abhandlungen zum Schweizerischen Recht, Heft 446 (N. F.) Bern 1977,134 ff., 137; OTT, 28–29.

[202]) Cf. *R. v. Spencer* (1958) The Times, 1st March; S. R. SPELLER, Doctor and Patient, 31–35; *Mulloy v. Hop Sang* [1935] 1 W. W. R. 714; FLEMING on Torts, 81 note 11, asks: ,,Can the dying not opt against life being artificially prolonged?" But *Jehova's Witnesses* have severely taxed the *credo* of individualism, especially where minors are involved: in *Canada*, if the patient involved is a minor, legislation in most provinces provides that the child can be made a ward of the government so that consent can be given for necessary treatment, PICARD, 70, with further refs; as to *American* case law, cf. HOLDER, 17; Editorial, 53 California L. Rev. 860 (1965); for *German* case law, cf. BVerfG, 19th Oct. 1971, FamRZ 1972, 79 (80 *sub* A I 2, 82 sub B II 4–5); BayObLG, 25th Sept. 1975, FamRZ 1976, 43 (45–46); OLG Hamm, 10th Oct. 1967, FamRZ 1968, 221 ff. and, for a comprehensive discussion of this latter case, cf. K. ULSENHEIMER, ,,Das Personensorgerecht der Eltern im Widerstreit mit dem Gewissen und dem Strafgesetzbuch", in: FamRZ 1968, 568 ff. The important exception from the rule of self-determination in all matters of medical treatment ist, however, mentioned in note 200, *supra* Another important discussion of the problems involved comes from P. RAMSEY, Ethics at the Edges of Life, New Haven [YUP] 1978.

[203]) *In re Karen Ann Quinlan*, 70 NJ 10, 355 A. 2d 647 (1976), cf. note 784, *infra*.

[204]) *In re Quackenbush*, 383 A. 2d 785 (Morris Cty Ct. NJ 1978); a similar case is *Lane v. Candura*, 1978 Mass. App. Ct. Adv. Sh. 588 (May 26th, 1978).

[204a]) *Perlmutter v. Florida Medical Center*, 47 U. S. L. W. 2069 (Fla. Cir.Ct., 11 th July 1978).

[205]) For *English* law, cf. CHARLESWORTH on Negligence, §§ 1230, 1233; S. R. SPELLER, Doctor and Patient, 17–18; for *other* Common Law countries cf. *Wilson v. Darling Island Stevedoring and Lightrage Co.* (1955) 95 C. L. R. 43, 82; *James v. Wellington City* [1972] N. Z. L. R. 978; *Morrison v. Union Steamship Co. Ltd.* [1964] N. Z. L. R. 468; *Marshall v. Curry* [1933] 3 D. L. R. 260, 274 (N.S. S.C.); *Schweizer v. Central Hospital* (1974) 6 O. R. 2nd 606, 53 D. L. R. 3rd 494 (H. C.); FLEMING on Torts, 77–79; PICARD, 66–67; for *American* case law cf. *Bryant v. St. Paul Fire and Marine Insurance Co.*, 272 So. 2d 448 (La. App. 1973); *Beck v. Lovell*, 361 So.2d 245 (La.App. 1978); *Caldwell v. Missouri State Life Insurance Co.*, 230 WS 566 (Ark. 1921); *Gould v. Kerlin*, 192 Ill. App. 427 (1915); *Haywood v. Allen*, 406 SW 2d 721 (Ky. App. 1966); *Kritzer v. Citron*, 101 Cal. App. 2d 33, 224 P. 2d 808 (1950); *Landon v. Kansas City Gas. Co.*, 10 F. 2d 263 (DC Kans. 1926); *O'Brien v. Cunard*,

28 NE 266 (Mass. 1891); HOLDER, 1–7. As to *French* law, cf. SAVATIER–AUBY–SAVATIER-PEQUIGNOT, 233 ff.; as to *German* case law, cf. BGH, 20th Dec. 1960, NJW 1961, 261, with further refs.

[206]) Cf. SALMOND on Torts, 508; S. R. SPELLER, Doctor and Patient, 24–25, 162–174 (App. A, with examples of recommended forms); IDEM, Hospitals, 111–112, 703–709 (App. D, same docs.); for *Canadian* law, cf. PICARD, 63 ff. (66) and L. E. ROZOVSKY, Canadian Hospital Law, To. 1974, 42; a *German* form of consent can be found in A. LAUFS, ArztR, § 85.

[207]) E. g. in *Ontario, Saskatchewan and Quebec* (Canada), PICARD, 63 ff. (66); an interesting case is *Schweizer v. Central Hospital* (1974) 6 O. R. 2nd 606, 53 D. L. R. 3 rd 494 (H. C.).

[208]) This is emphasised in *German* law: E. DEUTSCH and K. NÜSSGENS, ,,Probleme der fachärztlichen Aufklärungspflicht", in: Laryngologie, Rhinologie, Otologie 54; 783 ff., 796, 797, 799, 800 (1975); DUNZ, 16–17, 32 ff.

[209]) S. R. SPELLER, Doctor and Patient, 24–25, 162–174; IDEM, Hospitals, 111–112, 703–709; A. LAUFS, ArztR, § 70.

[210]) This is emphasised in *American* and *German* law: some *American* case hold that signing a form of general consent to whatever procedure found necessary is evidence which may be considered in connection with the question whether the extension of the treatment of operation was authorised or not, *Stone v. Goodman*, 241 App. Div. 290, 271 NYS 500 (S. C. App. Div. 1934); *Wheeler v. Baker*, 92 Cal. App. 2d 776, 208 P. 2d 68 (1949); but cf. *Danielson v. Roche*,109 Cal. App. 2d 832, 241 P. 2d 1028 (1952), where the court pointed out that a signed consent to any treatment or operation deemed advisable to the acting physician or surgeon also validly covered removal of parts of the fallopian tubes during an operation for appendicitis and salpingitis if this was the *only* way to save life; in *Pegram v. Sisco*, 406 F. Supp. 776, affd. 547 F. 2d 1172 (CA 8th Ark. 1976) it was held that a standard consent form was insufficient if the patient did not know the dangers of an operation, and in *Sard v. Hardy*, 280 Md. 432, 379 A. 2d 1014 (1977) the Court of Appeal held that any consent given (be it oral or written) was ineffectual unless accompanied by an adequate information about the material risk and therapeutic alternatives of a proposed treatment or operation; these last three decisions are very much in line with the general practice in other legal systems; as to the *German* situation, cf. DUNZ, 17; GIESEN, ,,Civil Liability of Physicians", *loc. cit.* [*supra*, note 87], 412; K. NÜSSGENS, ,,Probleme der fachärztlichen Aufklärungspflicht", in: Laryngologie, Rhinologie, Otologie 54: 783 ff., 800, 802 (1975) and A. LAUFS, ArztR, § 71.

[211]) Gesetz zur Neuordnung des Arzneimittelrechts, 24th Aug. 1976 (BGBl. I. 2445), § 40 II 2.

[212]) Cf. BGH, 22nd June 1971, NJW 1971, 1887 = VersR 1971, 929.

[213]) BGH, 29th Oct. 1956, BGHZ 22, 90 (94); 17th Febr. 1964, BGHZ 41, 151 (154); 8th May 1973, BGHZ 60, 377 (380); a very interesting case is OLG Celle, 10th July 1978, NJW 1979, 1251 ff. (1252: a signed form of consent covers only risks information was given about; it is upon the doctor to prove that the relevant information was in fact given to the patient). For a discussion of the development before and after the coming into force of the new German *Gesetz zur Regelung des Rechts der Allgemeinen Geschäftsbedingungen*, 9th Dec. 1976 (BGBl. I 3317), cf. PALANDT-HEINRICHS, Bürgerliches Gesetzbuch, Kommentar, 38th ed. Mü. 1979, Introductory Notes (Einführung) before § 1 AGBG (pp. 2167–2168), with further refs.

[214]) SALMOND on Torts, 506; CHITTY on Contracts, 24th ed. Lo. 1977, §§ 726–728, 817;

also cf. *Sperling (J) Ltd. v. Bradshaw* [1956] 1 W. L. R. 461. A good survey is given in: E. VON HIPPEL, Die Kontrolle der Vertragsfreiheit nach anglo-amerikanischem Recht, Frankfurt a. M. 1963; G. RAISER, Die gerichtliche Kontrolle von Formularbedingungen im amerikanischen und deutschen Recht, Karlsruhe 1966.

215) For *French* law, cf. GEHRING, *op cit.* [*supra*, note 3], 119 ff.; for *French* and *German* law, cf. EBERHARDT, *op cit.* [*supra*, note 3], 209 ff.

216) *Bolam v. Friern Hospital Management Committee* [1957], 1 W. L. R. 582 (588, per MCNAIR J.), 2 All E. R. 118; also cf. STREET on Torts, 5th ed. Lo. 1972, 125; WINFIELD and JOLOWICZ on Tort, 10th ed. Lo. 1975, 62–63, 68.

217) *Reibl v. Hughes* (1979) 89 D. L. R. 3rd 112, 124–125 (Ont. C. A.); *Haven v. Randolph*, 342 F. Supp. 538 (DC D. C. 1972); *Henderson v. Milobsky*, 595 F.2d 654 (C.A.D.C. 1978); *Shetter v. Rochelle*, 409 P. 2d 74 (Ariz. 1965). In some *American* cases, however, it was asked not what the particular patient would have done had he been fully informed, but what a reasonable man in the patient's position would have done, *Barnette v. Potenza*, 359 NYS 2d 432, 437 (NY 1974); *Canterbury v. Spence*, 464 F. 2d 772 (D.C. C.A. 1972), cert. den. 409 US 1064n (1972); *Cobbs v. Grant*, 502 P. 2d 1, 11 (Cal. 1972); *Sard v. Hardy*, 289 Md. 432, 379 A. 2d 1014 (1977); the „objective standard" was also applied in *Bowers v. Garfield*, 382 F. Supp. 508, affd. 503 F. 2d 1398 (CA Pa. 1974): this approach, it is submitted, does not sufficiently consider the doctrine of self-determination underlying the consent principle; even a particularly timid or over-apprehensive patient must have the right to refuse consent even though „the reasonable man" – described, by GREER L. J., in *Hall v. Brooklands Auto-Racing Club* [1933] 1 K. B. 205, 224 as „the man on the Clapham omnibus" – would have consented; and cf. *Mayor v. Dowsett*, 240 Or 196, 400 P. 2d 234 (1965); *Natanson v. Kline*, 186 Kan. 393, 350 P. 2d 1093, 354 P. 2d 670 (1960).

218) *Slater v. Baker* (1767) Wils. 359, 95 ER 860; also cf. *Beatty v. Cullingworth* (1896) British Medical Jnl., 21st Nov. 1896 (where a surgeon was alleged to have removed a woman's ovaries without her consent); CHARLESWORTH on Negligence, § 967, also most *Canadian* cases against a physician or surgeon involving the issue of consent and so an allegation of unauthorised procedure have been pleaded in *battery*, cf. *Kelly v. Hazlett* (1976) 15 O. R. 290, 310, 75 D. L. R. 3rd 536, 555–556 (Ont. H. C., per MORDEN J., with further refs.); in some of the State Courts of the *United States* of America where the doctrine of informed consent is applied, the now prevailing view is that cases for failure to disclose risks inherent in recommended surgery which may cause a plaintiff's loss or damages should be pleaded in negligence rather than in battery, cf. *Cobbs v. Grant*, 502 P. 2d 1, 8 (Cal. 1972); PROSSER on Torts, 4th ed. 1971, 165–166; this also seems to be the view of the Ontario Court of Appeal in the *Canadian* case *Reibl v. Hughes* (1979) 89 D. L. R. 3rd 112, 125–128 (Ont. C. A.); other important *American* decisions in this context are *Natanson v. Kline*, 186 Kan. 393, 350 P. 2d 1093, 354 P. 2d 670 (1960); *Schloendorff v. Society of New York Hospitals*, 105 NE 92 (NY 1914), per CARDOZO J.). The *German* Courts regard medical operations without informed consent as bodily assault (*Körperverletzung*) and tort (*unerlaubte Handlung*), BGH 16th Oct. 1962, NJW 1963, 393; 29th June 1976, BGHZ 67, 48 (49); KG, 6th Nov. 1978, VersR 1979, 260 (261); OLG Düsseldorf, 30th Nov. 1978, VersR 1980, 949; OLG Stuttgart, 7th Dec. 1977, VersR 1979, 1016; and cf. PALANDT-THOMAS, Bürgerliches Gesetzbuch, 39th ed. Mü. 1980, note 7 B f to § 823, with further refs.; this position is criticised by some German legal authors, e. g. A. LAUFS, „Die Verletzung der ärztlichen Aufklärungspflicht und ihre deliktische Rechtsfolge", in: NJW 1974, 2025, and W. BRÜGMANN, „Widerrechtlich-

keit des ärztlichen Eingriffs und Aufklärungspflicht des Arztes", in: NJW 1977, 1473. We do not share this criticism. For further case law, cf. note 184, *supra*.

[219]) Cf. §§ 253, 847 BGB and D. GIESEN, NJW 1971, 801.

[220]) K. H. BAUER, „Zur ärztlichen Aufklärungspflicht aus den Erfahrungen eines Chirurgen" in: K. FORSTER (Ed.), Offene Fragen zwischen Ärzten und Juristen, 1963, 45 (47); also cf. H. KUHLENDAHL, „Die ärztliche Aufklärungspflicht oder der Kalte Krieg zwischen Juristen und Ärzten", in: Deutsches Ärzteblatt 75: 1984–1986, 2003–2007 (1978). – In *American* case law there is also a wide divergence of view as to the general measure and extent of duty of information. In most jurisdictions courts hold that the duty is measured by a professional medical standard: either the customary disclosure practices of physicians in that area or what a reasonable physician would disclose under similar circumstances, *Butler v. Berkeley*, 25 NC App. 325, 213 SE 2d 571 (1975); *Bly v. Rhoads*, 216 Va. 645, 222 SE 2d 783 (1976); *Ross v. Hodges*, 234 So. 2d 905 (Miss. 1970). A full discussion can be found in Annotation, „Physicians and Surgeons: Physician's Duty to Warn of Possible Adverse Results of Proposed Treatment Depends upon General Practice Followed by Medical Profession in the Community", in: 75 Harvard L. Rev. 1445 (1962); in some other jurisdictions, however, it is held that a physician's duty to inform of risks involved is *not* measured by a professional medical standard (which would, of course, result in the physician's therapeutic privilege and frustrate the concept of informed consent), but by the patient's need for information material to his decision whether to accept or reject the procedure proposed, cf. *Berkey v. Anderson*, 1 Cal. App. 3d 790, 82 Cal. Rptr. 67 (1969); *Canterbury v. Spence*, 464 F. 2d 772, cert. den. 409 US 1064, 93 S. Ct. 560 (1972); *Fogal v. Genesee Hospital*, 41 App. Div. 2d 468, 344 NYS 2d 552 (1973); *Morgenroth v. Pacific Medical Center Inc.*, 54 Cal. App. 3rd 521, 126 Cal. Rptr. 681 (1976); *Riedisser v. Nelson*, 111 Ariz. 542, 534 P. 2d 1052 (1975); *Scaria v. St. Paul Fire and Marine Insurance Co.*, 68 Wis. 2d 1, 227 NW 2d 647 (1975). A full discussion of the whole *American* informed-consent field can be found in L. B. FRANTZ, „Modern Status of View as to General Measures of Physician's Duty to Inform of Risks of Proposed Treatment", in: 88 ALR 3d 1008 (1978). The *New York* Court of Claims has now rejected the traditional „locality rule" and accepted, as new standard of care applicable to malpractice cases, that expected of the average practitioner in the class to which the defendant belongs, *Hirschberg v. New York*, 46 U. S. L. W. 2134 (NY Ct. Cl., Aug. 24th 1977).

[221]) Cf. *Smith v. Auckland Hospital* [1965] N. Z. L. R. 191 (C. A.). Also cf. BGH, 23rd Oct. 1979, VersR. 1980, 68 (69 *Sub* I 2c aa).

[222]) *Halushka v. University of Saskatchewan* (1965) 53 D. L. R. 2nd 436 (experiment volunteer); BGH, 23rd Oct. 1979, NJW 1980, 633 ff. (635 *sub* I 2c aa) = VersR 1980, 68 ff. (69).

[223]) FLEMING, on Torts, 79. As to *American* law, cf. HOLDER, 226–227, and *Tetstone v. Adams*, 373 So. 2d 362 (Fla.App. 1979), where the court held that aside from active concealment constituting fraud, there is a recognised fiduciary, confidential relationship of physician-patient imposing on the physician a duty to disclose known facts. As to *Swiss* law, cf. H. HINDERLING, Persönlichkeit und subjektives Recht. Die ärztliche Aufklärungspflicht. Basler Studien zur Rechtswissenschaft, Heft 66, Basel 1963; OTT, 33–38.

[224]) That physicians tend to underestimate the interest of their patients in proper and comprehensive information, was shown by M. STAAK, Aktuelle Probleme der ärztlichen Aufklärungspflicht im Rahmen von Arzneimittelbehandlungen", in: W.

HOLCZABEK (Ed.), Beiträge zur gerichtlichen Medizin, Vol. XXXIII (1975) 33 ff.; also cf. note 235, *infra.*
[225]) H. H. VON BRANDIS, ,,Psychologische Gesichtspunkte zur Aufklärungspflicht", in: Arztrecht 1975, 292 (296, 301). The author also points out that information seems to be better in private practice than in public hospitals.
[226]) *Kelly v. Hazlett* (1976) 15 O. R. 2nd 290, 310, 75 D. L. R. 3rd 536, 555 (*per* MORDEN J.). The position at *Common Law* is discussed, at some length, by SALMOND on Torts, 507 512, with further refs. There is an abounding number of *American* cases relevant here, *Bennet v. Graves*, 557 SW 2d 893 (Ky. App. 1977); *Custodis v. Bauer*, 251 Cal. App. 2d 303, 59 Cal. Rptr. 463 (1967); *Fiorentino v. Wenger*, 272 NYS 2d 557, revd. on other grounds, 227 NE 2d, 296 (NY 1967); *Harrigan v. United States*, 408 F. Supp. 177 (DC Pa 1976); *Karp v. Cooley*, 349 Supp. 827 (DC Tex. 1972); *Kruzewski v. Holz*, 265 Md. 434, 290 A. 2d 534 (1972). *Mitchell v. Robinson*, 334 SW 2d 11 (Mo. 1960); *Thornton v. Annest*, 19 Wash. App. 174, 574 P. 2 d 1199 (1978); *Wall v. Brim*, 138 F. 2d 478 (2d Cir. 1943). As to *French* and *German* law, cf. EBERHARDT, *op cit.* [*supra*, note 3], 73 ff., 83 ff., 117 ff., 123 ff., 138 ff., with a full discussion of all relevant problems. For *German* case law, cf. BGH, 16th Jan. 1959, BGHZ 29, 176 ff.; OLG Düsseldorf, 30th Nov. 1978, VersR 1980, 949; OLG Stuttgart, 16th Oct. 1972, NJW 1973, 561. A patient who without genuine knowledge of medical facts out of a crazy assessment of her or his own health condition requests from a dentist the comprehensive extraction for all her or his teeth, does not validly consent to such a treatment; the treatment, therefore, remains illegal, and is a criminal offence (§ 223 StGB), BGH, 22nd Febr. 1978, NJW 1978, 1206; cf. note 187, *supra.*
[227]) *Halushka v. University of Saskatchewan* (1965) 52 W. W. R. 608, 615 (Sask. C. A.); *Lepp v. Hopp* (1977) 5 A.R. 267, 77 D. L. R. 3rd 321 (Alta. S. C.); *Reibl v. Hughes* (1977) 78 D. L. R. 3rd 35 (Ont. H. C.) revd. on other grounds, (1979) 89 D. L. R. 3rd 112 (Ont. C. A.); *Folger v. Corbett*, 394 A. 2d 63 (N.H. 1978); *Keogan v. Holy Family Hospital*, 589 P.2d 310 (Wash.App. 1979); *Lambert v. Park*, 597 F.2d 236 (C.A.Okl. 1979); *Mitchell v. Robinson*, 334 SW 2d 11 (Mo. 1960); *Natanson v. Kline*, 186 Kan. 393, 350 P. 2d 1093 (1960): that the risks of and alternatives to the procedure must be disclosed, in other words that the consent must be *informed,* is now the law in 49 of 50 *American* states, the exception being *Georgia* (cf. *Young v. Yarn*, 136 Ga. App. 737, 222 SE 2d 113 [1975]). Two dozen states have informed-consent statutes, the other 25 have adopted the doctrine through case law since, twenty years ago, the two cases of *Mitchell* and *Natanson* ushered in the doctrine of informed consent; a very informative reading now is: James E. LUDLAM, Informed Consent, Chicago [American Hospital Association] 1978.
[228]) *Salgo v. Leland Stanford University Board of Trustees*, 154 Cal. App. 2d 560, 578, 317 P. 2d 170, 181 (1957).
[229]) Cf. *Re D. and Council of College of Physicians and Surgeons of British Columbia* (1970) 11 D. L. R. 3rd 570 (B.C.S.C.); also cf. *Hobbs v. Kizer*, 236 F. 681 (8th Cir. 1916) (here the surgeon told the patient he operated for an abscess when, in fact, he performed an abortion; the patient's consent was not valid because of the fraud).
[230]) Cf. *Canterbury v. Spence*, 464 F. 2d (D. C. Cir. 1972); *Cobbs v. Grant*, 502 P. 2d 1 (Cal. Ct. App. 1972); also cf. M. L. PLANTE, ,,An Analysis of ‚Informed Consent' ", in: 36 Fordham L. Rev. 639 (1968); D. E. SEIDELSON, ,,Medical Malpractice: Informed Consent Cases in ‚Full Disclosure' Jurisdictions", in: 14 Duquesne L. Rev. 309 (1976). As to *German* case law, cf. BGH, 9th Dec. 1958, BGHZ 29, 46 ff.; 16th Nov. 1971, VersR 1972, 153 (155); 4th Nov. 1975, VersR 1976 293 (294); 23rd Oct.

1979, VersR 1980, 68 (69 *Sub* I 2c aa); 15th May 1979, VersR 1979, 720 = JZ 1979, 530 (*sub* II 2a); 23rd Oct. 1979, NJW 1980, 633 ff. (634 *sub* I 2c aa) = VersR 1980, 68 (69); OLG Celle, 17th Aug. 1977, VersR 1977, 1106 ff.; also cf. K. Nüssgens, „Probleme der fachärztlichen Aufklärungspflicht", in: Laryngologie, Rhinologie, Otologie 54: 783 ff., 792 (1975).

[231]) BGH, 9th Dec. 1958, BGHZ 29, 46 ff. (54); 25th Nov. 1975, NJW 1976, 365 ff. According to the Provincial High Court of Cologne, a physician also has the duty to inform a patient of construction work on the premises of the hospital, if this work could infect the patient of otherwise deteriorate his health, especially if the operation envisaged is not urgently indicated; the burden of proof as to the fact that the patient would have consented to the operation in spite of the less than average hospital conditions during the construction work rested with the hospital which, not being able to meet the requirements of proof, was held liable for the damages incurred by the patient on account of treatment without consent, OLG Köln, 16th March 1978, Medizinische Welt 30: Report x (1979); also cf. Dunz, 13. But certain risks are always attendant on medical treatment of operations and are known to any reasonable person; it is not necessary to inform about the obvious, *Butler v. Berkeley*, 25 NC App. 325, 213 SE 2d 571 (1975); *Fisher v. Wilmington General Hospital*, 51 Del. 554, 149 A. 2d 749 (1959); BGH, 25th Nov. 1975, NJW 1976, 365 ff. = VersR 1976, 369 (370); 27th June 1978, BGHZ 72, 132 ff.; 23rd Oct. 1979, VersR 1980, 68 (69) *Sub* I 2 c bb). And cf. note 445, *infra*.

[232]) CF. J. E. Maldonado, „Strict Liability and Informed Consent: ‚Don't say I didn't tell you so'", in: 9 Akron L. Rev. 609 ff., 614–615 (1976); also cf. *Carman v. Dippold*, 379 NE 2d 1365 (Ill.App. 1978).

[233]) S. R. Speller, Doctor and Patient, 19–24; *Smith v. Auckland Hospital Board* [1964] N. Z. L. R. 241, revd. [1965] N. Z. L. R. 191 (C. A.); *Male v. Hopmans* (1966) 54 D. L. R. 2nd 592, 597–598 (Ont. H.C.); BGH, 28th Nov. 1972, NJW 1973, 556 = VersR 1973, 244 = LM No. 32 § 823 (Aa) BGB; 4th Nov. 1975, NJW 1976, 363 (364); 23rd Oct. 1979, NJW 1980, 633 ff. (635 *sub* I 2c aa) = VersR 1980, 68 (69); but it may not be advisable to be *too* brief and then to expect that the patient does understand and thus has enough information to ask more questions if he wishes; the doctor, if in doubt, should anyway always prefer to give exhaustive information, BGH 15th May 1979, VersR 1979, 720 = JZ 1979, 530 (*sub* II 2a); OLG Stuttgart, 16th Jan. 1973, NJW 1973, 560 (patient did ask questions, but did not receive adequate information). Also cf. K. Nüssgens, „Probleme der fachärztlichen Aufklärungspflicht", in: Laryngologie, Rhinologie, Otologie 54: 783 ff., 794 (1975). On the other hand the blame may as well rest with the patient who gives an impression to the doctor that he knows about the intended treatment or operation and afterwards alleges lack of information and implies that, therefore, his consent was not informed and, thus, invalid.

[234]) *Smith v. Auckland Hospital Board* [1965] N. Z. L. R. 191 (C. A.); *Nykiforuk v. Lockwood* [1941] 1 W. W. R. 327 (Sask. D. C.); Picard, 78; *Gray v. Grunnagle*, 223 A. 2d 663 (Pa 1966); *Pedesky v. Bleiberg*, 59 Cal. Rptr. 294 (1967); BGH, 26th Sept. 1961, NJW 1961, 2302; 28th Nov. 1972, NJW 1973, 556; 4th Nov. 1975, VersR 1976, 293 (294); 15th May 1979, JZ 1979, 530 = VersR 1979, 720; 23rd Oct. 1979, VersR 1980, 68 (69 *sub* I 2c aa); Palandt-Thomas, Bürgerliches Gesetzbuch, Kommentar, 39th ed. Mü. 1980, note 7 B f to § 823.

[235]) Experience shows that hospital practice, certainly in many cases, appears to be quite different: it is a common grievance – at least in *Germany* – that physicians are not very communicative with their patients. One seldom finds out anything precise

about the course of the illness, the results of examination and the treatment measures; if one asks, the answer is usually evasive, and if one becomes more insistent it is at the risk of receiving a rebuff. The physicians then give as reason for such conduct the fact that they have no time (sic) to give lectures (sic), that a layman would not understand anything of the subject, that they do not intend to sink to the level of ,,popular magazine-medicine" etc. From a recent survey of 120 hospital patients the conclusion can be drawn that more than a third had a completely false impression of their illness and a further third were only partly correctly informed; of the 120 patients onyl 26 had knowledge of the treatment and the rest were falsely or only approximately informed and so did not know exactly with what means and to what ends they were being treated, cf. G. GAISBAUER, ,,Die Rechtsprechung zum Arzthaftpflichtrecht 1971 bis 1974. Eine Übersicht", in: VersR 1976, 214 ff., 217 note 20, with further refs.

236) Cf. S. R. SPELLER, Doctor and Patient, 43–49; Note, ,,Parental Consent Abortion Statutes: The Limits of State Power", in: 52 Indiana L. Rev. 837–850 (1977); Note, ,,Sexual Privacy: Access of a Minor to Contraceptives, Abortion, and Sterilization Without Parental Consent", in: 12 Univ. Richmond L. Rev. 221–244 (1977); A. LAUFS, ArztR, §§ 115 ff.; K. LACKNER, ,,Die Neuregelung des Schwangerschaftsabbruchs", in: NJW 1976, 1233 ff., the two latter with refs. as to the *German* legal situation, for which also §§ 218 ff. StGB as reformed by the Criminal Law Reform Act, 18th May 1976, BGBl. I. 1213 ff., should be consulted; important issues were raised by both *American and German* constitutional court decisions, cf. *Roe v. Wade*, 93 S. Ct. 705 (1973) and *Doe v. Bolton* 93 S. Ct. 739 (1973) on the one side, BVerfG, 25th Febr. 1975, BVerfG 39, 1 ff., on the other; for a comparison of these decisions cf. KOMMERS, Abortion and Constitution: United States and West Germany, in: 25 American Jnl. of Comp. L. 255–285 (1977); as to the *American* laws on abortion cf. H. T. KRIMMEL and M. J. FOLEY, ,,An Inspection into the Nature of Human Life and Potential Consequences of Legalizing its Destruction", in: 46 Univ. Cin. L. Rev. 725–821 (1977); HOLDER, 29–33, with a discussion of recent case law and further refs.; J. R. WALTZ and F. E. INBAU, Medical Jurisprudence, NY and Lo. 1971, 361–362. For a very critical discussion of the working of the present *German* abortion laws cf. K. VILMAR, ,,,Pro familia' - contra legem. Eigenwillige Auslegung des § 218 aus dem Bremer ‚Institut für Familienplanung und Schwangerschaftsabbruch'", in: Deutsches Ärzteblatt 76: 1985–1990 (1979) and Gerd IVERSEN, ,,Schutz des ungeborenen Lebens – mit Blick auf seine Zukunft?", in: Deutsches Ärzteblatt 76: 2143–2144 (1979). An English translation of the German Federal Constitutional Court's decision on the constitutional problems raised by the (unconstitutional) abortion law of the Federal Republic of Germany of 18th June 1974 (BGBl. I. 1297 ff.), i.e. a translation of the judgement BVerfG, 25th February 1975 (see above), can be found in: Edmund C. JANN (Transl. and Introduction), *The Abortion Decision of February 25, 1975, of the Federal Constitutional Court. Federal Republic of Germany*, [Washington] November 1975, Library of Congress Law Library, with further refs.

237) D. GIESEN, Die künstliche Insemination als ethisches und rechtliches Problem, Bie. 1962, 99 ff. (*French* law), 108 ff. (*Swiss* law), 120 ff, (*Scandinavian* law), 124 ff. (*English* law), 148 ff. (*American* law), 157 ff. (*Italian* law), 168 ff. (179 ff., 211 ff.) as to *German* law, with further refs.; also cf. A. M. C. M. SCHELLEN, Artificial Insemination in the Human, Amst., Houston, Lo. and NY 1957; S. R. SPELLER, Doctor and Patient, 41–43; also cf. H. HEISS, Die künstliche Insemination der Frau, Mü., Bln. and Wien 1972; as to *English* law, also cf. O. M. STONE, ,,English law in relation to AID and embryo transfer", in: *Law and Ethics of Artificial Insemination*

by a Donor and Embryo Transfer, Ciba-Foundation Symposium 17 (NS), Amst., Lo. and NY 1973, 69 ff.; as to *French* law, cf. M. REVILLARD, ,,Legal aspects of artificial insemination and embryo transfer in French . . . law", *ibid.,* 77 ff. (also, *verbatim,* in (1974) 23 I. C. L. Q. 383 ff., and, *verbatim,* in French, in Revue des droits de l'Homme 7 (1974) 354 ff.); all with further refs.; as to *German* law, also cf. A. LAUFS, ArztR, §§ 124 ff. Also cf. note 846, *infra.*

[238]) Coercive *castration* is almost invariably forbidden in the legal systems under review here, whereas voluntary castration and its pre-requisites are statutorily provided for in some countries, e. g. in *Germany* (W) by a Federal Law of 1969 (*Gesetz über die freiwillige Kastration und andere Behandlungsmethoden,* 15th Aug. 1969, BGBl. I. 1143 ff.), cf. A. LAUFS, ArztR, §§ 112 ff. On compulsory *sterilisation* (a much less far-reaching operation) of the mentally ill and retarded in the *United States* cf. Annotations in Southwestern L. Jnl. 30: 775–781 (1976) and Texas Tech L. Rev. 8: 436–445 (1976) on the constitutionality of the *North Carolina* compulsory sterilisation statute); also cf. Jnl. of Fam. L. 15: 344–349 (1977) with further refs.

[239]) On (consented-to) sterilisation cf. S. R. SPELLER, Doctor and Patient, 36–38; again, an abounding amount of *American* case law can be quoted: *Anonymous v. Hospital,* 33 Conn. Sup. 125, 366 A. 2d 204 (1974) (negligent sterilisation); *Bosman v. Davis,* 48 Ohio St. 41, 356 NE 2d 496 (1976) (same); *Coe v. Bolton,* Dkt. No. No. C 76–785 A (N. D. Ga., Sept. 30th, 1976) (Georgia's law unconstitutional requiring person undergoing voluntary sterilisation first to receive consent of his or her spouse); *Jessin v. Country of Shasta,* 79 Cal. Rptr. 359 (1969); *Parker v. Rampton,* 497 P. 2d 848 (Utah 1972); *Steele v. St. Paul Fire & Marine Ins. Co.,* 371 So. 2d 843 (La.App. 1979); *T. H. v. Jones,* 425 F. Supp. 873 (DC Utah 1976) (state law unconstitutional which requires parental consent for ,,family planning" measures); HOLDER, 31–33 (on voluntary sterilisation), 247–250 (on involuntary sterilisation); also cf. *A. L. v. G. R. H. (Ind.),* 325 NE 2d 501 (1975) and *In re Moore (NC),* 221 SE 2d 307 (1976); under a Virginia law that permits involuntary sterilisation ,,for the good of society", between 1924 and 1974 more than 7300 state mental hospital patients were sterilised without their consent; the law is still in force; the Virginia Senate agreed recently to defer action on a bill that would have repealed the state law, cf. *The Chicago Tribune,* 7th March 1980, p. 3. in *Germany,* compulsory sterilisations are illegal (Artt. 1 and 2 GG) and a criminal offence (§ 225 StGB); voluntary sterilisations are *not* forbidden, cf. BGH, 29th June 1976, BGHZ 67, 48 (51–53 [with further refs.]); OLG Düsseldorf, 31st Jan. 1974, NJW 1975, 595 ff. = ArztR 1976, 46 ff.; LG Freiburg i. B., 18th Nov. 1976, NJW 1977, 340 ff.; A. LAUFS, ArztR, §§ 106 ff. Cf. note 238, *supra.*

[240]) As one would expect, there are a number of *American* decisions both on all aspects of sterilisation (cf. note 239, *supra*) and vasectomy, cf. L. B. FRANTZ, ,,Malpractice: Questions of Consent in Connection with Treatment of Genital or urinary organs", 89 ALR 3d 32 ff. (1978); HOLDER, 33, 102; also cf. *Lane v. Cohn,* 201 So. 2d 804 (Fla. 1967); *Maercklein v. Smith,* 129 Colo. 72, 266 P. 2d 1095 (1954); *Smith v. Seibly,* 72 Wash. 2d 16, 431 P. 2d 719 (1967); as to the *German* legal position, cf. G. SIEGMUND-SCHULZE, ,,die rechtlichen Voraussetzungen der Vasektomie", in: ArztR 1978, 101–104, with further refs. as to *German* case law and literature; an interesting *Swiss* case is *Kantonsgericht Waadt,* 9th Febr. 1972, SJZ 68 (1972) 311.

[241]) A very interesting *English* case comes in here: *Corbett v. Corbett* [1970] 2 All E. R. 33; [1971] P. 83 (*per* ORMROD J.), cf. P. M. BROMLEY, Family Law, 5th ed. Lo. 1976, 29–30; also unfavourably inclined against transsexual surgery is a decision by the *German* Federal Supreme Court, BGH, 21st Sept. 1971, BGHZ 57, 63 ff., now revd. by the

Federal Constitutional Court on constitutional grounds, BVerfG. 11th Oct. 1978, FamRZ 1979, 25 ff. (for a discussion of this issue cf. this treatise, *infra, sub* C II, pp. 96 ff., 236 ff.). As to the *American* situation, cf. the instructive contribution by M. M. BELLI,,,Transsexual Surgery. A New Tort?", in: JAMA 239: 2143–2148 (1978).

242) *Euthanasia* may be thought of here, when the patient is still capable of (1) understanding medical information given to him, (2) realising the significance of such information and (3) forming his will and giving his informed consent accordingly, cf. D. J. HORAN, ,,Abortion and Euthanasia: Recent Developments of the Law", in: 12 Forum 960–979 (1977); R. P. KAPLAN, ,,Euthanasia Legislation: A Survey and A Model Act", in: 2 American Jnl. of L. and Med. 41–99 (1976); Note, ,,Euthanasia: The Physician's Liability", in: 10 John Marshall Jnl. of Practice and Procedure 148–172 (1976); Note, Tragic Choice: Termination of Care for Patients in a Permanent Vegetative State", in: 51 NY Univ. L. Rev. 285–310 (1976); Note, ,,Involuntary Passive Euthanasia of Brain-stem-damaged Patients: The Need for Legislation", in: 14 San Diego L. Rev. 192–206 (1977); a highly controversial *American* case is *Superintendent v. Saikewicz*, 370 NE 2d 417 (Mass. 1977), where the Supreme Judicial Court of *Massachusetts* held that in situations where medical personnel must decide whether an *incompetent* terminally ill patient should receive or be deprived of potentially life-prolonging treatment, such personnel must petition the appropriate probate court for the appointment of a guardian for the patient; and the probate judge must conduct a hearing on the issue of whether or not lifeprolonging treatment should be provided. It was the judge (and not the patient's family) who is to order termination of such treatment or continuation of it, the court reasoned. This ruling provoked debate in the medical and legal communities. Dr. Arnold RELMAN, Editor of The New England Jnl. of Medicine, argued that the *Saikewicz Case* encroaches on existing sound medical practice and requires decision-making machinery that is impractical and inhumane; RELMAN contended that treatment decisions for terminally ill incompetents in *Saikewicz*-type cases should be made by the physician in consultation with the patient's family. Charles BARON, a law professor, in contrast, defended *Saikewicz's* judicialisation approach, arguing that such decisions must be made in an adversary framework that approximates the ideal of the rule of law. In a rather critical review of the medico-legal discussion aroused by the *Saikewicz Case*, A. BUCHANAN, ,,Medical Paternalism or Legal Imperialism: Not the Only Alternatives for Handling *Saikewicz*-type Cases", in: 5 American Jnl. of L. and Med. 97–117 (1979), argues that RELMAN'S criticism of *Saikewicz* rests on a defective, medical paternalistic view of the physician-patient relationship, and that BARON'S support of *Saikewicz* is based on an unjustifiable, legal imperialist view of decision making for incompetents: BUCHANAN'S own view is based on the *presumption* of the family's dominant role in decision making which, in his view, however, is a *defeasable* one in that protection of the patient's rights requires that decisions be made within a framework that allows vigorous discussion and accountability through impartial review and that provides intervention when necessary. As to the *German* situation, cf. A. LAUFS, ArztR, §§ 97 ff.; R. SCHMITT, Euthanasie aus der Sicht des Juristen", in: JZ 1979, 462–467; H.-L. SCHREIBER, ,,Euthanasie", in: W. HOLCZABEK (Ed.), Beiträge zur gerichtlichen Medizin 33: 37–42 (1975); H. TROCKEL, ,,Sterbehilfe im Wandel der Zeit", in NJW 1975, 1440–1446; W. UHLENBRUCK, ,,Der Patientenbrief – Die privatautonome Gestaltung des Rechtes auf einen menschenwürdigen Tod", in: NJW 1978, 566 (568), also with refs. as to the legal situation in *Switzerland*, the *Netherlands* and the *United States;* R. ZIMERMANN, ,,Der Sterbende und sein Arzt. Gedanken zur Euthanasie-Problematik", in: NJW 1977, 2101–2107 sowie

Appendix I

W. WACHSMUTH, ,,Chirurgie zwischen Gesetz und Gewissen", in: ArztR 1977, 179 ff. There is also legal material from the *Council of Europe*, adopted by the Parliamentary Assembly of the Council of Europe, 29th Jan. 1976, namely *Recommendation 779* (1976) and *Resolution 613* (1976) on the rights of the sick and dying, in which the importance of the patient's *right to full information* is stressed (Recommendation 779 [1976], Sect. 10 I b, p. 2). Both docs. are printed in *Appendix VIIIa, infra*, pp. 436 ff. The *Catholic* view is now stated in the *Declaratio de Euthanasia* of the Vatican *Sacra Congregatio Pro Doctrina Fidei* in: AAS LXXII (1980) 542–552, dated 5th May 1980.

[243]) OLG Saarbrücken, 29th Oct. 1974, affd. BGH, 10th May 1977, VersR 1977, 872 ff.

[244]) BGH, 16th Nov. 1971, NJW 1972, 335 = VersR 1972, 153; 2nd Nov. 1976, ArztR 1978, 46 (47) = NJW 1977, 337.

[245]) DUNZ, 12; K. NÜSSGENS, ,,Probleme der fachärztlichen Aufklärungspflicht", in: Laryngologie, Rhinologie, Otologie 54: 783 ff., 793 (1975).

[246]) A very interesting case is BGH, 27th Sept. 1977, NJW 1978, 587 = Vers. 1978, 41.

[246a]) BGH, 16th Jan. 1959, BGHZ 29, 176 (182); 24th June 1980, VersR 1980, 940 ff. (942); 3rd Sept. 1980 (VI ZR 189/79); OLG Bremen, 24th July 1979, VersR 1980, 654 (655); OLG Düsseldorf, 30th Nov. 1978, VersR 1980, 949.

[247]) BGH, 28th Nov. 1972, NJW 1973, 556 (557); also cf. DUNZ, 12–13.

[248]) BGH, 28th Nov. 1972, NJW 1973, 556 ff. = VersR 1973, 246 ff. Also cf. BGH, 4th Nov. 1975, NJW 1976, 363 (364); 23rd Oct. 1979, NJW 1980, 633 ff. (635 *sub* I 2c bb and cc) = VersR 1980, 68 ff. (69–70); as to *Switzerland*, cf. OTT, 36, 38.

[249]) BGH, 4th Nov. 1975, NJW 1976, 363 (364); 15th May 1979, JZ 1979, 530 = VersR 1979, 720; 23rd Oct. 1979, VersR 1980, 68 (69 *sub* I 2c cc); also cf. A. LAUFS, ,,Die Verletzung der Aufklärungspflicht und ihre deliktische Rechtsfolge", in: NJW 1974, 2025 ff., 2028.

[250]) DUNZ, 14; also cf. notes 170 ff., *supra*, for further refs.

[251]) D. GIESEN, ,,Civil Liability of Physicians", *loc. cit* [*supra*, note 87], 411; OTT, 132.

[252]) Cf. W. DUNZ, ,,Das heikle Thema oder Das Unbehagen an der Kunstfehlerbegutachtung", in: Der Medizinische Sachverständige 72 (1976) 74–76 (*ibid.* 74: ,,Den Forderungen nach einer *allgemeinen* Beweislastumkehr, die zu schweren Unbilligkeiten für den Arzt führen könnte, hat sie [scl. die Rechtsprechung] *bisher* widerstanden, *aber das Verhalten vieler Gutachter macht das schwer.*" [Italics added]).

[253]) BGH, 9th Dec. 1958, BGHZ 29, 46 (57); 28th Nov. 1972, NJW 1973, 556.

[254]) Cf. pp. 63 ff. (66); 208 ff. (211), *supra*.

[255]) Several more recent *American* decisions have emphasised the particular aspect of the fiduciary relationship as grounds for complete disclosure and described the lack of disclosure as a breach of trust, cf. *Dow v. Kaiser Foundation*, 12 Cal. App. 3d 488, 90 Cal. Rptr. 747 (1970); *Hunter v. Brown*, 4 Wash. App. 899 P. 2d 1162 (1971).

[256]) Cf. Note, ,,Who's Afraid of Informed Consent? An Affirmative Approach to the Medical Malpractice Crisis", in: 44 Brooklyn L. Rev. 241–284 (1978).

[257]) ,,Above all, it must be remembered that the decision regarding choice of treatment belongs to the medical consumer and not the physician. Any foreseeable risk is material to the medical consumer's decision, for it is the consumer, and not the physician, who bears the physical (and financial) brunt of the risk", J. B. MALDONADO, *loc. cit.* [note 232, *supra*], 615.

[258]) *A Patient's Bill of Rights*, Statement made by the *American Hospital Association* (AHA), as affd. by the AHA Board of Trustees, 17th November 1972, and approved by the AHA House of Delegates, 6th February 1973, and as published, from time to time, in several forms (e. g. in: *La Responsabilité Civile des Médecins*. Ve Colloque de Droit Européen organisé par le Conseil de l'Europe, Lyon, 3–5 juin 1975,

Collection de Médecine Légale et de Toxicologie Médicale No. 91, Pa., NY, Barcelona, Milano [Masson] 1976, 124–126), and now superseded by a reprinting of the statement in JAHA 52: 112 (1978), and printed in this treatise, at pp. 434 ff.

[259]) BGH, 16th Oct. 1962, NJW 1963, 393 (394).

[260]) BGH, 16th Oct. 1962, NJW 1963, 393 (394); D. GIESEN, ,,Civil Liability of Physicians", loc. cit. [supra, note 87], 413; A. LAUFS, ArztR, §§ 75 ff. An interesting American case is Henderson v. Milobsky, 595 F.2d 654 (C.A.D.C. 1978).

[261]) BGH, 16th Jan. 1959, NJW 1959, 814 (815); KG, 6th Nov. 1978, VersR 1979, 260 (261); OLG Frankfurt/M., 22nd Sept. 1978, VersR 1979, 651 (652). D. GIESEN, ,,Civil Liability of Physicians for new methods of Treatment and Experimentation", in: (1976) 25 I. C. L. Q. 180 ff., 186.

[262]) For French law, cf. EBERHARDT, op. cit. [supra, note 3], 83 ff. and GEHRING, op. cit. [supra, note 3], 73 ff.; for the German position, cf. G. GEILEN, Einwilligung und ärztliche Aufklärungspflicht, Bie. 1963, 133 ff.

[263]) BGH, 16 Oct. 1962, NJW 1963, 393–394; also cf. note 262, supra.

[264]) Some characteristic American decisions to this point are: Aiken v. Clary, 396 SW 2d 668 (Mo. 1965); Atkins v. Humes, 110 So. 2d 663 (Fla. 1959); Filippo v. Preston, 53 Del. 539, 173 A, 2d 333 (1961); Patrick v. Sedwick, 391 P. 2d 453 (Alaska 1964); Wilson v. Scott, 412 SW 2d 299 (Tex. 1967); for French law cf. EBERHARDT, op. cit. [supra, note 3], 118 ff., 126 ff., 192 ff. and GEHRING, op. cit. [supra, note 3], 65 ff. As to German case law, cf. BGH, 28th Nov. 1972, NJW 1973, 556 ff., as to Swiss law, cf. OTT, 36.

[265]) A general discussion of the special problems from the psychiatric point of view can be found in: H. HELMCHEN and B. MÜLLER-OERLINGHAUSEN, ,,Psychopharmakologie und psychiatrische Facharztweiterbildung", in: Der Nervenarzt 1973, 204 ff.; IIDEM, ,,Ethische und juristische Schwierigkeiten bei der Effizienzprüfung psychiatrischer Therapieverfahren", in: Der Nervenarzt 1975, 397 ff.; also cf. H. BUSCH and H. HELMCHEN, ,,Dokumentation psychiatrischer Therapie", in: Der Nervenarzt 1973, 569 ff.; A. HOLLMANN, Aufklärungspflicht des Arztes, Unter besonderer Berücksichtigung der Neurochirurgie, Diss. Würzburg 1969, 41 ff., 126 ff., 175 ff. and J. K. WING, ,,The Ethics of Clinical Trials", in: Jnl. of Medical Ethics I (1975) 174–175.

[266]) H. HELMCHEN and B. MÜLLER-OERLINGHAUSEN, Ethische und juristische Schwierigkeiten bei der Effizienzprüfung psychiatrischer Therapieverfahren", in: Der Nervenarzt 1975, 397 ff., 400.

[266a]) F. MEERWEIN/R. AMGWERD/P. GONZENBACH, ,,Wahrhaftigkeit am Krankenbett – auch bei Tumorpatienten?" [How to tell truth to cancer patients – from the psychooncologist's, the surgeon's and the practitioner's point of view], in: Die Medizinische Welt 30: 1526–1530 (1979). It is, in short, humane attention that the patient needs, especially on the borderline between life and death; cf. Resolution of the German Surgery Association on the Treatment of the dangerously ill and dying (1979), V.1–2, printed here as Appendix IX of this treatise, pp. 439 ff., infra.

[267]) Buckpitt v. Oates [1968] 1 All E. R. 1145, 1148; Chapman v. Ellesmere [1932] 2 K. B. 431, 436; Smith v. Baker [1891] A. C. 325, 360 (perLORD HERSCHELL); SALMOND on Torts, 507 ff. (508); STREET on Torts, 5th ed. Lo. 1972, 74 ff.; WINFIELD and JOLOWICZ on Tort, 10th ed. Lo. 1975, 614 ff.; also cf. D. GIESEN, loc. cit. [supra, note 261], 186–187, with further refs. as to German and French law; also cf. K. LARENZ, Lehrbuch des Schuldrechts, 11th ed. Mü 1977, § 71 I c.

[268]) Bravery v. Bravery [1954] 1 W. L. R. 1169; SALMOND on Torts, 508; E. DEUTSCH, Haftungsrecht, Vol. I. Köln, Bln, Bonn and Mü. 1976, 227, with further refs.

Appendix I

[269]) *Halushka v. University of Saskatchewan* (1965) 53 D. L. R. 2nd 436; also cf. note 268, *supra*.

[270]) SALMOND on Torts, 508; *Beausoleil v. Soeurs de la Charité* (1966) 53 D. L. R. 2nd 65 (Que. C. A.); PICARD, 71–85; consent is not *voluntary* (or free) if induced by misrepresentation; BGH, 2nd Dec. 1963, NJW 1964, 1177; in an English case ,,an old man, full of beer" was held not to have assented to a gross assault by a young man, *Lane v. Holloway* [1968] 1 Q. B. 379.

[271]) Cf. P. D. G. SKEGG, ,,A justification for Medical Procedures performed-without Consent", in: (1974) 90 L. Q. R. 512 ff.; as to *French* law, cf. EBERHARDT, *op. cit.* [*supra*, note 3], 117 f., 125 f., as to *German* law, cf. D. GIESEN, ,,Civil Liability of Physicians", *loc. cit.* [*supra*, note 87], 414; a *German* Federal Supreme Court decision in worth Quoting here: BGH, 22nd June 1971, NJW 1971, 1887; as to the *Swiss* situation, cf. OTT, 37–38, with further refs.

[272]) *Nettleship v. Weston* [1971] 2 Q. B. 691, 3 All E. R. 581, 3 W. L. R. 370, 377 (C. A., per LORD DENNING, M. R.). It goes without saying, of course, that the consent to a treatment or operation is neither the same nor can it be construed as constituting a waiver of the right of legal action on the part of the plaintiffs: that would be against public policy, *Workman v. Greer* (1979) 90 D. L. R. 3rd 676, 682 (Man. C. A.).

[273]) DUNZ, 16–17, 32–34; H./D. FRANZKI, ,,Waffengleichheit im Arzthaftungsprozeß" in: NJW 1975, 2225 (2227). Also cf. this treatise, *supra*, 82 ff., 129 ff., 134, 138, 142 ff., 224, 259 ff., 263 f., 266, 273 ff.

[274]) For *French* and *German* law cf. EBERHARDT, *op. cit.* [*supra*, note 3], 191; as to the waiver regarding research treatment (Heilversuch), cf. this treatise, pp. 66 f., 211.

[275]) As to *Common law* cases, cf. notes 216–217, *supra*; as to *continental law*, cf. note 215, *supra*, and, of course, for the *German* situation, DUNZ, 17. It is, however, highly controversial, at least in *Germany*, whether this defence could be acceptable to the courts in all cases; if the information is omitted or insufficient, then the consent is invalid; and if the consent is invalid, the medical treatment or operation is illegal and remains illegal whether the patient, on proper information, would have given his consent or not; cf. RG, 8th March 1940, RGZ 163, 129; BGH 5th July 1973, NJW 1973, 1688 (1689); whether the defence, therefore, is admissible at all, is controversial (*against*: E. DEUTSCH, ,,Schutzbereich und Tatbestand des unerlaubten Heileingriffs im Zivilrecht", in: NJW 1965, 1985 (1989); E. HOFMANN, ,,Zur Beweislastumkehr bei Verletzung vertraglicher Aufklärungs- oder Beratungspflichten", in: NJW 1974, 1641 (1643); J. ESSER / E. SCHMIDT, Schuldrecht, 5th ed. Karlsruhe 1976, 189; *in favour*: BGH, 16th Jan. 1959, BGHZ 29, 176 [187]). But *if* the defence is admissible, it is the physician onto whose shoulders the *burden of proof* is placed, who, therefore, has to fully prove that the patient in case of his proper information would also have consented to the treatment or operation; if the patient alleges that he would never have consented or that he would not have consented at that time or to be treated by that particular doctor or in that hospital but in a University clinic only, it rests with the physician to prove the contrary, e. g. that the same accident would have happened in a University clinic, too, which failing, the physician would be liable for the damage incurred by the patient, OLG Celle, 17th Aug. 1977, VersR 1977, 1106 (1107) = NJW 1977, 593 (594); also of. KG, 6th Nov. 1978, VersR 1979, 260 ff. (LS 2). A rather interesting *American* case is *Henderson v. Milobsky*, 595 F.2d 654 (C.A.D.C. 1978), and now also BGH, 22nd Jan. 1980, VersR 1980, 428 ff. (429).

[276]) BGH, 18th May 1965, VersR 1965, 718 (719); 4th Nov. 1975, NJW 1976, 363; 10th July 1979, VersR 1979, 1012 (1033: no civil liability of physician, if patient would have undergone the operation *omni modo*).

Notes · Anmerkungen

²⁷⁷) BGH, 16th Jan. 1959, BGHZ 29, 176 (187); KG, 6th. Nov. 1978, VersR 1979, 260 (261); also cf. BGH, 5th July 1973, BGHZ 61, 118; and cf. note 275, *supra*.
²⁷⁸) *Koehler v. Cook* (1975) 65 D. L. R. 3rd 766 (B. C. S. C.); the same rule applies in *German* law, BGH, 22nd Jan. 1980, VersR 1980, 428 ff. (429 *sub* 3b). But as to different opinions, cf. notes 217 and 275, *supra*.
²⁷⁹) This is an assessment of one of the judges of the *German* Federal Supreme Court's Senate in charge of medical liability cases, Federal Judge Walter DUNZ, cf. W. DUNZ, *Zur Praxis der zivilrechtlichen Arzthaftung*, Karlsruhe 1974, 17–18; also cf. note 252, *supra*..
²⁸⁰) *Cf.* P. D. G. SKEGG, ,,A Justification for Medical Procedures performed without Consent", in: (1974) 90 L. Q. R. 512 ff.; J. R. WALTZ and F. E. INBAU, Medical Jurisprudence, NY and Lo. 1971, 169 ff.
²⁸¹) As to communicable and certain venereal diseases, cf. notes 200, *surpa*, and 310, *infra*. For *French* law cf. GEHRING, *op. cit.* [*supra*, note 3], 71; as to *German* law, cf. § 1 II *Impfgesetz*, 8th April 1874 (RGBl. 34), and § 3 *Gesetz zur Bekämpfung von Geschlechtskrankheiten*, 23rd July 1953 (BGBl. I. 700).
²⁸²) Cf. A. LAUFS, ArztR, § 55. As to some special problems of treatment without consent in cases of prisoners who go on ,,hunger strike" and, thereby, endanger themselves and their life, cf. G. SIEGMUND-SCHULZE, ,,Die Rechtspflicht des Arztes zur Zwangsbehandlung eines Patienten", in: Arzt- und Arzneimittelrecht 1976, 37–46; J. WAGNER, Selbstmord und Selbstmordverhinderung – Zugleich Beitrag zur Verfassungsmäßigkeit der Zwangsernährung. Reihe: Recht, Justiz und Zeitgeschehen, Vol. 23, Heidelberg 1975.
²⁸³) BGH, 10th March 1954, BGHSt 6, 147; also cf. P. BRINGEWAT, ,, Selbstmord, Suizidpatient und Arztpflichten im Strafrecht", in: NJW 1973, 540.
²⁸⁴) Cf. PALANDT-THOMAS, Bürgerliches Gesetzbuch, Kommentar, 39th ed. Mü. 1980, note 2a to § 679. On the conflicting interests of a duty to help and the right of self-determination cf. M. KOHLHAAS, ,,Das Recht auf den eigenen Tod", NJW 1973, 548; A. LAUFS, ,,Zur deliktsrechtlichen Problematik ärztlicher Eigenmacht", in: NJW 1969, 529 (530).
²⁸⁵) Cf. S. R. SPELLER, Doctor and Patient, 27–28; WINFIELD and JOLOWICZ on Tort, 10th ed. Lo 1975, 620; *Marshall v. Curry* [1933] 3 D. L. R. 260 (N. S. S. C.); *Murray v. McMurchy* [1949] 2 D. L. R. 442 (B. C. S. C.); PICARD, 67–69; *Danielsen v. Roche*, 109 Cal. App. 2d 832, 241 P. 2d 1028 (1952); *Wheeler v. Baker*, 92 Cal. App. 2d 776, 208 P. 2d 68 (1949); BGH, 22nd March 1966, NJW 1966, 1172 (concerning § 330c StGB), and A. LAUFS, ArztR, §§ 46 ff., with further refs.
²⁸⁶) Cf. P. D. G. SKEGG, ,,A Justification for Medical Procedures performed without Consent", in: (1974) 90 L. Q. R. 512.
²⁸⁷) SALMOND on Torts, 508; STREET on Torts, 5th ed. Lo. 1972, 76; but in *Banbury v. Bank of Montreal* [1918] A. C. 626, 689, LORD ATKINSON thought it was settled that a physician owed a duty of care in such a case.
²⁸⁸) SALMOND on Torts, 508; J. R. WALTZ and F. E. INBAU, Medical Jurisprudence, NY and Lo. 1971, 169 ff.
²⁸⁹) As to the *English* position, *cf.* SALMOND on Torts, 504–506, 508, with further refs.; S. R. SPELLER, Doctor and Patient, 5–6, 80–81; FLEMING on Torts, 81; also cf. *Marshall v. Curry* [1933] 3 D. L. R. 260, 275 (N. S. S. C.); *Barnett v. Bachrach*, 34 A. 2d 626 (D. C. Mun. App. 1943); *DiRosse v. Wein*, 24 App. Div. 2d 510, 261 NYS 2d 623 (1965); *Woods v. Brumlop*, 71 NM 221, 377 P. 2d 520 (1962) and A. H. McCOID, ,,A Reappraisal of Liability for Unauthorized Medical Treatment", in: 41 Minn. L. Rev. 381 (1957); as to *German* case law, cf. the *Gütgemann* case, LG Bonn, 25th Febr.

1970, VersR 1970, 715 ff., as to the *French law* on *cas d'urgence* cf. GEHRING, *op. cit.* [*supra*, note 3], 92 ff., with further refs.

²⁹⁰) As to the position at *Common Law*, cf. SALMOND on Torts, 507–519; STREET on Torts, 5th ed. Lo. 1972, 74–76; WINFIELD and JOLOWICZ on Tort, 10th ed. Lo. 1975, 620; as to *German* law, cf. D. WINKHAUS, Die Aufklärungspflicht bei ärztlichen Eingriffen als zivilrechtliches Problem, Diss. Münster 1970, 13 ff.; PALANDT-THOMAS, Bürgerliches Gesetzbuch, Kommentar, 39th ed. Mü. 1980, note 7 B f to § 823; a very helpful study comparing the *German and American* situation is H.-Chr. ANDERS, Selbstbestimmungsrecht des Patienten und ärztliche Aufklärungspflicht im nordamerikanischen Zivilrecht. Eine rechtsvergleichende Betrachtung. Diss. Bonn 1972, 55 ff. As to *Swiss* law, cf. OTT, 74–77.

²⁹¹) FLEMING on Torts, 81; *Marshall v. Curry* [1933] 3 D. L. R. 260, 275 (N. S. S. C.); but in *Murray v. McMurchy* [1949] 2 D. L. R. 442 (B. C. S. C.) a doctor who tied a patient's fallopian tubes because he had discovered fibroid tumours in the uterine wall while doing a Caesarian section with her consent, and was concerned about the hazards of a second pregnancy, was held liable: the court found that while it was *convenient* to carry out the procedure at that time, there was no evidence that the tumours were an *immediate danger* to the patient's life or health and, thus, no basis for proceeding without consent; also cf. *Parmley v. Parmley* [1945] 4 D. L. R. 81 (S. C. C.), and notes 181, *supra*, and 292, 293, *infra*.

²⁹²) SALMOND on Torts, 508 note 50. No duty is owed, at *Common Law*, by a person who sees the person or property of another in danger, not caused by him, to take care to protect him from or minimise that danger, *Grange Motors (Cwmbran) v. Spencer* [1969] 1 W. L. R. 53, and CHARLESWORTH on Negligence, § 169; but once a physician actually embarks on emergency rescue, he could be charged with negligence as soon as his well-intentioned efforts worsen the (later) plaintiff's state of health, cf. *Slater v. Illinois Central R.*, 209 F. 480 (1911); also cf. *Davies v. Cargo Fleet Iron C. Ltd. and Balfour Beatty and Co. Ltd.* (1956) C. A. 24 („A bystander is not bound to warn another whom he sees walking into danger, but it is a different matter when the danger is of his own making." per DENNING L. J.); *Matthews v. McLaren Jones and The Ogopogo* [1969] 1 Lloyd's Rep. 374; [1970] 1 Lloyd's Rep. 257; [1971] 2 Lloyd's Rep. 410; CHARLESWORTH on Negligence, §§ 170, 183; it has been rightly observed that this astonishing position at Common Law „creates the anomaly of subjecting the incompetent Samaritan to liability and excusing the Levite" (FLEMING on Torts, 145 note 9); also cf. note 293, *infra*. In *Beck v. Lovell*, 361 So.2d 245 (La.App. 1978) the court held that the express or implied consent of a patient is required prior to a surgical operation and a surgeon who operates without such consent is liable in damages *except* in cases of an emergency requiring immediate surgery for preservation of life or health under circumstances making it impractical to obtain the consent of the patient or of someone authorised to assume such responsibility.

²⁹³) A physician, writes FLEMING on Torts, 144, may flout his *Hippocratic oath* and deny aid to a stranger, even in an emergency like a road accident (cf. note 292, *supra*). In some countries, however, he may rinder himself liable to professional discipline (e. g. in *New South Wales*: Medical Practitioners Acts 1938–63, s. 27 [2][c]); in the *United States*, several „Good Samaritan" statutes – granting civil immunity to physicians who, in good faith, render emergency care at the scene of emergency, and thus holding such physicians to a lower than normal standard of care – seek to encourage emergency aid by relieving physicians from being charged with ordinary negligence, and hospitals are also increasingly placed under the duty of treatment in unmistakable emergency, cf. T. FLOWERS and W. J. KENNEDY, „Good Samaritan

Legislation. An Analysis and a Proposal", in: 38 Temple L. Z. 418 (1965); Note, ,,First Aid to Passengers: Good Samaritan Statutes and Contractual Releases from Liability", in: 31 Southwestern L. Jnl. 695–713 (1977); D. W. POOLE, ,,The Good Samaritan and the Law", in: Tenn. L. Rev. 287 (1965); L. S. POWERS, ,,Hospital Emergency Service", in: 66 Mich. L. Rev. 1455 (1968); R. J. GRAY and G. S. SHARPE, ,,Doctors, Samaritans and the Accident Victim", in: 11 Osgoode Hall L. Jnl. 1 (1973); also cf. note 151, *supra;* but cf. *Colby v. Schwartz,* 78 Cal. App. 3d 885, 144 Cal. Rptr. 628 (1978), where a Californian Court of Appeals held that the state's Good Samaritan statute does not apply to physicians performing surgery in a hospital as part of their normal course of practice as members of a hospital emergency call panel.

294) Cf. Art. 63 II *French* Code Pénal; § 330c StGB *(Germany);* Art. 127 II SchwStGB *(Switzerland);* Art. 18 Züricher EG *(Swiss* Canton Zürich); OTT, 26, with further refs. Cf. note 151, *supra*.

295) BGH, 10th Febr. 1959, BGHSt 12, 379; 2nd Oct. 1959, MDR 1959, 503.

296) J. R. WALTZ and F. E. INBAU, Medical Jurisprudence, NY and Lo. 1971, 169 ff. (170, 172); VON BRANDIS, *loc. cit.* [supra, note 225], 297.

297) PICARD, 24 ff.; J. R. WALTZ and F. E. INBAU, Medical Jurisprudence, NY and Lo. 1971, 234 ff.

298) *Kitson v. Playfair* (1896) *The Times,* 28th March; C. R. A. MARTIN, Law Relating to Medical Practice, 2nd ed. Lo. 1979, 471; S. R. SPELLER, Doctor and Patient 127 (128); IDEM, Hospitals, 327 (328); for an excellent discussion cf. Chr. BOYLE, ,,Medical Confidence – Civil Liability for Breach", in: (1973) 24 Northern Ireland L. Q. 19; J. G. FLEMING, ,,English Law of Medical Liability", in: (1959) 12 Vanderbilt L. Rev. 633 ff.; L. M. FOSTER, ,,An Overview of Confidentiality and Privilege", in: 4 Jnl. of Psychiatry and L. 393–401 (1976); *A. B. v. C. D.* (1851) Dunlop's S. C. 177 (Scot. C. S.); *Furniss v. Fitchett* [1958] N. Z. L. R. 396 (S. C.) ; *Gorback v. Ting* [1974] 5 W. W. R. 606 (Man Q. B.); for a *Canadian* view cf. PICARD, 41 (42, 44); *Simonsen v. Swenson,* 104 Neb. 227, 177 NW 831 (1920); C. J. STELLER and A. R. MORITZ, Doctor and Patient and the Law, 4th ed. St. Louis 1962, 271–272; J. R. WALTZ and F. E. INBAU, Medical Jurisprudence, NY and Lo. 1971, 234 ff.; as to *French* Law concerning *le Secret Professionnel,* cf. J.-Cl. CHARDON, Les Responsabilités du Chirurgien-Dentiste, Pa. 1972, 44 ff.; J. PENNEAU, La Responsabilité Médicale, Tou. 1977, 200; Art. 378 Code Pénal; as to a *Belgian* view, cf. X. RYCKMANS and R. MEERT-VAN DE PUT, Les Droits et les Obligations des Médecins, Vol. I., 2nd ed. Bruxelles 1971, 110 ff., all with further refs.; as to *German* law, cf. §§ 823 I, II BGB, 203 StGB, and D. GIESEN, ,,Civil Liability of Physicians", *loc. cit.* [*supra,* note 87], 403 (416); A. LAUFS, ArztR, §§ 131 ff.; H. KLEINEWEFERS and W. WILTS, ,,Schadensersatzansprüche bei Verletzung der ärztlichen Schweigepflicht", in: NJW 1963, 2345; G. H. SCHLUND, ,,Zu Fragen der ärztlichen Schweigepflicht", in: JR 1977, 265; CH. YOU, Der zivilrechtliche Schutz der Persönlichkeit bei der Verletzung der ärztlichen Schweigepflicht, Diss. Heidelberg 1978; for a *comparative law* survey cf. H. A. HAMMELMAN, ,,Professional Privilege: A Comparative Study", in: (1950) 28 Canadian Bar Rev. 750.

299) § 203 I No. 1 StGB; for a comparative survey of the legal positions in other countries, cf. H. A. HAMMELMAN, *loc. cit.* [*supra,* note 298], 750 ff.

300) Cf. Medical Profession Act, 1975, (Alta.), c. 26, ss. 34, 56; Health Disciplines Act, 1974 (Ont.), c. 47, s. 60 (3), (5); PICARD, 41 (42).

301) In 1969, in *England,* a doctor who discussed a patient with a third party was held to have committed, ,,infamous conduct in a professional respect" and was erased from

the register, PICARD, 42 note 140; C. R. A. MARTIN, Law Relating to Medical Practice, 2nd ed. Lo, 1979, 37–38; cf. *R. v. General Medical Council* [1930] 1 K. B. 562 (C. A.).

³⁰²) *The Duchess of Kingston's Trial* (1776) 20 State Trials 619, in which the court held that ,,if a surgeon was voluntarily to reveal these secrets, to be sure he would be guilty of a breach of honour, and of great indiscretion; but to give that information in a court of justice, which by the law of the land he is bound to do, will never be imputed to him as any indiscretion whatever" (*per* LORD MANSFIELD C. J., ibd.); also cf. *Wheeler v. Le Marchant* (1881) 17 Ch. D. 675 (C. A.); *A. G. v. Mulholland* [1963] 2 Q. B. 477 (C. A.), and ibd. 489 (*per* LORD DENNING, M. R.): ,,The only profession that I know which is given a privilege from disclosing information to a court of law is the legal profession . . . The medical man . . . is [not] entitled to refuse to answer when directed to by a judge." But cf. note 304, *infra*.

³⁰³) *Halls v. Mitchell* [1928] S. C. R. 125; *R. v. Potvin* (1971) 16 C. R. N. S. (Que. C. A.); *R. v. Burgess* [1974] 4 W. W. R. 310 (B. C. Co. Ct.). As to an *English* view cf. S. R. SPELLER, Doctor and Patient, 127–141.

³⁰⁴) The Common Law's omission of any doctor-patient privilege has since been remedied by the legislature creating a physician-patient privilege in about two thirds of the *American* jurisdictions, cf. J. R. WALTZ and F. E. INBAU, Medical Jurisprudence, NY and Lo. 1971, 234 ff. (236); D. E. YTREBERG, ,,Discovery, in Medical Malpractice Action, of Names of other Patients to Whom Defendant Has Given Treatment Similar to that Allegedly Injuring Plaintiff", 74 ALR 3d 1055, 1057 (1976); for case law cf. *Boddy v. Parker*, 45 App. Div. 2d 1000, 358 NYS 2d 218 (1974); *Marcus v. Superior Court of Los Angeles*, 18 Cal. App. 3d 22, 95 Cal.Rptr. 545 (1971); the need to provide for privilege is also felt in *Canada*, PICARD, 29–34, where privilege has been introduced in *Quebec* so far, Medical Act R. S. Q. 1964, c. 249, s. 60 (2) [re-enacted 1973, c. 46, s. 40]; also cf. *Carter v. Carter* (1974) 53 D. L. R. 3rd 491; but also cf. L. E. ROZOVSKY, ,,Patient Communications are not Secret [in Canada]", in: (1977) 54 Dimensions in Health Care 48–49. In *Europe*, most countries provide for doctor-patient privilege, H. A. HAMMELMAN, ,,Professional Privilege: A Comparative Study", in: (1950) 28 Canadian Bar Rev. 750 ff., also cf. note 298, *supra*.

³⁰⁵) The original Greek form of the oath, together with Latin, English, and German translations, is printed here, as *Appendix* IV, at pp. 423 ff. of this treatise; the relevant English passages can also be found in PICARD, 25; they read: ,,Whatsoever I see or hear in the course of my practice, or outside my practice in social intercourse, that ought never to be published abroad, I will not divulge, but consider such things to be holy secrets." The *Canadian* Medical Association, like most others in the world, embodies this principle in its *Code of Ethics,* rule 6 of which states: ,,An ethical physician will keep in confidence information derived from his patient, or from a colleague, regarding a patient and divulge it only with the permission of the patient *except where the law requires him to do so* (italics added); comparable codes of Ethics from all over the world can be found in Arzt und Christ 1 (1962) 11 ff. in all modern languages commonly understood.

³⁰⁶) Cf. H. NAGEL, ,,Das Berufsgeheimnis der Ärzte im Zivilprozeß auf internationaler Ebene", in: DRiZ 1977, 33 ff. Also cf. A. KREUZER ,,Schweigepflicht von Ärzten in öffentlichen Krankenhäusern", in: Medizinische Klinik 71: 1396–1400, 1467–1470, 1520–1523 (1976); A. LAUFS, ,,Arztrecht im Wandel", in: NJW 1977, 1081 ff. (1084 *sub*. VI). Also cf. note 307, *infra*.

³⁰⁷) On professional and cognate matters including the limits of the duty of nondisclo-

sure, and both on cases of justifiable and unjustifiable disclosure, cf. S. R. SPELLER, Hospitals, 327 ff. (-338); also cf. PICARD, 24 ff. (26–41), both with further refs. as to the *Common Law* countries; also cf. the refs. given in note 306, *supra*.

[308]) BGH, 8th Oct. 1968, NJW 1968 2288 (physician had enclosed, in an information to the authorities, his diagnosis ,,schizophrenia", which led to the revocation of the patient's driving licence). In *English* law, too, a medical practitioner may be required to give certain information obtained in his professional capacity to the police under s. 168 (2) of the *Road Traffic Act*, 1972 (1972) c. 2), if this information can serve to identify a driver of a vehicle alleged to have been guilty of dangerous driving, *Hunter v. Mann* [1974] 2 All E. R. 414. Cf. note 309, *infra*.

[309]) The same principles apply elsewhere, e. g. in *England*, S. R. SPELLER, Doctor and Patient, 128–132 (132 note 16), also with regard to the *Road Traffic Acts* (ibd. 131), and in *Canada*, cf. *Transport Act*, 1972 (Que.), c. 55 s. 86; *Motor Vehicle Act*, 1960 (B. C.), c. 253, s. 208; *Highway Traffic Act*, 1970 (Ont.), c. 202 ss. 142–144; *Motor Vehicle Administration Act*, 1975 (Alta.), c. 68, s. 14 (2), (3); PICARD, 34; the victim of a patient driver whom a physician failed to report could sue the doctor, relying on the legislation as the source of the duty of care, cf. G. S. SHARPE, ,,Driving, Disease and the Physician's Responsibility", in: (1975) 23 Citty's L. Jnl. 99 (102); also cf. Note, ,,New Horizons in Medical Ethics: Confidentiality", in: (1973) 2 British Medical Jnl. 700 (701); Note, ,,Doctors, Drivers and Confidentiality", in: (1974) 1 British Medical Jnl. 399; also cf. *Boomer v. Penn* (1965) 52 D. L. R. 2nd 673 (Ont.), 1 O. R. 119; PICARD, 34 (40). As to the law in the *United States,* cf. HOLDER, 273 ff., with further refs. as to case law. Also cf. note 310, *infra*.

[310]) As to the duty of informing about patients suffering from communicable (infectious) or certain venereal diseases (like syphilis) in *English* law, cf. S. R. SPELLER, Doctor and Patient, 131–132, and s. 4 of the *Venereal Diseases Act,* 1917 (as to syphilis, gonorrhoea and soft chancre); in *Canada,* the *United States* and *Germany* a doctor is required by statute to report to the proper authorities, cf. *R. v. Gordon* (1923) 54 O. L. R. 355; PICARD, 34 (40), 63 (70, 71 note 41); *Erickson v. Dilgard*, 252 NYS 2d 705 (1962); *Re Brook's Estate*, 205 NE 2d 435 (Ill. 1965); *Simonsen v. Swenson*, 104 Neb. 224, 117 NW 831 (1920); J. R. WALTZ and F. E. INBAU, Medical Jurisprudence, NY and Lo. 1971, 316–320; HOLDER, 273 ff.; *Bundesseuchengesetz*, 18th July 1961 (BGBl. I 1012); *Gesetz zur Bekämpfung der Geschlechtskrankheiten*, 23rd July 1953 (BGBl. I. 700); W. SPANN, ,,Ärztliche Rechts- und Standeskunde", in A. PONSOLD (Ed.), Lehrbuch der gerichtlichen Medizin, 3rd ed. Stuttgart 1967, 50–51; also cf. note 200, *supra.*

[311]) S. R. SPELLER, Doctor and Patient, 132; PICARD, 34 (39); § 138 StGB.

[312]) There are, however, some celebrated *English* cases, e. g. *The Duchess of Kingston's Trial* (1776) 20 State Trials 619, 20 How. State Trials 355, 563 (cf. note 302, *supra*); *Wheeler v. Le Marchant* (1881) 17 Ch. D. 675 (C. A.). As to the *United States,* cf. s. 9 of The Current and The Proposed Principles of Medical Ethics, in: JAMA 239: 1396–1397 (1978); one of the few *German* cases is OVG Lüneburg, 29th July 1975, reported by G. SIEGMUND-SCHULZE, in: Arzt- und Arzneimittelrecht 1975, 1317 (with further refs. as to some other cases).

[313]) *Tarasoff v. Regents of University of California*, 131 Cal. Rptr. 14, 551 P. 2d 334 (1976); for a comment cf. A. A. STONE, ,,The Tarasoff Decisions: Suing Psychotherapists to Safeguard Society", in: 90 Harv. L. Rev. 358 (1976).

[314]) S. R. SPELLER, Doctor and Patient, 28–36, 162–164 (as to consent to treatment), 29, 55–59, 183–188 (as to their use for research), with further refs.; PICARD, 73–77, with refs. as to *Canadian* law; HOLDER, 18, 24–26, 32, 243–244, 250, 253–255, 266–268,

413–414, with refs. as to *American* law; as to *French* law cf. SAVATIER-AUBY-SAVATIER-PEQUIGNOT, 215 ff., as to *German* law cf. W. UHLENBRUCK, ,,Rechtsfragen bei der ärztlichen Behandlung von minderjährigen Patienten", in: Arzt- und Arzneimittelrecht 1976, 301–311, 341–346, with further refs.

315) Cf. note 195, *supra*. As to the *Common Law* concept of a step by step emancipation of minors in accordance with their growing maturity, cf. HOLDER, 24–26, with an abounding number of *American* case law full of interesting points and criteria.

316) Cf. D. GIESEN, ,,Familienrechtsreform zum Wohl des Kindes?", in: FamRZ 1977, 594–600; IDEM, ,,Ehe- und Familienrecht. Schwerpunkt Scheidungsfolgen", in: *Praxis des neuen Familienrechts*, Sammlung Göschen 2854, Bln and NY 1978, 155–170; IDEM, ,,Familienrechtsreform zum Wohl des Kindes?", in: M.MÜLLER-KÜPPERS and F. SPECHT, Recht, Behörde, Kind. Probleme und Konflikte der Kinder- und Jugendpsychiatrie Bern, Stuttgart and Wien 1979, 141–152; J. GOLDSTEIN, ,,Medical Care for the Child at Risk – On Supervention of Parental Autonomy", in: 86 Yale L. Jnl. 645–670 (1976/77), both with further refs. as to recent *German and American* legal literature and discussion. A very important new reading now is: J. GOLDSTEIN, A. FREUD and A. J. SOLNIT, Before the Best interests of the Child, NY and Lo. [Macmillan] 1979, *in toto*.

317) DUNZ 20. Also cf. note 318, *infra*.

318) There is a striking absence of *English* cases on consent in medical suits, but the test is supported by the trend of decisions in *other* Common Law countries, esp. *Canada*, cf. STREET on Torts, 5th ed. Lo. 1972, 75 note 4, a helpful discussion can be found in S. R. SPELLER, Doctor and Patient, 15–59, 162–174, 183–188, with further refs. As to *Canadian case law*, cf. *Beausoleil v. Soeurs de la Charité* (1966) 53 D. L. R. 2nd 65 (Que. C. A.) (defendant anaesthetist negligent in failing to discharge the burden of proving that the plaintiff gave a full and free consent to a spinal anaesthetic); *Lepp v. Hopp* (1977) 77 D. L. R. 3rd 321 (Alta.); *Reibl v. Hughes* (1977) 78 D. L. R. 3rd 35 (Ont. H. C.); *Schweizer v. Central Hospital* (1974) 6 O. R. 2nd 606 (H. C.); it is, however, slightly different in the *United States*, cf. *Cobbs v. Grant*, 502 P. 2d 1, 12 (Cal. 1973), a Californian Supreme Court decision in which the principle was stated that the burden of going forward with evidence of nondisclosure rests on the plaintiff (rather than the physician); but also cf. W. H. KARCHMER, ,,Informed Consent: A Plaintiff's Medical Malpractice, Wonder Drug", in: 31 Miss. L. Rev. 29 ff. (1966); J. E. MALDONADO, ,,Strict Liability and Informed Consent: Don't Say I didn't tell you so" in: 9 Akron L. Rev. 609 ff., 616 ff. (1976), who cogently stresses the point that the negligence theory is inappropriate to the doctrine of Informed Consent; the same opinion is held by M. L. PLANTE, ,,The Decline of Informed Consent", in: 35 Wash. and Lee L. Rev. 91–105 (1978), all with further refs. What has been stated in the text above, also applies to *German* law: OLG Köln, 5th March 1976, VersR 1978, 551; OLG Stuttgart, 7th Dec. 1977, VersR 1979, 1016; also cf. A. LAUFS, ArztR, § 67; IDEM, ,,Zur Beweislast im Arzthaftpflichtprozeß", in: Der Medizinische Sachverständige 73: 1 ff. (1977); E. DEUTSCH, Medizin und Forschung vor Gericht, Karlsruhe, 1978, 9.

319) The *German* Federal Supreme Court already seized upon the occasion to state that in many cases the reproach, against the physician, of treatment without the patient's informed consent ,,is often raised abusively in cases where malpractice cannot be proved" (German original cf. note 167, *supra*), BGH, 27th Sept. 1977, NJW 1978, 587 (588); also cf. A. LAUFS, ,,Fortschritte und Scheidewege im Arztrecht", in: NJW 1976, 1121 (1122); K. NÜSSGENS, ,,Probleme der fachärztlichen Aufklärungspflicht", in: Laryngologie, Rhinologie, Otologie 54: 783, 786 (1975). It should be noted,

however, that in the United States the success ratio of cases in which lack of information is alleged seems to be smaller than in Germany, the reason (probably) being that it is with the patient to prove nondisclosure, not with the physician to prove information, cf. note 318, supra, and E. DEUTSCH, Medizin und Forschung vor Gericht, Karlsruhe 1978, 31; but also cf. the trend towards a change here as foreshadowed in the articles by KARCHMER, MALDONADO and PLANTE, quoted in note 318, supra.

[320]) Pearson Report I. 282 ff. (1318 ff.). For example, it is estimated by the (US) Insurance Services Office that, in 1966, 1.7% of physicians were sued by their patients in the United States. By 1972, the figure had increased already to 3%. From 1972 to 1977 the number of claims filed against physicians had increased by 8 to 9% per year, H. W. SCOTT, ,,Professional Liability Problems in the United States", in: (1977) 1 The Medical Jnl. of Australia 69 (70). The other side of the coin is an enormous increase in professional liability insurance premium rates, which led physicians even to give up their professional work, D. F. PHILLIPS, ,,The California Physician's Strike", in: Hospitals, JAHA 49: 49 ff. (1975); W. SCHWEISHEIMER, ,,Wie helfen sich Ärzte gegen die Malpractice Mess?", in: Veska, Das Schweizer Spital 41 (1977) 74–75; IDEM, ,,Malpractice-Prozesse erhöhen die Krankenhauskosten", in: Veska, Das Schweizer Spital 40 (1976) 316–317; in recent times, countersuits have been brought on the ground that the medical malpractice claim was utterly without foundation, W. E. SHIPLEY, ,,Medical Malpractice Countersuits", 84 ALR 3d 555 (1978), but few of them have been successful so far – some very instructive cases are: Ammerman v. Newman, 384 A. 2d 637 (D. C. 1978); Gasis v. Schwartz, 264 NW 2d 76 (Mich. Ct. App. 1978); Lyddon v. Shaw, 372 NE 2d 685 (Ill. App. Ct. 1978); Pantone v. Demos, 375 NE 2d 480 (Ill. App. Ct. 1978), all courts stressing the public interest (here: of patients) in free access to the courts unless an action is maliciously brought forward –, cf. Sh. L. BIRNBAUM, ,,Physicians Counterattack: Liability of Lawyers for Instituting Unjustified Medical Malpractice Actions", in: 45 Fordham L. Rev. 1003–1092 (1977); P. KISNER, ,,Malicious Prosecution: An Effective Attack on Spurious Malpractice Claims?", in: 26 Case Western Reserve L. Rev. 653 (1976); W.SCHWEISHEIMER, ,,Umkehr der Malpractice-Klagen: Der Patient wird verklagt – und verurteilt", in: Veska, Das Schweizer Spital 40 (1976) 580–581; D. C. STIMSON, ,,Physician Countersuits: Malicious Prosecution, Defamation and Abuse of Process as Remedies for Meritless Medical Malpractice Suits", in: 45 Univ. Cin. L. Rev. 604 (1976). In France, insurance premiums are also rising every year; rates here are higher than those in England, but lower then in the Federal Republic of Germany, Note, Modern Healthcare 4: 160 (1975). And cf. note 353, infra.

[321]) Pearson Report I. 284 (1326). Some remarkable figures from Germany (W) are, however, worth quoting here: between 1st Jan. 1960 and 30th Oct. 1976 altogether 188 cases reached the highest German Court in civil liability matters, the Federal Supreme Court (Bundesgerichtshof). Only in 44 cases (= 24%) was the pronouncement of that court clearly in favour of the defendant physician in that malpractice and treatment without consent could be positively excluded; in 76% of the whole number of cases aliquid haeret, i. e. doubts remained against the acting physicians (but were not sufficient enough to decide in favour of the plaintiff), and 16% of the total 188 ended up with a complete victory of the plaintiff/patient over the physician because of established malpractice etc., cf. E. HÄUSSERMANN, ,,Sind Berufsordnungen nur ,Krähenkomments'?", in: Deutsches Ärzteblatt 75:2437–2441, 2438 (1978); out of a total 54 cases between 1968 and 1975 before the Provincial High Court (Oberlandesgericht) Celle 36, i. e. 66% were decided in favour of the patient or in favour of

the deceased's next relatives, cf. H. and D. FRANZKI, ,,Waffengleichheit im Arzthaftungsprozeß", in: NJW 1975, 2225 ff. (2226 note 13).
[322] Pearson Report I. 284 (1327).
[323] Pearson Report I. 285 (1334).
[324] The Royal Commission was set up in March 1973; its three-volume report (for which cf. note 138, supra) was presented to Parliament in March 1978. Cf. note 138, supra.
[325] Pearson Report I. 288 (1347); this recommendation has been called ,,a finely balanced one" by an Editorial Comment in Britain's leading medical periodical, The Lancet, 25th March 1978, 674.
[326] Pearson Report I. 287 (1344).
[327] Pearson Report I. 286–287 (1342.
[328] Pearson Report I. 287 (1343).
[329] Pearson Report I. 287 (1344).
[330] Pearson Report I. 287 (1344).
[330a] Pearson Report I. 285–286 (1336–1338), 288 (1347). In *Germany* (W), the 1978 Congress of (not altogether representative) Representatives of the German Legal Profession (*Deutscher Juristentag*) also deal with problems of the civil liability of physicians, and decided on similar (if not even more conservative) No-Change lines: it voted for the retention of the old negligence liability in medical cases (Pro: 101, Contra: 23, Abstentions: 9), it favoured the setting up of a commission to inquire into the working and advantages of a patient insurance scheme to cover medical accidents (83:46:10), it stated that medical objectivity should always rank before the traditional professional *esprit de corps* among physicians (141:1:2), it vetoed the proposition that rights and duties within the doctor-patient relationship should be regulated by the legislator (85:43:5), it was in favour – although by a close division – of a general vicarious liability of physicians and hospitals for all employees (70:60:10), it opposed strict liability for medical accidents caused by the use of dangerous medical apparatus and equipment (84:47:9), it opposed the legislative introduction of any duty to file relevant treatment informations (97:19:19; 83:30:19; 83:40:6), it welcomed, however, board of arbiters to settle damage claims outside court rooms (125:5:4); and the introduction of strict liability for medical research on human beings (88:14:24), cf. Deutsches Ärzteblatt 75:2440–2441 (1978) and NJW 1978, 2185 ff. (2193–2194).
[331] Pearson Report I. 285 (1336).
[332] For which cf. Pearson Report I. 286 (1338–1341).
[333] Pearson Report I. 285 (1337).
[334] Pearson Report I. 285 (1336), 286 (1338).
[335] Pearson Report I. 286 (1338).
[336] Pearson Report I. 286 (1338), 288 (1347).
[337] Pearson Report I. 286 (1340).
[338] Pearson Report I. 286 (1341).
[339] Cf. British Medical Jnl. 1: 805–806 (1978): ,,The Commission's recommendations in relation to injuries caused by medical treatment are particularly disappointing." But cf. also note 325, *supra*.
[340] *Compensation for Personal Injury in New Zealand*. Report of the Royal Commission of Inquiry (*Woodhouse Report*), December 1967, Wellington (Goverment Printer) 1967; *Personal Injury*. A (Government) Commentary on the Report of the Royal Commission of Inquiry into Compensation for Personal Injury in New Zealand, October 1969, Wellington (Government Printer) 1969; *The Accident Compensation Act, 1972* (1972 No. 43), as reprinted, with amendments, on 1st January 1976,

Wellington (Government Printer) 1976; *An Act to amend the Accident Compensation Act, 1977* (1977 No. 138); *Report of Select Committee on Compensation for Personal Injury in New Zealand*. Laid on the Table of the House of Representatives, Wellington (Government Printer) 1978. Also cf. A. H. BERNSTEIN, ,,Defining the Compensable Event in No-Fault: New Zealand's Experience", in: 52 Hospitals, JAHA, 52:48, 52 ff. (1978); IDEM, ,,Paying for Medical Injury: No-Fault in Sweden and New Zealand", in: 52 Hospitals, JAHA, 52:42, 44 ff. (1978).

341) A. H. BERNSTEIN, ,,Paying for Medical Injury: No-Fault in Sweden and New Zealand", in: 52 Hospitals, JAHA, 52:42, 44 ff. (1978); J. K. COOPER, ,,No-Fault Malpractice Insurance: Swedish Plan shows us the way", in: 52 Hospitals, JAHA, 52:115 ff. (1978), both with further refs.

342) The *Pearson Commission* argues that the *Swedish* and *New Zealand* schemes cater for relatively small populations so that it is possible to ensure consistency in decisions by dealing with all difficult or borderline cases centrally, cf. *Pearson Report* I. 289 (1359).

343) The *Pearson Commission* recommended that the progress of the schemes of *New Zealand* and *Sweden* should be carefully studied and assessed so that the experience could be drawn upon, whether such a scheme for medical accidents should be introduced at a later date, *Pearson Report* I. 291 (1371). For a *French* reaction to the New Zealand scheme cf. Comment, ,,Les Problemes de l'heure: La responsabilité sans faute résont-elle les problemes d'indemnisation– ", in: 96 Le Concours Médical 3499–3500 (1974).

344) The great *Californian* decisions *Greenman v. Yuba Power Products Inc.*, 59 Cal. 2d 57, 377 P. 2d 897, 27 Cal. Rptr. 697 (1962); *Escola v. Coca-Cola Bottling Co.*, 24 Cal. 2d 453, 463, 150 P. 2d 436, 441 (1944), and the classical studies on products liability by W. PROSSER, ,,The Assault Upon the Citadel (Strict Liability to the Consumer)", in: 69 Yale L. Jnl. 1099 ff. (1960), IDEM, ,,The Fall of the Citadel (Strict Liability to the Consumer)", in: 50 Minn. L. Rev. 791 ff. (1966); IDEM, ,,Strict Liability to the Consumer in California", in: 18 Hastings L. Jnl. 9 (1966), and PROSSER'S Comment c to § 402A of the *Restatement (2d) of Torts* will probably convince most experts that *strict liability in tort* was to a great extent based upon the desire *to relieve the consumer/plaintiff from overharsh burdens of proof and economic hardships placed upon him by the disastrous consequences of injuries caused by defective products.*

345) Cf. J. E. MALDONADO, ,,Strict Liability and Informed Consent – Don't say I didn't tell you so", in: 9 Akron L. Rev. 609 ff., 617, 620–621 (1976).

346) Strict tort liability was in fact applied to medical malpractice law in the case of *Johnson v. Sears Roebuck*, 355 F. Supp. 1065 (E. D. Wis. 1973).

347) Cf. § 402A *Restatement (2d) of Torts; Reyes v. Wyeth Laboratories*, 498 F. 2d 1264, 1265, 1272 (5th Cir. 1974); *Elmore v. American Motors Corp.*, 70 Cal. 2d 578, 451 P. 2d 84, 75 Cal. Rptr. 652 (1969).

348) Cf. J. E. MALDONADO, *loc. cit.* [*supra*, note 345], 609 ff., 616–617 (1976).

349) *Pearson Report* I, 288 (1354).

350) Cf. *Pearson Report* I. 288 (1354), 290–291 (1364–1368).

351) As to the experiences in *New Zealand* and *Sweden*, cf. *Pearson Report* III. 200 ff. (902 ff. [N. Z.]) and III. 141 (633 [Sweden]); also cf. A. H. BERNSTEIN, ,,Defining the Compensable Event in No-Fault: New Zealand's Experience" in: 52 Hospitals, JAHA, 52: 48 ff., 224 (1978); a highly important document is the recently published *Report of Select Commitee on Compensation for Personal Injury in New Zealand* (1978, cf. note 340, *supra*), esp. I. 15/35–36. For a critical assessment of the New

Zealand scheme cf. E. DEUTSCH, ,,Kunstfehler und medizinischer Behandlungsfall in Neuseeland. Öffentliche Versicherung statt privater Haftung", in: VersR 1980, 201–205 (the negative verdict there seems to be somewhat premature and ought to be read with the more balanced view of the Pearson Commission Report III.200 ff.); and cf. note 393, infra, for further comments and reading.

[352]) D. GIESEN, (1976) 25 I. C. L. Q. 180 ff.; IDEM, loc. cit. [supra, note 87] 403 ff., 425 ff., both with further refs.

[353]) Cf. notes 320, supra, and 354, infra. Also cf. Pearson Report I. 282–284; II. 19; III. 75–76 (United States with an increase of 1000% between 1969 and 1975), 94–95 (100% between 1973 and 1976); American Surgical Association Statement on Profesional Liability, Sept. 1976, in: 295 The New England Jnl. of Med. 1292 (1976); C. T. M. CAMERON, ,,Letter from New York. Some Aspects of US Medical Malpractice Insurance", in: (1977) 2 British Medical Jnl. 877 (880); E. DEUTSCH, Medizin und Forschung vor Gericht, Karlsruhe 1978, 23 ff.; W. H. L. DORNETTE, ,,The Medical Malpractice Problem, and Some Possible Solutions", in: Anesthesiology 44: 230 ff., 233 (1976); important reading: Clive WOOD (Ed.), The Influence of Litigation on Medical Malpractice, NY 1977; also cf. H.-L. WEYERS, Empfiehlt es sich, im Interesse der Patienten und Ärzte ergänzende Regelungen für das ärztliche Vertrags- (Standes-) und Haftungsrecht einzuführen? Gutachten A zum 52. Deutschen Juristentag Wiesbaden 1978, Mü. 1978, pp. A 37 ff. Also cf. H. HAUSHEER, ,,Arztrechtliche Fragen", in SJZ 73 (1977) 245 (255 note 55). Cf. note 354, infra.

[353a]) In Niles v. City of San Rafael, 116 Cal. Rptr. 733 (Cal. 1974), one of the biggest recompensations ever awarded so far was given to an eleven-year old boy who due to a wrong diagnosis after a serious injury eventually became totally paralysed: sum awarded: 4 million Dollars. In Lennon v. U.S., 579 F.2d 12 (C.A.N.Y. 1978), the court considered an award of 600,000 Dollars to a 21-year-old male, who suffered amputation of right leg due to medical malpractice, as being on the generous side, but in view of the whole record of the case as being not clearly erroneous.

[353b]) Lim v. Camden Health Authority [1979] 1 Q. B. 196 (at 217D-E [C. A.]); [1980] A.C. 174 (H.L.).

[354]) An overwhelmingly informative source on almost every thinkable aspect of medical malpractice and insurance coverage is: (US) Department of Health, Education, and Welfare, Washington D. C., Medical Malpractice, Report of the Secretary's Commission on Medical Malpractice, Washington D. C. 1973, DHEW Publications No..(OS) 73–88 and No. (OS) 73–89, with, inter alia, contributions on the following important themes (in No. 73–88): Magnitude and Impact of the Medical Malpractice Problem (5–20); Contributing Causes of the Malpractice Problem (27–49); Prevention of Unnecessary Malpractice Claims (83–87); Resolving Medical Malpractice Disputes (89–97); Compensation for Medical Injuries (99–102), and (in No. 73–89): Medical Malpractice Insurance Claims files closed in 1970 (1–25); Defensive Medicine (38–40); Medical Injuries describend in Hospital Patient Records (41–49); A Medical Opinion Survey of Physicians' Attitudes on Medical Malpractice (83–86); The Medical Malpractice Legal System (87–167); Access to Medical Records (177–213); Alternatives to [Medical Malpractice] Litigation (214–320), also cf. notes 357, 379, infra; in the same publication the following contributions are also worth reading in the textual context here: The Medical Malpractice Insurance Market (494–608), and Consumers' Knowledge of and Attitudes Toward Medical Malpractice (658–757). Further readings are: E. DEUTSCH, ,,Reform des Arztrechts", in: NJW 1978, 1657 (1658, sub II. 2)., T. LOMBARDI (Ed.), Medical Malpractice Insurance, Syracuse NY 1978; Note, ,,Medical Malpractice Insurance", in: 45

Insurance Counsel Jnl. 228–237 (1978); S. TOMLANOVICH, ,,Michigan's Malpractice Legislation – Prognosis: Curable Defects", in: 55 Univ. Det. Jnl. Urb. L. 309–340, 309 (1978); H.-L. WEYERS, op cit. [supra, note 353], A 52 ff. (Germany), A 67 ff. (United States), A 74 ff. (Sweden), A 78 ff. (New Zealand).

355) Cf. Comment, ,,Recent Medical Malpractice Lesiglation – A First Checkup", in: 50 Tul. L. Rev. 655–685 (1976); HOLDER, 408–424; Note, ,,Medical Malpractice Arbitration: A Comparative Analyses", in: 62 Virginia L. Rev. 1285–1310 (1976), all with further refs.

356) Cf. Young v. Alberts, 342 NE 2d 700, 701 (Comm. P. Ohio 1975); HOLDER, 408–424, with further refs.

357) Cf. I. LADIMER, ,,Statutory Provisions for Binding Arbitration of Medical Malpractice Claims", in: 1976 Insurance L. Jnl. 405–422 (1976); S. TOMLANOVICH, ,,Michigan's Medical Malpractice Legislation – Prognosis: Curable Defects", in: 55 Univ. Det. Jnl. Urb. L. 309–340, 310/311 (1978); W. WADLINGTON, ,,The Law of Arbitration in the United States", in: Department of Health, Education, and Welfare, Washington D. C., Medical Malpractice, Report of the Secretary's Commission on Medical Malpractice, Washington D. C. 1973, DHEW Publication No. (OS) 73–89, 346–423.

358) Comment, ,,An Analysis of State Legislative Responses to the Medical Malpractice Crisis", in: 1975 Duke L. Jnl. 1417, 1456; Documentary Supplement, ,,Medical-Legal Screening Panels as an Alternative Approach to Medical Malpractice Claims", in: 13 Wm. and Mary L. Rev. 695, 705 (1972); S. TOMLANOVICH, loc. cit. [supra, note 357], 311–314. Two recent *Massachusetts* Supreme Judicial Court cases have attempted to delineate more clearly than earlier cases the scope of medical malpractice tribunal statutes which attempt to screen out frivolous malpractice claims, and thus to reduce the costs of medical malpractice insurance and of health care. The Massachusetts statute, similar to those of numerous other *American* states, empowers *screening panels* to appraise every action for malpractice, error or mistake against a provider of health care. The court, in *Little v. Rosenthal*, 1978 Mass. Adv. Sh. 2793 (9th Nov. 1978), and in *Salem Orthopedic Surgeons Inc. v. Quinn*, 1979 Mass. Adv. Sh. 661 (14th March 1979), interpreted this language to mean that *all* treatment-related claims are meant to be referred to a malpractice tribunal: these two cases show an attempt to promote the legislative intent behind the tribunal screening approach to the malpractice crisis by interpreting the relevant statutes to cover a broad range of treatment-related claims.

359) S. TOMLANOVICH, Loc. cit. [supra, note 357], 312.

360) *Comiskey v. Arlen*, 55 App. Div. 2d 304, 390 NYS 2 d 122 (1976).

361) *Comiskey v. Arlen*, 55 App. Div. 2d 304, 390 NYS 2d 122 (1976); S. TOMLANOVICH, loc. cit. [supra, note 357], 314.

362) S. TOMLANOVICH, loc. cit. [supra, note 357], 314–318.

363) As under the *Michigan* Malpractice Arbitration Act, Mich. Comp. Laws Ann. §§ 600–5040 [5042 (1)] (Supp. 1977).

364) Despite substantial problems, the different systems and approaches should be carefully studied and methods for solving them should be developed, D. E. CARPENTER, ,,The Patient's Compensation Board: An Answer to the Medical Malpractice Crisis", in: 1976 Insurance L. Jnl. 81–89 (1976); W. J. CURRAN, ,,Malpractice Arbitration and Conditional Medical Treatment", in: 296 The New England Jnl. of Med. 1045–1046 (1977); I. LADIMER, loc. cit. [supra, note 357], 405–422 (1976); I. LADIMER and J. SOLOMON, ,,Medical Malpractice Arbitration: Laws, Programs, Cases", in: 1977 Insurance L. Jnl. 335–365 (1977); Note, ,,Medical Malpractice

Arbitration: A Comparative Analysis", in: 62 Virginia L. Rev. 1285–1310 (1976); also cf. note 365, *infra*.

[365]) Cf. S. TOMLANOVICH, *loc. cit.* [*supra*, note 357], 318–340, with further refs; there is, however, a current judicial attitude in the United States which favours arbitration, cf. *Reley v. State Farm Mutual Auto. Ins. Co.*, 420 F. 2d 1372, 1375 (6th Cir. 1970). As to the manifold issues arising from *American* arbitration boards, cf. such cases as *Madden v. Kaiser Foundation Hospitals*, 17 Cal. 3d 699, 131 Cal. Rptr. 882 (1976); *Wheeler v. St. Joseph Hospital*, 63 Cal. App. 3d 345, 133. Cal. Rptr. 775 (1976), and esp. *Simon v. St. Elizabeth Medical Center*, 3 Ohio Op. 3d 164, 355 NE 2 d 203 (CP 1976); *Wright v. Central Du Page Hospital Association*, 63 Ill. 2d 313, 347 NE 2d 736 (1976), in which the courts held that the statutes authorising the formation of medical panels to review malpractice claims are *unconstitutional* in so far as their decisions would be binding: first, because this procedure empowered the nonjudicial members of such panels to exercise a judicial function, and, secondly, that the requirement that a claim first be submitted to the medical panel resulted in an impermissible restriction on the right of trial by jury; but cf. *Comiskey v. Arlen*, 390 NYS 2d 122 (S. C. App. Div. 1976) (constitutionality affd.); *Butler v. Flint-Goodridge Hospital of Dillard University*, 354 So. 2d 1070 (La. Ct. App. 1978) (same); *State ex rel. Strykowski v. Wilkie*, 261 NW 2d 434 (Wis. 1978). For a further discussion also cf. C. O. PHILIP and R. FAUST, ,,Study of Malpractice Panels Notes: Advantages, Problems, Gaps in Data", in: 52 Hospitals, JAHA, 52:84 (1978); T. E. TRAVERS, ,,Arbitration of Medical Malpractice Claims", 84 ALR 3d 375 ff. (1978).

[366]) Cf. the *Bavarian* statute on the Board of Arbiters: § 4 Geschäfts- und Verfahrensordnung zur außergerichtlichen Erledigung von Haftpflichtstreitigkeiten zwischen Ärzten und Patienten, in: Bayerisches Ärzteblatt 1975, 440 and 970 ff. (973). As to further details, the German Federal states *(Länder)* adopted different regulations, some comprising more than one state, others slightly different procedural rules etc., for the regulations of the Medical Boards in Northrhine-Westphalia, cf.Rheinisches Ärzteblatt 1975, 738–739, and Westfälisches Ärzteblatt 31: 782–787 (1977); in Baden-Württemberg cf. Ärzteblatt Baden-Württemberg 32/ 108–111 (1977); in Hesse and Rhineland-Palatia cf. Hessisches Ärzteblatt 38:665–666 (1977); in North Germany (comprising the *Länder* Berlin, Bremen, Hamburg, Lower Saxony and Schleswig-Holstein), cf. Niedersächsisches Ärzteblatt 21:691–692 (1976); also cf. Saarländisches Ärzteblatt 1977, 491; Schleswig-Holsteinisches Ärzteblatt 1976, 706 and Die Berliner Ärztekammer 15:204–205 (1978) (with reports on the working of these arbitration boards).

[367]) Cf. § 8, Bavarian statute [*supra*, note 366].

[368]) *Ibd.*, § 7.

[369]) Cf. J. KLOPPENBURG, Editorial Comment on the first results of the North German arbitration boards, in: Die Berliner Ärztekammer 15: 199 (200) (1978).

[370]) Cf. E. TTROSTDORF, ,,Bilanz der Schlichtungsstelle für Arzthaftpflichtfragen [der norddeutschen Ärztekammern]", in: Die Berliner Ärztekammer 15: 199–200 (1978).

[371]) The case description from the five North German States *Berlin, Bremen, Hamburg, Lower Saxony* (Niedersachsen) and *Schleswig-Holstein* can be found in Die Berliner Ärztekammer 15: 204–205 (1978).

[372]) The figures quoted in the text can be deduced from the informations printed in Die Berliner Ärztekammer 15: 204–205 (1978), esp. from chart 2, *ibd.*, 205.

[373]) As to the *boards of arbiters* in the *United States*, *Germany* and *Sweden*, cf. L. ROCHE and S. BRUNHES, ,,Responsabilité Médicale: Commission de Conciliation", in: Bulletin médecine légale toxicologie (Lyon) 21: 703–715 (1978); also cf. G. GAZAC,

,,Les Commissions de Concilation en commission de responsabilité médicale en Allemagne", in: Bulletin médecine légale toxicologie (Lyon) 21: 717–720 (1978); also cf. an article, reviewing the present situation in *Germany* (W), in FAZ No. 184, 25th Aug. 1978, 8; A. LAUFS, ,,Die Entwicklung des Arztrechts im Jahre 1977/78", in: NJW 1978, 1177 ff. (1180); also cf. A. LAUFS, ,,Arztrecht im Wandel", in: NJW 1977, 1081 ff. (1081–1082) and IDEM, ,,Fortschritte und Scheidewege im Arztrecht", in: NJW 1976, 1121 ff. (1122), all with further refs.

[374]) Notes 374–377 had to be omitted on technical reasons.

[378]) Cf. note 374; A. H. BERNSTEIN, ,,Defining the Compensable Event in No-Fault: New Zealand's Experience", in: 51 Hospitals, JAHA, 52: 48, 52 f. (1978); also cf. the detailed discussion of the N. Z. scheme implementing the main propositions of the *Woodhouse Report* [cf. note 340, *supra*], in the *Pearson Report* Report III. 187 ff. (845 ff.), esp. 192 (863).

[379]) As to the *Swedish* scheme, cf. *Pearson Report* I. 289 (1355–1359); III. 129 ff. (581 ff.), esp. 132–133 (598–599); also cf. A. H. BERNSTEIN, ,,Paying for Medical Injury: No-Fault in Sweden and New Zealand", in: 52 Hospitals, JAHA, 52: 42, 44 ff. (1978); J. K. COOPER, ,,No-Fault Malpractice Insurance: Swedish Plan shows us the way", in: 51 Hospitals, JAHA, 52: 115 (1978). A comprehensive *United States* study on No-Fault Based Medical Injury Compensation Schemes has also been carried out (by E. W. ROTH and P. ROSENTHAL) for the (US) Department of Health, Education and Welfare, Washington D. C., Medical Malpractice, Wash. D. C. 1973, DHEW Publication No. (OS) 73–89, 450–493. As to the *French* position on a *responsabilité sans faute*, cf. J. MONTADOR, La Responsabilité des Services publics hospitaliers, Pa. 1973, 109 ff., 125 ff.

[379a]) *Colorado*, Colo. Rev. Stat. §§ 10–4–801 to 808 (Cum. Supp. 1978); *Florida*, Fla. Stat. Ann. § 368.54 (West Supp. 1978 [Repealed by 1976 Fla. Laws, ch. 76168 § 3, effective from 1st July 1982]); *Hawaii*, Hawaii Rev. Stat. §§ 671–31 to 37, 431–456 to 457 (Replacement 1976); *Illinois*, Ill. Ann. Stat. ch. 73, §§ 1065.300 to 315 (Smith-Hurd Supp. 1979); *Indiana*, Ind. Code Ann. §§ 16–9.5–1–1 to 5–9–10 (Burns Supp. 1978); *Kansas*, Kan. Stat. Ann. §§ 40–3401 to 3419 (Supp. 1976 [upheld in *Schneider v. Liggett*, 223 Kan. 610, 576 P. 2d 221 (1978)]); *Kentucky*, Ky. Rev. Stat. § 304.40–330 (Supp. 1978); *Louisiana*, La. Rev. Stat. Ann. §§ 40:1299.41 to 1299.46 (West 1977); *Nebraska*, Neb. Rev. Stat. §§ 44–2801 to 2855 (Supp. 1978); *New Mexico*, N. M. Stat. Ann. §§ 58–33–1 to 28 (Supp. 1976); *North Dakota*, N. D. Cent. Code §§ 26–40–01 to 40.1–18 (Replacement 1978); *Oregon*, 1975 Or. Laws ch. 796; *Pennsylvania*, Pa. Stat. Ann. tit. 40, §§ 1301.101 to 1006 (Purdon Supp. 1978 [upheld in *McCoy v. Commonwealth*, 37 Pa. Commw. Ct. 530, 391 A. 2d 723 (1978)]); *South Carolina*, S. C. Code §§ 38–59–110 to 190 (Supp. 1978); *Wisconsin*, Wis. Stat. Ann. §§ 655.23 to 27 (West Special Pamphlet 1979). For a discussion, cf. this treatise at pp. 47 ff., 194 ff., *supra*.

[379b]) Elizabeth D. SCHRERO, ,,Patient Compensation Funds: Legislative Responses to the Medical Malpractice Crisis", in: 5 American Jnl. of L. and Med. 175–195 (1979), with further refs. And cf. note 400b, *infra*.

[379c]) The definition of ,,personal injury by accident" includes ,,medical surgical dental or first-aid misadventure"; this is something that is new to the law in N. Z., and the precise meaning and scope of the phrase will have to await judicial interpretation. The word *misadventure* itself does not seem to have been interpreted in the general law. Thus, while taking into account that the 1972 Act is a remedial one, and its fundamental aim is ,,to cushion the losses suffered by accident victims regardless of fault" (A. P. BLAIR, Accident Compensation in New Zealand, Wellington [Butter-

worths] 1978, 41 ff. [42 para. 60]), the interpreter must remain aware that it is also a basic purpose of the Act to have a cut-off line between accident injury and injuries otherwise caused (such as injuries which are essentially the product of illness or disease, which do not come into the Act's protection). But it is plain that *medical misadventure* is *broader* in meaning than *medical negligence*, and that to qualify for compensation, it is sufficient for a claimant to show a causal relationship between a medical mishap amounting to medical misadventure and his injury. Thus, the *boundaries of medical misadventure* could well comprise: failure to diagnose a patient's condition with the result that injury results; wrong diagnosis to the same result; appropriate treatment, but abnormal reaction of the patient (e. g. he was allergic); appropriate treatment, but patient develops unforeseen psychological problems; as to details on current decisions on medical misadventure, cf. the following cases: *Re Collier* (1977) 1 NZAR 130; *Re Mrs. S.* (1977) 1 NZAR 297; also cf. A. P. BLAIR, *op.cit. [supra]*, 41 ff. (paras. 59 ff.), 52 ff. (paras. 66 ff.), and Ph. H. OSBORNE, ,,Informed Consent to medical treatment and the Accident Compensation Act 1972", in: (1979) N.Z.L.J. 198–201 (important).

[379d]) The *Accident Compensation Commission* has exclusive jurisdiction to decide when a person has suffered personal injury by accident *in* New Zealand; consequently, the question whether the plaintiffs have cover under 1972 Act must be referred for determination to that Commission, and any action for damages is barred, cf. *L. v. M.* [1979] 2 NZLR 519 (C. A., per WOODHOUSE and RICHARDSON J J., COOKE J. dissenting: the dissenting judge would have limited the meaning of the 1972 Act in that s. 5 (5) of the Act gives the Accident Compensation Commission exclusive jurisdiction to determine any question of cover under the Act, but not exclusive jurisdiction to decide whether Court proceedings are barred [*ibd.*, 519, 524]). The new decision does not raise the question how to decide in the case of an accident *outside* New Zealand. If it is an action for damages arising directly or indirectly out of injury in that accident, then, according to COOKE J., the Court will have to ascertain whether the person injured has cover under the 1972 Act, and then the Court must refer this narrower question to the Commission under s. 5 (5) of the Act: this Section gives the Commission exclusive jurisdiction to determine the question of cover, but this question only (*ibd.*, 524–525, per COOKE J.).

[380]) *Pearson Report* III. 192 (863–864), and cf. notes 340, *supra*, and 381, *infra*. The most important document here ist the *Woodhouse Report* 42 ff. (64 ff.), esp. on the general form of the old *Common Law* action (42 ff. [65–77]), on the disadvantages of the Common Law process (47 ff. [78–127]), on the attitudes overseas to the old Common Law tort action (63 ff. [128–136]) with the *Woodhouse Commission's* conclusions concerning the damages action at Common Law, *ibd.*, 77 ff. (160–171) with the following summary statement on the Common Law action (*ibd.* 77 [171]): ,,(1) The Adversary system hinders the rehabilitation of injured persons after accidents and can play no effective part beforehand in preventing them. (2) The fault principle cannot logically be used to justify the common law remedy and is erratic and capricious in operation. (3) The remedy itself produces a complete indemnity for a relatively tiny group of injured persons, something less (often greatly less) for a small group of injured persons; for all the rest it can do nothing. (4) As a system it is cumbersome and inefficient . . . (5) The common law remedy falls far short of the five requirements outlined in paragraph 55 of this Report." These requirements are described in the *Woodhouse Report* (39 [55]) under the following headings; (1) Community Responsibility, (2) Comprehensive Entitlement, (3) Complete Rehabilitation, (4) Real Compensation and (5) Administrative Efficiency; cf. note 997, *infra*.

[381]) *Pearson Report* III. 192 (864). Cf. note 380, *supra*.
[382]) *Pearson Report* III. 193 (866).
[383]) *Pearson Report* III. 192 (864).
[384]) *Pearson Report* III. 193 (867–868).
[385]) *Pearson Report* III. 194–195 (871 ff.).
[386]) *Pearson Report* III. 195 (877).
[387]) *Pearson Report* III. 195–196 (881).
[388]) *Pearson Report* III. 197 (888).
[389]) *Pearson Report* III. 197 (891).
[390]) *Pearson Report* III. 199 (898).
[391]) *Pearson Report* III. 199 (899).
[392]) As to comments on the N. Z. scheme, cf. *Pearson Report* III. 202 ff. (914 ff.). Cf. note 393, *infra*.
[393]) Its main criticism was that two classes of patients had been created, namely those who suffered from an injury and, thus, were compensated, and those who suffered from an ,,ordinary" sickness where the Act did not apply, *Pearson Report* III. 203 (917). I am personally indebted to the Dean of the School of Medicine at the University of Auckland, Prof. Dr. David COLE, and to Mrs Margaret A. VENNELL, Lecturer in Law at the same university, for valuable information on the working of the *Accident Compensation Scheme* in New Zealand from a professional point of view. Indispensable reading for the study of the N.Z. compensation system are the following books and articles which nobody should dispense himself from reading before criticising the scheme (cf. note 351, *supra*): A. P. BLAIR, Accident Compensation in New Zealand, Wellington [Butterworths] 1978; J. L. FAHY, Accident Compensation Coverage, 4th ed. Wellington [Accident Compensation Commission] 1980; K. L. SANDFORD, Personal Injury by Accident under the Accident Compensation Act. A Commentary, Wellington [Accident Compensation Commission] 1979; M. A. VENNELL, ,,L'indemnisation des domages corporels par l'Etat: Les Résultats d'une expérience d'indemnisation automatique en Nouvelle-Zelande", in: Revue Internationale de Droit Comparé 1976, 73–82, and Mr Justice WOODHOUSE,,,Aspects of the Accident Compensation Scheme", in: (1979) N. Z. L. J. 395–405, all with further refs.
[394]) *Pearson Report* III. 140–141 (631–632).
[395]) *Pearson Report* III. 140–141 (632).
[396]) *Pearson Report* III. 141 (632, *sub* vi).
[397]) *Pearson Report* III. 141 (632, *sub* vii].
[398]) *Pearson Report* III. 141 (632, *sub* viii).
[399]) *Pearson Report* III. 141 (633).
[400]) *Pearson Report* I. 289 (1355–1358); III. 141 (633).
[400a]) The states are listed in note 379a, *supra*.
[400b]) For details, cf. Elizabeth D. SCHRERO, ,,Patient Compensation Funds: Legislative Responses to the Medical Malpractice Crisis", in: 5 American Jnl. of L. and Med. 175–195 (1979), with a full documentation and further refs. Another informative study is *Beyond Malpractice: Compensation For Medical Injuries*. A Policy Analysis from the Institute of Medicine, Division of Legal, Ethical, and Educational Aspects of Health (National Academy of Sciences, Printing and Publishing Office), Washington 1978.
[400c]) Cf. Note 379a, *supra*.
[400d]) Cf. note 400b, *supra*.
[401]) A very informative study is: R. F. BRIDGMAN and M. I. ROEMER, Hospital Legislation

and Hospital Systems, Geneve, (WHO) 1973; also cf. S. R. SPELLER, Hospitals, *in toto*, and PICARD, 247–275.

[402]) R. F. BRIDGMAN and M. I. ROEMER, *op. cit.* [*supra*, note 401], 54 ff., 151 ff.

[403]) Cf. B. SLUYTERS, ,,Civil Liability of Physicians, Liability in connection with hospital treatment", in: *Council of Europe*, Civil Liability of Physicians. Proceedings of the Fifth Colloquy on European Law held under the auspices of the Council of Europe with the collaboration of ,,Jean Moulin" and ,,Claude Bernard" Universities of Lyons . . . in Lyons, 3–5 June 1975, Strasbourg 1975, 23 ff. (there is a parallel French text also available); R. F. BRIDGMAN and M. I. ROEMER, *op. cit.* [*supra*, note 401], 144; S. R. SPELLER, Hospitals, 1 ff.

[404]) R. F. BRIDGMAN and M. I. ROEMER, *op. cit.* [*supra*, note 401], 111; B. SLUYTERS, *loc. cit.* [*supra*, note 403], 23 ff.

[405]) R. F. BRIDGMAN, and M. I. ROEMER, *op. cit.* [*supra*, note 401], 88.

[406]) HOLDER, 210–218, with further refs.; A. LAUFS, ArztR, §§ 18, 152, 179 ff.; B. SLUYTERS, *loc. cit.* [*supra*, note 403], 23 ff.; as to *Switzerland, cf.* BG, 28th June 1972, BGE 98 Ia 508 ff.; 3rd July 1975, BGE 101 II 177 ff. Also cf. SAVATIER-AUBY-SAVATIER-PEQUIGNOT, 193 ff.

[407]) A. LAUFS, ,,Arztrecht im Wandel – Die Entwicklung des Arztrechts 1976/77", in: NJW 1977, 1081, notes that 70% of the complaints against physicians are directed against doctors in hospitals; H.-L. WEYERS, *loc cit.* [*supra*, note 353], 27, states that 50% of the cases analysed by him (namely roughly 100 decisions by the Federal Supreme Court in *Germany*, and about 60 decisions of other German courts) were based on malpractice in *hospitals.*

[408]) DUNZ, 25.

[409]) A rather interesting case is BGH, 22nd April 1975, NJW 1975, 1463.

[410]) B. SLUYTERS, *loc. cit.* [*supra*, note 403] 23 ff.

[411]) BGH, 14th March 1978, VersR 1978, 542 (543 *sub* I); 15th May 1979, VersR 1979, 720 = JZ 1979, 530; OLG Hamm, 7th Febr. 1979, VersR 1980, 585 ff.; W. UHLENBRUCK, ,,Typische Formen des Krankenhaus-Aufnahmevertrages", in: NJW 1964, 431 ff.

[412]) BGH, 27th Febr. 1952, BGHZ 5, 321 (324); 8th May 1962, NJW 1962, 1763 (hospital liable in contract, §§ 611, 278 BGB); 8th May 1979, VersR 1979, 718 ff. = NJW 1979, 1935 ff.

[413]) BGH, 22nd April 1975, NJW 1975, 1463 ff. (1465); OLG Hamburg, 30th Dec. 1953, VersR 1954, 125; also cf. Th. KURZAWA, ,,Auswirkungen der unterschiedlichen Krankenhausorganisation der Krankenanstalten auf Art und Umfang der Arzthaftpflicht", in VersR 1977, 799–802.

[414]) Cf. A. LAUFS, ArztR, § 181, with further refs.; an interesting recent case is BGH, 8th May 1979, VersR 1979, 718 (*sub* I. 2) = NJW 1979, 1935 ff.

[415]) BGH, 30th Oct. 1967, BGHZ 49, 19 (21); 21st Sept. 1971, NJW 1972, 334; 22nd April 1975, NJW 1975, 1463 ff.; 22nd Apr. 1980, VersR 1980, 768; OLG München, 27th March 1975, NJW 1977, 2123; LG Köln, 31st July 1979, VersR 1980, 491.

[416]) The same principles of vicarious liability apply in the case of a physician who employs other physicians or medical or nursing personnel himself, RG, 19th Jan. 1933, RGZ 139, 255; BGH, 16th Oct. 1956, NJW 1956, 1834. As to the civil liability of a physician whose negligent treatment necessitates the addition of a second physician for this physician's negligence, cf. Rg, 3rd June 1921, RGZ 102, 230; as to the civil liability of physicians who co-operate as a team in intensive medicine, cf. H. P. WESTERMANN, ,,Zivilrechtliche Verantwortlichkeit bei ärztlicher Teamarbeit", in: NJW 1974, 577 ff. Also cf. BGH, 15th May 1979, VersR 1979, 720 = JZ 1979, 530.

417) RG, 6th Jan. 1939, RGZ 159, 290; OLG Bremen, 21st March 1979, VersR 1979, 1060 (1062); OLG Hamm, 7th Febr. 1979, VersR 1980, 585 (586).
418) Cf. BGH, 11th Oct. 1977, VersR 1978, 82 ff. (84, sub III. 2a); 14th March 1978, VersR 1978, 542 ff. (543, sub I. 1); also cf. BGH, 30th June 1959, VersR 1960, 19 (vicarious liability of hospital for assistant physician); 30th June 1959, NJW 1959, 2302 (Vicarious liability of hospital for nurses).
419) Thus, in an interesting case before the Provincial High Court (OLG) Frankfurt a. M., 26th April 1977, VersR 1977, 1058, the hospital was held liable for damages (including compensation for no-physical loss) incurrend by the plaintiff/patient in the course of an operation during which no fully qualified specialist anaesthetist *(Fachanästhesist)* was present to supervise the operation team's control of the anaesthetical apparatus (§§ 823, 831, 847 BGB); also cf. BGH, 14th March 1978, VersR 1978, 542 ff. (543, sub I. 2).; 29th May 1979, VersR 1979, 844 ff.
420) BGH, 19th June 1972, VersR 1973, 862; OLG Stuttgart, 20th May 1976, VersR 1977, 846 ff. (846–847).
421) BAG, 10th June 1969, NJW 1969, 2299.
422) Cf. R. F. BRIDGMAN and M. I.ROEMER, *op. cit.* [*supra*, note 401], 87 ff.; H. J. GRAYSON, Physician and Patient: Legal Relationships, No. 6: Liability of Physicians and Hospitals for Acts or Omissions of Others (Vicarious Liability), NY 1976, 6:72 ff., 6:77 ff., 6:9ß ff., 6:94 ff., 6:116 ff., 6:131 ff., 6:143 ff., with a full discussion of *American* case law; HOLDER, 210–218, with further refs. A convenient summary of many aspects of hospital liability can be found in: G. J. ANNAS, The Rights of Hospital Patients. An American Civil Liberties Union Handbook, NY 1975.
423) Cf. text of this treatise, *supra*, at note 12; also cf. HOLDER, 43 ff.; J. R. WALTZ and F. E. INBAU, Medical Jurisprudence, NY 1971, 41.
424) *Mitchell County Hospital Authority v. Joiner*, 229 Ga. 140, 189 SE 3d 412 (1972); *Garlington v. Kingsley*, 277 So. 2d 183 (La. 1973); also cf. *Snead v. Le Jeune Road Hospital Inc.*, 196 So. 2d 179 (Fla. 1967); *Darling v. Charleston Community Memorial Hospital*, 33 Ill. 2d 327, 211 NE 2 d 253 (1965); *Alden v. Providence Hospital*, 383 F. 2d 163 (Ca D. C. 1967); *Tucson Medical Center v. Misevch*, 113 Ariz. 34, 545 P. 2d 958 (1976); as to details, cf. H. J. GRAYSON, *op. cit.* [*supra*, note 422], 6/72 ff. and SHIPLEY, ,,Hospitals Liability for Negligence in Failing to Review or Supervise Treatment Given by Individual Doctor, or to require Consultation", 14 ALR 3d 873, 875 (1967). A hospital cannot be made liable for physicians who work there as independent contractors; but if a hospital contracts with a physician in a language explicitly stipulating that he was working as an independant contractor, whereas, through hospital rules and regulations, it becomes apparent that the physician is in fact controlled by the hospital and, thus, an employee, then the hospital will be liable for him, *Mdusa v. Benedictine Hospital*, 384 NYS 2d 527 (S. C. App. Div. 1976); also cf. *Schneider v. Albert Einstein Medical Center*, 390 A.2d 1271 (Pa. 1978).
425) HOLDER, 215–216, with further refs.
426) Cf. J. F. HORTY, ,,Denial of Staff Privileges Upheld", in: Modern Healthcare, Dec. 1975, 64–65.
427) *Purcell v. Zimbelman*, 18 Ariz. App. 75, 500 P. 2d 335 (1972); but cf. *Hundt v. Proctor Community Hospital*, 5 III. Ap. 3d 987, 284 NE 2d 676 (1972).
428) J. R. WALTZ and F. E. INBAU, Medical Jurisprudence, NY 1971, 112; also cf. J. F. HORTY, ,,Negligence serves two Masters", in: Modern Healthcare, Jan. 1976, 58 ff.; E. R. TAN, ,,Liability of Operating Surgeon for Negligence of Nurse Assisting him", 12 ALR 3d 1017 (1967); M. L. CARMICHAEL, ,,Liability of Physician or Hospital in

the Performance of Cosmetic Surgery upon the Face", 54 ALR 3d 1255 (1973); E. WAGNER," ,,Plant Operation", in: 48 Hospitals, JAHA, 48: 83 (1974).

429) Cf. SHIPLEY, loc. cit. [supra, note 424], 879. As a consequence of this expansion of hospital liability, hospitals suffer from increased insurance costs, cf. S. T. HOLLOWAY and A. B. SAX, ,,A[merican] H[ospital] A[ssociation] Urges, Aids Hospitals to Adopt Effective Risk Management Plans", in: 51 Hospitals, JAHA, 52: 57 ff. (1977); a somewhat unbelievable case is the one of a *New York* City Hospital which was reported as paying a 13 000 000 dollar premium for coverage of 1 000 000 (sic), C. T. M. CAMERON, ,,Some Aspects of US Medical Malpractice Insurance", in: (1977) 2 The British Medical Jnl. 877; as to case law on liability in general, cf. P. A. AGABIN, ,,Hospital's Liability for Negligence in Connection with Preparation, Storage, or Dispensing of Drug or Medecine", 9 ALR 3d 579 (1966); HOLDER, 210–218; E. E. HOLLOWELL, ,,What every Nurse should Know about Tort Liability", in: 51 Hospitals, JAHA, 51: 97 (1977); J. F. HORTY, ,,Courts Set Limit on Liability", in: Modern Healthcare, Oct. 1975, 58 ff.; J. M. PURVER, ,,Malpractice: Attending Physician's Liability for Injury Caused by Equipment Furnished by Hospital", 35 ALR 3d 1068 (1971).

430) As to *England* and *Wales* in particular, cf. R. F. BRIDGMAN and M. I. ROEMER, op. cit. [supra, note 401], 143 ff.; S. R. SPELLER, Hospitals, in toto.

431) Cf. *Hillyer v. St. Bartholomew's Hospital* [1909] 2 K. B. 820; at least if reasonable care had been taken to select competent physicians, surgeons and nurses, the hospital authorities were not responsible for their negligence in the course of their professional duties, *Linsy C. C. v. Marshall* [1937] A. C. 97 (108, per LORD HAILSHAM, 113 per LORD SANKEY, 119 per LORD MACMILLAN); as to the reasoning behind this view, cf. *Cassidy v. Ministry of Health* [1951] 2 K. B. 343 (360–361, per DENNING L. J.). Also cf. FLEMING on Torts, 360 (361).

432) *Cassidy v. Ministry of Health* [1951] 2 K. B. 343; *Collins v. Hertfordshire C. C.* [1947] K. B. 598; *Gold v. Essex C. C.* [1942] 2 K. B. 293; *Roe v. Ministry of Health* [1954] 2 Q. B. 66; CHARLESWORTH on Negligence, §§ 976–979; WINFIELD and JOLOWICZ on Torts, 10th ed. Lo. 1975, 520–521; an informative study on what follows in the text, *supra*, is S. R. SPELLER, Hospitals, in toto. As to *other* Common Law countries, cf. *Henson v. Perth Hospital* (1939) 41 W. A. L. R. 15 (as to nurses); *Samios v. Repatriation Commission* [1960] W. A. R. 219 (as to special consultants [here: independent radiologist]); FLEMING on Torts, 360 (361–362); *Sisters of St. Josepf v. Fleming* [1938] S. C. R. 172, D. L. R. 417; *Toronto General Hospital v. Aynsley* [1972] S. C. R. 435 (as to part-time anaesthetists).

433) For a *Canadian* case cf. *Bugden v. Harbour View Hospital* [1947] 2 D. L. R. 338 (N. S. S. C.).

434) For an interesting *Canadian* case to the same result cf. *Beausoleil v. Soeurs de la Charité* (1966) 53 D. L. R. 2nd 65 (Que. C. A.).

435) *Barnett v. Chelsea and Kensington Hospital Management Committee* [1968] 1 All E. R. 1068, [1969] 1 Q. B. 428 (per NIELD J.); *Bullard v. Croyden Hospital Group Management Committee* [1953] 1 Q. B. 511; *Cassidy v. Ministry of Health* [1951] 1 All. E. R. 514, 2 K. B. 343 (C. A.); *Collins v. Hertfordshire C. C.* [1947] 1 All E. R. 633, K. B. 958 (per HILBERY J.); *Razzel v. Snowball* [1954] 3 All. E. R. 429 (C. A.); CHARLESWORTH on Negligence, §§ 979–980; C. R. A. MARTIN, Law Relating to Medical Practice, 2nd ed. Lo. 1979, 51–187; S. R. SPELLER, Hospitals, 15 ff., 167 ff. and 511 ff.; IDEM, Doctor and Patient, 83–85; An interesting Canadian case is *Aynsley v. Toronto General Hospital* [1972] S. C. R. 435; also cf. *Barker v. Lockhart* [1940] 3 D. L. R. 427 (N. B. C. A.); *Eek v. Board of High River Municipal Hospital*

Notes · Anmerkungen

[1929] 1 W. W. R. 36 (Alta. S. C.); *Farrell v. Regina* [1949] 1 W. W. R. 429 (Sask. K. B.); *Frazer v. Vancouver General Hospital* [1952] 2 S. C. R. 36; *Martel v. Hotel-Dieu St. Vallier* (1969) 14 D. L. R. 3rd 445 (S. C. C.).

[436]) CHARLESWORTH on Negligence, § 972, with further refs. as to *English* case law; for *Canadian* case law, cf. *Knight v. Sisters of St. Ann* (1967) 64 D. L. R. 2nd. 657 (B. C. S. C.), with further refs. And cf. note 127, *supra*.

[437]) *Grant v. Australian Knitting Mills* [1936] A. C. 85, 52 T. L. R. 38, 101 (P. C., per LORD WRIGHT); *Abel v. Cooke and Lloydminster and District Hospital* [1938] 1 W. W. R. 49, 1 D. L. R. 2nd 170 (Alta. C. A.) ; FLEMING on Torts, 305.

[438]) *Cassidy v. Ministry of Health* [1951] 2 K. B. 343; *Interlake Tissue Mills. v. Salmon* [1949] 1 D. L. R. 207 (Ont. C. A.); FLEMING on Torts, 305; also cf. *Pearson Report* I. 281 (1311). The same position holds true in *Germany*: OLG Hamm, 7th Febr. 1979, VersR 1980, 585 (586).

[439]) *Jones v. Manchester Corporation* [1952] 2 All E. R. 125, 2 Q. B. 852 (C. A.).

[440]) *Roe v. Ministry of Health* [1954] 2 Q. B. 66; CHARLESWORTH on Negligence, § 980.

[441]) Cf. STREET on Torts, 5th ed. Lo. 1972, 416; *Roe v. Ministry of Health* [1954] 2 All E. R. 131, 2 Q. B. 66 (C. A.); *Razzel v. Snowball* [1954] 3 All E. R. 429, 1 W. L. R. 1382 (C. A.).

[442]) Cf. P. S. ATIYAH, Vicarious Liability in the Law of Torts, Lo. 1967, 87 ff., 428 ff.

[443]) *Collins v. Hertfordshire C. C.* [1947] K. B. 598; SALMOND on Torts, 469 note 18.

[444]) In *Razzel v. Snowball* [1954] 3 All E. R. 429, 1 W. L. R. 1382 (C. A.), DENNING L. J. said, *obiter*, that all consultants under the National Health Service Acts were members of the hospital staff; also cf. S. R. SPELLER, Hospitals, 167 ff., 415 ff., 511 ff.

[445]) Even before the *National Health Service Acts* came into operation, a hospital was held liable for infectious diseases caught on hospital premises, *Heafield v. Crane* (1937) *The Times*, 31st July (puerperal fever caught in hospital). For *German* case law cf. RG, 13th Dec. 1940, RGZ 165, 336 (scarlet fever caught because plaintiff was put up together with a patient infected with this disease); BGH, 22nd Jan. 1960, VersR 1960, 416 (tuberculosis caught under similar circumstances); also cf. note 231.

[446]) Cf. *Mitchell v.. Ross* [1959] 3 All E. R. 341.

[447]) *Cassidy v. Ministry of Health* [1951] 2 K. B. 343; *Collins v. Hertfordshire C. C.* [1947] K. B. 598; *Gold v. Essex C. C.* [1942] 2 K. B. 293; *Hillyer v. St. Bartholomew's Hospital* [1902] 2 K. B. 820, *Voller v. Portsmouth Corporation* (1947) *The Times*, 30th April (*per* ATKINSON J.); *Wardell v. Kent C. C.* [1938] 2 K. B. 768; *Macdonald v. Glasgow S. W. Hospital Board*, 1954 S. C. 453; *Henson v. Perth Hospital* (1939) 41 W. A. L. R. 15; *Johnston v. Wellesley Hospital* (1972) 17. D. L. R. 3rd 139; *Crits v. Sylvester* (1956) O. R. 132, 1 D. L. R. 2nd 502, affd. [1956] S. C. R. 991, 5 D. L. R. 2nd 601; *Toronto General Hospital v. Aynsley* [1972] S. C. R. 435; *Vuchar v. Toronto General Hospital* [1937] O. R. 71 (C. A.).

[448]) Cf. *Gold v. Essex C. C.* [1942] 2 K. B. 293, 301 (*per* LORD GREENE, M. R.) and *Cassidy v. Ministry of Health* [1951] 2 K. B. 343, 362-365 (*per* DENNING, L. J.).

[449]) Cf. SALMOND on Torts, 469. In the great majority of *Canadian* cases, it is the patient who engages and pays the doctor (under the medicare schemes) and has the power to dismiss him. The hospitals then do not employ the physician who is an independent contractor (but cf. note 424, *supra*); he therefore is directly liable to his patient for his negligence, *Hopital Notre Dame de l'Espérance v. Laurent* [1978] 1 S. C. R. 605; *Tiesmaki v. Wilson* [1974] 4 W. W. R. 19, affd. [1975] 6 W. W. R. 639 (Alta. C. A.); PICARD, 264 note 99; it is otherwise, however, where doctors are employed as house staff, *Aynsley v. Toronto General Hospital* [1972] S. C. R. 435; *Karderas v. Clow* (1973) 32 D. L. R. 3rd 303 (Ont. H. C.); PICARD, 265 note 100.

Appendix I

[450]) *Petet v. Hospital St. Jeanne d'Arc* (1940) 78 S. C. 564 (Que. S. C.).

[451]) *Coles v. Reading Hospital Management Committee* (1963) *The Times*, 31st January (*per* SACHS J.); on failure of communication cf. S. R. SPELLER, Doctor and Patient, 69–74; the same principles hold true if one physician transfers the patient to another colleague and fails to adequately inform him of the patient's medical history, *Crichton v. Hastings* (1972) 29 D. L. R. 3rd 692 (Ont. C. A.), but the referring physician is not obliged to warn the patient of the risks involved in a procedure to be undertaken by another doctor, *McLean v. Weir* [1977] 5 W. W. R. 609 (B. C. S. C.).

[452]) Cf. J. AMBIALET, Responsabilité du Fait d'Autrui en Droit Médical, Pa. 1974, 41 ff.; J. PENNEAU, Faute et Erreur en Matiere de Responsabilité Médical, Pa. 1973, 17, 41 ff.; IDEM, La Responsabilité Médicale, Tou. 1977, 18 ff.; SAVATIER-AUBY-SAVATIER-PEQUIGNOT, 211 ff. Also cf. in general R. F. BRIDGMAN and M. I. ROEMER, *op. cit.* [*supra*, note 401], 111 ff.

[453]) B. SLUYTERS, *loc. cit.* [*supra*, note 403], 23 ff.

[454]) *Les affaires Chilloux* and *Isaac Slimane;* a helpful discussion of these two cases is given by G. B. CHAMMARD and P. MONZEIN, La Responsabilité Médicale, Vendome 1974, 28 ff; also cf. J. PENNEAU, La Responsabilité Médicale, Tou. 1977, 228–229, with further refs. For a full discussion, cf. J. MONTADOR, La Responsabilité des Services Publics Hospitaliers, Pa. 1973, 17 ff., 35 ff. and 47 ff.

[455]) Cf. G. B. CHAMMARD and P. MONZEIN, La Responsabilité Médicale, Vendome 1974, 20, 22.

[456]) *Ibd.* 48; also cf. B. SLUYTERS, *loc. cit.* [*supra*, note 403], 23 ff. In this connection, cf. J. M. LASSERRE (and G. MAZEREAU), ,,Les risques du métier ou La Responsabilité Personnelle du Directeur d'Hopital", in: Gestions Hospitalieres No. 168 (1977) 569; No. 169 (1977) 683; No. 170 (1977) 779.

[457]) G. B. CHAMMARD and P. MONZEIN, La Responsabilité Médicale, Vendome 1974, 48; also cf. GEHRING, *op. cit.* [*supra*, note 3], 115 and J. MONTADOR, La Responsabilité des Services Publics Hospitaliers, Pa. 1973, 109 ff.; 125 ff.

[458]) C. E., 26th June 1959, Rouzet, Lebon 405, D. 1960. 112, note ROBERT.

[459]) Cf. J. MONTADOR, La Responsabilité des Services Publics Hospitaliers, Pa. 1973, 27 ff.

[460]) Cass. rég., 28th Jan. 1942, D. C. 1942. 63. Also cf. G. B. CHAMMARD and P. MONZEIN, La Responsabilité Médicale, Vendome 1974, 24, 50 ff., and an elaborate discussion on pp. 60 ff. Also cf. B. SLUYTERS, *loc. cit.* [*supra*, note 403], 23 ff.

[461]) G. B. CHAMMARD and P. MONZEIN, La Responsabilité Médicale, Vendome 1974, 50 ff., with further refs.

[462]) On the possible criminal liability of physicians with regard to new methods of treatment and experimentation, cf. M. FINCKE, Arzneimittelprüfung. Strafbare Versuchsmethoden. ,,Erlaubtes" Risiko bei eingeplantem fatalen Ausgang, Karlsruhe 1977, and H.–G. GRAHLMANN, Heilbehandlung und Heilversuch. Zur strafrechtlichen Problematik von Neulandoperationen und experimentellen Heilmethoden, Stuttgart 1977. Also cf. note 586, *infra*.

[463]) For which cf. this treatise, *Appendix III*, pp. 413 ff., *infra*. One of the more recent additions to this list is the new *German Drug Administration Law* of 1976 (Gesetz zur Neuordnung des Arzneimittelrechts, 24th Aug. 1976, effective since 1st Jan. 1978, BGBl. I. 2445), but this covers only a small section of the whole problems to be discussed here.

[464]) Originally, even *American* courts were hostile to research treatment and followed the old doctrine that experiments are made at the physician's own peril. *Carpenter v. Blake*, 60 Barbour 488 (S. C. NY 1871), revd on other grounds, 50 NY 696 (1872);

Fortner v. Koch, 272 Mich. 273, 282; 261 NW 762, 765 (1932); *Graham v. Doctor Pratt Institute,* 163 Ill. App. 91, 93 (1911); *Kershaw v. Tilbury,* 214 Cal. 679, 8 P. 2d 109 (1932); cf. C. E. WASMUTH (sen. and jun.), law and the Surgical Team, Baltimore 1969, 319 ff. Only since the 1930s courts took a less rigid view, cf. M. F. RATNOFF and J. C. SMITH, ,,Human Laboratory Animals: Martyrs for Medicine", in: 36 Fordham L. Rev. 673 ff.; 683 (1968); and *Karp and Cooley,* 493 F. 2d 408 (CA 5th Tex. 1974), reh. den., 496 F. 2d 878 (CA 5th Tex. 1974), and cert. den. 419 US 845, 95 S. Ct. 79 (1974).

465) Cf. pp. 1 ff., 157 ff., *supra.*

466) For a *comparative law* discussion, cf. E. DEUTSCH, ,,Das internationale Recht der experimentellen Humanmedizin", in: NJW 1978, 570–575; IDEM, ,,Die klinische Forschung am Menschen im amerikanischen und internationalen Recht", in: VersR 1978, 289–296; IDEM, Medizin und Forschung vor Gericht, Karlsruhe 1978, *in toto;* IDEM, ,,Rechtliche Aspekte des klinischen Experiments", in: W. HOLCZABEK (Ed.), Beiträge zur gerichtlichen Medizin 33: 18 ff. (1975); A. LAUFS, ,,Arztrecht im Wandel", in: NJW 1977, 1081 ff. (1084), and for *German* law, IDEM, ,,Die klinische Forschung am Menschen nach deutschem Recht", in: VersR 1978, 385–392; also cf. note 467, *infra.*

467) Cf. note 466, *supra,* and the following contributions: E. DEUTSCH, Das Recht der klinischen Forschung am Menschen. Zulässigkeit und Folgen der Versuche am Menschen, dargestellt im Vergleich zu dem amerikanischen Beispiel und den internationalen Regelungen, 1978; G. FISCHER, Medizinische Versuche am Menschen. Zulässigkeitsvoraussetzungen und Rechtsfolgen, Gö. 1979; A. LAUFS, ArztR. §§ 230 ff., with an almost complete collection of learned contributions written in German (inclusive of 1978 publications); H. K. BEECHER, ,,Ethics and Clinical Research", in: 274 The New England Jnl. of Med. 1354–1360 (1966); W. J. CURRAN, ,,The Freedom of Medical Practice, Sterilization and Economic Medical Philosophy", in: 298 The New England Jnl. of Med. 32–33 (1978); IDEM, ,,Legal Liability in Clinical Investigations", in: 298 The New England Jnl. of Med. 778–779 (1978), both with some further refs. as to more recent material written in English. The perhaps most important periodical covering all possible aspects of the vast and rapidly developing field of Law and Medicine now is the *American Journal of Law and Medicine,* appearing since 1975 and now published for the *American Society of Law and Medicine* by the Massachusetts Institute of Technology (MIT) Press, serving both as a forum for analyses and proposals in such areas as health law and policy, legal and insurance medicine, and bioethics, and offering a wide variety of pertinent reference materials in these and related areas, including a regular coverage of new articles and books in English, and of *American* case law in the field of Law and Medicine. Another important periodical is the recently launched *International Jnl. of Medicine and Law,* which has started to appear in 1979 under the editorship of Judge Amnon CARMI, and an international board of editors from all over the world (Publisher: Applied Scientific Research Co., University of Haifa, Israel). Further readings can also be found in note 470, *infra,* and throughout this publication.

468) The official *English* version is printed, as *Appendix VI,* in this treatise, pp. 429 ff., *infra.* An official *German* version can be found in Deutsches Ärzteblatt 61: 2533 (1964); on the significance of the *Declaration of Helsinki* cf. note 471, *infra.*

469) A useful synopsis of the original Greek form of the *Hippocratic Oath* and both Latin and German translations can be found in: Arzt und Christ (Salzburg) 1 (1962) 1 ff.; also cf. *Appendix IV* of *this* treatise, pp. 423 ff., *infra.* For details, cf. Karl DEICHGRÄBER, Der Hippokratische Eid, 3rd ed. Stuttgart 1972, and Ludwig EDEL-

STEIN, Der Hippokratische Eid. Mit einem forschungsgeschichtlichen Nachwort von Hans DILLER, Series *Lebendige Antike*, Zürich and Stuttgart (Artemis) 1969 [Ludwig EDELSTEIN's treatise appeared for the first time under the title *The Hippocratic Oath*, in: Supplements to the Bulletin of the History of Medicine, No. 1, Baltimore (John Hopkins Press) 1943]. A useful synopsis of the Oaths to be taken by new members of the medical profession in almost all important languages of the world, can also be found in: Arzt und Christ (Salzburg) 1 (1962) 3–34.

[469a]) *Code of Nuremberg* (1974), No. 1, Appendix V, pp. 427 ff., *infra*.

[470]) Important readings are: L. BEAUCHAM and Le Roy WALTERS (Eds.), Contemporary Issues in Bioethics, Encino (CA) 1978; R. L. BOGOMOLNY, Human Experimentation, Dallas 1976; R. HUNT and J. ARRAS (Eds.), Ethical Issues in Modern Medicine, Palo Alto (Cal.) 1977; St. F. SPICKER and H. T. ENGELHARDT, Philosophical Medical Ethics: Its Nature and Significance, Boston 1977; STANDRIDGE, ,,Experimentation on Humans in Biomedical Research: Implications for the Industry of Recent Legislation and Cases", in: 63 Women Lawyers Jnl. 88–95 (1977), all with further refs. But cf. M. B. VISSCHER, Ethical Constraint and Imperatives in Medical Research, Springfield (Ill.) 1975, whose primary purpose in this treatise it is, in the fields of genetic engineering, studies on children, psychiatric research, research in prisons, the development of new drugs etc., to point out that the use of both animals *and* human subjects for medical research under proper conditions is not only ethically justified but is a moral obligation in an ,,ethical society"; we do not go as far as that and prefer also to emphasise the potential dangers, or even evils, of certain forms of experimentation on human beings (cf. this treatise, *sub* B III 3b, esp. the text near notes 559 ff., *supra*): a standpoint perhaps understandable in an author – born in 1936 – from a country in which the greatest atrocities could happen in the name of research: in the Concentration Camps of the Nazi era: and what are ,,proper conditions" of medical research on human beings?

[471]) The *Declaration of Tokyo* (1975) is printed, in the original *English* version, as Appendix VII of this treatise, pp. 431 ff., *infra*. A *German* translation can be found in Bundesanzeiger Vol. 28, No. 152, 24th Aug. 1976, pp. 3–4, or in Deutsches Ärzteblatt 72: 3162 ff. (1975) and (in part) *ibd.*, 75: 2774–2775 (1978). On the significance of the *Declaration of Helsinki* (as revised in Tokyo in 1975) cf. R. WINTEN, ,,The Significance of the Declaration of Helsinki", in: Med. Jnl. Aust. 1978, 2: 78–79 (*ibd.* 79: ,,The Declaration of Helsinki is an internationally accepted document, providing guidelines on the ethical aspects of clinical research. It is based both on historical experience and on current developments. It is flexible and adaptable and under constant review. It offers a firm basis and a common standard in the determination of a sound ethical approach to medical scientific research involving human subjects").

[471a]) *Cryderman v. Ringrose* [1977] 3 W. W. R. 109, 6 A. R. 21, affd. [1978] 3 W. W. R. 481, (1979) 89 D. L. R. 3rd 32 (Alta. S. C.), with quotation from *ibd.*, 32–33. Also cf. note 90, *supra*.

[472]) Cf. BG, 6th May 1931, BGE 57 II 196 (206).

[473]) Cf. M. KRIELE, ,,Stand der medizinischen Wissenschaft als Rechtsbegriff", in: NJW 1976, 355 ff.; also cf. J. R. WALTZ and F. E. INBAU, Medical Jurisprudence, NY 1971, 48 ff. and 60 ff.; with further refs.

[474]) M. KRIELE, *loc. cit.* [*supra*, note 473] 355 ff.

[475]) Cf. *Anderson v. Chasney* [1950] 4 D. L. R. 223 (S. C. C.); *Crits v. Sylvester* [1956] S. C. R. 991; *Price v. Milawski* (1977) 18 O. R. 2nd 113, 82 D. L. R. 3rd 130 (C. A.); *Villemure v. Turcot* [1973] S. C. R. 716; PICARD, 197; as to *German* case law, cf.

BGH, 22nd April 1975, NJW 1975, 1463 (1464); 27th June 1978, BGHZ 72, 132 (135); W. DUNZ, „Das heikle Thema oder Das Unbehagen an der Kunstfehlerbegutachtung", in: Der Medizinische Sachverständige 72 (1976) 74–76; also cf. notes 252 and 279, *supra*.

[476]) Cf. pp. 142 ff., 273 ff., *supra*.

[477]) As to the trend, in *Germany*, that non-medical people increasingly take up the profession of psychotherapists, and as to the civil liability in such cases, cf. H. KROITZSCH, „Zur Haftung bei Gesundheits- und Vermögensschäden durch psychotherapeutische Behandlung", in: VersR 1978, 396–403; also cf. J. O. NOLL, „The Psychotherapist and Informed Consent", in: 133 American Jnl. of Psychiatry 1451–1453 (1976). The duty and standard of care and skill imposed on psychiatrists, psycho-therapists or psychologists is, however, the same as that required of physicians in all fields of medicine and surgery, in that they all apply a healing art in a specialised capacity in a hospital or quasi-medical practice environment, *Crits v. Sylvester* [1956] O. R. 132, 143–144, 1 D. L. R. 2nd 502, 508–509, affd. [1956] S. C. R. 991, 5 D. L. R. 2nd 601; *Haines v. Bellissimo* (1978) 82 D. L. R. 3rd 215, 229 (Ont. H. C.); *Wilson v. Swanson* [1956] S. C. R. 804, 5 D. L. R. 2nd 113.

[478]) S. R. SPELLER, Doctor and Patient, 55–59 (56).

[479]) Cf. I. 5 (2) and III. 4 of the *Declaration of Tokyo (1975)*, Appendix VII, pp. 431 ff. *infra*. Also cf. D. GIESEN, „Civil Liability of Physicians", *loc. cit.* [*supra*, note 87], 403 (418); W. DUNZ, in: AcP 177 (1977) 579 (in a review on the present author's first book on Medical Malpractice Law [1976]). Also cf. OTT, 48; as to *French* and *Belgian* law, cf. J. BRUNHES, Accidents Therapeutiques et Responsabilities, Lyon 1970, 145 ff., and X. RYCKMANS and R. MEERT VAN DE PUT. Les Droits et les Obligations des Médecins, Vol. I. 2nd ed. Bruxelles 1971, 491: „Les malades ne constituent pas le champ d'expérience des médicine".

[480]) The general rules of the physician's duty of care apply, a *fortiori*, to new methods of treatment; *Cryderman v. Ringrose* [1977] 3 W. W. R. 109, affd. [1978] 3 W. W. R. 481 (Alta. C. A.); PICARD, 85–87; Ott, 47–50; also cf. note 486, *infra*.

[481]) *Badger v. Surken* (1970) 16 D. L. R. 3rd 146, 153, affd. [1973] 1 W. W. R. 302 (Sask. C. A.).

[482]) *Murphy v. St. Catharines General Hospital* (1964) 41 D. L. R. 2nd 697 (Ont. H. C.); LG Köln, 11th May 1962, VersR 1963, 296; also cf. D. GIESEN, (1976) 25 I. C. L. Q. 180 (190); IDEM, loc. cit. [*supra*, note 87], 403 (418); W. UHLENBRUCK, „Haftungsfragen bei fehlerhafter Anwendung von Arzneimitteln", in: Medizinische Klinik 1974, 445; also cf. note 486, *infra*.

[483]) OLG Celle, 20th Sept. 1976, VersR 1977, 258 (259).

[484]) Cf. D. M DAVIES (Ed.), Textbook of Adverse Drug Reactions, NY (OUP) 1977, a comprehensive textbook dealing with the epidemiology of adverse drug reactions, pathogenesis of adverse drug reactions, assessment of quality and safety of drugs, detection and investigation of adverse drug reactions, means of testing for drug allerges etc., and last not least the medicolegal aspects of adverse drug reactions; for an interesting *German* case cf. OLG Düsseldorf, 13th May 1976, VersR 1977, 725–726; also cf. H. ROESCH, „Haftung des rezeptierenden Arztes für Arzneimittelschäden", in: ZfV 1971, 476 (478); M. STAAK, „Aktuelle Probleme der ärztlichen Aufklärungspflicht im Rahmen von Arzneimittelbehandlungen", in: Beiträge zur gerichtlichen Medizin 23 (1975) 33.

[485]) OLG Bamberg, 19th Sept. 1975, VersR 1977, 436 ff.; OLG Düsseldorf, 13th May 1976, VersR 1977, 725 ff. and BGH, 22nd March 1977, VersR 1977, 644 ff.

[486]) Cf. G. GAISBAUER, „Die Rechtsprechung zum Arzthaftpflichtrecht 1971 bis 1974.

Eine Übersicht", in: VersR 1976, 214 ff. (218), with a full discussion of all relevant aspects according to *German* case law. Also cf. note 487, *infra*.

[487]) Thus, in *Baills v. Boulanger* [1924] 4 D. L. R. 1083 (Alta. C. A.), it was held that when a medical doctor uses a method of treatment the properties of which are not fully known or understood yet, he has a duty to use very great care and failure in this regard amounts to negligence; also cf. *Cryderman v. Ringrose* [1977] 3 W. W. R., affd. [1978] 3 W. W. R. 481 (Alta. C. A.). For *German* law, cf. W. UHLENBRUCK, ,,Haftungsfragen bei fehlerhafter Anwendung von Arzneimitteln", in: Medizinische Klinik 1974, 446 ff. And cf. note 486, *supra*.

[488]) *Turiff v. King* (1913) 9 D. L. R. 676 (Sask. S. C.); as to *German* law, cf. G. GAISBAUER, *loc. cit.* [*supra*, note 486], 214 (218).

[489]) *Murphy v. St. Catharines General Hospital* (1964) 41 D. L. R. 2nd 697 (Ont. H. C.).

[490]) Cf. HAINES, ,,Courts and Doctors", in: (1952) 30 Canadian Bar Rev. 491 ff.; H. HELMCHEN and B. MÜLLER -OBERLINGHAUSEN, ,,Psychopharmakologie und psychiatrische Facharztweiterbildung", in: Der Nervenarzt 44: 204 ff. (1973); W. UHLENBRUCK, ,,Ärztliche Fortbildungspflicht und Vertragsverletzung", in: Deutsche Medizinische Wschr. 1968, 2136 ff. Also cf. notes 48 and 101, *supra*.

[491]) *Bolam v. Friern Hospital Management Committee* [1957] 1 W. L. R. 582; *Chin Keow v. Government of Malaysia* [1967] 1 W. L. R. 813; *Hunter v. Hanley*, 1955 S. L. T.213; OLG Düsseldorf, 13th Febr. 1964, Ärztliche Mitteilungen 1966, 238; OLG Hamm, 29th March 1965, VersR 1965, 1108. Also cf. G. GAISBAUER, *loc. cit.* [*supra*, note 486], 214 ff., 218, 221, 225.

[492]) Cf. M. KOHLHAAS, ,,Ärztliche Pflichten bei Verabreichung neuer Arzneimittel", in: Müncher Medizinische Wschr. 106: 2281 ff., 2284 (1964).

[493]) For an *English* view, cf. LORD WILBERFORCE, ,,Educating the Judges", in: (1969) 10 Jnl. of the Society of Public Teachers of L. 254 ff.; for a *German* view, cf. D. GIESEN, Zur Problematik der Einführung einer Familiengerichtsbarkeit in der Bundesrepublik Deutschland, with a comparative law discussion of the situations in the *United Kingdom* and in *Canada*, Paderborn 1975, 15, 24–25, 34 ff.

[494]) [1954] 2 Q. B. 66.

[495]) [1954] 2 Q. B. 66, 86; similar views were expressed in *German* case law: BGH, 22nd March 1977, VersR 1977, 644 (645); OLG Bamberg, 19th Sept. 1975, affd. BGH, 14th Dec. 1976, VersR 1977, 436 ff. (437).

[496]) *R. v. Bateman* (1925) 94 L. J. K. B. 791; CHARLESWORTH on Negligence, § 965; A. LAUFS, ArztR, § 161.

[497]) BGH, 27th Sept. 1977, NJW 1978, 587 ff.

[498]) *Olsen v. Molzen*, 558 SW 2d 429 (Tenn. 1977).

[499]) Cf. *Tunkl v. Regents of the University of California*, 60 Cal. 2d 92, 383 P. 2d 441 (1963); W. J. CURRAN, ,,The Freedom of Medical Practice, Sterilization, and Economic Medical Philosophy", in: 298 The New England Jnl. of Med. 32–33 (1978).

[500]) *Baills v. Boulanger* (1924) 4 D. L. R. 1083 (Alta. C. A.); *Cryderman v. Ringrose* [1977] 3 W. W. R. 109, affd. [1978] 3 W. W. R. 481 (Alta. C. A.); PICARD, 85–87.

[501]) The research treatment must be *indicated*, i. e. it must on balance be more promising than established and perhaps time-honoured treatment methods. A. LAUFS, ,,Arztrecht im Wandel", in: NJW 1977, 1081 (1084); also case law is available: *Fiorentino v. Wenger*, 272 NYS 2d 557, revd. on other grounds, 227 NE 2d 296 (NY 1967); *Karp v. Cooley*, 349 F. Supp. 827 (DC Tex. 1972); *Holder*, 226; as to *French* law, cf. *Cour de Cassation*, Civ., 1st July 1958, D. 1958. 600; EBERHARDT, *op. cit.* [*supra*, note 3], 169; M. REVILLARD, General Report in ,,Civil Liability of Physicians", in:

Proceedings of the Fifth Colloquy on European Law ... in Lyons, 3–5 June 1975, Strasbourg 1975, 73 ff. (79); X. RYCKMANS and R. MEERT VAN DE PUT, Les Droits et le Obligations des Médecins, Vol. I, 2nd ed. Bruxelles 1971, 436 ff. Also cf. K. ENGISCH and W. HALLERMANN, Die ärztliche Aufklärungspflicht aus rechtlicher und ärztlicher Sicht, Köln, Bln, Bonn und Mü. 1970, 35.

502) *Crichton v. Hastings* (1972) 29 D. L. R. 3rd 692 (Ont. C. A.); in *Male v. Hopmans* (1966) 54 D. L. R. 2nd 592, [1967] 2 O. R. 457, 64 D. L. R. 2nd 105 (C. A.), a doctor feared serious infection and osteomyelitis, and decided to use drug, without specific consent, with known possible side effects of impairing hearing and kidneys; *held*, doctor was not at fault in this respect, but he was liable for failing to carry out recommended tests before using the drug; *Karp v. Cooley*, 349 F. Supp. 827 (DC Tex. 1972); K. NÜSSGENS, ,,Probleme der fachärztlichen Aufklärungspflicht", in: Laryngologie, Rhinologie, Otologie 54: 783, 793 (1975).

503) *Baills v. Boulanger* [1924] 4 D. L. R. 1083 (Alta. C. A.).

504) *Cryderman v. Ringrose* (1977) 3 W. W. R. 109, affd. [1978] 3 W. W. R. 481 (Alta. C. A.). And what is being said in the text related to this footnote equally applies to other legal systems; as to *German* law, e. g., cf. G. FISCHER, 42 ff., 68 ff.

505) BGH, 27th Sept. 1977, NJW 1978, 587 ff.

506) M. REVILLARD, General Report, *loc. cit.* [*supra*, note 501] 76.

507) *The confidence of the patient . . . is the basis of all good medicine*, *Hatcher v. Black and Others* (1954) The Times, 2nd July (*per* DENNING L. J.). The fiduciary relationship between patient and physician, however, principally is a ground for complete disclosure, and the lack of disclosure is a breach of trust, cf. *Dow v. Kaiser Foundation*, 12 Cal. App. 3d 488, 90 Cal. Rptr. 747 (1970); *Hunter v. Brown*, 4 Wash App. 899, 484 P. 2d 1162 (1971); as to the legal assessment of the delicate doctor-patient relationship, cf. Angela HOLLMANN, ,,Rechtliche Beurteilung des Arzt-Patienten-Verhältnisses", in: ArztR 1977, 69–77, with further refs. Also cf. D. GIESEN, ,,Civil Liability of Physician", *loc. cit.* [*supra*, note 87], 403 (404).

508) DUNZ, 14, points out that this question, despite its broad discussion by legal writers, is of relatively small practical relevance; also cf. K. NÜSSGENS, *loc. cit.* [*supra*, note 502], 794, another Federal Judge in *Germany*, states that such cases of justifiable omission of information are *extremeley rare* and that a review of all the medical liability cases of the last five years (1970–1975) before the *German* Federal Supreme Court (BGH) reveals *not a single case in which such an exceptional situation could in the least have been contemplated* as worth assuming.

509) *Halushka v. University of Saskatchewan* (1965) 52 W. W. R. 608, 616–617 (Sask. C. A.); PICARD 85–87; L. E. ROZOVSKY, ,,Informed Consent and Investigational Drugs", in: 3 Legal-Medical Q. 162 (1977); further readings are: S. L. HALLECK, ,,Legal and Ethical Aspects of Behaviour Control", in: American Jnl of Psychiatry 131: 381 ff. (1974); D. GIESEN, (1976) 25 I. C. L. Q. 180 (191–192); H. E. EHRHARDT, ,,Psychiatrie und Ethik", in: Deutsches Ärzteblatt 75: 2909–2914 (1978). Also cf. note 510, *infra*.

510) Cf. H. HELMCHEN and B. MÜLLER-OERLINGHAUSEN, ,,Ethische und juristische Schwierigkeiten bei der Effizienzprüfung psychiatrischer Therapieverfahren", in: Der Nervenarzt 46: 397–403 (1975), with further refs. also to the relevant literature in *English*. Also cf. R. ZENGLEIN, ,,Psychopharmaka in der Schmerzbehandlung bei neurologischen Erkrankungen", in Medizinische Welt 29: 1289–1293 (1978); K. J. LINDEN and M. WERNADO, ,,Psychiatrische Aspekte des Schmerzes", in Medizinische Welt 30: 1034–1038 (1979); Th. R. PAYK, ,,Schmerzbehandlung mit Psychopharmaka", in: Medizinische Welt 30: 1039–1041 (1979), all with further refs.

[511]) D. GIESEN, (1976) 25 I. C. L. Q. 180 (192).
[512]) *Dow v. Kaiser Foundation*, 12 Cal. App. 3 d 488, 90 Cal. Rptr. 747 (1970); *Hunter v. Brown*, 4 Wash. App. 899, 484 P. 2 d 1162 (1971).
[513]) J. E. MALDONADO, ,,Strict Liability and Informed Consent: Don't say I didn't tell you so", in: 9 Akron L. Rev. 609 ff. 615 (1976).
[514]) *Schloendorf v. Society of New York Hospital*, 211 NY 125, 129–130, 105 NE 92, 93 (1914; *per* CARDOZO J.).The *German* Federal Supreme Court has now expressed a similar view: BGH, 24th June 1980, VersR 1980, 940 ff. (942); also cf. D. GIESEN, ,,Grundzüge der zivilrechtlichen Arzthaftung", in: JURA 1981, 10 (17 ff., *sub* B II 2).
[515]) Cf. note 508, *supra*. More generally in favour of applying the defence of therapeutic privilege as a doctor's matter of right: E. DEUTSCH, ,,Das therapeutische Privileg des Arztes: Nichtaufklärung zugunsten des Patienten", in: NJW 1980, 1305–1309; this approach in favour of doctors in general (under the pretext of its being in the interest of the patient) is not discriminating and balanced enough. It does not cause us to change our own opinion that it is *in very rare cases only that the defence of therapeutic privilege is acceptable*, the main reason for this being that it is vital to ensure that the rights of patients to be thoroughly informed must be adequately guaranteed by the law, cf. BGH, 22nd Jan. 1980, NJW 1980, 1333 (1334 *sub* II 3b).
[516]) Cf. P. D. G. SKEGG, ,,A Justification for Medical Procedures performed without Consent", in: (1974) 90 L. Q. R. 512 ff.; D. GIESEN, (1976) 25 I. C. L. Q. 180 (186–187); as to *French* law, cf. EBERHARDT, *op. cit.* [*supra*, note 3], 117–118, 125 ff.; as to *German* case law, cf. BGH, 22nd June 1971, NJW 1971, 1887; also cf. note 61.
[517]) BGH, 13th Feb. 1956, BGHZ 20, 61 (66).
[518]) *Halushka v. University of Saskatchewan* (1966) 53 D. L. R. 2nd 436; further readings: SALMOND on Torts, 508; E. DEUTSCH, ,,Das internationale Recht der experimentellen Humanmedizin", in: NJW 1978, 570 ff.
[519]) A fascinating history of the great successes in medicine and drug developments – in mind come the evaluation and world-wide acknowledgment of pharmacological substances like *Salvarsan* (1910), *Insulin* (1922), *Penicillin* (1929), Antihistaminica (1932), Desoxycorticosteron (1940), Sulfonamidal Diuretica (1950), Progesteron (1953), Polio-Vaccines (1954), Carbutamid (1954), Meprobanat (1955), Imipramin (1958), Benodiazepine (1960) etc. – can be found in: A. VON SCHLICHTEGROLL, ,,Wandel der Medizin und aktuelle Fortschritte bei Arzneimittelentwicklungen", in: Die Medizinische Welt 30: 324–328 (1979).
[520]) H. HENSEL, ,,Arzneimittelsicherheit und Tierversuch", in: ZRP 1975, 286 (287). According to recent news publications in *Germany* alone between 3 to 12 millions of animals (from mice to apes) are subjected to drug evaluation experiments per year; the smaller figure was given by the German pharmaceutical industry, the higher one by a German society for the prevention of cruelty to animals, cf. FAZ No. 280 of 2nd Dec. 1980, 9;interesting *British* data are supplied by the Home Office *Statistics of Experiments on living animals, Great Britain 1979*, Lo. (HMSO) 1980 (Cmnd. 8069).
[521]) A more positive assessment of animal experimentation for the benefit of the human species is, however, expressed by H. HERKEN and H. KEWITZ, ,,Der Wirksamkeitsnachweis für Arzneimittel – Basis jeder rationalen Therapie", in: Deutsches Ärzteblatt 74: 2235 ff., 2239 (1977); H. HERKEN, ,,Tierexperimentelle Prüfung von Arzneimitteln", in: Deutsches Ärzteblatt 77: 2617–2628 (1980).
[522]) Cf. H. ANRYS, Les Professions Médicales dans le Marché Commun, Bruxelles 1971, 440; H. HENSEL, *loc. cit.* [*supra,* note 520], 288; M. KOHLHAAS, ,,Ärztliche Pflichten bei Verabreichung neuer Arzneimittel", in: Münchner Medizinische Wschr. 1964, 2281 ff. (2283); Eb. SCHMIDT, ,,Der Arzt im Strafrecht", in: A. PONSOLD (Ed.),

Lehrbuch der gerichtlichen Medizin, 2nd. ed. Stuttgart 1957, 75, demands Self-experiments at least in cases the outcome of which could be fatal. In a recent article, a German author seems to favour the view that under restricted circumstances (*ultima ratio*) the criterion of the test person's consent to experimentation could be implemented by the criterion of what he calls *Sozialadäquanz* (socially adequate procedures), cf. H. TROCKEL, ,,Das Recht das Arztes zur Heilbehandlung unter Entwicklung und Erprobung neuer Heilmethoden", in: NJW 1979, 2329 ff. (2333–2334); we feel that this criterion is mystifying and should *not* be used to avoid the impression that research experiments could ever be carried out *without* consent of the test persons just because doctors or experimentators claim that their procedure is socially adequate. *Nothing short of a clear and competent consent after a proper and full information was given will justify the experiments undertaken.*

[523]) E. g., in 1867 John HUNTEL inoculated himself with the pus of a patient suffering from gonorrhoea in order to prove that this disease was transmissible; he also inoculated himself with syphilis; ALIBERT inoculated himself with cancer and DESGENETTES with the pus of a patient suffering from the plague; in 1910, CURIE applied radium to his forearm, and PAULETTA an antibiotic; COURNAND investigated the pulmonary circulation on himself, M. REVILLARD, *loc. cit.* [*supra*, note 501], 80.

[524]) *Pearson Report* I. 286 (1340); E. DEUTSCH, Medizin und Forschung vor Gericht, Karlsruhe 1978, 40 ff; IDEM, Medizin und Forschung vor Gericht, Karlsruhe 1978; IDEM, ,,Der Doppelblindversuch . . .", *loc. cit.* [note 619, *infra*], 288 ff., all with further refs. The number of test persons who are prepared to undergo a clinical drug evaluation when in hospital, is sometimes small and insufficient; in a recent field study 65% out of altogether 2,000 people were of the opinion that drugs are far too often licensed to be available on the market when they are far too little evalued and tested; but only 12% out of the total were willing, when in hospital, to undergo a drug test procedure themselves, cf. FAZ No.7 of 9th Jan. 1980, 26.

[525]) *Pearson Report* I. 286 (1340–1341). As to *American* law, cf. H. N. MORSE, ,,Legal Implications on Clinical Investigation", in: 20 Vanderbilt L. Rev. 747 (1967); M. F. RARNOFF and J. C. SMITH, ,,Human Laboratory Animals: Martyrs for Medicine", in: 36 Fordham L. Rev. 673 (1967/68); also cf. note 470, supra. According to X. RYCKMANS and R. MEERT-van DE PUT, Les Droits et les Obligations des Medecins, vol. I, 2nd ed. Bruxelles 1971, 462, research involving dangers to the volunteer should be entirely forbidden as against the *ordre public*. Also cf. T. J. SCHNEYER, ,,Informed Consent and the Danger of Bias in the Formation of Medical Disclosure Practices", in: 1976 Wisconsin L. Rev. 124 (1976); and cf. note 524, *supra*.

[526]) Cf. W. J. CURRAN, ,,Legal Liability in Clinical Investigations", in: 298 The New England Jnl. of Med. 778–779 (1978). Also cf. US Department of Health, Education and Welfare. HEW Secretary's Task Force on the Compensation of Injured Research Subjects (DHEW Publication No. [OS] 77–103), Bethesda (National Institute of Health) 1977: this study confirms the scarcity of lawsuits against investigations for injuries to research subjects. In a review of all sponsored research over a three-year period, there were 56 serious injuries among some 39 000 therapeutic research subjects and one serious injury among 93 000 non-therapeutic research subjects.

[527]) We know of four cases: the Canadian *Halushka v. University of Saskatchewan* (1965) 52 W. W. R. 608, 53 D. L. R. 2nd 436 (Sask. C. A.), and *Zimmer v. Ringrose* (1979) 89 D. L. R. 3rd 646, 656–658 (Alta. S. C.); the American *Valenti v. Prudden*, 397 NY Supp. 2d 181 (1977) and the German BGH, 13th Febr. 1956, BGHZ 20, 61 ff.

[528]) W. J. CURRAN, ,,The Freedom of Medical Practice, Sterilization, and Economic Medical Philosophy", in: 298 The New England Jnl. of Med. 32–33 (1978); P. D. G.

SKEGG, ,,A Justification for Medical Procedures performed without Consent", in: (1974) 90 L. Q. R. 512 ff., 529; also cf. F. J. INGELFINGER, ,,Informed (but uneducated) Consent", in: 287 The New England Jnl. of Med. 466 ff. (1972).

[529]) For the ethical duties of a physician, cf. the *Declaration of Helsinki* (1964), Part III, *Appendix* VI, pp. 429 ff., the *Declaration of Tokyo* (1975), Parts I–III, *Appendix* VII, pp. 431 ff., and the *Code of Nuremberg* (1947), *Appendix* V, pp. 427 ff., *infra*.

[530]) S. R. SPELLER, Doctor and Patient, 55–59 (56); SALMOND on Torts, 515 ff.; WINFIELD and JOLOWICZ on Tort, 10th ed. Lo. 1975, 618–620; as to *American* law cf. HOLDER, 225–228, 254–257, with further refs.; G. J. AMES, L. H. GLANTZ and B. F. KATZ, Informed Consent to Human Experimentation: The Subject's Dilemma, Ca. (Mass.) 1977; C. C. HAVIGHURST, Medical Progress and the Law, NY 1969, 60 ff. The principle was also stated in Art. 1 of the *Code of Nuremberg* (1947), for which cf. 2 The Medical Case, 181–183, US Printing Office 1947; NJW 1949, 377, and *Appendix* V of this treatise, *infra*. As to *German* law, cf. FISCHER, 7 ff.

[531]) Cf. M. F. RATNOFF and J. C. SMITH, ,,Human Laboratory Animals: Martyrs for Medicine", in: 37 Fordham L. Rev. 673, 686 (1967/68); D. GIESEN, (1976) 25 I. C. L. Q. 180 ff. (193); BGH, 5th Dec. 1958, BGHZ 29, 33 ff.; 16th Nov. 1971, FamRZ 1972, 89 = NJW 1972, 335 = VersR 1972, 152; A. LAUFS, ,,Arztrecht im Wandel", in: NJW 1977, 1081 ff. (1084).

[532]) S. R. SPELLER, Doctor and Patient, 57–59; M. KOHLHAAS, ,,Aufklärungspflicht und Placeboversuch", in: Deutsche Medizinische Wschr. 1970, 1798. It is particularly disturbing that far-reaching consequences and long-term side effects of drug testing on children cannot be excluded; it seems to be unacceptable to submit children to procedures the consequences of which are unknown not only to them and their parents or guardian but to the doctors or researcher as well, cf. FAZ No. 79, 2nd April 1980, Section *Natur und Wissenschaft* at p. I.

[533]) Cf. § 40 IV German *Drug Administration Law* 1976 (BGBl. I. 2445), printed in *Appendix* II, pp. 402 ff., *infra*.

[534]) Cf. F. J. AYD (jun.) and B. BLACKWELL, ,,The scientific and ethical problems of psychotropic drug research in prison volunteers. A Consensus Communication", in: 7 Psychopharmacological Bulletin 35–38 (1971); (Mrs.) HUBINEK and MICALLEF, Information Document on the Rights of the Sick, *Council of Europe*, Consultative Assembly, Committee on Social and Health Questions, AS/Soc. (26) 8, p. 6; M. KOHLHAAS, ,,Rechtsfragen zur Transplantation von Körperorganen", in: NJW 1967, 1490; a general and useful discussion can also be found in: R. M. VEATCH and W. GAYLIN, ,,Teaching Medical Ethics: An Experimental Programme", in: 47 Jnl. of Medical Education 779–785 (1972); J. K. WING, ,,The Ethics of Clinical Trials", in: Jnl. of Medical Ethics 1975, 1, 174–175, with further refs. and the literature mentioned in note 470, *supra*. An interesting example of the misuse of authority by prison officials is *Lee v. Gladstone* (1909) 26 T. L. R. 139 (K. B.); also cf. *Mackey v. Procunier*, 477 F. 2d 877, 878 (9th Cir. 1973); [US] Report and Recommendations on Research Involving Prisoners, 42 Federal Register No. 10, pp. 3076–3091, 14th Jan. 1977; HOLDER, 254–255, also cf. A. LAUFS, ArztR. §§ 58, 230 ff.

[535]) Cf. *Valenti v. Prudden*, 397 NY Supp. 2d 181 (1977): a *New York* case, involving non-therapeutic research on prison inmates, and of great consequence in that it confirms the policy of the US *Department of Health, Education, and Welfare* in discouraging the use of releases of civil liability in medical research on prisoners in general, cf. [US] *National Commission for the Protection of Human Subjects of Biomedical and Behavioral Research:* Research Involving Prisoners, 42 Federal Register No. 10, pp. 3076–3091, 14th Jan. 1977, and W. J. CURRAN, ,,Legal Lia-

bility in Clinical Investigations", in: 298 The New England Jnl. of Med. 778–779 (1978).
536) *Pearson Report* I.286 (1341), as to persons exposed to medical risks in the interest of the community, and I.292 ff., 298 (1413), as to persons who suffer damage as a result of vaccination which has been recommended in the interests of the community; full state compensation, in vaccine damage cases, is available in *France, Germany (W), New Zealand, Sweden, Switzerland, Denmark*, and, of course, in the *United States, ibd.*, I.296 (1400 ff.); III.95–96, 112–113, 142, 151, 183 ff. Payments to persons severely disabled by vaccination against specified diseases (diphtheria, tetanus, whooping cough, poliomyelitis, measles, rubella, tuberculosis and smallpox) are now also possible, under the conditions mentioned in that act, and up to £ 10,000, in the *United Kingdom*, cf. the new *Vaccine Damage Payments Act 1979* (1979 c. 17) (Law Reports, Statutes 1979, pp. 547 ff.).
537) BGH, 13th Febr. 1956, BGHZ 20, 61 ff.
538) BGH, 13th Febr. 1956, BGHZ 20, 61 (65–68).
539) *Hyman v. Jewish Chronic Disease Hospital*, 15 NY 2d 317, 206 NE 2 d 338 (1965); *Declaration of Tokyo* (1975), I. 9, cf. *Appendix VII, infra*, pp. 431 ff.; § 40 I No. 2 German *Drug Administration* Law (1976), cf. *Appendix II, infra*, pp. 402 ff. Also cf. G. J. ANNAS/L. H. GLANTZ/B. F. KATZ, Informed Consent to Human Experimentation: The Subject's Dilemma, Ca (Mass.) 1977; E. DEUTSCH, Medizin und Forschung vor Gericht, Karlsruhe 1978, 45 ff.; OTT, 49–50; also cf. note 543, *infra*.
540) *Halushka v. University of Saskatchewan* (1965) 52 W. W. R. 608, 616–617 (Sask. C. A.).
541) W. SCHWERDT (Ed.), Kurzgefaßtes Lehrbuch der Rechtsmedizin für Mediziner und Juristen, Deutscher Ärzteverlag (Köln) 1975, 280.
542) Cf. F. BÖTH, „Das wissenschaftlich-medizinische Humanexperiment", in: NJW 1967, 1493–1496 (1495); A. LAUFS, ArztR, §§ 230 ff.; M. REVILLARD, *loc. cit.* [*supra*, note 501], 79.
543) *Halushka v. University of Saskatchewan* (1965) 53 D. L. R. 2d 436, 52 W. W. R. 608, 616–617 (Sask. C. A.); also cf. W. F. BOWKER, „Legal Liability to Volunteers Testing New Drugs", in: (1963) Canadian Medical Association Jnl. 745; IDEM, „Experimentation on Humans and Gifts of Tissue", in: (1973) 19 McGill L. Jnl. 161; B. M. DICKENS, „Information for Consent in Human Experimentation", in: (1974) 24 Univ. Tor. L. Rev. 381; PICARD, 85–87; HOLDER, 105–106, 225–228, 254–259; with further refs.; A. LAUFS, ArztR, §§ 230 ff.; H. ANRYS, 117 ff.
544) F. BÖTH, *loc. cit.* [*supra*, note 542], 1495.
545) For *French* law, cf. GEHRING, *op cit.* [*supra*, note 3], 149, as to *German* case law, cf. BGH, 16th Jan. 1959, NJW 1959, 814.
546) According to *German* law this would have legal consequences: § 138 BGB.
547) Cf. L. ALEXANDER, „Medical Science under Dictatorship", in: 214 The New England Jnl. of Med. 43 (1949); H. K. BEECHER, „Ethics and Clinical Research", in: 274 The New England Jnl. of Med. 134 ff., 1359 (1966); F. BÖTH, *loc. cit.* [*supra*, note 542], 1494. Also cf. *The Sunday Times*, 24th Febr. 1980, p. 1 (report that a completely useless study on an anti-nausea drug given to pregnant women had been carried out at Leeds University in 1975); *The Chicago Tribune*, 2nd March 1980, p. 1 (report about hospital reaping huge profits on cancer victim „guinea pigs" through unproven treatments which lured desperate patients). An alarming *American* case was *Hyman v. Jewish Chronic Disease Hospital*, 206 NE 2d 338 (NY 1965 [doctors injecting cancer cells into chronically ill patients who were not told that the cells were malignant]). And cf. note 559, *infra*.
548) *Code of Nuremberg* (1947), Nos. 2, 5, 6, *Appendix V*, pp. 427 ff., *infra; Declaration*

of Helsinki (1964), I. 1, 3, 5, III. 1, 4a, *Appendix* VI, pp. 429 ff., *infra; Declaration of Tokyo* (1975), I. 1, 4, 5, 6, 7, III. 1, 4, *Appendix* VII, pp. 431 ff., *infra*. Cf. J. M. HUMBER and R. ALMEDER (Eds.), Biomedical Ethics and the Law, NY 1976 (exploring the legal implications of a number of controversial moral and ethical issues such as, *inter alia*, mental illness, human experimentation, human genetics, and dying); also cf. Sect. 4 of The Current and The Proposed Principles of Medical Ethics, in: JAMA 239: 1396–1397 (1978); serious problems also arise from the practice of DNA (= deoxyribonucleic acids) – Research, as long as the significance of such research and its possible (perhaps long-range) effects and consequences for mankind cannot be securely assessed and guarded against, cf. E. DEUTSCH, ,,Rechtliche Aspekte der Gen-Manipulation", in: ZRP 1978, 228 ff. (231); also cf. note 470, *supra*, and *Editorial Note*, ,,DNA and the Congressional Prerogatives: Proposals for a Deliberate Legislative Approach to Genetic Research", in: 53 Indiana L. Jnl. 572–584 (1978).

549) *Tribunal de la Seine,* 16th May 1935, DH 1936, 9, and M. REVILLARD, *loc. cit.* [*supra*, note 501], 80; also cf. G. FISCHER,14 ff., with many refs. as to *German* case law, and G. E. HORN, ,,Der medizinisch nicht indizierte, aber vom Patienten verlangte ärztliche Eingriff", in: JUS 1979, 29 ff. (30–31). Cf. note 548, *supra*.

550) Cf. *Code of Nuremberg* (1947), No. 2, 2 The Medical Case, 181–183, US Printing Office 1947; NJW 1949, 377; the Code is printed here, as *Appendix* V of this treatise, pp. 427 ff., *infra*.

551) D. GIESEN, ,,Civil Liability of Physicians for New Methods of Treatment and Experimentation", in: (1976) 25 I. C. L. Q. 180 ff., 193–194; R. M. VEATCH, Case Studies in Medical Ethics, Littleton (Mass.) 1977 (HUP); S. J. REISER, A. J. DYCK, and W. J. CURRAN (Eds), Ethics in Medicine: Historical Perspectives and Contemporary, Concerns, Littleton (Mass.) 1977.

552) *Cryderman v. Ringrose* [1973] 3 W. W. R. 109, affd. [1978] 3 W. W. R. 481 (Alta. C. A.).

553) *Code of Nuremberg* (1947), No. 1, *Appendix* V, pp. 427 ff., *infra; Haluskha v. University of Saskatchewan* (1965) 53 D. L. R. 2nd 436 (Sask. C. A.); PICARD, 106; cf. note 522, *supra*.

554) *Declaration of Tokyo* (1975), III. 4, printed in *Appendix* VII of this book, pp. 431 ff.

555) Cf. *Appendix* V, pp. 427 ff., *infra*.

556) M. REVILLARD, *loc. cit.* [*supra*, note 501], 80. Cf. N. HOWARD-JONES and Z. BANKOWSKI (Eds.), Medical Experimentation and the Protection of Human Rights. XIIth Council for International Organisations of Medical Sciences Round Table Conference, Geneva (Sandoz Institute for Health and Socio-Economic Studies) 1979, esp. 52 ff. (Priorities and Ethics in Research Planning), 85 ff. (Ethical Review Committees), 134 ff. (Selection and Recruitment of Subjects), 200 ff. (Informed Consent).

557) For reports on the 5th Colloquy on European Law at Lyons, cf. E. DEUTSCH, NJW 1975, 1452; A. E. GRIESS, JZ 1975, 581; A. S. HARTKAMP, 50. Nederlands Juristenblad 920 (1975). The General Report, by Mdm. REVILLARD, on this important meeting is quoted in note 501, *supra*.

558) M. REVILLARD, *loc. cit.* [*supra*, note 501], 80.

559) Henry K. BEECHER, ,,Ethics and Clinical Research", in: 274 The New England Jnl. of Med. 1354–1360 (1966), a classic today, and one of great impact at the time of its publication. As to the unethical experiments on concentration camp inmates in Nazi Germany, cf. Alexander MITSCHERLICH and Fred MIELKE (Eds.), Medizin ohne Menschlichkeit. Dokumente des Nürnberger Ärzteprozesses, Frankfurt am Main [Fischer Paperback 2003] 1978 (1979 impression); L. POLIAKOV/J. WULF, Das Dritte

Reich und die Juden, Bln 1955, 378 ff. (with docs. and photographies of fatally abused concentration camp victims); J. BUSZKO (Ed.), Auschwitz. Faschistisches Vernichtungslager, Warsaw (Interpress) 1978, esp. 135 ff., 138 ff. (Translations of the two last mentioned publications are available in all major languages of the world). also cf. E. CHARGOFF, Das Feuer des Heraklit – Skizzen aus einem Leben vor der Natur, Stuttgart [Klett-Cotta] 1979.

560) For this, cf. the text of this treatise, pp. 75, 116, 120 ff., 216, 253, 256 ff., *supra*.

561) Cf. an article on (real or exaggerated) dangers of diesease stemming from gene surgery, ,,Gefahren der Genchirurgie überschätzt", in: FAZ, No. 68, 21st March 1979, 29–30; also cf. 278 Nature 113 ff. (1979) and an article on ,,Genchirurgie ohne Sicherheitsmaßnahmen? Amerikanische Experten empfehlen weitere Lockerung der Richtlinien", in: FAZ, No. 218, 19th Sept. 1979, 31. For a general discussion cf. Ph. REILLY, Genetics, Law, and Social Policy, Cambridge (Mass. [HUP]) 1977. Also cf. a statement by the Scientific Research Council of the German Federal Medical Board (*Wissenschaftlicher Beirat der Bundesärztekammer*) in favour of more genetic counselling in: Deutsches Ärzteblatt 77: 187–192 (1980).

562) As to the *United States*, cf. T. J. SCHNEYER, ,,Informed Consent and the Danger of Bias in the Formation of Medical Disclosure Practices", in: 1976 Wisconsin L. Rev. 124, 162, (1976); also cf. E. DEUTSCH, ,,Die klinische Forschung am Menschen im amerikanischen und internationalen Recht", in: VersR 1978, 289–296; M. REVILLARD, *loc. cit.* [*supra*, note 501], 80, also with refs. to the countries mentioned in the text.

563) Cf. WISTRAND, ,,A brief report on patient's rights in Sweden", in: Current Sweden (Svenska Institutet), No. 126, August 1976, 3.

564) Litterae Encyclicae *Redemptor Hominis* Ad Venerabiles Fratres in Episcopatu, ad Sacerdotes et Religiosas Familias, ad Ecclesiae filios et filias, necnon ad universos bonae voluntatis homines Pontificali eius Ministerio ineunte, die IV mensis Martii MCMLXXIX (4th March 1979), in: Acta Apostolicae Sedis LXXI (1979) 257–324; this encyclica – probably also in connection with this present treatise one of the most important documents of Christian and, indeed, Human Ethics – is available in almost all world languages and can be obtained from the *Libreria Editrice Vaticana*, Città del Vaticano; an *English* version can also be obtained from *Westminster Cathedral Bookshop*, Ashley Place, London; a *German* version was published by the *Herder-Verlag Freiburg*: Die Würde des Menschen in Christus. Die Antrittsenzyklika *Redemptor Hominis* Papst JOHANNES PAULS II. Mit einem Kommentar von Bernhard HÄRING CSsR, Freiburg i. B., Basel und Wien 1979.

565) M. REVILLARD, General Report, Civil Liability of Physicians, Proceedings of the Fifth Colloquy on European Law, held under the auspices of the Council of Europe . . . in Lyons, 3–5 June 1975, Strasbourg 1975, 73 ff. (85).

566) Great Britain, Medical Research Council, Memorandum, 1953.

567) Cf. *Declaration of Tokyo* (1975), I. 2, 8, *Appendix* VII, pp. 431 ff., *infra*. This was the reason why the *Barren Foundation*, the *American* research foundation, renounced an award to Dr. STEPTOE, the gynaecologist who carried out the first *in vitro* fertilisation, after he had allegedly sold his ,,story" for 650 000 Dollars to a boulevard paper instead of publishing his report in a professional periodical with the scientifically relevant data, cf. FAZ, No. 242, 1st Nov. 1978, 7.

568) H. K. BEECHER, *loc. cit.* [*supra*, note 559], 1360. Also cf. *Declaration of Tokyo* (1975), I. 8, *Appendix* VII, pp. 431 ff., *infra*.

569) Cf. H. K. BEECHER, *ibd.* (but BEECHER himself does not share this view).

570) Part 1, B III, pp. 34 ff., 183 ff., *supra*.

571) Cf. Part 1, B IV, pp. 36 ff., 185 ff.

[572]) J. E. MALDONADO, „Strict Liability and Informed Consent: Don't Say I didn't tell you so", in: 9 Akron L. Rev. 609 ff., 616 (1976).
[573]) Pearson Report III. 129 ff. (140–141).
[574]) Cf. pp. 37 ff., 186 ff. supra.
[575]) Pearson Report I.286 (1138, 1341).
[576]) Pearson Report I.284 (1325).
[577]) Pearson Report I.286 ff. (1342 ff.).
[578]) D. GIESEN, (1976) 25 I. C. L. Q. 180 ff. 210.; IDEM, loc. cit. [supra, note 87], 403 ff., 425–426, with further refs.
[579]) Pearson Report I.286 (1337–1341); also cf. BGH, 13th Febr. 1956, BGHZ 20, 61 (66–67).
[580]) J. E. MALDONADO, loc. cit. [supra, note 572], 609 ff.
[581]) Pearson Report III. 140 ff. (631 ff.); also of J. E. MALDONADO, loc. cit. [supra, note 572], 609 ff., 617–628, with further refs.
[582]) BGH, 27th June 1978, BGHZ 72, 132 (139).
[582a]) Cf. Part 2 D II 1a of this treatise, pp. 137 f., 269 f., supra.
[583]) Cf. Part 1, B V, pp. 48 ff., 195 ff.
[584]) Cf. Cassidy v. Ministry of Health [1951] 2. K. B. 343.
[585]) Pearson Report I.281 (1311). This does, however, not apply to France, where there is only a contractual liability involved, cf. SAVATIER-AUBY-SAVATIER-PEQUIGNOT, 211 ff., 309 ff., with further refs.; also cf. note 31–32, supra.
[586]) On the following, the literature quoted in notes 466, 467, 470, 484, 487, 509, 522, 531, 534, 543, 548, 551 and 559, supra, should generally be consulted. As to some further German literature, cf. Merkblatt der Bundesärztekammer: „Prüfung neuer Arzñeimittel in der Praxis des niedergelassenen Arztes", in: Deutsches Ärzteblatt 70: 2773–2778 (1978); a higly controversial but very stimulating German publication, holding that almost all kinds of clinical drug testing, especially double blind tests, are illegal and constitute a criminal offence, comes from M. FINCKE, Arzneimittelprüfung. Strafbare Versuchsmethoden. „Erlaubtes" Risiko bei eingeplantem fatalen Ausgang, Karlsruhe 1977; also cf. M. FINCKE, „Strafrechtswidrige Methoden der klinischen Prüfung", in: Deutsches Ärzteblatt 75 : 2519–2522 (1978); the storm of protest this study raised both in the interested medical as well as certain legal writers, can be gathered from some of the critical reactions quoted here and in note 587, infra. E. g., S. KOLLER (a physician), „Angriffe auf den Fortschritt der Medizin. Behauptung der Strafbarkeit kontrollierter klinischer Therapieversuche", in: Fortschritte der Medizin 95 : 2570–2574 (1977); E. SAMSON (a criminal law teacher), „Zur Strafbarkeit der klinischen Arzneimittelprüfung", in: NJW 1978, 1182–1187; an important and well-balanced commentary on the new German Drug Administration Law 1976 and all relevant issues and problems of drug testing and drug evaluation is: A. SANDER, H.-O. SCHOLL and H. E. KÖBNER, Arzneimittelrecht. Kommentar für die juristische und pharmazeutische Praxis zum neuen Gesetz über den Verkehr mit Arzneimitteln, Köln, Stuttgart, Bln and Mainz 1977.
[587]) Cf. the articles by KOLLER and SAMSON, quoted in note 586, supra. Further literature: H. HASSKARL, „Rechtliche Zulässigkeit der klinischen Prüfung", in: Deutsches Ärzteblatt 75: 1087–1094, 1150–1155 (1978); A. LAUFS, NJW 1977, 2116; R. LIEDTKE, „Risikoverteilung beim kontrollierten Arzneimittelversuch", in: NJW 1977, 2113; H. WARTENSLEBEN, „Die Befreiung des Strafrechts vom manipulierten Denken", in: Festschrift für H.-J. Bruns, Köln, Bln, Bonn and Mü. 1978, 339 ff. Also cf. note 619, infra.
[588]) M. KOHLHAAS, „Ärztliche Pflichten bei Verabreichung neuer Arzneimittel", in:

Münchner Medizinische Wschr. 106: 2281, 2287 (1964); D. F. CAVERS, ,,The legal control of the clinical investigation of drugs: some political, economic, and social questions", in: P. A. FREUND (Ed.), Experimentation with Human Subjects, Lo. 1972, 225–246; as to the situation in American law, cf. *Federal Food, Drug and Cosmetic Act*, § 505 (i), 21 USC § 355 (i) Supp. III (1967); HOLDER, 105–106, 154–165, 225–228, 254–259, 344, with further refs. both as to *American* case law and literature; also cf. R. STEIN, ,,Umstrittene Arzneimittelprüfung – Kein Verzicht auf den kontrollierten Versuch", in: FAZ No. 7, 9th Jan. 1980, 26.

589) *Gesetz zur Neuordnung des Arzneimittelrechts*, 24th Aug. 1976 (BGBl. I.2445), effective since 1st Jan. 1978; for a review of the new law and its history cf. A. KLOESEL, ,,Das neue Arzneimittelrecht", in: NJW 1976, 1769 ff. The more important sections of this law are printed, in English, in *Appendix* II of this book, pp. 402 ff.

590) §§ 23 II, 24, 25 AMG 1976, cf. A. KLOESEL, *loc. cit.* [*supra*, note 589], 1771–1772.

591) Cf. H. HELMCHEN and B. MÜLLER-OERLINGHAUSEN, ,,Ethische und juristische Schwierigkeiten bei der Effizienzprüfung psychiatrischer Therapieverfahren", in: Der Nervenarzt 46: 397–403 (1975); E. SAMSON, *loc. cit.* [*supra*, note 586], 1182.

592) H. HELMCHEN and B. MÜLLER-OERLINGHAUSEN, *loc. cit.* [*supra* note 591], 398; IIDEM, ,,Psychopharmakologie und psychiatrische Facharztweiterbildung,", in: Der Nervenarzt 44: 204 ff. (1973); H. BUSCH and H. HELMCHEN, ,,Dokumentation psychiatrischer Therapie", in: Der Nervenarzt 44: 569 ff. (1973); as to the problems of information with regard to psychiatric treatment according to *French* law, cf. GEHRING, *op cit.* [*supra*, note 3], 86 ff.; as to the *German* position, with special regard to neuro-surgery problems, cf. A. HOLLMANN, Aufklärungspflicht des Arztes. Unter besonderer Berücksichtigung der Neurochirurgie, Diss. Würzburg 1969, 41 ff., 126 ff., 175 ff. It should, however, go without saying that the interests of the patient to completely recover must always prevail over the interest of science in faultlessly planned research, i. e. a patient always has the right to be provided with the best possible treatment and medicine, and neither the treatment nor the medicine may be discontinued in the interest of a ,,faultlessly planned" blind test if the state of health of the patient demands the continuance of that treatment or medicine; in this connection cf. W. WALCHER, ,,Akute und chronische zerebrovaskuläre Insuffizienz – Einsatz von Psychopharmaka", in: Medizinische Welt 30: 1323–1325 (1979).

593) *Declaration of Tokyo* (1975), II. 3, *Appendix* VII, pp. 431 ff., *infra*.

594) For examples cf. H. K. BEECHER, *löc. cit.* [*supra*, note 559], 1356 ff.; and cf. F. BÖTH, *loc. cit.* [*supra*, note 542], 1494.

595) Bericht des (13.) Ausschusses für Jugend, Familie und Gesundheit . . . zu dem Entwurf eines Gesetzes zur Neuregelung des Arzneimittelgesetzes (BT-Drucks. 7/3060), 28th April 1976, BT-Drucks. 7/5091, p. 8. Also cf. H. HERKEN, ,,Pharmakologie – Basis der Arzneimittelprüfung durch den Arzt", in: Internist 14: 6–13 (1973); H. HERKEN/H. KEWITZ, ,,Der Wirksamkeitsnachweis für Arzneimittel – Basis jeder rationalen Therapie", in: Deutsches Ärzteblatt 74: 2235–2240 (1977); P. MARTINI/H. HERKEN, ,,Arzneitherapeutische Forschung und klinische Pharmakologie", in: Therapie der Woche 28: 5969–5984 (1978).

596) Cf. pp. 58 ff., 204 ff., *supra*. All three codes are printed in this treatise: *Code of Nuremberg* (1947) as *Appendix* V at pp. 427 ff., the *Declaration of Helsinki* (1964) as *Appendix* VI at pp. 429 ff., and *of Tokyo* (1975) as *Appendix* VII at pp. 431 ff., *infra*.

597) *Declaration of Tokyo* (1975), I. 5. *Appendix* VII, pp. 431 ff., *infra*; also cf. W. DUNZ, AcP 177 (1977) 579. For a discussion of the problems involved, cf. J. R. DALE and G. E. APPELBE, Pharmacy Law and Ethics, 2nd ed. Lo. [Pharmaceutical Press] 1979.

598) W. F. BOWKER, ,,Legal Liability to Volunteers Testing New Drugs", in: (1963) 88

Canadian Medical Association Jnl. 745; IDEM, ,,Experimentation on Humans and Gift of Tissue", in: (1973) 19 McGill L. Jnl. 161; B. M. DICKENS, ,,Information for Consent in Human Experimentation", in: (1974) 24 Univ. of Tor. L. Rev. 381; L. E. ROZOVSKY, ,,Informed Consent and Investigational Drugs", in: (1977) 3 Legal Medical Q. 162, St. M. WADDAMS, ,,Medical Experiments on Human Subjects", in: (1967) 25 Univ. of Tor. L. Rev. 25; PICARD, 63–87; B. WERNF, Outline and Materials on the Law for Doctors, NY 1969, 156 ff.; D. GIESEN, loc. cit. [supra, note 87], 403 ff., 419–420.

[599]) Cf. G. KUSCHINSKY, ,,Wirkungen und Indikationen von Placebo", in: Deutsches Ärzteblatt 72: 663 ff. (1975).

[600]) Ibd., 664, also cf. Code of Nuremberg (1947), No. 1 (cf. Appendix V, pp. 427 ff., infra); Declaration of Helsinki (1974), III 3a (cf. Appendix VI, pp. 429 ff., infra); Declaration of Tokyo (1975), I. 9, Appendix VII, pp. 431 ff., infra; § 40 I No. 2 AMG 1976; also cf. Halushka v. University of Saskatchewan (1965) 52 W. W. R. 608, 53 D. L. R. 2nd 436 (Sask. C. A.). And cf. note 522, supra.

[601]) M. REVILLARD, loc. cit. [supra, note 565], 81.

[602]) § 22 II No. 2 AMG 1976; for a discussion of the new German Drug Administration Law 1976; cf. E. DEUTSCH, ,,Das Arzneimittelrecht im Haftungssystem", in: VersR 1979, 685 ff.; A. KLOESEL, ,,Das neue Arzneimittelrecht", in: NJW 1976, 1769 ff. and the commentary by SANDER, SCHOLL and KÖBNER, quoted, supra, note 586.

[603]) Bericht des (13.) Ausschusses für Jugend, Familie und Gesundheit, op cit. [supra, note 595], 8.

[604]) § 40 I Nos. 1–8 AMG 1976, Cf. U. FIEBIG, ,,Anforderungen des Gesetzgebers an die Prüfrichtlinien", in: Deutsches Ärzteblatt 75; 1265–1267 (1978).

[605]) § 40 II 1 Nos. 1–2 AMG 1976.

[606]) § 40 II 2 AMG 1976.

[607]) § 40 IV Nos. 1–4 AMG 1976, also cf. B. M. DICKENS, ,,The Use of Children in Medical Experimentation", in: Medico-Legal Jnl. 43: 166 ff. (1973); P. D. G. SKEGG, ,,Consent to Medical Procedures on Minors", in: (1973) 36 M. L. R. 370.

[608]) H. HELMCHEN and B. MÜLLER-OERLINGHAUSEN, loc. cit. [supra, note 591], 399; M. KRIELE, loc. cit. [supra, note 473], 355 ff.; also cf. F. BÖTH, loc. cit. [supra, note 542], 1494; H. HELMCHEN, ,,Praktische Probleme der klinischen Doppelblindprüfung von Antidepressiva", in: Arzneimittelforschung 19: 881 (1969).

[609]) H. HELMCHEN and B. MÜLLER-OERLINGHAUSEN, loc. cit. [supra, note 591], 399–400.

[610]) Ibd., 399–400.

[611]) Ibd., note 10.

[612]) Ibd., 400.

[613]) Ibd., 397 ff.; J. K. WING, ,,The Ethics of Clinical Trials", in: Jnl. of Medical Ethics 1975, 1, 174–175 (175).

[614]) Appendices VI and VII, infra, pp. 429 ff. and pp. 431 ff., respectively.

[615]) Cf. Crichton v. Hastings (1972) 29 D. L. R. 3rd 692 (Ont. C. A.); Crossmann v. Stewart (1977) 5 C. C. L. T. 45 (B. C. S. C.); Male v. Hopmans (1966) 54 D. L. R. 2d 592, varied 64 D. L. R. 2nd 105 (Ont. C. A.); PICARD, 107, 157–161; since, ,,in research on man, the interest of science and society should never take precedence over considerations related to the well-being of the subject" (Declaration of Tokyo [1975], III. 4), it is and ought to be, in these cases, the acting physician or experimentator who knows or ought to know all about the treatment or experiment he submitted others to, and not the patient or test person, who should explain his treatment or experiment, and, if necessary, every single step in the course of his proceedings: and if he cannot exonerate himself and to the satisfaction of the court,

Notes · Anmerkungen 361

he, in the case of accidental damage resulting from the course of his treatment, would have to be held liable for negligence, D. GIESEN, *loc. cit.* [*supra*, note 87], 403 ff., 426.

616) The perhaps most important multivolume work on almost all aspects of psychopharmacological research is L. L. IVERSEN, S. D. IVERSEN and S. H. SNYDER (Eds.), Handbook of Psychopharmacology, 14 vols., NY 1975–1978, the most informative of which are vol. I (Biochemical Principles and Techniques in Neuropharmacology, NY 1975), VII (Principles of Behavioral Pharmacology, NY 1977), VIII (Drugs, Neurotransmitters, and Behavior, NY 1977), X (Neuroleptics and Schizophrenia, NY 1978), XI (Stimulants, NY 1978), XII (Drugs of Abuse, NY 1978), XIII (Biology of Mood and Antianxiety Drugs, NY 1978) and XIV (Affective Disorders: Drug Actions in Animals and Man, NY 1978); another important work is now B. HABER and M. H. APRISON (Eds.), Neuropharmacology and Behavior, NY 1978.

617) D. GIESEN, (1976) 25 I. C. L. Q. 180 ff., 196.

618) D. GIESEN, *ibd.*, 196, and H. HELMCHEN and B. MÜLLER-OERLINGHAUSEN, *loc. cit.* [*supra*, note 591], 398.

619) This is the prevailing view despite some sharp criticisms of the present practice of blind testing by recent writers, cf. notes 586–587, *supra*. For a full discussion cf. E. DEUTSCH, ,,Der Doppelblindversuch. Rechtliche und ethische Zulässigkeit der kontrollierten klinischen Forschung am Menschen", in: JZ 1980, 289–293, with further refs.

620) M. KOHLHAAS, ,,Aufklärungspflicht und Placeboversuch", in: Deutsche Medizinische Wschr. 95: 1797 ff., 1798 (1970).

621) This is the common opinion with regard to transplantations, for which cf. this treatise, pp. 105 ff. (107), 244 ff. (246), *supra*. It is submitted that the principle is also applicable here (cf. *Declaration of Tokyo* [1975], I. 2, *Appendix* VII, pp. 431 ff.).

622) M. KOHLHAAS, ,,Ärztliche Pflichten bei Verabreichung neuer Medikamente", in: Münchener Medizinische Wschr. 1964, 228 ff., 2287; G. KUSCHINSKY, ,,Wirkungen und Indikationen von Placebo", in: Deutsches Ärzteblatt 72: 464 ff., 466 (1975); D. GIESEN, (1976) 25 I. C. L. Q. 180 ff., 185, with further refs. Also cf. note 592, *supra*.

623) It is open to question whether the patient can claim compensation for immaterial loss and damage on the ground that he has been made the subject of a clinical trial of new medicines without his informed consent. It could perhaps be argued that clinical trials of new medicines are necessary, in the interests of pharmacological safety, for the benefit of all, and that these trials (at least normally) are carried out under clinical supervision; the position of the courts, however, will be stricter and against such a line of argument, cf. the refs. to case law in note 527, *supra*.

624) Cf. pp. 57, 203, *supra*.

625) G. KUSCHINSKY, *loc. cit.* [*supra*, note 622], 664–665.

626) M. KOHLHAAS, *loc. cit.* [*supra*, note 620], 1797.

627) G. KUSCHINSKY, *loc. cit.* [*supra*, note 622], 666.

628) Cf. H. HELMCHEN and B. MÜLLER-OERLINGHAUSEN, *loc. cit.* [*supra*, note 591], 400; K. SCHULTER-BUDD and D. M. BAER, ,,Behavior Modification and the Law: Implications of Recent Judicial Decisions", in: 4 Jnl. of Psychiatry and L. 171–244 (1976).

629) G. KUSCHINSKY, *loc. cit.* [*supra*, note 622], 663–667; also cf. S. SCHWANK, ET ALII: ,,Anstrengungsinduziertes Asthma unter Placebo", in: Schweizerische Medizinische Wschr. 108: 225 ff. (1978) and Comment, ,,Drug or Placebo?", in: The Lancet 1972, 2. 122. Also cf. R. STEIN, ,,Umstrittene Arzneimittelprüfung", in: FAZ No. 7, 9th Jan. 1980, 26, with further interesting details about the influence of pharmacologically inactive substances (placebos) in the course of treatment of physical illnesses.

630) D. GIESEN, (1976) 25 I. C. L. Q. 180 ff., 196.

631) 16th May 1962 (BGBl. I. 533).
632) On 11th June 1971, the German Federal Ministry of Health announced that new medicines will only be registered if they were tried and approved according to the Directive issued on that date (cf. Bundesanzeiger No. 113, 15th June 1971). This Directive follows a draft-directive recommended by the Commission of the *European Communities* of 12th Febr. 1970, as published in: „*Deutscher Bundestag*, BT-Drucks. VI/417. The Directive is still in force and was not superseded by the new AMG 1976.
633) BGBl. I. 2445.
634) *Robinson v. Post Office* [1974] 2 All E. R. 737 (C. A.); *Winteringham v. Rae* (1963) 55 D. L. R. 2nd 108 (Ont. H. C.).
635) *Male v. Hopmans* (1967) 64 D. L. R. 2nd 105 (Ont. C. A.).
636) *Chin Keow v. Government of Malaysia* [1967] 1 W. L. R. 813 (P. C.).
637) Cf. M. KOHLHAAS, „Ärztliche Pflichten bei Verabreichung neuer Arzneimittel", in: Münchener Medizinische Wschr. 1964, 2281 ff., 2284–2285; E. TRUBE-BECKER, „Haftung des Arztes bei Verordnung neuer Medikamente", in: Medizinische Klinik 1967, 156–157.
638) Cf. pp. 7 ff., 12 ff., 60 ff., 63 ff., 144 ff., 160 ff., 171 ff., 205 ff., 208 ff., 276 ff., *supra*.
639) D. GIESEN, (1976) 25 I. C. L. Q. 180 ff., 197.
639a) *Crossman v. Stewart* (1978) 82 D. L. R. 677, 686 (B.C. S.C., *per* ANDERSON J.).
640) Cf. pp. 24 ff., 175 ff., *supra*.
641) D. GIESEN, (1976) 25 I. C. I. Q. 180 ff., 197.
642) *Ibd.*, 197.
643) H. KLEINEWEFERS, „Die Aufklärungspflicht des Arztes unter Berücksichtigung der Rechtsprechung des Bundesgerichtshofs", in: K. FORSTER (Ed.), Offene Fragen zwischen Ärzten und Juristen, 1963, 13 ff. (32); D. EBERHARDT, *op cit.* [*supra*, note 3], 182 note 95.
644) Cf. *Gorback v. Ting* [1974] 5 W. W. R. 606 (Man. Q. B.); G. GAISBAUER, „Die Rechtsprechung zum Arzthaftpflichtrecht 1971–1974. Eine Übersicht", in: VersR 1976, 214 ff., 216 note 15.
645) There seems to be unanimity as to restricted duties to give information in such cases, e. g. SALMOND on Torts, 508; P. D. G. SKEGG, „A Justification for Medical Procedures performed without Consent", in: (1974) 90 L. Q. R. 512 ff. As to German case law, cf. BGH, 17th Febr. 1956, VersR 1956, 224; 20th Oct. 1961, VersR 1962, 155; 14th Nov. 1961, VersR 1962, 250; 10th Febr. 1959, BGHSt 12, 379; also cf. M. KOHLHAAS, *op cit.* [*supra*, note 100], 92–93.
646) Even a proper warning on the dangers may be counteracted by overpromotion and puffing in advertising calculated to throw physicians off their guard; this was the position in an interesting *United States* case: *Love v. Wolf*, 226 Cal. App. 2d 378, 38 Cal. Rptr. 183 (1964); also cf. *Thomas v. Winchester*, 6 NY 396 (1852).
647) This is the case in many states of the *United States* of America; for a fairly comprehensive listing of jurisdictions adopting some form of strict liability in tort (as stated in s. 402 A of the *Restatement* [2d] of Torts) cf. 2. L. FRUMER and M. FRIEDMAN, Products Liability, § 16 A [3], at 3–248 note 2 (Supp. 1976); J. E. MONTGOMERY and D. G. OWEN, „Reflections on the Theory and Aministration of Strict Liability for Defective Products", in: 27 South Carolina L. Rev. 803 ff., 804–805 note 3 (1976). Strict liability in tort was to a great extent based upon the desire to relieve the plaintiff from overharsh burdens of proof and economic hardships placed upon him by the disastrous consequences of injuries caused by

defective products, esp. by defective food or other products for intimate bodily use (cf. D. GIESEN, ,,Warenherstellerhaftung ohne Verschulden?", in: NJW 1968, 1401 ff., 1404–1405, with further refs. as to *American* and *English* legal literature and case law); the leading *(Californian)* cases were *Greenman v. Yuby Power Prods., Inc.,* 59 Cal. 2d 57, 377 P. 2d 897, 27 Cal. Rpt. 697 (1962) and already *Escola v. Coca-Cola Bottling Co.,* 24 Cal. 2d 453, 463, 150 P. 2d 436, 441 (1944); classical accounts of the development are W. PROSSER, ,,The Assault Upon the Citadel (Strict Liability to the Consumer)", in: 69 Yale L. Jnl. 1099 ff. (1960); IDEM, ,,The Fall of the Citadel (Strict Liability to the Consumer)", in: 50 Minn. L. Rev. 791 ff.; also cf. J. F. VARGO, ,,Products Liability in Indiana – In Search of a Standard for Strict Liability in Tort", in: 10 Indiana L. Rev. 871 ff. (1977); R. C. SEVERSON, ,,Strict Products Liability in Wisconsin", in: 1977 Wisconsin L. Rev. 227 ff. (1977) and J. M. GOLDSMITH, ,,Comparative Negligence and Strict Products Liability", in: 38 Ohio State L. Jnl. 883 ff. (1977).

648) A helpful and comprehensive comparative law survey on the present prevailing products liability systems and possible law reform developments in *Europe* and *North America* is J. SCHMIDT-SALZER, Produkthaftung im französischen, belgischen, deutschen, schweizerischen, englischen, kanadischen und us-amerikanischen Recht sowie in rechtspolitischer Sicht, Bln 1975; a recent study of developments in *England,* the *Commonwealth* and on *European* levels both *de lege condita* and *de lege ferenda* is C. J. MILLER and P. A. LOVELL, Products Liability, Lo. 1977; concise information can also be obtained from the *English and Scottish Law Commissions' Working Paper* No. 64 and Memorandum No. 20 (two reports in one) *on Liability for Defective Products;* Lo. (HMSO) 1975 (ISBN 011-730095 0) and the *Pearson Report* (cf. note 138, *supra*) I. 255 ff.; III. 33 ff. *(Canada),* 72 ff. *(USA),* 94 *(France),* 111 ff. *(Germany),* 124 *(The Netherlands),* 139 *(Sweden),* 150 *(Switzerland),* 167 *(Australia),* 183 *(New Zealand).* Cf. note 650, *infra*.

649) This was the position in *Germany,* and still is so regarding products liability in general (for exceptions cf. *infra*); BGH, 11th July 1972, NJW 1972, 2217 (Estil); a famous case is the chicken vaccine case, BGH, 26th Nov. 1968, BGHZ 51, 91 ff. (Hühnerpesturteil); a full discussion of the liability problems involved can be found in: D. GIESEN, ,,Warenherstellerhaftung ohne Verschulden", *loc. cit.* [*supra*, note 647], 1401 ff.; IDEM, ,,Die Haftung des Warenherstellers. Zur dogmatischen Bedeutung und zu den Folgen eines Grundsatzurteils (BGHZ 51, 91 ff.)", in: NJW 1969, 582–587, both with further refs. By the new German *Drug Administration Law* 1976 (Arzneimittelgesetz), strict liability was introduced as from 1st Jan. 1978 for drug producers, cf. pp. 93, 234, *supra.* Although, theoretically, many *American* jurisdictions still demand negligence to impose liability, courts have largely gone beyond negligence concepts in many jurisdictions now, cf. J. E. MALDONADO, ,,Strict Liability and Informed Consent: Dont't Say I didn't tell you so", in: 9 Akron L. Rev. 609 ff. (1976), with further refs.

650) Cf. the refs. in note 648, *supra*, esp. J. SCHMIDT-SALZER, *op. cit.*, 11 ff. *(France),* 37 ff. *(Belgium),* 42 ff. *(Germany),* 78 ff. *(Switzerland),* 86 ff. *(England),* 97 ff. *(Canada)* and 101 ff. *(USA).* As to the *United States*, cf. N. RUBINOFF, ,,Drug Liability – Survey, Study and Prognosis", in: 16 Western Reserve L. Rev. 392 ff. (1965); as to *American* case law, cf. *Abott Laboratories v. Lapp,* 78 F. 2d 170 (CA 7th Ill. 1935); *Gottsdanker v. Cutter Laboratories,* 182 Cal. App. 2d 602, 6 Cal. Rptr. 320 (1960); *Wennerhohn v. Stanford University School of Medicine,* 20 Cal. 2d 713, 128 P. 2d 522 (1942); for a further case law discussion cf. 25 AmJur 2d (1966), Drugs, Narcotics, and Poisons, § 50; also cf. E. M. SCHWARTZ, ,,Products Liability: Manufacturer's

Appendix I

Responsibility for Defective or Negligently Designed Medical and Surgical Instruments", in: 18 De Paul L. Rev. 348 ff. (1969), with many further refs.
[651]) *Law Commission Working Paper, op. cit.* [*supra*, note 648], paras. 16–20, 26.
[652]) *Donoghue v. Stevenson* [1932] A. C. 562 (599, per LORD ATKIN).
[653]) *Evans v. Triplex Safety Glass Co. Ltd.* [1936] 1 All E. R. 283.
[654]) *Grant v. Australian Knitting Mills Ltd.* [1936] A. C. 85.
[655]) *Daniels and Daniels v. R. White and Sons Ltd. and Tarbard* [1938] 4 All. E. R. 258.
[656]) [1932] A. C. 562; 1932 S. C. 31 (H. L.).
[657]) *Pearson Report* III. 167 (762).
[658]) *Person Report* III. 33 (121).
[659]) *Law Commission Working Paper, op. cit.* [*supra*, note 648], para. 13.
[660]) *Ibd.*, para. 15.
[661]) *Ibd.*, para. 35.
[662]) BGH, 26th Nov. 1968, BGHZ 51, 91 ff. *Law Commission Working Paper, op. cit.* [*supra*, note 648], para. 35. A comprehensive discussion of the *German* chicken vaccine case can be found in: R. H. MANKIEWICZ, ,,Products Liability – A Judicial Breakthrough in West Germany", in: (1970) 19 I. C. L. Z. 99 ff., with further refs.
[663]) BGH, 26th Nov. 1968, BGHZ 51, 91 (104 ff.).
[664]) BGH, 26th Nov. 1968, BGHZ 51, 91 (104–107).
[665]) *Law Commission Working Paper, op, cit.* [*supra*, note 648], paras. 26, 34, 39 ff. Also cf. The Law Commission and The Scottish law Commission (Law Com. No. 82, Scot. Law Com. No. 45), *Liability for Defective Products,* Report . . . presented to Parliament by the Lord High Chancellor and the Lord Advocate by Command of Her Majesty, Lo. (HMSO) 1977, Cmnd. 6831, paras. 34, 36–37 (hereafter quoted as LC Report).
[666]) *Law Commission Working Paper, op. cit.* [*supra*, note 648], paras. 36 ff., 46 ff.; *LC Report, op cit.* [*supra*, note 665], paras. 38 ff., 125.
[667]) *LC Report, op. cit.* [*supra*, note 665], paras. 38–42.
[668]) *Ibd.*, para. 38 (a)–(e).
[669]) Council of Europe, *European Convention on Products Liability in Regard to Personal Injury and Death,* Strasbourg, 27th Jan. 1977, European Treaty Series No. 91, ed. Febr. 1977; The Convention must be read in the light of: Council of Europe, *Explantory Report on the European Convention on Products Liability in Regard to Personal Injury and Death,* Strasbourg 1977 (where the Convention is also reproduced).
[670]) Council of the European Communities, *Proposal for a Council Directive relating to the Approximation of the Laws, Regulations and Administrative Provision of the Member States concerning Liability for Defective Products.* 9th Sep. 1976, printed in: *LC Report, op. cit.* [*supra*, note 665], 76 ff. (with the *Explanatory Memorandum,* mentioned *supra,* note 669, *ibd.,* 81 ff.).
[671]) E. g. in *Germany* (W), where the new trend of stricter liability of manufacturers has to be fitted in with the principle of the Civil Code of 1894 that a *conditio sine qua non* for civil liability is *negligence,* cf. § 823 I BGB); the standards of care which the manufacturer is expected to exercise is gradually increased and new concepts (e. g. the *Organisationsverschulden* theory) are being developed to tighten the meshes through which it becomes more difficult for the manufacturer to escape (cf. F. GRAF VON WESTPHALEN; ,,Grundsätze deliktischer Haftung im Bereich der Unternehmensorganisation (Produzentenhaftung)", in: Wirtschaftsrecht, Beiträge und Berichte aus dem Gesamtbereich des Wirtschaftsrechts 1 (1972) 67 ff. For a concise and reliable survey of the abounding *German* case law on Products Liability cf. PALANDT-

THOMAS, Bürgerliches Gesetzbuch, Kommentar, 39 th ed. Mü. 1980, note 16 to § 823 I BGB (with further refs.). Since 1st Jan. 1978, the new German *Drug Administration Law* (AMG 1976) has introduced strict liability for drug manufacturers, a development which confirms the trend mentioned at the beginning of this note, *supra*.

672) *Law Commission Working Paper, op. cit.* [*supra*, note 648], para. 37; *LC Report, op. cit.* [*supra*, note 665], paras. 126 ff.; *Pearson Report* I. 262 (1231). The (English) Law Commission in its own Report agrees with the Scottish Law Commission about the EEC Directive (para. 164) and arrives (the Scottish Law Commission dissenting) at the conclusion „that the Strasbourg Convention meets all the main points that they (i. e. the LC) would like to see in a regime of strict liability for injuries caused by defective products" (para 165). Also cf. note 671, *supra*.

673) At to *Common Law* developments since *Donoghue v. Stevenson* (1932; cf. note 656, *supra*), cf. *Law Commission Working Paper, op. cit.* [*supra*, note 648], paras. 67, 77; *LC Report, op. cit.* [*supra*, note 665], paras. 55 ff., esp. 61; *Pearson Report*, I. 255 ff. (1193 ff.), esp. paras. 1274–1275: „It has been made clear to us that the pharmaceutical industry is opposed to strict liability. We acknowledge the force of these arguments, and we recognise that the difficulties faced by drug manufactures would if anything be aggravated by the imposition of strict liability. We have nevertheless concluded that no special treatment could be justified. The demand for fuller and surer compensation for injuries caused by drugs is now an international phenomenon. The context is one in which the industry finds itself under pressure, whatever its legal liabilities in any one country. These difficulties, and the more fundamental problem of trying to produce safe drugs, would not be solved by avoiding a change to strict liability in the United Kingdom" (p. 273). Also cf. *Pearson Report* III. 33 ff., *et passim*, for the development of the Law in *Canada*, the *United States* (esp. since *Greenman v. Yuba Power Products Inc.*, 27 Cal. Rptr. 697 [1963]), *France, Germany, Sweden, New Zealand,* and the *Council of Europe* and *European Communities* initiatives. Also cf. C. J. MILLER and P. A. LOVELLI, *op. cit.* [*supra*, note 648], 356 ff. For the new *German* strict liability provisions as to pharmaceutical products, cf. this treatise, pp. 93, 234, and notes 671–672, *supra*.

674) The leading case is the *Californian* one *Greenman v. Yuba Power Products Inc.* 27 Cal. Rptr. 697 (1963); cf. III. 73 (para. 342: strict liability in tort is accepted and applied by the majority of jurisdictions now); also cf. note 649, *supra*, and P. A. EISLER, „Die Produktenhaftpflicht in den USA", in: ÖJZ 33 (1978) 655–664, for a fully up-dated and annotated review of the American case law and its development towards strict products liability.

675) Cf. note 138, *supra*.

676) *Pearson Report* I. 262–264 (1230, 1236, 1242), 383–384 (Recs. 133–153).

677) *Pearson Report* I. 273 (1275), 383 (Rec. 133).

678) As established by *The Accident Compensation Act 1972* (1972 no. 43), as revised by *An Act to Amend the Accident Compensation Act 1972* (1977 no. 138); also cf. the relevant material mentioned in notes 86, 140 and 340, *supra*.

679) *Pearson Report* I. 288–291 (1353 ff., 1371); III. 129 ff. Also cf. A. H. BERNSTEIN, *loc. cit.* [*supra*, note 341]; J. K. COOPER, *loc. cit.* [*supra*, note 432], with further refs.

680) *LC Report op. cit.* [*supra*, note 665], paras. 61, 65.

681) *Pearson Report* I. 291 (1371).

682) *Pearson Report* I. 288 ff. (paras. 1353 ff., 1359, 1371).

683) §§ 78–98 1974-draft of the Arzneimittelgesetz, BR-Drucks. 552/74; a discussion of

these plans can be found in the 1st edition of this treatise, *ibd.*, pp. 29 (in German), 63 (in English), 97–98 (in French).
[684]) Cf. § 84 AMG 1976, effective since 1st Jan. 1978, introduced *strict liability* (Gefährdungshaftung) in this field; a discussion of the new German regulation follows in the text of this treatise, pp. 93 ff., 234 ff., *supra*.
[685]) Cf. the text of this treatise, pp. 92–93, 234, *supra*.
[686]) §§ 78–98 of the 1974-draft of the AMG, BR-Drucks. 552/74.
[687]) § 84 S. 1 in connection with S. 2 No. 1 AMG 1976.
[688]) Arg. § 84 S. 2 No. 1 AMG 1976.
[689]) § 84 S. 2 No. 2 AMG 1976.
[690]) § 86 II AMG 1976.
[691]) § 88 AMG 1976.
[692]) § 92 S. 1 AMG 1976.
[693]) § 92 S. 2 AMG 1976.
[694]) § 94 I and II AMG 1976.
[695]) The products liability insurance problems according to *German* law (mostly *de lege ferenda*) is discussed in: Th. ROTH, ,,Die Produkte-Haftpflichtversicherung-Versicherungsrechtliche und versichtungstechnische Probleme", in: Karlsruher Forum 1963: Zur Haftung des Warenherstellers (Beiheft Versicherungsheft) 1963, 24 ff., also cf. J. SCHMIDT-SALZER, Produkthaftung, Heidelberg 1973, 293 ff., both with further refs. The *English* position (both *de lege lata* and *ferenda*) is dealt with by E. A. HEPPEL, Products Liability Insurance, Lo. 1967, 4 ff.
[696]) Cf. H.-J. RIEGER, ,,Die Haftung des Arztes und des Arzneimittelherstellers bei fehlerhafter Anwendung von Arzneimitteln", in: Deutsche Medizinische Wschr. 101: 1781 ff. (1976), with further refs.
[697]) *Pearson Report* I. 286 (1338, 1340, 1341).
[698]) *Pearson Report* I. 288 (1347); Art. 5 (2) Council of Europe Convention on Personal Injury; § 93 AMG 1976; but also cf. Sh. L. BIRNBAUM, New Trends in Drug Liability and Litigation, NY 1977.
[699]) D. GIESEN, *loc. cit.* [*supra*, note 87], 428; also in *England*, in common with other professional people, it is open to (but not obligatory for) a physician to insure against liability arising out of his professional duties; this also applies to the *United States*, cf. W. SCHWEISHEIMER, ,,Wie helfen sich amerikanische Ärzte gegen die Malpractice Mess?", in: Veska (Das Schweizer Spital) 41 (1977) 74–75.
[700]) § 94 I AMG 1976.
[701]) D. GIESEN, *loc. cit.* [*supra*, note 87]; H.-L. WEYERS, *loc. cit.* [*supra*, note 353], A 58 ff.
[702]) *Pearson Report* I. 286 (1338).
[703]) *Pearson Report* I. 286 (1341).
[704]) *Pearson Report* I. 286 (1341).
[705]) Cf. H. WEITNAUER, ,,Fragen der ärztlichen Verantwortlichkeit in zivilrechtlicher Sicht", in: Der Betrieb 1961 (Beilage No. 21, Heft 51/52), 1 ff. (8).
[706]) The Rt. Hon. LORD KILBRANDON, ,,Procedural Aspects and Questions of Insurance", in: *Council of Europe*, Civil Liability of Physicians. Proceedings of the Fifth Colloquy on European Law . . . in Lyons, 3–5 June 1975, Strasbourg 1975, 63 ff. (69).
[707]) D. GIESEN, *loc. cit.* [*supra*, note 87], 428.
[708]) *Woodhouse Report, op. cit.* [supra, note 340], 107 ff., 132 ff., 163 ff., 177 ff. and *Report of Select Committee on Compensation for Personal Injury in New Zealand*. Wellington (Government Printer) 1978, 35 ff., 47 ff.; *Pearson Report* III. 129 ff. (140–141).

709) Personal Communication from Prof. Anders AGELL, Uppsala University, Sweden.
710) Cf. Melvin M. BELLI, ,,Transsexual Surgery. A new Tort?", in: JAMA 239; 2143–2148 (1978); J. NEVINNY-STICKEL and J. HAMMERSTEIN, ,,Medizinisch-juristische Aspekte der menschlichen Transsexualität", in: NJW 1967, 663 ff.; A. SCHNEIDER, Rechtsprobleme der Transsexualität, Frankfurt a. M. and Bern 1977; as to *French* and *Belgian* law, cf. H. ANRYS, 98 ff. (paras. 68 ff.)
711) Cf. *MT. v. JT.*, 355 A. 2d 204, S. Ct. App. Div. NJ (1976); this decision is understood to be the first court decision in history to hold a transsexual marriage valid; a sympathetic discussion of this case can be found in an Editorial on ,,An Englightened Perspective on Transsexualism", in: Capital Univ. L. Rev. 6: 403–427 (1977); prior *American* and *English* decisions, however, held against the validity of homosexual or transsexual marriages: *Anonymous v. Anonymous*, 325 NYS 2d 499, 67 Misc. 2d 982 (1971); *Corbett v. Corbett* [1970] 2 All E. R. 33; [1971] P. 83, per ORMROD J. (a judge *and* a qualified medical practitioner, as P. M BROMLEY, Family Law, 5th ed. Lo. 1976, 29–30, observes in commenting on this case).
712) BVerfG, 11th Oct. 1978, FamRZ 1979, 25 ff. The new German case is by no means the only (if perhaps most recent) one to be found in legal literature; cf. *In re Anonymous*, 64 Misc. 2d 309, 413 NYS 2d 668 (1970; change of name allowed); *In re Anonymous*, 57 Misc. 2d 813, 293 NYS 2d 834 (1968); change of sex entry in birth certificate allowed); but cf. *Anonymous v. Weiner*, 50 Misc. 2d 380, 270 NYS 319 (1966; change refused); for the interesting English case *Corbett v. Corbett* cf. note 711, *supra*.
713) What follows is quite an interesting story well worth narrating, since it reveals both some of the trouble an individual may see himself submitted to before a final decision can be arrived at and some of the trouble courts have everywhere when coping with new developments: The applicant, born in 1932, officially registered as a child of male sex, married in 1953, divorced in 1964, since 1960 severely disturbed in his general well-being and increasingly identifying himself with the female sex, in 1964 successfully underwent a transsexual surgical operation in a German clinic. She is now working as a nurse in a University clinic. In 1968 she applied at the lower country court (Amtsgericht) Berlin-Schöneberg for a correction of her sex entry in the official birth register from ,,male" into ,,female" which this court granted. On the appeal by the Senator (Minister of State) of Interior of Berlin the higher country court (Landgericht) Berlin refused to accent the lower court's view and declined the desired correction. In turn, on appeal by the applicant, the Provincial High Court (Kammergericht) Berlin decided (KG, 8th Sept. 1970, FamRZ 1971, 166ff.) that it would allow the application if it were not barred from doing so by a contrary decision from a peer court, the Provincial High Court of Frankfurt a. M. (OLG Frankfurt, 14th Febr. 1969, FamRZ 1969, 412 ff.); it, therefore, referred the case (in accordance with the procedural laws for such conflict of opinions) to the highest German civil court, the Federal Supreme Court, for final decision; this court ultimately refused to allow the application and there the matter, as far as civil law was concerned, ended with no redress for the applicant (BGH, 21st Sept. 1971, BGHZ 57, 63 ff = FamRZ 1972, 82 ff.). Above the civil law, however, there is the Constitution, and as guardian of the German constitution, the higher ranking Federal Constitutional Court was invoked and decided as narrated in favour of the applicant (cf. note 712, and related text, *supra*). The German Federal Supreme Court, however, is in very good company: cf. *Corbett v. Corbett* [1970] 2 All E.R. 33; [1971] P. 83. *per* ORMROD J., and P. M. BROMLEY, *op. cit.* [*supra*, note 711], 29–30.
714) BVerfG, 11th Oct. 1978, FamRZ 1979, 25 (25, 28–29).

[715]) Cf. M. M. Belli, *loc. cit.* [*supra*, note 710], 2144: „They differ from homosexuals since they relate to their own sex in a heterosexual way". Also cf. J. Nevinny-Stickel and J. Hammerstein *loc. cit.* [*supra*, note 710], 665.

[716]) As the Federal Constitutional Court puts it: „Der männliche Transsexuelle lehnt den homosexuellen Mann ab und sucht ausdrücklich den heterosexuell orientierten Partner", a partner who, in this case, of course, can only be the heterosexually feeling man. The quote is from BVerfG, 11th Oct. 1978, FamRZ 1979, 25 (26).

[717]) BVerfGE, 11th Oct. 1978, FamRZ 1979, 25 (26); M. M. Belli, *loc. cit.* [*supra*, note 710], 2144.

[718]) Cf. A. Spengler, „Transsexualität - eine Krankheit im Sinne der Reichsversicherungsordnung", in: NJW 1978, 1192–1193, with further refs., from an underwriter's viewpoint that coverage should be given to such cases, which according to the author are seldom enough (in the Federal Republic of *Germany* there are said to be approximately 1000 to 3000 [predominantly male] transsexuals).

[719]) BVerfG. 11th Oct. 1978, FamRZ 1979, 25 (26).

[720]) Cf. D. Smith, „Transexualism, sex reassignment surgery and the law", in: 56 Cornell L. Rev. 963–1009 (1971); M. M. Belli, *loc. cit:* [*supra*, note 710], 2145. The decision discussed above of the *Federal Constitutional Court* has already caused the *German* government to draft a law regulating the change of given names and sex entries in state registers in certain cases *(Entwurf eines Gesetzes über die Änderung der Vornamen und die Feststellung der Geschlechtszugehörigkeit in besonderen Fällen* [*Transsexuellengesetz* – TSG], Deutscher Bundestag, BT-Drucks. 8/2947), cf. JURA 1980, 112; this bill passed the German Federal Parliament on 12th June 1980, FAZ No. 135 of 13th June 1980, 6, but has not become a law yet; the whole measure is rather unique in the world (with the exception of Sweden where similar regulations are in force). Both possibilities are provided for: a mere change of an applicant's given name or (in addition to this) a change of his or her sex entry in the official birth register; the application is filed with a court which has to consult two experts prior to its decision.

[721]) According to M. M. Belli, *loc. cit.* [*supra*, note 710], 2145 the transsexual surgery is lawful in these countries „if a thorough medical evaluation indicates that surgery would be therapeutic and if it is done in good faith with reasonable skill".

[722]) *Hartin v. Director of Bureau of Records*, 75 Misc. 2d 229, 347 NYS 2d 515 (1973).

[723]) Cf. D. Smith, „Transsexualism, sex reassigment surgery and the law", in: 56 Cornell L. Rev. 963–1009 (1971).

[724]) M. M. Belli, „Transsexual Surgery: A New Tort?", in: JAMA 239: 2143 ff., 2145 (1978).

[725]) *Ibd.*, 2144.

[726]) *Ibd.*, 2145. Also cf. *Hartin v. Director of Bureau of Records*, 75 Misc. 2d 229, 347 NYS 2d 515 (1973).

[727]) M. M. Belli, *loc. cit.* [*supra*, note 724], 2144; but also cf. M. Mehl, „Transsexualism: A perspective" in: D. Laub and P. Gandy (Eds.), *Proceedings of the Second Interdisciplinary Symposium on Gender Dysphoria Syndrome*, Stanford (Cal., Stanford Univ. Medical Center) 1973, 15–19.

[728]) Annotation, 21 ALR 2d 369, 371–372 (1952); one simply cannot use consent to an act that disturbs the peace, like a shooting: *State v. Fransua*, 85 NM 173, 510 P. 2d 106 (1973); like a beating: *State v. Roby*, 83 Vt 121, 74 A. 638 (1909); like being sadistically burned by someone with a cigarette: *Commonwealth v. Farrell*, 322 Mass. 606, 78 NE 2d 697 (1948).

[729]) M. M. Belli, *loc. cit.* [*supra*, note 724], 2146.

Notes · Anmerkungen

[730]) *Ibd.*, 2146.
[731]) *Ibd.*, 2147: „We have already seen several products of these sex-change . . . in our office, and the damage that is done by inferior procedures and inadequate selection and counseling is horrifying: the unfortunate person who emerges is often unfit in either sex." Belli's office is a lawyer's office.
[732]) No one? Is a male transsexual still the testator's „son"? Does he not affect the marital status and perhaps also rights of a spouse? (cf. note 711, *supra*); before *and* after *Marvin v. Marvin*, 18 Cal. 3d 660, 134 Cal. Rptr. 815, 557 P. 2d 106 (1975)?
[733]) M. M. BELLI, *loc. cit.* [*supra*, note 724], 2147.
[733a]) Cf. The (Australian) Law Reform Commission (ALRC) Report No. 7: Human Tissue Transplants, Canberra (Australian Government Publications Service) 1977, with detailed information and further refs.
[734]) Statute No. 246, 9th June 1967, as amended 1969 regarding the grafting of human tissues: for a discussion cf. *Council of Europe*, Ad hoc Committee to exchange views and information on Legislation in Member States concerning the removal, grafting and transplantation of human organs and tissues, Report on the meeting of the ad hoc Committee, Strasbourg, 17–19 March 1975, Ad hoc/Transp. Org. (75) 1, p. 3 (12); for a translation into German cf. Deutsches Ärzteblatt 65: 285 (1968).
[735]) Statute No. 458, 26th June 1967; cf. *Council of Europe* Ad hoc Committee, *op. cit.* [*supra*, note 734], 3 (13).
[736]) Statute of 9th Febr. 1973; cf. *Council of Europe* Ad hoc Committee, *op. cit.* [*supra*, note 734], 4 (14).
[737]) HumanTissue Gift Act 1973 (Alta.) c. 71; Human Tissue Gift Act 1972 (B. C.) c. 27; Human Tissue Act 1971 (Nfld) No. 66; Human Tissue Gift Act 1973 (N. S.) c. 9; Human Tissue Gift Act 1971 (Ont.) c. 83; Human Tissue Gift Act 1974 (Sask.) c. 47; Civil Code (Que.), arts. 20–23; cf. *Appendix* III, pp. 413 ff., *infra, sub* Canada. Also cf. note 757, *infra*.
[738]) Uniform Anatomical Gift Act, Uniform Laws Annotated, vol. 8, St. Paul (Minn.) 1979 (Cumulative Annual Pocket Part), in connection with the text of this act as printed in The Georgetown Law Journal 57: 32–34 (1968); also cf. *Appendix* II of this treatise, pp. 409 ff., *infra*.
[739]) *Appendix* III, pp. 413 ff., *infra*.
[740]) Cf. *Council of Europe* Ad Hoc Commmittee, *op. cit.* [*supra*, note 734], 4 (15).
[741]) *Ibd.*, 4–5 (16). An extensive discussion of the law of the countries mentioned above is also given in O. PRIBILLA, „Rechtliche Grundlagen der Organtransplantation", in: Zschr. f. Rechtsmedizin 78: 215–225 (1976); for *American* case law cf. note 747.
[742]) *Council of Europe*, European Committee on Legal Co-operation (CDCJ), Harmonisation of Legislation Relating to the Removal, Grafting and Transplantation of Human Biological Substances, *Addendum* I to CDSP (77) 50, 30th Dec. 1977, 1.
[743]) The draft is printed *ibd.*, 9 ff.; the final Resolution (78) 29, 11th May 1978, can be found in a separate publication (together with an Explanatory Memorandum): *Council of Europe*, [Directorate of] Legal Affairs, Harmonisation of Legislation of Member States relating to removal, grafting and transplantation of human substances, Resolution 78 (29) adopted by the Committee of Ministers of the Council of Europe, 11th May 1978, Strasbourg 1978, 5 ff., printed here as *Appendix* XI, pp. 445 ff., *infra*. Also cf. *Council of Europe*, [Directorate of] Legal Affairs, International exchange and transportation of human substances, Recommendation No. R (79) 5, adopted by the Committee of Ministers of the Council of Europe, 14 March 1979, and Explanatory Memorandum, Strasbourg 1979, 5 ff.
[744]) Resolution (78) 29, Strasbourg 1978, cf. notes 743, *supra*, and 746, *infra*.

[745]) *Ibd.*, 11–13 (Draft 1976) and 6–9 (Resolution 1978).
[746]) Cf. *Appendix* XI, pp. 445 ff., *infra*.
[747]) *Bonner v. Moran*, 75 DC App. 156, 126 F. 2d 121 (1941) (Skin grafting operation illegal from living donor if not both, donor [a minor] and parents consent prior to procedure); *Siriani v. Anna*, 55 Misc. 2d 553, 285 NYS 2d 709 (1967) (Kidney transplantation [cf. note 763, *infra*]; *Williams v. Hofmann*, 66 Wis. 2d 145, 223 NW 2d 844 (1974) (wherein a husband alleged that his wife was kept alive for kidney grafting purposes through the use of a variety of life-supporting techniques and devices until almost 48 hours after he had been told by a physician that she was dead; held: physician not liable); *Ravenis v. Detroit General Hospital*, 63 Mich. App. 79, 234 NW 2d 411 (1975) (Negligent cornea transplantation: hospital held liable); KARP v. *Cooley*, 493 F. 2d 408 (CA 5th Tex.), reh. den. 496 F. 2d 878 (CA 5th Tex.), cert. den. 419 US 845, 95 S. Ct. 79 (1974) (alleged actionable human experimentation with mechanical heart; held: surgeon not liable); *New York City Health and Hospital Corporation v. Sulsona*, 367 NYS 2d 686 (S. C. 1975) (Kidney transplantation and death [cf. note 784, *infra*]); for further examples cf. Th. R. TRENKNER, ,,Tort Liability of Physician or Hospital in connection with Organ or Tissue Transplant Procedured", 76 ALR 3d 890 (1977), with further refs.
[748]) Further advances in transplant techniques (especially a breakthrough in immunological research) could well lead to widespread (and even illicit) *trading in human body parts*, and there are already cases of wealthy Asians travelling to Australia with paid donors in their entourage to have kidney transplant operations, and it seems to be well-known that people from Middle-eastern countries arrive in Britain with their donors with them for such transplants, cf. *The Sydney Morning Herald* No. 44 448, 14th June 1980, 2 (,,Widespread trade in human body parts likely, lawyer says"; the lawyer referred to is Mr Russell SCOTT who headed the Australian Law Reform Commission's inquiry into human tissue transplants; the report dealing with this inquiry is referred to in notes 733a and 750, *supra*). For the figures given in the text above, cf. J. LINCK, ,,Gesetzliche Regelung von Sektionen und Transplantationen", in: JZ 1973, 759 ff. (763) as to Germany; for the U. K. figure, cf. *British Transplantation Society*, ,,The Shortage of Organs for Clinical Transplantation: A Document for Discussion", in: The British Medical Jnl. 1975, 251 and *The Times*, 31st Jan. 1975; The demand for kidney transplantations is rapidly increasing: cf. the information provided by the *German* Government Draft Transplantation Law, 29th Sept. 1978, BR-Drucks, 395/78, 5–6; an instructive report on the situation of kidney transplantation in Berlin (W) can be found in: M. MOLZAHN, V. FIEDLER and G. OFFERMANN, ,,Stand der Nierentransplantation in Berlin (West)", in: 15 Die Berliner Ärztekammer 308–314 (1978); also cf. FAZ No. 80, 3rd April 1980, 8 (already 500 kidney transplants successfully carried out since 1968 at the Medical School in Hanover alone); but also cf. FAZ No. 112, 14th May 1980, 7 (stating that in the Federal Republic alone 2000 patients are waiting for a kidney transplant, and that West Germany is at the bottom of the long list in West Europe of countries where kidney transplants are regularly carried out; the waiting period until a suitable kidney donation is available there is approximately 2 years). Also cf. note 756, *infra*.
[749]) J. A. FARROR, ,,Organs for Transplant: courageous legislation [in France]", in: British Medical Jnl. 1977, 1, 497–498 (497).
[750]) Note, ,,Human Tissue Transplants", in: British Medical Jnl. 1978, 1, 195–196, where the new Australian Law Reform Commission's Report No. 7, Human Tissue Transplants, Canberra, Australian Government Publishing Service, 1977, is commented upon and mention is made that out of the 2448 kidneys transplanted in

Australia and N. Z. between 1963 and 1976 only 55 were taken from living donors.
751) The chances for a recipient, after a heart transplantation, to survive the first year in 1968 were 22% only, in 1977 a respectable 68%; after a survival period of 3 to 4 years after the transplantation the risk of death as a late consequence of the transplantation operation becomes smaller and smaller, FAZ No. 32, 7th Febr. 1979, 31; British Medical Jnl. 1979, 1, 69; the risk of death as a consequence of surgical operations naturally becomes smaller the greater the experience of surgeons is with such operations, cf. FAZ No. 13, 16th Jan. 1980, 27.
752) The *German* government estimates that 3000 to 4000 cornea transplants are needed *per annum* in the Federal Republic of Germany alone, cf. German Government Draft Transplantation Law, 29th Sept. 1978, BR-Drucks. 395/78, 6.
753) Cf. B. SPECK, ,,Möglichkeiten und Probleme der klinischen Knochenmarktransplantationen", in: Die Medizinische Welt 26: 39–43 (1975), with further refs.
754) The fourth test-tube baby was born on 23rd June 1980 – in Melbourne: the first one not delivered after a caesarean operation but by a normal birth, FAZ No. 143, 24th June 1980, 10. And see the text of this treatise, pp. 115 ff., 252 ff., *supra*.
754a) Cf. FAZ No. 80, 4th April 1979, 7; FAZ No. 73, 26th March 1980, 33. Also cf. E. P. IMHOF, ,,Die noble Rasse der alten Herr[e]n. Wie Mr. Graham für die Fortpflanzung intelligenter Lebewesen sorgen möchte", in: Rheinischer Merkur/Christ und Welt No. 11, 14th March 1980, 33, on Mr. GRAHAM'S *Repository For Germinal Choice* in *Escondido* (Cal.), where the semen of nobel prize laureates is stored for future insemination on women (female stock, one is tempted to say) who could help in bringing up especially intelligent human beings for future purposes. Another *Brave New World* indeed, and perhaps one not altogether far from what could be called unethical experiments on mankind, cf. notes 547–549 and text related thereto, *supra*. Also cf. FAZ No. 54, 4th March 1980, 8; No. 223, 25th Sept. 1980, 8.
755) There is an increasing legal and medical literature on the subject, for some of the most recent books cf. H. KÜBLER, Verfassungsrechtliche Aspekte der Organentnahme zu Transplantationszwecken, Bln 1977; J. G. ZIEGLER (Ed.), Organverpflanzung: Medizinische, rechtliche und ethische Probleme, Düsseldorf 1977; A. LAUFS, ArztR, §§ 86 ff., all with further refs. Also cf. Th. CARSTENS, ,,Organtransplantation. Zu den Gesetzentwürfen von Bundesregierung und Bundesrat", in: ZRP 1979, 282–284 (with many refs.), and R. PICHLMAYR, ET ALII, ,,Leberersatz und Lebertransplantation", in: MMW 120: 207 ff. (1978). And cf. note 756, *infra*.
756) For an appeal by the *German* Medical Profession cf. *Aufruf der Bundesärztekammer an alle Ärzte* [January 1979], in: Deutsches Ärzteblatt 76: 189 (1979). In a recent press statement, the *German* Medical Profession has stated that millions of people in Germany (W) have voluntarily agreed to serve as transplantation donors and have applied to the Federal Board of the Medical Profession to be issued with a transplantation donor passport. The Federal Board of the Medical Profession ,,thankfully acknowledges the spirit of co-operation" between these donors and the medical profession in Germany, and in the light of this positive response by the public to the needs of the medical profession for transplantation substances of the various kinds a transplantation law, in the Federal Republic of Germany, would seem to be unnecessary, the statement runs (FAZ No. 16, 19th January 1980, 7); also cf. P. KLAUE, ,,Organentnahme außerhalb von Transplantationszentren. Fünf Jahre Nierenexplantation in einer allgemeinchirurgischen Klinik", in: Deutsches Ärzteblatt 77: 265–270 (1980), with further data and refs. And cf. note 748, *supra*.
756a) As to donation of human tissue by living persons, cf. ALRC 7, 46 ff. (paras. 105 ff.)
757) *Danish* Statute No. 246, 9th June 1967, on removal of human tissues (esp. applicable

to bone marrow removals and transplants); *Italian* Statute No. 458, 26th June 1967 (kidney donations only); *Norwegian* Statute, 9th Febr. 1973; *South African* Act No. 24, 9th March 1970 as amended by Statute No. 42 of 1972; as to *Denmark, Italy* and *Norway*, cf. *Council of Europe* Ad Hoc Committee Transplantation of Organs, *op. cit.* [*supra*, note 734] (75) 1, pp. 3–4; also cf. the *Canadian* statutes as quoted in note 737, *supra*, which all provide for *inter vivos* gifts of organs, and allow a direction by an individual, or certain next-of-kin that after death his body or certain of his organs are to be made available for transplantation purposes.

[758]) Cf. the famous *American* decisions *Strunk v. Strunk*, 445 SW 2d 145 (Ky. C. A. 1969), where authority for a transplant from a 27 year old mental incompetent to a 28 year old brother was granted, and *Hart v. Brown*, 289 A. 2d 386 (Conn. S. C. 1972), where approval was given to a transplant between eight year old twins; also cf. G. S. SHARPE, ,,The Minor Transplant Donor", in: (1975) 7 Ottawa L. Rev. 85; PICARD, 87.

[759]) Cf. pp. 60 ff., 63 ff., 205 ff., 208 ff., *supra*.

[760]) Arts. 8, 12 (1–2) *European Resolution* (78) 29, 11th May 1978; also cf. D. GIESEN, (1976) 25 I. C. L. Q. 180 (201). As to transplantation in general cf. R DIERKENS, Les Droit sur le Corps et le Cadavre de l'Homme, Pa. 1966, 56 ff; P.-J. DOLL, La Discipline des Greffes des Transplantations et des autres Actes de Disposition Concernant le Corps Humain, Lyon 1970; C. C. HAVIGHURST, Medical Progress and the Law, NY 1969, 37 ff.; X. RYCKMANS and R. MEERT-VAN DE PUT, Les Droits et les Obligations de Médicins, vol. I, 2nd ed. Bruxelles 1971, 466 ff., all with further refs.

[761]) Cf. *Appendix XII*, pp. 449 ff., *infra*.

[762]) *Council of Europe*, Explanatory Memorandum to Resolution (78) 29, para. 15. For *American* cases and further readings, cf. note 747, *supra*, and P.-J. DOLL, *op. cit.* [*supra*, note 760], 68 ff.

[763]) *Council of Europe*, Explanatory Memorandum to Resolution (78) 29, para. 16. As to the liability of the surgeon toward the donee, cf. *Siriani v. Anna*, 55 Misc. 2d 553, 285 NYS 2d 709 (1967); in this case a mother who had consented to the transplantation of one of her kidneys into her son's body whose own kidneys had been negligently removed by defendant surgeons was held not to be entitled to recover against the surgeons for her own impairment of health (as *volenti non fit iniuria*); the court held that the surgeons were only negligent with respect to the body of the son. The donation by the mother was held to be an independent intervening act undertaken with full knowledge of the consequences and thus not in itself actionable.

[764]) D. GIESEN, (1976) 25 I. C. L. Q. 180 ff. (201–202); in the exceptional case of isotransplantations, i. e. transplantations from one minor twin to the other, however, the consent of the parents should be regarded as legally acceptable, provided that no vital organ is being removed and transplanted. As to *American* case law cf. *Bonner v. Moran*, 75 App. DC 156, 126 F. 2d 121 (1941); and esp. *Prince v. Massachusetts*, 321 US 158, 64 S. Ct. 438, reh. den. 321 US 804, 64 S. Ct. 784 (1944), where the Supreme Court of the *United States* said in a context unrelated to transplantation that parents are not free to make martyrs of their children before they become of legal age so that they can make their own decisions; also cf. J. D. PEROVICH, ,,Transplantation: Power of Parent, Guardian, or Committee to Consent to Surgical Invasion of Ward's Person for Benefit of Another", 35 ALR 3d 692 (1971); W. J. CURRAN, ,,A Problem of Consent: Kidney Transplantation in Minors", in: 34 NY Univ. L. Rev. 891 (1959). For *French* law cf. P.-J. DOLL, *op. cit.* [*supra*, note 760], 75 ff.

[765]) *Prince v. Massachusetts*, 321 US 158, 64 S. Ct. 438, reh. den. 321 US 804, 64 S. Ct. 784 (1944).

Notes · Anmerkungen

766) Art. 2 (1) *European Resolution* of 1978; for the wording cf. *Appendix* XI, pp. 445 ff., *infra*. Also cf. N. FOST, ,,Children as Renal Donors", in: 296 The New England Jnl. of Med. 363–367 (1977) with further refs.
767) Art. 3 *European Resolution* of 1978; cf. *Appendix* XI, pp. 445 ff., *infra*.
768) Art. 6 (1) *European Resolution* of 1978, cf. Explanatory Memorandum, para. 24.
769) Explanatory Memorandum, para. 24 (3).
770) Explanatory Memorandum, para. 19 (Comment on Art. 3 of the European Resolution 1978).
771) D. GIESEN, (1976) 25 I. C. L. Q. 180 ff., 202.
772) *Ibd.*, 202; Arts. 5–6 *European Resolution* of 1978; Explanatory Memorandum, paras. 23–26.
773) D. GIESEN, (1976) 25 I. C. L. Q. 180 ff., 202; the operating surgeon or the hospital may also be held liable in a case where defective organs were transplanted into the bodies of donees, cf. Th. R. TRENKNER, ,,Tort Liability of physician or Hospital in Connection with Organ or Tissue Transplant Procedures", 76 ALR 3d 890, 901 (1977); cf. *Ravenis v. Detroit General Hospital*, 63 Mich. App. 79, 234 NW 2d 411 (1975).
774) Art. 9 (1) *European Resolution* of 1978; also cf. P.-J. DOLL, *op. cit.* [*supra*, note 760], 75, and note 842, *infra*.
775) Art. 9 (2–3) *European Resolution* of 1978, *Appendix* XI, *infra*, pp. 445 ff.
776) Explanatory Memorandum, para. 32.
777) Explanatory Memorandum, para. 33.
778) D. GIESEN, (1976) 25 I. C. L. Q. 180 ff., 202; some figures are worth quoting with regard to the proportions of transplantations from the deceased or the living donor respectively; the proportion of transplants from deceased persons has constantly increased: 1964 the proportion was 26% of all transplants in the world, 1970 the ratio was 52%. This development is due to the improvement of methods and means to preserve the organs, cf. F. W. EIGLER, F. BERSIG, J. MEDRANO, ,,Nierentransplantation: Organgewinnung und Konservierung", in: Deutsches Ärzteblatt 71: 3541 note 1 (1974). A careful study of legal problems of transplantations from deceased persons can be found in: H. HINDERLING, ,,Die Organtransplantation in der heutigen Sicht des Juristen", in: SJZ 75 (1979) 37–43, with further refs., esp. as to *Swiss* and *German* materials; cf. note 751, *supra*.
778a) For a general discussion of the ethical, medical and legal problems in this field, cf. P. FRITSCHE, Grenzbereich zwischen Leben und Tod. Klinische, juristische und ethische Probleme, 2nd ed. Stuttgart [G. Thieme] 1979: 10 ff. (Definition of Death), 24 ff. (Establishing Death) and 37 ff. (Establishing Time of Occurrence of Death), with further refs. Another important (Australian) document in this connection is ALRC 7, 52 ff. (paras. 114 ff.), with further refs.
779) *Finnish Statute* regarding the grafting of human tissues from the deceased person for therapeutic purposes No. 260, 8th July 1957.
780) *Italian* Statute No. 644, 2nd Dec. 1975 (both cardiac arrest and cessation of brian activity is necessary to declare a person dead: Art. 3).
781) *Spanish* Act of 1950 with Executive Order of 1951 regarding the establishing of death: there are altogether 15 criteria for verifying death, the most important of which are cessation of cardiac activity and respiration; but cf. now the new law draft of 1979, quoted in *Appendix* III, under this country's entry, p. 420, *infra*.
782) Decree No. 47–2057, 20th Oct. 1947 and Circular No. 67, 24th April 1968 (containing criteria of establishing death which correspond with general medical practice; the new Law of 1976 [Gaz. Pal. 1977. Legislation p. 31] does not regulate

this question); also cf. Th. CARSTENS, ,,Organtransplantation in Frankreich und der DDR – Ein Kodifikationsvergleich", in: ZRP 1978, 146–149; an English discussion of the new Law of 1976, the so-called *Caillavet Law*, can be found in: J. A. FARROR, ,,Organs for transplant: courageous legislation", in: The British Medical Jnl. 1977, 497–498. As to *Switzerland*, cf. BG, 28th June 1972, BGE 98 Ia 508 ff.; 3rd July 1975, BGE 101 II 177 ff. Both decisions were concerned with heart transplants and the problem of establishing death of the donor, which they assumed as having taken place with the irreversible cessation of all brain functions: the courts ruled that death must be certified by physicians who do not belong to the transplantation team.

783) As to transplantation problems in *Switzerland*, cf. J. M GROSSEN, ,,Aspects juridiques de la chirurgie des transplantations", in: Festgabe Oftinger, 1969, 87 ff.; H. HAUSHEER, ,,Arztrechtliche Fragen", in: SJZ 73 (1977) 245 ff., 251–253; H. HINDERLING, *loc. cit.* [*supra*, note 778], 37–43 and H. SCHULTZ, ,,Organtransplantation", in Schweizerische Ärztezeitung 33 (1968) 877 ff., all with further refs.

784) Also the *(American) Uniform Anatomical Gift Act* (Uniform Laws Annotated, Estate, Probate and Related Laws, Vol. 8, St. Paul [Minn] 1972, 15 ff. in connection with ULA [Cumulative Volume 1979], 1 ff., and 57 The Georgetown L. Jnl. 32 [1968]), for which cf. note 809 *infra*, does not give any definition of death, or more precisely, when life terminates and death occurs. Thus, in *New York City Health and Hospitals Corporation v. Sulsona*, 81 Misc. 2d 1002, 367 NYS 2d 686 (S. C. 1975), a city health and hospital authority sought a declaratory judgment to have the phrase ,,time of death" legally defined within the meaning of the Uniform Act. The Court held that in the context in which the term ,,death" was used in the Uniform Anatomical Gift Act implied a definition consistent with generally accepted medical standards which included the concept of brain death as well as the 200-year old *Common Law* notion of absence of heartbeat and respiration; the tragic case *In re Karen Ann Quinlan*, 70 NJ 10, 355 A. 2d 647 (1976) produced a widespread discussion about death in the *United States*, cf. K. CORDIER-KARNEZIS, ,,Power of Court to Order or Authorize Discontinuation of Extraordinary Medical Means of Sustaining Human Life", 79 ALR 3d 237 (1977); N. A. SPINELLA, ,,Update on Opposition to Death-with-Dignity Legislation", in: 58 Hospitals Progress No. 7, 70–72 (1977); W. SCHWEISHEIMER, ,,Das Recht, sterben zu dürfen", in: Österreichische Krankenhaus-Zeitung 9 (1978) 185–186; M. W. RANDALL, ,,The Right to Die a natural death: A Discussion of In Re Quinlan", in: 46 Univ. Cin. L. Rev. 192 ff. (1977), all with further refs.

785) *Commonwealth v. Golston*, 366 NE 2d 744 (Mass. 1977); cf. W. J. CURRAN, ,,The Brain-Death Concept: Judicial Acceptance in Massachusetts", in: 298 The New England Jnl. of Med. 1008–1009 (1978).

786) *Council of Europe*, Ad hoc Committee to exchange views and information on Legislation in Member States concerning the removal, grafting and transplantation of human organs and tissues, Report on the meeting of the ad hoc Committee, Strasbourg, 17–19 March 1975, Ad hoc Transp. Org. (75) 1, 10. Also cf. note 743, *supra*.

787) Cf. note 786; this is also the opinion of the *Australian* Law Reform Commission, which recommends that a future statute should contain a definition of death, and the following formula is recommended: ,,A person has died when there has occurred: (a) irreversable cessation of all functions of the brain of the person; or (b) irreversable cessation of circulation of blood in the body of the person" (ALRC 7, 63 para. 136).

788) *A Statutory Definition of Death*, 1974.

789) Comment, ,,The Criteria for Determining Death in Vital Organ Transplants – A

Medico-Legal Dilemma", in: 18 Catholic Lawyer 242 (1972); D. J. CONWAY, ,,Medical and Legal Views of Death: Confrontation and Reconciliation", in: 19 St. Louis Univ. L. Jnl. 172 (1974); P. J. DOLL, La Discipline des Greffes, des Transplantations et des autres Actes de Disposition Concernant le Corps Humain, Lyon 1970, 187 ff.; H. ANRYS, 112 ff., all with further refs.

790) D. GIESEN, (1976) 25 I. C. L. Q. 180 ff., 203.
791) For a discussion cf. E. HEINITZ, Rechtliche Fragen der Organtransplantation, Bln. 1970, 13 ff. (21–22); J. LINCK, ,,Gesetzliche Regelung von Sektionen und Transplantationen", in: JZ 1973, 759 ff., 763. The English text of the *Declaration of Sydney* (1968) can be found in Med. Jnl. Aust. 55: 118 (Suppl.), 21st Sept. 1968 (1968), the German translation is printed in: Deutsches Ärzteblatt 65: 1865 (1968).
792) *Bericht der Bund-Länder-Arbeitsgruppe zur Vorbereitung einer gesetzlichen Regelung der Transplantation und Sektion*, Bonn Bad-Godesberg (Bundesministerium der Justiz), n. d., 28 ff.; also cf. Art. 12 (3) *European Resolution* of 1978, which only requires *one* doctor who does not belong to the transplantation team; cf. *Appendix* XI, pp. 445 ff., *infra*.
793) *Entwurf eines Gesetzes über Eingriffe an Verstorbenen zu Transplantationszwecken* (Transplantationsgesetz), 16th March 1979, Deutscher Bundestag, 8. Wahlperiode, BT-Drucks. 8/2681; this Federal Government draft is printed in *Appendix* XIII, pp. 451 ff., *infra*. For a discussion of this draft, cf. R. STURM, ,,Zum Regierungsentwurf eines Transplantationsgesetzes (BT-Drucks. 8/2681)", in: JZ 1979, 697–702.
794) § 2 I No. 3 German Draft Transplantation Law 1979; also cf. the official reasoning for this rule, BT-Drucks. 8/2681, 8–9; cf. note 793, *supra*.
795) § 2 V German Draft Transplantation Law 1979, BT-Drucks. 8/2681; cf. note 793, *supra*; as to the reasons for this measure, cf. *ibd.*, 11.
796) Cf. *Bericht der Bund-Länder-Arbeitsgruppe*, *op. cit.* [*supra*, note 792], 28; also cf. the German Draft Transplantation Law BT-Drucks. 8/2681, 11; also cf. *The Times*, 31st Jan. 1975, commenting upon a report by the British Transplantation Society.
797) *British Transplantation Society*, *loc. cit.* [*supra*, note 748], 255.
798) Kommission Storm van Leeuwen, Raport over ,,Hersendoodsriteria" voor de Gezondheitsraad, 1969, quoted according to SPOKKEN, Darf die Medizin, was sie kann? 1971, 228.
799) *Deutsche Gesellschaft für Chirurgie*, Statement, printed in: Der Chirurg 1968, 196–197, and in: E. HEINITZ, *op. cit.* [*supra*, note 791], 22–25. For the procedure of the angiographical method cf. G. GEILEN, Rechtsfragen der Organtransplantation", in: HONECKER (Ed.), Aspekte und Probleme der Organverpflanzung, Grenzgespräche, vol. 4 (1973) 127 ff. (174).
800) Cf. s. 6. *Danish Statute* of 2nd June 1967 on the grafting of human tissues; for *U. K.* proposals cf. *The British Transplantation Society*, *loc. cit.* [*supra*, note 748], 255; as to the *United States* cf. the *Uniform Anatomical Gift Act* 1968, printed in 57 Georgetown L. Jnl 32 (1968), cf. notes 784, *supra*, and 809, *infra*; a similar view was adopted by the 9th Conference of *European* Ministers of Justice, Conclusions of the Conference, CMJ/Concl. (74) 1, p. 11; also cf. L. V. RIEKE, ,,Some major guides for laws", in: R. H. WILLIAMS (Ed.), To live and to die: When, why, and how?, 1973; as to *Swiss* law, cf. BG, 28th June 1972, BGE 98 Ia 508 ff.; 3rd July 1975, BGE 101 II 177 ff.; H. HINDERLING, ,,Die Organtransplantation in der heutigen Sicht des Juristen", in: SJZ 75 (1979) 37 (38), with further refs., esp. as to *German* and *Swiss* law.
801) Art. 12 (3) *European Resolution* of 1978, cf. *Appendix* XI, pp. 445 ff., *infra*.
802) § 2 III German Draft Transplantation Law BT-Drucks. 8/2681; cf. note 793, *supra*.

[803]) This is the express position in the U. K. under the *Human Tissue Act.* 1961; cf. *Council of Europe,* Ad hoc/Transp. Org. (75) 1, pp. 12 ff. (42).
[804]) Art. 2, *Danish* Statute No. 246, 9th June 1967.
[805]) Art. 6, *Italian* Statute No. 644, 2nd Dec. 1975.
[806]) *Norwegian* Statute No. 6, 9th Febr. 1973.
[807]) *Swedish* Statute No. 104, 14th March 1958.
[808]) *Human Tissue Act* 1961 (27th Juli 1961; 9 & 10 Eliz. II c. 54). Some criticism as to the appropriateness of this Act of 1961, which was passed before major transplants were possible, is offered on the line that the rights of donors must be adequately safeguarded, and that this is too important a matter to be left simply to professional (medical) experience, cf. (1980) 124 S. J. 171/191.
[809]) In the *United States,* the *Uniform Anatomical Gift Act.* (cf. notes 784, 800, *supra*), which was approved by the National Conference of Commissioners on Uniform State Laws and the American Bar Association in 1968, has been adopted by *all* States by 1978, cf. Uniform Laws Annotated, 8: Estate, Probate and Related Laws, St. Paul (Min.), 1972, 15–44 in connection with ULA, vol. 8, Cumulative Annual Pocket Part 1979, 2–3, with further refs.
[810]) For a discussion of which cf. *Council of Europe,* Ad hoc/Transp. Org. (75) 1, 11 ff.
[811]) The draft passed the Government Cabinett on 13th Sept. 1978, and has now (May 1979) reached parliament, BR-Drucks. 375/78, cf. note 793, *supra.*
[812]) Art. 3 *European Resolution* of 1978; cf. *Council of Europe,* Ad hoc/Transp. Org. (75) 1, 11 ff.
[813]) Cf. *Council of Europe,* Ad hoc/Transp. Org. (75) 1, 11–14; Bund-Länder-Arbeitsgruppe, *op. cit.* [*supra,* note 792], 19 ff.
[814]) *Council of Europe,* Ad hoc/Transp. Org. (75) 1, 11 ff. (38).
[815]) In practice the family is not asked for authorisation, but merely informed about the intended removal; only if they *explicitly* object, can the removal not be effected; their silence cannot be interpreted as objection (*Council of Europe,* Ad hoc/Transp. Org. [75] 1, 11 ff. [40]).
[816]) *Swedish* Transplantation Law (No. 190), 15th May 1975.
[817]) Arts. 3, 4 *and* 6 *Italian* Statute (No. 644), 2nd Dec. 1975; *Council of Europe,* Ad hoc/ Transp. Org. (75) 1, 11 ff. (39).
[818]) S. 1 (1) and (2) 9 & 10 Eliz. II c. 54 (21 Halsbury's Statutes [3rd ed.] 817 ff.). This act does *not* extend to *Northern Ireland* (cf. s. 4 [4]). For a full discussion of the *Human Tissue Act 1961,* cf. S. R. SPELLER, Doctor and Patient, 119–125, with further refs.
[819]) *Council of Europe,* Ad hoc/Transp. Org. (75) 1, 13 (44).
[820]) *Ibd.,* 13 (45).
[821]) *Ibd.,* 13 (45).
[822]) § 2 II Nos. 2–4 *German* Draft Transplantation Law 1979; as to the reasons for this view cf. BT-Drucks. 8/2681, 5 ff. (*sub* A I), 9 ff.; this draft law is also reprinted in JURA 1980, 355–6; also cf. Comment, Medizinische Welt 29 (93–94) (1978). This solution has also been adopted in *France,* cf. Law No. 76–1181, 22nd Dec. 1976 (see *Appendix* II, *sub* France), after its initiator, Senator Henri Caillavet called the *Caillavet Law,* the most significant clauses of which are set out, in English, in The British Medical Jnl. 1977, 497 (Arts. 1–4), with a comment by J. A. FARROR, and in *Appendix* II, pp. 405–406, *infra.*
[823]) Cf. Bund-Länder-Arbeitsgruppe, *op. cit.* [*supra,* note 792], 21 ff. It is certain now that together with the majority of the *Länder* (state) governments in the Federal Republic of Germany also the *Bundesrat,* the 2nd Chamber of the Federal Parliament and the representation of the *Länder* governments through which they participate in

Notes · Anmerkungen

the Federal Legislation (Arts. 50–51 GG), favours the contracting-in solution (*Einwilligungslösung*) to the one favoured by the Federal Government, BR-Drucks. 395/1/78, 26th Oct.1978, pp. 2, 4 ff., 8 ff., cf. note 824, *infra*; for a discussion of both drafts cf. Th. CARSTENS, ,,Organtransplantation. Zu den Gesetzentwürfen von Bundesregierung and Bundesrat", in: ZRP 1979, 282–284 and K.-H. KUNERT, ,,Die Organtransplantation als legislatorisches Problem", in: JURA 1980, 350–357, as to the main differences between the German *Government* draft on the one hand, and the German *Bundesrat* draft on the other, both with further refs.

[823a]) Article 2 of the so-called *Caillavet Law* (loi no. 76–1181 of 22nd December 1976), for which cf. *Appendix* II of this Treatise, p. 405, *infra*.

[823b]) *Proposicion de Ley de Extraccion y Trasplante de Organos* of 27th July 1979, for which cf. *Appendix* III, pp. 413 ff. (420) (entry for Spain), *infra*.

[823c]) *European Communities Resolution on Organ Banks* (1979), Nos. 1 and 6, *Appendix* XII, pp. 449 ff., *infra*. But cf. now the statement of the Board of the *German* Medical Profession concerning the great interest of millions of people in *Germany* (W) who have agreed to serve as transplantation donors, note 756, *supra*.

[824]) Cf. § 2 *Bundesrat* Draft Transplantation Law 1978; for the reasons in favour of a solution clearly insisting upon (express or implied) consent by the donor, or, after his death, by his spouse or next kin (children of age, parents, sisters and brothers of age), cf. BR-Drucks. 395/1/78, 26th Oct. 1978, 8 ff., cf. note 823, *supra*.

[825]) Cf. Art. 10 (1) *European Resolution* of 1978, *Appendix* XI, pp. 445 ff., *infra*.

[826]) Art. 10 (2) *European Resolution* of 1978, where it is stated in principle that ,,in the absence of the explicit or implicit wish of the deceased the removal [of human substances etc.] may be effected" – subject to a member State's decision that the removal must not be effected if an objection from the family is apparent: here the problems really start.

[827]) D. GIESEN, (1976) 25 I. C. L. Q. 180 ff., 204.

[828]) *Ibd.*, 204; § 2 I No. 1 *German Government* Draft Transplantation Law, BT-Drucks. 8/2681; § 2 I *German Bundesrat* Draft Transplantation Law, BR-Drucks. 395/1/78, cf. notes 793, 823–824, *supra*. Both the *Federal Government* and the *Bundesrat* draft of a future *German* Transplantation law are printed here, in English, as *Appendices* XIII and XIV respectively, pp. 451 ff., pp. 453 ff., *infra*.

[829]) § 3 II *Danish* Transplantation Statute; cf. *Appendix* III, pp. 413 ff. (415), *infra*.

[830]) S. 1 (2) 9 & 10 Eliz. II c. 54 (21 Halsbury's Statutes [3rd ed.] 817 ff. [818]).

[831]) This is the case with the United States *Uniform Anatomical Gift Act* (cf. note 784, *supra*); such a hierarchy of consenting relatives is also provided for in the *South African* Statute mentioned in this treatise, *Appendix* III, pp. 413 ff. (420), *infra*.

[832]) This is so in the case of the *Italian*, *Norwegian* and *Swedish* statutes, cf. Council of Europe, Ad hoc/Transp. Org. (75) 1, 11–12 (39–41).

[833]) Cf. H.-W. STRÄTZ, Zivilrechtliche Aspekte der Rechtsstellung des Toten unter besonderer Berücksichtigung der Transplantationen, Paderborn 1971, 46; also cf. E. SAMSON, ,,Legislatorische Erwägungen zur Rechtfertigung der Explantation von Leichenteilen", in: NJW 1974, 2030–2035 (2031); H. ROESCH, ,,Transplantationsprobleme in haftpflichtrechtlicher Sicht", in: Münchener Medizinische Wschr. 1970, 2278–2282, all with further refs.

[834]) M. KOHLHAAS, ,,Rechtsfragen zur Transplantation von Körperteilen", in: NJW 1967, 1490 ff. (1491); IDEM, ,,Rechtsfolgen von Transplantationseingriffen", in: NJW 1970, 1224 ff. For the contrary opinion cf. H.-W. STRÄTZ, *op. cit.* [*supra*, note 833], 46–52; further refs. can be found in: A. LAUFS, ArztR, pp. 47–48.

[835]) LG Bonn, 25th Febr. 1970, VersR 1970, 715 ff. = DRiZ 1970, 169 ff.

[836]) Cf. the quotes referred to in notes 833–834, *supra;* D. GIESEN, (1976) 25 I. C. L. Q. 180 ff., 205 note 97, with further refs.

[837]) § 2 II No. 3 *German Government* Draft Transplantation Law 1979; only for the transitional period during which deceased persons are not issued with the new Identity Cards but hold the old unexpired one, will the relatives' consent be relevant in that they may formally object to the removal (§ 2 III No. 2); cf. note 838, *infra;* also cf. H.-J. VOGEL, ,,Zustimmung oder Widerspruch. Bemerkungen zu einer Kernfrage der Organtransplantation", in: NJW 1980, 625–629 (the author is the present *German* Federal Minister of Justice, himself in favour of the Government's contracting-out formula).

[838]) The *German Medical Profession* considers it unacceptable to require each citizen to openly declare, in his or her Identity Card, that he or she is *against* transplantation; it favours a procedure by which everyone can freely assent to such methods by personally sticking an additional label into his Identity Card as a sign of consent to such operations on him, cf. Deutsches Ärzteblatt 76: 188 (1979), *Beschluß des Vorstands der Deutschen Bundesärztekammer;* the *Bundesrat* Draft Transplantation Law 1978, BR-Drucks. 395/1/78, requires consent by the donor during his lifetime or the spouse or next of kin after the donor's death respectively. As to criticism by the *German Churches,* cf. the statement issued by the Catholic bishops in the Federal Republic of Germany, FAZ No. 178, 18th Aug. 1978, p. 2; another critical view is taken by two leading articles of one of Germany's most renowned daily newspapers: R. FLÖHL, ,,Organspender wider Willen?", in: FAZ No. 199, 12th Sept. 1978, p. 1; also cf. IDEM, ,,Ein überflüssiges Gesetz. Organtransplantationen sind auf andere Weise besser zu fördern", in: FAZ No. 266, 14th November 1979, p. 12.

[839]) Cf. the refs. given by HOLDER, 241–244. Some of the more recent cases dealing with the *Uniform Anatomical Gift Act* now adopted in all states, are: *New York City Health and Hospital Corporation v. Sulsona,* 367 NYS 2d (1975); *People v. Saldana,* 121 Cal. Rptr. 243 (1975) and *Williams v. Hofmann,* 223 NW 2d 844 (Wisc. 1974) (all holding that the Act is irrelevant in determining negligence in the quality of care before death, and is also not intended to define death for these purposes); also cf. *Campbell v. Wainwright,* 416 F. 2d 949 (CCA 5th 1969) (prisoner has no constitutional right to donate); *In re Richardson,* 284 So. 2d 185 (La. 1973) (a retarded 17-year old boy cannot donate a kidney to his 22-year old sister; court held that such a donation would not protect or promote the minor's best interests).

[840]) Cf. H. TROCKEL, ,,Die Rechtfertigung ärztlicher Eigenmacht", in: NJW 1970, 493 ff.; H.-W. STRÄTZ, *op. cit.* [*supra,* note 833], 5 ff., with an almost complete discussion of all relevant problems and with further refs. Also cf. Art. 9 *European Resolution* of 1978; and cf. Explanatory Memorandum 1978, para. 32. Cf. note 841, *infra.*

[841]) Cf. Art. 14 *European Resolution* of 1978, printed in *Appendix* XI, pp. 445 ff., *infra.*

[842]) Cf. Explanatory Memorandum 1978 to the *European Resolution* of 1978, para. 44. For an *American view cf.* M. BRAMS, ,,Transplantable Human Organs: Should Their Sale Be Authorized by State Statutes?", in: 3 American Jnl. of L. and Med. 183–195 (1977) (author suggests that it should, as an incentive to increase the total number of badly needed organs); as to a *German* view, cf. H.-J. RIEGER, ,,Verkauf von Körperbestandteilen an die pharmazeutische Industrie", in: Deutsche Medizinische Wschr. 103: 290–292 (1978), with further refs. Also cf. note 774, *supra,* for further literature as to *French* law.

[842a]) Cf. pp. 5 ff., 19 ff., 60 ff., 63 ff., 160 ff., 171 ff., 205 ff., 208 ff., *supra.*

[842b]) Cf. Der Tagesspiegel (Berlin), No. 10 399, 6th December 1979, 32.

[842c]) *Haynes v. Harwood* [1935] 1 K. B. 146, 156–157 (*per* GREER L. J.); *Corothers et al. v.*

Notes · Anmerkungen 379

Slobodian (1974) 51 D. L. R. 3rd 1, [1975] 2 S. C. R. 633, [1975] 3 W. W. R. 142; *Urbanski v. Patel* (1978) 84 D. L. R. 3rd 650, 672 (*per* WILSON J.).
842d) *Urbanski v. Patel* (1978) 84 D. L. R. 3rd 650 (Man. Q. B.).
842e) OLG Köln, 5th March 1976, VersR 1978, 551 (552). Also cf. ALRC 7, 97 ff. (paras. 199 ff.) on a doctor's possible civil liability in the course of transplant practice.
843) Cf. HOLDER, 250.
844) Cf. *Anonymous v. Anonymous*, 246 NYS 2d 835 (1964) and *People v. Sorensen*, 66 Cal. Rptr. 7 (1968) (husband who consented to AID after separation or divorce is responsible for child support as he would be if the child had been conceived normally during the marriage); *Gursky v. Gursky*, 242 NYS 2d 406 (1963) (otherwise, if husband did not consent to procedure).
845) The oldest reported case comes from *France* (1883), cf. D. GIESEN, Die künstliche Insemination als ethisches und rechtliches Problem, Bielefeld 1962, 99 ff.; O. M. STONE, ,,English law in relation to AID and embryo transfer", in: *Law and Ethics of AID and Embryo Transfer*, Ciba Foundation Symposium 17 (NS), Amsterdam, Lo. and NY 1973, 69 ff. (73), both with further refs.
846) Cf. note 237, *supra*; for a full discussion of most problems involved, the reader should also consult B. M. DICKENS, Medico-Legal Aspects of Family Law, To. (Butterworths) 1979, 3 ff. (Artificial Insemination), 61 ff. (Genetic Counselling), 69 ff. (In-Vitro Fertilisation and Embryo Transfer), with further refs.
846a) Cf. D. GIESEN, *op cit.* [*supra*, note 845], 31 ff., 39 ff., with a full comparative law discussion and further refs.
847) Cf. the refs. given in note 237, *supra*, and: S. R. SPELLER, Doctor and Patient, 41–43; HOLDER, 250; X. RYCKMANS and R. MEERT-VAN DE PUT, Les Droit et les Obligations des Médecines, vol. I, 2nd ed. Bruxelles 1971, 75 ff.; P.-J. DOLL, La Discipline des Greffes, des Transplantations et des autres Actes de Disposition Concernant le Corps Humain, Lyon 1970, 117 ff.; A. LAUFS, ArztR, §§ 124 ff., all with further refs.
848) The event received world-wide publicity, cf. *The Times*, 27th July 1978, pp. 5 and 15 (Leading Article); 28th July 1978, p. 4; FAZ No. 159, 27th July 1978, p. 5; No. 160, 28th July 1978, pp. 7–8; No. 161, 29th July 1978, p. 1 (Leading Article).
849) W. DUNZ, AcP 177 (1977) 579.
850) As to *English* law, cf. O. M. STONE, *loc. cit.* [*supra*, note 845], 69 ff.; as to *American* law (with some intesting caveats by the author): HOLDER, 250; as to *French* law, cf. M. REVILLARD, *loc. cit.* [*supra*, note 237]; for a full discussion as to the legal position in most West *European* countries and the *United States*, cf. D. GIESEN, *op. cit.* [*supra*, note 845], 99 ff., 108 ff., 120 ff., 148 ff., 157 ff. and 168 ff.
851) As to *German* law, cf. D. GIESEN, *op cit.* [*supra*, note 845], 199 ff.; G. KAISER, ,,Künstliche Insemination und Transplantation", in: H. GÖPPINGER, Arzt und Recht. Medizinisch-juristische Grenzprobleme unserer Zeit, Mü. 1966, 58 ff., and A. LAUFS, ArztR, §§ 124–127, all with further refs.
852) According to *German* law, § 138 BGB would have to be discussed; cf. D. GIESEN, *op. cit.* [*supra*, note 845], 169 ff. (as to the Constitutional law position on AID) and 199 ff. (as to the question of the validity of contracts at private law).
853) Cf. *The Times*, 27th July 1978, p. 15.
854) D. GIESEN, *op. cit.* [*supra*, note 845], 49 ff.; IDEM, Ehe, Familie und Erwerbsleben, Paderborn 1977, 55–62, with further refs.
855) Cf. G. SCHULZ, ,,Bericht aus Bonn", in: ZRP 1974, 268. For a general discussion, cf. F. PÖGGELER, ,,Auf dem Weg zur kinderlosen Gesellschaft?", in: Die politische Meinung 22 (1977) 17–28.
856) *The Times*, 27th July 1978, p. 15.

857) FAZ No. 180, 21st Aug. 1978, p. 5.
858) O. M. STONE, loc. cit. [supra, note 845], 69 ff. (70); M. REVILLARD, loc. cit. [supra, note 237], 77 ff. (82); D. GIESEN, op. cit. [supra, 845], 201 ff., all with further refs. as to *English, French* and *German* law, respectively.
859) Cf. O. M. STONE, loc. cit. [supra, note 845], 69 ff. (73).
860) Cf. HOLDER, 250; in this case, according to *German* law, the special provision of § 825 BGB would have to be discussed, cf. D. GIESEN, op. cit. [supra, note 845], 202.
861) As to *American* law, cf. HOLDER, 250; as to the liability of physicians in this context cf. generally Comment, ,,AID and Embryo Transfer", in: Medical Jnl. of Australia 1975, 1: 324–325; D. GIESEN, op. cit. [supra], 210–211.
862) Cf. D. GIESEN, op. cit. [supra, note 845], 201, 209, for the position in *German* law.
863) According to the *Common Law* a contract cannot confer rights upon third persons who are not party to the contract; as to the privity of contract and tortious liability, cf. Ph. S. JAMES, Introduction to English law, 10th ed. Lo. 1979, 320–324; SALMOND on Torts, 11 ff., with further refs.; also cf. notes 864–866, *infra*.
864) For *English* law, cf. O. M. STONE, loc. cit. [supra, note 845], 69 ff. (70) and, *ibd.* 94, the discussion contributions by LORD KILBRANDON and O. M. STONE, as to *French* law, cf. M. REVILLARD, loc. cit. [supra, note 237]; for *German* law, cf. D. GIESEN, op. cit. [supra, note 845], 210, all with further refs. An interesting *German* case is BGH, 20th Dec. 1952, BGHZ 8, 243 ff. Cf. note 865, *infra*.
865) BGH, 20th Dec. 1952, BGHZ 8, 243 ff., for the legal position in *Germany*. Civil liability towards the unborn child has also been dealt with in recent legislation in *England:* cf. *Congenital Disabilities (Civil Liability) Act 1976* (1976 c. 28), effective since 1st July 1976, implementing the recommendations of the *Law Commission's* Report on Injuries to Unborn Children; it replaces any pre-existing law according to which a person might have been liable to a child for a disability with which it was born. The new statute provides that a child who is born alive but disabled has a cause of action for damages in respect of his disabilities as if they were personal injuries suffered immediately after the birth, provided that they were caused by either (1) an occurence which affected one or other of the parents in his or her ability to have a healthy child or (2) an occurence which affected the mother during her pregnancy, or affected her or the child in the course of birth, so that the child is born with disabilities which would not otherwise be present. Also cf. *Paton v. British Pregnancy Advisory Service Trustees and Another* [1978] 3 W. L. R. 687, 689–690 (*per* Sir George BAKER P.). For an *American* view cf. A. M. CAPRON, ,,Tort Liability in Genetic Counseling", in: Colum. L. R. 79: 618–684 (1979), with further refs. to case law and literature.
866) *Bergstreser v. Mitchell*, 577 F. 2d 22 (Cir. 8th 1978) (Mother brought an action on her infant's behalf against two physicians and a hospital claiming that the physicians had negligently performed a Caesarean section for a prior birth, causing a rupture of the mother's *uterus*, which forced her, in the present case, to undergo a premature emergency Caesarean section, which resulted in brain damage to the infant). Also cf. *Gleitman v. Cosgrave*, 49 NJ 22, 227 A. 2d 689 (1967); *Park v. Chessin*, 88 Misc. 2d 222, 387 NYS 2d 204 (S. Ct. 1976), affd. 400 NYS 2d 110 (App. Div. 1977); *Renslow v. Mennonite Hospital*, 46 U. S. L. W. 2116 (Ill. S. Ct., Aug. 8th, 1977); *Stewart v. Long Island College Hospital*, 30 NY 2d 695, 283 NE 2d 616, 332 NYS 2d 640 (1972); also cf. M. E. COHEN, ,,Park v. Chessin: The Continuing Judicial Development of the Theory of ,Wrongful Life'", in: 4 American Jnl. of L. and Med. 211–232 (1978); and cf. notes 162, 164–166, 865, *supra*.

867) The Law Commission, *Report on Injuries to Unborn Children*, Lo. (HMSO) 1974, Cmnd. 60, Rec. 15 at p. 43.
868) D. GIESEN, *op. cit.* [*supra*, note 845], 31 ff., as to the increasing trend of choosing anonymous donors or sperma, respectively. Now even the *Draft Recommendation on Artificial Insemination of Human Beings* (1979) of the Council of Europe, DIR/ JUR (79) 2, 5th March 1979, recommends that „the physician and the staff of a medical establishment receiving the donation of semen as well as those administering artificial insemination must keep secret the identity of the donor . . ." and postulates that „the physician shall not administer artificial insemination if the conditions make the preservation of secrecy unlikely" (Art. 5). This is a totally unacceptable recommendation directly opposed to the child's right to know who his parents are, and such a recommendation would be unconstitutional and, therefore, illegal, in the Federal Republic of Germany (cf. GIESEN, *op. cit.*, 168 ff.).
869) Cf. D. GIESEN, *op. cit.* [*supra*, note 845], 42 ff.; HOLDER, 250.
870) E. g. the *prima facie* rule; for problems of evidence and burden of proof cf. this treatise, pp. 123 ff., 259 ff. *supra*.
871) CHARLESWORTH on Negligence, §§ 1312–1313; O. M. STONE, *loc. cit.* [*supra*, note 845], 69 ff. (70); M. REVILLARD, *loc. cit.* [*supra*, note 237], 77 ff. (82); D. GIESEN, *op. cit.* [*supra*, note 845], 201 note 1235.
872) HOLDER, 250.
873) D. GIESEN, „Geburt eines ungewollten Kindes – Wertverwirklichung oder Schadensereignis?", in: FamRZ 1970, 565 ff; 569 ff.; IDEM, *op. cit.* [*supra*, note 845], 204 ff., with further refs.
874) This opinion is held by the *German* Federal Supreme Court, cf. BGH, 3rd Nov. 1971, BGHZ 57, 229 ff.; 22nd Febr. 1973, NJW 1973, 991; against this many arguments have been raised by the overwhelming majority of legal authors in Germany, cf. J. GERNHUBER, Lehrbuch des Familienrechts, 2nd ed. Mü. 1971, § 17 III (pp. 145 ff.), with further refs., also a constant stream of opposition by the lower courts can be found each year in the leading German periodical on Family Law: e. g. AG Friedberg, 19th Nov. 1963, FamRZ 1964, 569, ff.; LG Berlin, 5th May 1967, FamRZ 1968, 652 ff.; for an extensive review of case law and legal literature, also cf. PALANDT-THOMAS, Bürgerliches Gesetzbuch, Kommentar, 39th ed. Mü. 1980, note 6 f to § 823 BGB; for the position at *Common Law*, cf. O. M. STONE, *loc. cit.* [*supra*, note 845], 69 ff; for *French* law, cf. M. REVILLARD, *loc. cit.* [*supra*, note 237], 77 ff. (80–81).
875) *Paton v. British Pregnancy Advisory Service Trustees and Another* [1978] 3 W. L. R. 687, 692–693 (*per* Sir George BAKER P.).
876) *Ibd.*, per Sir George BAKER P. (689F/G): „The foetus cannot, in English law, in my view, have a right of its own at least until it is born and has a separate existence from its mother. That permeates the whole of the civil law of this country (I except the criminal law, which is now irrelevant), and is, indeed, the basis of the decisions in those countries where law is founded on the common law, that is to say, in America, Canada, Australia, and, I have no doubt, in others." Similar *American* cases are *Roe v. Wade*, 440 US 113, 93 S. Ct. 705 (1973); *Doe v. Bolton*, 410 US 179, 93 S. Ct. 739, reh. den 410 US 959, 93 S. Ct. 1410 (constitutional right to abort affirmed); *Doe v. Doe*, 314 NE 2d 128 (Mass. 1974), where a husband was held to have no *locus standi* at all to veto his wife's or woman's intention to abort their child; *Jones v. Smith*, 278 So. 2d 339, cert. den 415 US 958, 94 S. Ct. 1486 (Fla. App. 1973), where the alleged natural father of the foetus of an unmarried 10-year old woman sought an injunction against the intended abortion (like the *English* case, *supra*, note 875), and was held to

be without standing to interfere with the mother's plan to abort; also cf. *Planned Parenthood of Central Missouri v. Danforth,* 392 F. Supp. 1362 (D. Mo. 1975); for discussion, cf. M. D. BRYANT, ,,State Legislation on Abortion after Roe v. Wade: Selected Constitutional Issues", in: 2 American Jnl. of L. and Med. 101–132 (1976); W. E. SHIPLEY, ,,Women's Right to Have Abortion Without Consent of, or Against Objections of, Child's Father", 62 ALR 3d 1097 (1975). In *Gary-Northwest Indiana Women's Services v. Bowen,* 421 F. Supp. 734 (D. Ind. 1976) it was held that a pregnant, unmarried minor's right to an abortion cannot be defected by the lack of consent of a parent (or person *in loco parentis*) to the abortion, also cf. note 244, *supra*.

[877]) On the one hand, the successful birth of Louise BROWN has created a new dimension in the whole medical approach to fertility, on the other hand no-one can say how the procedure can best be guaranteed to only be used responsibly, and not as another step towards Aldous HUXLEY'S *Brave New World* (cf. *The Times,* 27th July 1978, p. 5); also cf. note 895, *infra*.

[878]) *Die Zeit,* No. 8, 16th Febr. 1979, pp. 33 ff. (34).

[879]) Cf. *The Times,* 27th July 1978, p. 5. Because of certain questionable, probably unethical, decisions after the birth of the world's first test-tube baby, Dr. STEPTOE was excluded from an award which had previously been bestowed upon him, cf. note 567, *supra*.

[880]) Cf. *The Times,* 27th July 1978, p. 5.

[881]) LORD KILBRANDON, in: *Law and Ethics, op. cit. [supra,* note 845], 93.

[882]) Cf. this treatise, pp. 60 ff., 63 ff., 205 ff., 208 ff., *supra*.

[883]) For the general ethical principles regarding AID, cf. D. GIESEN, *op. cit. [supra,* note 845], 31 ff., with a full comparative discussion of all related problems and further refs.

[884]) *The Times,* 27th July 1978, p. 15.

[885]) Cf. pp. 115 ff., 252 ff., *supra*.

[886]) D. GIESEN, (1976) 25 I. C. L. Q. 180 ff. (209).

[887]) M. REVILLARD, *loc. cit. [supra,* note 237], 77 ff. (86).

[888]) D. GIESEN, (1976) 25 I. C. L. Q. 180 ff. (210).

[889]) M. REVILLARD, *loc. cit. [supra,* note 237], 77 ff. (87–88).

[890]) Cf. F. W. BOSCH, ET ALLII, ,,Vorgeburtliche Einwilligung in die Adoption. Ein Diskussionsvorschlag", in: FamRZ 1972, 356 ff.; G. SCHULZ, ,,Schutz des menschlichen Lebens – Gedanken zur Diskussion um § 218 StGB und die vorgeburtliche Einwilligung zur Adoption", in: FamRZ 1973, 294 ff.

[890a]) Cf. B. M. DICKENS, Medico-Legal Aspects of Family Law, To. (Butterworths) 1979, 61 ff. (Genetic Counselling), 69 ff. (In Vitro Fertilisation and Embryo Transfer), with further refs. as to legal sources.

[891]) Cf. notes 875–876, *supra*.

[892]) BVerfG, 25th Febr. 1975, BVerfG 39, 1 ff. = FamRZ 1975, 205, 262 ff. Also cf. D. GIESEN, ,,Zur Strafwürdigkeit der Delikte gegen Familie und Sittlichkeit", in: FamRZ 1965, 248 ff. (252–254).

[893]) For a discussion of this field, cf. (U. K.) Department of Health and Social Security, The Use of Fetuses and Fetal Material for Research. Report of the Advisory Group, Lo. (HMSO) 1972; for *a Canadian* view, cf. B. M. DICKENS, ,,The Control of Living Body Materials", in: (1977) 27 Univ. Tor. L. Jnl. 142–198; as to *American* literature, cf. J. M. FRIEDMANN, ,,The Federal Fetal Experimentation Regulations: An Establishment Clause Analysis", in: 61 Minn. L. Rev. 961–1005 (1977) and D. J. HORAN,

Notes · Anmerkungen

"Fetal Experimentation and Federal Regulation", in: 22 Villanova L. Rev. 325–356 (1977), all with further refs.
894) *The Times*, 27th July 1978, p. 15.
895) D. GIESEN, (1976) 25 I. C. L. Q. 180 ff. (210). A critical *German* medical commentary on the experiments in Oldham can be found in: H. ROEMER-HOFFMANN, ,,Die Angst vor dem Mißbrauch. Extrakorporale Befruchtung: Praktikable Behandlungsmethode der tubarbedingten Sterilität?", in: Deutsches Ärzteblatt 75: 2795–2796, 2808–2810 (1978) and in: F. K. BELLER, ,,Aufgaben von Ethik-Kommissionen. Begründung ihrer Notwendigkeit am Beispiel der in-vitro-Fertilisation", in: Deutsches Ärzteblatt 7: 401–404 (1980), with further refs.; also cf. A. FÖLSING, ,,Babys im Glas. An der Schwelle zur schönen neuen Welt: Menschen können im Labor Menschen konstruieren – Überschreitet die moderne Biologie ethische Grenzen?", in: *Die Zeit*, No. 8, 16th Febr. 1979, 33–35 and in connection with this cf. also R. SPAEMANN, ,,Auch KZ-Ärzte benutzten Biologie. Zehn Anmerkungen", in: *Die Zeit*, No. 8, 16th Febr. 1979, 34; the strongest opposition against the Oldham experiments came from the Catholic Church, which condemned the experiments on human beings as totally untenable, unethical and morally wrong; cf. *The Times*, 27th July 1978, p. 5, and especially a publication by Joseph Cardinal HÖFFNER, Archbishop of Cologne and Chairman of the German Conference of Bishops, *Das Kind aus der Retorte*, Schriftenreihe, ed. by the Presseamt des Erzbistums Köln, Heft 58, Cologne, n. d., 3 ff., who refers to the strong condemnation of *all* kinds of artificial insemination in the Human by Pope PIUS XII (for which cf. D. GIESEN, *op. cit.* [*supra*, note 845], 79 ff., with a full discussion and further refs.) and with refs. to Pope PAUL VI's and Pope JOHN XXIII's encyclical letters *Mater et Magistra* and *Humanae Vitae*, dated 15th May 1961, and 25th July 1968, respectively, and argues that on the same grounds also artificial fertilisation *in vitro* must be condemned. There is not the slightest doubt that the present pope's condemnation of such practices would be equally strong; cf. Pope JOHN PAUL II's Encyclical *Redemptor Hominis* quoted in note 564, *supra*.
896) Strict liability is advocated by M. E. COHEN, ,,The ,Brave New Baby' and the Law: Fashioning Remedies for the Victims of *In Vitro* Fertilization", in: 4 American Jnl. of L. and Med. 319–336 (1978), with further refs.
897) For this, cf. D. Giesen, ,,Civil Liability of Physicians", in: *Deutsche zivil-, kollisions- u. wirtschaftsrechtl. Beiträge zum X. Internat. Kongreß für Rechtsvergleichung*", Budapest 1978, ed. Max Planck Institute Hamburg, Tüb. 1978, 403 ff. (424–425).
898) As to the functions of the burden of proof, cf. FLEMING on Torts, 298 ff. and G. REINECKE, Die Beweislastverteilung im Bürgerlichen Recht und im Arbeitsrecht als rechtspolitische Regelungsaufgabe, Diss. Bln. 1975, both with further refs. Also cf. notes 913 ff., *infra*.
899) *Donoghue v. Stevenson* [1932] A. C. 562, 622 (per LORD MACMILLAN); *Holmes v. Board of Hospital Trustees of City of London et. al.* (1977) 17 O. R. 2nd 626, (1978) 81 D. L. R. 3rd 67, 68, 78 (H. C.); *Kapur v. Marshall* (1978) 85 D. L. R. 3rd 566, 574 (Ont. H. C.). As to the endless amount of *American* case law, cf. HOLDER, 65–66, 298, with further refs.; as to more recent decisions emphasising what the burden of proof is on the patient/plaintiff, cf. *Anderson v. Moore*, 202 Neb. 452, 275 NW 2d 842 (1979); *Froh v. Milwaukee Medical Clinic*, 270 NW 2d 83 (Wis. App. 1978); *Hinkle v. Martin*, 256 SE 2d 768 (W.Va. 1979); *Hughes v. Malone*, 146 Ga. App. 341, 247 SE 2d 107 (Ga. App. 1978); *Joint v. Barnes*, 388 NE 2d 1298 (Ill. App. 1979); *Long v. Johnson*, 381 NE 2d 93 (Ind. App. 1978); *Stevenson v. Nauton*, 390

NE 2d 53 (Ill. App. 1979); *Walski v. Tiesenga,* 381 NE 2d 279 (Ill. 1978); *White v. Edison,* 361 So. 2d 1292 (La. App. 1978). As to *French* and *German* law, cf. X. RYCKMANS and R. MEERT-VAN DE PUT, Les Droits et les Obligations des Médecins, vol I, 2nd ed. Bruxelles 1971, 401 ff.; E. DEUTSCH, „Rechtswidrigkeitszusammenhang, Gefahrerhöhung und Sorgfaltsausgleichung bei der Arzthaftung", in: Festschrift für Ernst von Caemmerer, Tüb. 1978, 329–342; PALANDT-THOMAS, Bürgerliches Gesetzbuch, Kommentar, 39th ed. Mü. 1980, note 8 before § 249 BGB; THOMAS-PUTZO, Zivilprozeßordnung, Kommentar, 10th ed. Mü. 1978, notes 7d and 7f dd before § 284 ZPO; H.-L. WEYERS, *op. cit. [supra,* note 353], A 52 ff. And cf. notes 913 ff., *infra.* An important *German* decision is BGH, 22nd Jan. 1980, VersR 1980, 428 ff. *(sub* 1).

899a) BGH, 15th May 1979, VersR 1979, 720 (721 [1st quotation]); 14th March 1978, VersR 1978, 542 (544 *sub* II.2b) = NJW 1978, 1681 (1682 *sub* II.2b [2nd quotation]); also cf. BGH, 24th June 1980, VersR 1980, 940.

900) *Hunter v. Hanley,* 1955 S. C. 200, 206; *Holmes v. Board of Hospital Trustees of City of London* (1978) 81 D. L. R. 3rd 67, 68, 78 (Ont. H. C.); *Pearson Report* I. 280 ff. (1308 ff., 1325 ff.); J. R. WALTZ and F. E. INBAU, Medical Jurisprudence, Lo. and NY 1971, 38 ff. (with refs. as to *American* case law); interesting recent cases are *Anderson v. Moore,* 202 Neb. 452, 275 NW 2d 842 (1979) and *Crawford v. Anagnostopoulos,* 387 NE 2d 1064 (Ill. App. 1979); also cf. (generally and as to *German* case law) D. GIESEN, (1976) 25 I. C. L. Q. 180 ff. (210); BGH, 4th March 1957, BGHZ 24, 21 ff. (29); 26th Nov. 1968, BGHZ 51, 91 ff. (104); 5th July 1973, BGHZ 61, 118 ff. (120).·

901) *Cassidy v. Ministry of Health* [1951] 2 K. B. 343; CHARLESWORTH on Negligence, § 972; BGH, 15th May 1979, VersR 1979, 720 = JZ 1979, 530, D. GIESEN, (1976) 25 I. C. L. Q. 180 ff. (210 ff.); IDEM, *loc. cit. [supra,* note 87], 403 ff. (425).

902) *Hatcher v. Black and Others* (1954) *The Times,* 2nd July *(per* DENNING L. J.); *Hucks v. Cole* (1968) 112 S. J. 483, 118 New L. J. 469 (C. A., *per* LORD DENNING M. R.); *Roe v. Minister of Health* [1954] 2 Q. B. 66 at 86–87 *(per* DENNING L. J.); *Whitehouse v. Jordan and Another* (1979) *The Times,* 6th December *(per* LORD DENNING M. R.); *Holmes v. Board of Hospital Trustees of City of London* (1978) 81 D. L. R. 3rd 67, 68, 78 (Ont. H. C.); some recent *American* cases of interest here are *Crawford v. Anagnostopulos,* 387 NE 2d 1064 (Ill. App. 1979) and *Pekar v. St. Luke's Episcopal Hospital,* 570 SW 2d 147 (Tex. Civ. App. 1978). Also cf. note 64, *supra.*

903) DUNZ, 26 ff.; D. GIESEN, *loc. cit.,* [note 87], 403 ff. (425); A. LAUFS, ArztR, § 192.

904) DUNZ, 14–16, 24 ff.

905) D. GIESEN, (1976) 25 I. C. L. Q. 180 ff. (210–213); IDEM, *loc. cit. [supra,* note 87], 403 ff. (425); W. UHLENBRUCK, „Die vertragliche Haftung von Krankenhaus und Arzt für fremdes Verschulden", in: NJW 1964, 2187 ff. (2190). What is being said in the text, *supra,* is also the minority opinion of the four judges in a recent decision by the German Federal Constitutional Court which on an equal division decided that a *general* reversal of the burden of proof in favour of the patient is not *required* by the German constitution, but also approved of the Federal Supreme Court's pragmatical approach by which this court applies a reversal where considerations of justice demand such a reversal in favour of the patient *in individual cases:* BVerfG, *Minority Opinion,* 25th July 1979, NJW 1979, 1925 ff. *(sub* B I 1); a discussion of this case follows in the text in Part 2 D II 1 a of this treatise, pp. 137–138, 269–270, *supra.*

906) Cf. note 64, *supra.*

907) Cf. *Garner v. Morrell* (1953) *The Times,* 31st December (C. A.); thus, in *Cooper v. Nevill* (1961) *The Times,* 10th March (P. C.), it was held that a swab or similar object left in the body after an operation is evidence of *res ipsa loquitur* and/or negligence on

the part of the surgeon; also cf. notes 913 ff., *infra. Hobson v. Munkley* (1976) 14 O. R. 2nd 575 (H. C.); *Martel v. Hotel-Dieu St.-Vallier* (1969) 14 D. L. R. 3rd 445 (S. C. C.), are both interesting *Canadian* cases; for an *American* example cf. *Calabrese v. Trenton State College*, 392 A. 2d 600 (NJ 1978).

⁹⁰⁸) *Cassidy v. Ministry of Health* [1951] 2 K. B. 343, 1 All E. R. 574 (C. A.); *Ares v. Venner* [1970] S. C. R. 608, 73 W. W. R. 347, 14 D. L. R. 3rd 4 (hospital records as *prima facie* proof of the facts stated therein); for *German* law, cf. D. GIESEN, JR 1972, 422 ff.; 1973, 503 ff.; 1974, 511 ff.; PALANDT-HEINRICHS, Bürgerliches Gesetzbuch, Kommentar, 39th ed. Mü. 1980, notes 8a aa and cc, and 8c cc before § 249 BGB, with further refs.

⁹⁰⁹) *Cassidy v. Ministry of Health* [1951] 2 K. B. 343, *Cooper v. Nevill* (1961) *The Times*, 10th March (P. C.); *Hill v. James Crowe (Cases) Ltd.* [1978] 1 All E. R. 812; *Mahon v. Osborne* [1939] 1 All E. R. 535; *Morris v. Winsbury-White* [1937] 4 All E. R. 494; *Roe v. Ministry of Health* [1954] 2 Q. B. 66; CHARLESWORTH on Negligence, §§ 264–279; SALMOND on Torts, 241 ff.; STREET on Torts, 5th ed. Lo. 1972, 132 ff.; *Watson v. Davidson* [1966] N. Z. L. R. 853; FLEMING on Torts, 304–305; *Harkies v. Lord Dufferin Hospital* (1931) 66 O. L. R. 572 (S. C.); *Holmes v. Board of Hospital Trustees of London* (1977) 17 O. R. 2nd 626 (H. C.); PICARD, 202–214; as to *American* cases, cf. *Beaudoin v. Watertown Memorial Hospital*, 32 Wisc. 2d 132, 145 NW 2d 166 (1966); *Herbert v. Travelers Indem. Co.*, 193 So. 2d 330 (La. App. 1966); *Keller v. Anderson*, 554 P. 2d 1253 (Wyo. 1976); *Patrick v. Sedwick*, 391 P. 2d 453 (Alaska 1964); *Tomei v. Henning*, 62 Cal. Rptr. 9, 431 P. 2d 633 (1967); *Quintal v. Laurel Grove Hospital*, 62 Cal. Rptr. 154, 397 P. 2d 161 (1965); R. F. BINDER, „Res Ipsa Loquitur in Medical Malpractice", in: I. A. COHEN (Ed.), Medical and Dental Malpractice, NY 1969, 105 ff.; E. L. SAGALLI and B. C. REED, The Law and Clinical Medicine, Philadelphia and To. 1970, 141 ff.; B. WERNE, Outline and Materials on the Law for Doctors, NY 1969, 85 ff.; R. R. WILKING, „Res Ipsa Loquitur in Medical Malpractice Actions", in: 12 Univ. of Wyoming College of Law Land and Water L. Rev. 757–766 (1977); As to *German* law and further *Canadian* case law, cf. note 910, *infra*.

⁹¹⁰) BGH, 21st Dec. 1955, LM ZPO § 286 [C] No. 25; 11th Oct. 1977, VersR 1978, 82 ff. (85, *sub* IV). 14th March 1978, VersR 1978, 542 ff. (544, *sub*. III. 1–2); OLG Celle, 13th Oct. 1976, OLGZ 77, 223 = VersR 1976, 1178 ff.; a *landmark* decision in *German* law now is BGH, 27th June 1978, BGHZ 72, 132 ff. = JZ 1978, 721 (722). A full discussion of these problems can be found in H.-J. MUSIELAK, Die Grundlagen der Beweislast im Zivilprozeß, Bln. 1975, 33 ff., 120 ff., 145 ff., 165 ff. and G. REINICKE, *op cit. [supra*, note 898], 4 ff., esp. 68 ff. (88), both with further refs. A convenient summary of the *German* position is H. FRANZKI, „Leitfaden für Arzthaftungsprozesse", in: DRiZ 1977, 36 ff. (38, *sub* III. 2); as to *Swiss* law, cf. OTT, 107–108. Where the wrong is a tort, it is clearly settled, at *Common Law*, that the wrongdoer cannot excuse himself by pointing to another cause. It is enough that the tort should be a cause and it is unnecessary to evaluate competing causes and ascertain which of them is dominant, *Heskell v. Continental Express* [1950] 1 All E. R. 1033 (*per* DEVLIN J.); *McGhee v. National Coal Board* [1972] 3 All E. R. 1008, [1973], 1 W. L. R. (H. L.), applying *Bonnington Castings v. Wardlaw* [1956] 1 All E. R. 615, 1 A. C. 613 (H. L.); *Nicholson v. Atlas Steel* [1957] 1 All E. R. 776, 1 W. L. R. 613 (H. L.); important *Canadian* cases are *Beausoleil v. Soeurs de la Charité* (1966) 53 D. L. R. 2nd 65 (Que. C. A.); *Holmes v. Board of Hospital Trustees of City of London* (1978) 81 D. L. R. 3rd 67 (Ont. H. C.); *Zimmer v. Ringrose* (1979) 89 D. L. R 3rd 646, 656, 659 (Alta. S. C.); for further cases, cf. note 909, *supra*.

911) SALMOND on Torts, 312–313; FLEMING on Torts, 302–313, 508–509; P. F. CANE, ,,Physical Loss, Economic Loss and Products Liability", in: (1979) 95 L. Q. R. 117–141 (1979); D. GIESEN, JR 1972, 422 ff.; 1973, 503 ff.; NJW 1972, 1401 ff. (1407–1408); H.-J. MUSIELAK, op. cit. [supra, note 910]; IDEM, ,,Haftung für Narkoseschäden", in: JUS 1977, 87 ff. (90–92); G. REINICKE, op. cit. [supra, note 898], 95; also cf. Cardin v. Montreal (1961) 29 D. L. R. 2nd 492 (S. C. C.): In the normal course of an injection a needle does not break off under the skin. Thus the author of this event, the defendant physician, to exonerate himself from a charge of negligence, must demonstrate that there was an outside cause of the injury. The defendant failed to discharge this burden of proof and, therefore, was liable; also cf. Taylor v. Gray [1937] 4 D. L. R. 123 (N. B. C. A.); a very stimulating article is T. STARNES, ,,Negligence per se as a theory of action in California Medical Malpractice Cases", in: 9 Univ. of San Francisco L. Rev. 517–540 (1977). And cf. notes 909–910, supra, and 913 ff., infra. As to Swiss law, cf. Obergericht Zürich, 15th Febr. 1979, SJZ 1980, 383.

912) D. GIESEN, (1976) 25 I. C. L. Q. 180 ff. (210–211); IDEM, loc. cit. [supra, note 87], 403 ff. (425–426), both with further refs. And cf. notes 909–911, supra, and 913 ff., infra.

913) Donoghue v. Stephenson [1932] A. C. 562, 622 (per MACMILLAN L. J.); CHARLESWORTH on Negligence, § 216; Hunter v. Hansley, 1955 S. C. 200, 206; Reiffek v. McElroy (1965) 112 C. L. R. 517; Briginshaw v. Bringinshaw (1968) C. L. R. 336, 360–362; Tcaciuc v. B. H. P. [1962] S. R. (N. S. W.) 687; FLEMING on Torts, 298–299, 309; PICARD, 92, 122–123, 126, 169, 195; Anderson v. Moore, 202 Neb. 452, 275 NW 2d 842 (1979); BGH, 4th March 1957, BGHZ 24, 21 ff. (29); 26th Nov. 1968, BGHZ 51, 91 ff. (104); 5th July 1973, BGHZ 57, 118 ff. (120); H. FRANZKI, ,,Leitfaden für Arzthaftungsprozesse", in: DRiZ 1977, 36 ff. (38, sub III. 1).

914) Hucks v. Cole (1968) 112 S. J. 483, 118 New L. J. 469 (C. A., per LORD DENNING M. R.); also cf. Hatcher v. Black and Others (1954) The Times, 2nd July (per DENNING L. J.) Roe v. Minister of Health [1954] 2 Q. B. 66 (per DENNING L. J.); Whitehouse v. Jordan and Another (1979) The Times, 6th December (per LORD DENNING M. R.); Borne v. Brumfield, 363 So. 2d 79 (La. App. 1978); Burcus v. Brown (1977) 2 A. R. 89 (T. D.); RG, 1st March 1912, RGZ 78, 432 ff. (435); 13th Dec. 1940, RGZ 165, 336 ff. (338–339); BGH, 15th March 1977, NJW 1977, 1102 (1103); 14th March 1978, VersR 1978, 542 (543, sub I. 1); H. FRANZKI, ,,Leitfaden für Arzthaftungsprozesse", in: DRiZ 1977, 36 ff. (38, sub III. 1 a).

915) Grant v. Australian Knittings Mills [1936] A. C. 85, 101 (per MACMILLAN L. J.); Roe v. Ministry of Health [1954] 2. Q. B. 66, 82 (per DENNING L. J.); BGH, 26th. Nov. 1968, BGHZ 51, 91 ff. (104–106); 28th Sept. 1970, JZ 1971, 29 ff.; D. GIESEN, NJW 1969, 582 ff. (585 note 35); JR 1972, 422 ff.; 1973, 503 ff.

916) Mason v. Williams and Williams [1955] 1 All E. R. 808, 1 W. L. R. 549; Radcliffe v. Rennie [1965] S. C. R. 703; PICARD, 201–204; RG, 13th Dec. 1940, RGZ 165, 336 ff., BGH, 13th Dec. 1951, BGHZ 4, 138 ff. (144–145); 22nd Jan. 1960, VersR 1960, 416; 21st Dec. 1955, LM ZPO § 286 [C] No. 25; OLG Celle, 13th Oct. 1976, VersR 1976, 1178 ff. (1179, sub 2) = OLGZ 77, 223; PALANDT-HEINRICHS, Bürgerliches Gesetzbuch, Kommentar, 39th ed. Mü. 1980, note 8a cc before § 249.

917) Mason v. Williams and Williams [1955] 1 All E. R. 808, 810, 1 W. L. R. 549, 552 (per FINNEMORE J.).

918) FLEMING on Torts, 302.

919) Barkway v. South Wales Transport Co. Ltd. [1950] 1 All E. R. 392, 399 (per LORD NORMAND); for the German equivalent of the prima facie and the res ipsa loquitur maxim, the Anscheinsbeweis in cases of typical malpractice events (typische Geschehensabläufe), cf. BGH, 21st. Dec. 1955, LM ZPO § 286 [C] No. 25; 10th July

1956, LM ZPO § 286 [C] No. 26; 14th March 1978, VersR 1978, 542 ff. (544, *sub* II. 2 b); OLG Celle, 13th Oct. 1976, VersR 1976, 1178 ff. (1179, *sub* 2); OLG Stuttgart, 20th Oct. 1978, VersR 1979, 630; H. FRANZKI, *loc. cit.* [*supra*, note 914], 38 *sub* III. 2 a); also cf. D. GIESEN, *loc. cit.* [*supra*, note 915]. And cf. note 921, *infra*.

⁹²⁰) *Cooper v. Nevill* (1961) *The Times*, 10th March (P. C.); *Dryden v. Surrey* C. C. [1936] 2 All E. R. 535 (both cases: swab left in body); *Hocking v. Bell* [1948] W. N. 21 (drainage tube left in body); *Macdonald v. Pottinger* [1953] N. Z. L. R. 196; *Crits v. Sylvester* (1956) 1 D. L. R. 2nd 502, S. C. R. 991; *Holt v. Nesbitt* [1951] 4 D. L. R. 478, affd. [1953] 1 D. L. R. 671 (S. C. C.); *Wilcox v. Cavan* (1975) 50 D. L. R. 3rd 687 (S. C. C.); FLEMING on Torts, 303–304; PICARD, 204–214; *Froh v. Milwaukee Medical Clinic*, 270 NW 2d 83 (Wisc. App. 1978); BGH, 13th Dec. 1951, BGHZ 4, 138 ff. (144–145 [swab left in body]); 29th June 1953, LM ZPO § 286 [C] No. 15 (swab left in body); OLG Celle, 13th Oct. 1976, VersR 1976, 1178 (liver biopsy in the form of a liver blind puncture causing perforation of the gall-bladder: negligence); PALANDT-HEINRICHS, Bürgerliches Gesetzbuch, Kommentar, 39th ed. Mü. 1980, note 8a cc before § 249, with further examples. And cf. note 921; *infra*.

⁹²¹) *Franklin v. Victoria Railway Commissioners* (1959) 101 C. L. R. 197, 204; *Mummery v. Irvings* (1956) 96 C. L. R. 99, 117; FLEMING on Torts, 304; *Hobson v. Munkley* (1976) 14 O. R. 2nd 575, 74 D. L. R. 3rd 408 (H. C.); *Interlake Tissue Mills Company v. Salmond* [1949] 1 D. L. R. 207 (Ont. C. A.); PICARD, 204–207. As to the *American* position, which is similar to what is described in the text, *supra*, cf. HOLDER, 65–66, and the following cases: *Ballance v. Wentz*, 206 SE 2d 734 (NC 1974); *Carruthers v. Phillips*, 131 P. 2d 193 (Or. 1942); *Gray v. Grunnagle*, 223 A. 2d 663 (Pa. 1966); *Huffman v. Lindquist*, 234 P. 2d 34 (Cal. 1951); *Mondot v. Vallejo General Hospital*, 313 P. 2d 78 (Cal. 1957); *Pendergraft v. Royster*, 166 SE 285 (NC 1932).

⁹²²) *Anderson v. Chasney* [1950] 4 D. L. R. 223 (S. C. C.); *Crits v. Sylvester* [1956] S. C. R. 991; *Gray v. Caldeira* [1936] 1 W. W. R. 615 (P. C.); *Hay v. Bain* [1925] 2 D. L. R. 048 (Alta. C. A.); *Villemure v. Turcot* [1973] S. C. R. 716; as to *German* case law, cf. BGH, 14th April 1954, VersR 1954, 290, LM ZPO § 286 [C] No. 6; 22nd April 1975, NJW 1975, 1463 ff. (1464, *sub* III. 1).

⁹²³) *Bolam v. Friern Hospital Management Committee* [1957] 2 All E. R. 118, 1 W. L. R. 582; *Cassidy v. Ministry of Health* [1951] 1 All E. R. 514, 2 K. B. 343 (C. A.); *Crivon v. Barnet Hospital Management Committee* (1958) *The Times*, 19th November (C. A.); *Robinson v. Post Office* [1974] 2 All E. R. 737, 1 W. L. R. 1176 (C. A.); *Roe v. Minister of Health* [1954] 2 All E. R., 2 Q. B. 66 (C. A.); *Whiteford v. Hunter* (1950) W. N. 553, 94 S. J. 758 (H. L.); *Watson v. Davidson* [1966] N. Z. L. R. 853; FLEMING on Torts, 304–305; *Anderson v. Chasney* [1950] 4 D. L. R. 223 (S. C. C.); *Badger v. Surkan* [1973] 1 W. W. R. 302 (Sask. C. A.); *Baills v. Boulanger* [1924] 4 D. L. R. 1083 (Alta. C. A.); *Bergstrom v. C.* [1967] C. S. 513 (Que.); *Cardin v. Montreal* (S. C. C.); *Chubey v. Ashan* [1976] 3 W. W. R. 367 (Man. C. A.); *Dale v. Munthali* (1977) 16 O. R. 2nd 532 (H. C.); *Gorback v. Ting* [1974] 5 W. W. R. 606 (Man. Q. B.); *Holmes v. Board of Hospital Trustees of London* (1977) 17 O. R. 2nd (H. C.); *McKay v. Gilchrist* (1962) 35 D. L. R. 2nd 568 (Sask. C. A.); *Taylor v. Gray* [1937] 4 D. L. R. 123 (N.B. C.A.); PICARD, 204–214; as to *American* case law, cf. note 921, *supra*. As to *German* case law, cf. BGH, 22nd April 1975, NJW 1975, 1463; 14th March 1978, VersR 1978, 542; OLG Celle, 13th Oct. 1976, VersR 1976, 1178; OLG Stuttgart, 20th Oct. 1977, VersR 1979, 630; as to *Swiss* law, cf. OTT, 107–108, and Art. 4 ZGB.

⁹²⁴) This encouragement comes from the *German* Federal Judge Walter DUNZ, whose

experience with doubtful practices on the side of some medical experts stems from a long professional experience in medical malpractice actions, cf. W. DUNZ, Zur Praxis der zivilrechtlichen Arzthaftung, Karlsruhe 1974, 16; also cf. W. DUNZ, ,,Das heikle Thema oder Das Unbehagen an der Kunstfehlerbegutachtung", in: Der Medizinische Sachverständige 72: 74–76 (1976); cf. note 252, *supra;* also cf. BGH, 22nd April 1975, NJW 1975, 1463 ff. (1464, *sub* III. 2a); 19th June 1979, VersR 1979, 939 ff. (940-1 *sub* II 2b); PICARD, 170–181.

[925]) A fascinating reading are the following five cases: *Gray v. Caldeira* [1936] 1 W. W. R. 615 (P. C.); *Hay v. Bain* [1925] 2 D. L. R. 948 (Alta. C. A.); especially *Villemure v. Turcot* [1973] S. C. R. 716, and BGH, 22nd April 1975, NJW 1975, 1463 ff.; 24th June 1980, VersR 1980, 940 ff.

[926]) *McLean v. Weir* [1977] 5 W. W. R. 609 (B.C. S.C.).

[927])) FLEMING on Torts, 302–305; PICARD, 208.

[928]) *Mahon v. Osborne* [1939] 1 All E. R. 535, 561 (C. A.).

[929]) *Barkway v. South Wales Transport Company Ltd.* [1950] 1 All E. R. 392, 395, A. C. 185 (H. L.); *Bolton v. Stone* [1951] 1 All E. R. 1078, A. C. 850, 859 (H. L.); *Milne v. Townsend* (1890) 19 R. 830 (as quoted in *Langham v. Governors of Wellingborough School* (1932) 101 L. J. K. B. 513); *Roe v. Ministry of Health* [1954] 2 Q. B. 66, 82 (*per* DENNING L. J.); CHARLESWORTH on Negligence, §§ 264, 265, 267; *Hampton Court v. Crooks* (1957) 97 C. L. R. 367, 371; *Jones v. Dunkel* (1959) 101 C. L. R. 298; *Nubic v. R. and R. Excavations* [1972] 1 N.S. W. L. R. 204; *Ybarra v. Spangard;* 154 P. 2d 687 (Cal. S. C. 1944); FLEMING on Torts, 307–308; *Greschuk v. Koldychuk* (1959) 27 W. W. R. 157 (Alta. C. A.); *Holt v. Nesbitt* [1953] 1 S. C. R. 143; PICARD, 204, 205, 207; BGH, 14th March 1978, VersR 1978, 542 ff. (544, *sub* II. 2b); OLG Celle, 13th Oct. 1976, VersR 1976, 1178 ff. (1179, *sub* 2); W. UHLENBRUCK, ,,Beweisfragen im ärztlichen Haftungsprozeß", in: NJW 1965, 1057 ff. (1058); G. GAISBAUER, ,,Die Rechtsprechung zum Arzthaftpflichtrecht 1971–1974. Eine Übersicht", in: VersR 1976, 214 (224, *sub* B II 1).

[930]) *Barkway v. South Wales Transport Company Ltd.* [1950] 1 All E. R. 392, 395.

[931]) *Russell v. London and South Western Railway* (1908) 24 T. L. R. 548, 551 (*per* KENNEDY L. J.).

[932]) *Russell v. London and South Western Railway* (1908) 24 T. L. R. 548, 551 (*per* KENNEDY L. J.). Also cf. *Byrne v. Boadle* (1863) 2 H. & C. 722; *Chaproniere v. Mason* (1905) 21 T. L. R. 633; *Langham v. Wellingborough School* (1932) 101 L. J. K. B. 513, 518; *Mahon v. Osborne* [1939] 1 All E. R. 535, 561 (C. A.); *Swan v. Salisbury Construction Co.* [1966] 1 W. L. R. 204 (P. C.); CHARLESWORTH on Negligence, §§ 264, 266, 268 ff.; *Watson v. Davidson* [1966] N. Z. L. R. 853; *Anchor Products v. Hedges* (1966) 115 C. L. R. 493; *Bellizia v. Meares* [1971] V. R. 641; *Davis v. Bunn* (1936) 56 C. L. R. 246; *Fitzpatrick v. Cooper* (1935) 54 C. L. R. 200; *Lander v. Australian Glass Manufacturers* [1962] S. R. (N. S. W.) 152; FLEMING on Torts, 303–305; *Abel v. Cooke and Lloydminster and District Hospital Board* [1938] 1 W. W. R. 49 (Alta. C. A.); *Cardin v. Montreal* (1961) 29 D. L. R. 2nd 492 (S. C. C.); *McLean v. Weir* [1977] 5 W. W. R. 609 (B.C. S.C.): *Martel v. Hotel-Dieu St.-Valier* (1969) 14 D. L. R. 3rd 445 (S. C. C.); PICARD, 208–210; *German v. Nichopoulos,* 577 SW 2d 197 (Tenn. App. 1978); *Pekar v. St. Luke's Episcopal Hospital,* 570 SW 2d 147 (Tex. Civ. App. 1978); *Walski v. Tiesenga,* 381 NE 2d 279 (Ill. 1978); BGH, 13th Dec. 1951, BGHZ 4, 138 ff. (144–145); 21st Dec. 1955, LM ZPO § 286 [C] No. 25; OLG Celle, 13th Oct. 1976, VersR 1976, 1178 ff. (1178, *sub* 1 [starting ,,Die Grundsätze des Anscheinsbeweises sind hier anwendbar."]).

[933]) FLEMING on Torts, 305. Also cf. *Cassidy v. Ministry of Health* [1951] 2 K. B. 343;

Esso Petroleum Company Ltd. v. Southport Corporation [1956] A. C. 218, 242; *The Kite* [1933] P. 154, 170; *Ludgate v. Lovett* [1969] 1 W. L. R. 1016; *Mahon v. Osborne* [1969] 2 K. B. 14; *Russell v. London and South Western Railway* (1908) 24 T. L. R. 548, 551; *Walsh v. Holst and Co. Ltd.* [1958] 1 W. L. R. 800; *Woods v. Duncan* [1946] A. C. 401; CHARLESWORTH on Negligence, §§ 264, 265, 276, 277, 278; *Ballard v. N. B. Railway*, 1923 S. C. 43, 45; *Watson v. Davidson* [1966] N. Z. L. R. 853; *Cardin v. Montreal* (1961) 29 D. L. R. 2nd 492, 495; *Crits v. Sylvester* (1956) 1 D. L. R. 2nd 502, [1956] S. C. R. 991; *Holt v. Nesbitt* [1953] 2 S. C. R. 115; *McKay v. Royal Inland Hospital* (1964) 48 D. L. R. 2nd 665, 670 (B.C. S.C.); *Wilcox v. Cavan* (1975) 50 D. L. R. 3rd 687 (S. C. C.); PICARD, 210–214.

⁹³⁴) FLEMING on Torts, 305.

⁹³⁵) *Russell v. London and South Western Railway* (1908) 24 T. L. R. 548, 551 (*per* KENNEDY L. J.).

⁹³⁵ᵃ) *Finlay v. Auld* [1975] 1 S. C. R. 338, 343, 43 D. L. R. 3rd 216, 219 (*per* RITCHIE J.); *United Motor Services Inc. v. Hutson* [1937] S. C. R. 294, 297, [1937] 1 D. L. R. 737, 738 (*per* Sir Lyman DUFF), both decisions referred to in *Dunn v. Young* (1978) 86 D. L. R. 3rd 411, 423 (C. C. Ont., *per* PHELAN Co. Ct. J.).

⁹³⁶) CHARLESWORTH on Negligence, § 266; *Mahon v. Osborne* [1939] 2 K. B. 14; *MacDonald v. Pottinger* [1953] N. Z. L. R. 196; *Dunn v. Young* (1978) 86 D. L. R. 3rd 411, 421–423 (C. C. York, Ont.), with a convenient Summary of the Common Law position as to the *res ipsa loquitur* maxim; *Holt v. Nesbitt* [1951] O. R. 601, [1951] 4 D. L. R. 478 (C. A.); *Johnston v. Wellesley Hospital et al.* [1971] 2 O. R. 103, 110, 17 D. L. R. 3rd 139, 146; *MacDonald v. York County Hospital Corp.* [1972] 3 O. R. 469, 486–487 (H. C., *per* ADDY J.), affd. [1976] 2 S. C. R. 825, 66 D. L. R. 3rd 530. H. FRANZKI, „Leitfaden für Arzthaftungsprozesse", in: DRiZ 1977, 36 ff. (38, *sub* III. 2a) summarises the German position as follows: the *Anscheinsbeweis* (or *prima facie* proof or *res ipsa loquitur* rule) applies in typical happenings in which according to normal life experience it can either be concluded from a certain (established) cause to a certain (unknown) result or, *vice versa* (and more important) from a certain (established) result – e. g. a typical malpractice damage – to a certain (unknown) cause for it – e. g. that a typical malpractice event brings the whole thing home to the physician who then has to establish that in this particular case there is a *serious* possibility of an *untypical* cause causing the damage to result, in which case it is again upon the plaintiff to prove his case (cf. OLG Celle, 13th Oct. 1976, VersR 1976, 1178 [1179, *sub* 2]).

⁹³⁷) *Russell v. London and South Western Railway* (1908) 24 T. L. R. 548, 551 (*per* KENNEDY L. J.); CHARLESWORTH on Negligence, §§ 265, 266, 276; *Davis v. Bunn* (1936) 56 C. L. R. 246, 271–272 (*per* EVATT J.); *Nominal Defender v. Haslbauer* (1967) 117 C. L. R. 448; *Hawke's Bay Motor v. Russel* [1972] N. Z. L. R. 542; FLEMING on Torts, 310; *Cavan v. Wilcox* [1975] 2 S. C. R. 663, 674; *Finlay v. Auld* [1975] S. C. R. 338; for an excellent statement, cf. *Holmes v. Board of Hospital Trustees of City of London* (1977) 17 O. R. 2nd 626, (1978) 81 D. L. R. 3rd 67, 79 (H. C.); also cf. *Cudney v. Clements Motor Sales Ltd.* [1969] 2 O. R. 209, 217, 5 D. L. R. 3rd 3, 11 (C. A.); *Dunn v. Young* (1978) 86 D. L. R. 3rd 411, 422 (C. C. Ont.). *Rolland Paper Co. v. C. N. R.* (1958) 13 D. L. R. 2nd 662; *United Motor Services v. Hutson* [1937] S. C. R. 294; PICARD, 212–214; for *American* case law, cf. HOLDER, 65–66; for the *German Anscheinsbeweis*, cf. note 936; here, the same principles apply throughout: OLG Celle, 13th Oct. 1976, VersR 1976, 1178 ff. (*sub* 1 and 2); BGH, 14th March 1978, VersR 1978, 542; H. FRANZKI, *loc. cit.* [*supra*, note 936], 38 (*sub* III. 2a–d).

[938]) *Esso Petroleum Company Ltd. v. Southport Corporation* [1956] A. C. 218, 242–243 (*per* LORD RATCLIFFE); *Walsh v. Holst and Co. Ltd.* [1958] 1 W. L. R. 800; *Woods v. Duncan* [1946] A. C. 401; CHARLESWORTH on Negligence, § 276; FLEMING on Torts, 308–313; *Cavan v. Wilcox* (1974) 50 D. L. R. 3rd 687 (S. C. C.); *Karderas v. Clow* (1973) 32 D. L. R. 3rd 303, 312 (Ont. H. C.); PICARD, 212–214; OLG Celle, 13th Oct. 1976, VersR 1976, 1178 (1179, *sub* 2).

[939]) [1956] 1 All E. R. 182, 188, 1 Q. B. 596 (C. A.); other examples are: *Barkway v. South Wales Transport Co.* [1948] 2 All E. R. 460; *Chaproniere v. Mason* (1905) 21 T. L. R. 633; *Woods v. Duncan* [1946] 1 All E. R. 420, A. C. 401 (H. L.); *Lander v. Australian Glass Manufacturers* [1962] S. R. (N. S. W.) 152; *Bellizia v. Meares* [1971] V. R. 641; FLEMING on Torts, 304–305; OLG Celle, 13th Oct. 1976, VersR 1178 (1179, *sub* 2); also cf. BGH, 29th June 1953, LM ZPO § 268 [C] No. 15; 21st Dec. 1955, LM ZPO § 286 [C] No. 25; H. FRANZKI, „Leitfaden für Arzthaftungsprozesse", in: DRiZ 1977, 36 ff. (38, *sub* III. 2d).

[940]) *Miller v. Ministry of Pensions* [1947] 2 All E. R. 372, 374 (*per* DENNING J.); OLG Celle, 13th Oct. 1976, VerR 1976, 1178 (1179, *sub* 2).

[941]) *Woods v. Duncan* [1946] 1 All E. R. 420, A. C. 401 (H. L.); also cf. *Lloyde v. West Midlands Gas Boards* [1971] 2 All E. R. 1240, 1246 (C. A., *per* MEGAW L. J.); and cf. *Fletcher v. Bench* (1973) C. A. 313; CHARLESWORTH on Negligence, §§ 276–279; *Zimmer v. Ringrose* (1979) 89 D. L. R. 3rd 646, 656, 659 (Alta S. C.); BGH, 14th March 1978, VersR 1978, 542 ff. (544, *sub* II. 2 b)

[942]) An example is the *Canadian* case *Eady v. Tenderenda* (1975) S. C. R. 599; the German Federal Supreme Court in a recent case mentions the same kind of examples: BGH, 14th March 1978, VersR 1978, 542 (544 *sub* II. 2b).

[943]) *McLean v. Weir* [1977] 5 W. W. R. 609 (B. C. S. C.); BGH, 14th March 1978, VersR 1978, 542 ff. (544, *sub* II. 2b); Obergericht Zürich, 15th Febr. 1979, SJZ 1980, 384.

[944]) *Holt v. Nesbitt* [1953] 1 S. C. R. 143; also cf. *Crits v. Sylvester* [1953] S. C. R. 991; these aspects have also strongly been emphasised in *German* case law and legal literature: BGH, 14th March 1978, VersR 1978, 542 ff. (544, *sub* II. 2b); W. DUNZ, *loc. cit.* [*supra*, note 252], 74–76.

[944a]) BGH, 14th March 1978, VersR 1978, 542 (544 *sub* II. 2b); also cf. BGH, 16th May 1972, VersR 1972, 887; 27th June 1978, BGHZ 72, 132 ff.; 19th June 1979, VersR 1979, 939 (940 *sub* II. 2b); 22nd Jan. 1980, VersR 1980, 428 ff.; H. and D. FRANZKI, „Waffengleichheit im Arzthaftungsprozeß", in: NJW 1975, 2225 ff. (2227).

[945]) D. GIESEN, *loc. cit.* [*supra*, note 87], 403 ff. (426); this is particularly true in a case where a hospital employs new technical equipment (e. g. a new anaesthetiser) which during an operation fails to function properly: it is for the hospital then to exonerate itself as to the reproach that those who employed the apparatus or equipment have not acted in accordance with the *lex artis* of the profession and were, thus, negligent in performing their professional duties, BGH, 11th Oct. 1977, VersR 1978, 82 ff. (83, *sub* II) = NJW 1978, 584 ff. (584–585, *sub* II).

[946]) *Zimmer v. Ringrose* (1979) 89 D. L. R. 3rd 646, 656, 659 (Alta. S. C., *per* MACDONALD J.); PICARD, 170–181 (171); Obergericht Zürich, 15th Febr. 1979, SJZ 1980, 383.

[947]) And yet, a competent *German* Federal Judge (Walter DUNZ) who is in charge of many medical malpractice cases at the highest civil court level (Federal Supreme Court or *Bundesgerichtshof*), saw already reason to emphasise, that, although the Federal Supreme Court has *until now* refrained from *generally* reversing the burden of proof in favour of the patient, this reluctance is often made *difficult* in the light of so many medical experts who do their best to allow their colleagues to evade liability

(cf. note 252, *supra*,); also cf. A. TUNC, in: International Encyclopedia of Comparative Law, vol. XI (Tüb., Mouton, The Hague, Pa. 1974), Ch. 1, para. 124 (p. 66); similar criticism comes directly from the bench, cf. BGH, 22nd April, NJW 1975, 1463 ff. (1464, *sub* III. 2); also cf. the new *German* landmark case, BGH, 27th June 1976, BGHZ 72, 132 ff., and H. and D. FRANZKI, ,,Waffengleichheit im Arzthaftungsprozeß", in NJW 1975, 2225 ff. (2226, *sub* II). Also cf. note 924, *supra*.

[948]) *Pearson Report* I.285 (1336); D. GIESEN, *loc. cit.* [*supra*, note 87], 403 ff. (426); A. LAUFS, ArztR, § 193; but cf. Obergericht Zürich, 15th Febr. 1979, SJZ 1980, 383, and D. GIESEN, ,,Grundzüge der zivilrechtl. Arzthaftung", in: JURA 1981, 20 ff.

[949]) Cf. note 947, *supra*. *Pearson Report* I.284 ff. (1325 ff., 1364 ff.); J. E. MALDONADO, ,,Strict Liability and Informed Consent: Don't Say I didn't tell you so", In: 9 Akron L. Rev. 609 ff., 523–624 (1976); G. REINICKE, *op. cit.* [*supra*, note 898], 95; W. UHLENBRUCK, ,,Beweisfragen im ärztlichen Haftungsprozeß", in: NJW 1965, 1057 ff. (1060–1061). And cf. Obergericht Zürich, 15th Febr. 1979, SJZ 1980, 383 f.

[949a]) Cf. BGH, 14th March 1978, VersR 1978, 542 ff. (544 *sub* II. 2b); 15th May 1979, JZ 1979, 530 (531 *sub* 3) = NJW 1979, 1933 (1935 *sub* 4).

[950]) This is the standing practice, at least, of the *German* Federal Court, cf. BGH, 28th April 1959, NJW 1959, 1583; 11th April 1967, NJW 1967, 1508; 12th March 1968, NJW 1968, 1185; 11th June 1968, NJW 1968, 2291; 17th Dec. 1968, NJW 1969, 553; 3rd March 1970, VersR 1970, 544, 28th Sept. 1970, JZ 1971, 29 ff. (following the opinion of D. GIESEN, NJW 1969, 582 ff. [585 note 35]); 5th July 1973, BGHZ 61, 118 ff. (120); 22nd April 1975, NJW 1975, 1463 ff. (1464); 9th May 1978, VersR 1978, 764; 27th June 1978, BGHZ 72, 132 ff. (133–134); 15th May 1979, JZ 1979, 530 (531); OLG Hamm, 29th Nov. 1977, as affd. by BGH, 19th June 1979, VersR 1979, 826 f. (*sub* 2); also cf. PALANDT-HEINRICHS, Bürgerliches Gesetzbuch, Kommentar, 39th ed. Mü. 1980, note 8c cc before § 249. Also cf. notes 252, 924, 947, *supra*, and OLG Köln, 7th March 1979, VersR 1980, 434.

[951]) FLEMING on Torts, 301; BGH 6th Nov. 1962, LM BGB § 611 No. 19; 28th Sept. 1970, JZ 1971, 29 ff.; D. GIESEN, NJW 1969, 582 ff., 585 note 35; IDEM, *loc. cit.* [*supra*, note 87], 403 ff. (424, 426); 27th June 1978, BGHZ 72, 132 ff. = JZ 1978, 721 (with note by G. WALTER, JZ 1978, 806); OLG Karlsruhe, 8th June 1977, VersR 1978, 549 (*sub* I. 2); and cf. note 950, *supra*.

[952]) BGH, 27th June 1978, BGHZ 72, 132 ff. (137). This point of the decision by the Federal Supreme Court (*Bundesgerichtshof*) has recently been quoted with approval by the highest German court, the Federal Constitutional Court (*Bundesverfassungsgericht*), in an important decision on the law of evidence in medical malpractice cases: BVerfG, 25th July 1979, NJW 1979, 1925 ff. (1929 *sub* B I 2b cc); a discussion of this constitutional case can be found in this treatise at pp. 137 ff., 269 ff., *supra*. It is not enough just to keep medical records; if the question arises the doctor is also obliged to prove that his records are trustworthy and reliable, BGH, 14th March 1978, VersR 1978, 542 ff. = NJW 1978, 1681 ff. (*sub* II 2b). And cf. note 944 a, *supra*.

[953]) BGH, 27th June 1978, BGHZ 72, 132 ff. (139) = JZ 1978, 721 ff. (722, *sub* II. 2b) = NJW 1978, 2337 ff. (2338–2339, *sub* II. 2b); the *German* Federal Supreme Court in this decision advocates ,,Beweiserleichterungen, die bis zur Umkehr gehen können" for all cases, where to the conviction of the court it is obvious ,,[daß] dem Patienten die (volle) Beweislast für einen Arztfehler angesichts der vom Arzt verschuldeten Aufklärungshindernisse billigerweise nicht mehr zugemutet werden kann." This new decision will be of immense importance for the future development of the law of evidence in medical malpractice cases in Germany, and certainly is a step in the right direction, cf. G. WALTER, note commenting upon this decision, in: JZ 1978, 806 ff.

954) [1953] 1 S.C.R. 143. Also cf. G. BAUMGÄRTEL and A. WITTMANN, ,,Die Beweislastverteilung im Arzthaftungsprozeß", in: Juristische Arbeitsblätter 1979, 113 ff. (118-9) and P. GOTTWALD, ,,Grundprobleme der Beweislastverteilung", in: JURA 1980, 225–236, and IDEM, ,,Sonderregeln der Beweislastverteilung", in: JURA 1980, 303–313 (esp. 307–310).
955) FLEMING on Torts, 298–313 (304–305); PICARD, 204–214 (206); D. GIESEN, (1976) 25 I.C.L.Q. 180 ff. (210–213); IDEM, loc. cit. [supra, note 87], 403 ff. (425–426).
956) Cf. this treatise, pp. 44 ff., 192 ff., supra.
957) Pearson Report I.291 (1371).
958) DUNZ, 15–17.
959) SALMOND on Torts, 508; Beausoleil v. Soeurs de la Charité (1966) 53 D.L.R. 2nd 65 (Que. C.A.); PALANDT-THOMAS, Bürgerliches Gesetzbuch, Kommentar, 39th ed. Mü. 1980, notes 7 B f and 14 (sub Ärzte) to § 823, with further refs.
960) SALMOND on Torts, 508, PICARD, 63 ff.; HOLDER, 1–2, 225–238, 254–257, 299–300; SAVATIER-AUBY-SAVATIER-PEQUIGNOT, 223 ff.; ANRYS, 59 ff.; BGH, 16th Jan. 1959, BGHZ 29, 176 ff.; D. GIESEN, (1976) 25 I.C.L.Q. 180 ff. (211); A. LAUFS, ArztR, §§ 76 ff. A very stimulating reading is J. E. MALDONADO, ,,Strict Liability and Informed Consent: Don't Say I didn't tell you so", in: 9 Akron L. Rev. 609 ff., 623–624 (1976).
961) Beausoleil v. Soeurs de la Charité (1966) 53 D.L.R. 2nd 65 (Que. C.A.).
962) Darrah v. Kite, 301 NYS 2d 286 (1969); Gant v. Quast, 505 SW 2d 367, 510 SW 2d 90 (Tex 1974).
963) Haven v. Randolph, 342 F. Supp. 538 (DC D.C. 1972).
964) Bruni v. Tatsumi, 346 NE 2d 673 (Ohio 1976); Henderson v. Milobsky, 595 F.2d 654 (C.A.D.C. 1978); Shetter v. Rochelle, 409 P. 2d 74 (Ariz. 1965). Cf. this treatise, pp. 31 ff., 181 ff., supra.
965) DUNZ, 15.
966) DUNZ, 16. For a very informative Canadian Supreme Court decision cf. Villemure v. Turcot [1973] S.C. R. 716, reversing [1970] C.A. 538 (Que.) (the S.C.C. found a psychiatrist liable for the suicide of his patient in the face of testimony from all the experts called that they would have done exactly as the defendant had done). Also cf. Hay v. Bain [1925] 2 D.L.R. 948 (Alta. C.A.); Gray v. Caldeira [1936] 1 W.W.R. 615 (P.C.).
967) Cf. BGH, 14th March 1978, VersR 1978, 542 ff. (544, sub II. 2b).
968) BGH, 14th March 1978, VersR 1978, 542 ff. (544, sub II. 2b); 11th Oct. 1977, VersR 1978, 82 ff. (85, sub IV).
969) DUNZ, 16; also cf. H. and D. FRANZKI, ,,Waffengleichheit im Arzthaftungsprozeß" NJW 1975, 2225 ff. (2227).
970) Kolesar v. Jeffries (1974) 59 D.L.R. 3rd 367, 373, affd. sub nomine Joseph Brant Memorial Hospital v. Koziol (1974) 77 D.L.R. 3rd 161 (S.C.C.); PICARD, 278.
971) The ever-increasing importance of proper medical records is also emphasised in other legal systems, cf. S. R. SPELLER, Doctor and Patient, 154–161; PICARD, 277–292; HOLDER, 298–301, 389–394, all with further refs.
972) Cf. BGH, 6th Nov. 1962, JZ 1963, 369; 4th Dec. 1962, VersR 1963, 168.
973) BGH, 27th June 1978, BGHZ 72, 132 ff. (137); as to Common Law cf. Ares v. Penner [1970] S.C.R. 608, 73 W.W.R. 347, 14 D.L.R. 3rd 4 (the S.C.C. held that hospital records are to be kept and are admissible in evidence as prima facie proof of the facts stated therein); Dale v. Munthali (1977) 16 O.R 2 nd 532 (H.C.); also cf. PICARD, 277–292; M. KORCOK, ,,When the Lawyer is Called in Your Best Friend is a Good Set of Records", in: (1977) 116 Canadian Medical Association Jnl. 687 ff.; for a

full discussion also cf. E. HAYT, Medicolegal Aspects of Hospital Records, Berwyn (Ill.) 1977, as to *Swiss* law, cf. *Obergericht Zürich*, 44 (1945) 326 No. 160; OTT, 43–47, 158.

974) S. R. SPELLER, Doctor and Patient, 16 ff. (18–19).
975) Courts dislike poorly kept records, cf. *Kolesar v. Jeffries* (1974) 59 D.L.R. 3rd 367, 374; BGH 22nd June 1971, VersR 1971, 929; DUNZ, 17; as to acceptable documentations of information given and treatments used, signed by both the acting physician and the patient, cf. D. DEUTSCH, *(et alii)*, ,,Probleme der fachärztlichen Aufklärungspflicht", in: Laryngologie, Rhinologie, Otologie, 54: 783 ff., 796–797, 799 (1975) and A. LAUFS, ArztR, §§ 71–72.
976) *Dale v. Munthali* (1977) 16 O.R. 2nd 532 (H.C.); BGH 22nd April 1975, NJW 1975, 1463 ff. (1464, *sub* III.2); 14th March 1978, VersR 1978, 542 ff. (544, *sub* II.2b); 27th June 1978, BGHZ 72, 132 (137–141); OLG Celle, 13th Oct. 1976, VersR 1976, 1178; OLG Bremen, 21st March 1979, VersR 1979, 1060 (1062). Also cf. K. WASSERBURG, ,,Die ärztliche Dokumentationspflicht im Interesse des Patienten", in: NJW 1980, 617–624, with a full discussion of both the important implications of the more recent *German* case law and the importance of a full medical documentation in the interest of the patient.
977) Whether a defendant has met the requisite standard of care is a question of fact for the trial judge, *Czuy v. Mitchell* [1976] 6 W.W.R. 767, 678 (Alta. C.A.); the court has discretion ultimately to accept or reject expert evidence, *Anderson v. Chasney* [1950] 4 D.L.R. 223 (S.C.C.); also cf. BGH, 27th June 1978, BGHZ 72, 132 ff. (135); Obergericht Zürich, 15th Febr. 1979, SJZ 1980, 383 f.
978) *Penner v. Theobald* (1962) 40 W.W.R. 216, 228–229 (Man. C.A.); *Chubey v. Ahsan* [1975] 1 W.W.R. 120, 129, affd. [1976] 3 W.W.R. 367 (Man. C.A.). ,,The courts are the appropiate organ of the adjustment of this balance [between professional and public interests], and should not abdicate their responsibility to adjudicate upon the negligence in any profession" (PICARD, 181).
979) Cf. pp. 59 ff., 67 ff., 123 ff., 205 ff., 211 ff., 259 ff., *supra*.
980) Cf. pp. 136 ff., 268 ff., *supra*.
981) D. GIESEN, (1976) 25 I.C.L.Q. 180 ff. (211 note 126, with further refs. as to *Common Law* and *German* law). As to *Swiss* law, cf. now Obergericht Zürich, 15th Febr. 1979, SJZ 1980, 383.
982) *Pearson Report* I.285 (1336).
983) *Pearson Report* I.286 (1338), 288 (1347).
984) *Pearson Report* I.286 (1340–1341), 384 (Recs. 155–156).
984a) *Calabrese v. Trenton State College*, 392 A.2d 600, 602, 606 (NJ 1978).
985) D. GIESEN, (1976) 25 I.C.L.Q. 180 ff. (212).
986) *Cour de Cassation*, Civ., 29th May 1952, D. 1952.53; this is disputed by parts of the French literature, cf. D. EBERHARDT, *op. cit.* [*supra*, note 3] 42 ff., and W. GEHRING, *op. cit.* [*supra*, note 3], 137 ff. This is the result of the rule in Art. 1315 *Code Civil, actori incumbit probatio,* and the qualification of the duty to give information as an *obligation de moyens*, cf. D. EBERHARDT, *ibd.*, 43, and W. GEHRING, *ibd.*, 138–139.
987) D. GIESEN, (1976) 25 I.C.L.Q. 180 ff. (212).
988) Cf. pp. 58 ff., 76 ff., 81, 123 ff., 204 ff., 219 ff., 223, 259 ff., *supra*.
989) Cf. pp. 5 ff., 160 ff., *supra*.
990) Cf. pp. 57, 59 ff., 203, 205 ff., *supra*.
991) Cf. pp. 57, 67 ff., 203, 211 ff., *supra*.
992) *Declaration of Tokyo* (1975), III. 4, printed as *Appendix* VII, cf. pp. 431 ff., *infra;* also cf. W. DUNZ, AcP 177 (1977) 579.

992a) In case of an equal division among the eight deciding judges of one of the two senates of the Federal Constitutional Court *(Bundesverfassungsgericht)*, no violation of the Constitution *(Grundgesetz)* can be established by the court, and the appeal to the highest court as guardian of the constitution has to be dismissed with no redress for the applicant (§ 15 II 4 BVerfGG). For the decision referred to in the text above, cf. note 992b, *infra*.

992b) BVerfG, 25th July 1979, NJW 1979, 1925 ff. (1927 *sub* B I 2) decided by the Judges RINCK, WAND, ROTTMANN and TRÄGER; judges ZEIDLER (presiding judge), HIRSCH, NIEBLER and STEINBERGER dissenting. For a review of this important decising, cf. R. STÜRNER, ,,Die Einwirkung der Verfassung auf das Zivilrecht und den Zivilprozeß", in: NJW 1979, 2334–2338.

992c) BVerfG, 25th July 1979, NJW 1979, 1925 ff. (1925 *sub* B I 1), by the judges ZEIDLER (presiding judge), HIRSCH, NIEBLER and STEINBERGER.

992d) BVerfG, 25th July 1979, NJW 1979, 1925 ff. (1928 *sub* B I 2b), in this point all the judges concur with BGH, 27th June 1976, BGHZ 72, 132 ff. (139) = NJW 1979, 2337 = JZ 1979, 721). The Federal Constitutional Court *(Bundesverfassungsgericht)* also refers with approval to earlier decisions by the Federal Supreme Court *(Bundesgerichtshof)*, e. g. BGH, 21st December 1960, NJW 1961, 777; 6th November 1962, NJW 1963, 389 (390); 16th May 1972, NJW 1972, 1520. The Federal Supreme Court has now in turn acknowledged the Federal Constitutional Court's approval of its flexible practice with regard to the burden of proof: BGH, 22nd Jan. 1980, VersR 1980, 428 ff. and, in one of its recent decisions, re-emphasised the courts' especially high duty in medical malpractice actions to be critical and to ameliorate the patient's difficult proof position against doctors, BGH, 24th June 1980, VersR 1980, 940 ff.

993) Cf. BGH, 27th June 1978, BGHZ 72, 132 ff. (139) = JZ 1978, 721 ff. (722, *sub* II. 2b) = NJW 1978, 2337 ff. (2338, *sub* II 2b); also cf. note 953, *supra*, and the following literature: DUNZ, 30; D. GIESEN, (1976) 25 I. C. L. Q. 180 ff. (212–213); IDEM, ,,Grundzüge der zivilrechtl. Arzthaftung", in: JURA 1981, 10 ff. (20 ff.); G. REINICKE, *op. cit.* [*supra*, note 898], 95. For further refs. cf. notes 900 ff., 913 ff., *supra*.

993a) Especially if the procedure used by the defendant was experimental, it is incumbent upon him to show that the plaintiff was fully informed of all the risks involved in the use of that procedure or method; if the information given by the defendant falls short of establishing that the consent of the plaintiff was fully informed, then the defendant is liable to the plaintiff, *Zimmer v. Ringrose* (1979) 89 D. L. R. 3rd 646 (Alta. S. C.); also cf. OLG Köln, 5th March 1976, VersR 1978, 551 (552).

994) Cf. notes 215–216, *supra*. Before a patient is allowed to recover damages at *Common Law*, he must present evidence that he would not have had the operation or allowed the procedure if he had known what the foreseeable consequences would be, *Haven v. Randolph*, 342 F. Supp. 538 (DC D.C. 1972); if he admits he would have gone ahead anyway, he cannot recover, *Bruni v. Tatsumi*, 346 NE 2d 673 (Ohio 1976); *Shetter v. Rochelle*, 409 P. 2d 74 (Ariz. 1965).

995) As to *French* law, cf. *Cour de Cassation*, Civ., 20th May 1936, D. P. 1936. 1.88; D. GIESEN, (1976) 25 I. C. L. Q. 180 ff. (181–182).

996) J. E. MALDONADO, ,,Strict Liability and Informed Consent: Don't Say I didn't tell you so", in: 9 Akron L. Rev. 609 ff., 628 (1976).

997) *Pearson Report* I.288 (1352). In *New Zealand*, the old *Common Law* action for negligence was said to fall far short of the five requirements which led to the new Compensation Scheme in N.Z. (cf. note 380, *supra*). Arguments in favour of the legal retention, alongside the new Compensation Scheme, of civil liability for fault,

and in favour of an improvement of the old Common Law action for negligence have, however, recently been submitted by members of the legal profession in N.Z.: a continuance of civil liability for fault (through the Common Law action) might be advisable in that (1) civil liability offered incentives to be careful, (2) it was morally right to make a man pay for the harm he caused, (3) the costs of proposed compensation schemes would rise unexpectedly and be unacceptable, (4) judicial procedure in Courts of Law provided the only satisfactory way of establishing whether a claimant really had been injured in circumstances which entitled him to compensation, (5) the adversary system brought to light up-to-date and cogent medical evidence, and (6) the Common Law action was needed to keep the levels of compensation from being eroded (cf. *Report of Select Committee on Compensation for Personal Injury in N. Z.*, Wellington 1978, 74–75; cf. note 380, *supra*.

998) Cf. PICARD, 214–217, who for the *Canadian scene* also speaks of a *conspiracy of silence* among expert witnesses (214, 216). A very interesting recent *English* case can be added here, in which LORD DENNING M. R. saw reason to speak of a joint report by two professors of medicine as one which „suffered, in the first place, from the way it was prepared. It was the result of long conferences between the two professors and counsel [sic!] and was actually ‚settled' by counsel. In short, it wore the colour of special pleading rather than an impartial report." *(Whitehouse v. Jordan and Another* (1979) *The Times*, 6th December [C.A., *per* LORD DENNING M. R.]).

999) BGH, 22nd April 1975, NJW 1975, 1463 ff. For a discussion of this important decision cf. A. LAUFS, „Fortschritte und Scheidewege im Arztrecht", in: NJW 1976, 1121 ff. (1124–1125), with further refs.

1000) BGH, 22nd April 1975, NJW 1975, 1463 (1464 *sub* III. 1); the same opinion has been expressed in a more recent decision of the BGH: 19th June 1979, VersR 1979, 939 (940–941 *sub* II 2 b); this opinion is also held at *Common Law*, cf. PICARD, 196 ff. (197, 205, 214, 216), with further refs.

1001) BGH, 22nd April 1975, NJW 1975, 1463 ff. (1464), with ref. to BGH, 14th April 1954, VersR 1954, 290 = LM ZPO § 826 [E] no. 6.

1002) BGH, 22nd April 1975, NJW 1975, 1463 ff. (1464).

1003) *Ibd.*, 1464 (*sub* III. 2).

1004) BGH, 22nd April 1975, NJW 1975, 1463 (1464 *sub* III 2a); also cf. BGH, 14th March 1978, VersR 1978, 542 (543–544 *sub* II 2a); 19th June 1979, VersR 1979, 939 (941 *sub* II 2b bb); as to the position at *Common Law*, cf. PICARD, 214 ff.

1005) BGH, 22nd April 1975, NJW 1975, 1463 ff. (1464, *sub* III. 2a); two very interesting recent cases re-emphasise this increasingly sceptical assessment: BGH, 19th June 1979, VersR 1979, 939 ff. (940-1 *sub* II 2b); 24th June 1980, VersR 1980, 940 ff.; as to the position of *Common Law* courts, cf. *Anderson v. Chasney* [1950] 4 D. L. R. 223 (S. C. C.); *Crits v. Sylvester* [1956] S. C. R. 991; PICARD, 195 ff. (197).

1006) BGH, 22nd April 1975, NJW 1975, 1463 ff. (1464, *sub* III. 2a); the BGH has already in an earlier case stressed that expert evidence should not be heard uncritically: BGH, 10th Nov. 1970, NJW 1971, 241 ff. (243).

1007) Cf. note 1006, *supra*. Especially *lower* courts tend to follow the medical expert opinion, cf. H.-L. WEYERS, *op. cit.* [*supra*, note 353], A 36; cf. note 924, *supra*, and related text.

1008) For *Canadian* cases, cf. note 1005, *supra*; another famous case is *Villemure v. Turcot* [1973] S. C. R. 716; PICARD, 170 ff. (172).

1009) Cf. the refs. as to *German* case law in note 976, *supra*.

1010) DUNZ, 27. Also cf. A. TUNC, International Encyclopedia of Comparative Law, vol. XI (1974), Ch. 1 paras. 1–124 (p. 66): „If the case is brought to a court, the experts will usually do their best to allow their colleague to evade his liability." And cf. OTT, 160–166. Also cf. note 998, *supra*.

¹⁰¹¹) Cf. notes 998, 1010, *supra*. As to expert witnesses in the *United States*, cf. Note, ,,Necessity of Expert Evidence to Support an Action for Malpractice Against a Physician or Surgeon", 81 ALR 2d 597 ff. (1962); for an US-assessment of attitudes of physicians, attorneys and the courts towards medical testimony, cf. R. Crawford MORRIS and A. R. MORITZ, Doctor and Patient and the Law, Saint Louis 1971, 315 ff. For a *French* opinion on the *responsabilité des experts*, cf. ANRYS, 178 ff.; J. PENNEAU, La Responsabilité Médicale, Tou. 1977, 138 ff. As to further *German* literature, cf. H. and D. FRANZKI, ,,Waffengleichheit im Arzthaftungsprozeß", in: NJW 1975, 2225 ff. (2228; esp. on the advantage for the courts of holding extensive informal discussions with experts); very informative (from the medical point of view) H. LEITHOFF, ,,Die Problematik der Aufklärung des Patienten über ärztliche Fehlbehandlung", in: Geburtshilfe und Frauenheilkunde 38: 247–254 (1978); also cf. H. KUHLENDAHL, ,,Wenn Vertrauen durch Vertrag ersetzt wird", in: FAZ No. 274, 9th Dec. 1978, p. 10; G. WANNAGAT,, ,,Arzt und Gesellschaft", in: Deutsches Ärzteblatt 74: 1813–1817 (1977); very critical of the value of medical expert opinions in general: W. SCHIMANSKI, Beurteilung medizinischer Gutachten, Bln. and NY 1976, pp. 10 ff., 30 ff.

¹⁰¹²) D. GIESEN, FamRZ 1968, 403–404; IDEM, Zur Problematik der Einführung einer Familiengerichtsbarkeit in der Bundesrepublik Deutschland, Paderborn 1975, 13 ff. 27 ff., with further refs.

¹⁰¹³) H.-J. BARTSCH, Civil Liability of Physicians, General Report, 10th International Congress of Comparative Law, Budapest, 23–28 August 1978.

¹⁰¹⁴) D. GIESEN, *loc. cit.* [*supra*, note 87], 403 ff. (427), with further refs.

¹⁰¹⁵) Cf. A. E. GRIESS, ,,Zivilrechtliche Arzthaftung in Europa", in: JZ 1975, 582.

¹⁰¹⁶) Cf. H. and D. FRANZKI, ,,Waffengleichheit im Arzthaftungsprozeß", in: NJW 1975, 2225 ff. (2227).

¹⁰¹⁷) The lay element on *German* court benches was unacceptable to Parliament when the new *Family Courts* were introduced in the Federal Republic of Germany as from 1st July 1977; for a discussion of this problem, cf. D. GIESEN, *op. cit.* [*supra*, note 1012], 45 ff..

¹⁰¹⁸) Cf. pp. 41 ff., 189 ff., *supra*.

¹⁰¹⁹) D. GIESEN, *loc. cit.* [*supra*, note 86], 403 ff. (427)

¹⁰²⁰) Cf. pp. 42, 190, *supra*.

¹⁰²¹) Omitted, on technical reasons.

¹⁰²²) BGH, 22nd April 1975, NJW 1975, 1463 ff. (1464); 24th June 1980, 940 ff.; cf. pp. 142 ff., 273 ff., *supra*.

¹⁰²³) The importance of the physician's evidence in all these capacities has long been recognised by the courts, for an early example, cf. *Slater v. Baker* (1767) 2 Wils. 359, 95 ER 860 (C.P.).

¹⁰²⁴) Cf. E. L. HAINES, ,,The Medical Profession and the Adversary Process", in: 11 Osgoode Hall L. Jnl. 41 ff. (1973); D. W. LOUISELL and H. WILLIAMS, Medical Malpractice, NY 1977, 5–7; PICARD, 8–9, 17 ff., 221–234; A. LAUFS, ,,Fortschritte und Scheidewege im Arztrecht", in: NJW 1976, 1121 ff. and especially H. and D. FRANZKI, ,,Waffengleichheit im Arzthaftungsprozeß", in NJW 1975, 2225 ff. (2227).

¹⁰²⁵) H. and D. FRANZKI, *loc. cit.* [*supra*, note 1024], 2225 ff. (2227); E. L. HAINES, *loc. cit.* [*supra*, note 1024], 41 ff. (42).

¹⁰²⁶) A. LAUFS, ArztR, §§ 4 ff. Also cf. § 12 Berufsordnung für deutsche Ärzte, Deutsches Ärzteblatt 73: 1543 (1976). The completely revised German *Berufsordnung* of 1979 is

printed, as *Appendix* X, in this treatise, pp. 441 ff., *infra*, in *English*. A *German* version of this important document can be found in: Deutsches Ärzteblatt 76: 2442–2446 (1979).

[1027]) *The confidence of the patient . . . is the basis of all good medicine*, Hatcher v. Black and Others (1954) The Times, 2nd July (*per* DENNING L. J.); PICARD, 17 ff., HOLDER, 1–4, 225, 273, 372–374, 388–389; K. ENGELHARDT, Patientenzentrierte Medizin, Stuttgart [Enke] 1978, 141 ff.; D. GIESEN, *loc. cit.* [*supra*, note 87], 403 ff. (403–404), all with futher refs. Also cf. H.-F. KIENZLE, „Die ärztliche Aufklärungspflicht. Gratwanderung zwischen Vertrauen und Vertrag", in: Deutsches Ärzteblatt 76: 2584–2588 (1979); R. and B. SCHORS, „Der kalte Krieg zwischen Juristen und Ärzten – Beispiel einer ‚negativen Gegenseitigkeit'", in: Deutsches Ärzteblatt 76: 1876–1877 (1979) and note 1026, *supra*.

[1028]) Roe v. Minister of Health [1954] 2 Q.B.66 (at 83, *per* DENNING L. J.).

[1029]) *Ibd.*, 86–87. Further important readings are LORD DENNING M. R., „The Freedom of the Individual To-day", in: (1977) 45 Medico-Legal Jnl. 49–59; SIR ROGER ORMROD L. J., „A Lawyer Looks at Medical Ethics", in: (1978) 46 Medico-Legal Jnl. 18–32; LORD KILBRANDON *et alii*, „Ethics and the professions", in: (1975) 1 Jnl. of Medical Ethics 2 ff.

[1030]) H. and D. FRANZKI, „Waffengleichheit im Arzthaftungsprozeß", in: NJW 1975, 2225 ff. (2227–2228).

APPENDIX II

Legal Texts

German Basic Law, 1949

(Grundgesetz für die Bundesrepublik Deutschland, 23rd May 1949, BGBl. S. 1)

Art. 1

(1) The dignity of man is inviolable. To respect and protect it shall be the duty of all state authority.

(2) The German people therefore acknowledge inviolable and inalienable human rights as the basis of every community, of peace and of justice in the world.

(3) The following basic rights shall bind the legislature, the executive and the judiciary as directly enforceable law.

Art. 2

(1) Everyone shall have the right to the free development of his personality insofar as he does not violate the rights of others or offend against the constitutional order or the moral code.

(2) Everyone shall have the right to life and to inviolability of his person. The freedom of the individual shall be inviolable. These rights may only be encroached upon pursuant to a law.

Art. 3

(1) All persons shall be equal before the law.

(2) Men and women shall have equal rights.

(3) No one may be prejudiced or favoured because of his sex, his parentage, his race, his language, his homeland and origin, his faith or his religious or political opinions.

Art. 6

(1) Marriage and family enjoy the special protection of the state.

(2) The care and upbringing of children are the natural right of the parents and a duty primarily incumbent on them. The national community shall watch over the performance of this duty.

(3) Separation of children from the family against the will of the persons entitled to bring them up may take place only pursuant to a law, if those so entitled fail in their duty or if the children are otherwise threatened with neglect . . .

(4) . . .

(5) . . .

Art. 19

(1) ...

(2) In no case may a basic right be infringed upon in its essential content.

(3) ...

(4) Should any person's right be violated by public authority, recourse to the court shall be open to him. If no other court has jurisdiction, recourse shall be to the ordinary courts.

Art. 34

If any person, in the exercise of a public office entrusted to him, infringes an official duty of care which he owes to another person, liability shall rest in principle on the state or the public authority which employs him . . .

(2) ...

(3) ...

German Civil Code, 1896

(Bürgerliches Gesetzbuch [BGB], 18th August 1896, RGBl. S. 195)

§ 1

A person's legal capacity begins with the completion of his birth.

§ 2

Majority is attained on the completion of the eighteenth year.

§ 138

(1) Any legal transaction or contract infringing the rules of accepted morality is void.

(2) . . .

§ 195

In principle the period of limitation is thirty years.

§ 249

Anyone being liable for damages must restore the conditions which would exist if the act causing the damage would not have occurred. In the case of personal injury or damage to property the creditor may claim money instead of natural restoration.

§ 251

As far as restoration is impossible or not sufficient as compensation the debtor has to give compensation by way of paying money.

§ 253

Compensation for immaterial loss and damage can only be claimed in those cases which are expressly quoted by statute.

§ 276

(1) The debtor is, as far as not provided differently, liable for intentional acts as well as for acts attributable to his fault. An act is attributable to someone's fault if he does not exercise the necessary care.

(2) The debtor cannot be released from liability for intentional acts in advance.

§ 278

The debtor is liable for any fault committed by his legal representative and any persons employed by him to perform his obligation, as if such fault were his own . . .

§ 611

(1) By a contract of service („Dienstvertrag") the party who promises to carry out the service is obliged to do so, the other party is obliged to pay the money agreed on.

(2) The subject of a contract of service may be services of any kind.

§ 631

(1) By a contract of result („Werkvertrag") one party is obliged to produce the promised effect and result, the other is obliged to pay the money agreed on.

(2) The subject of a contract of result may be the production or alteration of anything as well as another result to be achieved by way of service or labour.

§ 823

(1) Anyone who intentionally or by way of fault infringes unlawfully another's body, health, freedom, property or another right is liable for damages.

(2) . . .

§ 825

Anyone who by way of cunning, threat or abuse of a relationship of dependence seduces a woman to allow sexual intercourse is liable for damages.

§ 831

(1) Whosoever employs another person to perform a function is liable for the repair of any damage caused unlawfully to a third party by such person in the performance of his function. He is not so liable provided that he exercised due care in selecting the person so employed, and, where he has to supply apparatus or equipment or to supervise the work, has also exercised ordinary care as regards such supply or supervision, or if the damage would have occurred notwithstanding the exercise of such care.

(2) The same responsibility attaches to a person who, by contract with the employer, undertakes to take charge of any of the matters specified in (1), sentence 2.

§ 839

(1) A civil servant who wilfully or negligently commits a breach of official duty incumbent upon him as against a third party is liable for damages arising therefrom. If only negligence is imputable to the civil servant, he may be held liable only if the injured party is unable to obtain compensation elsewhere [*for which cf Art. 34 German Basic Law, supra*].

(2) . . .

(3) . . .

§ 847

(1) In the case of injury to the body or health, or in the case of deprivation of liberty, the injured party may also demand fair compensation in money for immaterial loss and damage. The claim is not transferable, and does not pass to the heirs, unless it has been acknowledged by contract, or the action on it has been commenced.

§ 852

(1) The period of limitation for a claim based on tort is three years from the moment in which the plaintiff learned of the damage and the debtor. In any case the period of limitation is thirty years.

(2) As long as deliberations concerning the compensation due are pending between the claimant and the debtor, the period of limitation is suspended until such time when the one or the other party refuses to continue such deliberations.

(3) . . .

German Drug Administration Law, 1976

(*Gesetz zur Neuordnung des Arzneimittelrechts* [*Arzneimittelgesetz*], 24th August 1976, BGBl. I. 2445 ff., as effective since 1st January 1978)

Sixth Chapter: The Protection of man in connection with clinical trials

§ 40

General Conditions

(1) The clinical trial of a medicine on human beings may only be performed if and as long as

1. the risks for the treated person are medically justified in relation to the expected significance of the medicine for the medical science,
2. the person who shall be treated has consented after information on the nature and the significance of the clinical trial has been given,
3. the person who shall be treated is not held in custody by order of court or an authority,
4. it is supervised by a physician who has at least two years of experience in the field of clinical trials of medicines,
5. a pharmacological-toxicological trial has been carried out according to the scientific knowledge of the time,
6. the papers of the pharmacological-toxicological trial are filed with the responsible federal authority,
7. the physician supervising the clinical trial has been informed about the results of the pharmacological-toxicological trial and the likely risks of the clinical trial by the scientist in charge of the pharmacological-toxicological trial,
8. insurance exists subject to the conditions of subsection 3 for the case in which a person dies or sustains physical injury or injury to his general health in the course of a clinical trial, and this insurance also guarantees payment where no other person is liable for the damage.

(2) The consent required according to subsection (1) No. 2 only is valid if

1. the consenting person is of full age and able to appreciate the nature and significance of the clinical trial and to make up his/her mind correspondingly,
2. the consent is declared personally and in writing.

The consent may be withdrawn at any time.

(3) The insurance referred to in subsection (1) No. 8 must be taken out in favour of the person affected by the clinical trial with an insurer who is authorised to conduct business in the area in which this Act applies. The scope of the insurance must be commensurate with the risks which the clinical trial involves, and must amount to at least 500,000,– DM in the event of death or permanent inability to earn a living. Any claim for damages at law is cancelled out up to the amount paid out from the insurance.

(4) In a clinical trial on minors, subsections (1) to (3) are applicable, subject to the following conditions:

1. The drug must be intended for the identification or prevention of illnesses in minors.
2. The application of the drug must be indicated according to the knowledge of medical science in order to identify illnesses in the minor or protect him from illnesses.
3. According to the knowledge of medical science no adequate test results can be expected from clinical trials on adults.
4. The legal representative or guardian gives his consent. This is only valid if he has been informed by a doctor of the nature and significance of the clinical trial. If the minor is in a position to appreciate the nature and significance of the clinical trial and make up his mind accordingly, his written consent is also required.

§ 41

Special Conditions

To the clinical trials on a person suffering from a disease which shall be treated by the use of the medicine on trial § 40 subsections (1) to (3) is applicable according to the following rules:

1. The clinical trial may only be performed if the application of the medicine is indicated according to the knowledge of medical science to save the patient's life, to re-establish health or to alleviate suffering.
2. The clinical trial may also be carried out on a person who is legally incapable or under age.
3. If the sick person being legally incapable or under age is able to appreciate the nature and the significance of the clinical trial, the performance of the clinical trial requires both the consent of the sick person and the legal representative or guardian.
4. If the sick person is not able to appreciate the nature and the significance of the clinical trial and to make up his mind correspondingly the consent of the legal representative or guardian is sufficient.
5. The consent of the legal representative or guardian only is legally valid if he has been informed by a physician of the nature and significance of the clinical trial. To a withdrawal of the consent § 40 subsection (2) sentence 2 is applicable. The consent of the legal representative or guardian is not required as long as a treatment without delay is necessary to save the patient's life, to re-establish health or to alleviate suffering and if the consent cannot be obtained quickly enough.
6. The consent of the sick person, the legal representative or guardian is also legally valid if it is orally declared to the treating physician in the presence of one witness.
7. The information and the patient's consent may be omitted if the success of the treatment according to No. 1 would be endangered by the information and if the patient is not known to object.

French Civil Code, 1804
(Code Civil)

Art. 1137

The obligation to be vigilant for the care of the thing, whether the agreement has for its object only the advantage of one of the parties, or whether it has for its object their common advantage, requires him who is responsible therefore to bring thereto all the care of a good father of a family.

This obligation is more or less extensive relative to certain contracts, whose effects in this regard are explained under the titles which concern them.

Art. 1147

A debtor is judged liable, the case arising, to the payment of damages, either by reason of the inexecution of the obligation or by reason of delay in the execution, at all times when he does not prove that the inexecution came from an outside cause which cannot be imputed to him, and further that there was no bad faith on his part.

Art. 1148

No damages arise when, as a result of an act of God or of a fortuitous event, the debtor was prevented from giving or doing that for which he had obligated himself, or did what was forbidden to him.

Art. 1149

Damages due to a creditor are, in general, from the loss which he incurred and from the gain of which he was deprived, apart from the hereinafter exceptions and modifications.

Art. 1150

A debtor is held only to damages which were foreseen or which could have been foreseen at the time of the contract, when it is not by his wilfullness that the obligation is not executed.

Art. 1151

Even in the case where the inexecution of the agreement results from the wilfullness of the debtor, damages are to include, with regard to the loss incurred by the creditor and the gain of which he was deprived, only what is an immediate and direct consequence of the inexecution of the agreement.

Art. 1315

He who claims execution of an obligation must prove it. Reciprocally, he who claims to be released must prove payment or the fact which has produced the extinction of his obligation.

Art. 1382

Any act by which a person causes damage to another makes the person by whose fault the damage occurred liable to make reparation for such damage.

Art. 1383

Everyone is liable for the damage he causes not only by his acts, but also by his negligence or imprudence.

Art. 1384

A person is liable not only for the damage he causes by his own act, but also for that caused by the acts of persons for whom he is responsible or by things that he has under his guard. Masters and employers are liable for the damage caused by their servants and employees in the exercise of the functions for which they have been employed. Teachers and artisans are liable for the damage caused by pupils and apprentices during the time when they were under their supervision.

French Transplantation Act, 1976*)

(Loi no. 76-1181 du 22 décembre 1976 relative aux prélèvements d'organes)**)

Article 1

An organ to be used for transplantation for therapeutic purposes in a human subject may be removed from a living person who is of full age and in full possession of his mental faculties, and who has freely and expressly consented to its being removed.

If the prospective donor is a minor an organ may be removed only if he or she is a brother or sister of the recipient. In this case consent to organ removal must be given by his or her legal representative, and the procedure must in addition be authorised by a committee composed of at least three experts. Two of the experts must be doctors, of whom one must have practised for 20 years. The committee will first examine all foreseeable consequences, physical and psychological, of the procedure. If the minor's wishes can be consulted, refusal on his part to donate an organ must in all cases be respected.

Article 2

An organ to be used for therapeutic or scientific purposes may be removed from the body of a dead person who has not during his lifetime made known his refusal of such procedure.

If, however, the body is that of a deceased minor or mentally defective person, organ removal for transplantation must be authorised by his legal representative.

Article 3

Organ removal as referred to in the preceding articles cannot be the object of any monetary counterpart. This does not exclude reimbursement of any contingent expenses incurred.

---

*) Unofficial translation of the French original by the author. Also cf. *The British Medical Journal*, 1977, 1, 497–498.
**) The French original can be found in *Journal officiel de la République Française*, 1976, 23rd December 1976, p. 7365.

Article 4

A decree of the Council of State will specify:

(1) How a donor referred to in article 1 or his legal representative will be informed of the possible consequences of his decision, and how he will express his consent.

(2) How the refusal or the authorisation referred to in article 2 will be expressed.

(3) The conditions that hospitals must satisfy to be authorised to carry out organ removal as referred to in article 2 and to figure on an approved list to be drawn up by the Minister of Health.

(4) The procedures and methods to be used for diagnosing death.

Article 5 . . .

Human Tissue Act, 1961

(9 & 10 Eliz. 2 c. 54; 1961 c. 54)

An Act to make provision with respect to the use of parts of bodies of deceased persons for therapeutic purposes and purposes of medical education and research and with respect to the circumstances in which post-mortem examinations may be carried out; and to permit the cremation of bodies removed for anatomical examination. [27th July, 1961]

Be it enacted by the Queen's most Excellent Majesty, by and with the advice and consent of the Lords Spiritual and Temporal, and Commons, in this present Parliament assembled, and by the authority of the same, as follows:

1.–(1) If any person, either in writing at any time or orally in the presence of two or more witnesses during his last illness, has expressed a request that his body or any specified part of his body be used after his death for therapeutic purposes or for purposes of medical education or research, the person lawfully in possession of his body after his death may, unless he has reason to believe that the request was subsequently withdrawn, authorise the removal from the body of any part or, as the case may be, the specified part, for use in accordance with the request.

(2) Without prejudice to the foregoing subsection, the person lawfully in possession of the body of a deceased person may authorise the removal of any part from the body for use for the said purposes if, having made such reasonable enquiry as may be practicable, he has no reason to believe

(a) that the deceased had expressed an objection to his body being so dealt with after his death, and had not withdrawn it; or

(b) that the surviving spouse or any surviving relative of the deceased objects to the body being so dealt with.

(3) Subject to subsections (4) and (5) of this section, the removal and use of any part of a body in accordance with an authority given in pursuance of this section shall be lawful.

(4) No such removal shall be effected except by a fully registered medical practitioner, who must have satisfied himself by personal examination of the body that life is extinct.

(5) Where a person has reason to believe that an inquest may be required to be held on any body or that a post-mortem examination of any body may be required by the coroner, he shall not, except with the consent of the coroner, –

(a) give an authority under this section in respect of the body; or

(b) act on such an authority given by any other person.

(6) No authority shall be given under this section in respect of any body by a person entrusted with the body for the purpose only of its interment or cremation.

(7) In the case of a body lying in a hospital, nursing home or other institution, any authority under this section may be given on behalf of the person having the control and management thereof by any officer or person designated for that purpose by the first-mentioned person.

(8) Nothing in this section shall be construed as rendering unlawful any dealing with, or with any part of, the body of a deceased person which is lawful apart from this Act.

(9) In the application of this section to Scotland, for subsection (5) there shall be substituted the following subsection: –

,,(5) Nothing in this section shall authorise the removal of any part from a body in any case where the procurator fiscal has objected to such removal."

2.–(1) Without prejudice to section fifteen of the Anatomy Act, 1832 (which prevents that Act from being construed as applying to post-mortem examinations directed to be made by a competent legal authority), that Act shall not be construed as applying to any post-mortem examination carried out for the purpose of establishing or confirming the causes of death or of investigating the existence or nature of abnormal conditions.

(2) No post-mortem examination shall be carried out otherwise than by or in accordance with the instructions of a fully registered medical practitioner, and no post-mortem examination which is not directed or requested by the coroner or any other competent legal authority shall be carried out without the authority of the person lawfully in possession of the body; and subsections (2), (5), (6) and (7) of section one of this Act shall, with the necessary modifications, apply with respect to the giving of that authority.

3. The provision to be made and the certificate to be transmitted under section thirteen of the Anatomy Act, 1832, in respect of a body removed for anatomical examination may, instead of being provision for and a certificate of burial, as mentioned in that section, be provision for the cremation of the body in accordance with the Cremation Acts, 1902 and 1952, and a certificate of the cremation.

4.–(1) This Act may be cited as the Human Tissue Act, 1961.

(2) The Corneal Grafting Act, 1952, is hereby repealed.

(3) This Act shall come into operation at the expiration of a period of two months beginning with the day on which it is passed.

(4) This Act does not extend to Northern Ireland.

The Limitation Acts 1939–1975*)

2. Limitation of actions of contracts and tort, and certain other actions

(1) The following actions shall not be brought after the expiration of six years from the date on which the cause of action accrued, that is to say:

(a) actions founded on simple contract or on tort;

---

*) The Limitation Act 1939 (2 & 3 Geo. 6 c. 21) as amended by the Law Reform (Limitation of Actions etc.) Act 1954 (2 & 3 Eliz. 2 c. 36), the Limitation Act 1963 (1963 c. 47), the Law Reform (Miscellaneous Provisions) Act 1971 (1971 c. 43), and the Limitation Act 1975 (1975 c. 54). The Limitation Act 1975 s. 4 (2) provides for the citation as Limitation Acts 1939 to 1975.

(b) actions to enforce a recognisance;

(c) actions to enforce an award, where the submission is not by an instrument under seal;

(d) actions to recover any sum recoverable by virtue of any enactment, other than a penalty or forfeiture or sum by way of penalty or forfeiture.

2A. (1) This section applies to any action for damage for negligence, nuisance or breach of duty (whether the duty exists by virtue of a contract or of provision made by or under a statute or independently of any contract or any such provision) where the damages claimed by the plaintiff for the negligence, nuisance or breach of duty consist of or include damages in respect of personal injuries to the plaintiff or any other person.

(2) Section 2 of this Act shall not apply to an action to which this section [= 2A] applies.

(3) Subject to section 2D below, an action to which this section applies shall not be brought after the expiration of the period specified in subsections (4) and (5) below.

(4) Except where subsection (5) applies, the said period is three years from

(a) the date on which the cause of action accrued, or

(b) the date (if later) of the plaintiff's knowledge.

(5) If the person injured dies before the expiration of the period in subsection (4) above, the period as respects the cause of action surviving for the benefit of the estate of the deceased by virtue of section 1 of the Law Reform (Miscellaneous Provisions) Act 1934 shall be three years from

(a) the date of death, or

(b) the date of the personal representative's knowledge,

whichever is the later.

2B . . .

2C . . .

2D. (1) If it appears to the court that it would be equitable to allow an action to proceed having regard to the degree to which

(a) the provisions of section 2A . . . of this Act prejudice the plaintiff or any person whom he represents, and

(b) any decision of the court under this subsection would prejudice the defendant or any person whom he represents,

the court may direct that those provisions shall not apply to the action, or shall not apply to any specified cause of action to which the action relates.

(2) . . .

(3) In acting under this section the court shall have regard to all the circumstances of the case and in particular to

(a) the length of, and the reasons for, the delay on the part of the plaintiff;

(b) the extent to which, having regard to the delay, the evidence adduced or likely to be adduced by the plaintiff or the defendant is or is likely to be less cogent than if the action had been brought within the time allowed by section 2A . . .

(c) the conduct of the defendant after the cause of action arose, including the extent if any to which he responded to requests reasonably made by the plaintiff for information or inspection for the purpose of ascertaining facts which were or might be relevant to the plaintiff's cause of action against the defendant;

(d) the duration of any disability of the plaintiff arising after the date of the accrual of the cause of action;

(e) the extent to which the plaintiff acted promptly and reasonably once he knew whether or not the act or omission of the defendant, to which the injury was attributable, might be capable at that time of giving rise to an action for damages;

(f) the steps, if any, taken by the plaintiff to obtain medical, legal or other expert advice and the nature of any such advice he may have received.

Uniform Anatomical Gift Act*)
U.S.A.

§ 1. *Definitions*

(a) ,,Bank or storage facility" means a facility licensed, accredited, or approved under the laws of any state for storage of human bodies or parts thereof.

(b) ,,Decedent" means a deceased individual and includes a stillborn infant or fetus.

(c) ,,Donor" means an individual who makes a gift of all or part of his body.

(d) ,,Hospital" means a hospital licensed, accredited, or approved under the laws of any state; includes a hospital operated by the United States government, a state, or a subdivision thereof, although not required to be licensed under state laws.

(e) ,,Part" means organs, tissues, eyes, bones, arteries, blood, other fluids and any other portions of a human body.

(f) ,,Person" means an individual, corporation, government or governmental subdivision or agency, business trust, estate, trust, partnership or association, or any other legal entity.

(g) ,,Physician" or ,,surgeon" means a physician or surgeon licensed or authorized to practice under the laws of any state.

(h) ,,State" includes any state, district, commonwealth, territory, insular possession, and any other area subject to the legislative authority of the United States of America.

§ 2. *Persons Who May Execute an Anatomical Gift*

(a) Any individual of sound mind and 18 years of age or more may give all or any part of his body for any purpose specified in section 3, the gift to take effect upon death.

(b) Any of the following persons, in order of priority stated, when persons in prior classes are not available at the time of death, and in the absence of actual notice of contrary indications by the decedent or actual notice of opposition by a member of the same or a prior class, may give all or any part of the decedent's body for any purpose specified in section 3:

(1) the spouse,

---

*) All US-States have adopted (with some variations) the Uniform Anatomical Gift Act, see Uniform Laws Annotated, Volume 8, St. Paul, Minn. 1979 (Cumulative Annual Pocket Part). The act is printed in: The Georgetown Law Journal, Vol. 57, 1968, 32–34. While the *English* spelling of English is preferred to American variations throughout this treatise, the original spelling of this Act is faithfully preserved in the reproduction of the Act.

(2) an adult son or daughter,

(3) either parent,

(4) an adult brother or sister,

(5) a guardian of the person of the decedent at the time of his death,

(6) any other person authorized or under obligation to dispose of the body.

(c) If the donee has actual notice of contrary indications by the decedent or that a gift by a member of a class is opposed by a member of the same or a prior class, the donee shall not accept the gift. The persons authorized by subsection (b) may make the gift after or immediately before death.

(d) A gift of all or part of a body authorizes any examination necessary to assure medical acceptability of the gift for the purposes intended.

(e) The rights of the donee created by the gift are paramount to the rights of others except as provided by Section 7 (d).

§ 3. Persons Who May Become Donees; Purposes for Which Anatomical Gifts May be Made

The following persons may become donees of gifts of bodies or parts thereof for the purposes stated:

(1) any hospital, surgeon, or physician, for medical or dental education, research, advancement of medical or dental science, therapy, or transplantation; or

(2) any accredited medical or dental school, college or university for education, research, advancement of medical or dental science, or therapy; or

(3) any bank or storage facility, for medical or dental education, research, advancement of medical or dental science, therapy, or transplantation; or

(4) any specified individual for therapy or transplantation needed by him.

§ 4. Manner of Executing Anatomical Gifts

(a) A gift of all or part of the body under Section 2 (a) may be made by will. The gift becomes effective upon the death of the testator without waiting for probate. If the will is not probated, or if it is declared invalid for testamentary purposes, the gift, to the extent that it has been acted upon in good faith, is nevertheless valid and effective.

(b) A gift of all or part of the body under Section 2 (a) may also be made by document other than a will. The gift becomes effective upon the death of the donor. The document, which may be a card designed to be carried on the person, must be signed by the donor in the presence of 2 witnesses who must sign the document in his presence. If the donor cannot sign, the document may be signed for him at his direction and in his presence in the presence of 2 witnesses who must sign the document in his presence. Delivery of the document of gift during the donor's lifetime is not necessary to make the gift valid.

(c) The gift may be made to a specified donee or without specifying a donee. If the latter, the gift may be accepted by the attending physician as donee upon or following death. If the gift is made to a specified donee who is not available at the time and place of death, the attending physician upon or following death, in the absence of any expressed indication that the donor desired otherwise, may accept the gift as donee. The physician who becomes a donee under this subsection shall not participate in the procedures for removing or transplanting a part.

(d) Notwithstanding Section 7 (b), the donor may designate in his will, card, or other document of gift the surgeon or physician to carry out the appropriate procedures. In the absence of a designation or if the designee is not available, the donee or other person authorized to accept the gift may employ or authorize any surgeon or physician for the purpose.

(e) Any gift by a person designated in Section 2 (b) shall be made by a document signed by him or made by his telegraphic, recorded telephonic, or other recorded message.

§ 5. Delivery of Document of Gift

If the gift is made by the donor to a specified donee, the will, card, or other document, or an executed copy thereof, may be delivered to the donee to expedite the appropriate procedures immediately after death. Delivery is not necessary to the validity of the gift. The will, card, or other document, or an executed copy thereof, may be deposited in any hospital, bank or storage facility or registry office that accepts it for safekeeping or for facilitation of procedures after death. On request of any interested party upon or after the donor's death, the person in possession shall produce the document for examination.

§ 6. Amendment or Revocation of the Gift

(a) If the will, card, or other document or executed copy thereof, has been delivered to a specified donee, the donor may amend or revoke the gift by:

(1) the execution and delivery to the donee of a signed statement, or

(2) an oral statement made in the presence of 2 persons and communicated to the donee, or

(3) a statement during a terminal illness or injury addressed to an attending physician and communicated to the donee, or

(4) a signed card or document found on his person or in his effects.

(b) Any document of gift which has not been delivered to the donee may be revoked by the donor in the manner set out in subsection (a), or by destruction, cancellation, or mutilation of the document and all executed copies thereof.

(c) Any gift made by a will may also be amended or revoked in the manner provided for amendment or revocation of wills, or as provided in subsection (a).

§ 7. Rights and Duties at Death

(a) The donee may accept or reject the gift. If the donee accepts a gift of the entire body, he may, subject to the terms of the gift, authorize embalming and the use of the body in funeral services. If the gift is of a part of the body, the donee, upon the death of the donor and prior to embalming, shall cause the part to be removed without unnecessary mutilation. After removal of the part, custody of the remainder of the body vests in the surviving spouse, next of kin, or other persons under obligation to dispose of the body.

(b) The time of death shall be determined by a physician who tends the donor at his death, or, if none, the physician who certifies the death. The physician shall not participate in the procedures for removing or transplanting a part.

(c) A person who acts in good faith in accord with the terms of this Act or with the anatomical gift laws of another state (or a foreign country) is not liable for damages in any civil action or subject to prosecution in any criminal proceeding for his act.

(d) The provisions of this Act are subject to the laws of this state prescribing powers and duties with respect to autopsies.

§ 8. Uniformity of Interpretation

This Act shall be so construed as to effectuate its general purpose to make uniform the law of those states which enact it.

§ 9. Short Title

This Act may be cited as the Uniform Anatomical Gift Act.

§ 10. Repeal

The following acts and parts of acts are repealed:
(1)
(2)
(3)

§ 11. Time of Taking Effect

This Act shall take effect . . .

APPENDIX III

Statutory Provisions and Legislative Activities with regard to Transplantation of Human Organs and Tissues*)

Argentina	Law No. 21 541 of 21st March 1977 on the removal of organs and anatomical materials (Buenos Aires, Ministry of Social Welfare, 1977, 15 pp.).
Australia (A.C.T.)	A Bill for An Ordinance to make provision for and in relation to the removal of human tissues for transplantation, for postmortem examinations, for the definition of death, for the regulation of schools of anatomy, and for related purposes (The Transplantation and Anatomy Ordinance 1977, ALRC 7, 121–139).
Australia (New South Wales)	An Act (No. 33 of 1966) to make further provision with respect to the use of eyes and other parts of the bodies of deceased ,persons for therapeutic purposes; for this purpose to amend the Corneal and Tissue Grafting Act, 1955, as amended by subsequent Acts; and for purposes connected therewith, 13th April 1966 (The Tissue Grafting and Processing (Amendment) Act, 1966 [N. S. W.]) (*The Statutes of New South Wales, 1966–67,* pp. 291–294).
Australia (Queensland)	An Act (No. 23 of 1966) to amend ,,The Medical Acts, 1939–1963", in certain particulars, 15th December 1966 (The Medical Acts Amendment Act, 1966 [Qsld.]) (*The Statutes of Queensland, 1966,* pp. 158–163).
	An Act (No. 3 of 1969) to amend the Medical Act, 1939–1968, in certain particulars, 19th September 1969 (The Medical Act Amendment Act, 1969 [Qsld.]) (*The Statutes of Queensland, 1969,* pp. 5–14).
Australia (South Australia)	An Act (No. 55 of 1974) to make provision for the removal of human tissues for therapeutic use; to amend the Anatomy Act, 1884–1954; and for other purposes, 12th September 1974 (The Transplantation of Human Tissue Act, 1974 [S. Austr.]) (*The Acts of the Parliament of South Australia, 1974,* pp. 279–281).
Australia (Tasmania)	An Act (No. 59 of 1964) to consolidate and amend the law relating to the practice of anatomy (Anatomy Act, 1964 [Tas.]), 17th December 1964 (*The Acts of the Parliament of Tasmania, 1964–65,* pp. 164–175).

Australia (Victoria)	An Act (No. 7745) to amend the Medical Act, 1958, with respect to the removal and use for therapeutic purposes of parts of deceased persons' bodies, and for other purposes, 10th December 1968 (The Medical (Organ Transplants) Act, 1968 [Vict.]) (*The Acts of the Parliament of Victoria, 1968*, pp. 526–531).
Australia (Western Australia)	An Act (No. 36 of 1966) to amend Corneal and Tissue Grafting Act, 1956, 31th October 1966 (The Corneal and Tissue Grafting Act Amendment Act, 1966 [W. Austr.]) (*The Statutes of Western Australia, 1966–67*, pp. 198–201).
Brazil	Law No. 5479, 10th August 1968, embodying provisions concerning the removal and transplantation of tissues, organs, and parts of cadavers for therapeutic and scientific purposes and laying down other provisions (*Diário oficial*, Section I, Part I, 14th August 1968, No. 156, p. 7177).
Bulgaria	Decree No. 2431, 2nd November 1973, embodying the Law on Public Health, Ch. IV, No. 32 ff. (*D'ŕzaven Vestnik*, 30th April 1976, No. 35, p. 5).
	Ordinance No. 15 of the Minister of Public Health on the transplantation of human organs (*D'ŕzaven Vestnik*, 30th April 1976, No. 35, p. 5).
Canada (Alberta)	The Human Tissue Gift Act, 30th October 1973 (repealing the Human Tissue Act, 1967) (The Human Tissue Gift Act, 1973 [Alta.] c. 71) (*Statutes of Alberta, 1973*, pp. 481–486).
Canada (British Columbia)	The Human Tissue Gift Act, 30th March 1972 (The Human Tissue Gift Act, 1972 [B. C.] c. 27) (*Statutes of British Columbia, 1973*, pp. 127–131).
	An Act to amend the Human Tissue Gift Act, 7th November 1973 (The Human Tissue (Amendment) Act, 1973 [B. C.] c. 120) (*Statutes of British Columbia, 1973*, p. 99).
Canada (Manitoba)	The Human Tissue Act, 25th May 1968 (The Human Tissue Act, 1968 [Man.] c. 31) (*Acts of the Legislature of the Province of Manitoba, 1968*, pp. 217–218; now as amended in 1971, 1974, 1975 and 1976).
Canada (New Brunswick)	The Human Tissue Act, 25th March 1964 (repealing the Corneal Grafting Act, 1959) (The Human Tissue Act, 1964 [N. B.] c. 4) (*Acts of the Legislature of the Province of New Brunswick, 1964*, pp. 9–10).
Canada (New Foundland)	The Human Tissue Act, 2nd June 1971 (The Human Tissue Act, 1971 [Nfld.] No. 66) (*Statutes of New Foundland, 1971*, pp. 269–278).

Appendix III

Canada (Northwest Territories)	An Ordinance cited as The Human Tissue Ordinance, 1966 (N. W. T.) c. 9, s. 1 (*Statutes of the Northwest Territories, 1966*, pp. 43–44).
Canada (Nova Scotia)	The Human Tissue Gift Act, 1973 [N. S.] c. 9 (repealing the Human Tissue Act, 1967) (*Statutes of Nova Scotia, 1973*, Vol. 1, pp. 130–135).
Canada (Ontario)	The Human Tissue Gift Act, 28th July 1971 (The Human Tissue Gift Act, 1971 [Ont.] c. 83) (*Statutes of Ontario, 1971*, pp. 675–680).
Canada (Prince Edward Island)	The Human Tissue Gift Act, 20th November 1974 (The Human Tissue Gift Act,1974 [P. E. I.]) c. 72 (*Prince Edward Island Acts, 1974*, pp. 274–278).
Canada (Quebec)	Arts. 20–23 of the Civil Code (Que.)
Canada (Saskatchewan)	The Human Tissue Gift Act, 10th May 1974 (An Act to facilitate the making of inter-vivos and post-mortem gifts of human tissue (The Human Tissue Gift Act, 1974 [Sask.] c. 47 (*Statutes of the Province of Saskatchewan, 1973–74*, pp. 192–197).
Costa Rica	The General Health Law, 31st July 1973, Book I, Ch. II, No. 23 (Supplement to No. 113 to *La Gaceta – Diario Oficial, No. 143*, 31st August 1973, pp. 4145–4159).
	Law No. 5560, 20th August 1974, on human transplants (*La Gaceta – Diario Oficial, No. 165*, 3rd September 1974, p. 4362).
Czechoslovakia	Instruction No. 21, 28th September 1971, Ministry of Health of the Czech Socialist Republic, to amend the conditions governing exceptional cases of removal of tissues and organs from bodies of deceased persons (*Věstnik Ministerstva Zdravotnictvi České socialistické Republicky, No. 12*, 30th December 1971, p. 109).
Cyprus	Law No. 48 of 1976 regulating corneal graft operations (The Corneal Grafting Law, 1976) (*Episêmos Ephêmeris tês Kypriakês Dêmokratias*, 22nd October 1976, Supplement No. 1 to No. 1307, pp. 621–622).
Denmark	Law No. 246 of 9th June 1967 concerning the removal of human tissues etc. (*Lovtidende for Kongeriget Danmark*, Part A, 20th June 1967, No. 26, pp. 874–875).
	Law No. 313, 10th June 1976, to amend certain legal provisions prescribing an age limit of 20 years etc., and amending Law No. 246 of 9th June 1967 (*Lovtidende for Kongeriget Danmark*, Part A, 18th June 1976, No. 32, pp. 800–802).

Ecuador	Supreme Decree Nr. 188, 4th February 1971, embodying the Health Code, Title XIII (Death and Grafting (Organ Transplantation) of Tissues and Parts of the Human Body) (*Registro Oficial, No. 158*, 8th February 1971, pp. 1–15).
Finland	Law No. 260 of 8th July 1957 on the use of tissues from deceased persons for therapeutic purposes (*Suomen Asetuskokoelma – Finlands Författningssamling, No. 258–264*, 18th July 1957, p 562). Circular No. 1454 of 4th March 1969 of the National Board of Health concerning the use of tissues removed from the bodies of deceased persons.
France	Law No. 76–1181, 22nd December 1976 [so-called Law Caillavet] on the removal of organs, adopted by the French Senate on 14th December 1976, and signed by the President of the Republic on 22nd December 1976 (*Loi No. 76–1181 du 22 décembre 1976 relative aux prélèvements d'organes, Journal Officiel de la République Française, Edition des Lois et Décrets, No. 299*, 23rd December 1976, p. 7365). The most important provisions of this act are printed in *Appendix II* of this treatise, pp. 405 f., *supra*.
Germany (Federal Republic of Germany [West-Germany])	Draft Transplantation Act 1979 of the German Federal Government (*Entwurf eines Gesetzes über Eingriffe an Verstorbenen zu Transplantationszwecken (Transplantationsgesetz)*, 16th March 1979, *Deutscher Bundestag, 8. Wahlperiode, Drucksache 8/2681*). This Draft Law is printed, in English, in *Appendix XIII* of this treatise, pp. 451 ff., *infra*. Draft Transplantation Act 1978–79 of the German *Bundesrat* (Parliamentary Representation of the *Länder* [= state] governments within the Federal Republic of Germany (*Entwurf eines Gesetzes über Eingriffe an Verstorbenen zu Transplantationszwecken [Transplantationsgesetz]*, 26th October 1978, *Bundesrat, Drucksache 395/1/78*, pp. 4–6 = 16th March 1979, *Deutscher Bundestag, 8. Wahlperiode, Drucksache 8/2681, Anhang*, pp. 14–15). Also this Draft Law is printed here, in English, as *Appendix XIV* of this treatise, pp. 453 ff., *infra*. The main difference of both these draft laws lies in the fact that the Federal Government's draft is in favour of the contracting-out solution (*Widerspruchslösung*), whereas the *Länder* governments in the *Bundesrat*-draft are in favour of the contracting-in solution (*Einwilligungslösung*).
Germany (German Democratic Republic [East Germany])	Ordinance of 4th July 1975 on the performance of Organ Transplantations (*Gesetzblatt der Deutschen Demokratischen Republik, Part I*, 6th August 1975, No. 32, pp. 597–599).
Greece (Hellas)	Law No. 821 of 14th October 1978 (*Kodikas Nomikon Bêmatos*, 26, Vol. 89, 1978, p. 704).

Hong Kong	An Ordinance (No. 32 of 1968) to make provision for the use of parts of bodies of deceased persons for therapeutic purposes and for purposes of medical education and research, 26th July 1968 (The Medical (Therapy, Education and Research) Ordinance, 1968) (*Hong Kong Government Gazette, Legal Supplement No. 1*, Vol. 110, 26th July 1968, pp. A 138 – A 140).
Hungary	Law No. II of 1972 on Health, Ch. III, No. 50 (*Magyar Közlöny*, 29th April 1972, No. 34, pp. 293–309). Ordinance No. 16 of 29th April 1972 of the Council of Ministers concerning the Implementation of Law No. II of 1972 on Health, and the field of jurisdiction of the Minister of Health (*Magyar Közlöny*, 29th April 1972, No. 34, pp. 309–323). Ordinance No. 18 of 4th November 1972 of the Minister of Health for the Implementation of the provisions of Law No. II of 1972 on Health relating to the removal and transplantation of organs and tissues (*Magyar Közlöny*, 4th November 1972, No. 87, pp. 862–866).
Iraq	Law No. 113 of 1970 concerning Banks of Eyes, 23rd May 1970 (*The Weekly Gazette of the Republic of Iraq*, 10th February 1971, No. 7, p. 4) (This Law provides for the establishment of eye banks in two specified hospitals; a list of sources of eyes for such banks is given, it being prescribed that, especially in cases of eye donations, the written approval of the donor or duly qualified witnesses is a prerequisite).
Italy	Ministerial Decree of 11th August 1969 laying down the procedure for implementation of Law No. 235 of 3rd April 1957 (section 5) relating to the Removal of parts of the body of a deceased person for the purpose of therapeutic grafting (*Gazzetta Ufficiale della Repubblica Italiana*, Part. I, 10th September 1969, No. 230, pp. 5718–5719). Decree No. 78 of 5th February 1970 of the President of the Republic to amend Section 1 of the regulations relating to the Removal of parts of the body of a deceased person for the purpose of therapeutic grafting (*Gazzetta Ufficiale della Repubblica Italiana*, Part. I, 16th March 1970, No. 68, p. 1718). Ministerial Decree of 9th January 1970 to prescribe the methods for the confirmation of death in persons who have undergone resuscitation procedures after suffering primary cerebral lesions (*Gazzetta Ufficiale della Repubblica Italiana*, Part I, 30th January 1970, No. 26, p. 546). Law No. 644, 2nd December 1975, regulating the Removal of parts of cadavers for purposes of therapeutic transplantation and prescribing rules governing the Removal of the pituitary gland from cadavers with a view to producing extracts for therapeutic purposes (*Gazzetta Ufficiale della Repubblica Italiana*, Part I, 19th December 1975, No. 334, pp. 8869–8871).

Jamaica	An Act (No. 12 of 1972) to provide for the use of parts of bodies of deceased persons for therapeutic purposes and purposes of medical education and research, and to provide for matters connected therewith or incidental thereto, 24th August 1972 (The Human Tissue Act, 1972) (*The Acts of Jamaika, 1972*, 5 pp.).
Kenya	An Act (No. 34 of 1966) to make provision with respect to the use of parts of bodies of deceased persons for therapeutic purposes and purposes of medical education and research; and for matters connected therewith and incidental thereto, 25th November 1966 (The Human Tissue Act, 1966) (*Kenya Gazette Supplement, Acts 1966*, 29th November 1966, pp. 303–304), repealing the Corneal Grafting Act. The 1966 Act itself is based on the Human Tissue Act, 1961 (U. K.).
Luxemburg	Law of 17th November 1958, relating to autopsies, plaster casting, and use of human corpses for scientific of therapeutic purposes (*Mémorial du Grand-Duché de Luxembourg*, 4th December 1958, No. 61, pp. 1503–1504).
Malaysia	An Act (No. 130 of 1974) to make provision with respect to the use of parts of human bodies of deceased persons for therapeutic purposes and for purposes of medical education and research, 8th March 1974 (The Human Tissues Act, 1974) (*His Majesty's Government Gazette*, 14th March 1974, No. 6, 4 pp.).
Mexico	Decree of 26th February 1973, prescribing the Health Code of the United Mexican States, cf. Part X (*Diario Oficial*, 13th March 1973, No. 9, pp. 17–51). Federal Regulations of 16th August 1976 on the use of Human Organs, Tissues and Cadavers (*Salud Pública de México, 1977*, 19, pp. 59–68).
The Netherlands	Decree of 19th July 1974 (*Staatsblad* 567), promulgating general administrative regulations in pursuance of subsections 2 and 3 of Section 18 of the Law of 1971 (*Staatsblad* 268) on hospital services (The Decree on Special Hospital Services, 1974) (*Staatsblad van het Koninkrijk der Nederlanden, 1974*, 5 p.).
New Zealand	The Human Tissue Act, 16th October 1964 (An Act to consolidate certain enactments of the General Assembly relating to post-mortem examinations, the practice of anatomy, and the removal of human tissue for therapeutic purposes and for purposes of medical education and research) (The Human Tissue Act, 1964 [N. Z.] No. 19) *New Zealand Statutes 1964*, Vol. 1, pp. 80–87). Human Tissue Amendment Act, 13th December 1968 (An Act to amend the Human Tissue Act, 1964) (The Human Tissue

Appendix III 419

Amendment Act, 1968 [N. Z.] No. 85) (*New Zealand Statutes 1968*, Vol. 1, pp. 808–809).

Norway — Law No. 6, 9th February 1973, on Transplantation, Hospital Autopsies, Donations of bodies, etc. (*Norsk Lovtidend*, Part I, 5th March 1973, No. 5, pp. 196–199); in force since 1st July 1977 (cf. next following paragraph).

Crown Resolution, 3rd May 1974, providing for the partial entry into force of Law No. 6, 9th February 1973, on Transplantations, Hospital Autopsies, Donations of bodies, etc. (*Norsk Lovtidend*, Part. I, 14th May 1974, No. 14, p. 351).

Text of 10th June 1977, providing for Removal of Human Tissues and Organs for Therapeutic Purposes, Autopsies, and Practice of Anatomy (putting into force Chapter 1 [Transplantation] and Section 14 of Law No. 6, 9th February 1973, on Transplantation etc. (cf. preceding paragraph) (*Norsk Lovtidend*, Part I, 24th June 1977, No. 18, p. 608).

Panama — Law No. 38, 25th November 1952, authorising the Removal from the bodies of deceased persons of Tissues and Organs for the purposes of grafting and transplantation (*Gaceta Oficial*, 23rd December 1952, No. 11 959, pp. 1–2).

Peru — Decree-Law No. 17 505, 18th March 1969, promulgating the Sanitary Code, cf. Div. IV, Nos. 46–47 (*El Peruano*, 20th March 1969, No. 8373, pp. 8–9).

Philippines — An Act (Republic Act No. 1056) to amend Republic Act No. 349, entitled ,,An Act to legalise permission to use human organs or any portion or portions of the human body for medical, surgical, or scientific purposes under certain conditions", 12th June 1954 (*Official Gazette*, July 1954, Vol. 50, No. 7, pp. 2946–2947).

Portugal — Order No. 156/71, 24th March 1971, of the Minister of Justice and the Minister of Health and Welfare, prescribing provisions concerning the confirmation of death with a view to the removal, from the bodies of deceased persons, of tissues or organs considered necessary for therapeutic or scientific purposes, in accordance with the provisions of the Decree-Law No. 45 683 (*Diário do Governo*, Part I, 24th March 1971, No. 70, pp. 377–378).

Decree-Law No. 553, 13th June 1976, defining the conditions under which tissues or organs necessary for transplantation or other therapeutic purposes may be removed from the body of a deceased person (*Diário da República*, Series I, 13th July 1976, No. 162, pp. 1547–1548).

Singapore — An Act (No. 31 of 1965) to make provision for the use of parts of bodies for therapeutic purposes, for purposes of medical education and research, and with respect to the circumstances in which post-mortem examinations may be carried out, 3rd January 1966 (The Medical Therapy, Education and Research Act, 1965) (*Government Gazette Acts Supplement,* 7th January 1966, No. 8, pp. 45–47).

South Africa

An Act (No. 24 of 1970) to provide for the donation of human bodies and human tissue for therapeutic or scientific purposes, for the removal of such tissue and the use thereof in living persons, for the preservation and use of such tissue, and for the post-mortem examination of certain human bodies, and to provide for matters incidental thereto, 3rd March 1970 (The Anatomical Donations and Post-Mortem Examinations Act, 1970 [S. A.] (*Government Gazette,* 9th March 1970, No. 2662, pp. 3–17).

An Act (No. 42 of 1972) to amend Section 2 of the Anatomical Donations and Post-Mortem Examinations Act, 1970, in order to provide for consent by a person to a post-mortem examination of his body and for the donation of a body or for consent to a post-mortem examination by a guardian; to make it clear that a district surgeon, instead of certain authorised persons, may in certain circumstances donate specified tissue from a body; to provide for the revocation of a donation or consent, etc., 16th May 1972 (The Anatomical Donations and Post-Mortem Examinations Amendment Act, 1972 [S. A.] (*Government Gazette,* 24th May 1972, No. 3513, pp. 1–5).

Government Notice No. R. 492, 30th March 1973 (The Anatomical Donations and Post-Mortem Examinations Regulations, 1973) (*Government Gazette,* 30th March 1973, No. 3826, pp. 10–15).

Government Notice No. R. 889, 24th May 1974 (The Anatomical Donations and Post-Mortem Examinations Regulations, 1974) (*Government Gazette,* 24th May 1974, No. 4283, pp. 7–11).

Spain

Law draft concerning the removal and transplantation of organs, as adopted by the Spanish Parliament, 27th July 1979 (Proposicion de Ley de Extraccion y Trasplante de Organos (*Boletin Oficial de las Cortes Generales, Serie B: Proposiciones de Ley,* 9th August 1979, No. 13-III, pp. 64/9–11)).

Sweden

Circular of 19th January 1973 of the National Board of Health and Welfare, embodying instructions on the problem of the procedures to be adopted to ensure the availability of cadaver kidneys for transplantation purposes (*Samling av författningar och cirkulär m. m. angaende medicinal- väsendet, 1973,* 20th March 1973, No. 2, 6 pp.)

The Transplantation Law (No. 190), 15th May 1975 (*Svensk författningssamling, 1975,* 27th May 1975, 2 pp.).

Switzerland	*Canton of Geneva:* Regulations of 30th December 1958 concerning autopsies, plaster casting and embalment, and the dissection of cadavers, as effective since 1st April 1959, and as amended by the regulations of 8th July 1964 (with new text of Article 2 I, effective since 9th December 1971) (*Législation Genevoise K/1/19, Hygiène Publique*). *Canton of Vaud:* Order of 13th September 1960 on burials and cremations (*Bulletin du Service fédéral de l'hygiène publique,* Supplement A, 12th November 1960, pp. 58–68). *Canton of Zürich:* Ordinance of 25th March 1971 (*Offizielle Zürcher Gesetzessammlung,* Vol. 44, pp. 102–112).
Syrian Arab Republic	Law No. 31 of 23rd August 1972 on the removal and transplantation of organs from the human body (*Recueil des Lois et de la Législation Financière de la République Arabe Syrienne,* September 1972, pp. 2–4).
Tanzania	The Penal Code (Anatomy)(Amendment) Rules, 1966. Dated 9th September 1966 (*Subsidiary Legislation Supplement No. 42,* 23rd September 1966, to the *Gazette of the United Republic of Tanzania,* vol. 47, No. 44, 23rd September 1966, p. 301).
Turkey	Law No. 2238, 29th May 1979, concerning Transplantation etc. (*Resmi Gazete* [Bulletin Official of Statutes of the Turkish Republic], No. 16 655, 3rd June 1979).
United Kingdom	An Act to make provision with respect to the use of parts of bodies of deceased persons for therapeutic purposes and purposes of medical education and research and with respect to the circumstances in which post-mortem examinations may be carried out; and to permit the cremation of bodies removed for anatomical examination, 27th July 1961 (9 & 10 Eliz. 2 c. 54, The Human Tissue Act, 1961) (*Public General Acts and Measures of 1961,* 1962, Chapter 54, pp. 636–638 [printed, in this treatise, in *Appendix* II, *supra,* pp. 406 ff.]).
United States of America	Uniform Anatomical Gift Act (Printed in *Uniform Laws Annotated,* vol. 8 [Estate, Probate and Related Laws] – 2 and in *The Georgetown Law Journal,* vol. 57, 1968, pp. 32–34; this Act has now been adopted by all states of the federation, cf. *Uniform Laws Annotated,* vol. 8 [Estate, Probate and Related Laws] Cumulative Annual Pocket Part for 1979, St. Paul [Minn.], pp. 2–14, with all the relevant variations of the original Act as effective in the respective states). The Act is printed, in this treatise, in *Appendix* II, *supra,* pp. 409 ff. as taken from *The Georgetown Law Journal.*
Uruguay	Law No. 14 005, 10th August 1971, laying down the rules governing the total or partial use, for scientific and therapeutic

	purposes, of the bodies and organs of persons who have died in care establishments (*Diario Oficial de la República Oriental del Uruguay*, Part A, 20th August 1971, No. 18 622, pp. 456–457).
Venezuela	Law of 19th July 1972 on the transplantation of human organs and anatomical materials (*Gaceta Oficial de la República de Venezuela*, 28th August 1972, No. 29 891, pp. 223 683–223 684). Cf. J. Castro Rodriguez, ,,Organ Transplants in Venezuela", in: *The International Journal of Medicine and Law*, vol. 1, 1979, pp. 121–124, for a convenient English summary of this Act.

---

*) For general information, and for an up-dated list of legislative measures, readers are advised to consult *The International Digest of Health Legislation*, published by the World Health Organisation, Geneva, under the respective entries (Transplantation, Human Substances, etc.), alongside this list which is in constant need of up-dating and cannot claim to be exhaustive.

APPENDIX IV

The Hippocratic Oath

ΟΡΚΟΣ

Ὀμνύω Ἀπόλλωνα ἰητρὸν καὶ Ἀσκληπιὸν καὶ Ὑγίειαν καὶ Πανάκειαν καὶ θεοὺς πάντας τε καὶ πάσας ἵστορας ποιεύμενος ἐπιτελέα ποιήσειν κατὰ δύναμιν καὶ κρίσιν ἐμὴν ὅρκον τόνδε καὶ ξυγγραφὴν τήνδε·

ἡγήσασθαί τε τὸν διδάξαντά με τὴν τέχνην ταύτην ἴσα γενέτῃσιν ἐμοῖσιν καὶ βίου κοινώσασθαι καὶ χρεῶν χρηίζοντι μετάδοσιν ποιήσασθαι καὶ γένος τὸ ἐξ αὐτοῦ ἀδελφεοῖς ἴσον ἐπικρινέειν ἄρρεσι καὶ διδάξειν τὴν τέχνην ταύτην, ἢν χρηίζωσι μανθάνειν, ἄνευ μισθοῦ καὶ ξυγγραφῆς, παραγγελίης τε καὶ ἀκροήσιος καὶ τῆς λοιπῆς ἁπάσης μαθήσιος μετάδοσιν ποιήσασθαι υἱοῖσί τε ἐμοῖσι καὶ τοῖσι τοῦ ἐμὲ διδάξαντος καὶ μαθηταῖσι συγγεγραμμένοις τε καὶ ὡρκισμένοις νόμῳ ἰητρικῷ, ἄλλῳ δὲ οὐδενί.

διαιτήμασί τε χρήσομαι ἐπ' ὠφελείῃ καμνόντων κατὰ δύναμιν καὶ κρίσιν ἐμήν· ἐπὶ δηλήσει δὲ καὶ ἀδικίῃ εἴρξειν.

οὐ δώσω δὲ οὐδὲ φάρμακον οὐδενὶ αἰτηθεὶς θανάσιμον οὐδὲ ὑφηγήσομαι ξυμβουλίην τοιήνδε· ὁμοίως δὲ οὐδὲ γυναικὶ πεσσὸν φθόριον δώσω. ἁγνῶς δὲ καὶ ὁσίως διατηρήσω βίον ἐμὸν καὶ τέχνην ἐμήν.

οὐ τεμέω δὲ οὐδὲ μὴν λιθιῶντας, ἐκχωρήσω δὲ ἐργάτῃσιν ἀνδράσιν πρήξιος τῆσδε.

ἐς οἰκίας δὲ ὁκόσας ἂν ἐσίω, ἐσελεύσομαι ἐπ' ὠφελείῃ καμνόντων ἐκτὸς ἐὼν πάσης ἀδικίης ἑκουσίης καὶ φθορίης τῆς τε ἄλλης καὶ ἀφροδισίων ἔργων ἐπί τε γυναικείων σωμάτων καὶ ἀνδρείων ἐλευθέρων τε καὶ δούλων.

ἃ δ' ἂν ἐν θεραπείῃ ἢ ἴδω ἢ ἀκούσω ἢ καὶ ἄνευ θεραπηίης κατὰ βίον ἀνθρώπων, ἃ μὴ χρή ποτε ἐκλαλέεσθαι ἔξω, σιγήσομαι ἄρρητα ἡγεύμενος εἶναι τὰ τοιαῦτα.

ὅρκον μὲν οὖν μοι τόνδε ἐπιτελέα ποιέοντι καὶ μὴ ξυγχέοντι εἴη ἐπαύρασθαι καὶ βίου καὶ τέχνης δοξαζομένῳ παρὰ πᾶσιν ἀνθρώποις ἐς τὸν αἰεὶ χρόνον, παραβαίνοντι δὲ καὶ ἐπιορκοῦντι τἀναντία τουτέων.

The original Greek version can be found in: Ludwig EDELSTEIN, Der Hippokratische Eid, Zürich and Stuttgart [Artemis-Verlag] 1969, 5; the above text is re-printed here with the kind permission of the Artemis-Verlag Zürich and Stuttgart; another source is: Karl DEICHGRÄBER, Der Hippokratische Eid, 3rd ed. Stuttgart [Hippokrates-Verlag] 1972, 8/10.

TESTOR APOLLINEM MEDICVM ET AESCVLAPIVM HYGEAMQVE ET PANACEAM ET RELIQVOS OMNES DEOS DEASQVE, ME, QVANTVM CORPORIS ET INGENII VIRIBVS EFFICERE POTERO, HOC IVSIVRANDVM ET HANC SYNGRAPHEM ESSE SERVATVRVM: DOCTOREM SCILICET, QVI ME HANC ARTEM DOCVERIT, LOCO PATRIS HABITVRVM, VICTVM, FORTVNAS, CAETERAQVE, QVAE ILLI OPVS FVERINT, CVM EO COMMVNICATVRVM, EIVSQVE PROLIAEQVE TRIBVTVRVM, AC FRATRIBVS QVIBVS NATVRA CONIVNCTI SVMVS, HANC ARTEM, SI ILLIS VSVI FVERIT DISCERE, SINE MERCEDE AVT PACTO DOCTVRVM. OMNIA QVAE AVDIERIM, QVAEQVE PERCEPERIM, INSTITVTA ET RELIQVA TOTIVS DISCIPLINAE PRAECEPTA, CVM MEIS, PRAECEPTORIS MEI FILIIS, TVM DISCIPVLIS, QVANDO IVRAMENTO ET SYNGRAPHAE AC MEDICINAE LEGI ASTRICTI FVERINT, ALII VERO NEMINI IMPARTITVRVM. VICTVS NORMA ET REMEDIIS, QVOADVSQVE FIERI POTERIT, PRO VIRILI PARTE IVDICIOQVE MEO, NON AD VLLAM AEGROTANTIVM OFFENSIONEM, SED AD EORVM DVNTAXAT COMMODVM ATQVE SALVTEM VSVRVM; QVAE NOXIA SVNT... REMOTVRVM, NIHIL PER INIVRIAM FACTVRVM, NEMINI ROGATVM MORTIFERAM POTIONEM DATVRVM, NEQVE ID CVIQVAM CONSVLTVRVM. MVLIERI MEDICAMEN, ABORTVS FACIENDI CAVSA, TRADITVRVM NVLLI; CVM INTEGRITATE ET PIETATE VITAM ARTEMQVE MEAM SERVATVRVM; LABORANTES CALCVLO NEQVAQVAM INCISVRVM, SED REI PERITIS ID CONCESSVRVM. QVAECVNQVE DOMOS INTRAVERO, SOLVMMODO SANANDIS AEGROTIS OPERAM DATVRVM, OMNI VOLUNTARIA ET EXITIALI INIURIA, OMNI LIBIDINE, OMNI DENIQVE REI VENEREAE CUPIDITATE REMOTA. QVAE IN CORPORIBVS, SIVE MVLIERVM, SIVE VIRORVM, SIVE LIBERORVM, SIVE SERVORVM CVRANDIS, QVAEQVE CITRA CVRATIONEM IN HOMINVM VITA AC CONSVETVDINE VEL VIDERIM, VEL AVDIERIM, VEL QVOQVO MODO COGNOVERIM, QVAE IN VVLGVS ALIQVANDO EFFERRI NON OPORTENT, TANQVAM ARCANA ET MYSTICA SACRA SEMPER TACITVRVM. MIHI IGITVR PVRE ET SANCTE IVSIVRANDVM SERVANTI, VITA ARTEQVE MEA FELICISSIME FORTVNATISSIMEQVE FRVI LICEAT, NOMENQVE MEVM ET GLORIA APVD VNIVERSOS HOMINES ET NATIONES IN PERPETVVM CELEBRATVR. TRANSGREDIENTI AVTEM ET PEIERANTI CONTRARIA OMNIA CONTINGANT.

This is a verbatim translation of the original Greek version as printed from Arzt und Christ 8 (1962) 2.

Appendix IV

I SWEAR BY APOLLO PHYSICIAN, BY ASCLEPIUS, BY HEALTH, BY PANACEA AND BY ALL THE GODS AND GODDESSES MAKING THEM MY WITNESSES, THAT I WILL CARRY OUT, ACCORDING TO MY ABILITY AND JUDGMENT, THIS OATH AND THIS INDENTURE: TO HOLD MY TEACHER IN THIS ART EQUAL TO MY OWN PARENTS; TO MAKE HIM PARTNER IN MY LIVELIHOOD; WHEN HE IS IN NEED OF MONEY TO SHARE MINE WITH HIM; TO CONSIDER HIS FAMILY AS MY OWN BROTHERS, AND TO TEACH THEM THIS ART, IF THEY WANT TO LEARN IT, WITHOUT FEE OR INDENTURE; TO IMPART PRECEPT, ORAL INSTRUCTION, AND ALL OTHER INSTRUCTION TO MY OWN SONS, THE SONS OF MY TEACHER, AND TO INDENTURED PUPILS WHO HAVE TAKEN THE PHYSICIAN'S OATH, BUT TO NOBODY ELSE. I WILL USE TREATMENT TO HELP THE SICK ACCORDING TO MY ABILITY AND JUDGMENT, BUT NEVER WITH A VIEW TO INJURY AND WRONGDOING. NEITHER WILL I ADMINISTER A POISON TO ANYBODY WHEN ASKED TO DO SO, NOR WILL I SUGGEST SUCH A COURSE. SIMILARLY I WILL NOT GIVE TO A WOMAN A PESSARY TO CAUSE ABORTION. BUT I WILL KEEP PURE AND HOLY BOTH MY LIFE AND MY ART. I WILL NOT USE THE KNIFE, NOT EVEN, VERILY, ON SUFFERERS FROM STONE, BUT I WILL GIVE PLACE TO SUCH AS ARE CRAFTSMEN THEREIN. INTO WHATSOEVER HOUSES I ENTER, I WILL ENTER TO HELP THE SICK, AND I WILL ABSTAIN FROM ALL INTENTIONAL WRONGDOING AND HARM, ESPECIALLY FROM ABUSING THE BODIES OF MAN OR WOMAN, BOND OR FREE. AND WHATSOEVER I SHALL SEE OR HEAR IN THE COURSE OF MY PROFESSION, AS WELL AS OUTSIDE MY PROFESSION IN MY INTERCOURSE WITH MEN, IF IT BE WHAT SHOULD NOT BE PUBLISHED ABROAD, I WILL NEVER DIVULGE, HOLDING SUCH THINGS TO BE HOLY SECRETS. NOW IF I CARRY OUT THIS OATH, AND BREAK IT NOT, MAY I GAIN FOR EVER REPUTATION AMONG ALL MEN FOR MY LIFE, AND FOR MY ART; BUT IF I TRANSGRESS IT AND FORSWEAR MYSELF, MAY THE OPPOSITE BEFALL ME.

This is the version of the Hippocratic Oath which the British Medical Association sends to anyone who enquires about it. There are various other translations, but they are all very similar. The author gratefully acknowledges the kind help in obtaining this version received from Dr. STEINER *of the University of London Institute of Advanced Legal Studies, 17 Russel Sq., London WC1B 5DR.*

ICH SCHWÖRE BEI APOLLON DEM ARZT UND ASKLEPIOS UND HYGIEIA UND PANAKEIA UND ALLEN GÖTTERN UND GÖTTINNEN, SIE ZU ZEUGEN ANRUFEND, DASS ICH ERFÜLLEN WILL NACH MEINEM KÖNNEN UND URTEIL DIESEN EID UND DIESEN VERTRAG: DEN, DER MICH DIESE KUNST GELEHRT HAT, MEINEN ELTERN GLEICH ZU ACHTEN UND MEIN LEBEN IN GEMEINSCHAFT MIT IHM ZU LEBEN UND IHM, WENN ER GELD NÖTIG HAT, AN MEINEM ANTEIL ZU GEBEN UND SEINE NACHKOMMENSCHAFT MEINEN BRÜDERN IN MÄNNLICHER LINIE GLEICHZUSTELLEN UND SIE DIESE KUNST ZU LEHREN – WENN SIE ES WÜNSCHEN, SIE ZU ERLERNEN – OHNE HONORAR UND VERTRAG; AN REGELN UND MÜNDLICHEM UNTERRICHT UND ALLEM ÜBRIGEN WISSEN MEINEN SÖHNEN ANTEIL ZU GEBEN UND DEN SÖHNEN DESSEN, DER MICH UNTERRICHTET HAT, UND SCHÜLERN, DIE DEN VERTRAG UNTERZEICHNET UND EINEN EID GELEISTET HABEN NACH ÄRZTLICHEM BRAUCH, ABER SONST NIEMANDEM. ICH WILL DIÄTETISCHE MASSNAHMEN ZUM VORTEIL DER KRANKEN ANWENDEN UND NACH MEINEM KÖNNEN UND URTEIL; ICH WILL SIE VOR SCHADEN UND UNRECHT BEWAHREN. ICH WILL WEDER IRGEND JEMANDEM EIN TÖDLICHES MEDIKAMENT GEBEN, WENN ICH DARUM GEBETEN WERDE, NOCH WILL ICH IN DIESER HINSICHT EINEN RAT ERTEILEN. EBENSO WILL ICH KEINER FRAU EIN ABTREIBENDES MITTEL GEBEN. IN REINHEIT UND HEILIGKEIT WILL ICH MEIN LEBEN UND MEINE KUNST BEWAHREN. ICH WILL DAS MESSER NICHT GEBRAUCHEN, NICHT EINMAL BEI STEINLEIDENDEN, SONDERN WILL DAVON ABSTEHEN ZUGUNSTEN DER MÄNNER, DIE SICH MIT DIESER ARBEIT BEFASSEN. IN ALLE HÄUSER, DIE ICH BESUCHE, WILL ICH ZUM VORTEIL DER KRANKEN KOMMEN, MICH FREI HALTEND VON ALLEM VORSÄTZLICHEN UNRECHT, VON ALLER SCHÄDIGUNG UND INSBESONDERE VON SEXUELLEN BEZIEHUNGEN SOWOHL MIT WEIBLICHEN WIE MIT MÄNNLICHEN PERSONEN, SEIEN SIE FREI ODER SKLAVEN. WAS ICH ETWA SEHE ODER HÖRE IM LAUFE DER BEHANDLUNG ODER AUCH AUSSERHALB DER BEHANDLUNG ÜBER DAS LEBEN VON MENSCHEN, WAS MAN AUF KEINEN FALL VERBREITEN DARF, WILL ICH FÜR MICH BEHALTEN, IN DER ÜBERZEUGUNG, DASS ES SCHÄNDLICH IST, ÜBER SOLCHE DINGE ZU SPRECHEN. WENN ICH DIESEN EID ERFÜLLE UND IHN NICHT VERLETZE, SEI ES MIR VERGÖNNT, MICH DES LEBENS UND DER KUNST ZU ERFREUEN, GEEHRT DURCH RUHM BEI ALLEN MENSCHEN AUF ALLE KÜNFTIGE ZEIT; WENN ICH IHN ÜBERTRETE UND FALSCH SCHWÖRE, SEI DAS GEGENTEIL VON ALL DIESEM MEIN LOS.

This version is a verbatim translation by Klaus BARTELS *of the English translation by Ludwig* EDELSTEIN *from the Greek original as printed in:* Ludwig EDELSTEIN, *Der Hippokratische Eid. Mit einem forschungsgeschichtlichen Nachwort von Hans* DILLER, *Zürich and Stuttgart (Artemis) 1969, 3–4. Other German versions can be found in* K. DEICHGRÄBER, *Der Hippokratische Eid, 3rd ed. Stuttgart (Hippocrates-Verlag) 1972, 9/11, and in* J. WUNDERLI *and* K. WEISSHAUPT *(Eds.), Medizin im Widerspruch. Für eine humane und an ethischen Werten orientierte Heilkunde, Olten and Freiburg im Breisgau (Walter) 1977, 241–242.*

APPENDIX V

The Code of Nuremberg, 1947*)

The great weight of the evidence before us is to the effect that certain types of medical experiments on human beings, when kept within reasonably well-defined bounds, conform to the ethics of the medical profession generally. The protagonists of the practice of human experimentation justify their views on the basis that such experiments yield results for the good of society that are unprocurable by other methods or means of study. All agree, however, that certain basic principles**) must be observed in order to satisfy moral, ethical, and legal concepts:

1. The voluntary consent of the human subject is absolutely essential.

This means that the person involved should have legal capacity to give consent; should be so situated as to be able to exercise free power of choice, without the intervention of any element of force, fraud, deceit, duress, over-reaching, or other ulterior form of constraint or coercion; and should have sufficient knowledge and comprehension of the elements of the subject matter involved as to enable him to make an understanding and enlightened decision. This latter element requires that before the acceptance of an affirmative decision by the experimental subject there should be made known to him the nature, duration, and purpose of the experiment; the method and means by which it is to be conducted; all inconveniences and hazards reasonably to be expected; and the effects upon his health or person which may possibly come from his participation in the experiment.

The duty and responsibility for ascertaining the quality of the consent rests upon each individual who initiates, directs, or engages in the experiment. It is a personal duty and responsibility which may not be delegated to another with impunity.

2. The experiment should be such as to yield fruitful results for the good of society, unprocurable by other methods or means of study, and not random and unnecessary in nature.

3. The experiment should be so designed and based on the results of animal experimentation and a knowledge of the natural history of the disease or other problem under study that the anticipated results will justify the performance of the experiment.

4. The experiment should be so conducted as to avoid all unnecessary physical and mental suffering and injury.

5. No experiment should be conducted where there is *a priori* reason to believe that death or disabling injury will occur; except, perhaps, in those experiments where the experimental physicians also serve as subjects.

6. The degree of risk to be taken should never exceed that determined by the humanitarian importance of the problem to be solved by the experiment.

7. Proper preparations should be made and adequate facilities provided to protect the experimental subject against even remote possibilities of injury, disability, or death.

8. The experiment should be conducted only by scientifically qualified persons. The highest degree of skill and care should be required through all stages of the experiment of those who conduct or engage in the experiment.

9. During the course of the experiment the human subject should be at liberty to bring the experiment to an end if he has reached the physical or mental state where continuation of the experiment seems to him to be impossible.

10. During the course of the experiment the scientist in charge must be prepared to terminate the experiment at any stage, if he has probable cause to believe, in the exercise of the good faith, superior skill, and careful judgement required of him that a continuation of the experiment is likely to result in injury, disability, or death to the experimental subject.

---

*) Printed, *verbatim*, from the Judgment of BEALS, SEBRING and CRAWFORD, J. J., in *United States v. Karl Brandt & others (1947–8)*, against altogether twenty-three *German* doctors who, during the *Third Reich*, unlawfully experimented on concentration camp inmates. The court found sixteen of the twenty-three defendants guilty of war crimes and crimes against humanity. The court decision can be found in *Trials of War Criminals Before the Nuremberg Military Tribunals* [under Control Council Law No. 10], Vols. I/II, *The Medical Case, Washington D. C.: United States Government Printing Office 1948/1949*. The document as reprinted here will be found in vol. II/1949, pp. 181–182.

**) These ten principles are now known as the *Code of Nuremberg*. The original version, in *English*, can also be found in: Jay KATZ/Alexander Morgan CAPRON/Eleanor Swift GLASS (Eds.): Experimentation with Human Beings. The Authority of the Investigator, Subject, Professions and State in the Human Experimentation Process, New York (Russell Sage Foundation) 1972, pp. 292–306; Stanley Joel REISER/Arthur J. DYCK/William J. CURRAN (Eds.): Ethics in Medicine: Historical Perspectives and Contemporary Concerns, Cambridge (Mass.) and London 1977, pp. 272–273; G. FISCHER, 110–111. An unofficial *German* version of the ten principles of the *Code of Nuremberg* can be found in: Siegfried WILLE, ,,Grundsätze des Nürnberger Ärzteprozesses", in: NJW 1949, 377, and in: Jürgen WUNDERLI/Kurt WEISSHAUPT (Eds.), Medizin im Widerspruch. Für eine humane und an ethischen Werten orientierte Heilkunde, Olten and Freiburg im Breisgau (Walter) 1977, 244–246.

APPENDIX VI

Declaration of Helsinki (1964)

Human Experimentation
Code of Ethics of the World Medical Association

A draft code of ethics on human experimentation drawn up by the World Medical Association was published in the British Medical Journal of 27 October 1962. The original draft of this was in English. A revised version was accepted as the final draft at the meeting of the World Medical Association in Helsinki in June 1964. The original of this draft was in French, of which the W.M.A.'s English version is printed below. Is is to be known as the Declaration of Helsinki.

DECLARATION OF HELSINKI 1964*)

It is the mission of the doctor to safeguard the health of the people. His knowledge and conscience are dedicated to the fulfilment of this mission.

The Declaration of Geneva of the World Medical Association binds the doctor with the words, ,,The health of my patient will be my first consideration", and the International Code of Medical Ethics which declares that ,,Any act or advice which could weaken physical or mental resistance of a human being may be used only in his interest."

Because it is essential that the results of laboratory experiments be applied to human beings to further scientific knowledge and to help suffering humanity, the World Medical Association has prepared the following recommendations as a guide to each doctor in clinical research. It must be stressed that the standards as drafted are only a guide to physicians all over the world. Doctors are not relieved from criminal, civil, and ethical responsibilities under the laws of their own countries.

In the field of clinical research a fundamental distinction must be recognised between clinical research in which the aim is essentially therapeutic for a patient, and clinical research the essential object of which is purely scientific and without therapeutic value to the person subjected to the research.

I. Basic Principles

1. Clinical research must conform to the moral and scientific principles that justify medical research, and should be based on laboratory and animal experiments or other scientifically established facts.

2. Clinical research should be conducted only by scientifically qualified persons and under the supervision of a qualified medical man.

3. Clinical research cannot legitimately be carried out unless the importance of the objective is in proportion to the inherent risk to the subject.

4. Every clinical research project should be preceded by careful assessment of inherent risks in comparison to foreseeable benefits to the subject or to others.

5. Special caution should be exercised by the doctor in performing clinical research in which the personality of the subjects is liable to be altered by drugs or experimental procedure.

II. Clinical Research Combined with Professional Care

1. In the treatment of the sick person the doctor must be free to use a new therapeutic measure if in his judgement it offers hope of saving life, re-establishing health, or alleviating suffering.

If at all possible, consistent with patient psychology, the doctor should obtain the patient's freely given consent after the patient has been given a full explanation. In case of legal incapacity consent should also be procured from the legal guardian; in case of physical incapacity the permission of the legal guardian replaces that of the patient.

2. The doctor can combine clinical research with professional care, the objective being the acquisition of new medical knowledge, only to the extent that clinical research is justified by its therapeutic value for the patient.

III. Non-therapeutic Clinical Research

1. In the purely scientific application of clinical research carried out on a human being it is the duty of the doctor to remain the protector of the life and health of that person on whom clinical research is being carried out.

2. The nature, the purpose, and the risk of clinical research must be explained to the subject by the doctor.

3 a. Clinical research on a human being cannot be undertaken without his free consent, after he has been fully informed; if he is legally incompetent the consent of the legal guardian should be procured.

3 b. The subject of clinical research should be in such a mental, physical, and legal state as to be able to exercise fully his power of choice.

3 c. Consent should as a rule be obtained in writing. However, the responsibility for clinical research always remains with the research worker; it never falls on the subject, even after consent is obtained.

4. a. The investigator must respect the right of each individual to safeguard his personal integrity, especially if the subject is in a dependent relationship to the investigator.

4 b. At any time during the course of clinical research the subject or his guardian should be free to withdraw permission for research to be continued. The investigator or the investigating team should discontinue the research if in his or their judgement it may, if continued, be harmful to the individual.

---

*) Official *English* version, in: *British Medical Journal*, Vol. 3, p. 177. The official *German* version is published in: *Deutsches Ärzteblatt*, 61 : 2533 (1964); a further German version (unofficial translation of the English version) can be found in: *Bundesanzeiger*, 1971, No. 113, p. 3; G. Fischer, 112–114, and in: Jürgen Wunderli/ Kurt Weisshaupt (Eds.) Medizin im Widerspruch. Für eine humane und an ethischen Werten orientierte Heilkunde, Olten and Freiburg im Breisgau (Walter) 1977, 246–249.

APPENDIX VII

Declaration of Tokyo (1975)

Human Experimentation
Recommendations guiding Medical Doctors in Biomedical Research involving Human Subjects

Adopted by the 18th World Medical Assembly, Helsinki, Finland, 1964, and as revised by the 29th World Medical Assembly, Tokyo, Japan, October 1975

DECLARATION OF TOKYO 1975*)

(otherwise called [Revised] Declaration of Helsinki 1975)

Introduction

It is the mission of the medical doctor to safeguard the health of the people. His or her knowledge and conscience are dedicated to the fulfilment of this mission.

The Declaration of Geneva of the World Medical Association binds the doctor with the words: ,,The health of my patient will be my first consideration", and the International Code of Medical Ethics declares that ,,Any act or advice which could weaken physical or mental resistance of a human being may be used only in his interest."

The purpose of biomedical research involving human subjects must be to improve diagnostic, therapeutic and prophylactic procedures and the understanding of the aetiology and pathogenesis of disease.

In current medical practice most diagnostic, therapeutic or prophylactic procedures involve hazards. This applies *a fortiori* to biomedical research.

Medical progress is based on research which ultimately must rest in part on experimentation involving human subjects.

In the field of biomedical research a fundamental distinction must be recognised between medical research in which the aim is essentially diagnostic or therapeutic for a patient, and the medical research, the essential object of which is purely scientific and without direct diagnostic or therapeutic value to the person subjected to the research.

Special caution must be exercised in the conduct of research which may affect the environment, and the welfare of animals used for research must be respected.

Because it is essential that the results of laboratory experiments be applied to human beings to further scientific knowledge and to help suffering humanity, the World Medical Association has prepared the following recommendations as a guide to every doctor in biomedical research involving human subjects. They should be kept under review in the future. It must be stressed that the standards as drafted are only a guide to physicians all over the world. Doctors are not relieved from criminal, civil and ethical responsibilities under the laws of their own countries.

I. Basic principles

1. Biomedical research involving human subjects must conform to generally accepted scientific principles and should be based on adequately performed laboratory and animal experimentation and on a thorough knowledge of the scientific literature.

2. The design and performance of each experimental procedure involving human subjects should be clearly formulated in an experimental protocol which should be transmitted to a specially appointed independent committee for consideration, comments and guidance.

3. Biomedical research involving human subjects should be conducted only by scientifically qualified persons and under the supervision of a clinically competent medical person. The responsibility for the human subject must always rest with a medically qualified person and never rest on the subject of the research, even though the subject has given his or her consent.

4. Biomedical research involving human subjects cannot legitimately be carried out unless the importance of the objective is in proportion to the inherent risk to the subject.

5. Every biomedical research project involving human subjects should be preceded by careful assessment of predictable risks in comparison to foreseeable benefits to the subject or to others. Concern for the interests of the subject must always prevail over the interests of science and society.

6. The right of the research subject to safeguard his or her integrity must always be respected. Every precaution should be taken to respect the privacy of the subject and to minimise the impact of the study on the subject's physical and mental integrity and the personality of the subject.

7. Doctors should abstain from engaging in research projects involving human subjects unless they are satisfied that the hazards involved are believed to be predictable. Doctors should cease any investigation if the hazards are found to outweigh the potential benefits.

8. In publication of the results of his or her research, the doctor is obliged to preserve the accuracy of the results. Reports of experimentation not in accordance with the principles laid down in this Declaration should not be accepted for publication.

9. In any research on human beings, each potential subject must be adequately informed of the aims, methods, anticipated benefits and potential hazards of the study and the discomfort it may entail. He or she should be informed that he or she is at liberty to abstain from participation in the study and that he or she is free to withdraw his or her consent to participation at any time. The doctor should then obtain the subject's freely-given informed consent, preferably in writing.

10. When obtaining informed consent for the research project the doctor should be particularly cautious if the subject is in a dependent relationship to him or her or may consent under duress. In that case the informed consent should be obtained by a doctor who is not engaged in the investigation and who is completely independent of this official relationship.

11. In case of legal incompetence, informed consent should be obtained from the legal guardian in accordance with national legislation. Where physical or mental incapacity makes it impossible to obtain informed consent or when the subject is a minor, permission from the responsible relative replaces that of the subject in accordance with national legislation.

12. The research protocol should always contain a statement of the ethical considerations involved and should indicate that the principles enunciated in the present Declaration are complied with.

II. Medical research combined with professional care
(Clinical research)

1. In the treatment of the sick person, the doctor must be free to use a new diagnostic

and therapeutic measure, if in his or her judgement it offers hope of saving life, re-establishing health, or alleviating suffering.

2. The potential benefits, hazards and discomfort of a new method should be weighed against the advantages of the best current diagnostic and therapeutic methods.

3. In any medical study, every patient – including those of a control group, if any – should be assured of the best proven diagnostic and therapeutic method.

4. The refusal of the patient to participate in a study must never interfere with the doctor-patient relationship.

5. If the doctor considers it essential not to obtain informed consent, the specific reasons for this proposal should be stated in the experimental protocol for transmission to the independent committee (I, 2).

6. The doctor can combine medical research with professional care, the objective being the acquisition of new medical knowledge, only to the extent that medical research is justified by its potential diagnostic or therapeutic value for the patient.

III. Non-therapeutic biomedical research involving human subjects
(Non-clinical biomedical research)

1. In the purely scientific application of medical research carried out on a human being, it is the duty of the doctor to remain the protector of the life and health of that person on whom biomedical research is being carried out.

2. The subjects should be volunteers – either healthy persons or patients for which the experimental design is not related to the patient's illness.

3. The investigator or the investigating team should discontinue the research if in his/her or their judgement it may, if continued, be harmful to the individual.

4. In research on man, the interest of science and society should never take precedence over considerations related to the well-being of the subject.

---

*) Official *English* version, in: Med. Jnl. Aust. 1976, 1: 206–207. A *German* version is published in Deutsches Ärzteblatt 72: 3163 ff. (1975); in G. FISCHER, 115–118, and in: Jürgen WUNDERLI/Kurt WEISSHAUPT (Eds.), Medizin im Widerspruch. Für eine humane und an ethischen Werten orientierte Heilkunde, Olten and Freiburg im Breisgau (Walter) 1977, 249–253.

APPENDIX VIII

A Patient's Bill of Rights (1972)

The American Hospital Association Board of Trustees' Committee on Health Care for the Disadvantaged developed the Statement on a Patient's Bill of Rights, which was affirmed by the Board of Trustees, 17th November 1972, and approved by the AHA House of Delegates, 6th February 1973. The statement was published in several forms, which are now [Nov. 1978] superseded by this reprinting of the statement.*)

The American Hospital Association presents a Patient's Bill of Rights with the expectation that observance of these rights will contribute to more effective patient care and greater satisfaction for the patient, his physician, and the hospital organisation. Further, the Association presents these rights in the expectation that they will be supported by the hospital on behalf of its patients, as an integral part of the healing process. It is recognised that a personal relationship between the physician and the patient is essential for the provision of proper medical care. The traditional physician-patient relationship takes on a new dimension when care is rendered within an organisational structure. Legal precedent has established that the institution itself also has a responsibility to the patient. It is in recognition of these factors that these rights are affirmed.

1. The patient has the right to considerate and respectful care.

2. The patient has the right to obtain from his physician complete current information concerning his diagnosis, treatment, and prognosis in terms the patient can be reasonably expected to understand. When it is not medically advisable to give such information to the patient, the information should be made available to an appropriate person in his behalf. He has the right to know, by name, the physician responsible for co-ordinating his care.

3. The patient has the right to receive from his physician information necessary to give informed consent prior to the start of any procedure and/or treatment. Except in emergencies, such information for informed consent should include but not necessarily be limited to the specific procedure and/or treatment, the medically significant risks involved, and the probable duration of incapacitation. Where medically significant alternatives for care or treatment exist, or when the patient requests information concerning medical alternatives, the patient has the right to such information. The patient also has the right to know the name of the person responsible for the procedures and/or treatment.

4. The patient has the right to refuse treatment to the extent permitted by law and to be informed of the medical consequences of his action.

5. The patient has the right to every consideration of his privacy concerning his own medical care programme. Case discussion, consultation, examination, and treatment are confidential and should be conducted discreetly. Those not directly involved in his care must have the permission of the patient to be present.

6. The patient has the right to expect that all communications and records pertaining to his care should be treated as confidential.

7. The patient has the right to expect that within its capacity a hospital must make reasonable response to the request of a patient for services. The hospital must provide evaluation, service and/or referral as indicated by the urgency of the case. When medically

permissible, a patient may be transferred to another facility only after he has received complete information and explanation concerning the needs for and alternatives to such a transfer. The institution to which the patient is to be transferred must first have accepted the patient for transfer.

8. The patient has the right to obtain information as to any relationship of his hospital to other health care and educational institutions insofar as his care is concerned. The patient has the right to obtain information as to the existence of any professional relationships among individuals, by name, who are treating him.

9. The patient has the right to be advised if the hospital proposes to engage in or perform human experimentation affecting his care or treatment. The patient has the right to refuse to participate in such research projects.

10. The patient has the right to expect reasonable continuity of care. He has the right to know in advance what appointment times and physicians are available and where. The patient has the right to expect that the hospital will provide a mechanism whereby he is informed by his physician or a delegate of the physician of the patient's continuing health care requirements following discharge.

11. The patient has the right to examine and receive an explanation of his bill regardless of source of payment.

12. The patient has the right to know what hospital rules and regulations apply to his conduct as a patient.

No catalog of rights can guarantee for the patient the kind of treatment he has a right to expect. A hospital has many functions to perform, including the prevention and treatment of disease, the education of both health professionals and patients, and the conduct of clinical research. All these activities must be conducted with an overriding concern for the patient, and, above all, the recognition of his dignity as a human being. Success in achieving this recognition assures succes in the defense of the rights of the patient.

---

*) Reprinted here, *verbatim*, from Hospitals, JAHA 52: 112 (1978). A *German* version can be found in: Jürgen WUNDERLI/Kurt WEISSHAUPT (Eds.), Medizin im Widerspruch. Für eine humane und an ethischen Werten orientierte Heilkunde, Olten and Freiburg im Breisgau (Walter) 1977, 237.

APPENDIX VIIIa

a) Parliamentary Assembly of the Council of Europe **Recommendation 779 (1976) on the Rights of the Sick and Dying, 1976***)
b) Parliamentary Assembly of the Council of Europe **Resolution 613 (1976) on the Rights of the Sick and Dying, 1976***)

a) Recommendation 779 (1976)
The Assembly

1. Considering that the rapid and continuing progress of medical science creates problems, and may even pose certain threats, with respect to the fundamental human rights and the integrity of sick people;

2. Noting the tendency for improved medical technology to lead to an increasingly technical – sometimes less humane – treatment of patients;

3. Observing that sick persons may find it difficult to defend their own interests, especially when undergoing treatment in large hospitals;

4. Considering that recently it has become generally agreed that doctors should in the first place respect the will of the sick person with respect to the treatment he or she has to undergo;

5. Being of the opinion that the right to personal dignity and integrity, to information and proper care, should be clearly defined and granted to every person;

6. Convinced that the duty of the medical professions is to serve mankind, to protect health, to treat sickness and injury, and to relieve suffering, with respect for human life and the human person, and convinced that the prolongation of life should not in itself constitute the exclusive aim of medical practice, which must be concerned equally with the relief of suffering;

7. Considering that the doctor must make every effort to alleviate suffering, and that he has no right, even in cases which appear to him to be desperate, intentionally to hasten the natural course of death;

8. Emphasising that the prolongation of life by artificial means depends to a large extent on factors such as the availability of efficient equipment, and that doctors working in hospitals where the technical equipment permits a particularly long prolongation of life are often in a delicate position as far as the continuation of the treatment is concerned, especially in cases where all cerebral functions of a person have irreversibly ceased;

9. Insisting that doctors shall act in accordance with science and approved medical experience, and that no doctor or other member of the medical profession may be compelled to act contrary to the dictates of his own conscience in relation to the right of the sick not to suffer unduly.

10. Recommends that the Committee of Ministers invite the governments of the member states:
I. a. to take all necessary action, particularly with respect to the training of medical

personnel and the organisation of medical services, to ensure that all sick persons, whether in hospital or in their own homes, receive relief of their suffering as effective as the current state of medical knowledge permits;

b. to impress upon doctors that the sick have a right to full information, if they request it, on their illness and the proposed treatment, and to take action to see that special information is given when entering hospital as regards the routine, procedures and medical equipment of the institution;

c. to ensure that all persons have the opportunity to prepare themselves psychologically to face the fact of death, and to provide the necessary assistance to this end both through the treating personnel – doctors, nurses and aids – who should be given the basic training to enable them to discuss these problems with persons approaching the end of life, and through psychiatrists, clergymen or specialised social workers attached to hospitals;

II. to establish national commissions of enquiry, composed of representatives of all levels of the medical profession, lawyers, moral theologians, psychologists and sociologists, to establish ethical rules for the treatment of persons approaching the end of life, and to determine the medical guiding principles for the application of extraordinary measures to prolong life, thereby considering inter alia the situation which may confront members of the medical profession, such as legal sanctions, whether civil or penal, when they have refrained from effecting artificial measures to prolong the death process in the case of terminal patients whose lives cannot be saved by present-day medicine, or have taken positive measures whose primary intention was to relieve suffering in such patients and which could have a subsidiary effect on the process of dying, and to examine the question of written declarations made by legally competent persons, authorising doctors to abstain from life-prolonging measures, in particular in the case of irreversible cessation of brain function;

III. to establish, if no comparable organisations already exist, national commissions to consider complaints against medical personnel for errors or negligence in the practice of their profession, and this without prejudice to the jurisdiction of the ordinary courts;

IV. to inform the Council of Europe of their analytical findings and conclusions for the purpose of harmonising criteria regarding the rights of the sick and dying and the legal and technical means of guaranteeing their application.

b) Resolution 613 (1976)

The Assembly

1. Believing, for reasons set out in its Recommendation 779 (1976) on the rights of the sick, and explained in the report of its Committee on Social and Health Questions (Doc. 3699), that the true interests of the sick are not always best served by a zealous application of the most modern techniques for prolonging life;

2. Convinced that what dying patients most want is to die in peace and dignity, if possible with the comfort and support of their family and friends;

3. Concerned that unnecessary anguish may be caused by uncertainty over the most appropriate criteria for the determination of death;

4. Insisting that no other interests may be considered in establishing the moment of death than those of the dying person;

5. Invites the responsible bodies in the medical profession in the member states to examine critically the criteria upon which decisions are currently based with respect to the

initiation of reanimation procedures and the placing of patients into long-term care requiring artificial means of sustaining life;

6. Invites the European Office of the World Health Organisation to examine the criteria for the determination of death existing in the various European countries, in the light of current medical knowledge and techniques, and to make proposals for their harmonisation in a way which will be universally applicable not only in hospitals, but in general medical practice.

---

*) Both Recommendation 779 and Resolution 613 are dated 28th January 1976. Both texts were adopted by the Parliamentary Assembly on 29th January 1976. They are reprinted here from the official sessional papers of the 27th Ordinary Session of that assembly (1976).

APPENDIX IX

Resolution of the German Surgical Association on the Treatment of the dangerously ill and dying. Medical and Legal Advice (1979)*)

(Deutsche Gesellschaft für Chirurgie:
Resolution zur Behandlung Todkranker und Sterbender, 10th April 1979)

On the borderline between life and death the physician frequently has to make a choice between various possible forms of action. The following advice does not relieve him of his personal responsibility. Rather it is intended to help him reach decisions for the patient which are in accordance both with medical ethics and legal requirements.

The purpose of medical intervention is the preservation of life and the alleviation of suffering. In the face of inevitable and imminent death the prolongation of life cannot in all circumstances be the object of medical action.

I. Area of Decision

Death can be caused by:

1. sudden failure of one or more vital function which hitherto had been or had appeared to be healthy;
2. sudden failure of a vital function in the course of an incurable illness;
3. progressive biologically or pathologically occasioned deterioration of vital powers.

II. Therapeutic Principles

1. Under the above conditions (I), everything necessary for the preservation of life and alleviation of suffering must in principle be done. Where the prognosis is uncertain, treatment must always be commenced or continued even if there could be irreparable injuries.

2. In the case of many mortal illnesses the indispensable relief of suffering acquires such priority that the risk of life being shortened as a side-effect may have to be tolerated.

3. Measures taken to prolong life may be discontinued if, in the case of an illness of which death is the inevitable and imminent outcome, the vital functions of the central nervous system, respiration, cardiac action and circulation are obviously severely impaired, and if the progressive general decline cannot be halted, or if there are infections which cannot be brought under control. In such cases the doctor should treat complications only to the extent demanded to alleviate suffering. The determining factor here is not the legal classification as intervention or non-intervention, but the extent of the doctor's duty of treatment.

4. In the case of severe congenital deformities in infants, treatment may be omitted or discontinued if severe injury to vital functions makes it obvious that life cannot be sustained.

5. Even the patient who can no longer be helped in any other way has an unconditional right to medical attention and care corresponding to his basic human needs. The treatment with medicaments of pain, fear and anxiety must be determined only by the needs of the patient.

III. The Will of the Patient

1. The will of the patient, whether declared or inferable from the circumstances, for his life to be preserved with all available means is, within the framework of the medically possible, decisive.

2. In the case of a patient who is capable of understanding and making a decision, the declared will to receive no further treatment, or limited treatment only, must be respected. However, there are limitations to the ability to understand and make decisions which must be taken into consideration, especially ones caused by the illness. Should the case arise where it is from resignation that the patient refuses treatment it is the duty of the doctor to help him to overcome this.

3. Where the patient is unconscious or is incapable of understanding or where it has been authorised that he should not receive full information, treatment must be determined by a reasonable interpretation of his interests and assumed will. Here the situation at the time is decisive. Previous statements, even those made to people close to him, cannot be taken as more than guidelines. If there is any doubt, the procedure followed should be in accordance with the principles outlined above in (II).

4. If the patient has a legal guardian, then he will act in the place of the patient provided that he does not make any decisions which clearly conflict with the best interests of the patient.

IV. Termination of Life

Direct intervention to end life is both medically and legally inadmissable, even if demanded by the patient. Active co-operation in suicide, for example by providing the patient with the means to bring about his death, is also contrary to the doctor's task. This has nothing to do with any fundamental ethical valuation of suicide.

V. Humane attention

1. The dangerously ill and dying need special attention and personal care right up to the time of death. They require human company and solicitude. They should be spared the feeling of loneliness caused by physical and emotional isolation.

2. On the frontier between life and death the information problem is of a different nature from elsewhere in medical practice. The extent to which the true situation should be disclosed to the patient depends upon how necessary and humanly tolerable this seems in the individual circumstances. The whole truth can be inhuman. In particular the doctor must consider carefully whether the communication of the truth is required in the individual case in order to enable the patient to make necessary decisions. Those close to him should be informed in as far as this seems advisable and practicable.

VI. Indivisibility of Responsibility

The doctor who carries out the treatment bears the responsibility. This is not divisible. Consultations with colleagues can be of assistance.

---

*) Unofficial translation by the author. The original German version can be found in *Frankfurter Allgemeine Zeitung*, No. 97 of 26th April 1979, p. 8; also in *Die Medizinische Welt* 30: 1379–1380 (1979).

APPENDIX X

Professional Regulations for German Doctors (1979)*)

(Berufsordnung für die deutschen Ärzte. Aufgrund der Beschlüsse des 79. Deutschen Ärztetages 1976 und gem. den von dem 80. Deutschen Ärztetag 1977 und dem 82. Deutschen Ärztetag 1979 beschlossenen Änderungen)

Oath

The following oath is applicable for every doctor:

,,On being accepted into the medical profession I hereby solemnly swear to place my life in the service of mankind. I will practise my profession conscientiously and with dignity. The preservation and restoration of the health of my patients must be the overriding principle of my actions. I will honour all secrets with which I am entrusted. I will do everything in my power to uphold the honour and noble tradition of the medical profession and will not discriminate in the execution of my medical duties on grounds of religion, nationality, race, political affiliation or social position. I will respect every human life from the moment of conception and even under duress will not use my medical skills in any way which contradicts the demands of humanity. I will show my teachers and colleagues all the respect that is due to them. I swear all the foregoing solemnly upon my honour."

§ 1. *Practising the profession*

(1) The doctor serves the health of the individual human being and the health of the nation as a whole. The practice of medicine is not a trade but is by its very nature a profession. The medical profession requires the doctor to fulfil his duty according to his conscience and the demands of medical custom.

(2) The function of the doctor is to preserve life, protect and restore health and alleviate suffering. The doctor practises his profession according to the demands of humanity. He must not recognise any principles or observe any orders or instructions which are not compatible with this function, or the observation of which he cannot answer for.

(3) The doctor is bound to practise his profession conscientiously and to show himself worthy by his conduct of the respect and trust which the medical profession requires.

(4) The doctor is bound to acquaint himself with and observe the regulations which apply to the practice of his profession.

(5) The doctor must practise his profession from a fixed base [*nicht im Umherziehen*]. He must not carry out individual medical counselling or treatment by letter, in newspapers or magazines, or on television or radio.

(6) The doctor is free in the practice of his profession. He can refuse medical treatment, especially in cases where he is convinced that the necessary relationship of trust between himself and the patient does not exist. This does not affect his obligation to help in emergencies.

(7) Doctors who are in the full-time employment of hospitals or hospital departments must normally confine themselves outside the hospital to surgery hours and consultative work. Research or advisory work is not affected by this.

(8) Doctors must as a rule allow themselves to be replaced only by locum doctors of the same area.

§ 2. *Obligation of confidentiality*

(1) The doctor must keep to himself all confidential information which has been vouchsafed him as a doctor. This includes written communications from the patient and records on patients, x-ray photographs and other examination findings.

(2) The doctor's obligation of confidentiality also applies in relation to members of his family.

(3) The doctor must inform his assistants and anybody who participates in medical work by way of training for the profession of the legal obligation of confidentiality. This must be put in writing.

(4) The doctor is entitled, but not obliged, to disclose information to the extent that he has been released from the obligation of confidentiality or to the extent that disclosure is necessary for the protection of a higher legal right. The same also applies in the case of statements made during legal proceedings.

(5) The doctor is also bound to confidentiality if he takes on work at the official or private behest of a third party, unless the person concerned knows or is told before the examination or treatment to what extent it is intended that the findings made by the doctor are to be communicated to a third party.

(6) If several doctors examine or treat the same patient, either at the same time or consecutively, they are released amongst themselves from the obligation of confidentiality provided that the patient does not decide otherwise.

(7) For the purpose of scientific research and instruction, facts and findings which fall under the obligation of confidentiality may only be made known provided that the anonymity of the patient is guaranteed, or provided that the patient gives his express consent.

§ 3. *Co-operation with other doctors*

(1) The doctor is bound to co-operate with fellow doctors treating the same patient, whether at the same time or consecutively.

(2) The doctor is bound to consult a second doctor or refer the patient to another doctor if his medical experience indicates this. As a rule the doctor must not refuse the wish of the patient or his relatives to call in a second doctor or refer the patient to another doctor.

(3) If the doctor refers the patient to another doctor he must pass on to him the findings made and must inform him about the treatment up until that time, unless the patient decides otherwise. This applies in particular to hospital admission and discharge. Original documents must be returned.

§ 4. *The obligation of further training*

The doctor responsible for further training must, within the framework of the available facilities, give this to a medical colleague in the chosen further training programme, in

Appendix X 443

accordance with the regulation on further training. This does not detract from the latter's obligation to secure further training for himself.

§ 5. *Preservation of embryonic life*

The doctor is in principle bound to preserve embryonic life. Abortion is subject to the legal provisions.

§ 6. *Sterilisation*

Sterilisations shall in principle be permitted provided that they are indicated on medical, genetic or social grounds.

§ 7. *Further professional study*

(1) The doctor is bound to continue his professional studies and at the same time acquaint himself with the provisions currently applicable to the practice of his profession.

(2) Means of particular relevance to the further development of his professional knowledge are:

   a) participation in general or specific events which aim to further professional knowledge (congresses, seminars, study groups, course, colloquia);
   b) further clinical training (lectures, visits, demonstrations and exercises);
   c) the study of specialist literature;
   d) the use of audiovisual methods of teaching and learning.

(3) The doctor must make use of the available facilities to the extent that this is necessary in order to maintain and develop the specialist knowledge which he requires in the practice of his profession.

(4) The doctor must be able to demonstrate in an appropriate form to the Medical Board [*Ärztekammer*] that he has undertaken further study in accordance with subsections (1) to (3).

§ 8. *Insurance against liability*

The doctor is bound to insure himself adequately against liability claims incurred in the context of his professional work.

§§ 9, 10 . . .

§ 11. *Medical Records*

(1) The doctor must make the requisite records of facts established and measures taken in the practice of his profession. Medical records are not only memory aids for the doctor, but also serve the interests of the patient in having methodical documentation.

(2) Medical records must be preserved for ten years after the completion of treatment, provided that other legal provisions do not require them to be preserved longer. Records must also be preserved for a longer period when this is indicated by medical experience.

(3) The publication of medical records, medical cards, findings from dissections, x-rays and other examination findings, even if permissible according to the principles of § 2, may as a rule only take place in non-medical places or to doctors not involved in the treatment in connection with the issuing of a report or expert opinion.

(4) The doctor must see to it that his medical records and examination findings are given over to the safekeeping of the proper people after he has given up practising.

(5) Records as meant by section (1) which are recorded on electronic data cards or other data storage media require special security and protection measures in order to prevent their alteration, destruction or unlawful use.

§ 12. *The issuing of expert opinions and certificates*

The doctor must proceed with the requisite care when issuing certificates and expert opinions and must state his sincere medical conviction. The purpose of the document and the name of its recipient must be specified.

Certificates and expert opinions which the doctor is bound to issue or which he has undertaken to issue must be produced within an appropriate period of time.

§§ 13, 14 . . .

§ 15. *Conduct towards colleagues*

(1) The doctor must show his colleagues respect by behaving considerately. This does not detract from his obligation, in accordance with § 12, section 1, to state his sincere medical conviction. Irrelevant criticism of the treatment methods or professional knowledge of a doctor and disparaging comments on his person are unworthy of the profession.

(2) In the presence of patients or people who are not doctors, the doctor should avoid complaining about the work of another doctor and should not rebuke him. This also applies to doctors as seniors and juniors, and for service in hospitals.

§§ 16–22 . . .

§ 23. *Doctor and non-doctor*

(1) The doctor may not carry out examinations or treatment in collaboration with anyone who is neither a doctor nor one of his professional assistants. Nor may he allow such people to be present as observers while medical work is being performed. This does not apply to anyone undergoing medical training nor to relatives of patients where there are medical grounds for their presence.

(2) If the doctor judges the contribution of the non-doctor to be necessary if the patient is to be successfully cured, in accordance with the rules of medicine, this does not count as inadmissible collaboration as meant by section (1), provided that the areas of responsibility of the doctor and non-doctor are clearly defined and separate.

§§ 24–29 . . .

---

*) Unofficial translation of the German original. The German original can be found in Deutsches Ärzteblatt 76: 2442–2446 (1979).

APPENDIX XI

Council of Europe Resolution (78) 29 on Harmonisation of Legislations of Member States relating to Removal, Grafting and Transplantation of Human Substances (1978)*)

(Adopted by the Committee of Ministers on 11th May 1978 at the 287th meeting of the Ministers' Deputies, Strasbourg 1978)

The Committee of Ministers,

Considering that the aim of the Council of Europe is to achieve a greater unity between its members, in particular through harmonising legislations on matters of common interest;

Considering that because of the substantial increase in recent years in the treatment of patients by transplantation or grafting of removed human organs, tissues, or other substances, the need for new and more specific legislation was felt in all member states;

Considering that harmonisation of legislation of member states on removal, grafting and transplantation of human substances will ensure better protection of donors, prospective donors and recipients of human substances and enhance the progress of medical science and therapeutics,

Recommends to the governments of member states:

A. to conform their laws to the rules annexed to this resolution or adopt provisions conforming to these rules when introducing new legislation;

B. to introduce appropriate sanctions to ensure the application of the rules adopted when implementing this resolution;

C. to study the desirability and the possibility of inserting in an appropriate document a statement so that the wish of the deceased person as mentioned in Article 10 of the rules might be determined more easily;

D. to intensify, by appropriate means, their efforts to inform the public and arouse the interest of doctors in the need and importance of donations of substances, while keeping the confidential character of individual operations;

E. to provide, or to encourage the preparation of practical guidelines for those entitled to decide according to paragraph 1 of Article 11 that a substance may be removed from a deceased person;

F. to apply the rules annexed to this resolution, in particular Articles 9 and 14, to substances originating from states which are not members of the Council of Europe.

Invites the governments of member states to inform the Secretary General of the Council of Europe in due course, and at any rate every five years, of the action taken on the recommendations contained in this resolution.

APPENDIX
Rules

Chapter I – Field of application

Article 1

1. These rules apply to removals, graftings, transplantations and other use of substances of human origin removed or collected for therapeutic or diagnostic purposes for the benefit of persons other than the donor and for research purposes.

2. The transfer of embryos, the removal and transplantation of testicles and ovaries and utilisation of ova and sperm are excluded from the field of application of these rules.

Chapter II – Removals, graftings and transplantations of substances from living persons

Article 2

1. The donor and his legal representative in the case of a minor or otherwise legally incapacitated person (both hereafter referred to as "legally incapacitated person"), must be given appropriate information before the removal about the possible consequences of this removal, in particular medical, social and psychological, as well as the importance of the donation for the recipient.

2. The anonymity of the donor and of the recipient must be respected except where there are close personal or family relations between the two.

Article 3

A removal must not be effected without the consent of the donor. This consent must be given freely. In cases of removal of substances which can regenerate which presents risks for the donor and of removal of substances which cannot regenerate, this consent must be given in writing.

Article 4

Removal of substances which cannot regenerate must be confined to transplantation between genetically related persons except in exceptional cases where there are good chances of success.

Article 5

Where removal of substances presents a foreseeable substantial risk to the life or the health of the donor, a removal may only be permitted exceptionally when it is justified by the motivations of the donor, the family relationship with the recipient and the medical requirements of the case. However a state can prohibit such removal.

Article 6

1. For legally incapacitated persons removals of substances which can regenerate must be limited to exceptional cases. Such a removal may be permitted when it is necessary for therapeutic or diagnostic reasons. It may only be effected with the consent of the legal representative of the incapacitated person if the incapacitated person does not, himself, object to it. If the removal represents a risk to the health of the incapacitated person, prior authorisation must also be obtained from an appropriate authority.

2. The removal of substances which cannot regenerate, from legally incapacitated persons is forbidden. However, a state may permit such a removal in a special case justified for therapeutic or diagnostic reasons if the donor, having the capacity of understanding, has given his consent, if his legal representative and an appropriate authority have authorised removal and if the donor and the recipient are closely genetically related.

3. A removal of substances which presents foreseeable substantial risk to the life or the health of the donor who is a legally incapacitated person is forbidden.

Article 7

Before the removal and transplantation appropriate medical examinations must be made to evaluate and reduce the risks to the health and life of both donor and recipient.

Article 8

1. Substances must be removed under conditions representing the least possible risk to the donor.

2. Removals, graftings and transplantations of substances which cannot regenerate must take place in properly equipped and staffed institutions.

Article 9

No substance may be offered for profit. However, loss of earnings and any expenses caused by the removal or preceding examination may be refunded. The donor, or potential donor, must be compensated, independently of any possible medical responsibility, for any damage sustained as a result of a removal procedure or preceding examination, under a social security or other insurance scheme.

Chapter III – Removals, graftings and transplantations of substances from deceased persons

Article 10

1. No removal must take place when there is an open or presumed objection on the part of the deceased, in particular, taking into account his religious and philosophical convictions.

2. In the absence of the explicit or implicit wish of the deceased the removal may be effected. However, a state may decide that the removal must not be effected if, after such reasonable inquiry as may be practicable has been made into the views of the family of the deceased and in the case of a surviving legally incapacitated person those of his legal representative, an objection is apparent; when the deceased was a legally incapacitated person the consent of his legal representative may also be required.

Article 11

1. Death having occurred a removal may be effected even if the function of some organ other than the brain may be artificially preserved.

2. A removal can be effected if it does not interfere with a forensic examination or autopsy as required by law. A state may, when such requirement exists, decide that a removal can only be effected with the approval of a competent authority.

Article 12

1. Removals for therapeutic, diagnostic or research purposes must be effected in appropriate places and under suitable conditions.
2. Grafting and transplantations must take place in public or private institutions which possess proper staff and equipment.
3. Death must be established by a doctor who does not belong to the team which will effect the removal, grafting or transplantation. However, this doctor can effect a removal in cases of minor operations when no other suitable doctor is available.

Article 13

The identity of the donor must not be disclosed to the recipient and the identity of the recipient to the family of the donor.

Article 14

Substances must not be offered for any profit.

---

*) English Original version, printed from: *Council of Europe,* [Directorate of] Legal Affairs, Harmonisation of legislations of member states relating to removal, grafting and transplantation of human substances, Resolution (78) 29, Strasbourg 1978, 5–9.

APPENDIX XII

European Communities Resolution on Organ Banks (1979)*)

(Adopted by the European Parliament at its session of 27th April 1979)

THE EUROPEAN PARLIAMENT,

– considering that the European Community should make a substantial contribution in the sphere of health care and medical science, in particular as regards the dissemination and exchange of statistics which may be of use in saving more human lives,

– having regard to the report of the Committee on the Environment, Public Health and Consumer Protection (Doc. 24/79),

1. Notes that the demand for organ transplants in the Community cannot yet be satisfied rapidly enough, owing to the shortage of donors and organ banks and to the lack of co-ordination between existing banks;

2. Welcomes the fact that as part of its activities in the sphere of the Community data processing policy the Commission has already carried out a detailed study on the setting-up of a data bank for matching organs and blood;

3. Draws attention, nonetheless, to the fact that the efficient operation of organ banks depends to a large extent on their capacity and infra-structure, their accessibility in terms of time and distance and, of course, on the early recognition of the individual's willingness to donate organs:

4. Notes that where such systems already exist in the Community, the donation of organs is governed by varying systems or by no particular system;

5. Points out that only the "no objection" formula can best meet the needs of recipients;

6. Advocates strongly the adoption of the "no objection" formula, on condition that where such a system is introduced in a Member State, the best possible guarantee is provided that the individual's wishes will be respected;

7 Is aware, however, that especially in those Member States where legislation on organ transplants is at present still at the discussion stage, the obstacles which arise on ethical grounds with respect to the proposal of a "no objection" formula can only be eliminated gradually and consequently over a fairly lengthy period;

8. Takes the view, therefore, that the introduction of legislation on transplants, even on an optional basis, should be coupled with carefully prepared information campaigns co-ordinated at Community level;

9. Advocates in this respect the general introduction of a health card with an appropriate codicil;

10. Recommends that the Member States should see to it that their teaching and large city hospitals are enabled to assume their responsibilities in this sphere;

11. Calls on the Commission, therefore, to submit an optional draft directive on transplant systems and the requisite additional implementation procedures at the same time

as it draws up the recommendation arising from the aforementioned study on linking up existing organ banks and those still to be set up and ensuring easier access to them;

12. Instructs its President to forward this resolution and report to the Council and Commission and to the parliaments and the governments of the Member States.

---

*) English original version, reprinted here from *European Communities, The Council*, Resolution on Organ Banks, adopted by the European Parliament, 27th April 1979, No. 6463/79. An official German version can be found in: *Unterrichtung durch das Europäische Parlament, Entschließung zu den Organbanken*, 11th May 1979, Deutscher Bundestag, 8. Wahlperiode, BT-Drucks. 8/2840.

APPENDIX XIII

Draft Transplantation Act, 1979, of the German Federal Government*)

*(Entwurf eines Gesetzes über Eingriffe an Verstorbenen zu Transplantationszwecken [Transplantationsgesetz], 16th March 1979)**)*

§ 1
Range of Application; Definition

(1) This Act is applicable to operations performed on a dead person, of which the object is the removal of parts of the body and their transference to a living person or their connection to the circulatory system of a living person, or which serve the preparation of such a transference or such a connection.

(2) In this Act, ,,part of the body" means each natural part of the body.

§ 2
Authorisation of the operation

(1) The operation shall be permitted provided that:

1. the deceased has given his consent,
2. the operation is performed by a physician or under the direction of a physician, and
3. at least three hours have elapsed since the final cessation of the deceased's circulation.

(2) Subject to the conditions of Section 1, numbers 2 and 3, an operation of which the aim is the removal of individual parts of the body shall be permitted provided that:

1. it is indicated in order to preserve life or avert a serious deterioration in the patient's condition,
2. the doctor has not been informed or does not know of any objection on the part of the deceased,
3. either the deceased carried on his person or the physician or the hospital to which the physician belongs had access to the deceased's identity card as understood in the law on identity cards, issued after the coming into force of this Act or extended after this date, and
4. no declaration opposing the operation is to be found in the identity card, the physician having ascertained this prior to the operation.

The taking of blood in small quantities or of other body fluids is equivalent to the removal of individual parts of the body.

(3) If the deceased carried a valid identity card which was issued or extended for the last time prior to the coming into force of this Act, the operation shall be permitted subject to the remaining conditions of Section 2, provided that the next of kin to the deceased:

1. has given his consent to the operation,

2. has been informed by a physician of the intended removal of individual parts of the body of the deceased and that he may oppose this removal, and has not done so before the start of the operation.

Next of kin as meant in Sentence 1 of this Section are the spouse, children who have attained the age of majority, parents, and brothers and sisters who have attained the age of majority. When it comes to being called upon to make a declaration, the first three groups are of equal rank, above the brothers and sisters over the age of majority. The consent or objection of anyone of the equal ranking relatives must be taken into account; it is, however, sufficient for one of them to receive information according to Sentence 1 number 2 of this Section.

(4) If the deceased had not yet reached the age of sixteen at the time of his death, or if he was already incapable of declaring a valid consent before the deterioration in his condition which caused his death, the operation shall be permitted subject to the conditions of Section 1, numbers 2 and 3, and also Section 2, numbers 1 and 2, provided that the deceased was a German with a permanent domicile in the area covered by the Act, and that his legal representative:

1. has consented to the operation,
2. has been informed by a physician of the intended removal of individual parts of the body of the deceased and that he may oppose this removal, and has not done so before the start of the operation.

(5) Subject to the remaining conditions of Sections 1, 2, 3 or 4 [of § 2], the operation shall be permitted when less than three hours have elapsed since the final cessation of the circulation of the deceased, provided that a certificate has been submitted to the [transplanting] physician before the start of the operation in which two physicians certify the death and present the facts to support their statement. The physicians who certify the death must be involved neither in the operation nor in the actions for which the operation is intended.

§ 3

Consent

(1) Provided that the circumstances reveal nothing to the contrary, in particular any additional statements, the consent of the deceased to a removal of organs or transplant material is valid authority for an operation of which the object is the removal of individual parts of the body.

(2) Consent is not valid where it has been declared solely through acceptance of the terms of admission or terms of contract.

§§ 4–7 . . .

---

*) Unofficial translation of the German original by the author.
**) The original German version can be found as: *Gesetzentwurf der Bundesregierung: Entwurf eines Gesetzes über Eingriffe an Verstorbenen zu Transplantationszwecken (Transplantationsgesetz)*, 16th March 1979, *Deutscher Bundestag, 8. Wahlperiode, Drucksache 8/2681*, pp. 3–4.

APPENDIX XIV

Draft Transplantation Act, 1978–79, of the German Bundesrat

(Entwurf eines Gesetzes über Eingriffe an Verstorbenen zu Transplantationszwecken [Transplantationsgesetz], 26th October 1978/16th March 1979)**)

§ 1
Range of Application; Definition

(1) This Act is applicable to operations performed on a dead person, of which the object is the removal of parts of the body and their transference to a living person or their connection to the circulatory system of a living person, or which serve the preparation of such a transference or such a connection.

(2) In this Act, ,,part of the body" means each natural part of the body.

§ 2
Consent

(1) The operation (§ 1 Section 1) shall be permitted provided that the deceased has given his consent.

(2) If the physician has not been informed of any objection to the operation on the part of the deceased, but no declaration of consent made during his lifetime exists, the operation shall be permitted provided that the next of kin gives his consent. Next of kin are the spouse, children who have attained the age of majority, parents, and brothers and sisters who have attained the age of majority. The relatives shall be called upon to declare consent in the order of Sentence 2 [of this Section]. Relatives of higher priority preclude the entitlement of lower-ranking relatives. Where there are several relatives of equal rank, the consent of one of them is sufficient provided that the others do not object to the operation.

(3) If the deceased had not yet reached the age of sixteen at the time of his death or if he was already incapable of declaring a valid consent before the deterioration in his condition which caused his death, the operation shall only be permitted provided that:

1. the physician has not been informed of any objection on the part of the deceased to the operation, and
2. the legal representative has given his consent, and this person is a relative as listed in Section 2 Sentence 2; where there is more than one legal representative the consent of one of them shall suffice provided that the others do not object to the operation.

(4) Provided that the circumstances reveal nothing to the contrary, in particular additional statements, consent to the removal of organs or other transplant material shall be taken as legal authorisation for an operation of which the object is the removal of individual parts of the body. The taking of blood in small quantities or of other body fluids is equivalent to the removal of individual parts of the body.

(5) Consent is not valid where it has been declared solely through acceptance of the terms of admission or terms of contract.

§ 3
Further conditions to the operation

(1) The operation must be undertaken by a physician or under direction of a physician.

(2) The operation shall only be permitted if a certificate has been submitted to the [operating] physician before the start of the operation in which two physicians certify the death and present the facts to support their statement. The physicians who certify the death must be involved neither in the operation nor in the actions served by the operation. At the time of the statement they must also not be under the direction of a physician who is involved in the operation or the above-mentioned actions.

§§ 4–7 . . .

---

*) Unofficial translation of the German original by the author.
**) The original version can be found as: *Entwurf eines Gesetzes über Eingriffe an Verstorbenen zu Transplantationszwecken (Transplantationsgesetz)*, 26th October 1978, Bundesrat, Drucksache 395/1/78, pp. 4–6 = 16th March 1979, Deutscher Bundestag, 8. Wahlperiode, Drucksache 8/2681 (Anhang, pp. 14–15).

APPENDIX XV

The new American Medical Association Ethics Code 1980*)

Preamble

The medical profession has long subscribed to a body of ethical statements developed primarily for the benefit of the patient. As a member of this profession, a physician must recognize responsibility not only to patients, but also to society, to other health professionals, and to self. The following Principles adopted by the American Medical Association are not laws, but standards of conduct which define the essentials of honorable behavior for the physician.

[I.] A physician shall be dedicated to providing competent medical service with compassion and respect for human dignity.

[II.] A physician shall deal honestly with patients and colleagues, and strive to expose those physicians deficient in character or competence, or who engage in fraud or deception.

[III.] A physician shall respect the law and also recognize a responsibility to seek changes in those requirements which are contrary to the best interests of the patient.

[IV.] A physician shall respect the rights of patients, of colleagues, and of other health professionals, and shall safeguard patient confidences within the constraints of the law.

[V.] A physician shall continue to study, apply and advance scientific knowledge, make relevant information available to patients, colleagues, and the public, obtain consultation, and use the talents of other healt professionals when indicated.

[VI.] A physician shall, in the provision of appropriate patient care, except in emergencies, be free to choose whom to serve, with whom to associate, and the environment in which to provide medical services.

[VII.] A physician shall recognize a responsibility to participate in activities contributing to an improved community.

---

*) Adopted on the 22nd July 1980 by the House of Delegates of the American Medical Association in Chicago. The text is here reprinted from the *Hastings Center Report*, June edition 1980, 15, where a first commentary on the new code of ethics can also be found by: R. M. Veatch, Professional Ethics: New Principles for Physicians?, ibd., 16–19; the author gratefully acknowledges the co-operation of Dr. Rainer Flöhl who has kindly provided him with a copy of the periodical in which the code appeared; a first Commentary in German, by R. Flöhl, can be found in *Frankfurter Allgemeine Zeitung* No. 186, 13th August 1980, 29. The American spelling of the text is from the text of the code and has been preserved in faithfulness to the source itself.

AUTOREN- UND PERSONENVERZEICHNIS
TABLE OF AUTHORS AND PERSONS

(C.J. = Chief Justice; J. = Judge/Justice; L.J. = Lord Justice; M.R. Master of the Rolls)

Addy, J. 389	Bernstein 335, 339
Agabin. 344	Bersig 373
Agell. 367	Binder 385
Alexander 355	Birkett, L.J. 306
Almeder 356	Birnbaum 366, 333
Alment 300	Blackwell 354
Ambialet. 285, 346	Blair. 339, 340, 341
Ames 354	Böth. 355, 359, 360
Amgwerd 325	Bogolmony 348
Anders. 328	Bosch 382
Anderson 362	Bowker 355, 359
Annas 343, 355	Boyle 329
Anrys 281, 286, 310, 352, 355, 375, 392, 396	Brams 378
	von Brandis 319, 329
Appelbe 359	Bridgman 341, 342, 343, 344, 346
Aprison 361	Bringewat . . . ., . . . 327
Arnup 303	Bromley. 322, 367
Arras 348	Brügmann 311, 317
Atiyah 345	Brunhes 281, 283, 285, 338, 349
Atkin, Lord 364	Bryant. 382
Atkinson, Lord 327, 345	Buchanan 323
Auby 281, 285, 286, 304, 308, 310, 312, 313, 316, 332, 342, 346, 358, 392	Bucher. 308
	Busch 325, 359
Ayd 354	Bush, J. 300
	Buszko 357
Baer 361	Burns 281
Baker, Sir George 119, 381	
Bankowski. 356	Cameron 336, 344
Baron 323	Capron 306, 380, 428
Bartels. 426	Cardozo, J. 20, 172, 302, 317, 352
Bartsch 396	Carmi 347
Bauer 281, 318	Carmichael 282, 295, 343
Baumgärtel 391	Carpenter 337
Beals, J. 428	Carstens. 371, 374, 377
Beaucham 348	Cavers. 359
Beecher 73, 75, 216, 218, 347, 355, 356, 357, 359	Chammard 287, 308, 346
	Chardon. 285, 329
Beller 383	Chargoff. 357
Belli 323, 367, 368, 369	Charlesworth 281, 283, 284, 285,

286, 287, 288, 290, 291, 292, 293, 295, 297, 301, 302, 304, 305, 310, 315, 317, 328, 344, 345, 350, 381, 384, 385, 386, 388, 389, 390
Chitty 316
Clark 306
Clyde, Lord 305
Cohen, I.A. 385
Cohen, M.E. 307, 380, 383
Cole 341
Conway 375
Cooke 340
Cooper, J.K. 335, 339, 365
Cooper, Th. 282
Cordier-Karnezis 374
Crawford, J. 428
Crepeau 312
Curran 308, 337, 347, 350, 353, 354, 356, 372, 374, 428

Dale 359
Davies 349
Deichgräber   347, 423, 426
Denning, Lord, M.R. 8, 13, 41, 63, 148, 163, 166, 167, 189, 208, 279, 283, 285, 286, 289, 290, 291, 292, 293, 300, 301, 326, 328, 330, 344, 345, 351, 384, 386, 388, 390, 395, 397
Deschenaux 297, 301
Deutsch 282, 286, 287, 290, 297, 299, 304, 316, 325, 326, 332, 333, 336, 347, 352, 353, 355, 357, 360, 361, 384, 393
Devlin, Lord 285
Dickens 355, 360, 379, 382
Dierkens 372
Dietz 296
Diller 348, 426
Doll 372, 373, 375, 379
Donaldson, L.J. 291, 293, 300, 301
Dornette 292, 336
Duff, Sir Lyman 389
Dunedin, Lord 289
Dunz 144, 275, 296, 316, 320, 324, 326, 327, 332, 342, 349, 351, 359, 379, 384, 387, 388, 390, 392, 393, 394
Dyck 356, 428

Eberhardt 281, 287, 307, 308,
312, 313, 317, 319, 325, 326, 350, 352, 362, 393
Edelstein. 347, 348, 423, 426
Edmund-Davies, Lord 300
Edwards 120, 256
Effer 303
Ehrhardt 351
Eigler 373
Eisler 365
Engelhardt, H.T. 348
Engelhardt, K. 397
Engisch 351
Esser 326
Evatt J. 389
Evins 286, 304

Faesch 286
Fahy 341
Farror 370, 374, 376
Faust. 338
Feld 294
Fiedler 370
Fikentscher 285, 303
Fincke 346, 358
Finlay J. 294
Fischer 347, 351, 356, 428, 430, 433
Flöhl 378
Fleming 281, 284, 285, 286, 287, 290, 291, 292, 293, 294, 296, 299, 302, 303, 305, 309, 310, 312, 313, 315, 318, 328, 329, 344, 345, 385, 386, 387, 388, 389, 390, 391, 392
Flowers 328
Fölsing 383
Foley 321
Forster 281, 318, 362
Fost 373
Foster 329
Frantz 308, 318, 322
Franzki, H./D. 290, 326, 334, 385, 386, 387, 389, 390, 391, 392, 396, 397
Fraser, Lord 300
Freedman C.J. 289
Frenkel 312
Freud 332
Freund 359
Frey 292
Friedman 362
Friedmann 382
Fritsche 373

Frumer	362
Gaisbauer	281, 286, 289, 296, 314, 321, 349, 350, 362, 388
Gaius	281
Galbraith	294
Gandy	368
Garrett J.	306
Gaylin	354
Gazac	388
Gehring	281, 283, 284, 302, 304, 307, 308, 315, 316, 325, 327, 328, 346, 355, 359, 393
Geilen	325, 375
Gernhuber	381
Giesen	286, 287, 294, 302, 303, 306, 313, 318, 321, 332, 336, 352, 356, 358, 362, 363, 366, 373, 375, 379, 380, 381, 382, 383, 385, 391, 392, 393, 396
Gitter	313
Glantz	354, 355
Glass	428
Goddard L.J.	296
Godfrey	282
Göppinger	379
Goldsmith	363
Goldstein	332
Gonzenbach	325
Gottwald	391
Graham	371
Grahlmann	346
Gray	329
Grayson	301, 302, 343
Greene, Lord, M.R.	345
Greer L.J.	317, 378
Grieß	356, 396
Griffith	300
Griffiths	300
Gross	315
Grossen	374
Grotsch	313
Haber	361
Häring	357
Häussermann	333
Hailsham, Lord	344
Haines	350, 396
Halleck	351
Hallermann	350
Hammelman	329, 330
Hammerstein	367, 368
Hartkamp	356
Hasskarl	358
Hausheer	283, 287, 336, 374
Havighurst	354, 372
Hayt	392
Heinitz	375
Heiss	321
Helmchen	325, 350, 351, 359, 360, 361
Henry VIII	282
Hensel	352
Heppel	366
Herbert	287
Herken	352, 359
Herschell Lord	325
Heusten cf. Salmond	
Hilbery J.	344
Hinderling	292, 308, 318, 373, 374, 375
von Hippel	317
Hippokrates	1, 34, 58, 147, 157, 184, 204, 278, 281, 282, 328, 330, 347, 348
Hodson Lord	313
Höffner, Joseph Kardinal	383
Hofmann	326
Holczabek	287, 319, 323, 347
Holder	281, 286, 288, 291, 293, 294, 295, 296, 298, 299, 301, 302, 304, 305, 307, 308, 312, 313, 314, 315, 316, 318, 321, 322, 331, 332, 337, 342, 343, 344, 350, 354, 355, 359, 378, 379, 380, 381, 383, 387, 389, 392, 397
Holdsworth	282
Holland J.	286, 288, 296
Hollmann	283, 286, 325, 351, 359
Holloway	344
Hollowell	344
Honecker	375
Horan	323, 382
Horn	311, 356
Horty	343, 344
Howard-Jones	356
Hubinek	354
Humber	356
Hunt	348
Huxley	382
Imhof	371
Inbau	321, 327, 329, 330, 331, 343, 348, 384

Ingelfinger 353
Iversen, G. 321
Iversen, L.L. & S.D. 361

James 380
Jann 321
Janssen 296, 297
Jauernig 302, 313
John XXIII (Johannes XXIII.). . . . 383
John Paul II (Johannes Paulus II.) . . 74, 218, 357, 383
Johnson 309
Jolowicz 289, 290, 292, 293, 296, 304, 308, 313, 314, 317, 325, 328, 344, 354
Jorgenson 96, 236
Jork 296

Kaplan 323
Karchmer 309, 332, 333
Katz 354, 355, 428
Keller 300
Kelly 309
Kemper 297
Kennedy L.J. 389
Kennedy, W.J. 328
Kessler 303
Kewitz 352, 359
Kienzle 397
Kilbrandon Lord 95, 121, 236, 257, 366, 380, 382, 397
Kiralfy 282
Kisner 333
Klaue 371
Kleinewefers 329, 362
Kloesel 359, 360
Kloppenburg 338
Köbner 358, 360
Köhler 306
Kohlhaas 296, 327, 350, 352, 354, 359, 361, 362, 377
Koller 358
Kommers 321
Korcok 392
Kreuzer 330
Kriele 293, 348, 360
Krimmel 321
Kroitzsch 349
Kübler 371
Künnell 305

Kuhlendahl 318, 396
Kunert 377
Kurzawa 342
Kuschinsky 86, 228, 360, 361

Lackner 321
Ladimer 337
Lassere 346
Larenz 302, 304, 325
Laub 368
Laufs 281, 282, 286, 287, 288, 291, 293, 294, 295, 296, 298, 303, 304, 305, 306, 307, 308, 313, 315, 316, 317, 321, 322, 323, 324, 325, 327, 329, 330, 332, 339, 343, 347, 350, 354, 358, 371, 377, 379, 384, 391, 392, 393, 395, 396
Lawton L.H. 291, 293, 300
Leithoff 396
Le Torneau cf. Tourneau
Lieberman J. 306
Liedtke 358
Linck 370, 375
Linders 351
Lombardi 336
Lotz 310
Louisell 283, 286, 304, 396
Lovell 363, 365
Ludlam 319

MacDonald J. 306, 390
MacMillan Lord 289, 293, 344, 385
Maimonides 281
Maldonado . . . 282, 293, 309, 310, 320, 324, 332, 333, 335, 352, 358, 363, 391, 392, 394
Mankiewicz 364
Mansfield, Lord C.J. 34, 184, 330
Marschall von Bieberstein, Frhr . . . 287
Marsh 303
Martin 282, 329, 330, 344
Martini 359
Maugham L.J. . . . 287, 288, 290, 291, 304
Mazereau 346
McCoid 304, 327
McNair J. 287, 304, 317
Medrano 373
Meert van de Put 285, 329, 349, 351, 353, 372, 379, 383
Meerwein 325
Megaw L.J. 390

Table of Authors and Persons

Mehl. 368
Meisel 282
Micallef 354
Mielke 356
Miller, A.J. 284
Miller, C.J. 363, 365
Mitscherlich 356
Mohl 25, 175
Molzahn 370
Montador 339, 346
Montgomery. 362
Monzein. 287, 308, 346
Morden J. 317, 319
Moritz. 329, 396
Morris 396
Morse 353
Müller-Küppers 332
Müller-Oerlinghausen . . . 325, 350, 351, 359, 360, 361
Musielak 292, 305, 385, 386

Nagel 330
Nesbitt 289
Nevinny-Stickel 367, 368
Nield J. 344
Noll 349
Normand J. 388
Nüssgens . . 310, 316, 320, 324, 332, 351

O'Connell. 282
Ogus. 286
Offermann. 370
Ormrod L.J.. . . . . 322, 367, 397
Orr L.J. 297
Osborne. 340
Ott . . . 281, 282, 283, 284, 285, 286, 287, 288, 292, 293, 295, 296, 299, 300, 301, 302, 304, 308, 310, 311, 313, 315, 318, 324, 325, 326, 327, 329, 349, 385, 387, 393, 395
Otto 285
Owen 362

Palandt-Heinrichs 287, 302, 303, 305, 306, 316, 385, 386, 387, 391
Palandt-Putzo 283, 284, 384
Palandt-Thomas 282, 286, 298, 309, 317, 320, 327, 328, 364, 381, 384, 392
Paul VI 383
Payk. 351

Pearson, Lord 37, 92, 186, 233, 303, 333, 334, 335, 336, 339, 340, 341, 345, 353, 355, 358, 363, 364, 365, 366, 384, 392, 393, 394
Penneau . . . 283, 285, 287, 294, 304, 329, 346, 396
Pequignot 281, 285, 286, 304, 308, 310, 312, 313, 316, 332, 342, 346, 358, 392
Perovich. 372
Peters 281
Pharaon 287
Phelan Co. Ct. J. 389
Philip 338
Phillips 333
Picard 281, 282, 283, 284, 286, 288, 289, 290, 291, 293, 296, 301, 302, 303, 304, 305, 307, 308, 309, 310, 312, 313, 315, 316, 320, 326, 327, 329, 330, 331, 342, 345, 348, 349, 350, 351, 355, 356, 360, 372, 385, 386, 387, 388, 389, 390, 392, 395, 396, 397
Pichlmayr 371
Pius XII. 383
Plante 308, 309, 319, 332, 333
Pöggeler 379
Poliakov 356
Ponsold 331, 352
Poole 329
Posser 335
Potter 282
Powell 309
Powers. 329
Pribilla. 369
Prosser 302, 317, 335, 363
Purver 344

Radcliffe, Lord 289
Raiser 317
Ramsey 315
Randall 374
Ratnoff 347, 353, 354
Recher. 311
Reed. 296, 385
Reid, Lord. 289
Reinecke. 383, 385, 386, 391, 394
Reiser 356, 428
Relman 323
Revillard. 74, 217, 322, 350, 351,

353, 355, 356, 357, 360, 379, 380, 381, 382
Richardson 340
Rieger. 366, 378
Rieke 375
Ritchie J.. 389
Robertson 306
Robins J. 293, 300
Roche 338
Roemer . . . 281, 341, 342, 343, 344, 346
Roemer-Hoffmann 383
Roesch. 349, 377
Rosenthal 339
Roth, E.W. 339
Roth, Th. 366
Rozosky. 316, 330, 351, 360
Rubinoff. 363
Russell, Lord 300
Ryckmans 285, 329, 349, 351, 353, 372, 379, 383
Sachs J. 346
Sagall 296, 385
Salmond (Heuston) 282, 285, 286, 292, 304, 307, 308, 310, 312, 314, 315, 316, 319, 325, 326, 327, 328, 345, 352, 354, 362, 380, 385, 392
Salzler 287
Samson 358, 359, 377
Sander. 358, 360
Sankey, Lord 344
Sandford. 341
Savatier 55, 202, 281, 285, 286, 304, 308, 310, 312, 313, 316, 332, 342, 346, 358, 392
Sax. 344
Scott, Russell 370
Scott, H.W. 282, 291, 333
Scrutton L.J.. 309
Sebring, J. 428
Seidelson. 319
Selb 306
Severson 363
Sharpe 329, 331, 372
Shaw. 283
Shipley 310, 333, 343, 344, 382
Siebert 300
Siegmund-Schulze. 322, 327, 331
Simon, Lord 305
Skegg 310, 312, 314, 315, 326, 327, 352, 353, 360, 362

Sluyters 342, 346
Smith, C. 368
Smith, J.C. 347, 353, 354
Snyder. 361
Soergel. 300
Solnit 332
Solomon J.. . . . . 289, 337
Spaemann 383
Spann 331
Speck 371
Specht 332
Speller 287, 296, 297, 299, 305, 312, 314, 315, 316, 320, 321, 322, 327, 329, 330, 331, 332, 342, 344, 345, 346, 348, 349, 354, 376, 379, 392, 393
Spengler 368
Spicker. 348
Spinella 374
Spokken 375
Spoonhour. 308
Swanwick J.. 290
Schellen 321
Schettler. 296
Scheunemann 308
Schimanski. 396
Schlechtriem. 285, 313
von Schlichtegroll 352
Schlund 310, 329
Schmidman 287
Schmidt 326, 352
Schmidt-Salzer. 363, 366
Schmitt 323
Schneider 367
Schneyer. 308, 353, 357
Schnyder. 301
Scholl 358, 360
Schopler 284
Schors 397
Schreiber. 323
Schrero 339, 341
Schroeder, H. 296
Schroeder, J.. 290
Schuller-Budd 361
Schultz, G. 379, 382
Schultz, H. 374
Schwank. 361
Schwartz. 363
Schweisheimer. 284, 333, 366, 374
Schwerdt. 355
Staak. 318, 349

Table of Authors and Persons

Standridge 348
Starnes 386
Stein 359, 361
Steiner 425
Steller 329
Stimson 333
Steptoe 120, 256, 357, 382
Stoll 283, 286
Stolz 303
Stone, A.A. 289, 331
Stone, O.M. 321, 379, 380, 381
Strätz 377, 378
Streatfield J. 295
Street 292, 295, 296, 302, 304, 305, 308, 309, 310, 312, 317, 325, 328, 332, 345, 385
Sturm 374
Stürner 394

Tan 343
Teichmann 302
Tempel 308, 314
Thilo 287
Thomas 364, 381, 384, 392
Tomlanovich 337, 338
Tomlin, Lord 296
Tompkins 312, 313
Tourneau 283, 287, 288, 297, 305
Travers 338
Trenkner 370, 373
Trockel 323, 352, 378
Trostdorf 338
Trube-Becker 362
Tunc 390, 395

Uhlenbruck . . . 292, 296, 313, 314, 323, 332, 349, 350, 384, 388, 391
Ulpianus 281
Ulsenheimer 315

Vargo 363
Veatch 354, 356
Vennell 341
Vilmar 321
Visscher 348
Vogel 378

Wachsmuth 324
Waddams 360
Wadlington 296, 337

Wagner, E. 344
Wagner, J. 327
Walcher 359
Walter 391
Walters 348
Waltz 308, 321, 327, 329, 330, 331, 343, 348, 384
Wannagat 396
Wartensleben 358
Wasmuth 347
Wasserburg 393
Weimar 288
Weissauer 292
Weisshaupt 426, 428, 430, 433, 435
Weitnauer 310, 366
Wernado 351
Werne 385
Wernf 360
Westermann 304, 342
Westphalen, Graf von 364
Weyers . . . 285, 336, 337, 342, 384, 395
Wilberforce, Lord   293, 300, 350
Wilking 385
Wille 428
Williams, H. 283, 286, 304, 396
Williams, J.C. 289
Williams, R.H. 375
Wilson J. 285, 286
Wilts 329
Winfield 289, 290, 292, 293, 296, 304, 308, 313, 314, 317, 325, 328, 344, 354
Wing 325, 354, 360
Winkhaus 328
Winten 348
Wistrand 357
Wittmann 391
Wood 336
Woodhouse J. . . 290, 294, 339, 340, 341, 366
Wright, Lord 345
Wulf 356
Wunderli 426, 428, 430, 433, 435

You 329
Ytreberg 330

Zenglein 351
Zeuner 300
Ziegler 371
Zimermann 323

SACHVERZEICHNIS

(Wegen zusätzlicher Hinweise wird der Leser auch auf den englischen Index sowie die anderen Verzeichnisse dieses Buchs verwiesen)

Abtreibung 18, 27, 64, 119, 120, 312, 314, 315, 319, 321, 323, 381, 382
Accident Compensation Commission (N. Z.) 44 ff., 192 f., 340 ff.
actes médicaux 55
actes d'organisation du service 55
actori incumbit probatio 393
 s. Beweislast
Adäquanztheorie 7, 14, 15, 40, 114, 115, 118, 289, 298 (Bsp.), 302, 303
Adoption 117
– vorgeburtliche 382
Ärztekammern 34, 338
 s. Bundesärztekammer
Ärztestand, Entwicklung des, und Haftungsrecht 1 ff., 8, 37 ff.
Ärztliche Sorgfaltspflichten
 s. Sorgfaltspflichten
agents public 55, 56
Akupunktur 293
Alabama (USA) 304, 306, 307
Alaska (USA) 325, 385
Alberta (Can.) 64, 209, 286, 290, 296, 297, 298, 304, 306, 307, 308, 313, 319, 329, 331, 332, 345, 348, 349, 350, 351, 353, 356, 369, 385, 387, 388, 390, 392, 393, 394, 414
Allergien, Verkennung, diagnostische, von 298, 340
American Hospital Association 29, 30, 180, 319, 324, 344, **434 ff.**
American Jnl. of Law and Medicine 347
American Society of Law and Medicine 347
American Medical Association **455 ff.**
American Surgical Association 336
Anästhesiezwischenfälle 292
 s. die folg. Stichworte
Anästhesisten 16, 53, 54, 292, 309, 332, 343, 344

– A. müssen die von ihnen kontrollierten technischen Apparate voll beherrschen, Fehler dabei Sorgfaltspflichtverletzung 292, 390
Anaesthetica, Verwendung von, Sorgfaltsmaßstab bei 8, 10, 70, 289, 309, 312, 332
Anamnese 11, 34, 346
– unzureichende, wann 299 (Bsp.), 346
Anfänger
 s. Praxiserfahrung
 s. Sorgfaltspflichten, des Arztes
Angehörige, Einwilligung der, im Transplantationsbereich 108 ff., 112, 113
Angestellte, Haftung des Krankenhauses für 49 ff., 51, 53, 301, 342
 s. Erfüllungsgehilfenhaftung
 s. Verrichtungsgehilfenhaftung
Angiogramm 107, 292
Angloamerikanischer Bereich 3, 14, 21, 25, 49, 128 f., 196
 s. *Common Law*
 s. die einzelnen Länder
Anscheinsbeweis
– Krankenhaus, Haftung des, für dort verursachte Schäden, auch wenn nicht feststeht, wer von den Mitarbeitern des K. Ursache gesetzt hat 17, 18
 s. Krankenhaus
– Patient, zugunsten des 77, 124 ff., 127 ff., 129 ff., 304, 384 ff., 386, 388, 389
 s. Arzthaftungsprozesse, Indizienbeweis
 s. Arzthaftungsprozesse, Lebenserfahrungssätze
– – beim Kausalzusammenhang zw. typischerweise schadenstiftendem Behandlungsfehler u. Schaden 124, 125, 129, 385, 386, 387

– – bei Schäden, die durch typisches ärztl. Fehlverhalten entstanden sind 124, 129, 384, 386
– – beim Verschulden des Arztes/Krankenhauses für den Behandlungsschaden 125, 129, 304, 386
– – Voraussetzungen eines 127, 128, 129 ff., 389
Anspruch 284
Anstellungskörperschaft
  s. Arzthaftung, zivilrechtliche
  s. Staatshaftung
Antibiotika 353
Antidepressiva 86, 360
Antihistaminica 352
Apotheker 53, 61, 62
Arbeitsrecht 51
Arbitration Boards (USA) 41 ff., 146, 190, 191
Argentinien 413
Arizona (USA) 317, 318, 343, 392, 394
Arkansas (USA) 286, 304, 315, 316
Arzneimittel
– Blindversuche
  s. dort
– Erprobung neuer
  s. dort
  s. hier, Versuche
– Hersteller und neue
– – Haftung des, für neue 79 ff., 87, 89 ff., 346 ff.
– – Pflichten des, bei Prüfung neuer 79 ff., 87, 346 ff.
– neue 79 ff., 346
– Prüfung von
– – durch Hersteller 87
– – durch Klinik 79 ff., 346, 353, 358, 359
– – – Einholung von *second opinions* bei 85
  s. auch Blindversuche
  s. auch *second opinions*
– – – Güterabwägung bei 80 ff.
– – – an Versuchspersonen
– – – – Aufklärungserfordernisse 81, 346 ff., 353, 358
– – – – Einwilligungserfordernisse 81, 346 ff.
– – – – Minderjährige als 82, 83
– – – – Zahl der freiwilligen, gering 353
– Psychiatrie, A. in der 30, 31, 64 ff., 84, 85, 86, 325, 348

– Versuche mit neuen
– – therapeutische 85 ff., 346 ff.
– – – Aufklärungspflichten 86, 88, 89
– – – Sorgfaltspflichten 86, 87, 88
– – wissenschaftliche 79 ff., 346 ff., 351, 354, 358
– – – Abwägungskriterien bei 80, 81, 350, 351
– – – Aufklärungspflichten bei 81, 83, 84
– Zulassungsvoraussetzungen bei Prüfung neuer 81 ff., 87
– Zusammensetzung von neuen 62, 88, 89
Arzneimittelgesetz, deutsches
– von 1961 87
– von 1976 81 ff., 87, 316, 346, 354, 358 ff. 363, 365 ff.
Arztfehler
– Abweichung von Lehrbüchern und etablierten Methoden, geringe, noch kein 294, 295
  s. Arzthaftung, zivilrechtliche
  s. Aufklärung, Pflicht des Arztes
  s. Sorgfaltspflichten des Arztes
  s. Schulenstreit
– Fehldiagnose nicht notwendigerweise auch vorwerfbar 13, 283, 300
  s. Fehldiagnose
  s. Verlauf, unglücklicher
– Nichtbeachtung vorhandener Krankenunterlagen, vorwerfbarer 298 (Bsp.), 299 (Bsp.)
– Verlauf, unglücklicher, der Behandlung, für sich allein noch kein vorwerfbarer 12, 13, 124, 125, 283, 290
  s. Fehldiagnose
– Wahl einer neuen statt der etablierten Behandlungsmethode allein noch kein 59, 60, 62
– – kann sogar geboten sein 62
  s. Behandlungsfehler

Arzthaftung
– strafrechtliche 23, 33, 34, 95, 98, 111, 113, 305, 319, 321, 322, 327, 329, 346, 352, 358, 382
– zivilrechtliche 1 ff., 57 ff., 77, 78, 79 ff., 142 ff.
– – Abweichung von anerkannten Behandlungsmethoden, bei 9 ff., 12, 13, 14, 16, 17, 18, 19

– – – Behandlungsfehler, wann 10, 11, 12, 13, 60, 295
– – – Behandlungsfehler, wann nicht 10, 13, 62, 291
– – Adäquanztheorie und
s. dort
– – Angestellte, für 13, 14, 124, 301, 342 ff.
s. Erfüllungsgehilfenhaftung
s. Verrichtungsgehilfenhaftung
– – Ansprüche aus Vertrag und Delikt, kumulative 3, 24, 285
– – – Ausnahme: Frankreich 3, 285
– – – Sorgfaltspflichten bei, keine wesentlich unterschiedlichen 286
– – Arzneimittelprüfung, klinische, bei 79 ff., 346 ff.
– – Arzthaftungsprozesse, Anstieg von
s. dort
– – – Schadenssummenanstieg
s. Schadenssummen
– – Aufklärung, bei mangelnder
s. Aufklärung
– – Behandlungsmethoden, bei neuen
s. Heilversuche
– – Belegärzte und
s. dort
– – Chefärzte und
s. fort
– – Deliktsrecht und 1, 3 ff., 24, 36, 50 ff., 78, 90, 119 ff., 140, 282, 314, 343
– – – subsidiär, in Frankreich 3, 358
– – bei Eierstockverpflanzungen 115 ff.
– – Einwilligung des Patienten, bei fehlender 19 ff., 58, 63 ff., 319
s. Einwilligung
– – bei Eiverpflanzungen 115 ff.
– – bei Embryoverpflanzungen 115 ff., 120 ff.
– – Entwicklung zum Deliktsrecht 1 ff.
– – Entwicklung zum strikteren
s. hier, Gefährdungshaftung
– – Epidemien, bei 16, 33
– – Ergebnis, unglückliches, allein noch kein Grund für 12, 13, 125, 283, 290
s. Arztfehler
s. Fehldiagnose
s. Verlauf, unglücklicher
– – Fallrecht 1, 8, 9 ff., 21, 28, 68, 98 ff., 113, 115

– frühester dokumentarisch belegter Fall von, in England, gegen Chirurgen, 1374 282
– – – – in den Vereinigten Staaten, 1790 282
– – Fehldiagnose, nachlässig gestellte, kann zur, führen 288, 297 (Bsp.), 298 (Bsp.)
s. auch Fehldiganose
– – Gefährdungshaftung, teilweise Entwicklung zur, bei der 2, 37 ff., 39, 40, 41, 68, 76, 77, 78, 132, 135, 332, 335, 358, 360–361, 362–363, 383
– – Geschlechtsumwandlung und
s. dort
– – bei Gewebeverpflanzungen 100 ff.
– – Gründe, tatsächliche, für die 5 ff., 39, 40, 58, 59, 60 ff., 77, 78
s. Behandlungsfehler
s. Behandlung ohne Einwilligung
s. Beweislast
s. Einwilligung
– – Grundsätze, der allgemeinen 1 ff., 9 ff., 12 f., 24 ff., 31 f., 39 f., 58 f., 60 ff., 77, 78, 113, 116
– – Grundsätze der, in Leitsätzen 136 ff.
– – bei Güterabwägung durch Patienten zw. Lebensrettung und Selbstbestimmungsrecht sowie Entscheidung zugunsten des letzteren 22, 23
– – Heilbehandlung und 5 ff., 19 ff., 36 ff., 78, 346
s. Heilbehandlung
– – Heilversuche und 57 ff., 59 ff., 76, 77, 78, 85 ff., 346 ff.
s. Heilversuche
– – Humanexperimente und 57 ff., 67 ff., 76, 77, 78, 79 ff., 81, 346 ff., 361, 383
s. Humanexperimente
– – Informationspflichten, Verletzung von, und
– – – gegenüber Behörden
s. dort
– – – gegenüber an der Behandlung beteiligten od. nachbehandelnden Ärzten/Krankenhäusern 12, 17, 299 (Bsp.), 346 (Bsp.)
– – bei Insemination, heterologer 115 ff., 379
– – in Katastrophenfällen 16, 33, 328
– – Kausalzusammenhang, wichtige Vor-

aussetzung für
- - - zw. Aufklärungsmangel u. Schaden 24, 32, 326
- - - zw. Behandlungsfehler u. Schaden 14 ff.
s. Beweislast
- - Krankenhausärzte und
s. dort
- - Krankenhauspersonal und
s. dort
- - Maßstab, allgemein akzeptierter, Abweichungen, negative, vom, Hauptgrund der 8, 9, 10, 12, 13, 60, 61
s. Beweislast
- - Meinungsstreit über Methoden und
s. hier, Schulenstreit
- - Mitarbeiter und 13
- - Nichtbeachtung vorhandener Krankenunterlagen und 298 (Bsp.), 299 (Bsp.)
- - in Notfällen 16, 17, 33, 34, 304, 305, 328
- - bei Organverpflanzungen 100 ff., 113 ff., 370 ff. (Bsp.), 373
- - bei Patientenentscheidung gegen weitere Behandlung 22, 23, 315
- - Privatärzte und
s. dort
- - und Produzentenhaftung, kumulativ 40, 61, 77, 87, 89 ff., 94, 95
s. auch Produzentenhaftung
- - Rechtsnatur der 1 ff., 5 ff., 19 ff., 24, 37, 39, 64
- - - Beurteilung, unterschiedliche, der, im Laufe der Entwicklung 1 ff.
- - Rechtsvorschriften, allgemeine, zur, anwendbar 36, 76 ff., 78, 113
- - Richterrecht 1, 9 ff., 113
- - Risikosphäre des Arztes und, beweisrechtliche 77, 78, 123 ff. (124, 126, 127, 128), 129 ff., 131, 134, 350
s. Beweiserleichterungen
s. Beweislast
s. Beweisrecht
- - Schadensersatzpflicht, Folge der
s. dort
- - Schmerzensgeld, Folge der
s. dort
- - Schulenstreit, über verschiedene Methoden, keine, bei, solange Arzt einer von versch. akzeptierten Meinungen Vorzug gibt 27, 64, 291, 292, 293, 294
- - Schweigepflicht, bei Verletzung der
s. dort
- - Sorgfaltspflichten und
s. dort
- - Staathaftung und 3, 4, 48–49, 55, 56, 285
- - Stand neuester medizinischer Erkenntnisse und
s. dort
s. hier, Verfügbarkeit modernster Geräte
- - bei Teamarbeit
s. Behandlungsfehler
s. Sorgfaltspflichten
- - bei Transplantationen 100 ff., 113 ff.
- - - vom lebenden Spender 102 ff.
- - - vom toten Spender 105 ff.
- - Transsexuelle Chirurgie und
s. dort
- - Verfügbarkeit modernster Geräte und
- - - Patient, Recht auf
s. dort
- - - Unerreichbarkeit, im Einzelfall, begründet keine 287, 288, 289
- - Verjährungsfristen
- - - A. auch nach Ablauf der, in einigen *Common-Law*-Ländern 3, 284
- - - Tendenz zur Verkürzung der, in USA 284
- - - Unterschiedliche, je nach Vertragsart 2, 3, 284
- - - - kurze, im deutschen Deliktsrecht, ohne Einfluß auf lange, im deutschen Vertragsrecht 284
- - - - desgl. in der Schweiz 284
- - Verjährungsvorschriften 2, 3, 52, 284
- - Verlauf, unglücklicher
s. dort
- - Verschuldenshaftung, grundsätzlich 1 ff., 8, 9 ff., 12 f., 16 f., 37 f., 39, 76, 77, 78, 94
- - - Gründe dafür 37, 38
- - Verschuldensunabhängigkeit der, wünschenswert bei Heilversuchen und Humanexperimenten 37 ff., 39, 40, 41, 76, 77, 78, 94
- - Versicherungskosten und
s. dort

– – Vertragsrecht und 1, 2 ff., 24, 49 ff., 64, 116 ff., 350, 358
– – – Arzt-Patienten-Vertrag bei Veranlassung der Behandlung durch Dritte? 2, 3, 284
– – Zusammenwirken mehrerer Schadensursachen und
s. dort
Arzthaftungsprozesse
– Anscheinsbeweise in, zulässig 124 ff.
– – Voraussetzungen eines 127 ff.
– Anstieg der, in den letzten Jahren
– – im Bereich von Heilbehandlung und Heilversuchen 31, 41, 44, 47, 342
– – nicht im Bereich von Humanexperimenten 68, 353
– – Quote der erfolgreichen Prozesse jedoch geringer als in anderen Haftungsprozessen 31, 333–334
– Entwicklung zu strikterer Haftung in den
s. Gefährdungshaftung
– Indizienbeweise in, zulässig 125 ff.
– Lebenserfahrungssätze in, zulässig 125 ff.
– Verhandlungsmaxime, keine typenreine, in 123
s. Beweiserleichterungen
s. Beweislastumkehr
s. Hinweispflichten des Gerichts
s. Verhandlungsmaxime
– Verlagerung, forensische, von Behandlungsfehlervorwürfen auf Vorwurf unterlassener Aufklärung, in 19, 36, 76, 124
s. auch Prozeßverlagerung
Arzthaftungsrisiken, Versicherbarkeit von
s. dort
Arztrecht
s. Arzthaftung
Asien 281, 370
Assistenten 13, 50
Assistenzärzte 50, 343
Aufklärung
– Anforderungen, große
– – bei schwerwiegenden u. irreversiblen od. (noch) unüberschaubaren Konsequenzen der geplanten Behandlungen od. Operationen 27, 58, 59, 63 ff., 68, 314, 353
– – bei med. nicht dringl. od. nicht indizierten Behandlungen od. Operationen 27, 59, 68, 311 (Bsp.), 319, 320

– – bei zunehmender Unklarheit über den Behandlungserfolg 27, 58 ff., 63 ff., 68, 350, 353
– Beweisrecht, Einfluß der, im 124, 132 ff., 307, 308, 311, 350, 353
– Einschränkung der, im Patienteninteresse, durch den Arzt, nur in engen Ausnahmefällen zulässig 64, 65, 85, 104, 351, 352, 362
s. auch Privileg, Therapeutisches
– Formulare und
s. Einwilligungsformulare
– Grundsätze der ärztlichen, in Leitsätzen 136 ff.
– Maßstäbe für die, uneinheitlich, jedoch konkretisierbar 20 ff., 25 ff., 58 ff., 69 ff., 76, 77, 78, 133 ff., 309, 310, 316, 318, 346, 350, 353
s. auch Aufklärungsanforderungen
s. Einwilligung
– Patientenbedürfnis nach 27, 28, 58 ff., 68, 76, 77, 78, 309, 316, 318
s. auch Patient, Recht auf
– Pflicht des Arztes zur
– – über Alternativmethoden 19, 30, 89, 309, 316, 324
– Pflicht des Arztes und Experimentators zur
– – bei Arzneimittelerprobung, klinischer, umfassend 81, 350, 353
– – bei Arzneimittelprüfungen
– – – therapeutischen 85 ff., 88, 89
– – – wissenschaftlichen 79 ff., 81, 83, 84, 350, 353
– – Bedeutung der, wird von vielen Ärzten und Krankenhäusern nicht ernst genug genommen 25, 103, 311 (Bsp.), 318, 319, 320, 321, 352–353
s. Patientenaufklärung
– – Bedeutung der, wachsende, in Arzthaftungsprozessen 19 ff., 36 ff., 76, 77, 78, 307, 309–310, 311 ff., 318, 324, 350
– – bei Behandlungsrisiken 19 ff., 59 ff., 62, 63, 64, 67 ff., 69 ff., 77, 78, 309, 310, 311, 314, 316, 324, 350, 353
– – bei Diagnoseeingriffen ohne therapeutischen Eigenwert, besonders streng 21, 58, 59, 68, 69, 311
– – bei Eierstockverpflanzungen 115 ff.
– – bei Eingriffen, diagnostischen, ohne

therapeutischen Eigenwert für Behandelten, sehr hoch 21, 59, 68, 70, 71, 77, 78, 311
- - bei Eiverpflanzungen 115 ff.
- - bei Embryoverpflanzungen 115 ff., 120 ff.
- - und Freizeichnungsklauseln s. dort
- - über Gefahrenrisiken
- - - bei Behandlung und Operationen 6, 12, 25 ff., 58, 59, 63 ff., 67 ff., 309, 310, 311, 316, 318, 324, 350
- - - Beispiele:
- - - - Aussichtslosigkeit einer 311
- - - - Fahrtüchtigkeit, Herabsetzung der, nach ärztlicher 12
- - - - Nebenwirkungen, schädliche 11
- - - - Sterilisation 64
- - - - unbekannte Gefahren 350
- - - - Überdosis, Gefahren einer 12 s. auch Überdosis
- - über Gefahrenhäufigkeit, auch bei sehr geringer 25, 27
- - bei Geweberverpflanzungen s. Organverpflanzungen
- - Goldene Regel über die 29, 30, 58, 59, 309, 353
- - bei Heilbehandlung 19 ff., 309, 316, 318
- - - wachsende Bedeutung der 36 ff., 318
- - bei Heilversuchen 58, 62, 63 ff., 77, 78, 85, 88, 89
- - - wachsende Bedeutung der 76 ff.
- - bei Humanexperimenten 58, 67 ff., 70, 71, 77, 78, 353
- - - wachsende Bedeutung der 76 ff.
- - bei Insemination, heterologer 115 ff. s. auch Insemination
- - Maßstab, besonders strenger, bei nicht unmittelbar therapeutischen (sondern z. B. diagnostischen od. experimentellen) Maßnahmen 7, 21, 39, 40, 58, 59, 70, 71, 76, 77, 78, 311
- - über Nebenwirkungen, schädliche 29, 30, 46, 61, 68, 70, 89, 309
- - gegenüber Organempfängern 104, 114, 115
- - gegenüber Organspendern 102, 103
- - bei Organverpflanzungen 100 ff., 115, 354
- - - vom lebenden Spender 102 ff.
- - - vom toten Spender 105 ff.
- - bei Placebo-Behandlung
- - - therapeutischer 85 ff., 86, 88, 89
- - - wissenschaftlicher 79 ff., 81, 83 s. auch Placebos
- - schrittweise A., kann erlaubt, sogar indiziert sein 26 ff., 64
- - - im Zweifel aber eher umfassende als zu kurze A. 320
- - beim Schulenstreit zw. Mehrheits- u. Minderheits- od. versch. Meinungen, solange er einer etablierten Behandlung folgt 27, 64, 291, 292, 293, 294, 295
- - bei Transplantationen s. Organverpflanzungen
- Pflicht des Patienten zur s. Patient
- Rechtsfolgen
- - bei Verletzung der Pflicht des Arztes zur 32, 78, 329
- Umfang der Pflicht des Arztes zur
- - abhängig vom Bildungs-, Verständnis- u. Wissensgrad des Patienten 27 ff., 103
- - abhängig vom Einzelfall 24 ff., 58, 59, 62, 63 ff., 76, 78, 104, 309, 311, 316, 350
- - im Bereich von Behandlungen und Operationen 6, 24 ff., 63 ff., 76, 77, 78, 309, 311 (Bsp.), 316 (Bsp.), 350
- - im Bereich der Diagnose 6, 7, 12, 13
- - im Bereich der Heilbehandlung 6, 24 ff., 309, 316
- - im Bereich der Heilversuche 58, 59, 62, 63 ff., 77, 78, 88, 89, 309, 316, 350
- - im Bereich der Humanexperimente 58, 59, 69 ff., 70, 71, 77, 78, 309, 350, 353
- - im Bereich der Organtransplantation 103, 104
- - Vielfalt der den, bestimmenden Variablen 25 ff., 58, 59, 63 ff., 309, 311, 350 s. Beweisrecht
s. Risikosphäre des Arztes
- Verzicht des Patienten auf
- - bei Heilbehandlung 31, 66, 135
- - bei Heilversuchen 31, 32, 63, 66, 67, 135, 326
s. Inhaltskontrolle
- - bei Humanexperimenten 30, 31, 63, 135

Sachverzeichnis

s. Inhaltskontrolle
Aufnahmen, photographische, ohne Einwilligung des Patienten, rechtswidrig 21, 312
Ausbildung der Ärzte und Juristen 144 ff., 147, 148
s. auch Weiterbildung
Aussageverweigerungsrecht 34
Australian Capital Territory 413
Australien 3, 4, 90, 101, 102, 160, 179, 232, 241, 281, 284, 286, 302, 310, 312, 313, 344, 345, 363, 370, 371, 373, 374, 381, 386, 388, 390, **413 ff**
Australia, High Court of 4, 160
Auswahlverschulden
s. *culpa in eligendo*
Baden-Württemberg 338
Bagatellschäden 93
Bayern 338
Bedeutung der Aufklärungspflicht
s. Aufklärungspflicht
Behandlung
– ohne wirksame Einwilligung ist Körperverletzung (str.) 24, 115, 317
– – auch nach *Common Law* 282, 317
– ohne wirksame Einwilligung, rechtswidrig 19 ff., 21, 22, 24, 25, 31, 108, 316, 317, 318, 326
s. Patient
s. Sorgfaltspflichten des Arztes
– ausnahmsweise auch ohne Einwilligung zulässig 32 ff., 315
Behandlungsfehler, Ärztlicher
– Abweichung von anerkannten Behandlungsmethoden, wann B. und wann nicht 9, 10, 11, 12, 13, 60 ff., 290, 291, 292, 293, 294, 295, 296, 297, 298, 299 ff., 350
– Anamnese, unzureichende
s. dort
– – Beispiele 299
– Begriff 15, 16, 36, 60, 61, 303, 339, 340, 350
– Beispiele für 288, 292, 295 ff., et passim, 350, 351
– Diagnose, falsche 11 ff., 13, 46, 113, 114, 288, 297 (Bsp.), 298 (dto.)
– Haftungsgrund 5 ff., 12, 13, 60, 61, 76 ff., 350, 351
s. Sorgfaltspflichten des Arztes
– Nichtbeachtung von

– – Dosierungsvorschriften 10, 61, 295
– – Gebrauchsanweisungen 61
– – Gegenindikationen 61, 299
– – Indikationshinweisen 61, 350
– – Testanweisungen 351
s. Sorgfaltspflichten des Artzes
– Prozeßverlagerung, forensische, von Behandlungsfehlervorwürfen auf Vorwurf nichtkonsentierter Behandlung
s. Arzthaftungsprozesse, Verlagerung
– Teamarbeit, B. kann auch vorliegen, wenn Sorgfaltsstandard nur bei einem Mitglied des Ärzteteams zu wünschen übrig läßt 16, 107, 108, 113, 304, 342, 343
– Tun, durch aktives 9 ff., 17, 60 ff., 77, 78
– – Fallgruppen 10 ff., 60 ff., 295
– Unterlassen, durch pflichtwidriges 5 ff., 11 ff., 17, 60, 62 ff., 77, 78, 350
– – Fallgruppen 11 ff., 62 ff.
s. Kunstfehlerprozesse
Behandlungspflicht, Ärztliche 22, 32 ff.
– im öffentlichen Interesse 32, 33
– in Not- und Unglücksfällen 33
– bei Bewußtlosigkeit des Patienten u. akuter Lebensgefahr 33, 34
Behandlungsmethoden
s. Heilbehandlung
s. Heilversuche
s. Humanexperimente
s. Sorgfaltspflichten des Arztes
Behandlungsrisiko
s. Verhältnismäßigkeit
Behandlungsvertrag
s. Arzthaftung, Vertragsrecht
Belegärzte 50, 51, 54, 343
Belgien 98, 100, 109, 238, 240, 248, 281, 285, 310, 329, 349, 363, 367
Beratungsstellen 41 ff.
Berlin (W) 338, 367, 370
Berufsordnung für die deutschen Ärzte **441 ff.**
Beweiserleichterungen zugunsten des Patienten 9, 16, 31, 39, 59, 61, 66, 77, 78, 123, 124, 125 ff., 129 ff., 131, 133 ff.
s. Anscheinsbeweis
s. Beweislast
s. Beweislastumkehr
Beweislast 123 ff., 131, 132 ff., 308, 324, 326, 360–361, 390, 391, 393, 394

– Arzneimittelhersteller trägt B., daß Arzneimittel wirksam und unschädlich 87
– Arzt muß sich für schadenstiftendes Verhalten seiner Angestellten entlasten 13, 14, 124, 125
– Arzt (Krankenhaus) trägt B.
– – bei grober Fahrlässigkeit 131
– – bei fehlenden od. unzureichenden Krankenunterlagen 131, 134, 391, 393
– – bei Unzumutbarkeit der (weiteren) Beweisführung 132
– – dafür
– – – daß seine Behandlungsmethoden dem Stand der Zeit entsprechen 9, 16, 39, 40, 61, 77, 78, 89, 131, 286, 290, 350, 360–361
– – – daß seine neue Behandlungsmethode notwendig war 88, 89, 135
– – – Behandlungen und Operationen im beherrschbaren Geschehensablauf seines Verantwortungsbereichs fehlerfrei durchgeführt wurden 16, 39, 40, 77, 78, 360–361, 390
s. Risikobereich des Arztes
– – – daß Doppel-Blind-Versuch zur klinischen Arzneimittelerprobung unbedingt erforderlich war 81, 84, 88
– – – daß sein Heilversuch überwiegend therapeutischen Zwecken und dem individuellen Patientenwohl dient bzw. notwendig war 59, 77, 78, 88, 89
– – – daß er den Patienten hinreichend aufgeklärt u. seine Einwilligung eingeholt hat 31, 59, 77, 78, 84, 85, 124, 132, 133, 308, 322, 394
– – – – a. A. 332
– – – daß der sehr seltene Ausnahmefall eines sogen. „therapeutischen Privilegs" vorlag und Aufklärung deshalb unterbleiben durfte 66, 84, 85
s. auch Privileg, Therapeutisches
– – – daß Patient nach erfolgter Aufklärung wirksam in Behandlung od. Operation eingewilligt hat (od. selbst bei ordnungsgemäßer Aufklärung eingewilligt hätte) 31, 32, 36, 132, 133, 320, 394 (Bsp.), 394
– – – daß Patient wirksam auf Aufklärung verzichtet hatte 31, 135, 326

– – – daß Patient auf Schadensersatzansprüche wegen verletzter Aufklärungspflicht wirksam verzichtet hat 31, 326
s. Inhaltskontrolle
– Krankenhaus
– – muß sich für schadenstiftendes Verhalten seiner Mitarbeiter entlasten 17, 18, 51, 53, 54, 78, 389, 390
– – trägt Beweislast dafür, daß es gehörige Sorgfalt bei Auswahl, Einarbeitung und Überwachung der Angestellten beachtet hat 51, 54, 78
s. auch Angestellte
s. Organisationsverschulden
– Patient
– – trägt Beweislast für
– – – Behandlungsfehler 16, 36, 40, 90, 123, 124
– – – Kausalzusammenhang zw. Behandlungsfehler u. Schaden 14, 15, 24, 90, 123, 124
– – – Schaden 18, 19, 24, 78, 85, 90, 123, 124
– – – Sorgfaltspflichtverletzung des Arztes 16, 40, 90, 123, 124
– – – dafür, daß er bei fehlender Aufklärung der Behandlung od. Operation der Maßnahme nicht zugestimmt hätte 133, 394
Beweislastumkehr, zugunsten des Patienten 28, 29, 38, 39, 40, 77, 78, 91, 124, 131, 324, 384, 390, 391
– Fallgruppen 131, 132
– Flexibilität bei gebotener Weiterentwicklung der 131, 132, 324, 384, 391, 394
s. auch Beweisrecht
s. Heilbehandlung
s. Heilversuch
s. Humanexperiment
s. Risikosphäre des Arztes
Beweisprobleme 123 ff., 133 ff., 384, 391
Beweisschwierigkeiten
– des Arztes 31, 124
– des Patienten 9, 15, 16, 17, 18, 19, 29, 36, 38, 39, 40, 41, 76, 77, 78, 90, 91, 92, 124, 351
Beweisrecht, Weiterentwicklung, im ArzthaftungsR, zugunsten des Patienten, geboten 77, 78, 90, 91, 92, 123 ff., 390, 391

Sachverzeichnis

Beweisvoraussetzungen
s. Anscheinsbeweis
s. Beweislast
s. Beweislastumkehr
s. Beweisrecht
s. Sorgfaltspflichten des Arztes
Bill of Rights (AHA 1972/8) 29, 30
Biostatiker 67
Blinddarmoperationen, Fehlbehandlung wann 10, 89, 316
Blindversuche
– Doppel-Blind-Versuche 79 ff., 84, 85, 361
– – Aufklärung bei den 81, 83, 84, 85
– einfache Blindversuche 65, 79, 85
Blutspender 104, 105, 314
Bluttransfusionen 46, 50, 104, 105
Brasilien 414
breach of contract 52
Bremen 338
British Columbia (Can.) 283, 288, 291, 292, 296, 299, 301, 302, 309, 310, 312, 313, 319, 327, 328, 330, 331, 345, 346, 360, 369, 388, 389, 390, 414
British Medical Research Council 75, 218
British Transplantation Society 107, 246, 370, 375
Bulgarien 414
Bundesärztekammer 357, 371, 378
Bundesgericht (Schweizerisches) 105, 244
Bundesgerichtshof 4, 10, 11, 21, 22, 23, 28, 29, 32, 35, 51, 69, 77, 78, 91, 96, 97, 98, 123, 130, 131, 132, 134, 138, 142 ff., 146, 160, 165, 172, 173, 174, 178, 179, 182, 184, 198, 214, 220, 232, 237, 259, 263, 264, 266, 270, 273 ff., 278, 306, 307, 322 ff., 332, 333, 342, 351, 367, 381, 384, 390, 391, 394
Bundesverfassungsgericht 96, 97, 98, 99, 100, 137, 138, 139, 220, 237, 238, 239, 240, 269 ff., 321, 322, 323, 367, 368, 384, 391, 393, 394
Canadian Medical Association 330
Chefärzte 50, 51
Chirurgen (Chirurgie) 16, 50, 53, 54, 55, 104, 105, 106, 107, 108, 110, 113, 114, 115, 127, 289, 310, 317, 319, 336, 367 ff.
s. auch Genchirurgie
s. Transsexuelle Chirurgie
cliniques ouvertes 56

Colorado (USA) 322, 339
Columbia, District of (D. C., USA) 290, 302, 310, 312, 317, 319, 325, 326, 327, 333, 343, 369, 372, 392, 394
Common Law 1, 14, 15, 21, 24, 33, 44, 54, 64, 76, 90, 119, 120, 122, 129, 139, 157, 158, 167, 168, 173, 175, 183, 200, 209, 219, 231, 232, 256, 258, 262, 271, 281, 282, 284, 285, 286, 302, 312, 313, 315, 319, 326, 328, 330, 331, 332, 340, 344, 365, 374, 380, 381, 385, 389, 392, 393, 394, 395
Commonwealth 52, 199, 363
conditio sine qua non 19, 364
connaissances acquises de la science 286
s. Stand der med. Wissenschaft
Connecticut (USA) 301, 322, 372
Conseil d'Etat (Frankreich) 55, 201
consentment libre et éclaré 307
Costa Rica 415
Cour de Cassation (Frankreich) 3, 55, 135, 159, 201, 267, 285, 286, 350, 393, 394
Court of Appeal, Alberta (Can.) 64, 209
Court of Appeal, D. C. (USA) 290
Court of Appeal (England) 13, 167, 301
Court of Appeal (Saskatchewan, Can.) 70, 81, 214, 215
Court of Appeal (U.S.) 118, 119, 255, 290
Court of Claims (N.Y., USA) 18, 170, 318, 290
s. auch Entscheidungsverzeichnis

culpa in eligendo 13, 51, 54

Dänemark 100, 102, 105, 108, 190, 111, 240, 242, 244, 245, 247, 249, 313, 355, 371, 375, 376, 377, 415
Datenbanken, Sammelstellen und Informationen über Humanexperimente 75
Defensivmedizin 38
Deklaration von Helsinki (1964) 58, 71, 81, 84, 204, 223, 226, 348, 354, 347, 348, 355, 359, 360, **429 ff.**
Deklaration von Sydney (1968) 106, 245, 375
Deklaration von Tokio (1975) 59, 71, 72, 80, 81, 84, 205, 215, 216, 222, 223, 226, 348, 349, 354, 355, 356, 357, 359, 360, 361, 393, **431 ff.**
Delaware (USA) 291, 320, 325

Delegation für Medizinische Ethik der Schwedischen Gesellschaft für Medizinische Wissenschaften 73, 217
Department of Health, Education and Welfare (USA) 336, 337, 339, 353, 354
Depressionen 86
Deutsche Demokratische Republik 416
Deutsche Gesellschaft für Chirurgie 107, 246, 375, **439 ff.**
Deutsche Pharmakologische Gesellschaft 84, 225, 226
Deutschland (Bundesrepublik D.) 2, 3, 4, 10, 11, 12, 15, 18, 21, 22, 23, 24, 25, 28, 29, 32 f., 35, 43, 44, 48, 49, 50, 51, 69, 77, 78, 79, 81, 82, 83, 84, 87, 91, 92, 93, 94, 96, 97, 98, 99, 100, 101, 104, 106, 107, 108, 110, 111, 112, 113, 115, 117, 118, 122, 123, 130, 131, 134, 137, 138, 139, 142 ff., 158, 159, 160, 165, 168, 170, 172 ff., 182, 184, 191, 195 ff., 204, 213, 214, 220, 222, 224 ff., 228, 229, 232, 233, 234 f., 237 f., 240 f., 243, 245, 246, 247, 248, 249, 250, 252, 254, 255, 258, 259, 260, 263, 264, 266, 269 ff., 273 ff., 276 ff., 280 ff., 290 ff., 300 ff., et passim bis 396, **399 ff.**, 416, **441 ff.**, **451 ff.**, **453 ff.**
Diagnose, Ärztliche
s. Behandlungsfehler
s. Heilbehandlung, Diagnose
s. Sorgfaltspflichten des Arztes
Dienstvertrag 2, 283, 284, 393
Diphtherie 355
District Court, Alberta (Can.) 64, 209
Disziplinarmaßnahmen gegen Ärzte
s. Standesethik
Dokumentationspflicht des Arztes gegenüber seinem Patienten 31, 131, 132, 392
s. auch Krankenunterlagen
s. Patient
Doppel-Blind-Versuche
– mit neuen Medikamenten 79 ff., 353, 360
– – *ultima ratio* 81, 352
Dosierungsvorschriften 10, 11, 61, 87
Eierstockverpflanzungen 115 ff.
Eierstockzyste 114
Eileiterverstopfung 120
Einmischung, staatliche, in elterliche Kompetenzen, wachsende Gefahr der 35, 332
s. auch Sorgerecht

Einstellungsuntersuchung 2
Einwilligung
– der Angehörigen, nächsten
– – im Transplantationsbereich 108 ff., 110 ff., 113
– der Eltern minderjähriger Patienten 22, 23, 312, 313, 314, 372
– des Minderjährigen
s. Einwilligungsfähigkeit
– des Organspenders
– – in Organentnahme 103, 108, 110, 372
– des Patienten
– – Entbehrlichkeit, der, nur in engen Ausnahmefällen 32 ff., 308
– – – bei Bewußtlosigkeit 33
– – – im öffentlichen Interesse 32, 33
– – – bei akuter Lebensgefahr 33, 34
– – – in Not- u. Unglücksfällen 33
– – Fehlen der, Haftungsgrund 19 ff., 32, 58, 132, 133, 308, 310, 311, 319
– – Freizeichnungsklauseln und
s. dort
– – in Heilbehandlung, regelmäßig unerläßliche Rechtmäßigkeitsvoraussetzung 19 ff., 132, 133, 308, 310, 316, 319, 328, 332 (Bsp.)
s. Aufklärungspflicht des Arztes
– – in Heilversuch, regelmäßig unerläßliche Rechtmäßigkeitsvoraussetzung 58, 132, 133, 308, 316
s. Aufklärungspflicht des Arztes
– – in Humanexperiment, stets unerläßliche Rechtmäßigkeitsvoraussetzung 58, 68 ff., 132, 133, 308, 314, 353
s. Aufklärungspflicht des Arztes
– – Kriterium, entscheidendes, nicht, ob ein vernünftiger Mensch in der Situation des Patienten risikobereit gewesen wäre, sondern dieser bestimmte Patient, wäre er ordnungsgemäß aufgeklärt worden 20, 32, 133, 317
– – Rechtfertigung nur solcher ärztlicher Maßnahmen, auf die sich die E. bezog 20, 21, 22, 31, 32, 63 ff., 81, 308, 310–311, 316, 326, 328, 353
– – – alle anderen Maßnahmen: rechtswidrig 21, 326, 328
– – Wirksamkeit der, abhängig von gebührender vorheriger Aufklärung 19 ff.,

Sachverzeichnis

36, 63 ff., 69 ff., 88 ff., 133, 308 ff., 311, 316, 319, 353
- der Versuchsperson in
- - Arzneimittelerprobungen, klinische 81, 353
- - Humanexperimente
  s. dort
- - - Wirksamkeit der, abhängig von vollständiger vorheriger Aufklärung 69 ff., 88 ff., 133, 353

Einwilligungsfähigkeit 19, 22, 23, 309, 312, 313, 314, 331, 332, 372
Einwilligungsform
  s. Form der Einwilligung
Einwilligungsformulare
- Bedenken, rechtliche, gegen 23, 24, 134, 308, 316, 326
- Wirksamkeit, rechtliche, nur nach befriedigender gerichtlicher Inhalts- u. Relevanzkontrolle in jedem Einzelfall 23, 24, 316, 326
Einwilligungslösung
- im Transplantationsrecht 108 ff., 110, 112, 378 ff.
  s. auch Widerspruchslösung
Eiverpflanzungen
  s. Eizellentransplantationen
Eizellentransplantationen 101 ff., 115 ff., 382 ff.
Ekuador 416
Elektro-Enkephalogramm 106, 107
Embryoverpflanzungen 115 ff., 321, 322, 379
- Fallgruppen 120 ff.
- Problematik, ethische 122, 123
Empfängnisverhütung 17, 18, 322

England 1, 2, 3, 4, 8, 13, 15, 17, 21, 24, 29, 33, 34, 37, 38, 39, 40, 41, 43, 48, 49, 52 ff., 62, 63, 73, 75, 76, 87, 90, 91, 92, 98, 102, 107, 109, 111, 116, 117, 119, 120, 122, 127, 128, 145, 148, 158, 159, 160, 163, 166, 167, 170, 173, 175, 179, 183, 184, 186 ff., 191, 195, 196, 199 ff., 208, 216, 219, 229, 231 ff., 238, 246, 247, 249, 254, 256, 258, 261, 276, 279, 281, 282, 283 ff., 290, 291, 292, 293, 294, 295, 296 ff., 300 ff., 312, 313, 314, 315, 317, 320, 321, 322, 325 ff., 344 ff., 350, 358, 362, 363, 364, 365, 366, 367, 370, 375, 377, 378, 379, 380, 381 ff., 392, 395, 396, 397
  s. auch Vereinigtes Königreich
Entlastungsbeweis 51
- dezentralisierter, nicht ausreichend 51, 52
  s. *culpa in eligendo*
  s. Organisationsverschulden
Entschädigungsfonds 44 ff., 47, 48, 92, 93
Entschädigungsleistungen 41, 76, 132, 133
  s. Versicherungskosten
Entscheidungsfreiheit des Patienten, Ausfluß seines Selbstbestimmungsrechts 19, 20, 31
  s. Selbstbestimmungsrecht
Epidemien 16
Erfolgsaussichten
  s. Verhältnismäßigkeit
Erfüllungsgehilfenhaftung 13, 14, 49 ff., 52, 285, 301, 342 ff.
  s. auch Arzthaftung, Mitarbeiter
Erkundungsoperation
  s. Operationen zu diagnostischen Zwecken
Erste-Hilfe-Fälle 16, 282, 304, 305, 310, 328, 329
Ethikkommissionen 72 ff.
Europa 92, 115, 146, 233, 252, 277, 284, 330, 363
  s. die einzelnen Länder
Europäische Gemeinschaften 281, 365
Europäisches Parlament 110, 248, **449 ff.**
Europarat 1, 72, 74, 75, 100, 101, 105, 106, 115, 157, 217, 218, 236, 240, 241, 244, 245, 251, 252, 281, 285, 324, 342, 354, 357, 364, 365, 366, 369, 372, 374, 376, 377, 381, **445 ff.**
- Drittes Kolloquium über europäisches Recht, Würzburg 1972 285
- Fünftes Kolloquium über europäisches Recht, Lyon 1975 72, 74, 75, 95, 216, 217, 218, 236, 342, 351, 356, 357, 366
European Committee on Legal Co-operation 101, 240
European Convention on Products Liability in regard to Personal Injury and Death (1977) 92, 233, 364
European Economic Communities Draft Directive on Products Liability (1976) 92, 233

476 Sachverzeichnis

European Public Health Committee 100, 101
Euthanasie 323, 324

Facharzt, Haftung des
s. Sorgfaltspflichten, Maßstab für
Fachlehrbücher 62
Fachzeitschriften 62
s. Sorgfaltspflichten des Arztes
s. Stand medizinischer Erkenntnis
Fahrlässigkeit
– grobe 131, 305
– objektive 5 ff.
– subjektive 12, 13, 16
Fahrtüchtigkeit, Herabsetzung der, nach medizinischer Behandlung, Aufklärungsverpflichtung 12
– Benachrichtigungspflicht gegenüber Verkehrsbehörden 35
faute personelle 56
Fehldiagnose
– als solche begründet noch keinen Fahrlässigkeitsvorwurf 12, 13, 124, 283, 300
– anders jedoch, wenn Diagnose selbst nachlässig gestellt wurde 288, 295, 297 (Bsp.), 298 (Bsp.), 299 (z. B. nach unzureichender Anamnese), 300
s. Anamnese
s. Arztfehler
s. Verlauf, unglücklicher
– – Beispielsfälle von 288 (Malaria), 297 (Brüche, Meningitis, Tuberkulose usw.), 298 (zahlr. weitere Bsp.), 299 (dto.)
Finnland 105, 244, 313, 373, 416
Florida, Cal. (USA) 23, 174, 310, 312, 315, 318, 322, 325, 339, 343, 381
Form der Einwilligung 23, 24, 31, 316
Formlosigkeit der Einwilligung akzeptabel, Schriftlichkeit jedoch vorzuziehen 23, 24, 31, 32, 316
Formulareinwilligung
s. Einwilligungsformulare
Formularverträge
s. Einwilligungsformulare
Forschung, immunologische 102
Forschungsergebnisse, Publikation von 72 ff., 74, 75, 81, 357
Fortbildung von Ärzten und Juristen 144 ff.
s. auch Weiterbildung
Fortschritt, medizinischer 37, 39, 59, 67, 72, 81, 352, 360, 361
s. Güterabwägung
s. Vorrangigkeit
Frankreich 3, 24, 48, 49, 53, 54, 55, 56, 101, 105, 110, 113, 114, 135, 145, 158, 159, 175, 195, 196, 201, 202, 241, 242, 244, 248, 251, 267, 276, 281, 283, 284, 285, 286, 288, 294, 297, 302, 304, 305, 307, 308, 310, 312, 313, 315, 316, 317, 319, 321, 322, 325, 326, 327, 328, 329, 332, 333, 335, 339, 346, 349, 350, 352, 355, 358, 359, 363, 365, 367, 370, 372, 374, 376, 377, 378, 379, 380, 381, 383, 393, 394, 396, 404 ff., 416
Freizeichnungsklauseln zugunsten des Arztes od. Krankenhauses als Vorbedingung ärztl. Behandlung od. Krankenhausaufnahme sind sittenwidrig 63, 308, 309

Gallenblasenperforation 387
Garantiestellung des Arztes, vertragsrechtliche, bei Vorgabe besonderer Sachkompetenz 6, 288, 289, 309
– aber keine Garantiehaftung gegen jede zufällige Fehlentwicklung 7, 13, 291
Gebärmutterentfernung (Hysterectomie) 64
Gebrauchsanweisungen 61, 87
Gefährdungshaftung im
– Arzneimittelproduzentenrecht 91, 92, 93 ff., 364, 365, 366
– Arzthaftungsrecht, teilweise Entwicklung zur 2, 37 ff., 39 ff., 40, 44 ff., 68, 76, 77, 95, 132, 135, 360–361, 362–363, 383
– – Gründe für und wider 37 ff., 39, 40, 41, 68, 76, 91, 92, 95, 362
Gefangene
– Experimente an? 69, 354
– als Organspender? 103, 104
Gegenindikationen, Nichtbeachtung von Behandlungsfehler 61
Gehirnfunktion 106, 107, 374
Gehirntod 106, 107, 374
Gehörleiden 28
Geisteskranke als Organspender? 103
Genchirurgie 59, 348, 356, 357

Sachverzeichnis

Georgia (USA) 310, 319, 322, 343, 383
Geschlechtskrankheiten
s. Krankheiten, übertragbare
Geschlechtsumwandlung 27, 96 ff.
Gesundheitsministerium, britisches 17, 53, 170, 200
Gesundheitsministerium, französisches 105, 244
Gewebeentnahmen 106
Gewebeverpflanzungen 100 ff.
Griechenland 416
Güterabwägung
– zw. Erhaltung des Lebens und absolut freier Selbstbestimmung des Patienten 21, 22, 23
s. Verhältnismäßigkeit
– zw. Interessen der Wissenschaft und dem Patientenrecht auf freie Selbstbestimmung ist absolut unzulässig 67 ff., 70, 72, 81, 360, 361
Gütgemannentscheidung 112, 327, 328
Gutachterstellen 41 ff., 337 ff.
Gynäkologen 120, 310, 357

Haftung, zivilrechtliche, des Arztes
s. Arzthaftung, zivilrechtliche
Haftungsausschlüsse, arztrechtliche, vielfach suspekt und nicht wirksam 23, 24, 134, 308, 316, 326
Haftungsgrundsätze 136 ff.
Haftungsverzichte
– Voraussetzung ihrer Wirksamkeit bei Heilbehandlung 30, 31, 140
– – enge Auslegung 326
s. auch Inhaltskontrolle
– Voraussetzung ihrer Wirksamkeit bei Heilversuchen 30, 31, 140, 326, 372
s. auch Inhaltskontrolle
– Voraussetzung ihrer Wirksamkeit bei Humanexperimenten 30, 31, 140
s. auch Inhaltskontrolle
Hamburg 338
Halbwahrheiten, keine akzeptable Aufklärung 24, 25, 318, 326
s. auch Patient
Hausbesuche 13, 301
Hawaii (USA) 339
Heilbehandlung
– Abweichung von anerkannten Behandlungsmethoden

– – bewußte 10, 12, 294, 295
s. auch Sorgfaltspflichten
– – – zugunsten neuer Methoden (Heilversuch), wann
– – – – geboten 11
– – – – gerechtfertigt 10, 294, 295
– – – – unzulässig 60
– – unbewußte 10, 11, 12
s. auch Sorgfaltspflichten
– Aufklärungspflicht des Arztes
s. dort
– Begriff der 5 ff., 37, 57
– Beweislastumkehr, generelle, bei, (zZ noch) problematisch 38, 39, 40, 76, 77, 131, 324, 390
– – aber pragmatische Weiterentwicklung des Beweisrechts bis hin zur B., wo immer geboten 77, 78, 131 ff., 391
– Diagnose
– – Prüfungspflicht des Arztes 6, 7, 11, 12, 13, 287, 295
– – – Sorgfaltsverletzung, keine, wenn Arzt bei Ausübung seiner, eine von mehreren im Schulenstreit befindlichen unterschiedlichen Diagnose stellt 291
– – Voraussetzungen, unabdingbare, für 6, 12, 13
– – zweifelhafte 6, 13, 295
– Einwilligung
s. Arzthaftung, zivilrechtliche
s. Einwilligung
s. Sorgfaltspflichten
– Ergebnis, unglückliches, einer, begründet allein noch keinen Vorwurf an den Arzt 12, 13, 124
s. Verlauf, unglücklicher
– falsche
s. Sorgfaltspflichten
– Haftungsgrundsätze in Leitsätzen 136 ff.
– Inhalt des Arztvertrages 2, 7, 12, 39, 40, 64, 77, 78
– Methodenwahl, bestimmte, bei mehreren anerkannten, kann keinen Vorwurf an den Arzt begründen 8, 13, 288
s. Beweislast
– Risikosphäre des Arztes
s. dort
– Schweigepflicht, ärztliche
s. dort

Sachverzeichnis

- Sorgfaltspflichten des Arztes
  s. dort
- Stand medizinischer Erkenntnis, Maßstab für jede 6, 7 ff., 10, 11, 12, 13, 27, 39, 40, 60, 286, 287, 288, 292, 318
  s. Beweislast
- – Schwierigkeiten festzustellen, was diesem Stand (noch, schon) entspricht 9, 13, 60, 318
- – Unzugänglichkeit bestimmter modernster Geräte im Einzelfall unschädlich 287, 288
  s. Beweislast
- Unterschied zw. H., Heilversuch u. Humanexperiment 57, 58
- Verschuldenshaftung, grundsätzlich 1 ff., 8, 9 ff., 12, 13, 16, 17, 37, 76
- Verlauf, unglücklicher
  s. dort
  s. Arzthaftung
  s. Behandlungsfehler
  s. Beweislast
  s. Risikosphäre des Arztes
  s. Sorgfaltspflichten

Heilerfolg, Arzt übernimmt normalerweise keine Garantie für 2, 7, 13, 283
Heilversuch 10, 37, 39, 49, 57, 58 ff., 60, 61, 62, 68, 76, 77, 78, 85, 326, 346 ff.
- Aufklärungsverzicht und
  s. dort
- Begriff 57
- Behandlung, therapeutische, mit neuen Medikamenten 85 ff.
- – Aufklärungspflichten 86 ff., 88, 89
- – Sorgfaltspflichten 86 ff., 87, 88
- mit Placebos 85, 86
  s. auch dort
- Diagnose 85
- Eigenwert, ohne dominierenden therapeutischen E., rechtlich höchst bedenklich 59
- Einwilligung des Patienten, unerläßliche Voraussetzung der Rechtmäßigkeit 58
- Entschädigungsregelungen bei Schadenseintritt, Fehlen angemessener und verschuldensunabhängiger, unerträglich 76
- Entwicklung zur Gefährdungshaftung 37 ff., 39, 40, 76 ff., 135
  s. auch dort

- Entwicklung zu strikterer Arzthaftung im Bereich der 76 ff.
- Ergebnis, unglückliches, von, begründet für sich allein noch keinen Vorwurf an den Arzt 124
- Haftungsgrundsätze in Leitsätzen 136 ff.
- Risikosphäre des Arztes
  s. dort
- Schweigepflicht, ärztliche, bei 76
- Sorgfaltspflichten des Arztes, bei
  s. dort
- Stand medizinischer Erkenntnis, Maßstab für jeden 60, 61, 62, 63, 286
- Unterschied zw. H., Heilbehandlung u. Humanexperiment 57, 58
- Verlauf, unglücklicher
  s. dort
- Vorrang des Patientenwohls vor allen anderen Erwägungen 59
  s. auch Güterabwägung
- Wahl einer neuen Behandlungsmethode statt schulmedizinischer allein noch kein Arztfehler 59
- – kann sogar geboten sein 62
- Zulässigkeit, Voraussetzungen der, eines 58 ff., 59, 60, 61, 62
Helsinki, Kodex von **429 ff.**
Herz-Lungen-Maschine 105
Herzstillstand 106
Herztransplantationen 101 ff., 370, 371, 374
- Erfolgsquote bei, steigt 370, 371
Hippokratischer Eid 58, **423 ff.**
  s. auch Hippokrates
Hirnhautentzündung 113
Hessen 338
Hinweispflichten des Gerichts in Arzthaftungsprozessen, erhöhte 123
  s. auch Beweiserleichterungen
Höchstbeträge bei Gefährdungshaftung 93, 94
Hongkong 417
Hornhauttransplantationen 101 ff., 370, 371
House of Lords 90, 231, 288
Hühnerpestentscheidung 91, 305, 363, 364
Humanae vitae, Enzyklika Papst Pauls VI. 383
Humanexperimente 49, 56, 57, 67 ff., 76, 77, 78, 346 ff., 348, 352 ff., 394, **427 ff., 429 ff., 431 ff.**

Sachverzeichnis

– Aufklärungsumfang, umfassender 69 ff., 70, 71, 81, 352–353, 394
– Aufklärungsverzicht
  s. dort
– Begriff 57
– Einwilligung der Versuchsperson bei, unerläßliche Voraussetzung der Rechtmäßigkeit von 58, 68, 69, 81, 82, 83
– – Einwilligung nur wirksam, wenn Testperson vorher vollständig aufgeklärt wurde 81, 394
– Ethikkommissionen zur Kontrolle von 72 ff.
– Entschädigungsregelungen bei Schadenseintritt, Fehlen angemessener und verschuldensunabhängiger (in Deutschland außerhalb des AMG), unerträglich 76
– Entwicklung zur Gefährdungshaftung 37 ff., 39, 40, 68, 69, 76, 77, 78, 135, 361, 383
– Ergebnis, unglückliches, bei, begründet für sich allein noch keinen Vorwurf an den Arzt od. Experimentator 124
– Erprobung neuer Medikamente 79 ff., 81, 352, 361
– Fortschritt, kein, ohne H.
  s. dort
– – Gerichte, striktere Einstellung der, zur These 361
  s. auch Güterabwägung
– an Gefangenen? 69, 354
– Grundsatz völlig uneingeschränkter Aufklärung, keinerlei Ausnahme vom, beim H. 69, 70, 71, 72
– Haftungsgrundsätze in Leitsätzen 136 ff.
– an Minderjährigen?
  s. dort
– Rechtfertigung, juristische, von 71 ff., 75, 80, 84, 353
– – rechtswidrige 348, 353, 354, 355 ff., 358
  s. auch Konzentrationslager
– Risikosphäre des Arztes
  s. dort
– Schweigepflicht, ärztliche, bei 76
– Selbstkontrollen, standesethische, vor und bei Durchführung von 72 ff.
– Selbstversuche 68, 352, 353 (Bsp.)
– Sorgfaltspflichten des Arztes bei
  s. dort

– Testpersonen erforderlich für 68
– – Anzahl freiwilliger, gering 353
– – – anders bei Spenderbereitschaft im Transplantationsbereich *post mortem* 371
– – Recht auf umfassende und völlig uneingeschränkte Aufklärung über alle Umstände 69, 70, 71, 72
– Therapieinteresse, H. ohne jedes, fragwürdig, rechts- und standeswidrig 56, 71, 75, 80, 84, 122, 123
  s. folgendes Stichwort
– unethische 59, 61, 63, 71 ff., 80, 84, 348, 353, 354, 355, 356, 357, 382, 383
  s. auch Konzentrationslager
– Unterschied zw. H., Heilbehandlung und Heilversuch 57, 58
– Verlauf, unglücklicher
  s. dort
– Zulässigkeitsvoraussetzungen von 58 ff.
Hysterectomie (Gebärmutterentfernung) 64
Idaho 295
Illinois (USA) 287, 291, 295, 299, 300, 301, 306, 308, 310, 315, 320, 331, 333, 338, 339, 343, 347, 363, 380, 383, 384, 388
Immunologie 102, 370, 371
Indiana (USA) 282, 284, 314, 322, 339, 363, 382, 385
Indizienbeweise, im Arzthaftungsprozeß zulässig 125 ff.
Infektionen 46, 315, 331
  s. auch Krankheiten, übertragbare
Informationspflichten
– des Arztes
– – gegenüber Behörden 22, 35, 315, 331
– – gegenüber Patienten
  s. Aufklärung
– – gegenüber beteiligtem od. nachbehandelndem Vermittler ärztlicher Leistungen (Arztkollegen, Krankenhaus) 12, 17, 299 (Bsp.), 346
  s. auch Arzthaftung, zivilrechtliche, Informationspflichten
– des Patienten gegenüber dem Arzt
  s. Patient
Inhaltskontrolle, gerichtliche
– Aufklärungsverzichte, bei formularmäßigen, im Bereich von Heilversuch u. Humanexperiment aus Rechtsstaatlichkeits-

gründen besonders dringend geboten 66, 67, 135, 326
– Einwilligungserklärungen, bei formularmäßigen, aus Rechtsstaatlichkeitsgründen stets dringend geboten 23, 24, 31, 135
– Haftungsverzichtserklärungen, bei, stets dringend geboten 31, 140
Insemination, heterologe 27, 101, 115 ff., 321, 322, 379 ff.
– Anonymität für den Samenspender, Zusicherung der, rechtswidrig 119
Insulin 352
International Jnl. of Medicine and Law 347
Iowa (USA) 291, 310, 312
Irak 417
Irland 105, 106, 244, 245, 276
Islam 281
Italien 100, 102, 105, 108, 109, 240, 242, 244, 247, 321, 372, 373, 376, 377, 417
Jamaika 418
Joint Committee of Experts of the European Public Health Committee 100, 101, 240
Juristen, Sachkompetenz der, keine, über Meinungsverschiedenheiten innerhalb der medizin. Wissenschaft zu entscheiden 9, 60
s. auch Sachverständige, medizin.
Juristentag, Deutscher, in arztrechtlichen Fragen (1978) 334
Kaiserschnitt 301, 328, 371, 380
Kalifornien (USA) 35, 184, 283, 284, 288, 289, 291, 294, 295, 299, 304, 305, 309, 310, 315, 316, 317, 318, 319, 320, 322, 324, 327, 329, 330, 331, 332, 335, 336, 338, 347, 350, 351, 352, 362, 363, 365, 369, 378, 379, 385, 387, 388
Kanada 2, 4, 13, 18, 29, 34, 64, 70, 71, 76, 87, 90, 98, 100, 102, 106, 114, 130, 132, 134, 158, 160, 161, 167, 170, 179, 184, 209, 214, 219, 229, 232, 238, 240, 242, 245, 251, 252, 263, 265, 266, 281, 283, 284, 286, 287, 288, 289, 290, 291, 292, 293, 294, 295, 296, 297, 298, 299, 300, 301 ff., 304, 305, 306 ff., 315, 316, 317, 318, 319, 320, 326, 327, 328, 329, 330, 331, 332, 344, 345, 346, 348, 349, 350, 351, 352, 353, 355, 356, 360, 362, 363, 365, 369, 372, 379, 381, 382, 383, 384, 385, 386, 387, 388, 389, 390, 392, 393, 394, 395, **414 ff.**

Kansas (USA) 293, 297, 299, 315, 317, 319, 339
Karzinombehandlung 10, 30, 31, 68, 287–288, 294, 311, 325
Kastration 27, 322
Katastrophenfälle 16
Kausalität, überholende 15, 114, 115, 303
Kausalzusammenhang zwischen
– Aufklärungsmängeln u. Schaden erforderlich 24, 326
– – Test dafür nach deutschem und französischem Recht 24
– – nach *Common Law* 24
– Behandlungsfehler u. Schaden erforderlich 14 ff., 114, 115, 118, 302, 303
s. auch Adäquanztheorie
– – oft schwer nachweisbar 15, 16
– bei Dazwischentreten eines Dritten 15, 114, 342
– – Beispiele 15, 114, 115, 303
Kenia 418
Kentucky (USA) 299, 312, 315, 319, 372
Keuchhusten 355
Kindbettfieber 345
Kirche, Katholische
– zur Eizellenverpflanzung 383
– zur Insemination, heterologen 383
– zur Reagenzglasbefruchtung 383
– zur Transplantation 379
Klagenhäufungsverbot, Grundsatz des, in Frankreich 3
Knochenmarktransplantationen 101 ff., 372
Körperverletzung
s. Behandlung ohne Einwilligung
Komitee für ethische Fragen (Schweden) 73, 216, 217
Kompensationssysteme 37 ff., 39, 40, 41 ff., 44, 45, 46, 47, 48, 76, 77, 92, 132, 334 ff., 395
Komplikationen im Krankheitsverlauf 15
Konsilien, ärztliche 294
s. auch Konsultationen
Konsultationen
s. Konsultationspflicht des Arztes
s. *second opinion*
s. Sorgfaltspflicht des Arztes
Konsultationspflicht des Arztes 6, 12, 294, 298
s. auch *second opinion*

Sachverzeichnis

s. Sorgfaltspflicht des Arztes, Erkennung eigener Wissensgrenzen
Kontinentales Recht 15, 21, 129, 139, 173, 281, 326
Konzentrationslager (im Dritten Reich)
- Humanexperimente, unethische, in den 348, 356, 357, **427 ff.**
Kopfschmerzen 86

Krankenhaus
- Beweislast
  s. dort (auch entspr. unter Arzt)
  s. auch Risikosphäre des Arztes
- Deliktsrecht 50, 51, 52, 342 ff., et passim
- Erfüllungsgehilfenhaftung
  s. dort
- Haftung des 44 ff., 47, 48 ff., 51 ff., 53, 54, 55, 301, 342 ff, 434 ff.
- – für Erfüllungsgehilfen 49 ff., 52, 53, 54, 301
- – für Verrichtungsgehilfen 49 ff., 52, 53, 54, 301
  s. auch Krankenhausärzte
  s. Krankenhauspersonal
  s. Medizinalassistenten
  s. allg. auch Assistenzärzte
    Belegärzte
    Chefärzte
  s. Organisationsverschulden
- – konkurrierende, neben Haftung des Krankenhausangestellten 50, 51, 52, 53
- Organhaftung
  s. dort
- Organisationsverschulden 50, 51, 52, 54, 343, 344, 345
- Staatshaftung, sehr selten (Ausn. Frankreich) 54, 55, 56
- Trägerschaft 48, 49, 55, 56
- Verrichtungsgehilfenhaftung
  s. dort
- Vertragsrecht 49 ff., 51 ff.
  s. auch Arzthaftung, zivilrechtl.
  s. Vertragsrecht
Krankenhausärzte 49, 50, 51, 52, 53, 54
  s. auch Krankenhauspersonal
Krankenhausbehandlung, Arzthaftung und 48 ff., 51 ff., 53, 342, 343
Krankenhauspersonal 14, 17, 49 ff., 52, 53, 54
  s. auch Angestellte

- Haftung des Krankenhausarztes für, nur bei besonderer Fallgestaltung 14, 52, 53, 78, 342
Krankenschwestern 50, 53, 54, 343, 344
Krankenhaustransport 46
Krankenunterlagen
- Bedeutung, oft prozeßentscheidende 23, 31, 130, 131, 133, 134, 298, 391, 392, 393
- Fehlen ausreichender, sehr häufig 31, 133, 134
- Führung von, Arztpflicht gegenüber dem Patienten 31, 130, 131, 132, 134, 391
  s. auch Dokumentationspflicht
- Inhalt, wichtigster, der 23, 31, 131, 132, 134, 393
- Inhaltskontrolle, gerichtliche, von, ganz unerläßlich 23, 24, 130, 133, 134, 391, 393
- Manipulationen, prozeßvorbereitende, mit, leider recht häufig 133, 134, 391
- Nichtbenutzung vorhandener, durch nachbehandelnden Arzt 298, 299
- Vertraulichkeit der, gegenüber Dritten 34
- Wert unvollständiger od. zu allgemein gehaltener, sehr gering 23, 31, 133, 134, 393
Krankheiten, ansteckende
  s. Infektionen
  s. Krankheiten, übertragbare
Krankheiten, übertragbare, Benachrichtigung der Gesundheitsbehörden, in bestimmten Fällen 35, 315, 327, 331, 345, 351
  s. auch Infektionen
Kunstfehler
  s. Behandlungsfehler
Kunstfehlerprozesse 124 ff.
Laborversuche 60
Laienjury
- Einführung einer, in Arzthaftungsprozessen, in Deutschland, abgelehnt 396
- Mitwirkung einer, in zivilrechtlichen Haftungsprozessen, in USA, Probleme der 42, 52
Landgericht 12, 166
  s. auch Entscheidungsregister
Landesärztekammern 43
Law (Reform) Commission, Australian 370, 374, 380, 381
Law Commission, Canadian 106, 245

Law Commission, English 90, 91, 92, 119, 232, 233, 255, 363–364, 365
Law Commission, Scottish 90, 91, 232, 233, 363, 364, 365
Lebenserfahrungssätze
 s. Arzthaftungsprozesse, Lebenserfahrungssätze
Lebensgemeinschaft, eheliche 18, 306, 307
Lebensrettung 16, 22
Lebensverlängerung 23, 315
Leberbiopsie 387
Literaturstudium
 s. Dosierungsvorschriften
 s. Gebrauchsanweisungen
 s. Sorgfaltspflichten des Arztes, Weiterbildung
Louisiana (USA) 283, 287, 288, 294, 295, 297, 300, 310, 315, 322, 328, 338, 339, 343, 378, 383, 385, 386
Luxemburg 418
Magenkrankheiten 86
Maine (USA) 311
Malaria 288, 298, 299
Malaysia 418
Manitoba (Can.) 114, 252, 286, 288, 289, 290, 291, 292, 295, 297, 298, 303, 305, 307, 309, 313, 326, 329, 362, 379, 387, 393, 414
Maryland (USA) 290, 304, 315, 316, 317, 319, 414
Masern 355
Massachussetts (USA) 106, 245, 304, 315, 316, 323, 337, 368, 372, 374, 381
Mater et Magistra, Enzyklika Papst Johannes' XXIII. 383
medical misadventure 40
Medikamente
 s. Arzneimittel
Medizinalassistenten 50
Methodenstreit, Arzt darf nicht Opfer eines M. werden, solange er *eine* akzeptierte Methode wählt und einhält 8, 9, 13
 s. auch Beweislast
 s. Beweisschwierigkeiten des Arztes
Methodenwahl
 s. Patient
Mexiko 418
Michigan (USA) 286, 306, 307, 312, 333, 337, 347, 370, 373
Middle East (Mittlerer Osten) 370

Minderjährige
– Arzneimittelprüfung an, Zulässigkeitsvoraussetzungen der 82, 83, 331
– Heilbehandlung
 s. Einwilligungsfähigkeit
– Heilversuche
 s. Einwilligungsfähigkeit
– Humanexperimente an? 82, 83, 331, 354, 360
– als Organspender? 103, 372
– Schweigepflicht, ärztliche, und 35

Minnesota (USA) 18, 171, 294, 295, 300, 305, 307, 308, 310
Mississippi (USA) 304, 318
Missouri (USA) 118, 255, 291, 301, 305, 319, 325, 382
Mutationen 68
Narkoseschäden 8, 292, 305
National Health Service (brit.) 53, 54, 200
Nebenwirkungen 11, 12, 15, 25 ff., 29, 30, 46, 61, 68, 70, 93, 350
Nebraska (USA) 291, 293, 329, 331, 339, 383, 384, 386
negligence action 44
Neomycin 87
Neugier, wissenschaftliche, rechtlich problematisch, wo diagnostische Eingriffe ohne therapeutischen Eigenwert für Behandelten 21, 39, 40
Neulandoperationen
 s. Heilversuche
 s. Humanexperimente
Neurochirurgie 359
 s. auch Chirurgen (Chirurgie)
Neuroluesbehandlung, wann Fehlbehandlung 11
Neuseeland 29, 39, 40, 41, 44, 45, 46, 77, 92, 95, 101, 132, 179, 188, 189, 192, 193, 220, 233, 236, 241, 265, 281, 290, 292, 294, 296, 299, 302, 303, 312, 313, 315, 318, 320, 329, 334, 335, 337, 339, 340, 341, 355, 363, 365, 370, 385, 387, 388, 389, 394, 395, 418, 419
New Brunswick (Can.) 295, 344, 386, 387, 414
Newfoundland (Can.) 369, 414
New Hampshire (USA) 299, 319
New Jersey (USA) 22, 96, 174, 237, 283, 301, 310, 315, 367, 374, 380, 385, 393

New Mexico (USA) 304, 327, 339, 368
New South Wales (Austr.) 284, 286, 312, 386, 388, 390, 413
New York (USA) 18, 42, 98, 117, 170, 171, 190, 238, 254, 290, 291, 293, 298, 299, 302, 304, 305, 306, 307, 308, 309, 310, 312, 315, 316, 317, 318, 319, 327, 330, 331, 336, 337, 338, 343, 344, 346, 350, 352, 353, 354, 355, 362, 367, 368, 370, 372, 374, 378, 379, 380, 392
Niederlande 106, 107, 109, 244, 246, 248, 323, 363, 375, 418
Niedersachsen 338
Nierentransplantationen 101 ff., 114, 351, 370
Non-cumule des responsabilités
s. Klagehäufungsverbot
Nordamerika 2, 18, 19, 20, 25, 41, 42, 43, 47, 48, 66, 100, 101, 146
s. die einzelnen Staaten
Nordrhein-Westfalen 338
North Carolina (USA) 283, 297, 298, 310, 312, 318, 320, 322, 387
North Dakota (USA) 339
Northwest Territories (Can.) 415
Norwegen 100, 102, 106, 108, 109, 240, 242, 244, 245, 247, 313, 372, 376, 377, 419
Notfälle 16, 17, 20, 33, 37
Nova Scotia (Can.) 291, 297, 298, 308, 310, 313, 315, 327, 328, 344, 369, 415
Nürnberger Ärztekodex (1947) 58, 81, 204, 223, 348, 354, 355, 356, 359, 360, **427 ff.**
Nupercain
s. Anaesthetica
obligation de moyens 283, 284, 393
s. auch Dienstvertrag
s. Vertragsrecht
obligation médicale 283
Arztvertrag ist *obligation de moyens*, nicht *o. de résultat* 283
s. auch Dienstvertrag
s. Werkvertrag

Öffentliche Gesundheitspolitik
– und Arzneimittelerprobung 79 ff., 353
– und Behandlungspflicht, ärztl. 32, 33, 34, 315
– und Benachrichtigungspflicht, ärztl. 35, 315, 331
– und Haftung, ärztl. 37 ff., 39, 40, 41
Öffentliche Krankenhäuser
s. Krankenhaus, Trägerschaft
Öffentliches Recht 49
s. auch Verwaltungsgerichte
s. Verwaltungsrecht
Österreich 109, 110, 248, 287, 289, 313
Ohio (USA) 322, 337, 338, 392, 394
Oklahoma (USA) 301, 309, 312, 319
Ontario (Can.) 283, 286, 288, 290, 291, 292, 293, 294, 295, 296, 297, 298, 299, 300, 301, 302, 303, 305, 306, 308, 309, 311, 312, 313, 315, 316, 317, 319, 320, 329, 331, 332, 345, 346, 348, 349, 350, 351, 360, 362, 369, 383, 384, 385, 387, 389, 390, 392, 393, 415
Operationen
– zu Diagnosezwecken, müssen von Einwilligung voll gedeckt sein 20
s. auch Behandlung
s. Einwilligung
s. Sorgfaltspflichten des Arztes
– ohne Einwilligung, sie umfassende, sind rechtswidrig 19 ff., 21, 22, 31
– ohne Indikation, medizinische, können erhebliche Rechtsprobleme aufwerfen 21, 311 (Bsp.)
– kosmetische 27, 98
s. auch Behandlung
s. Behandlungsfehler
s. Heilbehandlung
s. Transsexuelle Chirurgie
Oregon (USA) 317, 339, 387
Organbanken 110, 11, 113, 449–450
Organentnahme
s. Organverpflanzungen
Organhaftung 50, 51
s. auch Organisationsverschulden
Organspender 102, 103, 108 ff., 110, 371, 372, 373, 377
Organspendung, in Gewinnabsicht, rechtlich unzulässig 102, 104, 105, 112, 113
s. auch Transplantate, Handel mit
Organverpflanzungen 100 ff.
– Autorisation zur Vornahme von 108 ff., 113, 372, 373
Organisationsverschulden 77
s. auch Krankenhaus, Organisationsverschulden
Ostblockstaaten 313

Osteomyelitis 299, 351

Panama 419
Pathologen 291
Patient
- Pflicht des, zu kooperativem Verhalten u. vollständigen Angaben bei Anamnese u. sonst. Ermittlungen von Krankengeschichte u. -bild 34, 76, 320
- Recht des, auf
- - Aufklärung, vollständige, über alle für ihn entscheidungsrelevanten Umstände von Diagnose, Therapie u. Prognose 19 ff., 24, 25, 26, 29, 30, 39, 40, 63 ff., 70, 71, 72, 309, 310, 427 ff., 429 ff., 431 ff., 434 ff., 436 ff., 439 ff., 441 ff., 445 ff., 455
s. auch Aufklärungsanforderungen
s. Aufklärungsbedürfnis
- - Behandlung
- - - ohne zusätzliche Gefährdung durch unübersehbare Gefahrenquellen 6, 12, 39, 40, 59, 61
- - - nach neuesten Erkenntnissen 6, 7, 8, 12, 13, 39, 40, 61, 286
s. auch Stand der medizin. Wissenschaft
- - - mit neuesten verfügbaren Mitteln und Methoden 6, 9, 10 ff., 39, 40, 61
- - - - Unzugänglichkeit von, im Einzelfall jedoch nicht vorwerfbar 287, 288, 289
- darauf, „Bescheid zu wissen" 25, 29, 30, 39, 40, 63, 309, 310, 319, 325
- Krankenunterlagen, ordnungsgemäß geführte u. dokumentierte 31, 76, 130, 131, 132, 134, 391
- Methodenwahl, bei alternativen od. mehreren Behandlungsmöglichkeiten 19, 30, 89, 309, 324
- Selbstbestimmung 12, 20, 25, 29, 309, 310
s. auch Selbstbestimmungsrecht des Patienten
- Wahrheit, ungeschminkte 24, 25, 30, 31

Patientenaufklärung
- Bedeutung der, von vielen Ärzten nicht ernst genug genommen 25
- oft zu oberflächlich u. unverständlich 25

Patientenverlegung, von Krankenhaus zu Krankenhaus, Haftungsfrage 54
Patientenversicherungssysteme 44 ff., 76, 77, 95
Pearson Commission
s. *Royal Commission on Civil Liability and Compensation for Personal Injury*
Penicillin 11, 12, 87, 88, 296, 298, 299, 352
Pennsylvania (USA) 295, 302, 310, 317, 319, 320, 339, 343, 387
Perfektionismus, diagnostischer, rechtlich problematisch 21
Personalausweis und Transplantationsrecht 112, 371, 378
Peru 419
Pflegepersonal
s. Krankenhauspersonal
Philippinen 419
Placebos 65, 66, 79 ff., 81, 85, 361
Pocken 355
Poliomyelitis 355
Portugal 419
Praxiserfahrung, geringe, keine herabgesetzten Sorgfaltspflichtanforderungen bei 11, 12, 13
Praxisschwestern
s. Schwestern
Praxisvertreter 13, 14
Prima-facie-Beweis
s. Anscheinsbeweis
Prince Edward Island (Can.) 415
Privatärzte 49, 54
Private Krankenhäuser
s. Krankenhaus, Trägerschaft
Privatpatienten 50, 52, 56
Privatpraxis
s. Privatärzte
Privileg, therapeutisches, des Arztes, nicht völlig ausgeschlossen, jedoch nur in sehr engen, gerichtlich streng zu kontrollierenden Ausnahmefällen rechtlich akzeptabel 29, 30, 66, 351, 352
- aA. 352
Produzentenhaftung 40, 61, 77, 89 ff., 305
- Gefährdungshaftung 91, 92, 93 ff., 335, 363
- Verschuldenshaftung 89 ff., 363
Prozeßverlagerung, forensische, vom Vorwurf des Behandlungsfehlers auf Vorwurf der Behandlung ohne Aufklärung

Sachverzeichnis

u. Einwilligung 19, 36, 76, 124, 307, 332
s. auch Schadensersatzklagen
Prozeßverzögerungen, Vermeidung von, durch außergerichtliche Prüf- und Schiedsstellen 42
Prüfkommissionen 41 ff.
Psychiatrie und
- Arzneimittelerprobung, klinische 80, 348, 351, 354
- Grundsätze der Haftung in Leitsätzen 136 ff.
- Heilbehandlungen 30, 31, 325, 349
- Heilversuche 60, 61, 65, 66, 84, 85, 86, 325, 348, 349, 351
- Humanexperimente
s. Arzneimittelerprobung
Psychologie 349
Psychopharmaka, Erprobung von 84, 351, 359, 361
Psychosen 86
Psychotherapie 349
Quebec (Can.) 293, 301, 313, 316, 326, 330, 331, 332, 344, 346, 369, 385, 387, 392, 415
Queensland (Austr.) 284, 310, 413
Radiologen 292, 295, 298, 299, 344
Reagenzglasbefruchtungen 117, 118, 120 ff., 370, 379, 382, 383
Rechtsverfolgungskosten, Ersparung von, durch außergerichtliche Prüf- und Schiedsstellen 42
Redemptor Hominis, Enzyklika Papst Johannes Pauls II. 357, 383
Rehabilitation 303
Reichsgericht 11, 165
s. auch Entscheidungsregister
Resolution on Harmonisation of Legislation of member States relating to removal, grafting and transplantation of human substances (1978) 101, 103, 104, 107, 108, 113, 240, 241, 242, 243, 246, 251, **445 ff.**
Resolution zu den Organbanken (1979) 110, 248, **449 ff.**
respondeat superior 52, 54
s. auch Erfüllungsgehilfenhaftung
s. Verrichtungsgehilfenhaftung
„Retortenbabys" 102, 116, 120
Review Committee (USA) 73, 116, 120
Rheinland-Pfalz 338

Rhode Island (USA) 308
riscontro diagnostico 109
Risikosphäre des Arztes/Krankenhauses 37 ff., 39, 40, 41, 77, 78, 124, 125, 129, 130, 131, 134, 309–310, 360–361, 390
s. auch Anscheinsbeweis zugunsten des Patienten
s. Beweiserleichterungen zugunsten des Patienten
s. Beweislastumkehr
s. Beweisrecht
s. Beweisschwierigkeiten des Patienten
Röntgenaufnahmen, wann Fehlbehandlung 10
Royal Commission on Civil Liability and Compensation for Personal Injury (Pearson Commission) 15, 37–40, 76, 92, 95, 135, 168, 186–189, 219, 233, 236, 267, 303, 333, 334, 335, 336, 339, 340, 341, 353, 355, 358, 363, 364, 365, 366, 384, 391, 392, 393, 394
Saarland 338
Sachverständige, medizinische
- Parteinahme, einseitige, zugunsten des beklagten Kollegen, häufig 29, 36, 49, 60, 126, 133, 143, 144, 324, 387, 390, 392, 395
- Unentbehrlichkeit von,
- - in Arzthaftungsprozessen, zahlreichen 9, 36, 60, 126
- - - anders bei eigener Sachkunde des Gerichts 126, 142
- - - Zurückweisung suspekter Gutachten von Seiten, durch Gerichte
s. Sachverständigenbeweis
- - Zusammenarbeit, interdisziplinärer medizinischer 294
s. Konsilien
s. Konsultationen
s. *second opinion*
s. Sorgfaltspflicht des Arztes
s. Überweisungspflicht
s. Weiterbildung
Sachverständigenbeweis, medizinischer
- Krise des 29, 60, 126, 133, 142 ff., 390 ff., 396
- Zurückweisung suspekter, durch Gericht, zulässig, oft auch geboten 126, 133, 143, 144, 387, 390, 392, 393, 395
s. auch Sorgfaltspflichten des Arztes,

Verletzung von, Rechtsfolgen einer *salus aegroti* 19, 59
s. auch Aufklärung
s. Patient
s. Privileg, therapeutisches
s. Selbstbestimmungsrecht
s. *voluntas aegroti*
Salvarsan 352
Samenbanken 102, 371
Samenspender, Anonymität des, Zusicherung der, an, rechtswidrig 119, 381
– Nobelpreisträger als 371
Sanitäter 53
Saskatchewan (Can.) 70, 71, 214, 283, 286, 287, 288, 290, 293, 296, 299, 305, 313, 316, 318, 319, 320, 326, 345, 349, 350, 351, 352, 353, 355, 356, 360, 369, 387, 415

Screening Panels (USA) 41, 42, 43, 190, 191
second opinion, Verpflichtung des Arztes zur Einholung einer, in Zweifelsfällen 6, 12, 66, 85, 107, 108, 294, 374
s. auch Sachverständige, medizinische, Zusammenarbeit, interdisziplinäre
Selbstbestimmungsrecht des Patienten, unveräußerliches u. umfassendes 19, 20, 21, 22, 23, 25 ff., 29, 30, 31, 32, 66, 112, 308, 309, 317, 328
– Kann sich auch im Verzicht auf Aufklärung manifestieren 31
– – hier jedoch strenge Anforderungen 32
s. auch Inhaltskontrolle
Selbstexperimente
s. Humanexperimente, Selbstversuche
s. Selbstversuche
Selbstmordversuch und ärztliche Behandlungspflicht 22, 32, 33, 86, 327, 392
Selbstversuch, einziges ethisch wie rechtlich *unanfechtbares* Verfahren im Bereich der Humanexperimente 68, 352, 353
Singapur 419–420
Skandinavien 321
s. auch die einzelnen Staaten
Sorgerecht, elterliches, und Auswirkungen im Bereich ärztlicher Behandlung 35, 82, 83, 312, 313, 314, 315, 332
– und Organtransplantationen 103, 314, 372

Sorgfaltsmaßstab
s. Sorgfaltspflichten

Sorgfaltspflichten des Arztes 5 ff., 8, 9, 10, 11, 12, 13, 16, 24 ff., 58, 59, 61, 62, 63, 68, 76 ff., 79 ff., 85 ff., 96 ff., 100 ff., 115 ff., 123 ff., 136 ff., 288, 290, 292, 293, 294, 295, 298, 299, 301, 302, 316, 346, 350, 359
– Abweichung von allgemein anerkannten Behandlungsmethoden 9 ff., 13, 27, 59, 64, 290, 292, 295, 298, 299, 301
– – im Ärzteteam 16
– – Beispiele 10, 11, 12, 16, 64, 295 ff.
– – Test für Behandlungsfehler 295, 350
– Anwachsen der, je neuer das Verfahren und je unbekannter die Risiken 58, 59, 61, 62, 63, 68, 76 ff., 136 ff., 316, 350
– bei Aufklärung über diagnostische Eingriffe ohne therapeutischen Eigenwert für Behandelten, sehr hoch 21, 56, 68
s. weiter Aufklärung, Pflicht des Arztes zur
– Behandlung, konventionelle, S. bei (Schulmedizin) 5 ff., 12, 13, 16, 17, 18 ff., 136 ff., 301, 316
– bei Diagnose 6, 7, 11, 12, 13, 113, 114, 287, 297 (Bsp.), 298 (dto.), 299 (dto.), 300 (dto.)
– – keine Sorgfaltspflichtverletzung bei Diagnose, die bei anhaltendem Meinungsstreit Fachkollegen anders gestellt hätten 291
s. auch Beweislast
– Fehldiagnose
– bei Eierstockverpflanzungen 115 ff.
– Einholung einer *second opinion*, im Zweifel erforderlich 6, 12, 66, 294, 374
s. auch *second opinion*
– bei Eiverpflanzungen 115 ff.
– bei Embryoverpflanzungen 115 ff., 120 ff.
– bei Erfahrung, geringer, keine herabgesetzten Sorgfaltsmaßstäbe im Bereich der 11, 12
– Erkennung eigener Leistungs- und Wissensgrenzen gehört zu den 6, 12, 16, 17
– – Überweisungspflicht bei 6, 12, 17, 288, 298

Sachverzeichnis

− Erkundigungspflicht nach etwaigen früheren Behandlungen gehört zu den 299
− Fahrlässigkeit führt zur Verletzung der 5 ff., 60 ff., 64, 295, 297, 298, 299, 300, 301, 316, 346, 350
− − objektiv
s. Fahrlässigkeit
− − subjektiv 12, 13, 16, 295, 301
− bei Heilbehandlung
s. allgemein Sorgfaltspflichten des Arztes
− bei Heilversuchen
s. hier, Maßstab für
− bei Humanexperimenten
s. hier, Maßstab für
− bei Insemination, heterologer 115 ff., 379
− Krankenunterlagen und
s. dort
− − Studium, unzureichendes, vorhandener, ist Verletzung der 298, 299
− Maßstab für die 5 ff., bes. 7 ff., 10, 11, 12, 13, 39, 40, 59, 61, 63, 64, 68, 76, 77, 78, 136 ff., 290, 291, 292, 293, 295 (Def.), 297 (Bsp.), 298, 299, 300, 301, 316, 318, 346, 350, 353
s. auch Beweislast
s. Beweisrecht
− − Abweichungen von anerkanntem 8, 9 ff., 12, 13, 59, 61, 291 ff., 295 ff., 316
− − − Beispiele 10, 11, 12, 297, 298, 299, 300
s. auch Behandlungsfehler
s. Beweislast
s. Fehldiagnose
− − Anwendung modernster verfügbarer Mittel gehört zum 6, 8, 9, 59, 61, 287, 288
− − Heilversuche, strenger, bei 58, 59, 61, 62, 63, 64, 76 ff., 131, 346, 347, 348, 350
− − Humanexperimente, besonders strenger, bei 58, 59, 67 ff., 76, 77, 78, 131, 346 ff., 348, 350, 353, 383
− − Praxiserfahrung, unzureichende, keine Verringerung des, bei 11, 12, 62, 295
− − Stand der medizinischen Erkenntnis, entscheidender, für die 6, 7, 8, 9, 11, 12, 13, 27, 39, 40, 59, 61, 62, 63, 64, 68, 286, 290, 292, 293, 295, 316, 318, 348, 350
s. auch Beweislast
− − − Schwierigkeiten, objektive, den, zu ermitteln 9, 39, 40, 318
− − − − insbesondere beim Schulenstreit über mehrere Methoden 291, 292, 293, 295
s. auch Beweislast
s. Juristen
− − Zunahme des, an Strenge, bei besonderer Ausbildung od. in Anspruch genommener besonderer Fachkompetenz 5, 6, 7, 12, 39, 40, 59, 61, 62, 288
s. auch Beweislast
− Methodenwahl, bei der 8, 9, 11, 27, 104, 291, 292, 293, 294, 295, 324
s. auch Beweislast
− Risikosphäre, in seiner, besonders hohe 124, 125, 127, 128, 129 ff., 130
s. auch Risikosphäre des Arztes
− Schulenstreit, keine Verletzung der, bei, über verschiedene Behandlungsweisen od. Diagnosen, solange Arzt einer davon folgt 27, 64, 291, 292, 293, 294, 295
− Schweigepflicht des Arztes, gehört zu den
s. dort
− Selbstkontrollen durch den Arzt, Bestandteil der, bei
− − Heilversuchen 59 ff.
− − Humanexperimenten 72 ff.
− bei Teamarbeit 16, 107, 108, 113 ff., 304, 342, 343
− bei Transplantationen 102, 103, 104, 105 ff., 108 ff., 113 ff., 370 ff., 374
− Verkennung der eigenen Grenzen, ist Verletzung der 6, 8, 9, 10, 11, 12, 62, 298, 350
s. auch Beweislast
− Verletzung der, Rechtsfolgen einer 5 ff., 12, 13, 14, 15, 16, 17, 18 ff., 142, 350
− − Urteil darüber, ob, vorliegt, ist eine vom Gericht selbst zu entscheidende *Rechtsfrage* 142, 143, 295, 392, 393
s. Aufklärungsplficht des Arztes
s. Beweislast
s. Inhaltskontrolle
s. Sachverständige, medizinische
s. Sachverständigenbeweis

- Vorkehrungen gegen Schadenseintritte gehören zu den 7, 9, 11, 12, 290, 298, 299
- Warnung Dritter vor ernsthafter Gefährdung durch einen Patienten, kann zu den, gehören 6, 35, 331
- Weiterbildung, Pflicht zur, gehört zu den 6, 7, 8, 9, 10, 11, 12, 59 ff., 62, 87, 350
  s. auch Beweislast
  s. Weiterbildung
Sorgfaltspflichten des Herstellers von Arzneimitteln 89 ff.
  s. auch Arzneimittel, Prüfung von, durch Hersteller
  s. Produzentenhaftung
Sozialadäquanz 352
Spezialist
  s. Facharzt
South Australia 413
South Carolina (USA) 286, 304, 305, 339
South Dakota (USA) 295
Sowjetunion 281
Spanien 105, 110, 244, 248, 373, 377, 420
Südamerika
  s. die einzelnen Staaten
Südafrika 102, 242, 372, 377, 420
Suizidversuche
  s. Selbstmordversuche
Supreme Court, Kalifornien 35, 184
  s. auch Entscheidungsregister
Supreme Court, Kanada 130, 132, 263, 265
  s. auch Entscheidungsregister
Supreme Court, Massachussetts 106, 245, 323
  s. auch Entscheidungsregister
Supreme Court, Minnesota 18, 171
  s. auch Entscheidungsregister
Syphilis 10, 118, 294, 353
  s. auch Krankheiten, übertragbare
Schaden, Begriff 18, 19
Schadensersatzklagen
- arztrechtliche,
  Anstieg der, in neuerer Zeit
  s. Arzthaftungsprozesse
- Gegenklagen der Ärzte, gegen Patienten, wegen frivoler 333, 337
- Verlagerung, forensische, von Behandlungsfehlerrüge auf Vorwurf unterlassener Aufklärung und unwirksamer Einwilligung 19, 36, 76, 332
- - Gründe dafür 36

Schadensersatzpflicht
- des Arztes
- - Abweichung, negative, von anerkannten Standards, begründet 8, 9, 10, 11, 12, 288, 290, 292, 295, 298, 298
- - Adäquanz, Voraussetzung für 7
- - Kausalzusammenhang zw. Behandlungsfehler u. eingetretenem Schaden ist erforderlich für 14 ff.
  s. auch Kausalzusammenhang
- - Schadensbegriff 18, 19
- - Sterilisation, bei mißglückter
- - - gegenüber dem Kind 18, 19, 306 ff.
- - - gegenüber der Mutter 18, 19, 306 ff.
- - - gegenüber dem Vater 18, 19
- - und Versicherungsrecht 41
  s. auch Versicherbarkeit
  s. Versicherungskosten
- - Unterhalt, S. umfaßt auch Kosten des, für ein trotz Sterilisation (Vasektomie) geborenes gesundes Kind 18, 19
  s. auch Arzthaftung, zivilrechtliche
  s. Behandlungsfehler
  s. Fehldiagnose
  s. Heilbehandlung
  s. Heilversuch
  s. Humanexperiment
  s. Sorgfaltspflichten des Arztes
- des Krankenhauses 48 ff.
Schadenssummenanstieg, in Arzthaftungsprozessen, alarmierender 41, 288 (Bsp.), 291–292 (Bsp.), 336 (Bsp.)
Schadensursachen, verschiedene (hypothetische, zusammenwirkende) 15
Scharlach 345
Schizophrenien 86, 331
Schleswig-Holstein 338
Schlichtungsstellen 41 ff., 43, 44, 145, 146, 191, 192, 277
Schmerzensgeld 4, 18, 24, 47, 50, 117, 119, 285
- Bewilligung von, bei Unfähigkeit des Patienten, entstandenen Schaden zu empfinden? 4
Schottland 17, 90, 91, 111, 170, 231, 232, 233, 249, 329, 365
  s. auch Vereinigtes Königreich
Schritt-für-Schritt-Aufklärung
  s. Aufklärung, Pflicht des Arztes, Umfangsanforderungen

Sachverzeichnis

Schulenstreit, medizinischer
  s. Arzthaftung, zivilrechtliche
  s. Aufklärung, Pflicht des Arztes zur, bei
  s. Sorgfaltspflichten des Arztes
Schulmedizin
  s. Sorgfaltspflichten des Arztes
Schweden 39, 41, 44, 46, 47, 73, 77, 92, 95, 100, 106, 108, 109, 132, 188, 189, 192, 193, 194, 216, 217, 219, 220, 233, 236, 240, 244, 245, 247, 265, 313, 335, 337, 338, 339, 355, 363, 365, 368, 376, 377, 420
Schwedische Gesellschaft für Medizinische Wissenschaften 73, 217
Schweigepflicht, ärztliche 34 ff., 76, 329, 330, 331
 – Ausnahmen von der 34, 35, 331
 – Minderjährige, im Falle von 35
 – Schadensersatzpflicht bei Verletzung der 34, 330, 331
Schweiz 4, 49, 98, 105, 159, 196, 238, 244, 281, 282, 283, 284, 285, 286, 287, 288, 290, 292, 293, 295, 297, 298, 299, 300, 301, 304, 305, 308, 310, 313, 315, 318, 321, 322, 323, 324, 325, 326, 328, 329, 342, 348, 355, 363, 373, 374, 375, 385, 387, 393, 421
Schwestern 13
Staatshaftung
  s. Arzthaftung, zivilrechtliche
Stand der medizinischen Erkenntnis, Maßstab für ärztliches Tun
  s. Beweislast
  s. Heilbehandlung
  s. Heilversuch
  s. Humanexperiment
  s. Patient
  s. Sorgfaltspflichten des Arztes
Standardoperationen 23
Standesethik, ärztliche 29, 34, 56, 58 ff., 70, 71, 72 ff., 75, 80, 81, 102, 106, 281, 282, 328, 329–330, 347, 348, 354, 396, **423 ff., 427 ff., 429 ff., 431 ff., 434 ff., 436 ff., 439 ff., 441 ff., 455**
Sterilisation 27, 314, 322, 350
 – Fehlgeschlagene und Aufklärungssorgfalt 64, 314
 – Fehlgeschlagene und Schadensbegriff 18, 19, 306
 – Rechtsnatur des Vertrags 283

Syrisch-Arabische Republik 421
Tansania 421
Tasmania (Austr.) 3, 159, 284, 285, 310, 413
Teamarbeit, ärztliche
  s. Behandlungsfehler
  s. Sorgfaltspflichten des Arztes
Tennessee (USA) 291, 298, 305, 350, 388
Tetanus 355
Texas (USA) 295, 298, 301, 305, 310, 319, 325, 347, 350, 351, 370, 384, 388, 392
Therapeutisches Privileg
  s. Privileg, therapeutisches
Tierversuche 60, 352
 – Stellenwert für Humanmedizin 67, 352
Tod
 – Kriterien des klinischen
 – – in der Transplantationschirurgie 105 ff., 373 ff.
 – – vor Gewebe- u. Organentnahmen 105 ff., 373 ff.
Tokio, Kodex von **431 ff.**
Tollwut 113
Tonsillitis 12, 299
tort action 44, 52, 90, 380, 394, 395
Transplantate
 – Handel mit, unzulässig 102, 104, 105, 112, 113, 370
 – von Lebenden 101, 102 ff., 370, 371, 373
 – von Toten 101, 105 ff., 373
 – Verhältnis zw. beiden Arten (zahlenmäßiges) 373
Transplantationen 98, 100 ff., 314, 354, 372 ff., **445 ff., 449 ff., 451 ff.**
 – Bereitschaft von Spendern zu 371
Transplantationsgesetzgebung 371 ff., 375
Transplantationschirurgie 100 ff., 370 ff.
Transsexuelle, Begriff der 97
Transsexuelle Chirurgie 27, 96 ff., 322, 323, 367 ff.
Tribunal des Conflits (Frankreich) 55, 201
Tropenkrankheiten 288, 298, 299
Tschechoslowakei (CSSR) 415
Tubenligatur 114
Tuberkulose 345, 355
Türkei 245, 248, 421
Tumorpatient
  s. Patient
Überdosis
 – Arzneimittel, Behandlungsfehler 10, 11, 12, 295, 296, 299

490 Sachverzeichnis

– Aufklärungspflicht des Arztes über Gefahren einer 12
– Impfstoffe, Fehlbehandlung 11, 295, 299
– Narkotika, Fehlbehandlung 10, 299
– Röntgenstrahlen, Behandlungsfehler 10, 295, 296
Überweisungspflicht des Arztes 6, 12, 17, 54, 294, 298, 299, 346
– des Krankenhauses 54
s. auch Informationspflicht des Arztes
Unfallstation 302
Ungarn 417
Unglücksfälle
s. Notfälle
Unterhaltspflichten
s. Schadensersatzpflicht
Unterlassen von Maßnahmen, medizinisch indizierten
s. Behandlungsfehler
Ursächlichkeit
s. Kausalzusammenhang
Uruguay 421–422
USA
s. Vereinigte Staaten
s. die einzelnen Bundesstaaten
Utah (USA) 322
Uterusbiopsie 64
Vasektomie 18, 19, 27, 297, 307, 322
Venezuela 422
Vereinigte Staaten von Nordamerika 6, 18, 22, 23, 29, 35, 41, 42, 43, 44, 47, 48, 49, 51, 52, 73, 77, 80, 87, 92, 96, 98, 99, 100, 102, 103, 108, 113, 115, 118, 122, 146, 158, 161, 170, 171, 172, 174, 176, 179, 180, 184, 190 ff., 211, 216, 217, 223, 233, 237 ff., 240, 245, 247, 250, 252, 254, 255, 258, 276, 277, 281, 282 ff., 293, 294 ff., 297, 298, 299, 300, 301 ff., 311 ff., 320 ff., 330 ff., 339, 343, 344, 346 ff., 351 ff., 355, 357, 359, 362, 363, 365, 366 ff., 372 ff., 380 ff., 392, 393, 394, 395, 396, **409 ff.**, 421
s. auch die einzelnen Bundesstaaten
Vereinigtes Königreich von Großbritannien und Nordirland 39, 48, 49, 52 ff., 73, 76, 92, 101, 108, 135, 186, 188, 195, 196, 199, 200, 201, 217, 219, 233, 236, 241, 247, 267, 350, 355, 365, 370, 376, **406 ff.**, 421
s. England

s. Schottland
Verhältnismäßigkeit, Grundsatz der
– zw. Aufklärungsumfang und Ernstlichkeit der Erkrankung 26 ff., 30
– zw. Behandlungsrisiko und Behandlungsvorteilen 6, 7, 9, 22, 27, 30, 58, 59, 61, 136 ff., 289, 293, 350
s. auch Güterabwägung
– zw. Behandlungsrisiko und Risiko der Unterlassung der Behandlung 30, 31, 89, 136 ff., 293, 350
– zw. Nutzen und Risiko 58 ff., 61, 71, 72, 89, 136 ff., 289, 350, 353

Verhandlungsmaxime, keine typenreine, in Arzthaftungsprozessen 123
s. Beweiserleichterungen
Verjährung
s. Arzthaftung, zivilrechtliche, Verjährungsvorschriften
Verlauf, unglücklicher, einer Behandlung od. Operation, allein noch kein Indiz für Arztverschulden 12, 13, 124, 125, 283, 290
Vermont (USA) 368
Verrichtungsgehilfenhaftung 13, 14, 49 ff., 52, 285, 301, 342 ff.
s. auch Arzthaftung, zivilrechtliche
Verschuldenshaftung
s. Arzthaftung, zivilrechtliche
Verschuldensprinzip
– bei Arzthaftung
s. dort
– bei Produzentenhaftung 89 ff., 364
Verschwiegenheitspflicht
s. Schweigepflicht
Versicherbarkeit
– von Arzneimittelrisiken 94
– von Arzthaftungsrisiken 44 ff., 47, 48, 94, 333, 366
Versicherungskosten 41, 42, 44, 45, 46, 47, 48, 94, 95, 293, 333, 344
s. auch Entschädigungsleistungen
Versichertengemeinschaft 41 ff.(41, 48)
Versuche, wissenschaftliche
s. Humanexperiment
Vertragsbeziehungen
– zw. Arzt u. Patient bei Behandlungsveranlassung durch Dritte? 2, 3
– zw. Krankenhaus u. Patienten 48 ff.

Sachverzeichnis

Vertrauensverhältnis zwischen Arzt und Patient 30, 31, 34, 35, 39, 64, 318, 324, 351, 396
Verwaltungsgerichte 54, 55
Verwaltungsrecht 49, 55
Verwandte, Einwilligungsrechte im Bereich von Transplantationen
s. Angehörige
s. Einwilligung
Verwechslung
- Arzneimittel, Behandlungsfehler 10, 295, 297 (Bsp.)
- Doppelorgane, der richtigen Seite bei, Behandlungsfehler 11, 297 (Bsp.)
- Impfstoffe, Behandlungsfehler 11, 295, 297 (Bsp.)
s. auch Narkotika
- Narkotika, Behandlungsfehler 10, 295, 297
- von Organen 297 (Bsp.)
- von Patienten 11, 297 (Bsp.)
Victoria (Austr.) 284, 388, 390, 414
Virginia (USA) 102, 241, 283, 318, 322
volenti non fit iniuria 25, 31, 372
s. auch Aufklärung, Verzicht des Patienten auf
s. Haftungsverzicht
voluntas aegroti 19
s. auch *salus aegroti*
s. Selbstbestimmungsrecht
Vorhersehbarkeit des Schadens
s. Adäquanztheorie
Vorrangigkeit des individuellen Patientenwohls vor allen anderen (z.B. wissenschaftlichen) Erwägungen 59, 61, 70, 72, 81
s. auch Patient

Wales (UK) 344
Washington (USA) 308, 319, 322, 3224, 351, 352
Weiterbildung, fehlende od. mangelnde
s. Sorgfaltspflichten, Weiterbildung
Weltärztebund 58, 106, 204, 245, **429 ff.**, **431 ff.**
Weltgesundheitsorganisation 422
Werkvertrag 2, 283, 284
Western Australia 310, 414
Westeuropäische Länder 29, 179, 281, 370, 379
s. auch die einzelnen Länder
West Virginia (USA) 383
Widerspruchslösung im Transplantationsrecht 108, 109, 110, 112, 377 ff.
s. auch Einwilligungslösung
Wisconsin (USA) 287, 296, 310, 318, 335, 338, 339, 363, 370, 378, 383, 385, 387
Wissenschaft, medizinische
s. Fortschritt, medizinischer
Wyoming (USA) 385

Zehnter Internationaler Kongreß für Rechtsvergleichung, Budapest 1978 145, 276, 286
Zusammenwirken mehrerer Schadensursachen im Arzthaftungsprozeß 14 ff., 114, 115, 342
Zwangsernährung 327
Zwangsimpfungen 69, 355
Zweites Deutsches Fernsehen (ZDF) 25, 176
Zypern 415

INDEX

(For additional information, readers are also advised to use the German *Index* and the other *Indices* of this book)

Abortion 171, 177, 209, 216, 256, 258, 312, 314, 315, 319, 321, 381, 382
Abortion Act, 1967 (England) 256
Accident Compensation Act, 1972 (New Zealand) 192 f., 334, 365 see also Compensation
– tort action abolished 192, 340
Accident Compensation Authority (New Zealand) 193
Accident Compensation Commission (New Zealand) 192 f., 193, 340 ff.
– appeal from decisions 193
– jurisdiction of 192, 340
actes médicaux 201 f.
actes d'organisation du service 201
actes de soin 201
Action see Medical Liability Actions (Civil)
actori incumbit probatio 393 see Burden of Proof
Acupuncture 293
Adäquanztheorie (German theory of causation) 168, 302 see Causation
Adoption 254
– pre-natal 258, 382
Advertising 233
– liability regarding 362
Ärztekammer (W. Germany) 191 f., 338
Africa, health care system 281
agents publics 201 f.
AID see Insemination
Alabama (USA) 304, 306, 307
Alaska (USA) 325, 385
Alberta (Canada) 209, 286, 290, 295, 296, 297, 298, 304, 306, 307, 308, 313, 319, 329, 331, 332, 345, 348, 349, 350, 351, 353, 356, 369, 385, 387, 388, 390, 392, 393, 394, 414
Allergy 298, 340
American Hospital Association 180, 319, 324, 344, **434 ff.**

American Journal of Law and Medicine 347
American Medical Association **455 ff.**
American Society of Law and Medicine 347
American Surgical Association: Statement on Professional Liability, 1976, 336
Amputation 174, 336
Anaesthesia, application of 312
– liability for 199, 292, 295, 309, 332, 343
– standard of care, high 163, 289, 292, 295
Anaesthetist 163, 170, 199, 200, 292, 309, 332
– must master and control equipment used, otherwise breach of care 292, 390
Anamnesis, insufficient 165, 299, 346
Angiogram 292
Anscheinsbeweis (German *prima facie* evidence) 197 f., 260, 261, 262, 265, 386 f., 389 see *prima facie* evidence; see *res ipsa loquitur*
Antibiotic 353
Antidepressive 222, 360
Antihistamine 352
Arbitration 308
– *Boards* (USA) 190 f., 277, 337, 338
– – substitute for action at law 190
Argentina 413
Arizona (USA) 317, 318, 343, 392, 394
Arkansas (USA) 286, 304, 315, 316
Arzneimittelgesetz (W. German Drug Administration Law)
– of 1961 228
– of 1976 213, 222, 224 f., 226, 233, 234 ff., 316, 346, 354, 355, 358, 359, 360, 363, 365, 366
see Medicines
Asia 370
– health care system 281
Assault 172, 175, 317, 326
– and battery 311
see Informed Consent
Assistants

– hospital's liability for 197, 198, 221, 301, 342
– physician's liability for 167, 198, 264, 301
see Vicarious Liability
Australia 160, 179, 231 f., 241, 281, 284, 286, 302, 310, 312, 313, 344, 345, 363, 370, 371, 373, 374, 381, 386, 388, 390, 413 ff.
– health care system 281
Australia, High Court of 160, 302
Australian Capital Territory 413
Austria 248, 287, 298, 313

Baden-Württemberg (W. Germany) 338
Battery 311, 317
Bavaria (W. Germany) 338
Belgium 238, 240, 248, 281, 285, 310, 329, 349, 363, 367
Berlin (W. Germany) 338, 367, 370
Blind-technique 210 f., 222, 224
– double-blind-test 222, 223, 226, 358
– – informed consent 223 f., 226
– – last resort, use only as 223 f., 225, 226, 227, 360
– single-blind-test 222, 227
see also Medicines
Blood pressure 274
Blood transfusion 197
Board of Arbiters (W. Germany) 191 f., 338
Board of Commissioners (Ontario) 294
Bone marrow transplant 241, 372
Brain death 245, 373, 374
– method of establishing 246
Brasil 414
Bremen (W. Germany) 338
British Columbia (Canada) 283, 288, 291, 292, 296, 299, 301, 302, 309, 310, 312, 313, 319, 327, 328, 330, 331, 345, 346, 360, 362, 369, 388, 389, 390, 414
British Medical Research Council (UK) 218
British Transplantation Society 246, 370, 375
Bulgaria 414
Bundesärztekammer (W. German Federal Medical Board) 357, 371, 378
Bundesgericht (Swiss Federal Court), 105, 244
Bundesgerichtshof (W. German Federal Supreme Court) 160, 165, 172, 173, 174, 178, 179, 182, 184, 198, 214, 220, 232, 237, 259, 263, 264, 266, 270, 273 ff., 278, 306, 307, 322 f., 326, 327, 332, 333, 342, 351, 367, 381, 384, 390, 391, 394
Bundesrat (Second Chamber of W. German Federal Parliament) 250, 376 f., 377, 378
Bundestag (W. German Federal Parliament) 250
Bundesverfassungsgericht (W. German Federal Constitutional Court) 220, 237 f., 239, 240, 269, 270, 271, 321, 322 f., 367, 368, 384, 391, 393, 394
Burden of proof
– as to emergency 267 f.
– forms, on those who use them to exclude their civil liability 174, 316
– functions of 383
– on hospital 224, 264
– – when conditions in hospital less than average 320
see here physician's/defendant's
– as to informed consent 181, 185, 226, 227, 230, 239, 265 ff., 271, 308, 320, 326, 332
– – waiver of 267 f.
– as to malpractice 185, 187, 198, 259 f., 260 f., 262 f., 263 f., 264 f., 269 ff.
– as to necessity of double-blind-tests 223 f., 226
– patient's/plantiff's 188 f., 220, 259, 260, 383 f.
– – amelioration of 170, 187, 188, 189, 220, 259, 260, 263, 264 f., 267 f., 269 f., 270 f., 305
– physician's/defendant's 179, 181, 187, 227, 230, 260, 261, 264, 271 f., 324, 326
– – when irregular treatment performed 164 see here, Research Treatment
– products liability 231, 232, 233
– research experimentation 226, 264, 267, 268, 269, 270 f.
– research treatment 264, 267, 268, 269, 270 f.
– reversal of 259, 260, 264 f., 267, 268, 269, 270 f., 384, 390
– – research treatment and experimentation 270 f.
– – therapeutic treatment 269 f.
– therapeutic privilege 211, 227

– vicarious liability, in cases of 198, 221, 259
But-For test 167
Caesarean section 301, 328, 371, 380
Caillavet Law (France) 373 f., 376, 377
California (USA) 184, 283, 284, 288, 289, 291, 294, 295, 299, 304, 305, 309, 310, 315, 316, 317, 318, 319, 320, 322, 324, 327, 329, 330, 331, 332, 335, 336, 338, 347, 350, 351, 352, 362, 363, 365, 369, 378, 379, 385, 387, 388
Canada 158, 160, 161, 167, 170, 179, 184, 209, 214, 219, 229, 231 f., 238, 240, 242, 245, 251 f., 263, 265, 266, 281, 283, 284, 286, 287, 288, 289, 290, 291, 292, 293, 294, 295, 296, 297, 298, 299, 300, 301 ff., 304, 305, 306 ff., 315, 316, 317, 318, 319, 320, 326, 327, 328, 329, 330, 331, 332, 344, 345, 346, 348, 349, 350, 351, 352, 353, 355, 356, 360, 362, 363, 365, 369, 372, 379, 381, 382, 383, 384, 385, 386, 387, 388, 389, 390, 392, 393, 394, 395, **414 ff.**
Canadian Medical Association 330
Capacity to consent 173 f., 242 f. see Consent, Informed Consent
Carcinoma 164, 181, 287 f., 294, 311, 325, 355
Cardiac arrest 245, 373
cas d'urgence 328 see Necessity
Case law 157
– regarding burden of proof 263, 264 f., 391
– regarding civil liability of physician
– – American 158, 170, 171, 174, 255, 282, 283, 291, 306, 328
– – Canadian 158, 161, 209, 214, 229, 251 f., 263, 283, 287, 290, 291, 292, 297, 306, 309, 311, 328, 332, 350, 351
– – English 158, 163, 167, 170, 208, 229, 256, 262 f., 282, 283, 287, 289, 296, 298, 322
– – French 158, 159, 251, 283, 285
– – German 158, 165, 166, 172, 173, 179, 198, 220, 252, 273 ff., 283, 287, 290, 306, 307, 311, 320, 351
– regarding consent 326, 328
– regarding damages 160, 170, 189, 306
– regarding duty of skill and care 286
– regarding limitation periods 284

Case law
– regarding products liability
– – German 232
– – Scottish 231
– regarding strict liability 282, 363, 364
– regarding transplantations 241, 369 f., 372
– regarding transsexuality 237, 366
Castration 177, 322
Causation
– foreseeability requirement 168, 200, 302, 303
– intervening 386
– proof of, difficult 189, 260
– requirement for, between wrongful act and damage 167, 175, 255, 260, 269, 302
Chicken vaccination case 232, 305, 363, 364
Child, right to know who parents are 255, 381
Church 250, 378, 383
– role in medical ethics 218
Civil Liability see Liability
Clinical Trials see Research Experimentation, Research Treatment
cliniques ouvertes 202
Code of Ethics (Canada) 330
Code of Nuremberg, 1947 204, 223, 348, 354, 355, 356, 359, 360, **427 ff.**
Colorado (USA) 322, 339
Columbia, District of (D. C., USA) 290, 302, 310, 312, 317, 319, 325, 326, 327, 333, 343, 369, 372, 392, 394
Common Law 157, 158, 167, 168, 173, 175, 183, 200, 209, 219, 231 f., 256, 258, 262, 271, 281, 282, 284, 285, 286, 302, 312, 313, 315, 319, 326, 328, 330, 331, 332, 340, 344, 365, 374, 380, 381, 385, 389, 392, 393, 394, 395
Commonwealth 199, 363
Compensation
– funds 192, 194 f., 233, 339, 341
– – American see Patient Compensation Funds
– – German, proposed, regarding medicines 233, 234 ff., 365 f.
– immaterial loss and damage 159, 175, 236, 343, 361
see also Damages
– schemes 186 f., 219 f., 233, 243, 265,

267, 272, 341, 355 see Insurance
– – no-fault 186, 188 f., 219, 265, 272, 335, 339, 340
– – – New Zealand 192 f., 220, 233, 236, 265, 341, 394 f.
– – – Sweden's Patient Insurance Scheme 193 f., 219, 220, 233, 236, 265
– – – – grounds for refusal of c. 194
Concentration Camp (Third Reich)
– human experimentation in, unethical, 348, 356, 357, **427 ff.**
Concurrent Liability (physician-hospital) 199 f., see Joint Liability
conditio sine qua non 167, 364
Confidentiality see Duty of Secrecy, Privilege
Congenital Diseases (Civil Liability) Act 1976 (England) 292, 380
connaissances acquises de la science 286
Connecticut (USA) 301, 322, 372
Conseil d'Etat (French Supreme Court on Administrative Matters) 201
Consent see Information, Informed Consent, Self-Determination
– burden of proving 174, 181, 226, 271, 308
– as consideration for physician's promise to exercise skill and care 309
– form of 174 f., 224, 271, 316
– – printed forms 174, 316
– – – public policy 174, 175, 316
– – no specific form required 174
– of incompetents (insane persons) 242, 323
Consent
– induce, physicians may not, by minimising dangers 176
– informed, must be 171 f., 204 f., 208 f., 213, 214 f., 316, 319 see Informed Consent
– invalid
– – if act disturbs the peace 259, 368
– – if physician misrepresents 176, 319, 326
– of minors 173, 184, 213, 242, 312, 313, 314, 315, 331, 372
– – to abortion 382
– of relatives or parents 183, 248 ff., 314, 323, 328
– requirements for valid c.
– – capacity of patient 173 f., 204, 242 f., 312, 313

– – consent to act complained of 173 f., 310
– – – courts are strict 172, 173
– – – full, consent must be 172, 173, 310, 316
– – *contra bonos mores,* physician's act must not be 173, 259, 311,
– – made to physician who treats patient 173, 312
– statutes see Statutes
– voluntary, must be 171, 181, 204, 213 f., 243, 326
consentment libre et éclaré 307
consortium 171, 306, 307 see also Damages
„Conspiracy of Silence" 186, 395, see Expert, medical
Constitution of 1949 (W. Germany) 238, 258, 367
Continental Law 173, 281, 326 see individual countries
contra legem artis 160 f., 205 f., 254, 270 see Malpractice, Negligence, Liability
Contract
– breach of 158 see Liability, civil
– – information negligently not given by physician 175
– exculpatory, invalid 208
– hospital-patient 197 f., 342
– physician-patient, existence of
– – France 201
– – Germany 197, 253
– – when patient has contract with hospital 197
– – when treatment/examination is at request of third party 158
– physician-patient, when waivers of claims to compensation are valid 272
– results or cure, contract to achieve particular 158, 283
– terms implied by law 157
– types of 158, 283
Contractual Liability – see Liability, civil, of physicians
Co-operation between physicians, obligation to seek second opinion 294 see *second opinion*
Cornea transplant 241, 251, 370, 371 see Transplantation
Cosmetic Surgery 177, 258, 344
Costa Rica 415

Council of Europe 157, 217, 218, 236, 240, 241, 244, 245, 251, 252, 281, 285, 324, 342, 354, 357, 364, 365, 366, 369, 372, 374, 376, 377, 381, **445 ff.**
– 3rd Colloquy of the, Würzburg 1972 285
– 5th Colloquy of the, Lyon 1975 216, 217, 236, 342, 351, 356, 357, 366
Countersuits by physicians 333
Cour de Cassation (France) 159, 201, 267, 285, 286, 350, 393, 394
Court of Appeal (England) 1967, 301
Court of Appeals (U. S.) 290, 291, 293, 297, 298, 299, 301, 302, 304, 307, 312, 315, 316, 317, 319, 326, 335, 336, 338, 343, 354, 363, 370, 378, 380, 392
Court of Claims (N. Y., USA) 170, 290, 304, 305, 318
Courts, structure of, in civil medical liability actions 276 ff.
Crisis, medical malpractice 192, 194
Culpa in eligendo (negligent hiring) 198, 199 see Liability, civil, of employer
Cyprus 415
Czechoslovakia 415

Damages (tort) 159 f., 169 f., 183, 189, 190 see also Compensation
– actual, requirement of 170, 269
– birth of child as („wrongful life")? 170, 305, 306, 380
– – maintenance obligation, parents' 170, 306
– consortium, loss of 171, 306, 307
– earnings, lost 159
– to matrimonial rights 255
– measure of 159, 175, 189, 193, 197, 236
– – objective v. subjective test 159 f.
– – pecuniary loss 159, 236, 306
– for negligence
– – pre-conception 255
– – pre-natal 255
– non-physical loss (German: *Schmerzensgeld*) 159, 175, 236, 343, 361
– for pain and suffering 171, 197
– purpose of compensation 159
Death, establishing 244 ff., 373, 374
– number of doctors required 245, 246, 375
Declaration of Helsinki, 1964 204, 223, 226, 348, 354, 355, 359, 360, **429 ff.**
Declaration of Sydney, 1968 245, 375

Declaration of Tokyo, 1975 (Revised Declaration of Helsinki) 205, 215 f., 222, 223, 226, 348, 349, 354, 355, 357, 359, 360, 361, 393, **431 ff.**
Defect in product 231 see Products Liability
Delaware (USA) 291, 320, 325
Delegation for Medical Ethics (Swedish Society of Medical Sciences) 217
Denmark 240, 242, 244, 245, 247, 249, 313, 355, 371 f., 375, 376, 377, 415
Department of Health, Education and Welfare (USA) 336, 337, 339, 353, 354
Depression 228
Deutsche Gesellschaft für Chirurgie (German Society of Surgery) 246, 375
Deutscher Juristentag (Congress of Representatives of the German Legal Profession) 334
Diagnosis
– faulty see Malpractice, diagnoses
– requirements 161
Dialysis, kidney 251 f.
Dienstvertrag (W. German contract of service) 283, 284
Diptheria 355
Discipline, professional 183, 329
Discovery 330
Diseases, communicable 164, 182, 184, 251, 254, 294, 315, 327, 331, 345
Divorce, as remedy for infringed martial rights 255 f., see also Insemination
DNA (Deoxyribonucleic acid) 356
domage en série 234
Donors
– blood 243
– organ see Transplantations
Drugs see Medicines
Duty see also Malpractice, Negligence, Standard of Care
– of courts
– – to complete or implement pleadings of parties 259
– of hospital
– – of care, to patient 200
– – provide competent physicians, surgeons, nurses 200
– – restrict privileges of incompetent physicians 199, 343
– of manufacturer

– – reasonable care that product is free from defect 231 f.
– of patient
– – to receive treatment 315
– of physician see also Liability, civil, of physician
– – to disclose risks to patient 171 f., 179, 205 f., 265, 310, 324 see Information, Informed Consent
– – to inform authorities
– – – of patient's disease 184, 315, 331
– – – traffic 184, 331
– – medicines, to use available albeit untested 208, 350
– – progress, to keep abreast with 208
– – records, to keep medical 264, 266
– – to render aid 182, 183, 282, 283, 305, 328, 329
– – save life 172, 183
– – secrecy 183 f., 219, 329 see Privilege
– – – minors, patients who are 184 f.
– – – statutes regulating 331
– – of skill and care owed to patient 160 f., 207, 228 ff., 242, 251, see Standard of Care
– – – increases as established method comes under criticism 208
– – – regarding research treatment, higher duty 206 f., 208, 264
– – – no essential distinction between contract and tort 286
– – specialist, refer patient to 169, 305
– – regarding transplantation, to obtain consent of relatives 248 ff.
– – to warn third parties of dangerous patients *(Tarasoff v. Regents of University of California)* 161, 184, 289, 315, 331

East Block (Europe) 313
Ecuador 416
Education
– and ethics, medical 216
– of professionals 278
Egg transfer from donor 253 ff., 257, see also Insemination
Einwilligungsauflösung (W. German clear consent solution) 248, 376 f., see Transplantation from deceased person
Electroencephalogram (EEG) 246

Emancipation see Minors
Embryo transfer 252 ff., 256 ff., 321
– ethical issues 258, 321
– liability, civil, of physicians 256 ff.
– nurse (wombmother), into a 257
– strict liability for 258, 383
Emergency cases 169, 172, 182 f., 282, 304, 305, 310, 312, 316, 328, 329, see also Necessity
England 158, 159, 160, 163, 166, 167, 170, 173, 175, 179, 183, 184, 186 ff., 191, 195, 196, 199 ff., 208, 216, 219, 229, 231 ff., 238, 246, 247, 249, 253 f., 256, 258, 261, 276, 279, 281, 282, 283 ff., 290, 291, 292, 293, 294, 295, 296 ff., 300 ff., 312, 314, 315, 317 f., 321, 322, 325 ff., 344 f., 350, 362, 363, 364, 365, 366, 367, 370, 375, 377, 378, 379, 380, 381 ff., 392, 395, 396, 397
also see United Kingdom
Epidemic 169
Equipment, injuries caused by 390
esprit de corps (medical profession) 274, 278
Ethical Committee (UK) 217
Ethics Committee (Sweden) 217
Ethics, medical 204, 212, 215 ff., 222 f., 225 f., 226, 253, 258, 281, 306, 315, 321, 325, 330, 347, 348, 351, 354, 360, 371, 379, 383, 396, **423 ff.**, **427 ff.**, **429 ff.**, **431 ff.**, **434 ff.**, **436 ff.**, **439 ff.**, **441 ff.**, **455**
Europe, Western, see also individual countries and European Communities
– health care systems 281
– products liability systems 363
European Committee on Legal Co-operation 240
European Communities 233, 248, 281, 362, 364, 365, 377 see Council of Europe and also individual countries
European Convention on Products Liability in regard to Personal Injury and Death, 1977 233, 364
European Economic Communities Draft Directive on Products Liability, 1976 233
European Parliament 248, **449 ff.**
European Public Health Committee 240
Euthanasia 174, 323, 324
– when patient incompetent 323
Evidence 259 ff.

– burden of going forward with, patient's to prove non-disclosure of information 332
– burden of proof see Burden of Proof
– medical experts, given by see Expert, medical
– physician-patient privilege 184, 330
Exculpatory clauses see Contract
Experimentation, animal 212, 352
Experimentation, human, in absence of therapeutic interest 202, 211 ff., 258 see Research Experimentation
Expert, medical 164, 179, 206, 261, 273 ff.
– conspiracy of silence 186, 395
– evidence must not be heard uncritically 274 f., 278, 395
– prejudice, tendency to show, in favour of other physicians 274 f., 275, 395
– role of 261
– use of, to lay foundation for inference of negligence 261
Explain, physician's duty to see Information
Family Law Reform Act, 1969 (England) 312, 313, 314
faute lourde 201
faute personelle 202
faute simple 201
Federal Food, Drug and Cosmetic Act, 1967 (USA) 359
Federal Medical Association (W. Germany) 388
Fever 345
Finland 244, 313, 373, 416
Florida (USA) 174, 310, 312, 315, 318, 322, 325, 339, 343, 381
Force Feeding 327
Foreseeability see Causation
France 158, 159, 175, 195, 196, 201 f., 241, 242, 244, 248, 251, 267, 276, 281, 283, 284, 285, 286, 288, 294, 297, 302, 304, 305, 307, 308, 310, 312, 313, 315, 316, 317, 319, 321, 322, 325, 326, 327, 328, 329, 332, 333, 335, 339, 346, 349, 350, 352, 355, 358, 359, 363, 365, 367, 370, 372, 374, 376, 377, 378, 379, 380, 381, 383 f., 393, 394, 396, **404 ff.**, 416
Garantenstellung (German implied warranty of professional competence) 288, 289, 309

Gefährdungshaftung (W. German strict liability) 234 see Strict Liability
Genetic research 216, 356, 357
Georgia (USA) 310, 319, 322, 343, 383
German Democratic Republic 416
German Drug Administration Law, 1976 see *Arzneimittelgesetz*
German Federal Medical Board see *Bundesärztekammer*
German Medical Association 191, 371, **441 ff.**
German Pharmacological Society 225 f.
German Society of Surgery 246, 375, **439 ff.**
– Resolution on the Treatment of the dangerously ill and dying, 1979 325, **439 ff.**
German Draft Transplantation Law, 1979 245, 246, 248, 250, 375, 376, 377, 378, **451 ff., 453 ff.**
Germanic law family 281
Germany, Federal Republic of 158, 159, 160, 165, 168, 170, 172 ff., 182, 184, 191, 195 ff., 204, 213, 214, 220, 222, 224 ff., 228, 229, 232, 233, 234 f., 237 f., 240 f., 243, 245, 246, 247, 248, 249, 250, 252, 254, 255, 258, 259, 260, 263, 264, 266, 269 ff., 273 ff., 276 ff., 280 ff., 290 ff., 300 ff., *et passim* till 396, 399 ff., 416, **441 ff., 451 ff., 453 ff.**
„Good Samaritan" statutes 305, 328, 329 see Statutes
Greece 416
Guardianship Act, 1968 (New Zealand) 312, 313
Gynaecology 256, 301, 357

Hamburg (W. Germany) 338
Hardship for physician/hospital 272
Hawaii (USA) 339
Health Disciplines Act, 1974 (Ontario) 329
Heart Transplant 241, 370 f., 374, see Transplantation
– success rate, rising 370, 371
Helsinki, Code of **429 ff.**
Hesse (W. Germany) 338
Hippocrates 157
Hippocratic Oath 184, 204, 278, 281, 328, 347 f., **423 ff.**
Hong Kong 417
Hormone treatment 238

Hospital
see also Liability
- contract with patient 197 f., 201 f., 221, 342
- as defendant 196 ff., 221
- duty to restrict privileges of incompetent physicians 199, 343
- liability for injuries received in h., even when uncertainty as to whose act caused them 198, 200
- ownership of
- - and private versus public law, application of 196, 201
- strict liability of, for treatment 282, see also Strict Liability
- systems 195 ff., 341 f.
- - France 195, 201 f.
- - Germany 195, 197 f.
- - United Kingdom 195, 199 f.
- - United States 195, 196
- tort liability 197 f., 198 f., 200 f., 221
- vicarious liability of 197, 198, 199, 200, 221, 301, 343 see Vicarious Liability

House of Lords (England) 231, 288

Human Tissue Act, 1961 (UK) 247 f., 249, 376, 377

Human Tissue Gift Act, 1971–1974 (Canada) 369

Humanae vitae (Encyclical from Pope Paul VI) 383

Hungary 417

Hunger strike 327

Idaho (USA) 295

Identity card (W. Germany) and transplantation 250, 371, 378

Illinois (USA) 287, 291, 295, 299, 300, 301, 306, 308, 310, 315, 320, 331, 333, 338, 339, 343, 347, 363, 380, 383, 384, 388

Immunology 370, 371

In vitro fertilisation 216, 241, 254, 256, 257, 258, 357, 382, 383

Incompetents (insane persons) 242 f.

Indemnification 198, 202

Independent Contractor 200, 343, 345 see Vicarious Liability

Indiana (USA) 282, 284, 314, 322, 339, 363, 382, 383

Infection 315, 345, 351 see Diseases, communicable

Information
- duty of physician to give 171 f., 175, 281, 346
- - fiduciary 179, 318, 324
- - golden rule 179
- - purpose 172
- - regarding alternatives, therapeutic 177, 180, 230, 316
- - regarding anaesthesia 309
- - regarding consequences of illness 172
- - regarding diagnostic operations which merely further diagnosis 162, 289
- - regarding diagnostic steps intended 173
- - regarding duration of incapacitation 180, 204
- - regarding medicines 207, 230
- - regarding risks of treatment 162, 172, 177, 180, 204, 209, 230, 308, 316, 317, 320, 346
- - regarding remote risks of complication 162
- - regarding side-effects 172, 180, 204
- time to ponder, patient must have 309
- extent of
- - experience of patient as factor 178
- - regarding experimentation, research 204, 214 f., 223 f., 267 f., 269, 359
- - factors
- - - consequences if treatment not given 180, 230
- - - dangers inherent in patient's condition 180
- - - novelty of intended methods 209
- - - risks of treatment 180, 230
- - - urgency 180, 230
- - in Germany 176, 320, 321, 351
- - patient must appreciate and realise the nature and significance of the treatment 173, 176, 179, 180, 313
- - restriction of information based on therapeutic privilege 173, 180, 181, 209 ff., 227 f., 268 f., 325, 351, 359 see Therapeutic Privilege
- - - seldom a good defence 211, cf. 352
- - regarding treatment, research 204, 209 ff., 227 ff., 230, 267 f., 268
- - regarding treatment, therapeutic 161, 162, 171 f., 172, 175, 177, 268, 318, 320
- - - patient's need for information 176, 318

– – – use professional medical standard (reasonable physician versus locality rule) 176, 177, 318
– – urgent, when treatment or operation is not 177
– right of patient to receive 180, 324
– waiving the right to information 181 f.
– – negligence, agreement to waive claim for 181
– – regarding experimentation, research, see Research Experimentation, Informed Consent
– – regarding treatment, research 181, 211, 268
– – regarding treatment, therapeutic 181, 268
– – regarding treatment
– – – waiving may be express or implied 181
Informed Consent 171 ff. see also Consent, Information, Laibility, Self-Determination
– blind-testing of new medicines 225 f.
– burden of proof 185, 259, 265 ff., 271, 332 see Burden of Proof
– examination 282
– experimentation, research 204, 213 ff., 224 f., 225 f., 226, 267 f., 269
– in writing 271
– by incapacitated person 242 f.
– by minor 173, 174, 242 f., 312, 313, 322, 372
– placebo therapy 227 f.
– prerequisite, essential 171, 180, 242 f., 254, 257, 265, 271, 319
– – assault, if no informed consent 172, 175, 317
– – exceptions
– – – emergency cases 182 f.
– – – public health 182, 327
– – – suicide, attempted 182, 327
– – – unconscious patient 183
– test for 172, 175, 176, 179, 182
– transplantation 242 f.
– treatment, research 204, 208 ff., 230, 267 f., 268
– treatment, therapeutic 179, 182, 268, 282, 316
– – waiver of legal action, not a 326
Insemination, artificial, by donor 177, 252 ff., 321, 322, 371, 379, 383
– and child support, liability for 379
– divorce, after 379
– liability, civil, of physician 252 ff.
– – grounds, factual, of
– – – informed consent 254
– – – transmission of hereditary disease or infection to child 254, 255, 257
– – – unsuitable donor *(donatrix)*, choice of 254, 257
– – nature, legal, of
– – – contract 253 f.
– – – – liability to child 254 f.
– – – tort (malpractice) 254
– – – – liability to child 254 f., 380
– – – – liability to mother 254
– of married woman, without husband's consent 255 f.
– proof, difficulty of 255
Insulin 352
Insurance
– malpractice 235, 236, 265, 272, 336
– – physican's (lack of) obligation to insure 235, 366
– no-fault 188 ff., 193 f., 219, 272, 282, 335 see also Compensation Schemes
– – defences to claim 194
– premiums, rise in rates 190, 192, 194, 333, 344
– products liability 235, 366
– transsexual surgery, insurance coverage of 238, 368
Inter vivos transplantation 242 ff., see Transplantation
International Congress for Comparative Law, Xth, Budapest 1978 276, 286
Iowa (USA) 291, 310, 312
Iraq 417
Ireland, Republic of 244, 245, 276
Islam 281
Isotransplantations 372
Italy 240, 242, 244, 247, 321, 372, 373, 376, 377, 417
Jamaica 418
Joint Committee of Experts of the European Public Health Committee 240
Joint Liability, physician-hospital 197, 199, 200
Joint Liability, physician-manufacturer 234, 235, 366

Judges 276 ff.
- further training of, concerning medical liability 277 f.
- lay 276, 396
- selection, method of 276
Jurisdiction, of courts for medical liability actions 276
- Germany 276 f.
Jury, lay
- and arbitration 191
- constitutional problems with alternatives to litigation 190, 191, 277, 338
- and damage awards 199
- in West Germany, unacceptable in medical liability actions 396
- medical liability actions 276 f.
- and screening panel, recommendations of 190

Kansas (USA) 293, 297, 299, 315, 317, 319, 339
Kentucky (USA) 299, 312, 315, 319, 339, 372
Kenya 418
Kidney
- removal, inadvertent 251 f.
- transplants 241, 242, 251 f., 370, 372, 373

Labour Law (W. Germany) 198
Laparascope 257
Latin America, health care system 281
Law (Reform) Commission, Australia 370, 374
Law Commission, Canadian 245
Law Commission, English 232, 233, 255, 363, 364, 365, 380, 381
Law Commission, Scottish 232, 233, 363, 364, 365
Liability, civil, of employer for employee 197, 198, 200, 285, 334, 343
Liability, civil, of hospital 197, 198, 199, 200, 221, 320, 334, 343, 344, 434 ff. see also Hospital
- contractual 197 f., 201 f., 221, 342
- expanding 344
- regarding equipment 390
- grounds, factual, of
- - negligence, failure to supervise, control, or regulate treatment of a patient, 199, 343

- - negligence, supplying of negligent or incompetent staff 199
- joint liability, with physician 197, 199 f., see Joint Liability
- regarding medicines 344
- regarding research experimentation 221 see Research Experimentation
- regarding research treatment 221 see Research Treatment
- tortious 221
- - breach of duty of care 200 f., 221
- - - incompetent physicians 200 f.
- - - - exception 201, 345
- - - other types of breach 200 f.
- - vicarious liability see Vicarious Liability, Assistants
- regarding transfer of patient from one hospital to another 201
- regarding transplantations 373
Liability, civil, of manufacturer 230 ff. see also Products Liability
- burden of proof 231, 232, 233
- negligence, based on 231, 232 f.
- reasonable care, doctrine of 231 f., 232
- strict 231, 232 f., 233, 234 ff., 362 f., 363, 364 f.
- warnings, insufficient, liability based on 231, 234, 362
Liability, civil, of physicians 157 f., 203 ff.
- act not medically indicated; patient consents 173, 205, 206, 311
- assistant, for acts or omissions by 167, 197, 198, 200, 264, 301
see also Assistants
- case law of see Case Law
- civil service, liability in Germany 159, 198 f.
- civil service, liability in France 201 f.
- concurrent, contract and tort liability are 159, 197, 199
- - except in France 159
- development
- - of contract law 157 f.
- - of tort law 157 f.
- earliest documented case
- - in England, against surgeon, in 1374 282
- - in United States of America, in 1790 282
- regarding embryo transfer 256 ff.

– equipment, for injuries caused by 344, 390
– regarding experimentation, research 203 f., 211 ff., 213, 220, 221 ff., 269 see Research Experimentation
– grounds, factual, of
– – informed consent, treatment without 160, 171 f., 175, 182, 186 f., 208 ff., 213 f., 242 f., 254, 257, 268, 271
– – – treatment must be cause of damage 175
– – malpractice 160 f., 163, 170, 186 f., 205 f., 235, 242, 254, 257 see Malpractice, Negligence
– hospital treatment, in connection with 195 ff., 342, 344
– regarding insemination, artificial, by donor 252 f., 253 ff.
– – liability to child 254 f., 255
– – liability to husband who has not consented 255 f.
– – liability to mother 253 f.
Liability, civil, of physicians
– joint liability, with hospital 197, 199 f.
– joint liability, with manufacturer 234, 235
see Joint Liability
– medicines, administration of 206, 228 ff., 234, 366, see Medicines
– medicines, liability regarding the application of new
– – in therapeutic application 227 ff. see Research Treatment
– – in trials, clinical 221 ff. see Research Experimentation
– nature, legal, of 157 ff., 199, 272
– – contractual 157, 158, 175, 201, 253 f.
– – tortious 157 f., 170, 175, 254 see Malpractice, Negligence, Standard of Care, Strict Liability
– – – strict liability 188 f., 235, 335
– regarding ovary transplants 252 f., 253 ff.
– in private practice 196
– statutory provisions
– – scarcity of 157, 252
– substitute physician, malpractice by 167
– teams of physicians 304, 342
– regarding transplantations 240 ff., 251 f., 252 ff., 373 see Transplantations

– – from deceased persons 241, 244 ff.
– – – consent, without relatives' 248 ff.
– – – of defective organ 373
– regarding treatment, research 203 f., 205 f., 220, 268 f. see Research Treatment
– – definition 203
– regarding treatment, therapeutic
– – because of treatment without informed consent 171 f., 175, 182, 328
– – – defence available to physician 182, 326 see also Necessity
Liability, civil, of state
– when physicians are civil servants 159, 170, 200, 201 f., 285
Liability, criminal, of physician 182, 236, 258, 305, 319, 321, 327, 329, 346, 358
Liability, strict see Strict Liability
Life-support machines 174
Limitation Acts (Australia) 284, 285
Limitation Acts, 1939 to 1975 (England) 284, 285
Limitation period 158, 159, 190, 193, 199, 284
Litigation
– alternatives to 190 ff. see Arbitration, Screening, Compensation Schemes
– medical malpractice see Medical Liability Actions
Living death (permanent unconsciousness) 159
Louisiana (USA) 283, 287, 288, 294, 295, 297, 300, 310, 315, 322, 328, 338, 339, 343, 378, 383, 385, 386
Lower Saxony (W. Germany) 338
Luxemburg 418
Maine (USA) 311
Malaria 288, 298, 299
Malaysia 418
Malicious Prosecution 333
Malpractice 199, 205 ff., 259 ff., 336 see also Liability, *medical misadventure*, Negligence
– *active* medical treatment which departs from proper standard of care 161, 164, 254
– – conscious divergence from established methods of treatment 164, 205 f., 294
– – unconscious deviations from indicated treatment 164, 165

– burden of proof 185, 187, 198, 259 f., 260 f., 262 f.
– definition 160, 163, 166, 169, 170, 205

Malpractice
– diagnosis, faulty, as basis of liability 161, 165, 166, 194, 251, 287, 288, 291, 294, 297, 298, 299, 336
– – not *necessarily* reproachable 283, 300
– and experimentation, research see Research Experimentation
– infallibility of physician not required 166, 167, 300
– *omission* of treatment which standards of profession would require 161, 164, 287
– – anamnesis, failure to make, or insufficient 165, 299, 346
– – apparatus, failure to test or check 166, 298
– – attend patient, failure to 166, 167, 168, 298, 302
– – examination, failure to make 165, 297
– – instructions and information, failure to obtain or give 166, 299
– – medical reports, failure to consult 165, 166, 298
– – new method, well-tried, which promises greater success than old method, failure to apply 165, 207 f.
– – specialist, failure to consult 166, 298
– – of specific diagnosis 165, 166, 297, 298, 299
– – treatment, diagnostic, omits or fails to repeat 165, 168, 298, 302
– – X-rays, failure to make/use 298
– and strict liability 188 f., 335
see Research Treatment

Manitoba (Canada) 252, 286, 288, 289, 290, 291, 292, 295, 297, 298, 303, 305, 307, 309, 313, 326, 329, 362, 379, 387, 393, 414

Manufacturer see Liability, civil and Products Liability

,,Marriage", homosexual or transsexual 237, 367

Maryland (USA) 290, 304, 315, 316, 317, 319

Massachusetts (USA) 245, 304, 315 f., 323, 337, 368, 372, 374, 381

Mater et Magistra (Encyclical from Pope John XXIII) 383

Measles (also Rubella) 355
Medical Act R. S. Q., 1964 (Quebec) 330
Medical Education see Education
Medical Experts see Experts
Medical Liability Actions, Civil
– burden of proof 185 f., 189, 220, 259 ff. see Burden of Proof
– malpractice, elements of plaintiff's case 259 see Liability, Malpractice, Negligence
– medical experts 206 see Experts
– shift from malpractice to information offences because of difficulties of proof 185, 208, 219, 259
– statistics 185, 333, 336
medical misadventure (New Zealand) 339 f.
Medical Practitioners Acts, 1938–63 (New South Wales) 328
Medical Profession Act, 1975 (Alberta) 329
Medicines
– administration of, when malpractice 165, 174, 206, 229, 297, 344, 349
– – contra-indications, failure to observe 207, 349
– – tests prior to use, failure to perform 229, 351
– liability regarding instructions to patient 206 f.
– liability regarding preparation or storage of 344
– manufacturer of new
– – duty of 229, 230 ff.
– – liability of m., for 233 ff.
– new
– – clinical trials of 221 ff., 346, 353, 358, 359, 361 see also Research Experimentation
– – – informed consent 223, 224, 225, 226
– – – minors as subjects 224 f.
– – – need for 221 f., 224, 361
– – – techniques 210 f., 222, 225, 358
– new
– – development of 211, 228 f., 352
– – experimentation, research 221 ff.,
– – licensing and registration of 222, 228, 229, 359, 362
– therapeutic application of 227 ff.
– – – placebos 227, 228
– overdose see Overdose

Index 505

- placebos see Placebo
- production of, liability for see Products Liability, Strict Liability
- psychopharmacological 226, 227 f., 361 see Research Experimentation
- psychiatry, administration of medicines as treatment 180, 222, 225 f., 325, 348, 359

Mexico 418
Michigan (USA) 283, 306, 307, 312, 333, 347, 370, 373
Middle Ages 281
Middle East 370
Ministry of Health (UK) 200
Minnesota (USA) 171, 294, 295, 300, 305, 307, 308, 310
Minor (Property and Contracts) Act, 1970 (Australia) 312, 313
Minors 173, 174, 184, 214, 242, 312, 313 314, 315, 322, 331, 332, 354, 360, 372, 373, 378, 381
- research experimentation on 224 f., 360
misadventure see *medical misadventure*
Misrepresentation, renders consent invalid 176, 319, 326 see Consent
Mississippi (USA) 304, 318
Missouri (USA) 255, 291, 301, 305, 319, 325, 382
National Health Service Act, 1946 (UK) 195, 200, 345
Nebraska (USA) 291, 293, 329, 331, 339, 383, 384, 386
Necessity
- cases of, consent from parents or relatives 183, 249, 328
- doctrine of 182 f., 183, 249, 250, 328 see Emergency
Negligence
- as basis of hospital's civil liability 199
- as basis of physician's civil liability 157, 158, 169, 175, 186 f., 220, 235, 254
- burden of proof 271 f. see Burden of Proof
- definition, for malpractice 160, 164, 166, 169, 205, 287 see also Malpractice
- deviation from normal professional practice 205, 294, 295
- error of judgement, not *necessarily* same thing as negligence 166, 167, 293, 300
- gross 264, 270, 305

- inferred 200, 259 f., 260 f., 261, 262, 264 f., 270 f., 387
- intervening act by third party 168, 303 see Causation
- knowledge, physician's lack of 165, 207
- new developments, failure to keep abreast with 163, 165, 207, 208, 292, 296, 350
- occurrence of accident insufficient to show negligence 162, 260, 262, 283, 290
- „ordinary" careless treatment 165
- - leaving objects in wound 165, 260, 261, 296, 384, 387
- - confusion
- - - medicines or injections 165, 297
- - - of patients 165, 297
- *per se* 220, 386 see also *prima facie*
- prove, difficult to 185, 220, 259, 270
- reasonable care, doctrine of, products liability 231
- result not in accordance with expectation, insufficient to show negligence 158, 259, 283

Neomycin 229
Netherlands 244, 246, 248, 323, 363, 375, 418
Neurosurgery 359

New Brunswick (Canada) 295, 344, 356, 387, 414
New Foundland (Canada) 369, 414
New Hampshire (USA) 299, 319
New Jersey (USA) 174, 237, 283, 301, 310, 315, 367, 374, 380, 385, 393
New Mexico (USA) 304, 327, 339, 368
New South Wales (Australia) 284, 286, 312, 328, 386, 388, 390, 413
New York (USA) 170 f., 190, 238 f., 254, 290, 291, 293, 298, 299, 302, 304, 305, 306, 307, 308, 309, 310, 312, 315, 316, 317, 318, 319, 327, 330, 331, 336, 337, 338, 343, 344, 346, 350, 352, 353, 354, 355, 362, 367, 368, 370, 372, 374, 378, 379, 380, 392
New Zealand 179, 188, 189, 192, 193, 220, 233, 236, 241, 265, 281, 290, 292, 294, 296, 299, 302, 303, 312, 313, 315, 318, 320, 329, 334, 335, 337, 339, 340, 341, 355, 363, 365, 370, 385, 387, 388, 389, 394 f., 418, 419

No-fault see Compensation Schemes, Insurance
non-cumule des responsabilités 159, 285
North America see USA, individual states
– health care systems 281
– products liability system 363
North Carolina (USA) 283, 297, 298, 310, 312, 318, 320, 322, 387
North Dakota (USA) 339
Northern Ireland (UK) 376 see United Kingdom
Northwest Territories (Canada) 415
Northrhine-Westphalia (W. Germany) 338
Norway 240, 242, 244, 245, 247, 313, 372, 376, 377, 419
Nova Scotia (Canada) 291, 297, 298, 308, 310, 313, 315, 327, 328, 344, 369, 415
Novice physician
– Lack of experience not defense to breach of standard of care 165
Nupercaine 163 see Anaesthesia
Nurse 197, 199, 200, 301, 343, see Assistants, Vicarious Liability

Oaths 204, 281, 347
obligation médicale 283
– is *obligation de moyens,* not *obligation de resultat* 283 see Contract
obligation moyens 283, 284, 393
Ohio (USA) 322, 337, 338, 392, 394
Oklahoma (USA) 301, 309, 312, 319
Ontario (Canada) 283, 286, 288, 290, 291, 292, 293, 294, 295, 296, 297, 298, 299, 300, 301, 302, 303, 305, 306, 308, 309, 311, 312, 313, 315, 316, 317, 319, 320, 329, 331, 332, 345, 346, 348, 349, 350, 351, 360, 362, 369, 383, 384, 385, 387, 389, 390, 392, 393, 415
Operation
– for diagnostic purposes, full information must be given 162 see Information, Consent
ordre public (public policy) 353
Oregon (USA) 317, 339, 387
Organ Bank 249, 449–450
Osteomyelitis 299, 351
Ovarian cyst 165, 251
Ovary Transplants 252 ff. see Transplantation
Overdose

– drugs, when malpractice 164, 166, 295, 299
– duty of physician to explain dangers of 166
– X-ray, when malpractice 164, 295

Panama 419
Patient
– duty of, to receive treatment 315
– rights of 180, 343, **427 ff., 429 ff., 431 ff., 434 ff., 436 ff., 439 ff., 441 ff., 445 ff., 455,** also see Self-Determination
– – information, to receive 171, 180, 242 f., 254, 257, 265, 271, 319 see Informed Consent
– – refuse treatment 174, 315, 374
Patient Compensation Funds (USA) 192, 194 f., 339
– purpose of 195
Patient Insurance Scheme, 1975 (Sweden) 193 ff., 219
Patient's Bill of Rights, 1972/78 (USA) 180, 324, **434 ff.**
Pearson Commission (Report) see *Royal Commission on Civil Liability and Compensation for Personal Injury*
Penicillin 165, 166, 229, 296, 298, 299, 352
Pennsylvania (USA) 295, 302, 310, 317, 319, 320, 339, 343, 387
Peru 419
Pharmacist 199
Philippines 419
Photographs 173, 311
Placebo 210, 221, 222, 223, 225, 226, 227 f., 361
Plastic Surgery see Cosmetic Surgery
Poliomyelitis 355
Portugal 419
Pregnancy 170, 171, 209, 216, 299, 307
Pre-natal injury 301
prima facie evidence 162, 170, 200, 220, 262 f., 263, 264, 270 f., 291, 381, 385, 386 f., 389 see also *res ipsa loquitur*
Prince Edward Island (Can.) 415
Prisoners
– research experimentation on? 213 f., 354, 356 f.
– transplantation, as donors? 243, 378
Privacy, right to 171, 174, 311, 321
Private International Law 282

Privilege
- physician-patient 183 f., 219, 330, 331
- – exceptions 184, 330, 331
- – remedy for breach 183, 329
- – statutes creating 330
- therapeutic, of physician 176, 180, 181, 209 ff., 226, 227 f., 268, 325
Privity of contract 255
Products Liability see also Liability, Strict Liability
- burden of proof 231, 232, 233
- legal requirements regarding medicines in
- – Australia 232
- – England 231
- – E. E. C. 233
- – Germany (West) 232 f., 233, 234 f., 235, 364 f., 365 f., 366
- – Scotland 231
- – United Kingdom 236
- manufactuter's 230 ff.
- – defect, existence of 231, 232, 233
- – elements of claim 231
- – negligence, based on 231, 232
- – reasonable care, doctrine of 231 f.
- – strict 188, 200, 230 ff., 282, 335, 363 see also Strict Liability
- – – physician's tort liability not excluded 235, 366
- – – policy basis of 220, 232 f., 335, 362 f.
- – – trends towards 233, 364 f.
- – warnings, insufficient, liability based on 231, 362
Professional Regulations for German Doctors **441 ff.**
Proof
- burden of see Burden of Proof
- problems of 169, 185, 186, 187, 188, 199, 232, 259
- standard of 170, 182, 221, 232, 269, 271, 295, 394
Psychiatry 180, 206, 210 f., 225, 325, 349, 351, 392 see also Psychotherapy, Medicines
- drugs, treatment by 180, 222, 225 f., 226, 227 f., 325, 351, 359, 361
- and informed consent 209 ff., 225 f., 226, 227 f., 268 f.
- medicines, clinical trials of 226, 348, 351, 354
- and placebo effect 210 f., 227 f.

Psychological problems, treatment by surgery 259
Psychotherapy 206, 228, 238, 349
- effectiveness of, testing 210 f.
Public Health 164, 182, 294, 315, 327 see also Diseases, Suicide

Quebec (Canada) 293, 301, 313, 316, 326, 330, 332, 332, 344, 346, 369, 385, 387, 392, 415
Queensland (Australia) 284, 310, 413

Rabies 251
Radiologist (-y) 292, 295, 298, 299, 344
Reasonable Care, doctrine of 231 f.
Reasonable man test 160, 162, 182, 317
Reciprocity, trust in 278 f.
Recommendation on Artificial Insemination of Human Beings (Draft) 381
Records, medical
- destruction of, or interference with 266 f., 270
- detailed 266, 393
- duty to keep 264, 266, 392
- effect on quality of patient's care 266
- as *prima facie* proof 392
- use of, to protect physician 181, 264, 266
Redemptor Hominis (Encyclical from Pope John Paul II) 357, 383
Rehabilitation 303
Reichsgericht (highest pre-war German Civil Court) 165, see also Register of Decisions
Relationship
- hospital-patient 197
- physician-patient 157 f., 197, 201 f., 209 f., 278 see Contract, Liability
- – fiduciary duty to disclose facts 179, 318, 324, 351
res ipsa loquitur 200, 220, 260 ff., 270 f., 304, 386 f., 389 see also Burden of Proof, *prima facie* evidence
- accident must be unexplained 261 f.
- rebuttal 262 f.
Research Experimentation 163 f., 203 ff., 211 ff., 295, 347, **427 ff., 429 ff., 431 ff.**
- burden of proof 226, 264, 267, 268, 270 f.
- claims for injury to subjects, few 213, 353
- compensation for injury 213 f., 218, 224, 267, 355

- data, publication of 218 f., 224
- definition 203
- embryo transfer 258
- ethical considerations 212 f., 215 ff., 225 f., 258, 354, 355, 356, 357
- hospitals, liability of 221
- and informed consent 204, 213 f., 214 f., 223, 224, 226, 269, 271, 352 f., 354, 360, 394
- – full disclosure, no exception 214, 215, 223, 224, 225, 267 f.
- – – cf. psychopharmacology 225 f., 226, 227 f.
- – minors and insane persons cannot consent 214, 224
- – – cf. minors under *German Drug Administration Law* 224 f.
- – *Sozialädaquanz* (socially adequate procedures) 352 f.
- – waiver 215
- legal justification required 215 ff., 224, 226
- – least dangerous methods, use of 215 f.
- – relationship between risk and result, reasonable 215
- – result scientifically necessary for mankind 215
- monitoring system needed 216
- – external control 217 ff.
- – private internal control 216
- – professional control (conscience) 216 f.
- new medicines 221 ff.
- progress, necessary for 211, 224
- standard of care of physician, highest 215, 268 see also Standard of Care
- and strict liability 187 f., 219, 236, 267, 272
- subject of
- – foetus 258
- – minors 224 f.
- – prisoners 213 f., 354, 356 f.
- – researcher's own person 212 f., 352, 353
- – sick people 215, 222, 227
- – soldiers 213 f.
- welfare of subject prevails over interests of society and science 216, 223, 269, 359, 360

Research Treatment 181, 203 f., 205 ff., 347 see also Liability

- burden of proof 164, 264, 267, 268, 270 f.
- definition 203
- hospitals, liability of 221
- and informed consent 204, 205, 208 ff., 227 f., 268, 271
- – extent of information 209 ff., 228, 238, 267 ff.
- – waiver of 211, 268
- and malpractice 205 ff., 228 ff.
- – act *contra legem artis* 205 ff.
- – – use of new method where old method gives same results with less risk 205 f.
- – failure to use well-tried new method which promises greater success than old method 207 f.
- medically indicated, new method must be 206, 350
- medicines, use of new 206, 207, 227 ff.
- and strict liability 187 f., 219, 236, 267, 272

Resolution on Harmonisation of Legislations of Member States relating to removal, grafting and transplantation of human substances, 1978 (E. E. C.) 240 f., 242, 243, 246, 251, 372, 373, 375, 376, 377, 378, **445 ff.**

Resolution on Organ Banks, 1979 248, 377, **449 ff.**

respondeat superior 199, 200 see Vicarious Liability

responsabilité des experts 396 see Expert, medical

responsabilité sans faute 339

Restatement (2d) *of Torts* 335, 362

Review Committee (USA) 217

Rhineland-Palatinate (W. Germany) 338

Rhode Island (USA) 308

Road Traffic Act, 1972 (England) 331

Roman law family 281

Royal Commission on Civil Liability and Compensation for Personal Injury *(Pearson Commission)* 168, 186 f., 189, 219, 233, 236, 267, 303, 333, 334, 335, 336, 339, 340, 341, 353, 355, 358, 363, 364, 365, 366, 384, 391, 392, 393, 394

Royal Commission on Compensation for Personal Injury in New Zealand *(Woodhouse Report)* 294, 303, 334, 339, 340, 366

Index

Saarland (W. Germany) 338
salus aegroti 171
Salvarsan 352
Saskatchewan (Canada) 214, 283, 286, 287, 288, 290, 293, 296, 299, 305, 313, 316, 318, 319, 320, 326, 345, 349, 350, 351, 352, 353, 355, 356, 360, 369, 387, 415
Scandinavia 321 see individual countries
Schizophrenia 331
Schleswig-Holstein (W. Germany) 338
Schmerzensgeld (German damages for pain and suffering) 197 see Damages
Scope of treatise 281
Scotland 170, 231, 232, 233, 249, 329, 365, also see United Kingdom
Screening Panels 189 f., 277, 337
Screening
– panels, advisory recommendations 190
– panels, findings not binding on parties 190
– panels, function of 190, 337
second opinion, duty of physician to get, in cases of doubt 161, 294, 374
Secrecy, physician's duty of see Duty
Self-Determination, human right of 171 f., 172, 174, 179, 181, 182, 211, 214, 230, 281, 308, 309, 310, 317, 319, 328, 374
– can not be renounced 171, 215, 308
– conflict with physician's duty to help 327
– exception for communicable diseases 182, 315, 327
– exception in cases of suicide 182, 327
Self-Experimentation 212 f., 353
Semen bank 371
Semen donor
– anonymity of 255, 381
– Nobel prize laureate as 371
Sex-change operation see Surgery, transsexual
Side Effect 165, 166, 168, 194, 207, 212, 234
Singapore 419–420
Skin graft 369 f. see Transplantation
Smallpox 355
South America see individual states
South Africa 242, 372, 377, 420
South Australia 413
South Carolina (USA) 286, 298, 304, 339
South Dakota (USA) 295
Soviet Union, health care system 281

Sozialädaquanz (German „socially adequate procedures") 352 f.
Spain 244, 248, 373, 377, 420
Specialist see Standard of Care
Standard of Care required of physician 157, 166, 206, 282, 286 see also Liability, Malpractice, Negligence
– accepted professional practice at that time, although others may use another technique, *prima facie* not negligence 162, 163, 290, 292, 294, 295
– – if none to cover particular case 163, 164 see Research Treatment
– – physician's own practice irrelevant 292
– anaesthetist, high 292
– circumstances, same or similar, practitioner in his speciality 162, 163, 290
– – locality rule (abandoned) 290, 318
– defences to breach
– – emergency 169, 172, 304
– – experience, lack of, not good 165
– – overstress or overwork 169
– defendant, type of, standard of care varies with 199
– depends on knowledge of medical science at the time of treatment 162, 163, 208, 289, 291 see also Duty
– determination difficult 163 f.
– experimental procedure, high degree of care 205, 209, 215, 264, 268, 350
– insurer, physician is not an 162, 290, 291
– judge, question for the 295, 373 ff., 393, 395
– new medicine, use or test of 228 ff.
– opinion, differences of, consistent with exercise of due care 166, 291, 292, 293, 294
– plebiscite, not to be determined by 291
– risk, care must be commensurate with 162, 164, 206, 289, 293
– risk, foreseeability of 168, 289 see Causation
– skill, in addition to reasonable man (subjective care) 160, 161, 166, 169, 299
– specialist, higher degree of skill 160, 161, 229, 251, 288, 304
– transplantation 242
Standing, legal
– of father to challenge abortion 256, 381, 382

– of foetus 258
Statutes **399 ff., 413 ff.**
– arbitration 190, 194, 337, 338
– artificial insemination by donor 252
– civil liability of physicians 157, 197, 292, 304–305, 315, 327, 330
– compensation 192 f., 193 f., 194 f., 197, 198, 334, 339
– consent 174, 312, 313, 314, 315, 319, 327
– criminal liability of physicians 183, 305, 310, 319, 321, 322, 327, 329, 346
– death, for establishing 244, 245, 373 f.
– duty to inform authorities, physician's 315, 327, 331
– duty to render aid in emergency cases 283, 305, 327, 328, 329
– of limitation see Limitation Period
– new methods of treatment and experimentation 203, 346
– transplants, organ and tissue 240, 242, 247, 249, 369, 371 f., 376, 377, **413 ff.**
Sterilisation 170, 171, 177, 209, 283, 306, 307, 314, 317, 322, 347
– compulsory 322
Strict Liability 158, 220, 232 f., 233, 272, 282, 334 see Hospitals, Products Liability, Warranty
– of manufacturers (products) 231, 232 f., 233, 234 ff., 362 f., 363, 364 f.
– – pharmaceuticals 233, 364, 365, 366
– – – in Germany 234 ff.
– – – – physician's tort liability not excluded 235, 366
– – trend towards 233, 364 f.
– physician's, for embryo transfer 258, 383
– public policy behind 188, 220, 233, 335, 362 f.
– and research experimentation 187 f., 219, 220, 236, 272
– and research treatment 187 f., 219, 220, 236, 272
Suicide 182, 259, 392
Supreme Court, California 184, 332 see also Register of Decisions
Supreme Court, Canada 263, 265, 392 see also Register of Decisions
Surgeon, liability of see Liability, civil, of physicians
Surgery 174, 177, 310, 317, 323, 324
– cosmetic see Cosmetic Surgery
– neurosurgery 359
– transsexual see Transsexual Surgery
– unnecessarily extensive 328
Sweden 188, 189, 192, 193 f., 216, 217, 219, 220, 233, 236, 240, 244, 245, 247, 265, 313, 335, 337, 338, 339, 355, 363, 365, 368, 369, 376, 377, 420
Swedish Society of Medical Sciences 217
Swedish Transplantation Law, 1975 247, 376
Swiss Academy of Medical Science 244
Switzerland 159, 196, 238, 244, 281, 282, 283, 284, 285, 286, 287, 288, 290, 292, 293, 295, 297, 298, 299, 301, 304, 305, 308, 310, 313, 315, 318, 321, 322, 323, 324, 325, 326, 328, 329, 342, 355, 363, 373, 374, 375, 385, 387, 393, 421
Syphilis see Diseases, communicable
Syrian Arab Republic 421

Tanzania 421
Tasmania (Australia) 159, 284, 413
Teeth, extraction of 311, 319
Television programme (W. Germany) 176
Tennessee (USA) 291, 298, 305, 350, 388
Tension, interprofessional 278
Test-tube baby 216, 241, 253, 254, 256, 371, 381 see also *In Vitro* fertilisation
Tetanus 229, 355
Texas (USA) 295, 298, 301, 305, 310, 319, 325, 347, 350, 351, 370, 384, 388, 392
Therapeutic Experiments see Research Treatment
Therapeutic Privilege see Privilege, therapeutic
Therapeutic Treatment see also Liability, civil, of physician
– burden of proof 187, 269 f.
– definition 203
– negligence as basis of liability 186 f., 334
– – gross negligence 270
– strict liability 187
Tokyo, Code of **431 ff.**
Tort see Liability, Malpractice, Standard of Care
Transplantation 240 ff., 311, 361, **445 ff., 449 f., 451 ff.**
– of bone marrow 241, 371, 372
– compensation for donor 243 f.
– of cornea 241, 251, 370, 371

Index 511

Transplantations
- from deceased persons 241, 244 ff.
- - authorisation by deceased to remove transplantation material 246 ff.
- - consent, relatives', necessity of 248 ff., 377
- - establishing death 244 ff.
- - objection by deceased person 246 ff., 248 f.
- of egg, fertilised 241 see Embryo Transplant
- of embryo 256 ff., 321
- of heart 241, 370 f., 374
- incompetents (minors, insane persons) as donors 242 f., 372, 373, 378
- informed consent necessary
- - of donee 242, 243, 252
- - of donor 242 f.
- kidney 241, 251 f., 370, 372
- liability, Civil, of Physician
- - inform, failure to sufficiently 252
- - negligence 251 f.
- from living donor 242 ff., 251 f.
- - special duty to give information to donor and donee 242
- of ovary 252 ff.
- profit, donor may not make 243 f., 251, 378
- of skin (graft) 370
Transsexual Surgery 177, 236 ff., 322, 323, 367
- change of name and sex entry in state registers pursuant to 237, 238, 367, 368
- consent 239
- damages 259
- legality of 258
Transsexuality 236 ff., 367
- distinguished from hermaphrodites 237
- distinguished from homosexuals 238, 368
Treatment
- careless see Malpractice, active
Treatment, departure from normal methods see Research Treatment, Research Experimentation
- patient's right to refuse 174, 315
- research see Research Treatment
- sucess, no guaranty of 158, 162, 290, 291
- therapeutic (Conventional) 186 f. see Therapeutic Treatment
Trespass on the case 157, 175

Tribunal des Conflits, 1957 (France) 201
Tropical Disease 288, 298, 299
Tuberculosis 297, 345, 355
Turkey 245, 248, 421

Uniform Anatomical Gift Act (USA) 369, 374, 375, 376, 377, 378, **409 ff.**
United Kingdom of Great Britain and Northern Ireland 186, 188, 195, 196, 199 f., 200 f., 216, 217, 219, 233, 236, 241, 247, 267, 350, 355, 365, 370, 376, **406 ff.**, 421 see individual countries
United States of America 158, 161, 170, 171, 172, 174, 176, 179, 180, 184, 190 ff., 211, 216, 217, 223, 233, 237 ff., 240, 245, 247, 250, 252, 254, 255, 258, 276, 277, 281, 282 ff., 293, 294 ff., 297, 298, 299, 300, 301 ff., 311 ff., 320 ff., 330 ff., 339, 343, 344, 346 ff., 351 ff., 355, 357, 359, 362, 363, 365, 366 ff., 372, 376, 377, 379, 380 ff., 392, 393, 394, 395, 396
- strict liability 158, 233, 282, 362 f., 365
United States Supreme Court 242, 295, 312, 314, 372, 381
Uruguay 421–422
Utah (USA) 322

Vaccination 232, 355 see also Chicken Vaccine Case
Vaccine Damage Payments Act, 1979 (U. K.) 355
Vasectomy 171, 177, 297, 307, 322, see also Sterilisation
Venereal Disease see Diseases
Venereal Diseases Act, 1917 (England) 331
Venezuela 422
Vermont (USA) 368
Vicarious Liability see also Hospital, Independent Contractor, Liability
- based on failure to supervise or control staff 198, 199, 343
- based on negligence (hiring incompetent staff) 198, 199
- of hospital 197, 198, 199, 200, 221, 301, 343, 344
- of physician 167, 197, 259, 264, 301, 343
Victoria (Australia) 284, 388, 390, 414
Virginia (USA) 241, 283, 318, 322
volenti non fit injuria 176, 179, 181, 372

voluntas aegroti 171 see also Self-Determination
Waiver
– of claims to compensation 272
– information, of patient's right to receive see Information
Wales (U. K.) 344
Warranty
– breach of, as basis for strict liability 282
– of professional competence, implied 161, 288, 289 see also *Garantenstellung*
Washington (USA) 308, 319, 322, 324, 351, 352
Werkvertrag (German contract of performing promised result) 283, 284
West European Countries see Europe and individual countries
West Virginia (USA) 383

Western Australia 310, 414
Whooping Cough 355
Widerspruchslösung (W. German contracting-out solution) 248, 377 ff. see Transplantation from deceased person
Wisconsin (USA) 287, 296, 310, 318, 335, 338, 339, 363, 370, 378, 383, 385, 387
Witnesses see Expert, medical
Woodhouse Report, 1967 see *Royal Commission on Compensation for Personal Injury in New Zealand*
World Health Organisation 422
World Medical Association 204, 245, **429 ff., 431 ff.**
Wrongful life 170, 171, 307 see Damages
Wyoming (USA) 385

X-Ray, when malpractice 164, 295, 299

> Weitere einschlägige Monographien vom Verfasser der vorliegenden Abhandlung · Further relevant monographs by the same author:

● Die künstliche Insemination als ethisches und rechtliches Problem, Bielefeld [Gieseking], 1962, ISBN 3769401182

Das Buch umfaßt die ganze einschlägige Literatur des In- und Auslandes. Es ist ein Muster von Fleiß, Sorgfalt, objektiver Urteilsbildung und kann nur auf das wärmste empfohlen werden. Keiner, der sich mit der heterologen Insemination befaßt, kann dieses Buch unberücksichtigt lassen.
Prof. Dr. med. A. MAYER, Tübingen
in: Fortschritte der Medizin Jg. 82 (1964) Heft 9

... kann jedem, der sich über dieses Gebiet unterrichten will, empfohlen werden, das Buch von Giesen zur Hand zu nehmen. Er findet hier eine Fülle von Material ... Da Giesen diese Materialzusammenstellung durchaus sachlich und objektiv vornimmt, obwohl er selbst der künstlichen Insemination skeptisch gegenübersteht ..., ermöglicht er es dem Leser, sich ein eigenes Bild von der Problematik zu machen, und zwingt ihn nicht, seine, des Verfassers, Meinung als allein richtige zu übernehmen. Dafür kann man ihm nicht genug danken.
Prof. Dr. iur. G. LUTHER, Hamburg
in: Welt der Literatur Jg. 1 (1964) Nr. 15

Die Abhandlung steht auf einem hohen wissenschaftlichen und ethischen Niveau. Besonders zu rühmen sind die Gewandtheit der Darstellung, die Berücksichtigung aller Meinungen in unermüdlicher Auseinandersetzung und die Verfolgung der Problematik bis in die letzten juristischen Auswirkungen hinein ... Im ganzen verdient die Arbeit höchste Anerkennung.
Prof. Dr. theol. G. MAY, Mainz
in: Münchener Theol. Zeitschrift Jg. 15 (1964) Heft 2

● *Dreisprachig ist erschienen · In three languages:*

Die zivilrechtliche Haftung des Arztes bei neuen Behandlungsmethoden und Experimenten – Civil Liability of Physicians with regard to New Methods of Treatment and Experiments – La Responsabilité civile des Médecins par Rapport aux nouveaux Traitements et aux Expérimentations, Bielefeld [Gieseking] 1976, ISBN 3769404076

Die übersichtliche und materialreiche Studie lohnt vor allem wegen ihres konsequenten rechtsvergleichenden Ansatzes ... Insgesamt eine Schrift, die vor

allem demjenigen von Gewinn sein wird, der sich rasch einen konzisen und ansatzreichen Überblick über Stand und Tendenzen der zivilrechtlichen Arzthaftung verschaffen will.
Dr. P. C. MÜLLER-GRAFF, Tübingen
in: Juristenzeitung 1976, 736

Giesen betont mit erfreulicher Klarheit, daß von Rechts wegen das Wohl und die Entscheidungsfreiheit der betroffenen Person absoluten Vorrang haben ... Es ist nicht zu übersehen, daß damit eine fühlbare Behinderung des ärztlichen Fortschritts in Kauf genommen werden muß und daher de facto vielleicht immer eine „graue Zone" bleiben wird ... Eine im Anhang beigefügte Übersicht über den internationalen Stand der gesetzlichen Regelung ist sehr wertvoll. Der [hier publizierte und 1975 im Auftrag des Europarates gehaltene] Vortrag [hat seinerzeit] weite Zustimmung erlebt. Jetzt ist er mit eingehenden Nachweisungen versehen und durch ein Stichwortverzeichnis erschlossen. Die verständliche Darstellung macht ihn auch Ärzten leicht zugänglich.
Richter am Bundesgerichtshof W. DUNZ, Karlsruhe
in: Archiv f. d. civilistische Praxis 177 (1977) Heft 6

No one concerned with research can afford not to have this book on his desk.
Prof. Dr. Denis LEIGH, London
in: Inl. of Psychosomatic Research 21 (1977) 93 ff.

Eine kurze, prägnante und alle wesentlichen Probleme erfassende Studie über ein immer mehr an Bedeutung gewinnendes Problem.
Prof. Dr. H. LOEBENSTEIN, Wien
in: Österreichische Juristenzeitung 1978 Heft 1

Un ouvrage „de pointe" sur des techniques „de pointe".
Prof. Dr. André TUNC, Paris
in: Rev. Internationale de Droit Comparé 1977/1

Die Studie ... gibt einen ausgezeichneten Überblick über die angesprochenen Haftungsprobleme in einem Bereich ärztlicher Tätigkeit, in dem sich der Stand wissenschaftlicher Erkenntnisse in den letzten Jahren mit einer fast atemberaubenden Schnelligkeit verändert und weiterentwickelt hat. Die Arbeit wird zugleich das interdisziplinäre Gespräch zwischen Medizinern und Juristen nicht nur im europäischen Bereich beleben ... Zahlreiche Anmerkungen mit weiterführender Lit. in englischer Sprache machen die Studie auch für denjenigen zu einem echten Gewinn, der sich näher mit den angesprochenen Problemen befassen möchte ... Giesen setzt hier neue Maßstäbe.
Dr. iur. W. UHLENBRUCK, Köln
in: Medizinische Klinik 72 (1977) Heft 18